严 文 明 文 集

（第 5 卷）

严文明　著

文物出版社

总 目 录

本卷目录

仰韶文化与彩陶研究

仰韶人胸像

1. 分间房屋大地湾 F901

2. 大地湾 F901 出土陶鼎（F901：2）

仰韶文化的房屋（一）

1. 圆形房屋半坡 F3

2. 半坡 F3 清理前室内堆积状况

仰韶文化的房屋（二）

1. 方形房屋姜寨 F17

2. 姜寨一期房屋装饰（T55H74 出土）

3. 姜寨一期房屋装饰（T72 ④出土）

4. 姜寨一期房屋装饰（T72 ④出土）

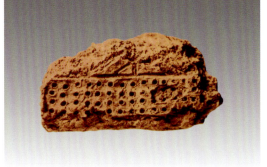

5. 姜寨一期房屋装饰（T72 ④出土）

仰韶文化的房屋（三）

多间房屋大河村 F1~F4

仰韶文化的房屋（四）

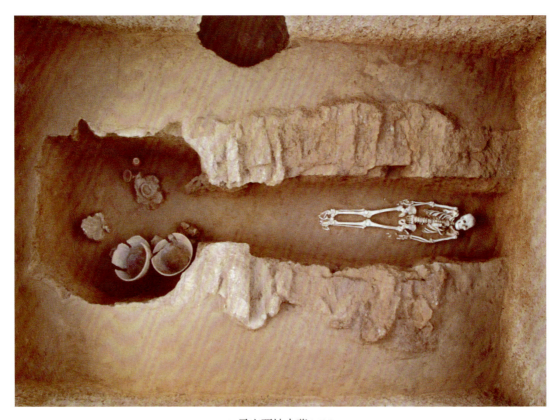

1. 灵宝西坡大墓 M27

2. 灵宝西坡 M27 出土陶大口缸（M27：1）

3. 灵宝西坡 M27 出土陶大口缸（M27：2）

仰韶文化的墓葬（一）

元君庙 M417 合葬墓

仰韶文化的墓葬（二）

半坡瓮棺葬群

仰韶文化的墓葬（三）

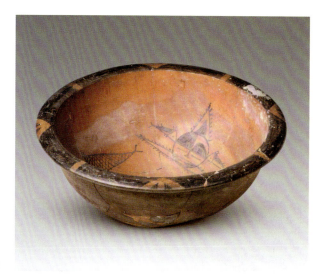

1. 人面鱼纹盆（半坡 W18：1）

2. 鱼纹盆（半坡大脏土坑出土）

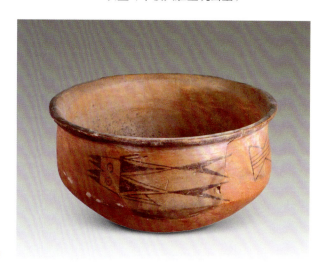

3. 双鱼纹、细腰纹盆（半坡 T32Hg.）

仰韶文化第一期早段陶器（一）

1. 菱形纹盆（半坡出土）

2. 平行斜线、三角纹钵
（半坡 M108：7）

3. 宽带纹钵（姜寨 W157：1）

仰韶文化第一期早段陶器（二）

1. 三角纹盂（半坡 P2：70）　　　　　2. 辫形纹盂（半坡 M48：6）

3. 船形壶（北首岭 M98：3）

仰韶文化第一期早段陶器（三）

1. 尖底罐（北首岭 77M17：1）

2. 锥刺纹罐（半坡 M160：1）

4. 尖底瓶（北首岭 M187：1）

3. 弦纹罐（半坡 P2：11）

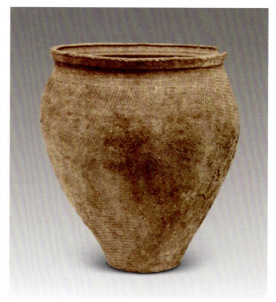

5. 绳纹瓮（半坡 W44：3）

仰韶文化第一期早段陶器（四）

1. 葫芦瓶（姜寨 H467：1）　　　　　　2. 猪面纹瓶（姜寨 M312：1）

3. 鱼纹钵（姜寨 ZHT8⑤：2）

仰韶文化第一期晚段陶器（一）

1. 葫芦口尖底瓶（天水吴砦镇出土）

2. 鸟衔鱼细颈壶（北首岭 M52：1）

3. 折线纹细颈壶（半坡出土）

4. 鸟衔鱼细颈壶（武功游凤出土）

仰韶文化第一期晚段陶器（二）

1. 带盖罐（姜寨 ZHT7⑤：16）　　　　2. 垂腹罐（姜寨 M219：1）

3. 绘画工具（姜寨 M84 出土）

仰韶文化第一期晚段陶器（三）

半坡出土

半坡出土

仰韶文化第一期陶器上的刻划符号

1. 花瓣纹盆（庙底沟 H46∶125）

2. 回旋勾连纹盆（庙底沟 H10∶131）

3. 回旋勾连纹盆
（华县泉护村 H1078 出土）

仰韶文化第二期陶器（一）

鹳鱼石斧图（汝州阎村出土）

仰韶文化第二期陶器（二）

1. 彩陶豆（华阴西关堡出土）

2. 鹰形鼎（M701：1）（华县太平庄出土）

仰韶文化第二期陶器（三）

1. 釜和灶（庙底沟 H12：113、H47：34）

4. 罐（庙底沟 H66：41）

2. 甑（庙底沟 H79：57）

3. 绳纹罐（庙底沟 H203：46）

5. 尖底瓶（庙底沟 T203：43）

仰韶文化第二期陶器（四）

1. 盆（半坡 H164：39）

3. 小口罐（半坡 H10：9）

4. 罐（半坡 H164 出土）

2. 尖底瓶（福临堡 H123：1）

5. 带流罐（半坡 H109：1）

仰韶文化第三期半坡晚期类型陶器

1. 钵（大河村 F1：26）

2. 罐（大河村 W8：1）

3. 双联壶（大河村 F1：29）

4. 罐（大河村 F1：27）

仰韶文化第三期秦王寨类型陶器（一）

1. 鼎（大河村 W147）

2. 盉（大河村 H66：17）

3. 豆（大河村 F20：5）

4. 素面罐（大河村 T23 ③：38）

仰韶文化第三期秦王寨类型陶器（二）

1. 彩陶罐（庙底沟 0：13）

2. 罐（庙底沟 H568：29）

3. 斝（庙底沟 H558：52）

4. 鼎（庙底沟 H568：35）

5. 灶（庙底沟 H35：90）

仰韶文化第四期陶器

仰韶文化与彩陶研究

从王湾看仰韶村

河南渑池仰韶村遗址在我国新石器时代考古研究中占有特殊的位置，因为它所代表的仰韶文化在我国新石器时代诸文化中具有锁钥的地位，而我国以田野考古为基础的近代考古学的发生，也是以仰韶村的发掘为标志的。

关于仰韶村遗址的时代、文化性质及其与中华早期文明的联系等问题，在发掘主持人安特生所著《中华远古之文化》[1]一书中即已做了大体正确的分析。他说："余意以为仰韶纪土层属于石器及金属器时代之过渡期，与地中海左右之所谓石铜时代者相吻合。"又说："解决此问题，尚须多加研究，自无可疑。然就今所知，已足以代表古代文化中之重要时代，应有名称以便讨论。余即取本地之名而名之为仰韶文化时代。"他在讨论仰韶文化出土器物的特征时，特别分析了爪镰式石刀、陶鼎和陶鬲等与商周铜器十分相似的因素，从而得出结论说："据已发现之各器观之，余以为仰韶遗址，实为未有文字记载以前汉族文化所遗留也。"而"仰韶文化之人种当为现代汉族之远祖，或与汉族极近之一民族"。至于仰韶村遗址所出之彩陶，安特生认为与中亚和东南欧等地的彩陶有所不同，又有相似之处，特别与中亚安诺的彩陶最相近。但他以为即使颇觉相似，也还存在着各自独创和相互流传的两种可能性。他说："夫花纹样式，固未必不能独立创作，彼此不相连续。然以河南与安诺之器物相较，其图形相似之点既多且切，实令吾人不能不起同出一源之感想。两地艺术，彼此流传，未可知也。"在这里，他并没有肯定两地文化有传播关系，即使有这种关系，究竟从何方传向另一方，或者相互传播，他都没有妄加推测。至于以后他曾力主彩陶西来之说，那是学术研究中的一个失误，到晚年时已有所认识。

仰韶村所发现的史前遗存十分复杂而多样，这一点安特生本人和后来的许多学者都注意到了，但对其解释却大不相同。安特生认为那是仰韶文化本身的特征，所以"仰韶村的全部遗物，实代表着一种以非常丰富多样的陶器为特征的单一的

---

[1] 安特生：《中华远古之文化》，《地质汇报》第 5 号，1923 年。

文化期"[1]。梁思永则认为仰韶村的遗存并不属于单一的文化，而只是以彩陶文化为主。他说"仰韶村的遗存里有全部彩陶文化的遗物而只有龙山文化的几种陶器"，表明"仰韶村本是彩陶文化的领土，被龙山文化侵入"[2]。尹达也认为仰韶村的新石器遗存包含有两种文化因素，但"仰韶村的遗址是两种文化的堆积而不是两种文化融合为一之后的遗存"。因此，"安特生所谓仰韶文化实杂有龙山文化遗物，应加以分别，不得混为一谈"[3]。夏鼐则认为两种因素不是互不相干，而是混在一起的。他曾于1951年率考古调查团在仰韶村发掘了一条探沟和一个灰坑，据他当时的观察，那里的仰韶陶片和龙山陶片难以从地层上分开，甚至在同一陶片上既具有仰韶文化特征，又具有龙山文化特征，因而断定仰韶村的新石器文化"是一种仰韶和龙山的混合文化"[4]。

我们知道仰韶村的发掘是早在1921年进行的，那时我国科学的田野考古发掘刚刚开始。限于当时的水平，地层的划分和遗物的采集都难免发生失误。要确实搞清楚仰韶遗址的堆积状况和文化特征，最好的办法是再组织一次较大规模的科学发掘。但在现在这一工作还没有实际进行的情况下，便只有借助于附近文化性质相近的遗址的比较研究。

1959年秋和1960年春，北京大学历史系考古专业的师生曾经对洛阳王湾遗址进行大规模的发掘，确知那是一处同仰韶村遗址的性质十分相近、包含有仰韶文化和龙山文化（按即中原龙山文化）的多层遗址[5]。与此同时，北大师生还对伊河和洛河流域的许多新石器时代遗址进行了调查或试掘。这些工作不仅使我们初步认识了伊洛地区新石器文化的发展谱系和每一阶段的基本特征，同时也为我们重新认识仰韶村的遗存提供了一个比较研究的标尺，从而有可能获得一种不同于以前各种观点的崭新的认识。

为了把问题说清楚，让我们简要地介绍一下王湾发掘的主要收获。

王湾遗址在洛阳市西郊约15千米，北临涧河，为一稍稍高出周围地面的土岗，现存面积约8000平方米。遗址的地层非常复杂，一般探方都有五六层，有的

[1]　J. G. Andersson, 1947. Prehistoric Sites in Honan. *Bulletin of the Museum of Far Eastern Antiquities*, No. 19, p. 31.

[2]　梁思永：《小屯龙山与仰韶》，《庆祝蔡元培先生六十五岁论文集》，中央研究院历史语言研究所集刊外编第一种，1935年。

[3]　尹达：《龙山文化与仰韶文化之分析》，《中国新石器时代》，生活·读书·新知三联书店，1955年。

[4]　夏鼐：《河南渑池的史前遗址》，《科学通报》第2卷第9期，1951年。

[5]　北京大学考古实习队：《洛阳王湾遗址发掘简报》，《考古》1961年第4期。

有七八层乃至十几层；众多的灰坑、房址和墓葬更是层层叠压和打破。其中除新石器时代遗存外，还有西周、春秋、战国、西晋和北朝的墓葬或遗迹，但以新石器时代遗存为主。

根据大量的地层叠压打破关系，我们曾将王湾的新石器文化分为三大期。第一期是仰韶文化，第二期是仰韶晚期或由仰韶向龙山过渡的文化，第三期是所谓"河南龙山文化"（图一、图二）。

第一期文化可分两段。一期一段以 F15 为代表。陶器呈红色或红褐色，多为素面，少数饰绳纹或宽带彩纹。主要器形有杯形口尖底瓶、窄缘盆、圜底钵、侈口鼓腹罐和椭圆锥形足的圜底鼎等，其特征与三里桥仰韶的部分器物[1]或半坡早期的陶器[2]比较接近。

一期二段以 H421 为代表。其泥质陶多砖红色，夹砂陶多红褐色。仍多为素面，少数饰绳纹、线纹或弦纹。彩陶增多，以黑彩为主，也有少量红色的，纹样多为窄带或凹边三角、变体回旋勾连纹等。典型器物有环形口尖底瓶、敛口碗、卷缘曲腹盆、侈口夹砂罐（口沿略似铁轨）、敛口瓮、折腹釜、盆形甑、灶和扁平足圜底鼎等。其特征接近于陕县庙底沟的仰韶器物[3]，但陶色和纹饰有一定差别。

第二期文化可分四段。二期一段以 H215 为代表。除红陶外，出现少量黑陶和灰陶。多数为素面或磨光，少数饰线纹、弦纹、附加堆纹或篮纹。彩陶又有增加，主要饰于钵、碗、盆、罐上。不少彩陶有白色陶衣，上面饰红黑两色花纹。花纹母题有带状网格纹、豆荚纹、细腰纹、新月纹等，有时是几种母题组织在一起。本段的典型器物有折腹碗、折腹盆、弧腹浅盘豆、曲折腹罐、带嘴罐、小口高领罐、敛口瓮等。其特征与洛阳中州路公路线北的 T101、T102 及 H102 所出陶器基本相同[4]。

二期二段以 H168 为代表。灰陶增加，附加堆纹和篮纹也显著增加；红陶减少，彩陶也显著减少，并且不再施陶衣。彩纹均为单色，红者全红，黑者均黑。花纹母题规范化，主要是带状网格纹，并配合饰以平行横线、竖线、斜线、"X"形纹和"〜"形纹等。典型器物有斜腹碗、折腹盆、侈口瘦腹罐、带嘴罐、小口高领罐、凿形足鼎和敛口折盘豆等。其特征与洛阳中州路 T1 等所出器物基本相同[5]。

————————

〔1〕　中国科学院考古研究所：《庙底沟与三里桥》，科学出版社，1959 年。
〔2〕　中国科学院考古研究所、陕西省西安半坡博物馆：《西安半坡》，文物出版社，1963 年。
〔3〕　中国科学院考古研究所：《庙底沟与三里桥》，科学出版社，1959 年。
〔4〕　中国科学院考古研究所：《洛阳中州路》，科学出版社，1959 年，图版伍。
〔5〕　中国科学院考古研究所：《洛阳中州路》，科学出版社，1959 年，图版贰。

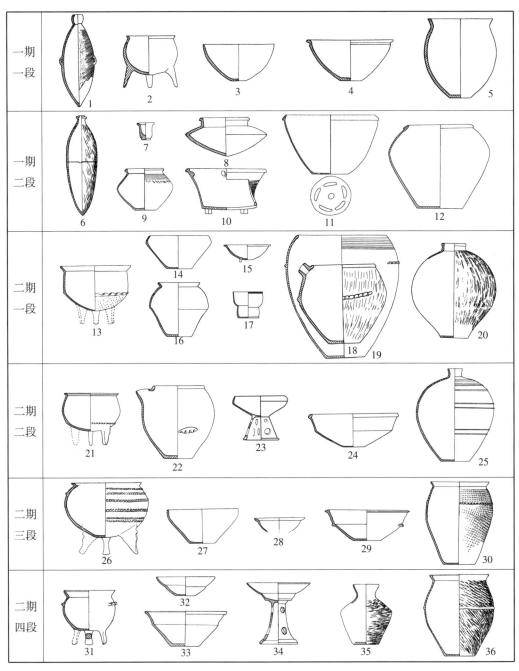

图一 王湾一、二期各段陶器的演变

1. F15：4　2. F15：2　3. F15：6　4. F15：3　5. M371：2　6. M358：1　7. H421：116　8. T228：1
9. T250③：1　10. H421：7　11. H421：118　12. H106：10　13. H211：4　14. H215：226　15. H215：158　16. H215：140　17. H211　18. H215：170　19. H215　20. H215：203
21. H168：13　22. H168：11　23. H168　24. H168：10　25. H127：6　26. H149：19　27. H149：9
28. 失号　29. H149：71　30. H149：53　31. H487：1　32. H416：1　33. H194　34. H487：9
35. H194　36. H194：4

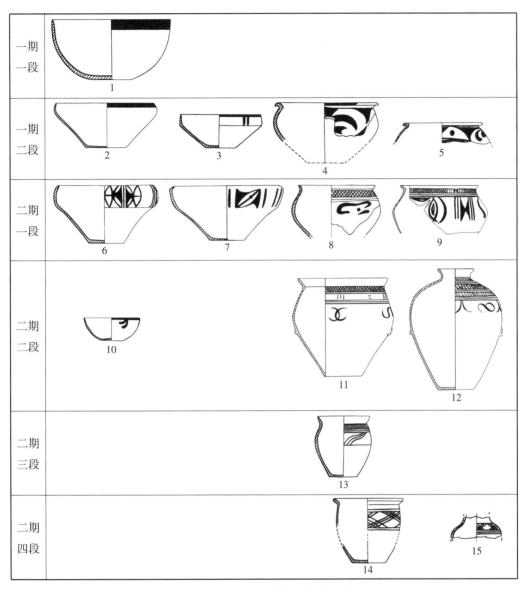

图二　王湾一、二期各段彩陶的演变

1. M371：1　2. H39：3　3. H39：1　4. H39：10　5. T28⑦：23　6. H215：168　7. H215：164　8. H215：196
9. H215：144　10. H168：3　11. H168：36　12. H168：16　13. H149：16　14. H316：4　15. 不详

　　二期三段以 H149 为代表。此时绝大多数为灰黑陶，附加堆纹和篮纹继续增加，并且出现少量浅方格纹。彩陶只剩侈口瘦腹罐一种，饰红色带状网格纹，笔道已见草率。典型器物为斜腹碗、敞口折腹盆、豆、侈口罐、凿形足鼎等。

　　二期四段以 H487 为代表。陶器多黑灰色，篮纹和附加堆纹又有增加。彩陶已极为罕见，但特征显著，均为黑色环带形，带内纹饰为由网格纹演变而来的菱形纹，线条均三条一组，十分整齐。本段典型器物有敞口折腹碗、折腹盆、敞口折腹豆、杯、瘦腹罐、凿形足鼎等。敞口折腹是这一时期陶器造型的显著特色。庙底沟二期也有这种作风，而且两地彩陶也完全一致，因此本段的年代应与庙底沟二期文化相当。但庙底沟二期陶器粗犷，胎壁甚厚而不规整；王湾二期四段的陶器则相当精致，细泥磨光陶占有很大比例。这应是一种地方性差异。

第三期陶器大约可分为两段（图三）。三期一段以 H166 为代表。绝大部分为灰陶和黑陶，除篮纹、方格纹和附加堆纹外，还有少量绳纹，而彩陶已经绝迹。轮制发达，大多数陶器上有清晰的轮旋纹，不少底部有螺旋形割纹。典型器物有敞口碗、双腹盆、侈口罐（多饰大方格纹）、素面罐、高领篮纹瓮、大平底盆、单耳杯等，还有少量甗、鬲、斝、鬶等。这与一般称为"河南龙山文化"（或"中原龙山文化"）陶器的特征是一致的。

三期二段以 H79 为代表。陶器总体颜色变深，黑陶显著增加。纹饰中篮纹相对减少，且多为竖行，拍印较深；方格纹大增，格子变小而深。轮制技术仍然盛行。典型器物有碗、双腹盆、大平底盆、瓦足皿、侈口罐、高领瓮、甗、杯、斝等，鼎、鬶、鬲、盉均甚少见，而新出现一种夹砂红陶缸。总体特征仍应属于中原龙山文化范畴。

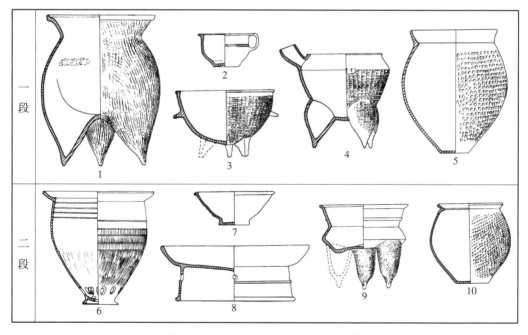

图三　王湾三期一段和二段的陶器

1. 鬲（H166：158）　2. 杯（H166：29）　3. 鼎（H166：147）　4. 斝（H166：27）　5. 罐（H166：156）
6. 甗（H490）　7. 碗（H79：72）　8. 圈足盘（H79：16）　9. 斝（T65④：1）　10. 罐（H212：50）

王湾的这一分期阶段分明，脉络清楚。不但有本遗址的地层学根据，而且为伊洛地区许多遗址的试掘资料所一再证实，因而已成为当地新石器时代诸文化期相对年代的一个标尺。我们若用这一标尺去衡量仰韶村遗址的丰富资料，将有可能凿通许多疑窦而获得崭新的认识。

关于仰韶村的资料，迄今仍限于北平地质调查所 1921 年冬发掘的那一批，以后陆续发表于以下各书：

（1）安特生：《中华远古之文化》，《地质汇报》第 5 号，1923 年（以下简称《中华》）；

（2）阿尔纳：《河南石器时代之着色陶器》，《中国古生物志》丁种第 1 号 2 册，1925 年（以下简称《河南》）；

（3）J. G. Andersson，Researches into the Prehistory of the Chinese，*Bulletin of the Museum of Far Eastern Antiquities*，No. 15，1943（以下简称"RPC"）；

（4）J. G. Andersson，Prehistoric Sites in Honan，*Bulletin of the Museum of Far Eastern Antiquities*，No. 19，1947（以下简称"PSH"）。

至于夏鼐等于 1951 年发掘的那些资料，因没有发表线图或图版，难以进行实际的分析，只好暂缺。

从以上各书中发表的器物图来看，在仰韶村有相当于王湾各期的器物，只是有的较少，有的比较丰富。有关器物和花纹的特征也基本上是相同的，只有少数有些差别。那可能是因为渑池偏西，基本上不属于伊洛流域文化圈内而只是靠近它的边界，故不免带有一些地方性罢了。

下面请让我们按照王湾的年代顺序，将仰韶村的遗物进行排比分类，并加以必要的说明。

（1）相当于王湾一期一段的遗物为数甚少，但特征明确，它们应是仰韶村最早的遗存，可称之为仰韶村一期。标本如下（图四）。

①宽带彩纹钵：《中华》图九，1；PSH 42：5、6、11（指图版号数，下同），均为黑色宽带纹彩陶钵片，其中 PSH 42：6 一件彩带宽达 5.5 厘米。这种宽带纹是仰韶文化半坡类型中非常突出的花纹，王湾一期一段也有这种花纹。

②杯形口尖底瓶：PSH 24：8，红陶，杯形口，口径 5.5 厘米，腹部饰左旋斜行绳纹。其形制和纹饰同王湾 F15 的一件几乎完全一样。

③弦纹罐：PSH 37：1，只剩口部残片。侈口，上腹饰多道平行之弦纹。此器虽未在王湾一期一段发现，但在与之同一时期的半坡类型遗存中却是最普遍的器物。

④锥刺纹陶片：见于 PSH 38：8、10。这种纹饰虽未见于王湾一期一段，但在同时期的半坡类型和后冈类型中都是常见的，而绝不见于以后各期的遗存。

图四　仰韶村一期陶器

1. 钵　2. 钵残片　3、5. 宽带纹彩陶钵片　4. 尖底瓶口部　6、7. 锥刺纹陶片（分别采自
J. G. Andersson, 1947, pls. 13：2, 42：10、11, 24：8, 42：5, 38：8、10）

（2）相当于王湾一期二段的遗物相当丰富，它们通常被归入庙底沟类型。其实王湾一期二段与庙底沟一期的仰韶遗存并不完全相同，未必可以归纳为同一类型。但它们基本属于同一时期则无可疑，我们可称之为庙底沟期。现在人们对庙底沟类型和半坡类型孰早孰晚颇多争论，王湾的地层事实上已经证明庙底沟类型晚于半坡类型。仰韶村地处王湾与庙底沟之间，其文化面貌也带有中间的性质。它们是否应归于庙底沟类型可以另当别论，但无疑属于庙底沟期，年代应晚于仰韶村一期，因而可称之为仰韶村二期。这期的标本主要有下列几种（图五）。

①彩陶碗：残片甚多，仅有一个窄带纹敛口碗可以复原。其中所饰花纹主要有窄带纹、垂弧纹、长方形网格纹、四出花瓣纹、圆点纹、凹边三角纹、对三角纹、火焰纹等。多数为黑彩饰于原色地子上，也有少数施白色陶衣的。标本见于《中华》八，29；九，2；十，1、2、6；十一，1～6、9、12；十二，1、4、6、8；《河南》六，16；十一，52～54；十三，69；十四，4；PSH 41：1～16, 42：3、4、9、12、14、16, 43：12, 44：9、11, 45：3, 47：2、5、8。

图五　仰韶村二期陶器

1～5. 彩陶片　6. 甑　7、8、10、11. 尖底瓶残片　9. 釜残片（分别采自 J. G. Andersson, 1947, pls. 49：
6、4、5, 45：3, 41：5, 20：2, 24：2、7, 36：1、6, 18：4）

②卷缘曲腹彩陶盆：是庙底沟期最富特征的器物之一，残片甚多，无一可以
复原。所饰花纹主要为回旋勾连纹，也有少数圆点纹、花瓣纹、窄带纹等。标本
见于《中华》九，4、6；十，5、43；十二，3；PSH 44：1～7、12，47：1、4、

6，49：1~7。

③敛口彩陶盆：亦为残片。纹饰多垂弧纹和凹边三角纹等。标本见于《中华》九，5；十一，45；PSH 45：2、7~10。

④敛口弦纹盆：均为残片，形态略如敛口彩陶盆，唯上腹饰多道弦纹。标本见于 PSH 37：5，39：4，40：1。

⑤敛口篮纹盆：敛口斜腹，口沿加厚，腹饰斜行浅篮纹，并有一对鸡冠耳。标本见 PSH 20：3。这种盆见于庙底沟，也见于王湾一期二段，只是后者均为素面。

⑥甑：外形如敛口篮纹盆，也是敛口斜腹，腹部有一对鸡冠耳，素面，底部有六个大圆孔，标本见 PSH 20：2。这种甑在庙底沟一期和王湾一期二段都是常见的。

⑦釜：仅见残片，均为小口、广肩、折腹，肩部有多道弦纹，或与弦纹交叉再饰线纹，标本如 PSH 18：4，40：5~7 等均是。这种釜在庙底沟一期和王湾一期二段也都是常见的。

⑧灶：直壁平口，口沿有附加堆纹，壁饰交叉线纹和附加堆纹，当为庙底沟期陶灶的残片，标本如 PSH 36：5、9。

⑨碗：敛口或直口，弧腹小平底，通体素面无纹。标本见 PSH 13：1~5。

⑩小口尖底瓶：仅见口部和底部残片，环形口，腹饰交叉细线纹，底部可见清晰的泥条盘筑痕迹，标本见 PSH 24：1、2、5、7，36：1、6。这种尖底瓶在庙底沟一期和王湾一期二段都是常见的器物，是庙底沟期的标型器物之一。

⑪小口平底瓶：仅见口部，标本见 PSH 24：3、4、6。与小口尖底瓶同为庙底沟类型的重要水器。

⑫颜料杯：是庙底沟期常见之物，仰韶村杯子不少，但只有 PSH 26：1~7 几件的形态近似。

（3）在仰韶村没有发现相当于王湾二期一段的器物，但有很多相当于王湾二期二段和三段的器物。由于这两段时间相距较近，某些特征单凭图版难以分辨，故暂时定为一期，称为仰韶村三期。这期的标本主要有以下几种（图六）。

①彩陶碗：有灰陶和红陶两种，多数饰红彩，纹饰母题比较单纯，主要是带状网格纹、平行横线、平行斜线和曲线等。标本见《中华》十，4；十一，14；《河南》三，3、5；PSH 45：5，48：2~5 等。

②彩陶盆：敛口方唇，口外饰红色带状网格纹。标本见 PSH 48：1。

③彩陶罐：均为残片，侈口瘦腹，个体较矮，上腹饰带状网格纹，是王湾二期二、三段常见的器形。标本见《中华》十，8；十一，13；《河南》三，4；PSH 48：6 等。

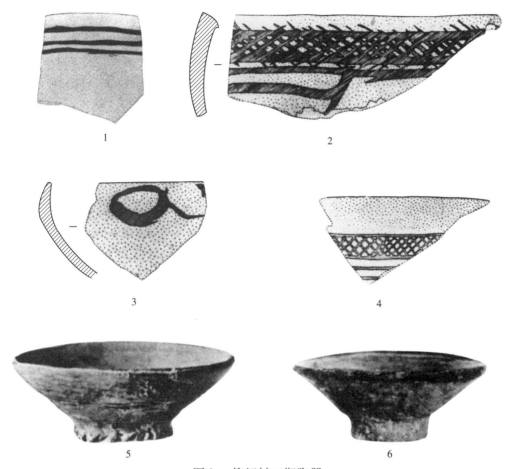

图六　仰韶村三期陶器

1～4. 彩陶片　5、6. 器盖（分别采自 J. G. Andersson, 1947, pls. 45：5, 48：1、4、6, 14：2、6）

④彩陶片：多为罐、碗残片，饰红色带状网纹或垂幛纹等。标本见 PSH 43：1～9，46：8 等。红色带状网格纹是王湾二期二、三段的鲜明特色，看来也是仰韶三期的显著特色。

⑤折盘（豆?）：只剩残片，可能为豆。而折盘豆是王湾二期二、三段的特征。标本见 PSH 38：4、5，50：1 等。

⑥凸弦纹罐：标本见 PSH 8：3 和 37：6。这种罐也是王湾二期二、三段的特征。

⑦鼎：多见鼎足，如 PSH 6：1～3，39：5 等。或为凿形，外侧压出一残凹窝；或为扁平形，腹下有似扉棱的凸弦纹。都是王湾二期三段的特征。

⑧带嘴罐：只见残片，如 PSH 32：5、9、11 等。其中有的为素面，有的器身饰方格纹。带嘴罐是王湾二期一段就开始出现的，方格纹则要到二期三段才有少

量标本。

⑨喷嘴壶：仅见 PSH 32：10 一件标本，且只剩喷嘴。王湾二期一至三段也有这种标本，估计是一种酿酒器。酿成后可以喷滗出酒，而把粮食剩渣留在壶内。

⑩花瓣形捉手器盖：标本见 PSH 14：1、2、6 等。这种带花瓣形捉手的器盖是王湾二期二、三段所常见的，也是半坡晚期等仰韶文化晚期遗存的普遍特征。

（4）相当于王湾二期四段的标本在仰韶村也是很多的。前面已经指出，王湾二期四段在年代上与庙底沟二期相当，但文化特征并不完全相同，不宜把王湾二期四段简单地归入庙底沟二期文化。它们可能分属于两个地方类型。仰韶村正处在庙底沟和王湾之间，其文化特征也具有某种中间的性质，在作风上没有庙底沟二期那样粗糙，又没有王湾二期四段那样精致；篮纹和附加堆纹没有庙底沟二期那样占绝大多数，似乎又比王湾二期四段稍多一点；若干器形也具有同样的特点。我们把这一类遗存称为仰韶村四期。这期的主要标本如下（图七）。

①带状网格纹彩陶罐片：一般为泥质红陶，侈口瘦腹平底，颈部饰黑色带状网格纹。这种网格纹与仰韶村三期的区别在于，后者较整齐且多红色，而仰韶村四期者较草率，一般为黑色。纹样总是由三根半行斜线为一组相交为大菱形。标本见于《中华》十，7、9；十一，10；《河南》十，40；PSH 43：10、18、19、46：4、6、9。同样的标本曾见于庙底沟二期、王湾二期四段和山西平陆盘南村等处。

②小口尖底瓶：均为泥质灰陶，喇叭形口，长颈，广肩瘦腹，无耳，尖底部夹角较大，颈以下通身饰斜篮纹。标本见 PSH 22：1、2；RPC 166：3。这种尖底瓶与仰韶一期和二期者大异其趣，而与庙底沟二期者颇为相似，只是后者已成折肩，腹壁更瘦罢了。

③敞口碗：标本见 PSH 16：1，形态与庙底沟二期的 A3b 盆别无二致。

④折腹碗：泥质灰陶，敞口，腹壁内折。标本见 PSH 16：2、3，RPC 28：2。同样的标本曾见于王湾二期四段。

⑤折腹豆：豆盘腹壁内折略如折腹碗，圈足部分有若干圆形镂孔。标本见 PSH 28：1、2。同样的标本见于王湾二期四段和庙底沟二期。

⑥澄滤器：为斜弧壁钵形，有嘴，口沿捏成绚索形，内壁满是划成的沟槽。标本见 PSH 15：5。这种内壁划槽的器物一般称之为澄滤器，但实际上应是一种擂钵，用它可以磨碎块根或块茎类食物。现知最早的标本见于庙底沟二期，称 A2c 盆，形制与仰韶村这件标本略有不同，有篮纹和鸡冠耳而无嘴，庙底沟的 A4b 盆的口部也作绚索形。

⑦深腹盆：宽缘敞口，素面，有刮磨痕迹。标本见 PSH 10：2。形制介于庙底沟二期的 A4a 和 A4b 盆之间。

图七　仰韶村四期陶器

1. 尖底瓶　2. 罐　3. 豆　4. 澄滤器　5、6. 彩陶片　7. 深腹盆　8. 鼎足　9. 鼎（分别采自 J. G. Andersson, 1947, pls. 22：1, 9：4, 28：1, 15：5, 43：19, 46：4, 10：2, 3：6, 2：6）

⑧侈口瘦腹罐：灰陶或褐陶，通身饰斜篮纹，然后加饰一、两道乃至四道附加堆纹。标本见 PSH 9：2、4，10：3。其形制与庙底沟二期的 A5b 罐几乎完全相同，王湾二期四段也有这类出品。

⑨鼎：为数甚多，标本见 PSH 2：3～6，3：1～6，4：4～9，5：1～8 等。一般为侈口、瘦腹、平底，腹饰横斜篮纹，上面再加一两道附加堆纹。足为扁凿形，

外侧正中有一竖道附加堆纹，个别有三道附加堆纹者。这些鼎在庙底沟二期也相当多，只是有些腹部更瘦，已变为斜直腹了。

（5）仰韶村还有许多相当于王湾三期的遗存，即所谓"河南龙山文化"遗存。但这个名称是并不适当的。因为它的范围并不是以河南省界为界的，它的内部的文化面貌也不大一致。以王湾三期来说，其文化特征就与大体同时的陕县三里桥龙山遗存有较大差别。仰韶村地处二者之间，文化面貌同二者都有一些相近的地方，但比较起来还是更接近于三里桥。这样，在王湾三期曾细分为两段的标准不能简单地搬用到仰韶村。我们只能大体上肯定，仰韶村有年代相当于王湾三期和三里桥龙山的遗存，其内容相当丰富，我们可称之为仰韶村五期。这期的标本主要有以下一些（图八）。

①鬲：标本甚多，一般为夹砂灰陶，满被绳纹，多数有单把，个别的无把，其形制均与三里桥所出者大致相同。见于PSH 1：1～4，RPC 200：4。王湾三期仅有个别陶鬲，无单把而有一对鸡冠耳。

②鼎足：标本见PSH 6：4。是一侧装扁足，为龙山时期特有的形态，常见于

图八　仰韶村五期陶器

1. 鬲　2. 罐　3. 釜灶　4. 单把小罐　5、6. 杯（分别采自 J. G. Andersson, 1947, pls. 1：3，8：3，21：1，11：1，19：5，11：5）

豫北豫东，王湾三期亦有个别者，三里桥未见报道。这期陶鼎极少，适与仰韶四期陶鼎极多的情况形成鲜明的对照。

③釜灶：为一圜底陶釜套接在筒形灶上，灶的上端有几个圆形出烟孔，是一种很特殊的炊器。标本见 PSH 21：1、2。

④方格纹罐：仅见残片，其方格较紧密。如 PSH 33：4。同类器物在王湾三期和三里桥均很普遍。

⑤敛口双腹盆：除口部内敛外，其余均同普通双腹盆。标本见 RPC 29：3。

⑥杯：标本见 PSH 11：5，12：8，19：5、6。形态颇为复杂，有筒形、筒形单把、碗形单把等各种，后两种也常见于三里桥。

⑦素面小罐：侈口鼓腹小平底。标本见 RPC 30：2 和 PSH 8：3。同类小罐在王湾三期和三里桥都是常见的。

⑧单把小罐：泥质灰陶，素面。标本见 PSH 11：1。在王湾三期也有完全相同的例子。

⑨豆：仅见豆柄，多属轮制、细柄，一般无镂孔。见 PSH 30 各器。

⑩平流鬶：出自墓 Q。灰陶，素面，流与口齐平，标本见 RPC 200：1。同样的鬶也见于三里桥。

⑪甑：出自墓 Q。侈口鼓腹；下腹饰篮纹，除底部有箅孔外，腹壁近底处也有一圈镂孔。标本见 RPC 200：3a。同样的甑在三里桥和王湾三期均有出土。

上述五期陶器标本包括已发表陶器的绝大部分，其余少数陶器、陶片，或是时代特征不显著，或是过于残破，单从图版上难以确定其期别，但都属于五期的范围则是没有问题的。唯一可能较晚的遗物是从当时地质调查所采集员白万玉陶片袋中见到的一个鬲足（PSH 2：1），其形制与从不召寨购得的一件西周鬲略相近。

在仰韶村遗址东部临近东沟断崖边的地方曾发现一处墓地，当时编号为 XII 地点，由布赖克（D. Black）和兹丹斯基（Zdansky）进行发掘。在一个不到 30 平方米的范围内发现有属于 15 个人的骨架，似为单人墓，但没有墓圹的记载。由于历年平整土地，墓上已堆积较厚的土。最上一层 1.5 米厚的黄色土大概是近期堆积起来的；第二层 0.9 米的黄灰土则是从前堆积起来的，以下才是墓地的堆积。各墓的深度不一，大致可以分为两层。上层有 4 座墓，头朝西南，并列排成一排，深 2.79～3.10 米不等。下层有 11 座墓，大致分成两排，靠沟边一排 8 座，除墓 M 头朝西北，墓 L 和墓 Q 因骨架大部朽坏方向不明外，头均朝向东南，墓深 3.41～4.15 米不等。其中墓 C 和墓 F 均被上层的墓 G 和墓 H 横压在下面。这一排西北约 1.5 米为另一排，有 3 座墓，头朝东南，深 3.06～3.33 米不等。这些墓分布密集，排列有序，显然是经过两次使用的公共墓地。

在所有15座墓葬中，只有墓Q随葬了5件陶器（图九），其中包括1件单把鬲，1件平流鬶，1件篮纹甗，此三者的形制特征已如前述，都是属于仰韶村五期即中原龙山文化的东西。另有1件小罐、1件盘（或器盖），自然也是同一时期的器物。正如尹达已经指出的，它不属于仰韶文化，而是龙山文化的一座墓葬[1]，确切些说是属于仰韶村五期或中原龙山文化。既然这是一个排列有序的墓地，各墓的年代应相距不远。墓Q是属于下层的（深3.77米），至少下层的墓都应属于仰韶村五期；由于遗址中并未发现晚于仰韶村五期的遗存，那么上层的4座墓也很可能属于仰韶村五期，只是比下层的墓葬略晚。

图九　仰韶村五期墓 Q 出土陶器

1. 平流鬶　2. 盘或盖　3. 篮纹罐　4. 单把鬲　5. 篮纹甗　（来自 J. G. Andersson 1943，pls. 200）

---

[1]　尹达：《论中国新石器时代的分期问题》，《中国新石器时代》，生活·读书·新知三联书店，1955年，133、134页。

布赖克曾从墓地采集到不少陶片和其他小件器物，并逐墓加以登记。其中一部分可能是随葬品，一部分可能是填土中的即比墓葬略早的遗物。择其要者略述如下。

墓 C：篮纹灰陶片 8，绳纹灰陶片 1，磨光灰陶片 1，黑灰蛋壳陶片 1，黑陶片 11。

墓 G：篮纹灰陶片 5，篮纹褐陶大器底 1，黑陶片 6，陶环 1。

墓 K：黑陶片 10，绳纹黑褐陶片 5。

墓 M：篮纹灰陶片 8，篮纹红陶片 1，磨光灰褐陶片 4，黑陶片 5。

墓 N：篮纹灰陶片 4，磨光灰陶片 2，绳纹黑灰陶片 2，黑陶片 8。

墓 P：篮纹灰陶片 3，灰白蛋壳陶片 1，褐陶片 6，黑陶片 8。

墓 S：黑陶片 1。

这些墓葬既包括上层（G、K），也包括下层者，从其中出土大量的篮纹、绳纹陶片等物来看，至少属于仰韶村四期，更可能属于仰韶村五期。而墓葬年代还应比填土中陶片的年代晚些，再考虑墓地中各墓的布局及其与墓 Q 的关系，我认为将整个墓地定为仰韶村五期是比较合适的。

除第ⅩⅡ地点发现的墓地以外，兹丹斯基和布赖克还在第Ⅴ地点清理两座墓葬。墓 A 伴出的有黑陶片 5，粗绳纹陶片 1；墓 B 伴出的有黑陶片 7，篮纹灰陶片 2，绳纹灰陶片 1，磨光灰陶片 3，尚有一些红陶片等。这情况几乎跟ⅩⅡ地点的墓葬一样，大约也是属于仰韶村五期的。

在第ⅩⅡ地点的墓葬清理完毕后，为了进一步了解在更深的地层中是否还有墓葬，曾选择几个点一直往下挖到生土为止，发现文化层深浅不一，所出陶片却相当一致：

一个点深 3.35~4.20 米，出土黑陶片 9，粗红陶片 2，线纹红陶片 1；

一个点深 3.70~4.20 米，出土浅灰色鼎足 1，黑陶片 1，红陶碗片 1；

一个点深 3.75~5.11 米，出土黑陶片 8，线纹红陶瓶口 2；

一个点深 3.88~4.90 米，出土黑陶片 2，红陶瓶口 1，薄红陶片 1，薄灰白陶片 1。

在这些被墓地叠压的地层中，没有仰韶五期的那些典型陶片，甚至也没有仰韶四期常见的篮纹和附加堆纹陶片，说明其时代当较仰韶四、五期为早；地层中发现的线纹红陶片及瓶口等当是仰韶文化的尖底瓶陶片，还有红陶碗片等，也都是较早的东西。但地层中同时有较多的黑陶片，这是到仰韶村三期才有的事。所以墓地下面的地层可能属仰韶村二、三期（假如有两个地层的话），更可能属仰韶村三期而混进了少量比三期早的陶片。现在人们把仰韶村三期那样的遗存称为豫西仰韶文化或秦王寨类型的仰韶文化[1]，而仰韶村五期那样的遗存则被称为河南龙山文化或中原龙山文化。仰韶村墓地的地层关系，清楚地表明了秦王寨类型那样的仰韶文化要早于中原龙山文化。这是以前研究仰韶村遗址的各位学者所未曾注意到的一个极重要的情况。

前面我们借助洛阳王湾的地层关系和文化分期，将仰韶村遗址分为五期；仰韶村第XII地点墓区的地层关系，更直接证明了这一分期顺序的正确性。这五期的划分比起王湾的分期来尽管还嫌粗糙一些，但比以前笼统地当作单一的文化期（混合文化也是单一的文化期），或简单地划分为早晚两个文化的做法，已经是前进了一大步。现在要进一步讨论的问题是仰韶村各期文化的关系，它们是一脉相承，还是由不同的文化相互替代的？这是一个需要认真思考的问题。

梁思永注意到仰韶村遗址中有许多因素和安阳后冈龙山层的出土物相似，他把这种情况看成龙山文化侵入的结果。他认为"仰韶村出土的遗物包含得有彩陶文化所有陶器的成分，而缺少龙山文化最精彩的出品"。因此他得出结论："仰韶村本是彩陶文化的领土，被龙山文化侵入。"龙山文化是"自黄河下游向上游发展的……它先到后冈，占领了彩陶文化早期就废弃的遗址，后到仰韶村，遇着发达已过了最高点的彩陶文化"[2]。梁思永说仰韶村有彩陶文化所有陶器的成分，是以山西夏县西阴村为彩陶文化典型遗址而得出的结论。现在看来，仰韶村确实包含西阴村仰韶文化的所有陶器的成分，这是因为西阴村遗址比较单纯，它的遗存主要相当于仰韶村二期，个别的相当于仰韶村一期和三期，根本没有仰韶村四、五期的物品[3]。梁思永既认为仰韶村许多陶器和后冈龙山层的出土物相似，又指出它缺少龙山文化中最精彩的出品，这是悟到了中原龙山文化和典型龙山文化的不同，但可惜做了不正确的解释，即把仰韶村五期那种只是和龙山文化时期相同而文化面貌并不一致的遗存，看成同一文化在向西传播途中发生的变化。夏鼐赞同梁思永的观点而提出了"混合文化"说。1951 年他曾在仰韶村发掘了一条探沟和一个灰坑。在探沟的第二层中，既发现了仰韶式陶片，又发现了龙山式陶片（薄胎磨光黑陶片、方格纹和篮纹灰陶片、绳纹鬲等），认为是混合文化层[4]。其实这只能证明第二层属仰韶村五期，同时混进了以前各期的陶片。他挖的灰坑的出土物中，"以灰褐陶为主，有少量的红陶及彩陶片。有两片磨光黑陶薄片；其中一片表面绘以朱色粗线及小圆点，是在陶器烧后涂上去的……这灰坑的发掘，可以证实了第一探沟的结果，使我

---

〔1〕 杨建芳：《略论仰韶文化和马家窑文化的分期》，《考古学报》1962 年第 1 期。

〔2〕 梁思永：《小屯龙山与仰韶》，《庆祝蔡元培先生六十五岁论文集》，中央研究院历史语言研究所集刊外编第一种，1935 年。

〔3〕 李济：《西阴村史前的遗存》，清华学校研究院丛书第三种，1927 年。

〔4〕 夏鼐：《河南渑池的史前遗址》，《科学通报》第 2 卷第 9 期，1951 年，935 页。

们能够确定这里的文化是一种仰韶和龙山的混合文化。在灰坑底层又曾发现一片颇为别致的彩陶，红底深红彩，是属于仰韶系统的；但是器壁曲折度很大，厚度又薄，有点近似龙山的陶器形式，这正可以代表一种混合文化中所产生的陶器"[1]。其实这个灰坑的陶片应属于仰韶村三期，与第一探沟第二层所发现的情况并不相同。只是它既不同于西阴村那样的仰韶文化和后冈中层那样的"龙山文化"，又和二者有某些因素相似，说是两者的过渡时期则可，说是混合文化是十分勉强的。

尹达不赞成混合文化的说法。他说："我们分析仰韶村遗物的结果，确知其中有两种文化遗存，还看不出仰韶文化对龙山式遗存有若何影响；这也正和河南北部及河南广武所见的现象相同，这确证仰韶村的遗址是两种文化的堆积而不是两种文化融合为一之后的遗存。"[2]尹达把两种遗存分开，并且相信在河南仰韶早于龙山的论述是很有见地的。但他实际上也相信仰韶村的龙山遗存与山东的典型龙山文化是同一文化，并且是后者传播过来代替了当地的仰韶文化，这观点仍是可以商榷的。

1956～1957年陕县庙底沟与三里桥的发掘，首次认识了庙底沟二期文化，并由此提出了由仰韶向龙山过渡的问题[3]。1959～1960年洛阳王湾的发掘则把这一问题进一步深化了。

正如前面所介绍的那样，王湾的新石器时代（以及铜石并用时代）的文化是分成三期八段的，这一划分已被伊洛流域许多遗址的地层关系所证实。它不但可作为当地新石器文化年代学的一个标尺，而且基本上指明了当地新石器文化发展的一个谱系。换句话说，王湾的各期文化不但有年代上的先后关系，就是在文化内涵上也是一脉相承的。现在人们往往谈论龙山文化是由仰韶文化发展而来的，其立论的基点就是在庙底沟发现了由仰韶向龙山过渡的文化即庙底沟二期文化，在王湾则发现了这种过渡的具体步骤，具体表现在王湾二期的四个阶段。在我看来，现在一般人所指的仰韶文化和龙山文化的概念太大，尤其龙山文化一直划到了陕西。实际上河南、陕西的龙山文化与典型龙山文化大不相同，不应属于同一文化，所以我采用了中原龙山文化的名称以示区别。我们很难说整个龙山文化都是由仰韶文化发展而来的，但如果说豫西的中原龙山文化基本上是由仰韶文化发展而来，则是没有多大问题的。

就仰韶村遗址而言，一期和二期都属于仰韶文化，但一期材料较少，二期较为丰富。一期比较接近于半坡类型，二期则基本上属于庙底沟类型。根据王湾的

---

〔1〕 夏鼐：《河南渑池的史前遗址》，《科学通报》第2卷第9期，1951年，937页。

〔2〕 尹达：《龙山文化与仰韶文化之分析》，《中国新石器时代》，生活·读书·新知三联书店，1955年，110页。

〔3〕 中国科学院考古研究所：《庙底沟与三里桥》，科学出版社，1959年，108页。

地层，半坡类型应早于庙底沟类型，但在文化上是否整个庙底沟类型都从半坡类型发展而来，仍是有待解决的课题。仰韶村二期是否完全从仰韶村一期发展而来，也因一期材料太少而无从确切回答，但这种可能性毕竟还是存在的。

仰韶村二期和三期之间有一段小小的缺环，因为仰韶村缺乏像王湾二期一段那样的遗存。王湾一期二段和王湾二期一段的衔接是比较紧密的。拿彩陶来说，王湾一期二段流行回旋勾连纹和豆荚纹等，王湾二期全部流行带状网格纹，而二期一段有些器物上既有带状网格纹，又有变体的回旋勾连纹和豆荚纹，这最清楚不过地说明王湾二期一段就是由王湾一期二段发展下来的。至于王湾二期的二、三段是由二期一段递嬗演变而来，更是十分清楚的事实。鉴于仰韶村二期与王湾一期二段年代相若，文化面貌也颇相似，仰韶村三期与王湾二期二、三段有更多的共同因素，因此说仰韶村三期基本上是由仰韶村二期发展而来，也应当是可以成立的。

正如王湾二期三、四段之间有一个小小的缺环那样，仰韶村三期和四期之间也有一个小小的缺环，这主要是从器物形态演变轨迹中观察出来的。尽管如此，两期之间的承袭发展关系还是很清楚的。例如彩陶仍都是带状网格纹，只是三期多为红彩，网格紧密；四期多黑彩，网格疏朗，且数量很少，大有衰落之感。三期虽未见尖底瓶，而王湾二期的尖底瓶（残片）已近喇叭口形，仰韶村四期尖底瓶完全是喇叭口形。三期篮纹甚少，四期篮纹大增。凡此都说明四期是在三期的基础上发展起来的，在文化内容上有一脉相承的关系。只有一点似不能完全从发展的角度来说明，就是仰韶村及其以西的仰韶文化遗存中历来很少有鼎，而以东的地方则很早（例如后冈类型）就多鼎。仰韶村三期时只见个别鼎，到四期鼎数量大增，一下子成为主要炊器，这可能是受了东方仰韶遗存（例如秦王寨类型的仰韶遗存）影响。

仰韶村四期和五期之间同样也有缺环，但这并不妨碍我们分析这两期文化的关系。四期的某些因素如彩陶和尖底瓶等，到五期已完全消失了，这是当时在一个相当广大的地区内发生的历史性变化，仰韶村也不例外。但仰韶村四期相当多的因素仍被五期继承了下来，例如斜壁碗、筒形杯、罐形甑、侈口罐以及篮纹等纹饰，都是继承四期而有所发展的。当然也出了一些新的因素如双腹盆、碗形单把杯等，大概是自身发展起来的。鬶当是东方影响的产物，但仰韶村五期仅见一件平流鬶，其形态与典型龙山文化的高流粗颈鬶颇不相同。作为东方传统器物的鼎曾在四期大量出现，到第五期则急剧减少，说明这时期东方的影响不是加强而是大大减弱了。

对仰韶村遗址来说，第五期的外来影响主要不是来自东方而是来自北方和西方。因为与五期许多陶鬲类似的器物多见于山西中南部和关中地区，其次是豫北冀南地区；仰韶村以东的伊洛地区、豫东地区都极少见或不见，更不用说典型龙山文化分布的山东地区了。五期遗存中还有釜灶，这种特殊器物目前还只见于山西南部，如果是外来影响也只能是来自山西南部的影响。仰韶五期有较多的绳纹，这也是关中和晋中南等地的传统纹饰，仰韶以东历来很少，仰韶村遗址直到第四期仍然很少，它的骤然增加自然也应是北方和西方影响的结果。

总括前面的分析，可以得出以下几点认识。

第一，仰韶村的新石器时代遗存不是单一的文化期，也不仅仅是两个文化期，而是至少有五个文化期。

第二，仰韶村第一、二期相当于王湾一期，一般都称为仰韶文化；第三、四期相当于王湾二期，大体上可归入仰韶文化晚期，并有明显地向中原龙山文化过渡的迹象；第五期相当于王湾三期，文化面貌有较大变化，可称之为中原龙山文化，一以区别于仰韶文化，二以区别于山东地区的典型龙山文化。

第三，仰韶各期文化基本上是一脉相承的，但发展中有缺环，也有一些外界影响。第四期受东方即河南中部的影响较多，第五期则以北方的山西中南部和西方的关中地区的影响比较显著。

第四，仰韶村五期的中原龙山文化同前四期的仰韶文化之所以有较大的差别，不是由于两者所属文化系统不同，而是同一文化系统的两大发展阶段使然。在从前四期发展为第五期的过程中虽然有外部因素的作用，但主要还是受同一文化系统内不同地区特征的影响，看不出有其他文化的侵入，更看不出东方的龙山文化如何西进占领了仰韶文化的阵地。

1963 年 2 月

附记：1980～1981 年，河南省文物研究所等曾对仰韶村进行了小规模的发掘，发现了不同文化期遗存依次叠压的地层关系。发掘者依据这些地层关系将该遗址分为四期，分别相当于本文的二至五期，可见其结果与本文的分析完全一致，只是缺乏最早一期的遗存。很可能最早一期仅仅分布在局部范围，这次发掘没有遇到罢了。读者可参阅河南省文物研究所和渑池县文化馆《渑池仰韶遗址 1980～1981 年发掘报告》，载《史前研究》1985 年第 3 期。

1986 年 12 月 3 日

［原载《仰韶文化研究》（增订本），文物出版社，2009 年］

西阴村史前遗存分析

　　山西夏县西阴村仰韶文化遗址是 1926 年发掘的。对于这处丰富的仰韶遗存，有的同志认为非常单纯，是属于同一时期同一文化类型的东西，甚至可以用它作为命名文化类型的典型遗址，从而提出了西阴类型的名称[1]。有的同志则认为内容复杂，由于过去田野工作粗疏而把不同时期不同类型的东西混在一起，因而用它来命名一个文化类型是很不恰当的[2]。我们认为，西阴村遗址是一处单纯的仰韶文化遗址，其文化内容远较仰韶文化由以命名的仰韶村遗址的内涵简单。依据现在的认识水平来说，西阴村遗存大部分是属于庙底沟类型的，但也有少量较早和较晚的遗存，不能笼统地将其视为同一类型，而需要做具体的分析。

　　西阴村发掘的资料，主要见于李济《西阴村史前的遗存》[3]（以下简称李）和梁思永《山西西阴村史前遗址的新石器时代的陶器》[4]（以下简称梁）两文，以后吴金鼎在《中国史前的陶器》[5]（以下简称吴）一书中又发表了一部分新的资料。以上三者载有图版或插图的，除重复者不计外，共得彩陶 65 片，素陶 31 片，还有一部分石器和骨器。将这些遗物同现在经过科学发掘和研究的遗存进行比较，大致可分成以下三类。

　　第一类遗存较少，其中有以下一些。

　　（1）直口圜底钵：一件直口，腹壁圆曲，下腹斜收，圜底（吴，插图三十七：49）。另一件仅余口部，细泥红陶，口部外缘饰黑色宽带形彩纹，彩带宽约 5

　　〔1〕　杨建芳：《略论仰韶文化和马家窑文化的分期》，《考古学报》1962 年第 1 期，51 页注①。

　　〔2〕　方殷：《从庙底沟彩陶的分析谈仰韶文化的分期问题》，《考古》1963 年第 3 期，152 页。

　　〔3〕　李济：《西阴村史前的遗存》，清华学校研究院丛书第三种，1927 年。

　　〔4〕　梁思永：《山西西阴村史前遗址的新石器时代的陶器》，《梁思永考古论文集》，科学出版社，1959 年

　　〔5〕　Wu Ginding, 1938. *Prehistoric Pottery in China*, London, pp. 71 – 80.

厘米稍弱（梁，图十六，g）。

（2）鱼纹彩陶盆：一为口部残片，细泥红陶，缘较窄而外卷，唇及缘面饰黑色彩带，腹部饰鱼形彩纹，仅残存尾部（李，图版五，3），它与西安半坡一件彩陶盆上的鱼尾相似[1]。又有一件大约是彩陶盆的腹部残片，饰黑彩，由直线和宽条构成，很像是鱼纹的变体（李，图版六，6）。

（3）侈口弦纹罐：有一件口部残片，当是属于一种侈口鼓腹或曲腹的夹砂罐者，肩及上腹满饰弦纹，且纹道较粗，排列较紧，平行而整齐（李，图版四：4）。

上述 5 块陶片在器形和纹饰上所体现的特点，都是屡见于半坡类型的仰韶遗存的，而且常有共存的现象。例如在西安半坡的 55T1（3）和 T22（3）两个地层中都有鱼纹彩陶片和宽带纹彩陶钵片共存[2]，M32 有直口圜底钵与侈口曲腹弦纹罐共存[3]。在彬县下孟村 60F1 有直口圜底钵、宽带纹彩陶钵和侈口弦纹夹砂罐共存[4]。这些罐上的弦纹也是纹道较粗，排列较紧，平行而整齐，这都是半坡类型的特点，而与庙底沟类型夹砂罐上的弦纹大不相同，后者一般较细、较稀、较不整齐，且往往与线纹交织在一起。由此可见，西阴村第一类遗存的陶片尽管很少，却特征显著，应是同一时期同一类型的东西，大体上属于半坡类型[5]。

第二类遗存的陶片占了绝大部分，其中有以下一些。

（1）敛口彩陶碗：为数最多，均为细泥红陶或米白色陶，敛口、折腹、下部斜收。少数有白衣，主要饰黑色花纹，个别的也有红色花纹。母题主要有五种。

a. 垂弧纹：在口沿外饰一列垂弧纹，其下面有的由侧立的新月形纹分划为若干单元，每单元内有三条对角斜线，并于中段缀一圆点（梁，图十四，a）；有的圆点移置于对角斜线的左上方（梁，图十四，c）；有的新月变为凹弦直角三角形，对角斜线缩短，末端交于下方横线之中段（梁，图十四，e）。

b. 豆荚纹：由于两个凹弦直角三角形相向对接，中间形成一个豆荚形地子，沿豆荚长轴有一细线，并于线中段缀一圆点（梁，图十四，d）。

---

〔1〕 中国科学院考古研究所、陕西省西安半坡博物馆：《西安半坡》，文物出版社，1963年，图版 CXI，1。

〔2〕 中国科学院考古研究所、陕西省西安半坡博物馆：《西安半坡》，文物出版社，1963年，图版 CLⅢ，9、12 和 CLⅪⅩ，4 以及图版 CLXX，5。

〔3〕 中国科学院考古研究所、陕西省西安半坡博物馆：《西安半坡》，文物出版社，1963年，图版 CⅪⅩ，3 和 CXXXVI，2。

〔4〕 陕西省社会科学院考古研究所泾水队：《陕西彬县下孟村仰韶文化遗址续掘简报》，《考古》1962 年第 6 期，294 页图三，3、5、7。

〔5〕 这是当时的看法，现在看来应属于半坡期的东庄类型。——作者补注。

c. 凸弧纹：每单元由二至三个凸弧形纹重叠，下方实一圆点。其构图有的是同一单元的重复，有的则与网格纹单元相间排列（梁，图十五，a、c）。

d. 网格纹：每单元由网格纹构成长方块，有的与凸弧纹相间排列有如前述，有的则由长方块连续排列，每两个长方块间留一条窄长的空隙，中间实以圆点（梁，图十七，d）。

e. 窄带纹：在口沿边饰一道红色窄带（李，图版六，3），同样的花纹曾见于庙底沟和洛阳王湾一期后段。

（2）敛口彩陶钵：仅有残片。形制为敛口、折腹、厚唇，饰成组的网格纹和重叠三角纹（李，图版六，4）。

（3）卷缘曲腹彩陶盆：数量甚多，也都是残片。细泥红陶或米白色陶，饰黑色花纹。母题主要有两种。

a. 花瓣纹：由许多凹边三角纹的顶点对接，形成五出或六出花瓣形地子，并于花心缀一圆点以表示花蕊（梁，图十五，d、f）。

b. 回旋勾连纹：由圆点、曲条、凹边三角和细线等构成，每一单元的花纹总是围绕一个圆点为中心回旋，而单元之间则互相勾连，难以截然断开，通常把这种纹饰称为涡纹或圆点勾叶纹（梁，图十六，e、h）。

（4）彩陶豆：只剩豆盘残片，未见圈足。形制与陕西华阴西关堡出土的一件完整彩陶豆相同[1]，因知为豆。均细泥陶，斜直壁，盘下有垂棱。有的有红色陶衣，饰黑彩，母题多为横行的辫形纹和羽状纹（梁，图十六，b、d）。

（5）小口瓶：仅余残片。泥质陶，仅颈部有彩，腹部饰稀朗的线纹（李，图版六，2）。梁思永曾根据口、底两部分陶片想象复原成一件小口尖底瓶（梁，图十九），形式略如庙底沟的环形口尖底瓶[2]。

（6）陶灶：仅有口部残片，为夹砂陶，外壁有弦纹和附加堆纹，口内有承釜的泥突（梁，图二十，e～g），它是庙底沟类型陶灶所特有的。

（7）夹砂罐：均为口部或腹部残片。侈口，口部剖面形同铁轨。腹饰稀朗的线纹，有时被横行的弦纹或划纹割断，有时又有附加堆纹（李，图版四，9；梁，图十八，a～c、j）。

上述各种陶器全部都可以在庙底沟一期找到相应的例子，并且还可以找出不少相互共存的情况。例如 H10 有饰垂弧纹、凸弧纹和网格纹的各种陶碗与饰回旋勾连

〔1〕　石兴邦：《陕西渭水流域新石器时代的仰韶文化》，《人文杂志》1957 年第 2 期，图版一；第 3 期，74 页。

〔2〕　中国科学院考古研究所：《庙底沟与三里桥》，科学出版社，1959 年，图版 XXXII，8。

纹的卷缘曲腹盆共存[1]，H46 有饰凸弧纹和豆荚纹的陶碗与饰花瓣纹和回旋勾连纹的卷缘曲腹盆共存[2]，H47 有饰凸弧纹和花瓣纹的陶盆与夹砂陶灶共存[3]，H346 有垂弧纹碗、花瓣纹盆和夹砂陶罐共存[4]，等等。庙底沟也有同时饰彩纹和线纹的小口瓶残片，虽不知与其共存的其他器物，然其彩陶花纹的风格与同一遗址的其他彩陶仍是一致的。由此可见，西阴村的第二类陶器，除彩陶豆以外，可以确定是属于一个陶器群的。它们彼此共存，而绝不与第一类陶器和后述的第三类陶器共存，当然属于另一个类型。由于这类陶器全部都能在庙底沟一期找到相同的标本，自然是属于庙底沟类型的。

至于彩陶豆，西阴村和庙底沟都只出土豆盘部分的残片，形制和花纹都颇一致。但庙底沟的彩陶豆被发掘报告错定为圈足碗[5]，把豆盘下部的垂棱错定为矮圈足，又没有发表出土单位，是否确属于庙底沟类型的豆呢？要正确回答这个问题，需要借助于华阴西关堡出土的一件完整彩陶豆来加以说明。西关堡的彩陶豆，其盘部为直口、斜直腹，下部有垂棱，外部上下两段分别饰横行的辫形纹和羽状纹，这都与西阴村和庙底沟的残豆一致，于此可以充分说明后两者的残片属豆而非碗类器物。更有甚者，西关堡彩陶豆盘的中段还有一列四出花瓣纹，花心为横条和竖条所分割，这种花纹是庙底沟类型中所常见的，并且往往同垂弧纹、凸弧纹、豆荚纹的彩陶碗及饰回旋勾连纹的彩陶盆共存（如庙底沟 H43 和 H46 均是），可以肯定这些豆并不是另外一个陶器群的东西，它们也都应属于庙底沟类型。

除上述两类遗存以外，西阴村还有少量陶片也许应归入第三类遗存。其中有口部轮制的黑陶碗（李，图版四，2），饰细条附加堆纹的夹砂罐残片（李，图版四，1、10）和某些矮圈足的器皿（吴，图三十七，67、68）。它们似与河南王湾二期或秦王寨类型的特征相近[6]，其年代应比第一、二类遗存为晚。这与地层

---

[1] 中国科学院考古研究所：《庙底沟与三里桥》，科学出版社，1959 年，图版 XⅡ，7；图版 XⅦ，1；图版 XⅥ，3；图版 XXⅦ，1。

[2] 中国科学院考古研究所：《庙底沟与三里桥》，科学出版社，1959 年，图版 XⅥ，6、2；图版 XXⅣ，6；图版 XXⅥ，1。

[3] 中国科学院考古研究所：《庙底沟与三里桥》，科学出版社，1959 年，图版 XXⅢ，5；图版 XXⅤ，1；图版 XXXⅨ，5。

[4] 中国科学院考古研究所：《庙底沟与三里桥》，科学出版社，1959 年，图版 XⅤ，2；图版 Ⅴ，2；图版 XLⅡ，3。

[5] 中国科学院考古研究所：《庙底沟与三里桥》，科学出版社，1959 年，图版 XⅧ，4。

[6] 秦王寨类型一名是依据河南荥阳秦王寨遗址而得名的。但该遗址未经科学发掘，遗物也不大单纯，作为一个类型的代表性遗址并不是没有缺陷的。但因一时找不出一个更合适的遗址来命名，故仍暂用此名。

上的观察是一致的。据发掘者李济说："那凝暗的成分（按即黑陶或深灰陶）是每上愈增，那油光红（按即施红衣的陶片）在上灰层是最多"[1]，说明西阴村上层的遗物与下面各层的确有一些不同。只是因为遗物太少，不容易确切地归入某一类型。

西阴村还发现过一些石器、骨器和小件陶器，其中的陶环、陶球、纺轮、骨锥和骨针等，在半坡类型和庙底沟类型的遗存中都曾发现过，不能确定属于哪一类型。西阴村还发现了为数颇多的打制燧石器，李济把它们通通当作箭头（李，图版十二，1~10）。其原料、制法和大小都接近于细石器，但形制并不像细石器文化的箭头。这种石器既与仰韶文化的遗物共存，当是仰韶文化遗存的组成部分，但也难以确定属于何种类型。大致能够确定类型的只有凸弧刃石铲、剖面椭圆形石斧和长方形穿孔石刀（李，图版十，1~4），它们都与庙底沟一期所出同类器物相似，当是属于庙底沟类型的遗存。

以上的分析说明，西阴村是一处仰韶文化遗址，大多数遗存属于庙底沟类型，但也有少量更早或更晚的遗物，不能认为是单纯的同一类型同一时期的东西。我们知道西阴村遗址的发掘规模很小，李济对地层做了非常细致的划分，后来梁思永又对陶片进行了十分详细的分析，为什么他们都没有区分开来呢？我认为这是一种历史的局限。我们虽然不能以现有的认识水平去要求前人，但对那时的工作总应有一个清楚的认识。

西阴村发掘之时正处在我国田野考古学发展的初期。从不知道田野发掘的重要性到实际开展田野工作，从只知道收集金石文字之物到采集最不起眼的陶片等普通文化遗物，这本身便是一个极大的进步，是我国近代考古学开始的标志，但瑞典学者安特生在当时地质调查所其他工作人员配合下最早进行的一些发掘，并没有严格的坐标，地层观察不细致，采集遗物只记录出土深度，而没有按土质土色划分层次。李济在西阴村的发掘在安特生的基础上已有很大改进。他第一次采用探方法进行发掘，以 2 米见方划分探方。发掘时以 1 米深为一大层，在大层内按堆积物的原生层次来划分亚层，当时有的探方从表土层往下共划分 33 个层次，并按照这些层次采集和记录出土遗物。这个方法比安特生在仰韶村采用的方法细致和精密多了，但在今天看来仍有严重的不足。第一，以 1 米的深度来划分大层是没有必要的，它必然要分割某些原生层次，容易引起错觉；第二，亚层的划分虽然是按原生堆积的土质土色来进行的，但划分过细，主次不分，没有考虑各探方整个地层的联系，不能区分哪些是有意义的地层，哪些只是局部的土质土色变

---

〔1〕 李济：《西阴村史前的遗存》，清华学校研究院丛书第三种，1927 年，26 页。

化；第三，这是最主要的，就是没有遗迹打破关系的观念，当时已经观察到地层中"充满了交叉和袋形的状态"，却迷惑不解。其实这种所谓交叉和袋形的状态乃是袋形灰坑相互打破在地层剖面上的反应。在袁复礼绘制的发掘完毕后的地形图上，可以清楚地看出许多圆形坑底，其中有些坑就有相互打破的情况。例如位于探方 2 ~ 4 深约 4.5 米的一坑与位于探方 6 ~ 7 深 2.59 米的一坑，其坑边的延长线已经相割[1]，显然发生了打破关系。由于当时对这些现象全无认识，当然就不可能作为一种地层单位划分出来，这是造成地层关系模糊不清的主要原因；第四，发表的遗物绝大部分没有注明层次，读者难以从地层关系来判明其相互关系。梁思永的分析虽然十分详细，但因地层本身有失误，而他的分析又不是从地层出发，只是在分析完毕后考察各种因素在地层中量的变化，当然也不可能进行正确的分期。至于文化类型的概念，在当时是根本没有考虑到的。

　　我们既已知道西阴村的仰韶遗存并不单纯，并且知道了造成它不单纯的原因，自然就不宜用它来作为一个类型的代表。也许有人会说，西阴村仰韶遗存固然并不单纯，但毕竟属第一、三类的遗存只占很少的比例，假如把这些遗存分开，可不可以单用第二类遗存来作为一个类型的代表呢？因为据杨建芳同志的分析，庙底沟彩陶可分为甲、乙两组，西阴村彩陶只相当于庙底沟的甲组，因此笼统地称为庙底沟类型，不如分别称为西阴村类型和三里桥类型[2]。但事实是甲、乙两组花纹的划分并不符合客观实际情况，因为在庙底沟有许多单位是甲、乙两组花纹共存的。再说西阴村也并非只有甲组花纹。在杨建芳所划出的乙组彩陶的单位中，有不少花纹是西阴村第二类遗存中常见的，如 H346 的垂弧纹、花瓣纹、网格纹，H12、H305 和 H327 的垂弧纹和 H72 的豆荚纹等，都是西阴村第二类遗存中的典型花纹，怎么能够说西阴村彩陶与庙底沟的所谓乙组彩陶无关呢？由此可见，并不是庙底沟一期比西阴村复杂，而是西阴村比庙底沟一期复杂。作为一个文化类型的典型遗址，总是以内涵单纯，特征明确为好。所以我还是主张保留庙底沟类型的名称，而不必另立西阴村类型那样的名称。

1963 年 7 月

[原载《仰韶文化研究》（增订本），文物出版社，2009 年]

---

　　[1]　李济:《西阴村史前的遗存》，清华学校研究院丛书第三种，1927 年，图版三。
　　[2]　杨建芳:《略论仰韶文化和马家窑文化的分期》，《考古学报》1962 年第 1 期，51 页注①。

三里桥仰韶遗存的文化性质与年代

关于三里桥仰韶遗存的文化性质，在原发掘报告中便已提出了初步的看法，认为三里桥和陕西西安半坡非常接近，或可暂归于同一类型（《庙底沟与三里桥》114页。以下凡未注明出处的页次、插图和图版等，均引自原报告）。在《新中国的考古收获》一书中，更明确地肯定了三里桥仰韶遗存属于半坡类型[1]。

将仰韶文化划分类型，在考古界已酝酿很久，但初步确定为半坡与庙底沟两个类型并正式发表的，则自《庙底沟与三里桥》一书出版开始。半坡和庙底沟两个遗址的发掘面积都比较大，出土遗物丰富，能较全面地反映各自的文化特征；且二者的差别比较显著，如果以它们作为代表来划分类型，确可概括大部分的仰韶遗存。现在对类型一词含义的理解颇有出入，甚至对划分类型是否适当也有讨论的余地，这些暂搁置不论。不容忽视的是，仰韶遗存中的确有相当一部分既不同于半坡也不同于庙底沟的，也有一小部分既接近于半坡又接近于庙底沟的，这两部分都不能简单地归入任何一个类型。三里桥的仰韶遗存，就是有类于后一种情形的。

根据报告所发表的材料，我们认为在三里桥仰韶遗存中比较接近于半坡类型的因素只有以下几种。

A1a 圜底钵（图六〇；图版柒陆，1a、1b）：细泥红陶，素面无纹，大口、浅腹、圜底，底部中央穿一小孔。这种器物在半坡[2]、宝鸡北首岭[3]和华县元君庙[4]等处半坡类型的遗存中都普遍发现。

[1]　中国科学院考古研究所：《新中国的考古收获》，文物出版社，1961年，9页。
[2]　考古研究所西安工作队：《新石器时代村落遗址的发现——西安半坡》，《考古通讯》1955年第3期，图一。
[3]　考古研究所宝鸡发掘队：《陕西宝鸡新石器时代遗址发掘纪要》，《考古》1959年第5期，图版贰，5。
[4]　黄河水库考古工作队华县队：《陕西华县柳子镇第二次发掘的主要收获》，《考古》1959年第11期，591页。

A1b 圜底钵（图六〇；图版柒陆，2a、2b）：形态与 A1a 基本相同，唯底略平，底部印有乳丁，可能是制陶器时放置在某种垫子上所遗留下来的痕迹。类似的乳丁印痕在半坡也可见到，而在圜底钵底部遗留印痕，则是上述各遗址的普遍现象。

D1a 敛口罐（图六一；图版柒捌，2）：夹砂粗红陶，素面无纹，鼓腹平底，个体甚小。在半坡有类似的小罐发现。

D1b 侈口罐（图六一；图版柒捌，3）：亦为夹砂红陶，素面无纹，侈口、鼓腹、平底。相同的器形曾见于元君庙，在半坡也有类似的罐发现，唯缘面微凹。

D2 筒形罐（图六一；图版柒捌，4）：夹砂红陶，体呈直筒形，满饰绳纹，唇部外卷，似器身做好以后另加上去的。半坡也发现有直筒罐，但唇较直，并与器身一次做成，质地为夹砂灰褐陶，表面绳纹也不明显。

陶窑（图五六）：据报告称，"这里的陶窑由长筒形火膛和圆形的窑室所构成，窑室周围有直立的窑壁……火膛和窑室都在同一个平面上……"（113 页）。这与半坡[1]和宝鸡北首岭[2]的筒形横穴窑的结构是近似的。不过这种窑也不一定只是半坡类型的特点，例如在华县泉护村所发现的属于庙底沟类型的陶窑，也"均为筒状的横穴窑，与西安半坡的几座陶窑亦近似，惟火膛较半坡的为短，倾斜度大"[3]。另外泉护陶窑有一较深的火膛，是和三里桥陶窑不相同的。

三里桥仰韶遗存中还有不少接近于庙底沟类型的因素，从报告中发表的以下材料可以得到说明。

A2a 浅腹碗（图六〇；图版柒陆，3）："大口，腹壁向下往里收缩成平底，但腹部和底部无明显的分界"（89 页）。这和庙底沟 A3 浅腹碗是相同的（图一七；图版拾，3~7；图版拾壹，1、2；图版拾贰，2~7）。据报告称这种碗也是"大口，浅腹，腹壁弧形向下往里收缩成平底"（26 页）。再从插图和图版来看，其腹部和底部之间也无明显的分界。

A2b 深腹碗（图六〇；图版柒陆，4）：器形与前式近似，唯腹部较深，和庙底沟 A4a 深腹碗也比较接近，但后者均有彩绘，有的底部微凹（图一七；图版拾壹，3~5）。

〔1〕考古研究所西安半坡工作队：《西安半坡遗址第二次发掘的主要收获》，《考古通讯》1956 年第 2 期。

〔2〕考古研究所宝鸡发掘队：《陕西宝鸡新石器时代遗址发掘纪要》，《考古》1959 年第 5 期，230 页。

〔3〕黄河水库考古工作队华县队：《陕西华县柳子镇第二次发掘的主要收获》，《考古》1959 年第 11 期，586 页。

A3a 浅腹盆（图六〇；图版柒柒，1）：泥质红陶，素面，大口，折缘，浅腹，平底，腹壁斜行向下往里收缩。造型当和庙底沟的 A10 深腹盆同属一类。据报告称庙底沟 A10 深腹盆也都是泥质红陶，"折沿、深腹，腹壁向下往里收缩成平底"（31 页），其中不少也是素面。但庙底沟 A10 一类中许多形制不全相同，只有A10b（图二〇；图版贰贰，3）和 A10f（图二一；图版贰肆，2、3）比较接近，另外和 B4b（图二五；图版叁伍，1）形制也很相像。半坡类型没有发现过这样的陶盆。

A4a 敛口盆（图六一；图版柒柒，3）：细泥红陶，敛口，腹壁呈弧形收缩为平底，和庙底沟 A9d 细泥红陶质的敛口盆（图版贰拾，2）以及 B5a 泥质灰陶的敛口盆（图二六；图版叁伍，3）基本上是相同的。

A4b 敛口盆（图六一；图版柒柒，4、5）：器形与前式近似，唯底部收缩较甚，并与腹壁有明显的分界。这种盆有彩绘和素面两种，和庙底沟敛口盆也相像（图一九；图版贰拾，3）。T240：05（图六一）彩绘为口沿垂幛与弧线三角纹的结合体，这种母题在庙底沟的彩陶中是较多的（图版拾壹，1；图版拾贰，4、7；图版拾叁，7；图版拾伍，2），尤其是 H346：51 一件（图版拾伍，2），无论从器形或彩陶纹样来看，都和三里桥的完全相同，而在半坡类型的各主要遗址中是找不到的。

A5 敛口罐（图六一；图版柒柒，6）：泥质红陶，器身特大，和庙底沟 B5d 敛口盆实属同类器形（图二六；图版叁陆，1），而与 B6 敛口罐相去较远。它的特征为大口内敛，唇缘极矮，下部急收为小平底，与其称盆称罐，不如称瓮或缸，在华县泉护村[1]和彬县下孟村[2]等处也有不少发现，是庙底沟类型的一个显著特征，而绝不见于半坡类型。

A6 器座（图六一；图版柒捌，1）：腰部圆缓，两端外卷，和庙底沟 A20b（图二五；图版叁肆，1）非常相像。半坡也曾发现器座，唯腰部急收，两端也不外卷，和三里桥的有所不同。

再看看彩陶，前面已经谈到三里桥的纹饰母题属于庙底沟类型，与半坡类型的完全不同。另外报告中说，"在（三里桥）陶片中也发现有几片带白衣的彩陶"（89 页）。我们知道白衣彩陶在庙底沟类型的遗址中虽数量不多，却经常发现，半

〔1〕　黄河水库考古工作队华县分队：《陕西华县柳子镇考古发掘简报》，《考古》1959 年第 2 期，图版贰，1。

〔2〕　陕西考古研究所泾水队：《陕西邠县下孟村遗址发掘简报》，《考古》1960 年第 1 期，图版壹，4、7。

坡类型则几乎没有。

从上面的分析可以看出，在三里桥仰韶遗存中接近于半坡类型[1]的因素是有限的，而接近于庙底沟类型的因素倒比较多。原报告强调了三里桥与庙底沟的区别，把一部分接近于庙底沟的因素如敛口盆等说成是地方性的表现。其实在半坡附近的马王村[2]和半坡以西的彬县下孟村[3]也都有敛口彩陶盆的发现，这怎么也不能用地方性来解释。不但如此，原报告中进一步把类似于半坡的因素突出起来，从而认为它属于半坡类型。其实半坡类型的内容是非常丰富的，其中许多重要的特点，如大头细颈壶、葫芦形瓶、绳纹夹砂瓮、像生性的鱼纹和遒劲的几何形彩陶纹样以及锥刺纹等，在三里桥都不曾见到，这就失去了把它判为半坡类型的依据。

另一方面，也不应忽视三里桥不同于庙底沟的地方。除了其中包含一部分类似于半坡的因素以外，前面所述接近于庙底沟的因素，绝大部分也仅是相近而已，完全相同是很少的。且三里桥彩陶较少，纹样较简单，缺乏篮纹，陶器形制也不如庙底沟的富于变化，生产工具中完全未见石铲等，都是有别于庙底沟而不能等同起来。这样看来，三里桥实介于两个类型之间，笼统地划归这一类型或者那一类型，都是不十分妥当的。

当我们明确了三里桥仰韶遗存的文化性质，便可进而推论它的相对年代。对这个问题，同志们的争论很多。报告中提出的初步看法是："（三里桥）仰韶层中有保存完整而形制原始的陶窑。遗物不多，在陶器中缺乏庙底沟所常见的曲腹碗、盆，而出现了庙底沟所没有的圜底钵。彩陶纹饰简单，数量也大为减少，表现了彩陶的退化倾向。不见石铲可能为木制工具所代替。它的时代也许晚于庙底沟的仰韶文化层。"（119 页）

这一推论，缺乏地层根据，也没有可靠的间接材料作为比照。单是从遗迹遗物的原始、进步、退化的倾向等方面去看问题，并进而据以推论时代的早晚，就会和事物发展不平衡的规律相矛盾。在同一时期内，可以在这一地方比较先进，那一地方比较落后，即便同一文化的同一地点，也可以有某些因素比较原始，另一些比较

---

[1]　作为半坡类型典型遗址的半坡，其包含并不单纯。我们参观半坡博物馆和参考其他有关资料，知道那里确有某些较晚的遗物，它们不见于半坡类型的宝鸡北首岭和华县元君庙等地。这里所指的半坡类型，主要是指半坡早期的特征，而不包括那些明显为晚期的因素。

[2]　石兴邦：《陕西渭水流域新石器时代的仰韶文化》，《人文杂志》1957 年第 2、3 期，图版四，3。

[3]　陕西考古研究所泾水队：《陕西邠县下孟村遗址发掘简报》，《考古》1960 年第 1 期，图版壹，2。

进步，或者正走向衰退。事实上，由于两个类型都属于同一文化，时代相去不远，文化发展水平的差距不大，我们很难依据少数的遗迹遗物来判断它们哪一个更原始或更进步一些。关于这一点，吴汝祚和阳吉昌同志早已指出来了[1]，而张世铨[2]和吴力[3]同志又利用原报告的材料，并采用了作者的论证方法，却得出了相反的结论，道理就在这里。

应当说明的是，我们在分析三里桥仰韶遗存的文化性质的时候，是以它的各文化因素具有共存关系为前提的，因为原报告在叙述仰韶地层时只分了一层，也没有提出还可再行分期的任何线索。不过在谈到该处仰韶灰坑时说共发现 47 个，保存完整者"约占四分之一强，余者皆有打破关系"（86 页）。只是我们不知道有多少是仰韶灰坑的互相打破关系，甚至这种关系较多，也不一定可以进行文化分期。因此我们在推论其相对年代的时候，姑且把它们当作同一时期的遗存来看待。

在我们探讨三里桥仰韶遗存的相对年代时，仍然缺乏直接的地层根据。是否可以在庙底沟找出某些线索，以助于这个问题的解决呢？从已经发表的材料来看，庙底沟仰韶遗存的内涵是比较复杂的，就陶器而言，形制和纹饰的变化都很显著，其中有部分是和三里桥接近的，也有不少表现出明显的差别。从地层上来看，那里的灰坑打破关系非常复杂，最多竟有 17 个互相套在一起的，这使我们有理由相信庙底沟的全部仰韶遗存不会单纯是属于同一时期的。杨建芳同志已从彩陶纹饰的分析中提出了这一问题[4]，但是由于材料的限制，没有得出令人满意的结论。这样，在目前没有新的资料和新的研究成果发表之前，我们便难以从庙底沟遗址本身找到推论三里桥与庙底沟相对年代的依据。

但是，如果在别的地方寻求间接的比照材料，问题就会明朗化起来。由于近年来仰韶文化遗址的发掘较多，有一些地方已经发现了不同时期的文化堆积互相叠压或打破的现象。例如在华县泉护村[5]、彬县下孟村[6]和洛阳王湾[7]等处，

————————

〔1〕　吴汝祚、阳吉昌：《关于"庙底沟与三里桥"一书中的几个问题》，《考古》1961 年第 1 期。

〔2〕　张世铨：《试谈庙底沟与三里桥仰韶遗存的先后关系》，《考古》1961 年第 7 期。

〔3〕　吴力：《庙底沟仰韶遗存应比三里桥的为晚》，《考古》1961 年第 7 期。

〔4〕　杨建芳：《庙底沟仰韶遗址彩陶纹饰的分析》，《考古》1961 年第 5 期。

〔5〕　黄河水库考古工作队华县队：《陕西华县柳子镇第二次发掘的主要收获》，《考古》1959 年第 11 期，591 页。

〔6〕　陕西省社会科学院考古研究所泾水队：《陕西邠县下孟村仰韶文化遗址续掘简报》，《考古》1962 年第 6 期。

〔7〕　北京大学考古实习队：《洛阳王湾遗址发掘简报》，《考古》1961 年第 4 期。

都有这样的地层关系。更重要的是在这些地方不仅有着丰富的庙底沟类型的遗存，同时在其早期也有一些接近于三里桥的因素。我们因为工作的方便，曾经仔细地观察了泉护和王湾的材料，从中得到了一些启发，初步认为三里桥仰韶遗存可能比庙底沟为早。《考古》上发表了彬县下孟村的发掘简报[1]，再一次提供了一个有力的佐证，并加深了我们的认识。

根据简报所发表的材料，下孟村有这样一组打破关系：

$$H14 \longrightarrow F3 \begin{cases} H30 \\ H31 \longrightarrow H32 \end{cases}$$

H14 是个不规则形的灰坑，打破了 F3 的西北角。出土陶器有大口小底缸、双唇尖底瓶、瘦腹夹砂罐，彩陶有敛口盆、敛口钵和侈口罐等，纹样均为圆点勾叶和弧形三角等构成，有的在绘彩之前加施一层白色陶衣。简报中指出："这些器物在器形和纹饰上的特点，都很接近于河南陕县庙底沟遗址的出土物，因此我们认为第十四号灰坑是属于庙底沟类型的"，我们同意这样的看法[2]。

H30、H31 和 H32 三个灰坑都是被压在 F3 的居住面之下的，尽管 H31 又打破了 H32，但出土遗物并无多大差别。其中陶器全为红色，彩陶数量很少，器形有圜底钵，周身饰绳纹或弦纹的罐和葫芦形瓶等，在圜底钵的口沿有宽边的彩带，这些都是半坡类型的特点，因而当属于半坡类型[3]。

F3 是一座圆角方形的房屋，房基呈半地穴式，在东南边的中间有一斜坡形门道，室内设瓢形火塘，火塘的后壁斜置一陶罐。房中的出土遗物没有发表，但就其结构而言则和宝鸡北首岭的很是相像[4]。类似 F3 的房子在下孟村还发现了好几座，例如 1960 年发掘的 F1，结构几乎与 F3 完全相同。其中出土的遗物有接近于半坡类型的因素，如直口尖底瓶、鼓腹弦纹罐和圜底钵等，钵的口沿有宽边的彩带；此外也有接近于庙底沟类型的因素，如大口小底泥质缸和敛口钵等，有一件小口平底瓶的口为厚唇，既不同于半坡，也不同于庙底沟类型，似为二者的中

〔1〕　陕西省社会科学院考古研究所泾水队：《陕西邠县下孟村仰韶文化遗址续掘简报》，《考古》1962 年第 6 期。

〔2〕　H14 的器物发表在《考古》1960 年第 1 期图版壹上，每件器物并未一一注明出土单位，其中图版壹，5、8 的绳纹罐和圜底钵当属半坡类型遗物，不知是否为该坑所出。

〔3〕　黄河水库考古工作队华县分队：《陕西华县柳子镇考古发掘简报》，《考古》1959 年第 2 期，图六。

〔4〕　陕西省社会科学院考古研究所泾水队：《陕西邠县下孟村仰韶文化遗址续掘简报》，《考古》1962 年第 6 期，图五。

间形态[1]。F2 也差不多，根据发表的材料看大部分属于半坡类型，如直口尖底瓶、宽边彩带圜底钵、深腹圜底盆等，但与之共出的一件瘦腹绳纹罐，却和庙底沟出土的比较相近[2]。

由于上述各房子的结构相像，可能基本上是属于同一时期的。F3 在地层关系上已证明晚于半坡而早于庙底沟类型，F1、F2 则在遗物特征上表现出介乎半坡与庙底沟类型之间。这样不仅第一次从地层关系上证明了半坡类型早于庙底沟类型，并且以一个中间链环把两个类型联系起来。

因此三里桥仰韶遗存的文化性质，一部分接近于半坡类型的因素，同时具有不少庙底沟类型的特点，甚至后者表现得更为强烈。而其相对年代也当晚于半坡类型而早于庙底沟类型，这就是我们的结论。

最后说明两个问题：一是三里桥彩陶数量较少，纹饰简单，是否表现了退化倾向的问题。一般说来，一种纹饰在其开始产生和接近衰退的时期，都可以是数量较少、构图简单的。但早期的简单应当是简朴，晚期的简单则应是草率，三里桥彩陶显然不是草率的作品。现在已确知为仰韶文化晚期的遗存中，彩陶纹饰都是比较简单草率并已固定化起来的，如泉护晚期的彩陶多斜直平行线、弧线三角、交叉网纹和抽象化的像生图案等，豫西的若干晚期仰韶文化遗存，如成皋秦王寨[3]、洛阳王湾二期[4]、郑州林山砦[5]、临汝大张[6]等处的彩陶，均多为带形交叉网纹和水波纹等，和三里桥彩陶的作风迥异。相反我们在泉护庙底沟类型早期的彩陶中，发现有接近于三里桥彩陶的纹饰母题，这就说明三里桥彩陶不是退化时期的产物。

另一个是石铲是否为木制工具所代替的问题。大家知道在龙山文化时期是较普遍地使用石铲的，在已经确知为仰韶文化晚期的遗存中也已不止一次地发现石

---

[1] 陕西省社会科学院考古研究所泾水队：《陕西邠县下孟村仰韶文化遗址续掘简报》，《考古》1962 年第 6 期，图三。

[2] 陕西省社会科学院考古研究所泾水队：《陕西邠县下孟村仰韶文化遗址续掘简报》，《考古》1962 年第 6 期，图四。

[3] 阿尔纳：《河南石器时代之着色陶器》，《中国古生物志》丁种第 1 号第 2 册，1925 年。

[4] 考古研究所宝鸡发掘队：《陕西宝鸡新石器时代遗址发掘纪要》，《考古》1959 年第 5 期，图版叁，1。

[5] 河南省文化局文物工作队第一队：《郑州西郊仰韶文化遗址发掘简报》，《考古通讯》1958 年第 2 期，图版壹，9。

[6] 河南省文化局文物工作队：《河南临汝大张新石器时代遗址发掘简报》，《考古》1960 年第 6 期，图二、三。

铲[1]，由庙底沟类型到仰韶晚期再到龙山文化，甚至一直到殷周，石铲的使用都不曾间断过，只是形制上有所变化而已。相反在早于庙底沟的半坡类型的遗存中，石铲乃是一种极罕见的遗物，而且制作粗糙。因此三里桥未见石铲不会是因为木工具的代替，而可能是当时开始使用石铲不久，数量极少，在一个较小的发掘范围内不易发现的缘故。

总括我们的意见：

第一，三里桥仰韶遗存的文化性质是介于半坡类型与庙底沟类型之间的，其中大部分因素接近于庙底沟类型，同时有若干因素反映出半坡类型的特点，不能不加区别地一概归于半坡类型。

第二，三里桥仰韶遗存的年代晚于半坡类型，较庙底沟遗存为早，其彩陶较少而纹饰简单实为早期的特征，不能认为是一种退化现象。

第三，由于以上两点，要解决仰韶文化的半坡类型与庙底沟类型的关系，三里桥实为一条重要的纽带。但是所有这些看法，都是以三里桥仰韶遗存中两类因素具有共存关系，从而基本上属于同一时期为前提的，如果情形不是这样，自然容有更多的讨论余地，这是必须加以说明的。

1964 年 1 月

[原载《考古》1964 年第 6 期。后收录在《仰韶文化研究》（增订本），文物出版社，2009 年]

---

[1]　北京大学考古实习队：《洛阳王湾遗址发掘简报》，《考古》1961 年第 4 期，177 页；河南省文化局文物工作队第一队：《郑州西郊仰韶文化遗址发掘简报》，《考古通讯》1958 年第 2 期，图版壹，16；河南省文化局文物工作队：《河南临汝大张新石器时代遗址发掘简报》，《考古》1960 年第 6 期，图版壹，2、8。

论庙底沟仰韶文化的分期

一　问题的提出

河南三门峡市庙底沟遗址的发掘及其报告的出版[1]，关涉到我国新石器时代考古学方面的许多问题。在仰韶文化方面，该遗址不仅大大地丰富了文化内涵，增加了人们的认识，廓清了考古学界此前关于它的性质和特征等方面的许多疑团，并且第一次提出了划分类型的问题。庙底沟类型一名，也就是从这个时候起叫起来的。因此，它在仰韶文化研究的历史上，是一次重要的工作。

庙底沟发掘报告仅仅把该遗址的仰韶文化与龙山早期文化区别开来，对于仰韶遗存本身，并没有进行分期。后来有不少人，包括发掘报告执笔人安志敏先生在内，都认为是可能进行分期的[2]。至于究竟如何分法，孰早孰晚，早晚之间的差距如何，则各人持有不同的看法。

杨建芳同志从庙底沟彩陶纹饰的分析出发，将它们分为甲、乙两组，认为"甲组母题中的任一种不和乙组中的任一母题共存，而是泾渭分明地甲组各母题共存或乙组各母题共存"[3]，因而有把它们划分为早晚两期的可能。他在另一篇文章中，更进一步发展了这一论点，不仅以为甲、乙两组代表两个时期，而且两期之间的差距很大，它们在地层上是"泾渭分明"的，在文化面貌上是"大相径庭"的，以至有必要划分为"西阴村类型"与"三里桥类型"[4]。

由于杨建芳同志没有利用地层关系，对彩陶花纹的分析也不够全面，有些母题的概括不甚恰当，并且忽视各种母题本身的演变，好像一种母题只能存在于一个时期，因而在他的分析中出现了许多矛盾。这些问题既然已经为人们所一再指

〔1〕　中国科学院考古研究所：《庙底沟与三里桥》，科学出版社，1959 年。

〔2〕　安志敏：《关于庙底沟仰韶纹饰分析的讨论》，《考古》1961 年第 7 期，387 页。

〔3〕　杨建芳：《庙底沟仰韶遗址彩陶纹饰的分析》，《考古》1951 年第 5 期，267 页。

〔4〕　杨建芳：《略论仰韶文化和马家窑文化的分期》，《考古学报》1962 年第 1 期。

出〔1〕，那么杨建芳同志对于庙底沟彩陶花纹的分组（实际上也是一种分期），以及新的文化类型的划分，就不能认为是无可商榷的了。

庙底沟的仰韶遗存到底能不能分期？应当怎样来划分？各期之间文化面貌是否会"大相径庭""泾渭分明"，以至于必须考虑废去庙底沟类型一名，而代之以几个类型的名称呢？这就是我们现在要探讨的问题。

二　分期的依据

我们认为，庙底沟仰韶遗存是可以进行分期的。首先是依据那里复杂的地层关系和相当复杂的文化面貌。

庙底沟仰韶文化遗址的总面积约为 24 万平方米，发掘时曾分为六区，揭露面积计 4480 平方米。在这六个发掘区中，文化堆积的状况是不完全相同的，有的比较单纯，有的比较复杂，有的可以分层，有的更有复杂的打破关系。

仰韶堆积的分层在某些区是表现得很明显的。例如 T1 区的第 3 层是仰韶层，报告中说，该层"按土色、土质的不同，又可分为两小层：3A 层，土呈灰色，质松软，厚 0.25 ~ 0.3 米；3B 层，土呈红褐色，质较硬，含有少量姜石，厚 0.35 ~ 0.56 米"〔2〕。又如 T500 区的第 3 层为仰韶层，土呈红褐色，质松；在它的下面压着一条灰沟（HG552），沟深 0.75 ~ 1 米，红土，微显灰色，质较硬〔3〕。像这样土质土色差别明显的层次，当不会是一个时期堆积的。

仰韶各单位之间的打破关系，在有些区域是非常复杂的。例如 T1 区发现仰韶灰坑 36 个，其中有打破关系的 14 个，约占总数的 40% 稍弱；T300 区发现仰韶灰坑 83 个，房子 2 座，墓葬 1 座，有打破关系的达 68 个灰坑和全部的房子与墓葬，约占总数的 82% 以上。这些单位不仅打破一次，还有不少是依次连锁打破两次、三次，甚至最多有五次的（如 H322→H346→H332→H354→H348→H331 的一组关系）。这就可知庙底沟的仰韶遗存，是在一个相当长的时期之内所形成的，文化面貌怎能不会发生任何可能识别的变化呢？

我们从报告中发表的材料可以看出，同是属于一类的器物，往往具有许多不同的型式，例如碗有 5 型 10 式，盆有 5 型 28 式，夹砂罐有 2 型 11 式，等等。由此表明庙底沟仰韶文化的遗物型式是相当复杂的。如果进而查对一下各种器物的

〔1〕　方殿：《从庙底沟彩陶的分析谈仰韶文化的分期问题》，《考古》1963 年第 3 期。
〔2〕　中国科学院考古研究所：《庙底沟与三里桥》，科学出版社，1959 年，5 页。
〔3〕　中国科学院考古研究所：《庙底沟与三里桥》，科学出版社，1959 年，7 页。

出土单位，就会发现每一单位同一类器物的式别每每相同，或者至多可以找到两式相互共存的情况。作为一个单位，时间自然是短暂的，既然在一段较短的时期内，文化遗物表现出单纯的面貌，那么整个遗址所呈现的复杂情况，自当是由于不同时期的遗物合并在一起的缘故。

总之，无论从地层叠压关系和单位打破关系来看，还是从器物型式的变化来看，都表明庙底沟的仰韶文化遗存，不是一个短时期内所能形成的，因而很有可能进行分期。

现在我们看看有哪些地层关系具有典型意义，可以作为分期的依据。

首先是报告对地层的介绍中出自地层的器物没有注明层次；其次，报告对有打破关系的各单位，没有充分发表其器物；还有个别单位（如 H370 和 H371）的打破关系交代不清。这些都使我们的分析遇到一定的困难。

是否庙底沟的地层关系因此就都不可能利用呢？不是的。我们想树立这样一个选择标准来作为分期论断的基础：在每组关系中，至少要有两个单位发表了器物，并且打破关系清楚无误。

按照这样的标准选择出来的打破关系就很多，相关的单位也不少，兹将这些关系分列如下[1]：

（1）H322→H346→H338

（2）H358→H338

（3）H346→H332

（4）H322→H335

（5）H323→H325

（6）H308→H325

（7）H337→H327→H316

（8）H324→H306

（9）H47→H66

（10）H333→H355

（11）H374→H375

（12）H312→H347

（13）H344→H318

上列可资利用的打破关系计有 13 组之多，关涉的单位达到 24 个，其中有些单位发表的器物类别和数目都较多，这就使得我们的分析能够得到多方面的印证，

---

〔1〕　各组中的箭号表示打破关系，箭号左方的单位打破右方的单位。

成为我们分期探索的第一个重要依据。

但是，在整个13组打破关系中，仅有2组是打破单位与被打破单位发表了属于同一类别的器物，因而可以进行直接比较；其余11组发表的器物，均不属于同一类别，为了使这一部分关系能被充分利用，就必须先与其他发表器物较多的单位进行间接比较。例如甲被乙打破，二者各仅发表一件器物，且类别不同；丙和丁没有打破关系，也不与甲、乙发生打破关系，然而各有两件器物；丙有一件与甲完全一样的器物和一件与乙类别相同、只是形制细节有所不同的器物；丁有一件与乙完全一样的器物和一件与甲类别相同、也只是形制细节不尽相同的器物。拿丙与丁相比，就能够得知甲、乙两个单位中各自出土器物的发展顺序，同时也可借甲、乙的地层关系，把丙、丁两个单位的早晚关系确定下来。用这样一种把单位与单位之间的打破关系与一个单位之内不同器物的共存关系相结合，以进行联组比较的方法，便能够把大多数器物的发展顺序和大部分单位的早晚关系确定下来。

基于上述理由，就有必要把报告中所提供的共存关系重理一下。据报告共有67个单位发表了遗物，其中发表两件以上的共有32个单位，相关的器物计有17类，156件[1]。

现将32个单位中发表的共存器物列表（表一），它是我们分期探索的第二个重要依据。

三　单位的分类

我们根据单位打破关系与器物共存关系，对一批单位做初步的分类，以便于进一步分析。

在全部13组打破关系中，只有第一组是依次打破关系较多，每个单位发表的器物较多，并且有同类的器物可以进行直接的比较。

在这一组关系中，H322打破H346，H346又打破H338；H322与H346共有碗，而H322与H338又共有盆和罐。

H322与H346的彩碗形制不同，花纹也有差别。H346者为敛口，腹壁缓曲，下腹斜收而略显内凹（图版15：2）[2]；H322者为直口，腹壁急折，下腹明显内

---

〔1〕　这里的统计数字仅指陶器和发表了陶器的单位，其他单位均未计入。另有H59，据发掘报告的编者说在T104方内，但编号是属于T1区的，未知孰是，本文予以讨论。

〔2〕　这里所列图版号均指《庙底沟与三里桥》一书原号，后文凡未加注明的图版号均同此。

表一　庙底沟仰韶各单位共存器物表

图版 单位　　器类	彩　碗	彩　盆	彩　罐	彩片	泥　碗	泥　盆	泥　罐
H1						27:3, 34:3, 35:1	
H2						40:5	
H7	4:1	4:7		9:2、3	13:2, 14:5		
H10	12:6、7, 16:3, 17:1	27:1				19:5	
H11		4:8, 25:3	7:7		12:3		
H12	10:6, 11:1	7:4					10:1, 37:7
H13	4:3	6:7, 7:3					
H15	10:3、4					21:3, 25:1	32:2
H43	14:3、6, 15:3						
H46	15:4, 16:2、6, 17:2	24:5、6, 26:1					
H47		23:5, 25:4、5				35:5	
H48		5:5、7, 24:2				28:4	
H52					9:1		36:2
H66						18:6, 28:3	31:2
H72	15:7	5:1、3, 6:6					
H79	11:5, 17:3				34:6		
H203		22:1, 23:4	32:1			19:6, 36:1	30:5
H209					13:4		
H305	13:7						
H318			5:10				37:1
H322	4:2, 17:4	6:10, 7:1, 26:2	5:9,31:3			22:5, 27:5, 40:6	
H323							
H327	11:3, 14:7				18:3		
H338	10:2	24:1	31:1			21:1	
H346	15:2	5:2, 6:5			13:3		
H355		6:4	7:12				
H358							
H374						28:1	
H375						19:4, 24:4	
H379	18:1	23:3		8:5	34:5	22:3, 34:7	
H387	14:2, 16:7						
HG201					12:1	19:2	

说明：1. 本表器物分类均依据原报告，未予更动；2. 图版栏中阿拉伯数字系指原报告图版号。

小口瓶	砂盂	砂盆	砂罐	甑	釜	灶	杯	器盖	器座	合计
			42:5, 44:1、2							6
									34:1	2
									33:7	7
										6
										4
32:7	41:9		43:1		39:1~3		30:3, 41:4	37:2、3, 45:2		16
									37:6	4
										5
										3
										7
					39:5			37:5, 45:4		7
										4
										2
										3
32:6, 33:2										6
				29:1		9:4				5
		40:2	43:4, 44:3、4							10
			42:1							2
								33:3、4		3
			43:3							3
			42:3							11
		40:8	43:2							2
		41:1								4
										4
										4
										2
32:9									34:2	2
8:13										2
										2
	41:8			30:1						8
				29:2						3
										2

凹（图版 17：4）。两个碗均饰垂弧形彩纹，但 H346 的于垂弧接头处饰凹边三角，而 H322 的饰流星索似的纹样。它们相同（都是彩碗，都以垂弧形为彩纹的基本母题）而又不同，因为相同，所以可以互相类比；因为不同，便可探索它们的演化规律。

H346 又有一件素碗（图版 13：3），形制一如同坑的彩碗，也是敛口，腹壁缓曲，下腹斜收而略显内凹。由此可知，无论彩碗或素碗，其形制变化规律是完全一致的。

又 H322 与 H346 各有一敛口彩罐残片，均饰网格形彩纹，H346 的网格本身不成单元，只是在当中插以椭圆形纹样（图版 6：5），而 H322 的网格成圆形单元排列（图版 5：9）；二者也是相同而又不同。两个单位的其他出土器物，无论是器形和花纹都不互见（图一）。

如果从第六组打破关系进行分析，就会对于上述的情况具有更深一层的认识。在这组关系中，H308 打破 H325，前者有一件彩碗，后者则有一件素碗（图二）。素碗和彩碗形制变化的规律也是一致的，可以进行直接比较。H325 的素碗是敛口，腹壁缓曲，下腹斜收；H308 的彩碗是直口，腹壁急折，下腹明显内凹。由敛口而直口，由腹壁缓曲而急折，由下腹斜收而明显内凹，这不是同第一组关系一样吗？这种重复出现的情形，更加有力地说明了它们的不同不是偶然所致，而是反映了客观规律的。因而不论是 H346 与 H322，还是 H325 与 H308，都可以作为早晚不同时期的两个代表。

以 H322 同 H338 比较，也可以看出明显的差别。二者各有一件彩盆，均饰回旋勾连纹，然而繁简不同，H338 的只有一个圆圈和一对挂钩（图版 24：1），H322 的除圆圈和挂钩之外又增加了一个侧弧和一条中缀圆点的斜线（图版 26：2）。二者还各有一件彩罐，形制和花纹亦不全相同。H338 的口、底均较大，通体略显矮钝（图版 31：1），H322 的口、底均较小，腹部圆鼓（图版 31：3）；H338 的饰回旋勾连纹，H322 的饰三层凸弧纹。两个单位的其他器物均不互见，所以差别是明显的（图一、图三）。

既然 H346 同 H322 是属于早晚不同文化时期的，那么在地层关系上比 H346 更早的 H338 同 H322 就更应属于早晚不同的文化时期了。

若以 H346 同 H338 相比，就不容易看得清楚，因为这两个单位发表的器物都不甚多，并且全然没有同属一类的器物可资比较，它们的文化差异和时间差距各有多大，一时还难以做出确切的判断。但是考虑到它和 H346 与 H322 的器物均不甚相同，所以也可作为另一类单位的一个代表。

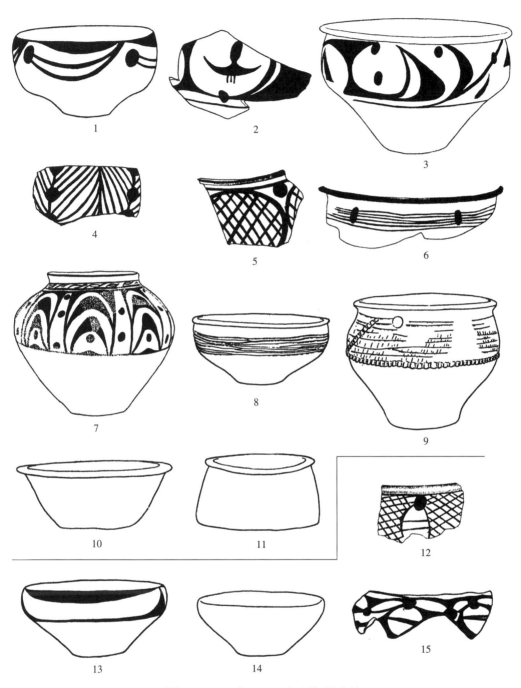

图一　H322 与 H346 出土陶器比较

H322：1.（17：4）　2.（6：10）　3.（26：2）　4.（4：2）　5.（5：9）　6.（7：1）
　　　7.（31：3）　8.（22：5）　9.（42：3）　10.（40：6）　11.（27：5）
H346：12.（6：5）　13.（15：2）　14.（13：3）　15.（5：2）（括号内数字，系原报告图版号）

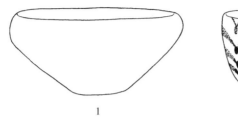

图二　H325 和 H308 陶碗的比较

1. H325∶11　2. H308∶03

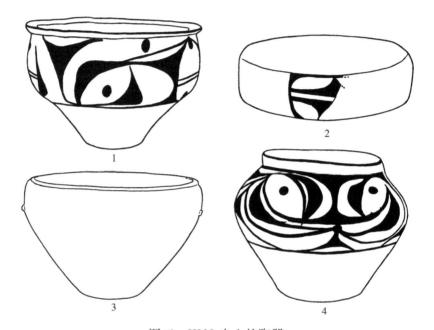

图三　H338 出土的陶器

1.（24∶1）　2.（10∶2）　3.（21∶1）　4.（31∶1）（括号内数字，系原报告图版号）

　　通过以上对于第一组打破关系的剖析，实际上等于提出了一个标尺，用它去衡量其他单位，看看哪一些与 H322 相当，哪一些又与 H346 或 H338 相当，用这种方法进行分类排比，便可把相当一部分单位的相对年代初步确定下来。

　　依据对器物形制和纹饰的比较，下列一些单位可能与 H322 相当。

　　H43，有 3 件彩碗。其中一件（图版 15∶3）为直口，腹壁急折，下腹明显内凹，饰垂弧形加流星索似的彩纹，几与 H322 的彩碗完全相同。另一件彩碗上饰三层凸弧纹，亦与 H322 彩罐上的花纹近似。

　　H46，有 4 件彩碗和 3 件彩盆，其中 3 件彩碗（图版 16∶2、6，17∶2）均为直口，折腹，下腹内凹，与 H322 的彩碗形制相同。在这个灰坑中还有一件盆，上饰羽状彩纹（图版 24∶5），一件碗上饰凸弧形彩纹（图版 16∶6），这种纹饰在

H322 则分别见于彩碗和彩罐之上。

　　H79，有 3 件碗和 1 件甑。其中一件素碗（图版 34：6）是直口，折腹，下腹内凹的，与 H322 彩碗形制相同。又一件彩碗上饰凸弧形纹（图版 17：3），与 H322 彩罐的纹饰是相似的。

　　H379，有 2 件碗、3 件盆、1 件甑和 1 件砂盂。其中一件彩碗（图版 18：1）为直口，折腹，下腹内凹，与 H322 的彩碗相同。又一件彩盆（图版 23：3）饰回旋勾连纹，于一圆圈和挂钩之外，又加上一侧弧、一凸弧和一凹边三角，其繁简程度与 H322 彩盆的纹饰近似。

　　H387，有 2 件彩碗和 1 件甑。彩碗均饰凸弧纹，与 H322 彩罐纹饰相同；其一（图版 16：7）为直口，折腹，下腹内凹，与 H322 的彩碗相同。

　　H13，有 1 件器座、1 件彩碗残片和 2 件彩盆残片。彩碗（图版 4：3）为直口，折腹，彩盆纹饰亦基本与 H379 彩盆纹饰相同，既然 H379 与 H322 相当，则 H13 也当与 H322 相当。

　　H10，有 4 件彩碗、1 件彩盆和 1 件敛口盆。其中有两件彩碗（图版 16：3，17：1）均为直口，腹壁略折，下腹比较内凹，与 H322 的彩碗形制相近。同时在这个灰坑中，有一件碗上饰凸弧纹（图版 17：1），另一件碗上饰垂弧加流星索式彩纹（图版 12：7），这种纹饰在 H322 分别见于彩罐和彩碗之上。

　　H11，有 1 件素碗、1 件彩盆和 2 件彩陶片，其中素碗（图版 12：3）与 H10 的两件彩碗（图版 12：6、7）形制完全相同。彩盆（图版 25：3）上饰五出和六出花瓣形纹，与 H46 一件彩盆（图版 24：6）的花纹亦完全相同。既知 H10 和 H46 均与 H322 相当，是以 H11 也应与 H322 相当。

　　H47，有 3 件彩盆、1 件敛口盆、1 件灶和 2 件器盖。其中一件彩盆（图版 25：4）饰六出花瓣形纹，亦与 H46 彩盆的花纹相同；又一件彩盆（图版 23：5）饰三层凸弧纹，与 H322 彩罐的纹饰相同。

　　经过以上初步比较，看来与 H322 相当的，共为 10 个单位。

　　依据器形和纹饰的比较，下列一些单位可能是与 H346 相当的。

　　H15，有 2 件彩碗、1 件素碗、1 件盆和 1 件罐。其中素碗（图版 21：3）口微敛，腹壁缓曲，下腹斜收而略显内凹，与 H346 所出陶碗的形制基本相同。

　　H72，有 1 件彩碗、1 件小口瓶和 4 件陶片。其中彩碗（图版 15：7）口微敛，腹壁缓曲。下腹斜收而略显内凹，与 H346 陶碗形制相同。

　　H375，有 1 件素碗和 1 件素盆。其中素碗（图版 19：4）为敛口，腹壁缓曲，下腹斜收而略显内凹，与 H346 的相同。

　　H209，有 1 件素碗和 1 件小砂罐。其中碗（图版 13：4）口微敛，腹壁缓曲，下腹斜收而略显内凹，亦与 H346 的碗基本相同。

H305，有 1 件彩碗、1 件器盖和 1 件残陶片。其中彩碗（图版 13：7）的口微敛，腹壁缓曲，下腹斜收而略显内凹，饰垂弧加凹边三角彩纹，均与 H346 的彩碗酷似。

H324，有 1 件彩碗（图版 20：2），敛口，腹壁缓曲，下腹斜收而略显内凹，与 H346 的碗相同。

H327，有 2 件彩碗、1 件素碗和 1 件砂盆。其中一件彩碗（图版 14：7）口微敛，腹壁缓曲，下腹斜收而略显内凹，与 H346 的相同；该碗彩纹为垂弧加圆点，与 H324 彩碗纹饰相同，而 H324 是与 H346 相当的。

H7，有 2 件素碗、1 件器座及若干彩陶片。其中一件素碗（图版 14：5）口微敛，腹壁缓曲，下腹斜收，与 H346 的很相像。

以上与 H346 相当的共有 8 个单位。

至于是否有与 H338 完全相当的单位，因缺乏可比器物而不易确定。但是在地层关系上，H306 被 H324 打破，H316 被 H327 打破，而 H324 与 H327 又都是与 H346 相当的单位，因此，H306、H316 有可能和 H338 一样，都是最早的一批单位。又 H325 所出的素碗虽和 H346 的相近，但其口更敛，下腹斜收而不内凹，在形制上当较 H346 的更早，因而也可能与 H338 相当。

应当指出的是，在与 H338 可能相当的单位中，所出器物均与其他两批单位不同；在与 H346 相当的单位中，除具有与 H346 相同的器物已如上述外，亦均与其他两批单位不同；而与 H322 相当的一系列单位中，所出器物除与 H322 相同者已如上述外，其他器物绝大部分亦与其他两批单位不同，只有个别是比较相近的。考虑到这批单位的时间最晚，因而我们可以把这种个别现象看作早期因素的遗留。

通过上述的初步比较，可以看出三批单位是彼此区别而各有特征的，这就有可能将它们分为三类：

设与 H338 可能相当的为甲类，则甲类包括 H306、H316、H325 和 H338 等 4 个单位；

设与 H346 相当的为乙类，则乙类包括 H7、H15、H72、H209、H305、H324、H327、H346 和 H375 等 9 个单位；

设与 H322 相当的为丙类，则丙类包括 H10、H11、H13、H43、H46、H47、H79、H308、H322、H379 和 H387 等 11 个单位。

这个分类，乃是对于分期的一个初步试探，涉及的只能是那些包含特征鲜明从而较容易直接比较的器物的单位。至于更加全面而细致地划分，则需要对文化遗物的变化规律进行具体的分析。

四　器物形制的变化

庙底沟仰韶文化的遗物种类甚多，各类器物情况颇不相同。有的数量多，有的数量少，有的富于变化，有的千篇一律，有的变化很有规律性，有的则没有明显的规律可循。要进行分期，自然先要从那数目较多而又富于规律性变化的陶器入手。

庙底沟仰韶陶器，单是复原的就达 690 多件，报告中发表的陶器也为数甚多，其中有单位可查的完整器物便有 142 件，此外还有不少陶片，它们分布于 67 个单位中，是进行分期的一批绝好的资料。

陶器的变化，主要在形制和花纹两个方面，二者既相互联系又各有其自身的发展规律，因而有必要分别予以考察。

应当指出，原报告对于器物的分类和定名，有一部分似不够确切，不能反映器物之间内在的规律性联系。例如同是一种敛口碗，较小的还称为碗，稍大的就称为盆了。而在盆的一类中，既包括了卷缘曲腹盆和敛口盆，也包括了碗（钵）、盂和罐等。因此，我们在下面具体分析各种器物时，将不完全受报告分类定名的局限，而主要依据器物本身形制的特点予以分类定名和分型定式。

报告中发表的器物虽多，但是个别的器类只发表了 1 件，或者虽有几件而型式几乎完全相同，或者都出于同一时期的单位中，因而无从考察它们的变化规律。

除上述两种情况而外，那些数目较多、形制差别比较显著，同时又出于若干不同单位之中的器物，尚有碗、敛口瓮、彩罐、小口瓶、釜、夹砂罐、器座和器盖等八种十型。兹将其形制的变化规律分述如下。

（1）碗：共有 42 件[1]，分布于 26 个单位中。可分两型，A 型曲腹或折腹，B 型圆腹，二者是并行发展的。

A 型碗可分三式。

AⅠ式（图四，1），敛口，腹壁缓曲，下腹斜收。仅见一例，出于 H325。

AⅡ式（图四，2），敛口或口部微敛，腹壁缓曲，下腹斜收而略显内凹，计 16 件，分布于 15 个单位中。

AⅢ式（图四，3、4），直口，折腹，下腹明显内凹。按照其折腹的缓急程度，又分为：Ⅲa，腹壁转折较缓；Ⅲb，腹壁急折。计 16 件，分布于 12 个单

---

[1]　这里所列的数字是指发掘报告中发表了图版并有单位可查者，以下各类器物的统计数字均同此。

位中。

在第一组打破关系中，H322 打破 H346，前者有 1 件彩碗（图版 17：4）属于 Ⅲ式，后者有 1 件彩碗（图版 15：2）和 1 件素碗（图版 13：3）均属于 Ⅱ式，是以 Ⅱ式早于 Ⅲ式。

在第六组打破关系中，H308 打破 H325。前者有一件彩碗（图版 11：6）属于 Ⅲ式，后者有一件素碗（图版 35：3）属于 Ⅰ式，是以 Ⅰ式早于 Ⅲ式。

在单位分类中，属于甲类单位之一的 H325 出 Ⅰ式碗，而没有一个单位出 Ⅱ式或 Ⅲ式碗，乙类单位中有 H7、H15、H72、H209、H305、H324、H327、H346 和 H375 等 9 个灰坑全都出 Ⅱ式碗，而不出 Ⅰ式或 Ⅲ式碗；丙类单位中有 H10、H13、H43、H46、H79、H308、H322 和 H387 等 8 个灰坑出 Ⅲ式碗，其中 H43、H46 和 H387 与 Ⅲ式碗共存的还有 Ⅱ式碗，但都不出 Ⅰ式碗。考虑到这几个 Ⅱ式碗口部均不甚敛，且所饰彩纹亦均反映出丙类单位的特征，如凸弧纹和成单元的网格纹等，因而仍然是晚于乙类的。既然 Ⅱ式碗大部分都出于乙类单位，因而它基本上是乙类单位中流行的一种型式，只是到了丙类还有一部分子遗罢了。

据此，Ⅰ式之早于 Ⅱ式与 Ⅱ式之早于 Ⅲ式，既是一种重复多见的现象，那么就应当把它看作是具有客观规律性的。这个规律，就是由敛口而直口，由腹壁缓曲而急折，由下腹斜收而明显内凹，它适用于所有的 A 型碗中。

B 型碗可分二式。

B Ⅰ式（图四，5、6），敛口或口部微敛，腹壁圆缓，腹底转角不甚显著，颇似圜底。又分 Ⅰa，体较矮，敛口；Ⅰb，体较高，口部近直。计 5 件，分布于 3 个单位中。

B Ⅱ式（图四，7），直口，腹壁圆缓，腹底转角明显，一般较高。计 4 件，亦分布于 3 个单位中。

在 H12 与 H15 两个单位中，均各有两个 B Ⅰ碗共存，在 H10 中则有两个 B Ⅱ碗共存，却没有任何一个 B Ⅰ与 B Ⅱ碗共存的例子，表明它们是分别属于不同时期的。

在 H15 与 H327 中，B Ⅰ碗与 A Ⅱ碗共存，在 H10 与 H79 中，B Ⅱ碗与 A Ⅲ碗共存，却未发现 B Ⅰ与 A Ⅰ、A Ⅲ共存或 B Ⅱ与 A Ⅰ、A Ⅱ碗共存的例子。既然 A Ⅱ碗早于 A Ⅲ碗，那么 B Ⅰ碗自当早于 B Ⅱ碗了。

（2）敛口瓮：这种器物一般为泥质陶，个体甚大。可分两型：A 型小口鼓腹，通体较高；B 型大口，通体较矮，后者有时被称为缸，报告中则称为盆。A 型瓮有单位可查的仅 1 件（H52：10），无法探讨其演化规律。B 型瓮有 2 件，分属二式。

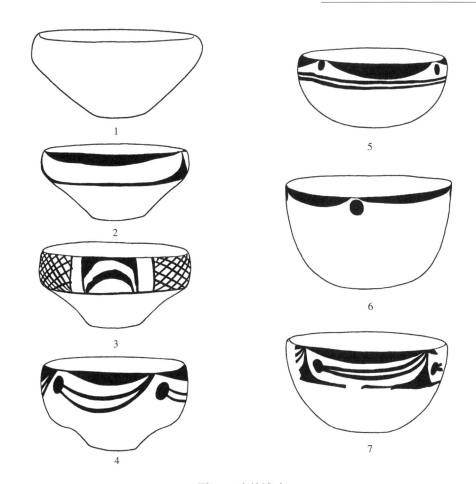

图四 碗的演变

1. A Ⅰ（H325：11） 2. A Ⅱ（H346：51） 3. A Ⅲa（H10：118） 4. A Ⅲb（H322：07）
5. B Ⅰa（H12：100） 6. B Ⅰb（H327：06） 7. B Ⅱ（H10：135）

Ⅰ式，肩部圆缓，腹壁斜收而稍稍外鼓。

Ⅱ式，肩部圆曲，但转弯较急，腹壁斜收，不鼓不凹。

Ⅰ式瓮出于 H338（图版 21：1），这个单位属于甲类。Ⅱ式瓮亦仅 1 件出于 H203（图版 36：1），该单位出 1 件敛口钵，形制与 A Ⅱ 碗相同，应与乙类相当。既知甲类单位早于乙类单位，是故 Ⅰ式瓮早于 Ⅱ式瓮。

（3）彩罐：可分二型。A 型小口矮领，个体较大；B 型大口高领，个体较小。但后者见于单位的仅 1 件，无法考察其变化规律。前者有 2 件，可分二式。

Ⅰ式，口底直径均较大，肩部较窄。

Ⅱ式，口径和底径均较小，广肩鼓腹。

Ⅰ式一件见于 H338，Ⅱ式一件见于 H322。在第一组打破关系中，H322 打破

H338，是以彩罐 I 式较 II 式为早。

（4）小口瓶：发现很多，单在 H5、H10、H363 和 H387 等 4 个灰坑中便出土瓶片 3125 块，占了这 4 个灰坑全部陶片的 22.48%[1]，所以探明小口瓶的演化规律，对庙底沟仰韶文化的分期具有重要的意义。

小口瓶种类甚多，但最主要的是口呈环状的尖底瓶与平底瓶两种，即报告中被分为 A18a 和 A18b 的[2]，我们现在则将其分为 A、B 两型。A 型为尖底，一般无耳；B 型为平底，有时有耳，二者具有同样的演化规律。

A 型瓶可分二式。

A I 式，双唇，通身饰稀朗的线纹。

A II 式，单唇，通身饰紧密的线纹加篮纹，或者仅饰篮纹。

B 型瓶也可分为二式。

B I 式，双唇，通身饰稀朗的线纹。

B II 式，单唇，通身饰紧密的线纹加篮纹，或仅饰篮纹。

在上列二型共四式瓶中，经发表的共有 3 件完整器物和 3 件残器。在这些器物中凡具有双唇的，通体均饰稀朗的线纹（图版 32：6，33：2）；凡具有单唇的，则通体饰紧密的线纹加篮纹或仅饰篮纹（图版 32：8，33：1）。这表明纹饰的变化同器物形制的变化是密切联系的。在 H72 中有两型小口瓶共存，二者均为双唇，并饰稀朗的线纹（图版 32：6，33：2）。反之，却不见有双唇与饰篮纹的小口瓶共存的例子。

基于上述的理由，对于那些缺乏口部的残器，当可根据它的纹饰来推测口部的型式。例如 H12 有一件小口平底瓶（图版 32：7），仅存底部，但因饰稀朗的线纹，当属 B I 式。又如 H358 一件小口尖底瓶（图版 32：9），口部已残，但因通身饰稀朗的线纹，当属 A I 式。

依据这样的分析，我们将会看到：

第一，I 式小口瓶彼此共存（H72），却没有任何一个与 II 式瓶共存的例子，说明 A I、B I 瓶与 A II、B II 瓶是属于不同时期的。

第二，I 式瓶是出于乙类单位的（例如 H72），而绝不见于甲类或丙类单位；同时 I 式瓶又是与 A II 碗（H72）和 B I 碗（H12）共存的，而绝不见与其他式别的碗共存，因而 A I、B I 瓶应当而且只能是乙类单位或与乙类单位相当时

---

〔1〕 中国科学院考古研究所：《庙底沟与三里桥》，科学出版社，1959 年，25 页陶器器形统计表。

〔2〕 中国科学院考古研究所：《庙底沟与三里桥》，科学出版社，1959 年，39 页。

期的产物。

　　既然 AⅠ、BⅠ瓶与 AⅡ、BⅡ瓶不属同一时期，而 AⅠ、BⅠ瓶又属于乙类单位，则 AⅡ、BⅡ瓶应当不是与乙类单位同一时期的产物。那么 AⅡ、BⅡ瓶会不会是与甲类单位同一时期的产物呢？很难。一则因为在甲类单位中并不出 AⅡ、BⅡ瓶，二则与甲类单位相当的遗存在庙底沟是极少的，而 AⅡ、BⅡ瓶则数量相当多，例如报告中描述一般小口瓶的纹饰时说："纹饰多半是先在腹部拍印篮纹，然后通身再压印线纹……单独压印篮纹或线纹者较少。"[1]这意味着在庙底沟的小口瓶中，饰篮纹加线纹和单独饰篮纹的占了绝大多数，而根据上面对器形与纹饰的关系分析，这种纹饰只饰于 AⅡ、BⅡ瓶上，这无疑说明 AⅡ、BⅡ瓶在全部小口瓶中也占绝大多数。我们不能设想大多数小口瓶反而出在很少的几个单位之中，特别是在这种器物较多的情况之下。

　　AⅡ、BⅡ瓶既不属于乙类或与乙类相当的单位，又不大可能属于甲类单位，那就非丙类单位莫属了。这也就是说，从庙底沟的情况来看，AⅡ、BⅡ瓶可能分别晚于 AⅠ、BⅠ瓶。

　　在陕西华县泉护村仰韶遗物的整理中，我们得知小口瓶是一种进行分期的很好的标型器物。在那里，它的形制和纹饰的变化同样是密切相关而具有规律性的，即早期为双唇，饰稀朗的线纹；晚期为单唇，饰紧密的线纹或线纹加篮纹[2]，同庙底沟小口瓶的变化规律是一致的。这种同样的情形进一步说明了，庙底沟的 AⅡ、BⅡ瓶，确实分别晚于 AⅠ、BⅠ瓶。

　　（5）釜：有 4 件，分别出于 2 个单位中。可分二式。

　　Ⅰ式，广肩折腹。又分Ⅰa，肩部几乎成为水平面，满饰弦纹；Ⅰb，肩部略斜，弦纹之间有线纹；Ⅰc，肩部更斜，弦纹变稀，并有线纹交错。

　　Ⅱ式，肩部下斜而不显，腹壁圆缓，弦纹减少，线纹增多。

　　Ⅰ式，3 件，共出于 H12 这一个单位中（图版 39：1～3），并与 BⅠ碗共存，当与乙组单位同时。

　　Ⅱ式，1 件，出于 H333（图版 37：9）。在第十组打破关系中，H333 打破 H355，后者有一件彩罐残片饰窄带纹，同样的纹饰在 H79 中是饰于 BⅡ碗上的（图版 11：5），H79 属于丙类单位。既然 H333 打破 H355，则其时期最早也不会早过丙类，更不会早过乙类单位，是以Ⅱ式釜晚于Ⅰ式釜。

---

　　〔1〕　中国科学院考古研究所：《庙底沟与三里桥》，科学出版社，1959 年，35 页。

　　〔2〕　黄河水库考古队华县队：《陕县华县柳子镇第二次发掘的主要收获》，《考古》1959 年第 11 期，图一。

（6）夹砂罐：这是庙底沟出土数量最多的器物之一，它的变化主要在口部，其次则在腹部的纹饰上。可分二式。

Ⅰ式，口部呈"铁轨式"，方唇，领部里凹而外凸，腹部或为素面，或饰线纹、弦纹等。计 5 件，出于两个单位中。

Ⅱ式，口部略向外侈，唇向外撇，缘面斜平，腹部饰稀朗弦纹与线纹交错，并常有一圈附加堆纹。计 3 件，分别出于 3 个单位中。

H1 有 3 件Ⅰ式罐共存，H203 也有 2 件Ⅰ式罐共存，它们彼此共存而绝不见一个与Ⅱ式罐共存的例子，因此Ⅰ、Ⅱ式罐是属于不同时期的。

H203 除Ⅰ式罐外，还有彩钵和敛口瓮各 1 件。彩钵（图版 22：1）为敛口，腹壁缓曲，下腹斜收而略显内凹，与 AⅡ碗的形制基本相同，而敛口瓮（图版 36：1）为圆肩转弯较急，属于Ⅱ式。这两件器物基本上可以决定 H203 的时期是与乙类单位相当的，因而Ⅰ式罐也便是与乙类单位同一时期。

H322 出Ⅱ式罐，该坑属于丙类单位。既知丙类单位晚于乙类，是以Ⅱ式砂罐晚于Ⅰ式砂罐。

（7）器座：计 4 件，分别出于 4 个单位中。可分两型，A 型素面无孔，B 型饰线纹并有四孔。后者仅有一件，无从谈它的变化，而 A 型则可分为二式。

Ⅰ式，座壁较直，稍稍内凹。又可分为Ⅰa，不卷边；Ⅰb，明显卷边。

Ⅱ式，座壁甚曲，明显内凹。

Ⅰ式器座有一件出于乙类单位（H7），并与 AⅡ碗共存；Ⅱ式出自丙类单位（H13），并与 AⅢ碗共存。既知乙类单位早于丙类单位，AⅡ碗又早于 AⅢ碗，则Ⅰ式器座自当早于Ⅱ式器座了。

（8）器盖：种类很多，分泥质与夹砂两种。夹砂的有大型盖和小杯盖之分。不过这两种器盖各仅 2 件，并各两两相同，无所谓变化，我们不去讨论。泥质器盖有圆纽与扁纽之分，后者仅有 1 件，亦无从分析其变化规律。可以看出变化规律的只有泥质圆纽盖一种，计 5 件（包括残器），分布于 3 个单位中，可分二式。

Ⅰ式，盖纽作蘑菇状，顶部封闭。

Ⅱ式，盖纽作喇叭状，顶部洞开。

Ⅰ式出于 H12 和属于乙类单位的 H305，并分别与 BⅠ碗和 AⅡ碗共存；Ⅱ式则出于丙类单位 H47。既知丙类晚于乙类单位，是以Ⅱ式盖晚于Ⅰ式盖。

以上八类十型，共 69 件器物，约占出土单位可查器物的半数。特别是其中的碗、小口瓶和夹砂罐等，是庙底沟仰韶文化中最常见、最大量，也是最富于规律性变化的器物。其余尚有盆、盂、甑、灶、杯等，或仅一两件，无从谈其变化；或者数件形制雷同，亦无所谓变化。其中除盆以外，多只寥寥数件，在整个庙底沟仰韶遗存中不占重要地位。至于盆，特别是卷缘曲腹盆，绝大多数都是饰彩的，其彩纹变化较之形制的变化更明显，更富有规律性，留待分析彩陶花纹时再予论述。

五　彩陶花纹的变化

庙底沟仰韶文化的彩陶是很多的，从四个典型单位的统计来看，约占全部陶片的 14.02%[1]。实际上，任何一件彩陶器，其饰彩的部位平均只及全器约一半的地方，不少下腹和底部并不饰彩，因而被统计到素陶中去了。从这一角度估算，庙底沟的彩陶器，很可能达到全部陶器的约 25%～28%。

报告中发表的彩陶数量也很可观，其中有单位可查的达 90 余件（包括一部分陶片），分布于 40 个单位中，把这一部分资料的变化规律弄清楚，对于整个文化的分期同样是具有重要意义的。

彩纹的变化同器物形制的变化，是既相联系又相区别的。在大多数的情况下，一定的器形往往饰一定的纹饰，例如碗多饰垂弧纹，盆多饰回旋勾连纹和花瓣纹等。但也有不少交错的情况，例如同是一种碗，有的饰垂弧纹，有的则饰凸弧纹、背三角纹、豆荚纹、网格纹、羽形纹、窄带纹或平行线纹等；又如同是一种凸弧纹，有的饰于碗上，有的则饰于盆或罐上，等等。再者，即便是在同一种器形上饰同一种母题的纹饰，在其发展过程中相互之间也发生交错的现象。例如同是 BⅠ碗，有的饰垂弧与凸弧相咬（图版 10：3），有的则饰垂弧加圆点（图版 10：6）；同是 AⅡ碗，有的饰垂弧加圆点（图版 20：2），有的则饰垂弧加凹边三角（图版 15：2）。反之，同是一种垂弧加圆点纹，有的饰于 BⅠ碗上（图版 10：6），有的又饰于 AⅡ碗上（图版 20：2），等等。这些情况表明，彩纹并非完全随着器形的变化而变化，而是有着自身的内在联系，有其自身的发展规律，从而有必要予以单独地分析。

庙底沟的彩陶花纹，按其内容来说可以分为两类，一类是像生性花纹，另一类是几何形花纹，以后者占绝大多数。

像生性花纹有蛙纹和鸟纹两种，都是正视图。蛙纹有三例（图版 9：1～3），形态似蛙，亦略似龟；鸟纹仅一例（图版 6：10），形态似鸟，亦略似蝙蝠[2]。

---

〔1〕　中国科学院考古研究所：《庙底沟与三里桥》，科学出版社，1959 年，25 页陶系及纹饰统计表。

〔2〕　庙底沟鸟纹的形象与山西芮城大禹渡所见大致相同，而与陕西华阴西关堡和华县泉护村者差别极大。请参见中国科学院考古研究所山西工作队：《晋西南地区新石器时代和商代遗址的调查与发掘》，《考古》1962 年第 9 期，460 页，图二，1、2。

两种花纹的表示方法都是象征性的，写实性均不甚强。

蛙纹虽见于H7和H52，但在单位分类中可以确知其地位者仅有H7一个，属于乙类，并与AⅡ碗共存，鸟纹则仅见于H322，属于丙类单位，并与AⅢ碗共存。表面看来，似乎鸟纹比蛙纹晚出，但是由于资料太少，究竟是鸟纹代替了蛙纹，还是各有其自身的变化规律，都不容易确定，只好姑置不论。

几何形花纹主要有十一种，即垂弧纹、凸弧纹、对三角纹、背三角纹、豆荚纹、花瓣纹、回旋勾连纹、网格纹、羽形纹、窄带纹和平形线纹，它们在全部彩陶花纹中约占90%。至于其他几种花纹，如火焰纹、马鞍形纹、辫形纹等，均是个别的，不是庙底沟彩陶花纹的主流。

在十一种几何形花纹中，除对三角纹仅见于甲、乙两类单位，凸弧纹和羽形纹仅见于丙类单位外，其余纹饰早晚都有，只是在具体细节上有一些差别罢了。

以下我们将每一种彩纹的发展顺序分别进行探讨。

（1）垂弧纹：它几乎全部饰于碗的上腹，计16例，分布于14个单位中，是庙底沟最常见的一种花纹。其基本母题是一列垂弧纹。根据其附加纹饰的不同又可分为五式。

Ⅰ式（图五，1~3），上部一列垂弧，下部一列凹边三角，两垂弧相接处同时连接三角顶点。又分Ⅰa，即原式；Ⅰb，于凹边三角下加一横线，并缀以圆点；Ⅰc，于凹边三角下加二横线，亦缀以圆点。

Ⅱ式（图五，4、5），上部一列垂弧，下部一列反弧与垂弧相咬。又分Ⅱa，即原式；Ⅱb，于反弧下加一横线，上缀圆点。

Ⅲ式（图五，6~9），上部一列垂弧，并于垂弧相接处饰以圆点。又分Ⅲa，即原式；Ⅲb，垂弧下加二横线；Ⅲc，垂弧下加二横线，并于横线上缀以圆点；Ⅲd，垂弧下加三条横线。

Ⅳ式（图五，10~12），上部一列垂弧，并于每一垂弧下饰以向左抛掷的似流星索的纹样，其根部与垂弧相连接。又分Ⅳa，垂弧下加凹边三角；Ⅳb，垂弧下亦加凹边三角，唯仅二边内凹；Ⅳc，仅有垂弧加流星索纹。

Ⅴ式（图五，13、14），上部一列垂弧，与每一垂弧相应又有一侧弧和一双斜线，侧弧与双斜线之上端与垂弧相连接。又分Ⅴa，即原式；Ⅴb，斜线上方实以圆点。

上述五式垂弧纹，除Ⅰ式和Ⅲ式有一例共存（H12）外，其余各式均不共存，表明它们可能是属于不同时期的。

在第一组打破关系中，H322打破H346，前者出Ⅳ式垂弧纹（图版17：4），后者出Ⅰ式垂弧纹（图版15：2），是以Ⅳ式晚于Ⅰ式。在单位编组中，乙组单位

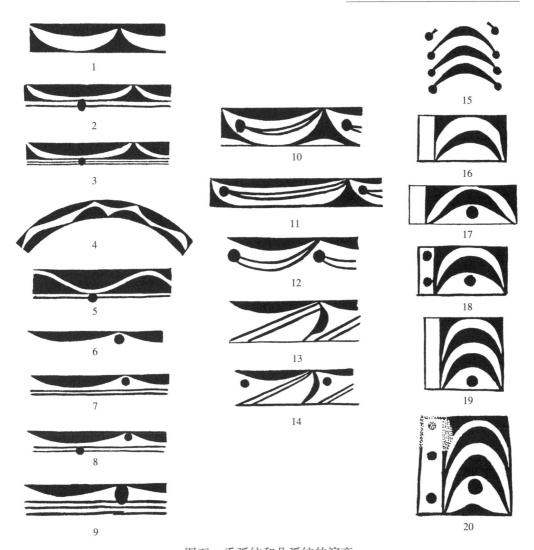

图五　垂弧纹和凸弧纹的演变

垂弧纹：1. Ⅰa（H346）　　2. Ⅰb（H305）　　3. Ⅰc（H12）　　4. Ⅱa（H7）　　5. Ⅱb（H15）
　　　　6. Ⅲa（H327）　　7. Ⅲb（H12）　　8. Ⅲc（H324）　　9. Ⅲd（H327）　　10. Ⅳa（H43）
　　　　11. Ⅳb（H10）　　12. Ⅳc（H322）　　13. Ⅴa（H379）　　14. Ⅴb（H11）
凸弧纹：15. Ⅰ（H308）　　16. Ⅱa（H10）　　17. Ⅱb（H387）　　18. Ⅱc（H79）
　　　　19. Ⅲa（H47）　　20. Ⅲb（H322）

出Ⅰ～Ⅲ式而未见其他式别的垂弧纹，丙组单位只出Ⅳ式垂弧纹，所以Ⅰ～Ⅲ式
均较Ⅳ式为早。

　　如果全面地分析一下垂弧纹与器形结合的情况，也能明显地看出它的早晚发
展关系。例如Ⅰ式垂弧纹见于AⅡ碗（图版13：7，15：2），又见于BⅠ碗（图版
11：1）；Ⅱ式垂弧纹仅见于BⅠ碗（图版10：3）；Ⅲ式垂弧纹见于BⅠ碗（图版

10：6，11：3）、AⅡ碗（图版14：7，20：2），又见于AⅢ碗（图版16：4）；Ⅳ式见于AⅢ碗（图版15：3，17：4）和BⅡ碗（图版12：7）；Ⅴ式则仅见于AⅢ碗（图版18：1），其相互对应关系有如下列图式所示：

```
        ╱Ⅰ╲
AⅡ碗   Ⅱ—BⅠ碗
        ╲Ⅲ╱
AⅢ碗—Ⅳ—BⅡ碗
        ╲Ⅴ
```

从这个图式中可以看出，Ⅰ～Ⅲ式垂弧纹基本上饰于AⅡ、BⅠ碗上，Ⅳ～Ⅴ式垂弧纹则只饰于AⅢ、BⅡ碗上。由于纹饰的构图远比器形的结构复杂，所以在一段单位的时间内，纹饰的变化较器形变化为多，也较容易识别，往往是器形变了一式，而纹饰则变了几式，但这并不妨碍二者之间有规律的对应关系。唯一的例外，就是在H42中有一件AⅢ碗上饰Ⅲ式垂弧纹（图版16：4），这是因为器形和纹饰的变化虽基本上是互相对应的，但毕竟各有其自身的规律，所以出现了个别的交错情况也并非一件不可理解的事情。因此，总的来说，还是Ⅰ～Ⅲ式垂弧纹与AⅡ、BⅠ碗同时，而Ⅳ～Ⅴ式垂弧纹与AⅢ、BⅡ碗同时。既知AⅡ、BⅠ碗分别早于AⅢ、BⅡ碗，那么垂弧纹Ⅰ～Ⅲ式也应当早于Ⅳ～Ⅴ式。

（2）凸弧纹：这种纹饰共见9例，分别出于8个单位中。大部分见于碗的上腹，也有见于盆和罐的上腹的。其基本母题是成单元的重叠凸弧纹，依据具体细节的不同，又可分为三式。

Ⅰ式（图五，15），每三层凸弧构成一个单元，单元与单元之间互不分割，而由圆点互相缀连。

Ⅱ式（图五，16～18），每二层凸弧构成一个单元，单元与单元之间为长条形地子所分割，形成一个个的矩形。又分Ⅱa，即原式；Ⅱb，凸弧下方实一圆点；Ⅱc，凸弧下方实一圆点，长条形地子上实二圆点。

Ⅲ式（图五，19、20），每三层凸弧构成一个单元，单元与单元之间亦为长条形地子分割。又分Ⅲa，凸弧下方实一个圆点；Ⅲb，凸弧下方实一圆点，并于长条形地子上实三个圆点。

这些凸弧纹所在的单位都没有直接的打破关系，且在单位分类中均属于丙类，所以是一种晚出的花纹。

在与器形的关系上，Ⅰ式饰于AⅡ（图版14：6）和AⅢ（图版11：6）碗，Ⅱ式也饰于AⅡ（图版14：2）和AⅢ（图版16：6、7，17：1、3）碗，Ⅲ式则分别饰于盆和罐上。这里应当指出的是，凡属饰凸弧纹的AⅡ碗，口部均不甚敛，且均与AⅢ碗共存，就整个单位来说还是晚的。所以，虽然有些凸弧纹饰于AⅡ碗上，仍然不足以改变它是一种晚出花纹。

最后，无论是Ⅰ式、Ⅱ式或Ⅲ式凸弧纹，均与Ⅳ式垂弧纹共存（分别见于H43、H10和H322中）。如前所述，Ⅳ式垂弧纹是出于丙组单位的，所以Ⅰ～Ⅲ式凸弧纹全部都是晚出的花纹。

（3）对三角纹：这种纹饰甚少，仅见2例，分别出于2个单位中。其基本母题是两列等腰三角形上下相对，顶点相接。按附加纹饰之不同，又可分为二式。

Ⅰ式，三角下方饰平行竖线及斜线。

Ⅱ式，三角下方饰网格纹。

Ⅰ式出于H316，该坑为乙类单位H327打破，属于甲类；Ⅱ式出于H72，该坑出AⅡ碗，属于乙类。既知甲类单位早于乙类，是以对三角纹Ⅰ式早于Ⅱ式。

（4）背三角纹：这种纹饰见于碗，也见于盘和盆，计5例，分别出于4个单位中。其基本母题是在一个圆形地子内实以上下相背的两个凹边等腰三角形。依据细节不同，可分为三式。

Ⅰ式，在圆形地子内实两个上下相背的三角形。

Ⅱ式，与Ⅰ式略同，唯每单元为长条形地子所分割。又分Ⅱa，即原式；Ⅱb，两个背三角之间加一横线。

Ⅲ式，每单位由圆点缀连。

Ⅰ式出于H338，属甲类单位，Ⅱ、Ⅲ式均出于丙类单位，并与Ⅳ式垂弧纹（H43）及Ⅰ～Ⅲ式凸弧纹共存，所以Ⅱ、Ⅲ式是晚于Ⅰ式的。

（5）豆荚纹：饰于碗、盆缘和敛口盆上，3件分见于3个单位中。其基本母题是由两个四边直角三角形相向相接，形成一豆荚形地子。按照地子的纹饰不同，可分为三式。

Ⅰ式，荚中实一圆点。

Ⅱ式，荚中饰一对角斜线，中段缀一圆点。

Ⅲ式，荚中饰二斜线，中段亦缀一圆点。

在地层关系上，Ⅰ式出于乙类单位H72，并与AⅡ碗共存，又与Ⅱ式对三角纹共存；Ⅱ、Ⅲ式均出于丙类单位中，并与AⅢ碗共存，又与凸弧纹共存，所以Ⅱ、Ⅲ式晚于Ⅰ式。

（6）花瓣纹：主要见于盆，个别见于罐，计6例，分别出于6个单位中。其基本母题是以地纹构成的四出、五出乃至六出花瓣纹，有的还以圆点表示花心。可分三式。

Ⅰ式（图六，1），四出花瓣，每瓣之内又由直线和弧形表示纹理，花心无蕊。

Ⅱ式（图六，2），四出花瓣，其中一瓣特肥，上有纹理，花心缀圆点，以示花蕊。

Ⅲ式（图六，3、4），五出或六出花瓣，花心缀圆点，惟妙惟肖。又分Ⅲa，五出花瓣；Ⅲb，六出花瓣。

Ⅰ式出于H306，该坑被乙类单位H324打破，属于甲类；Ⅱ式出于乙类单位H346，与AⅡ碗共存，又与Ⅰ式垂弧纹共存，是以Ⅱ式晚于Ⅰ式。Ⅲ式全部出于丙类单位，并与AⅢ（H46）及BⅡ（H11）碗共存，又与Ⅱ、Ⅲ式凸弧纹共存，是以Ⅲ式晚于Ⅰ、Ⅱ式。

图六　花瓣纹和回旋勾连纹的演变

花瓣纹：1. Ⅰ（H306）　2. Ⅱ（H346）　3. Ⅲa（H46）　4. Ⅲb（H47）

回旋勾连纹：5. Ⅰ（H338）　6. Ⅱa（H46）　7. Ⅱb（H332）　8. Ⅱc（H379）　9. Ⅲ（H51）
10.（Ⅱ）（H10）

（7）回旋勾连纹：主要见于盆，个别见于罐，计8例，分别出于7个单位中。其基本母题为一个圆圈和一对互相勾连的挂钩，圆圈中每被横线分割为二，而挂钩中则实以圆点。这种纹饰的每一单元与其他单元之间往往相互连接，不易分割，形成连续不断的花纹带。依据其繁简及构图细节不同，可分为三式。

Ⅰ式（图六，5），仅一个圆圈和一对挂钩，圆圈由二道横线分为两半，并于上下缀以圆点。

Ⅱ式（图六，6~8），圆圈挂钩之外，再加一侧弧。又分Ⅱa，即原式；Ⅱb，于一侧弧之外，更加一斜线，中缀圆点；Ⅱc，侧弧之外，更加一凸弧及一凹边三角。

Ⅲ式（图六，9），圆圈挂钩之外，更加另一对挂钩及三个凹边三角，并以三道斜线划分单元。

另外，在H10一件彩盆（图版27：1）上所饰的回旋勾连纹，每一单元是以挂钩中的圆点为中心，组成对称的二组花纹，每组亦为一圆圈和一对挂钩，再加两个相错的凹边三角（图六，10），其繁简程度与上述Ⅱ式接近。如果说上述三式花纹是单式回旋勾连纹，则H10的可谓复式回旋勾连纹了。

在第一组打破关系中，H322打破H338，前者出Ⅱ式回旋勾连纹（图版26：2），后者出Ⅰ式回旋勾连纹（图版24：1），所以Ⅱ式晚于Ⅰ式。又所有属于Ⅱ式的回旋勾连纹，包括与Ⅱ式接近的H10的一例在内，都与AⅢ碗共存，所以它们是同一时期的，并都较Ⅰ式复杂一些，那么在构图上较Ⅱ式更为复杂的Ⅲ式回旋勾连纹自当更晚了。

（8）网格纹：主要饰于碗上和窄缘盆上，计8例，分布于7个单位中。其基本母题是由左右行的斜线交叉为网状格子。按单元划分的不同，可分为三式。

Ⅰ式，网格本身不成单元，仅由椭圆形纹饰将它隔开。

Ⅱ式，由长条地子将网格分割为长方块。又分Ⅱa，即原式；Ⅱb，长条地子上实三圆点。

Ⅲ式，网格成一列圆形，二圆之间的上方缀一圆点。

在第一组打破关系中，H322打破H346，前者出Ⅲ式网格纹，后者出Ⅰ式网格纹，是以Ⅲ式较Ⅰ式为晚。又H322属丙类单位，Ⅱ式网格纹亦出于丙类单位（H10、H46），Ⅲ式与AⅢ碗及Ⅳ式垂弧纹共存，Ⅱ式亦与AⅢ碗及Ⅳ式垂弧纹共存，是以二者时期基本相同，均较Ⅰ式为晚。

（9）羽形纹：饰于碗和盆的上腹，各仅1例，分见于两个单位中。其基本母题是正视的双边羽形纹，可分二式。

Ⅰ式，并列二羽，并由长条地子分割为一单元。

Ⅱ式，并列二羽，羽杆上各缀以三个圆点。

这两式羽形纹均出自丙类单位中，并均为 A Ⅲ 碗共存，是一种晚出的纹饰。

（10）窄带纹：饰于碗、盆和罐，碗在口沿，盆、罐多在唇部，计 9 例，分见于 9 个单位。其基本母题是一条窄带。依据其附加纹饰的不同，可分为五式。

Ⅰ式，窄带下加一弧线和一圆点。

Ⅱ式，窄带下加一列圆点。

Ⅲ式，窄带下加横"X"纹，两端实以圆点。又分Ⅲa，即原式；Ⅲb，"X"纹下方再加三道横线。

Ⅳ式，仅一窄带。

Ⅴ式，窄带下有若干平行横线，上缀一列圆点。

上述Ⅰ式和Ⅱ式均出自乙类单位中，又Ⅰ~Ⅲ式均与 A Ⅱ 碗共存，并分别与Ⅰ式瓶、Ⅰ式砂罐和 B Ⅰ 碗共存，而这些都是乙类单位的典型器物，所以Ⅰ~Ⅲ式窄带纹都是与乙类单位相当的。

Ⅳ、Ⅴ式均出自丙类单位，并均与 A Ⅲ 碗共存，所以二者时间基本相同，都晚于Ⅰ~Ⅲ式。

（11）平行线纹：饰于碗、盆上腹及盆缘，计 4 例，分见于四个单位。其母题均以平行横线组成，分为二式。

Ⅰ式，以四至六根平行横线组成。又分Ⅰa，诸线粗细均匀；Ⅰb，上下二线稍粗，当中诸线较细。

Ⅱ式，以五根横线平行排列，唯第二根为虚线。

Ⅰ式与 B Ⅰ 碗共存（H12），Ⅱ式与 A Ⅲ 碗共存（H13），而 A Ⅲ 碗是晚于 B Ⅰ 碗的，是以平行线纹Ⅱ式晚于Ⅰ式。

以上十一种母题的花纹，计 72 例，分布于 35 个单位中，是庙底沟仰韶文化彩陶花纹的主要组成部分。在这些花纹中，又以垂弧纹、凸弧纹、花瓣纹和回旋勾连纹最多，最富特征，因而也最具有代表性。它们的演化规律，对庙底沟彩陶纹饰的分期具有非常重要的作用。

六　文化分期

前面所分析的各种器物形制和彩陶花纹自身的演化，主要是纵的发展关系。至于这一器形和那一器形，这一花纹和那一花纹的横的对应关系怎样，它们之间哪些是属于一个时期的，哪些是不同时期的，便要全面地考察各种形式的器形与花纹在每个单位中的分布，看看它们在单位中的共存情况怎样，才能做出正确的判断。为此，我们依据前面器物形制和花纹所定的型式，分别按照单位列表（表二、表三），以便进行全面的比较。

表二 庙底沟仰韶文化各单位出土器物分型分式统计表

分式 单位	A 碗	B 碗	敛口瓮	彩 罐	A 瓶	B 瓶	釜	砂 罐	器 座	器 盖
H325	I (35:3)									
H338			I (21:1)	I (31:1)						
H1								I (42:5, 44:1, 2) I (43:4, 44:3)		
H203	II (22:1)		II (36:1)							
H358					I (32:9)					
H72	II (15:7)				I (32:6)	I (33:2)				
H12		Ia (10:6, 11:1)				I (32:7)	I (39:1~3)			I (37:2, 3)
H305	II (13:7)	Ia (10:3、4)								I (33:4)
H15	II (21:3)	Ib (11:3)								
H327	II (14:7)									
H7	II (14:5)								Ia (33:7)	
H2	II (13:3, 15:2)								Ib (34:1)	
H346	II (13:4)									
H209	II (20:2)									
H324	II (19:4)									
H375										
H333							II (37:9)			II (37:5)
H47	IIIa (16:4)									
H42	IIIa (14:4)									
H44	IIIa (14:4)									
H10	IIIa (16:3, 17:1)	II (12:6, 7)								
H11		II (12:3)								
H79	IIIa (17:3), IIIb (34:6)	II (11:5)								
H43	II (14:3、6), IIIb (15:3)									
H46	II (15:4), IIIb (16:2、6、17:2)									
H379	II (34:5), IIIb (18:1)									
H387	II (14:2), IIIb (16:7)									
H323								II (43:2)		
H344								II (43:3)		
H322	IIIb (17:4)			II (31:3)				II (42:3)		
H308	IIIb (11:6)									
H30	IIIb (16:1)									
H13	IIIb (4:3)								II (37:6)	

说明：表中括弧内阿拉伯数字均表示报告图版号。

表三 庙底沟仰韶文化各单位出土彩陶纹饰统计表

单位	垂弧纹	凸弧纹	对三角纹	背三角纹	豆荚纹	花瓣纹	回旋勾连纹	网格纹	涡形纹	窄带纹	平行线纹
H316			Ⅰ (6:1)								
H338				Ⅰ (10:2)			Ⅰ (24:1)				
H306						Ⅰ (6:8)					
H72			Ⅱ (6:6)		Ⅰ (5:3)					Ⅰ (15:7)	
H203										Ⅱ (23:4)	
H332						Ⅱ (7:8)					
H346	Ⅰa (15:2)					Ⅱ (5:2)		Ⅰ (6:5)			
H48	Ⅰa (5:5)										
H305	Ⅰb (13:7)										
H7	Ⅱa (4:7)										
H15	Ⅱb (10:3)									Ⅲa (10:4)	
H20											Ⅰa (4:6)
H12	Ⅰc (11:1), Ⅲb (10:6)										Ⅰa (7:4)
H398											Ⅰb (8:2)
H324	Ⅲc (20:2)										
H42	Ⅲc (16:4)										
H327	Ⅲa (11:3), Ⅲd (14:7)										
H308		Ⅰ (11:6)									
H43	Ⅳa (15:3)	Ⅰ (14:6)		Ⅱa (14:3)							
H10	Ⅳb (12:7)	Ⅱa (17:1)									
H46		Ⅱb (16:6)		Ⅱb (24:5)	Ⅱ (16:2)	Ⅲa (24:6)	(Ⅱ) (27:1)	Ⅱa (16:3, 17:1)			
H40							Ⅱa (26:1)	Ⅱa (16:6)	Ⅰ (24:5)		
H32								Ⅱa (7:2)			
H387		Ⅱb (14:2, 16:7)						Ⅱb (27:2)			
H13						Ⅲa (25:3)	Ⅱb (6:7)			Ⅲb (7:3)	Ⅱ (4:3)
H379	Ⅴa (18:1)					Ⅲb (25:4)	Ⅱb (23:3)				
H79		Ⅱc (17:3)								Ⅳ (11:15)	
H355										Ⅳ (7:12)	
H364										Ⅳ (7:5)	
H335										Ⅳ (7:10)	
H11	Ⅴb (7:7)				Ⅲ (4:8)						
H47		Ⅲa (23:5)		Ⅲ (25:5)							
H44		Ⅲb (31:3)						Ⅲ (14:4)			
H322	Ⅳc (17:4)						Ⅱc (26:2)	Ⅲ (5:9)	Ⅱ (4:2)	Ⅴ (7:1)	
H51							Ⅲ (25:2)				

说明：表中括弧内的阿拉伯数字均表示原报告图版号。

从表二可以看出，AⅡ碗和BⅠ碗是共存的（H15、H327），和Ⅱ式敛口瓮与Ⅰ式砂罐是共存的（H203），和AⅠ、BⅠ瓶是共存的（H72），和Ⅰ式器座也是共存的（H7）。又BⅠ碗不但和AⅡ碗共存，同时也与BⅠ瓶、Ⅰ式釜和Ⅰ式器盖共存（H12）。所以AⅡ碗、BⅠ碗、Ⅱ式敛口瓮、AⅠ瓶、BⅠ瓶、Ⅰ式釜、Ⅰ式砂罐、Ⅰ式器座和Ⅰ式器盖便构成了一个确定的陶器群，它们彼此直接或间接地相互共存，而不与其他式别的陶器共存，显然是属于同一时期的，我们姑名之为陶器乙群。

从表二又可看出，AⅢ碗与BⅡ碗是共存的（H10、H79），与Ⅱ式彩罐和Ⅱ式砂罐是共存的（H322），与Ⅱ式器座也是共存的（H13）。又AⅡ、BⅡ瓶，基于前面器物形制的演化一节所述理由，当是与AⅢ、BⅡ碗等属于同一时期的；Ⅱ式器盖则与AⅢ碗一样出于丙组单位（H47），Ⅱ式釜出于H333，也不能早于丙组单位（理由见前）。因此，AⅢ碗、BⅡ碗、Ⅱ式彩罐、AⅡ瓶、BⅡ瓶、Ⅱ式釜、Ⅱ式砂罐、Ⅱ式器座和Ⅱ式器盖等也构成了一个确定的陶器群，它们彼此直接或间接地相互共存，而不与其他式别的陶器共存，所以是属于同一时期的，我们姑名之为陶器丙群。

从表二还可以看到，Ⅰ式敛口瓮和Ⅰ式彩罐是共存的（H338）。同时在庙底沟河对岸的三里桥仰韶文化遗址中，有一个单位即H301既出AⅠ碗（图版77：5），又出Ⅰ式敛口瓮（图版77：6）。所以AⅠ碗、Ⅰ式敛口瓮和Ⅰ式彩罐等相互之间也组成了一个确定的陶器群，它们彼此共存而绝不与其他式别的陶器共存，因而是属于同一时期的，我们姑名之为陶器甲群。

根据前面对器物形制变化规律的分析，AⅠ碗和Ⅰ式敛口瓮是分别早于AⅡ碗和Ⅱ式敛口瓮的，前二者属于甲群，后二者属于乙群，所以陶器甲群早于陶器乙群。

又根据器物形制变化规律的分析，AⅡ碗、BⅠ碗、AⅠ瓶、BⅠ瓶、Ⅰ式釜、Ⅰ式夹砂罐、Ⅰ式器座和Ⅰ式器盖是分别早于AⅢ碗、BⅡ碗、AⅡ瓶、BⅡ瓶、Ⅱ式釜、Ⅱ式夹砂罐、Ⅱ式器座和Ⅱ式器盖的，是以整个的陶器乙群都早于陶器丙群。

为了更明确地说明问题，兹将上述三个陶器群的纵横对应关系制成图七。

现在让我们转而注意表三，可以看出，Ⅱ式对三角纹与Ⅰ式豆荚纹和Ⅰ式窄带纹是共存的（H72）；Ⅰ式垂弧纹与Ⅱ式花瓣纹和Ⅰ式网格纹是共存的（H346），Ⅰ、Ⅲ式垂弧纹和Ⅰ式平行线纹也是共存的。同时，H72的Ⅰ式窄带纹是饰于AⅡ碗上的（图版15：7），H346的Ⅰ式垂弧纹也是饰于AⅡ碗上的（图版15：2），所以Ⅰ式窄带纹和Ⅰ式垂弧纹应当是属于同一时期的，它们具有间接的共存关系。又H15的Ⅱ式垂弧纹是饰于BⅠ碗上的（图版10：3），H12的Ⅰ式垂弧纹也是饰于BⅠ碗上的（图版11：1），所以Ⅱ式同Ⅰ式垂弧纹也基本上是属于一个时期的。又H15的Ⅲ式窄带纹是饰于BⅠ碗上的（图版10：4），当亦与Ⅰ式

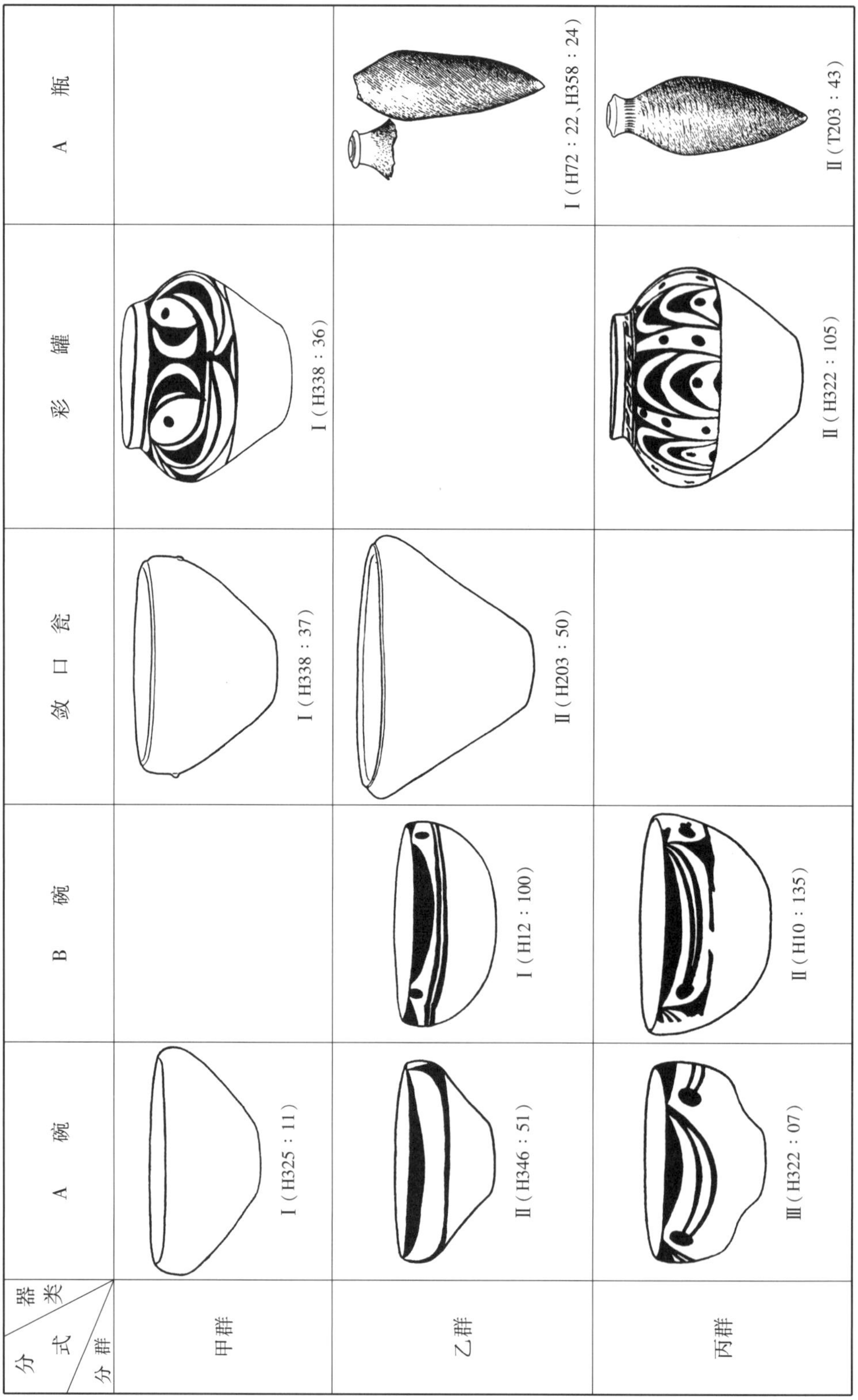

器类\分式\分群	A 碗	B 碗	敛口瓮	彩 罐	A 瓶
甲群	I（H325：11）		I（H338：37）	I（H338：36）	
乙群	II（H346：51）	I（H12：100）	II（H203：50）		I（H72：22、H358：24）
丙群	III（H322：07）	II（H10：135）		II（H322：105）	II（T203：43）

图七　庙底沟仰韶文化陶器的分群（一）

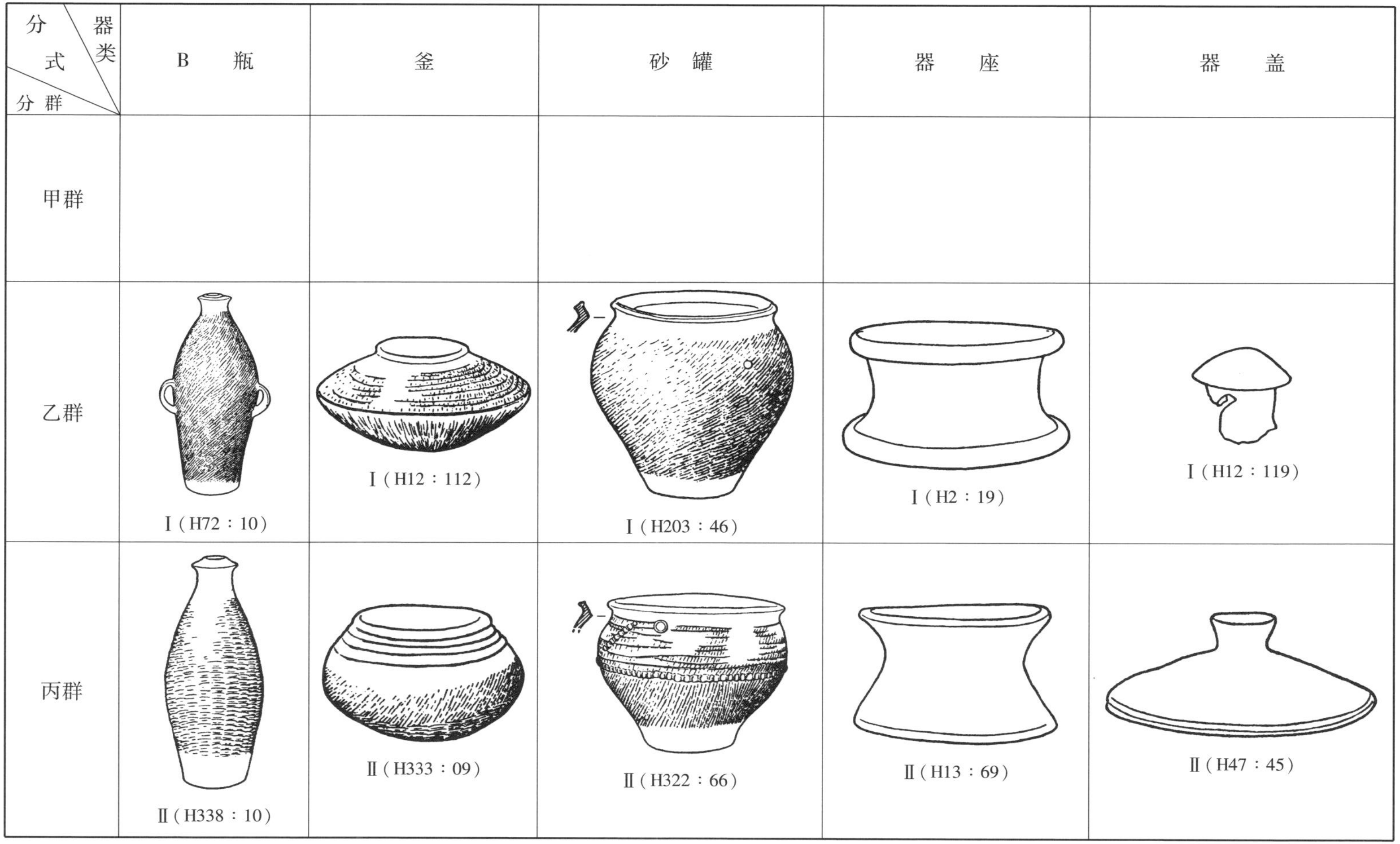

分式 群器类分群	B 瓶	釜	砂 罐	器 座	器 盖
甲群					
乙群	I (H72：10)	I (H2：112)	I (H203：46)	I (H2：19)	I (H12：119)
丙群	II (H38：10)	II (H333：09)	II (H322：66)	II (H13：69)	II (H47：45)

图七　庙底沟仰韶文化陶器的分群（二）

垂弧纹同时，亦即间接地说明与Ⅰ式窄带纹同时，而Ⅱ式窄带纹出于 H203，该单位出 AⅡ碗（钵），既然Ⅰ式垂弧纹在 H346 也饰于 AⅡ碗上，所以Ⅱ式窄带纹也当与Ⅰ式垂弧纹同时。

据此，Ⅰ～Ⅲ式垂弧纹、Ⅱ式对三角纹、Ⅰ式豆荚纹、Ⅱ式花瓣纹、Ⅰ式网格纹、Ⅰ～Ⅲ式窄带纹和Ⅰ式平行线纹，便组成了一个确定的彩陶花纹组，我们姑名之为彩纹乙组。

从表三还可以看出，Ⅰ式凸弧纹是与Ⅱ式背三角纹共存的（H43）；Ⅱ式凸弧纹是与Ⅱ式回旋勾连纹和Ⅱ式网格纹共存的（H10），又是与Ⅱ式背三角纹、Ⅱ式豆荚纹、Ⅲ式花瓣纹、Ⅱ式回旋勾连纹、Ⅱ式网格纹和Ⅰ式羽形纹共存的（H46），并且与Ⅳ式窄带纹也是共存的（H79）；Ⅲ式凸弧纹是与Ⅲ式背三角纹和Ⅲ式花瓣纹共存的（H47），又是与Ⅱ式回旋勾连纹、Ⅲ式网格纹、Ⅱ式羽形纹和Ⅴ式窄带纹共存的，但无论Ⅰ式、Ⅱ式或Ⅲ式凸弧纹，又都和Ⅳ式垂弧纹共存（分别见于 H43、H10、H322），并且Ⅰ式、Ⅱ式凸弧纹同时与Ⅱ式背三角纹共存（H43、H46），Ⅱ式、Ⅲ式凸弧纹同时与Ⅲ式花瓣纹共存（H46、H47），也与Ⅱ式回旋勾连纹共存（H46 和 H322），所以上述各式花纹都是间接共存，都是属于一个时期的。再者，Ⅲ式花瓣纹与Ⅲ式豆荚纹和Ⅴ式垂弧纹共存（H11），Ⅱ式回旋勾连纹又与Ⅱ式平行线纹共存（H13），因而这些花纹也是与上述花纹属于同一时期的。至于Ⅲ式回旋勾连纹，在其演化规律方面不能早于Ⅱ式回旋勾连纹，可能也与上述花纹基本上属于同一时期。

据此，Ⅳ～Ⅴ式垂弧纹、Ⅰ～Ⅲ式凸弧纹、Ⅱ～Ⅲ式背三角纹、Ⅱ～Ⅲ式豆荚纹、Ⅲ式花瓣纹、Ⅱ～Ⅲ式回旋勾连纹、Ⅱ～Ⅲ式网格纹、Ⅰ～Ⅱ式羽形纹、Ⅳ～Ⅴ式窄带纹和Ⅱ式平行线纹也便组成了一个确定的彩陶花纹组，它们直接间接地彼此共存，而不与其他式别的花纹共存，所以是属于一个时期的，我们姑名之为彩纹丙组。

在丙组花纹中，唯一的例外是出现了一个Ⅲ式窄带纹（H13），它在 H13 中与Ⅱ式回旋勾连纹和Ⅱ式平行线纹共存，属于丙组是无可怀疑的，然而这种纹饰在乙组已经出现（H15），并且形式较为简单，可能它自身也有一个发展过程，所以我们以Ⅲa、Ⅲb 区别之，Ⅲa 属于乙组，而Ⅲb 属于丙组。

在彩陶花纹演化规律的一节中已经指出，垂弧纹Ⅳ～Ⅴ式晚于Ⅰ～Ⅲ式，豆荚纹Ⅱ～Ⅲ式纹晚于Ⅰ式，花瓣纹Ⅲ式晚于Ⅱ式，网格纹Ⅱ～Ⅲ式晚于Ⅰ式，窄带纹Ⅳ～Ⅴ式晚于Ⅰ～Ⅲ式，平行线纹Ⅱ式也是晚于Ⅰ式，即凡属丙组中与乙组具有同一基本母题的花纹的各式都分别晚于乙组中的各式；反之，没有任何一种乙组花纹是晚于丙组花纹的例子，这就说明了整个的彩纹丙组是晚于彩纹乙组的。

　　从表三又可看出，Ⅰ式背三角纹与Ⅰ式回旋勾连纹共存，其共存单位 H338 曾被出乙组花纹的 H346 打破，所以早于乙组。又 H316 有Ⅰ式对三角纹，H306 有Ⅰ式花瓣纹，这两个单位都分别为出乙组花纹的 H327 和 H324 打破，且在演化规律上对三角纹Ⅰ式早于Ⅱ式，花瓣纹Ⅰ式早于Ⅱ式，从而也都是早于彩纹乙组的，并且没有任何一个与乙组花纹或丙组花纹共存的例子，所以我们也把它们当作一个彩纹组，姑名之为彩纹甲组。

　　彩纹甲组早于乙组，乙组又早于丙组，这便是我们全面考察彩陶花纹演化规律所得出的结果。兹将三个彩纹组的纵横对应关系制成图八。

　　上面我们根据对于器形共存关系的考察，把它们分成了甲群、乙群和丙群；根据对于彩纹共存关系的考察，又把它们分成了甲组、乙组和丙组。现在要讨论的问题是，各群陶器和各组彩纹之间的关系是怎样的呢？是彼此对应的关系还是相互交错的关系呢？把这个问题弄清楚了，文化分期的问题也就基本上清楚了。

　　我们看到，在出甲群器形的两个单位中，有一个单位即 H338 同时又出甲组彩纹，而却没有一个单位出乙组或丙组彩纹的，所以甲群陶器和甲组彩纹是互相对应的，因而是属于同一时期的。

　　我们又看到，在出乙群陶器的 14 个单位中，有 H7、H12、H15、H72、H203、H305、H324、H327 和 H346 等 9 个单位同时又出乙组彩纹，而却没有任何一个单位同时又出甲组或丙组彩纹，所以乙群陶器和乙组彩纹也是互相对应的，因而是属于同一时期的。

　　最后，在出丙群陶器的 17 个单位中，有 H10、H11、H13、H43、H44、H46、H47、H79、H308、H322、H379 和 H387 等 12 个单位同时又出丙组彩纹，而却没有任何一个单位同时又出甲组或乙组彩纹，所以丙群陶器和丙组彩纹是互相对应的，当然它们也属于同一时期。

　　上述情况清楚地表明，陶器形制和花纹的变化是相联系的，彼此对应的，个别的交错现象往往是由于早期因素在晚期的遗留。我们依据不同的对象分别进行的考察，得到的结果却如此相符，这是一个很重要的事实。它说明了我们对于陶器的分群和彩纹的分组，都反映了整个文化发展的客观规律，否则就不会得到这样一致的结果。因此，这种分群、分组的意义就不仅限于器形和花纹本身的变化规律，而应当作为划分文化时期的基础。也就是说，甲群陶器和甲组彩纹代表着庙底沟仰韶文化的最早时期，乙群陶器和乙组彩纹次之，丙群陶器和丙组彩纹最晚。

　　考虑到出甲群陶器和甲组彩纹的单位不多，发表的器形和花纹也不多，难以全面地反映该一时期的面貌；同时在某些可比的器形和花纹方面，甲乙二者的差

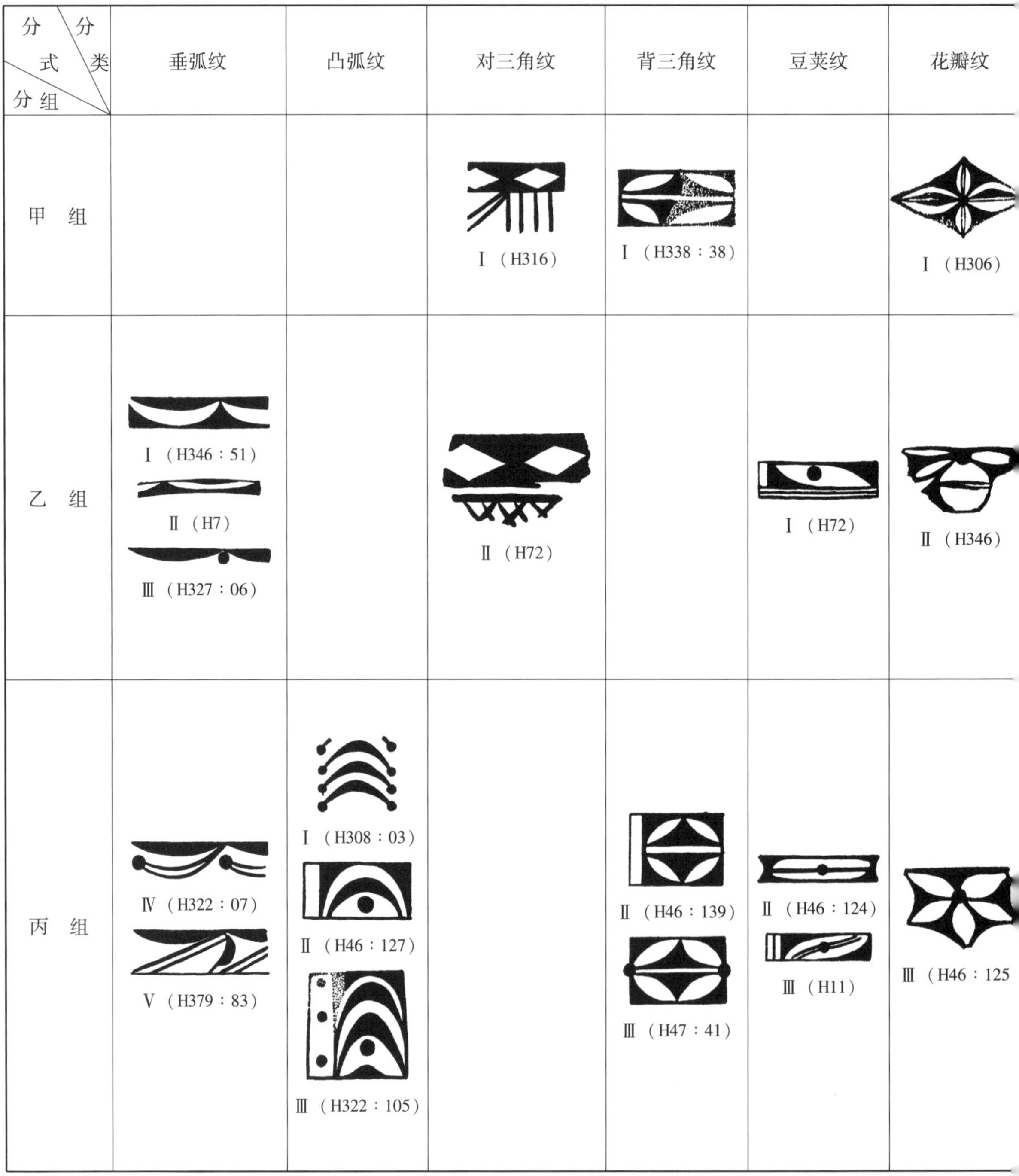

分类 分组	垂弧纹	凸弧纹	对三角纹	背三角纹	豆荚纹	花瓣纹
甲　组			Ⅰ（H316）	Ⅰ（H338：38）		Ⅰ（H306）
乙　组	Ⅰ（H346：51） Ⅱ（H7） Ⅲ（H327：06）		Ⅱ（H72）		Ⅰ（H72）	Ⅱ（H346）
丙　组	Ⅳ（H322：07） Ⅴ（H379：83）	Ⅰ（H308：03） Ⅱ（H46：127） Ⅲ（H322：105）		Ⅱ（H46：139） Ⅲ（H47：41）	Ⅱ（H46：124） Ⅲ（H11）	Ⅲ（H46：125

图八　庙底沟仰韶文化彩陶花纹的分组（一）

分式\分类组	回旋勾连纹	网格纹	羽形纹	窄带纹	平行线纹
甲　组	 Ⅰ（H338：30）				
乙　组		 Ⅰ（H346）		 Ⅰ（H72：13） Ⅱ（H203：05） Ⅲ（H15：49）	 Ⅰ（H12）
丙　组	 Ⅱ（H379：86） Ⅲ（H51：53）	 Ⅱ（H10：149） Ⅲ（H44：14）	 Ⅰ（H46：139） Ⅱ（H322）	 Ⅳ（H79：63） Ⅴ（H322）	 Ⅱ（H13）

图八　庙底沟仰韶文化彩陶花纹的分组（二）

距并不很大，至少没有乙丙之间的差距那么大。例如 A 型碗，甲乙二群同是敛口，腹壁缓曲，下腹斜收，只是甲群的碗全不内凹（AⅠ），而乙群者稍稍内凹（AⅡ）而已，与丙群的直口，折腹，下腹明显内凹者（AⅢ）迥然不同。又如花瓣纹，甲乙二组同是四出的花瓣，且形态不很逼肖，只是甲无花心（Ⅰ式）而乙有花心（Ⅱ式），丙组花瓣纹是五出或六出，有花心，形态逼真（Ⅲ式），与甲乙组的差别也较大。因此，我们把甲群甲组所代表的时期与乙群乙组所代表的时期合为一个文化期，称为庙底沟仰韶文化第一期，甲群甲组为一期一段，乙群乙组为一期二段，而丙群丙组所代表的时期则称为庙底沟仰韶文化第二期。

属于第一期第一段的有 H306、H316、H325 和 H338 等 4 个单位；二段的有 H1、H2、H7、H12、H15、H20、H48、H72、H203、H209、H305、H324、H327、H332、H346、H358、H375 和 H398 等 18 个，合共 22 个单位。

属于第二期的有 H10、H11、H13、H30、H32、H40、H42、H43、H44、H46、H47、H51、H79、H308、H322、H323、H333、H335、H344、H355、H364、H379 和 H387 等共 23 个单位[1]。

七　庙底沟仰韶第一、二期之间的关系

庙底沟仰韶文化的分期既经确定，我们便可进而探讨第一期与第二期文化的关系，以及它们与其他相关的文化遗存，例如三里桥仰韶文化的关系。

庙底沟仰韶文化第一期与第二期之间是具有许多共同因素的，大致可以归纳为以下九点。

（1）从陶器制法来看，无论是第一期或第二期，绝大部分都用泥条盘筑，少数用手捏制，有些器物的口部经过慢轮修整。

（2）从陶器质地和颜色来看，两期都以细泥红陶和夹砂红陶为主，并有少数的泥质灰陶。

（3）从陶器造型特征来看，两期都以平底器为主，其次为尖底器和圜底器。

（4）从陶器的类别来看，两期都有碗（钵）、卷缘曲腹盆、敛口瓮、彩陶罐、小口尖底瓶、釜、夹砂罐、器座和器盖等，包括了陶器最主要的部分。

---

〔1〕　这里定出期属的 45 个单位，是以发表了器物的单位为限的。有一些单位虽未发表器物而被第一期单位打破者，也可列为第一期，因为在庙底沟没有早于第一期的遗存；凡打破第二期的单位也可列为第二期，因为发掘报告既已判定属于仰韶文化，而这里的仰韶文化没有晚于第二期的遗存，故只能属于第二期。这类灰坑的编号恕不在此一一列举了。

（5）从纹饰种类来看，两期都有彩纹、线纹、篮纹和附加堆纹等。

（6）从彩纹作风来看，两期都以黑彩为主，仅有极个别的红彩，全部皆绘于器物外部的上腹和缘面，其构图均以圆点、弧形、凹边三角、曲线和直线（横的、竖的和斜的）等元素组成，显得圆润流畅。

（7）从彩纹母题来看，两期都有垂弧纹、背三角纹、豆荚纹、花瓣纹、回旋勾连纹、网格纹、窄带纹和平行线纹，占全部母题的绝大部分。

（8）从生产工具来看，两者之间无任何差别，不仅类别上基本相同，而且形制也基本相同。例如形制特征较显著的石刀和陶刀，两期中都有长方形穿孔的和两侧带缺口的两种。

（9）从装饰品来看，两期都有石坠和陶环等，而且形制基本相同。

从以上九点可以看出，庙底沟仰韶文化的第一期与第二期之间，在主要文化面貌方面是相同的，前后一致的，并不是"大相径庭"、毫不相干的两回事情。

另外，两期之间的差别也是普遍的有规律的，并且是能够识别的。前面我们关于单位的分类，关于器物形制和花纹的变化规律，以及陶器分群和花纹分组的研究，都着重在这些差别上，正因为有了这些差别，文化分期才得以成立。现在的问题不在于二者之间有无差别，而在于这种差别的程度和性质。我们可以看出差别大约有以下六个方面。

（1）在陶器造型特征方面，第一期的圜底器较第二期稍多一些，第一期有圜底罐（图版 10：1，37：7）和釜（图版 39：1~3），而第二期仅有一件釜（图版37：9）。

（2）在陶器类别方面，第一期有圜底罐而第二期不见；第二期有甑和灶，而第一期未见。不过甑、灶和釜乃是互相配合使用的一套炊器，第一期虽未见发表甑、灶，而发表了 3 件釜，暗示当时可能也已有了甑、灶，只是因为数量太少，在一群有限的单位中不容易发现罢了。根据 H5、H10、H363 和 H387 四个单位器形的统计，甑和灶各仅占 0.03%[1]，因此有无甑和灶的问题，也并不构成两期文化之间的重大差别，这是要加以说明的。

（3）在陶器形制细节方面，则差不多每一类器物都是不同的，据此我们在前面分成了三个陶器群。但是甲群和乙群、乙群和丙群陶器的区分，全部都表现在形制的细节方面，并且是彼此紧密地衔接的。例如 A 型碗，其口部在第一期一段

---

〔1〕　见中国科学院考古研究所：《庙底沟与三里桥》，科学出版社，1959 年，25 页器形统计表。在该表所统计的单位中，只有 H10 和 H387 是属于第二期的，其余两个灰坑因未发表器物，不知应属何期。

（AⅠ）是显著内敛，二段（AⅡ）是显著内敛或稍稍内敛，到第二期（AⅢ）方始成为直口；腹部由第一期的缓曲，到第二期便变为缓折最后到急折；下腹在第一期一段是斜收，二段则略显内凹，到第二期才显著内凹，可见其变化是一环扣着一环地紧密衔接，而不是跳跃式的有缺环的；又如 B 型碗的口部在第一期是稍稍内敛或直口（BⅠ），到第二期便都是直口（BⅡ），腹底转角在第一期不很显著，到第二期才比较显著。甚至有个别的碗（BⅠb），其底部仍是转角不显，而口部已成为直口了，正好作为由 BⅠ向 BⅡ发展的中间链条，在这里也是不存在发展中的缺环的。他如敛口瓮的变化主要在肩部，彩罐的变化主要在口底径与腹径的比例，小口瓶主要在唇部，夹砂罐主要在口部，釜主要在腹部，器座主要在座壁，器盖主要在纽部，等等，都是细部的变化。卷缘曲腹盆也主要是细部的变化，且其接近更是达到了难以从图版上区分的程度。既然其差别主要在细部，就表明二者相距不远，紧密衔接，因而是具有直接的发展与承袭关系的。

（4）在各种纹饰的比例方面，第一期的篮纹绝少，仅见于一件穿孔筒形器上（图版 44：4），第二期比较多，见于 AⅡ、BⅡ小口瓶和甗（图版 29：2）等器物上。第一期附加堆纹较少，第二期则比较多（主要在夹砂罐上）。

（5）在彩纹母题的种类方面，第一期有对三角纹而第二期不见，第二期有凸弧纹和羽形纹而第一期不见。

（6）在每种彩纹构图的具体细节方面，则差不多每一种都有所不同，前面我们正是根据这方面的差别，把它们分成了甲组、乙组和丙组。但是无论哪一种花纹的变化，都主要是附加纹饰部分，其基本母题则是不变的。例如垂弧纹的基本母题就是一列垂弧，在第一期是在垂弧下加凹边三角或圆点等，第二期则是加流星索纹或侧弧与斜线等。又如回旋勾连纹第一期只有一个圆圈和一对挂钩，第二期则加了许多附加纹饰如侧弧、斜线、圆点等。其他母题的情况也是如此。这种同一母题的细节变化，正好说明二者是相距不远的，没有缺环的，是直接承袭与发展的。

从以上六点来看，庙底沟仰韶文化第一期与第二期之间的差别有些是个别的，有些虽是普遍的，但主要表现在细节方面，并且明显地可以看出其相互发展与承袭的迹象。因此，纵然有许多差别，也不足以说明前后两期文化是截然不同的，而只能说明它们因袭发展，保持着前后的连贯性。

既然如此，庙底沟仰韶文化到底应该分为两个类型还是归纳为一个类型呢？

类型或文化类型这个名词，过去很少见到有人使用，只是近年来许多人都用它，并且很快成为大家都已接受的一个术语了。但是究竟它的确切含义是什么，却很少有人进行解释。从各人实际应用的情况看来，大体是指一定的文化面貌或文化相的东西，类型的不同往往只是指文化面貌的不同，而不问这种不同是由于什么原因，比如时间的早晚、地域的分划或族别的不同，等等。从这样一个理解出发，并且参照大家已经称呼习惯了的一些类型的关系，例如仰韶文化的半坡类型和庙底沟类型等，其间的差别是相当大的，远非庙底沟仰韶文化第一期与第二期之间的差别可比。因此，我们觉得庙底沟的两期文化应当称为一个类型，即庙底沟类型，而不必划分为两个类型。

八　庙底沟与三里桥

最后我想再次申述一下庙底沟仰韶文化与三里桥仰韶文化的关系问题。以前我曾认为，三里桥仰韶比庙底沟为早，并且不完全属于半坡类型[1]。现在我基本上还是坚持这个意见。不过在庙底沟仰韶遗存本身已经进行分期的情况下，还只是笼统地说三里桥比庙底沟早，而不问到底哪些比哪些早，早到一个什么程度，就未免不够确切，因而有补充的必要。

三里桥仰韶文化的遗物发表不多，其中陶器有碗（钵）、盆、敛口瓮、夹砂罐和器座等五类共 14 件。我们早曾指出，这些陶器中一部分是接近半坡类型的，另一部分是接近庙底沟类型的。前者包括 2 件圜底钵、2 件侈口夹砂罐和 1 件直筒形罐，后者包括 5 件碗（钵）、2 件卷缘盆、1 件敛口瓮和 1 件器座。问题是这些接近于庙底沟类型的陶器到底是接近它的哪一期呢？

首先谈谈碗（钵），三里桥碗同庙底沟一样，也可分为 A、B 两型。A 型碗有 2 件（图版 77：4、5），均为敛口，腹壁缓曲，下腹斜收，与庙底沟 AⅠ 碗完全一样。B 型碗有 3 件（图版 76：3、4，77：3），其腹壁均圆缓，底腹交界转角不甚明显，与庙底沟 BⅠ 碗完全相同，并且有的敛口，体较矮（图版 77：3），有的直口，体较高（图版 76：4），分别与庙底沟 BⅠa 和 BⅠb 相对应。

其次关于敛口瓮，三里桥的通体甚高，肩部圆缓，腹部斜收而略鼓（图版 77：6），与庙底沟Ⅰ式敛口瓮颇为相像。

三里桥的器座是座壁较直，明显卷边（图版 78：1），与庙底沟Ⅰb 式器座完全一样。

关于彩陶花纹，三里桥有一件为垂弧下加凹边三角（图版 77：4），与庙底沟Ⅰa 式垂弧纹完全相同。

以上所有与庙底沟接近或相同的因素，都是接近于庙底沟第一期的，而没有

---

〔1〕 严文明：《三里桥仰韶遗存的文化性质与年代》，《考古》1964 年第 6 期。

任何一件接近于第二期。并且 AⅠ碗、Ⅰ式敛口瓮等在庙底沟是属于第一期一段的；BⅠ碗、Ⅰ式器座和Ⅰ式垂弧纹在庙底沟第一期二段有，第一期一段没有发现相应的例子，但也不能肯定一定没有。因为我们前面谈到，第一期一段的遗物甚少，不能全面地反映当时的文化面貌，所以某些东西没有发现，或没有发表，不等于在那个时期根本就不存在。据此，三里桥的接近庙底沟的因素，是接近于庙底沟第一期一段的。

由庙底沟第一期一段（包括三里桥接近庙底沟的因素）、二段到第二期，都是紧密衔接的，其间并没有三里桥类似半坡类型的因素的位置。不过我们从形制演化的规律来看，后者应比庙底沟一期一段更早。例如三里桥的圜底钵（图版 76：1、2），在形制上是接近于庙底沟的 B 型碗，但是 B 型碗的变化主要是在腹底转角部分，晚的转角明显（BⅡ），早的转角不明显而近似圜底（BⅠ），那么完全圜底的自当更早了。至于三里桥的夹砂罐，皆为侈口，但唇不外撇，而庙底沟仰韶文化第二期的夹砂罐是唇部外撇的，在形制变化顺序上也不能排在它的后面。据此，三里桥的仰韶遗存也应该是可能进行分期的。它的接近半坡类型的因素应当属第一期，而接近庙底沟第一期一段的应当属第二期。它们从总体说来虽然比庙底沟仰韶遗存为早，但更确切一些说，则可以用下列图式来表示之：

三里桥仰韶Ⅰ→Ⅱ

‖

庙底沟仰韶　　Ⅰ$_1$→Ⅰ$_2$→Ⅱ

1964 年 5 月

［原载《考古学报》1965 年第 2 期。后收录在《仰韶文化研究》（增订本），文物出版社，2009 年］

半坡仰韶文化的分期与类型问题

西安半坡的仰韶文化遗存是相当复杂的，有的属半坡类型，有的属庙底沟类型，有的甚至应当划分为第三个类型。这些文化类型的基本特征及其相互关系问题，牵涉的面比较广，在此不准备全面论述。倘若仅仅就它们在半坡遗址所表现的情况来看，则基本上是一个分期问题。因此，我们就从分期问题谈起。

一　陶器的分期

根据《西安半坡》[1]发表的资料，其地层关系大体上有三种情况。

一是三种堆积相互叠压或打破的，见于 T22。据表三[2]，在 T22 第 2 层中有 H21，第 4c 层中有 F13。据图九，H26 打破 H24，H24 打破 K9，K9 打破 H25，而 H25 打破 F13。图五一表明 H26 属第③层。把这些情况结合起来，就构成了 H21 → H26 →H24 →K9 →H25 →F13 的一连串叠压打破关系。由于 H26、H24 和 K9 都没有发表任何器物，所以实际可用的地层关系是 H21 →H25 →F13。

据表五，H21 出土陶器有 I 7d 钵，Ⅲ7a 盆，Ⅸ2 尖底瓶和Ⅻ21 罐。

H25 出 ⅪⅤ瓿，见图九一，9 和图版壹壹陆，5，形制与庙底沟出土的 A13a 瓿几乎完全相同[3]。

F13 出土陶器有Ⅲ5b 和Ⅲ6 盆，Ⅸ1 尖底瓶，Ⅻ2c 和Ⅻ13b 罐，剔刺纹陶片，以及斜线与三角纹彩陶钵片。后者的形制与花纹酷似 M108：7，见图版壹壹玖：4，当是 I 1c 钵的口部残片。

这里三组器物很不相同，暗示具有分期的意义（图一）。

---

〔1〕　中国科学院考古研究所、陕西省西安半坡博物馆：《西安半坡》，文物出版社，1963 年。

〔2〕　本文中凡未注明出处的，均引自《西安半坡》。

〔3〕　中国科学院考古研究所：《庙底沟与三里桥》，科学出版社，1959 年，图 23，图版贰捌，5。

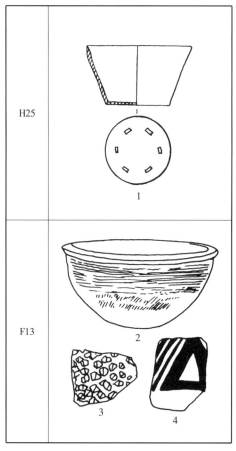

图一　半坡 H25 和 F13 出土的陶器

1. XIV 甑　2. III 6 盆　3. 剔刺纹陶片　4. 彩陶钵片（采自《西安半坡》图九一，9；图版壹壹叁，5；图版壹伍零，8；图版壹伍陆：14）

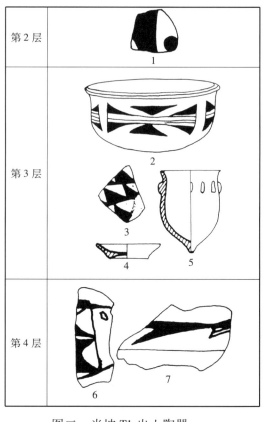

图二　半坡 T1 出土陶器

1. 回旋勾连纹陶片　2. III 3a 盆　3. 三角纹彩陶片 4. V1a 皿　5. XVIII 2 尖底罐　6、7. 鱼纹彩陶片（采自《西安半坡》图版壹陆壹，15；图版壹壹贰，7；图版壹陆零，15；图九二，1；图九五，2；图版壹伍叁，11；图版壹伍肆，1）

　　二是两种堆积相互叠压，见于 T1。这个探方的第 2~4 层都发表了器物，可以进行对比。

　　第 2 层出土一圆点和弧形纹彩陶片，其花纹当是回旋勾连纹的一部分，器形当为 III 10 卷缘曲腹盆。这种盆在庙底沟大量出现，是庙底沟类型中最富有特色的器物之一，所以 T1② 应与 H25 相当。

　　第 3 层出 III 3a 盆、V1a 皿、XVIII 2 尖底罐和三角纹彩陶片等。第 4 层出土两块鱼纹彩陶片，当是 III 3a 盆的残片。III 3a 盆在 M45 中是与 I 1c 钵、IX 1 尖底瓶和 XIII 13b 罐共存的，所以这两层应与 F13 相当（图二）。

　　以上两组地层关系相互印证，说明不是一种偶然现象，确实具有分期的意义。

　　第三种地层关系如表三所示，一共有 18 组，都是两种堆积相互叠压或打破，但内容与 T1 各层有所不同。从表五出土器物登记表可以看出，在这 18 组关系中，凡出土器物与 H21 相同的各单位，都叠压或打破了出土器物与 F13 相同的各单位。这证明 F13 所出的一组器物，确实比 H21 出土的一组器物为早。

这样，根据 T22、T1 以及表三发表的共 20 组地层关系，可以初步把半坡仰韶文化分为三期。早期以 F13 为代表，典型器物是Ⅰ1c 钵，Ⅲ3a、Ⅲ5b 和Ⅲ6 盆，Ⅸ1 尖底瓶，ⅩⅢ2c 和ⅩⅢ13b 罐等；中期以 H25 为代表，典型器物是Ⅲ10 盆和ⅩⅣ瓿；晚期以 H21 为代表，典型器物是Ⅰ7d 钵、Ⅲ7a 盆、Ⅸ2 尖底瓶和ⅩⅢ21 罐等。

根据《西安半坡》的分类，半坡共有陶器 21 类 83 型 159 式，现在确定分期的只有 7 类 15 型 15 式，它们具有代表性吗？换句话说，其余的所有器物是否也分别属于这三期呢？为了回答这个问题，有必要对各种器物的共存关系进行全面考察。

所谓共存关系，是指若干器物共同存在于某一单位中。一间房子，一个灰坑，一座墓葬或者一个地层，诸如此类，都可以算是一个共存单位。包含在一个共存单位内的器物总是在同时或一个不太长的时期内堆积的，但不一定是同时制造的。因此，具有共存关系的器物，并不一定都属于同一时期，而仅仅具有同时期的可能性。如果共存的器物是像陶器那样容易生产又容易损坏，那么它们属于同一时期的可能性就比耐用品大一些。如果相同的几种器物不止一次地共存，它们属于同一时期的可能性也就更大。共存的次数达到一定的界限，可能性就转化为必然性，证明它们确属同时（在一定时期范围内的同时）。因为只有它们本来是同一时期的，才有可能反复地出现共存关系。至于究竟需要多少次才能确定，要依共存单位的具体情况而定。一般的地层，比较容易混入早期遗物，需要重复许多次；如果是灰坑或房间等，次数可以减少一些；至于墓葬，一两次也就可以了。所以我们在利用共存关系时首先考虑墓葬，其次是灰坑和房间，最后才是一般的地层；而分析的器物限于陶器。从这一原则出发制成如下两个器物共存表（表一、表二）[1]。

─────────────

〔1〕　本表根据《西安半坡》表五、表八、表九和索引作成。原书中的表与索引个别地方发生矛盾，可能在统计和编排上有失误。但本表的目的主要在于说明几个器物群的共存关系，由于同一器物群往往多次重复出现，其可靠性还是有保证的。表中Ⅰ1 钵的 a～e 各式经常互相共存，如在 M32 和 M86 中都是 abd 共存，M38 是 bcd 共存，M82 是 cde 共存，bc 共存有 8 例，ab 共存有一例，bd 和 cd 共存各有两例。ⅩⅢ13 罐的 a～f 各式也有同样的情况，因而它们的型也就可以代表各式。为简明起见，这两种器物只登记型而略去式别。

表一　半坡早期陶器共存表

单位 ＼ 型式 器类	I 钵	II 碗	III 盆	V 皿	VII 盂	IX 尖底瓶	X 壶	XIII 罐		XVII 瓮	XVIII 尖底罐
M42	1	4a				1		13			
M101	1	4b,5a				1	3ab	13			
M106	1	5a				1		13			
M32	1	5b				1		13			
M45	1		3a			1	3a	13			
M38	1		4			1		5b,6c	13		
M67	1					1		5c	13		
F13	1		5b,6			1		2c	13		
M48，M50	1					1		13			
M8	1		4			1					
M1	1	1ab				1		2b			
M4	1					1		5d			
M7	1					1		8,11b			
M27	1					1	1d				
M44	1	5ab				1					
M80	1					1	1ab		16d		
M104	1	5a				1		1a			
M155	1					1		3a	14b,15		
M12，M30，M66，M152，M201	1					1					
M158	1	4a,5a						13	14a,18a		
M153	1	5a	4					5e,6e	13		
M31，M54	1	5a						13			
M26	1							10	13		
M39	1						1a,2	10	13		
M59，M82	1							13	15		
M49，M79，M86，M105，M111，M156	1							13			
M94	1							12	13		
M69		5a				1		13			
M47						1		7a	13		
F11						1		13			
M124		3				1					
F9，西沟						1		2c			
F10，F22			6			1					
M51		3						13			
M160							3a,12	13			
M79			5b,6					13			
M35	1				1a			13	17a		
M3	1	5a					2	11c			
M37	1							14,16			
M91	1						6b,7b	16d,17c			

续表

单位 \ 型式 \ 器类	I钵	II碗	III盆	V皿	VII盂	IX尖底瓶	X壶	XIII罐			XVII瓮	XVIII尖底罐
M102	1						4	6d,8b		17a,18c		
M114	1							1b				
M154	1									14ab		
M55					1a		4	5b,6ad				
T1③			3a	1a								2
W5	1										4a	
W3，W10，W14，W16，W17，W22，W29，W30，W38~W40，W42，W44，W48，W49，W56，W58	1										4b	
W2	1		5b								4b	
W37	1										4ab	
W65			5a								4b	
W7，W32，W43，W45，W46，W50，W52，W53			5b								4b	
W20			5c								4b	
W61			5d								6b	
W47，W67	1										6a	
W8，W12，W13，W15，W21，W35，W36，W48，W54，W55	1										6b	
W11，W19，W25，W28，W33	1										6c	
W70		2a									6a	

表二　半坡晚期陶器共存表

单位 \ 型式 \ 器类	I钵	II器盖	III盆	VII盂	IX尖底瓶	XIII罐	XVII瓮
H46，H91	7d	3a	7a	1	2	21	
H148	7d	3a	7a		2	21	
H21，H36，H70	7d		7a		2	21	
H176	7d		7a			21	
2#H1	7d				2	21	
H29，H92			7a	1	2	21	
H129		3a	7a	7d	2	21	
H183		3a	7a		2	21	
H35			7a		2	21	

续表

单位 \ 型式 \ 器类	Ⅰ钵	Ⅱ器盖	Ⅲ盆	Ⅶ盂	Ⅸ尖底瓶	ⅩⅢ罐		ⅩⅦ瓮
H186，H189			7a		2			
H109			7a			21		
H33					2	21		
H164	7ab	3a	7d		14b′	21		
H69		7d				21		
H37		3a			2			
H131		7d			2			
H10					2	23	1，2	
H12			7a					3a

　　从表一可以看出，Ⅰ1 钵，Ⅸ1 尖底瓶，ⅩⅢ13 罐和ⅩⅦ4、6 瓮是经常共存的，是早期器物群中最大量最基本的器形。Ⅰ2～5 钵，Ⅲ3～6 盆，Ⅹ1～4 壶，Ⅷ1～12 和Ⅷ14～18 罐等也有许多相互共存，并与上述四种基本器物共存的例子，都应属于早期器物群。Ⅱ1ab 碗，Ⅶ1a 盂，Ⅴ1a 皿和ⅩⅧ2 尖底罐等，器物很少，都只见一例与上述器物共存，但它们不与其他器物群共存，前二者还出自墓葬，属于早期器物群的可能性是很大的。

　　从表二可以看出，Ⅰ7d 钵，Ⅱ3a 器盖，Ⅲ7a 盆，Ⅸ2 尖底瓶和ⅩⅢ21 罐是经常共存的，是晚期器物群中最基本的器形。其他如Ⅰ7ab 钵，Ⅲ7d 盆，Ⅶ1 盂，ⅩⅢ14b′ 和ⅩⅢ23 罐，以及ⅩⅦ1～3 瓮等，都与上述器物共存而绝不与早期器物共存，很可能属于晚期器物群。应当说明的是，晚期的ⅩⅢ14b 罐（出于 H164）与早期的同式器物（出于 M154）并不相同。前者素面、卷唇，同晚期的ⅩⅦ3 瓮接近；后者上腹为多层弦纹，下腹绳纹，与早期的ⅩⅢ13 各式罐作风近似。前者有一对鸡冠耳，这种耳常见于晚期器物（Ⅰ7d 钵和ⅩⅢ21 罐等），而早期根本没有。据此，我们在晚期该式器物代号上加一"′"，以示区别。又Ⅳ杯（《西安半坡》称豆）和Ⅺ带流罐等都有鸡冠耳，也可能是属于晚期的。

　　除以上两个器物群外，还有一些器物，在《西安半坡》中没有发表共存关系，可能是资料太少的缘故；不过同类的器物在庙底沟等遗址是相互共存的，很明显是属于庙底沟类型的一个器物群。其中包括有Ⅰ7b′ 钵，图版壹零陆，3 [1]；Ⅰ7c

――――――――――――

　　〔1〕 此器敛口，下腹斜收，小平底，与庙底沟 H325：11 钵的形制完全相同（见中国科学院考古研究所：《庙底沟与三里桥》，科学出版社，1959 年，图版叁伍，3），而与晚期的Ⅰ7b 钵（H164：35，图版壹零陆，1）差别较大。后者底较大，口腹转弯处较高，同中期的敛口钵是不同的。为了区别起见，我们在中期式别代号上加一"′"。

钵，图八九，3；Ⅲ10 彩陶盆，图版壹陆壹，2、6、7、9～12、17、19；双唇尖底瓶，图九六，8，图版壹贰柒，5；ⅩⅣ甑；ⅩⅤ釜，图一〇三，4 等。根据前述的地层关系，它们是属于中期的。

由此可知，半坡确实存在着三个陶器群，分别代表早中晚三个时期。兹将三期的主要陶器图示如下（图三）。

比较三期陶器特征，可以看到以下几点情况。

（1）三期都有数量不等的红陶和灰褐陶，但晚期有较多的灰陶和黑陶。

（2）三期都以平底器为最多，并都有尖底器，但圜底器以早期为多（Ⅰ1～3 钵，Ⅲ3a 盆，Ⅲ5a 盆），中期极少（ⅩⅤ釜），晚期不见，圈足器仅见于晚期（Ⅲ7d盆）。

（3）三期都有钵、盆、尖底瓶、夹砂罐和瓮，图一〇九之 E1 和 L2 等可能是中期瓮的口沿。但每一期又各有其特殊的器物，如早期的细颈壶和尖底罐，中期的釜和甑，晚期的齿轮形捉手的器盖和带流罐等。

（4）早期盆钵多圆腹（腹壁微向外鼓），个别为折腹（如Ⅲ3a 盆）；中晚期多曲腹（上腹外鼓，下腹斜收内凹）。早期钵多直口，中晚期多敛口。早中期盆多卷缘，晚期为斜缘或平缘。早期盆缘面窄，中期稍宽，晚期更宽。

（5）早中期尖底瓶均为短颈，晚期为长颈。早期多直口，中期为双唇，晚期为喇叭形。

（6）早晚期都有竖耳，但鸡冠形耳和流都是晚期的特征。

（7）三期都有数量不等的绳纹、线纹和弦纹，但锥刺纹只见于早期（Ⅹ2 壶，ⅩⅢ6e 和ⅩⅢ12 罐等），晚期多附加堆纹，并且出现篮纹（Ⅺ2 尖底瓶和Ⅺ1 带流罐）。

从以上七个方面可以看出，三期陶器有共同的一面，同时又有显著的差别，而共同性即寓于每期的特征之中。

三期共有的器物，如钵（碗）、盆、尖底瓶、罐和瓮等，同时又都是每期中最主要、数量最多的器物，所以三期文化具有显著的统一性，表明它们都属于仰韶文化一个系统。

三期的差别主要表现在两方面，一是器物类别不同，二是类别虽同而型式有所变化。前一种情况，可以理解为发展过程中旧因素的淘汰与新因素的发生；后一种情况则是对原有因素的不断改造与更新。由于后一种情况占了绝大部分，所以三期的关系，基本上是一个先后相继，不断发展的关系，看不出有其他文化的明显影响。三期的衔接看来并不十分紧密，例如尖底瓶从直口到双唇再到喇叭形口，有些突然，应当还有中间环节，其他器物的变化也有类似情况。这一方面反映了文化发展的阶段性，同时也说明各期之间还存在一些缺环。

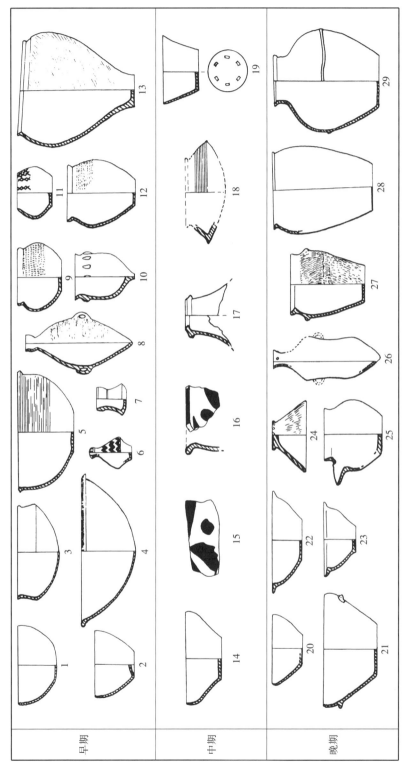

图三　半坡各期仰韶陶器的比较

1. I 1c 钵　2. I 5a 钵　3. III 3a 盆　4. III 5a 盆　5. III 6 盆　6. XIa 壶　7. X 3b 壶　8. XI1a 尖底瓶　9. XIII12 罐　10. XVIII2 尖底罐　11. XIII3b 罐　12. XIII 13c 罐　13. XVIII4c 瓮　14. I 7c 钵　15. III 10 盆　16. III 敛口钵　17. 双唇尖底瓶　18. XV 盆　19. XIV 甑　20. I 7a 钵　21. I 7d 钵　22. III 7a 盆　23. III 7d 盆　24. II 3a 器盖　25. XI 2 罐　26. IX2b 尖底瓶　27. XIII3a 瓮　28. XVIII3a 瓮　29. XVIII瓮（采自《西安半坡》。1,2. 图八八,3,12　3~5, 22. III7d 盆　24. II 3a 器盖　25. XI 2 罐　26. IX2b 尖底瓶　27. XIII3a 瓮　28. XVIII3a 瓮　29. XVIII瓮（采自《西安半坡》。1,2. 图八八,3,12　3~5, 图九○,4,6,8,9　6,7,10. 图九五,4,10,2　8,26. 图九八,3,8　9,12. 图九八,13,16　11,25. 图九七,10,2　13. 图一○七,2　14,20,21,24. 图八 九,3,1,4,8　15. 图版壹陆壹,22　16. 图一三二,3　18,27. 图九六,4,1　19,23. 图一三六,8　28,29. 图一○三,9,1　28,29. 图一○六,4,1）

早期

中期

晚期

二　彩陶花纹的分期

从前面关于陶器分期的讨论中可以看出，早中晚三期虽有某些共同因素，但毕竟各期自成一群，相互间的差别十分显著。那么各群陶器上的花纹，也必定有相当大的差别。事实证明确实如此。

根据陶器形制的特征，参照某些地层单位中器物和花纹的共存情况，可以确定绝大部分是属于早期的。其中可分动、植物花纹和图案性花纹两种。

动、植物花纹主要有人面纹、鱼纹和鹿（羊）纹等，分述如下：

A1 人面纹：共有 7 例。据发掘报告称，这种花纹"多绘于翻唇浅腹盆（按即Ⅲ5 盆）的内壁，只有一例是在翻唇折腹圜底盆（按即Ⅲ3a 盆）的肩部"[1]。书中发表的绘有人面纹的陶盆，1 件属Ⅲ3a 式（图版壹壹贰，4），2 件属Ⅲ5b 式（图版壹壹肆、壹壹伍），与文字叙述正相吻合。既然这两种陶器都是早期的，那么它上面所画的人面纹当然也只能是早期的了。

A2 鱼纹：标本甚多，发掘报告曾将其分为 12 种。其中 d、e 两种饰于Ⅲ5b 盆内壁，并与人面纹构成两相对称的一组花纹。其余各种，包括单体的与复体的，绝大多数饰于Ⅲ3a 盆的腹部。例如最完整的单体鱼纹 a、b 和双体鱼纹 g 就都饰于Ⅲ3a 盆的腹部，后者还出于早期典型单位东沟之中。三体鱼纹共发表 2 件，所属器物虽残，还可看出同Ⅲ3a 盆相像，除此之外，便只有一两例鱼纹饰于尖底罐和直口圜底钵上，而这些器物都是属于早期陶器群的。

A3 人鱼合体纹：仅见 1 例，所属器形已残，其形制颇似Ⅲ3a 盆。

A4 鹿（羊）纹：此种花纹饰于Ⅲ5b 卷缘盆内壁，这种盆也是早期形制。

除以上四种外还有一些动物纹和植物纹，图形本身便不完整，更难确定其所属器形。其中除 A7a 出于东沟可以肯定属于早期外，其余多不知其出土单位，因而难以确定其期属。

图案性花纹，《西安半坡》虽曾细分为 47 型，但大多数残缺过甚，难以确切辨别其所属母题，较为完整的实际上只有宽带纹、竖条纹、三角纹、三角与斜线纹、波折纹、细腰形纹、梭形纹和菱形纹等 8 种母题。分述如下：

B1 宽带纹：是半坡最主要的一种花纹。据《西安半坡》所述，这种花纹都

---

〔1〕　中国科学院考古研究所、陕西省西安半坡博物馆：《西安半坡》，文物出版社，1963年，163 页。

"饰在直口圜底钵或凹底钵的口唇外面"[1]。而这两种钵都是早期器物。

B2 竖条纹：从《西安半坡》发表的图版来看，都是饰于直口圜底钵上[2]。

B3 三角纹（包括 B9a、b、f~h）：这种花纹有的饰于直口圜底钵上，有的饰于Ⅲ3a 盆上，有的则饰于ⅩⅢ3 小罐上，它们都是属于早期陶器群的。

B10 三角与斜线纹：这种花纹较多，其数量仅次于宽带纹，全都饰于直口圜底钵上[3]。

B7、20 波折纹：主要饰于大头细颈壶上，与早期陶器直口圜底钵和杯形口尖底瓶共存于 M27，或与直口圜底钵和ⅩⅢ13b 罐共存于 M39。

B12~14、16、36 细腰形纹：这种花纹变化虽多，但共同特征是两头大中间小，形似细腰。以横的为主，也有竖行的，横细腰纹均饰于Ⅲ3a 盆上[4]，且其中一例出自东沟，一例出自 M45，并与直口圜底钵和杯形口尖底瓶共存。竖细腰纹有饰于直口钵上的。

B14dc 菱形纹：系由直角三角形相互错置构成颇为规整的菱形，多饰于直口钵上。

B18 梭形纹：中心部分为一梭形，外面则或为长方形（abf），或是同细腰形花纹相结合（eg）。所饰陶器均为Ⅲ3a 盆，其中一例出自东沟[5]。

图案花纹除以上 8 种外，还有 B19 渔网纹饰于Ⅲ4、5b 盆，B21 辫形纹饰于ⅩⅢ3 罐，B38 放射状纹饰于大头细颈壶口部，B45~47 盆缘花纹饰于Ⅲ4、5 陶盆的缘面上。这些陶器都属于早期，当然它上面的花纹也是早期的。

半坡中期的彩陶花纹都是图案性的，可以确定的只有垂弧纹、回旋勾连纹和花瓣纹三种。分述如下：

B24 垂弧纹：上部一列垂弧，下部常有各种附加纹饰，全都"饰于敛口平底钵

---

〔1〕 中国科学院考古研究所、陕西省西安半坡博物馆：《西安半坡》，文物出版社，1963 年，169 页。

〔2〕 中国科学院考古研究所、陕西省西安半坡博物馆：《西安半坡》，文物出版社，1963 年，图版壹伍陆，2、3。

〔3〕 中国科学院考古研究所、陕西省西安半坡博物馆：《西安半坡》，文物出版社，1963 年，图版壹壹玖，4；图版壹伍陆，4、5、8、14。

〔4〕 中国科学院考古研究所、陕西省西安半坡博物馆：《西安半坡》，文物出版社，1963 年，图版壹壹零，2；图版壹壹贰，1、6、7；图版壹伍玖，20。

〔5〕 中国科学院考古研究所、陕西省西安半坡博物馆：《西安半坡》，文物出版社，1963 年，图版壹伍玖，14。

（按即Ⅰ7c钵）上的口沿部分"〔1〕，并与陕县庙底沟彩陶钵上的垂弧纹样相同〔2〕。

B23 回旋勾连纹：用圆点、弧形组成相互勾连的纹饰，据称"皆饰于卷唇曲壁小底盆的肩部"〔3〕，即Ⅲ10卷缘曲腹盆的上腹。

B23 花瓣纹：虽与回旋勾连纹同编为一型，其实是不同的母题。它的中间有一圆点代表花心，周围用地色构成放射形花瓣。是庙底沟类型彩陶花纹中常见的一种纹饰。

半坡晚期彩陶已极为稀少，可以确定的只有1例，为平行的红色线条，饰于Ⅲ7d盆的缘面〔4〕，与早期或中期彩陶的风格迥异。

我们注意到，《西安半坡》书中关于彩陶演化规律的叙述与本节所得结果颇不相同。该书根据层位统计而初步得出的五条结论，除没有分出中期彩陶外，还认为晚期存在大量彩陶，其主要母题与早期并没有多大差别，只是数量上有所增减而已。

我们不知道书中的层位统计是普遍进行的，还是仅仅选择某些典型的地层单位。不论这种统计如何正确，如果首先把其中陶器的分期搞错了，就会导致地层单位及其中所出彩陶分期的失误。在该书表七中〔5〕，全部饰彩纹的陶器有4种11式，其中属于早期的占9式（Ⅰ1b、5a，Ⅲ3a、4、5a、5b，Ⅹ1，ⅩⅢ3b、6a），中期的占2式（Ⅰ7c，Ⅲ10），根本没有晚期陶器〔6〕。但是正如前面所已经指出的，《西安半坡》把一些属于早期的陶器如Ⅲ3a盆、Ⅹ1壶等当作晚期陶器，把Ⅰ1钵当作早晚共有的，有时把Ⅲ3a盆也当作早晚共有的，这就必定会跟着把出土这些器物的早期地层单位错定到晚期去。再者，书中没有把混入晚期地层单位的早期遗物同确属于晚期的遗物区分开来，以致把前者视为后者的组成部分，也是造成早晚界线不清楚的重要原因。

---

〔1〕　中国科学院考古研究所、陕西省西安半坡博物馆：《西安半坡》，文物出版社，1963年，173页，图版壹伍柒，9、13；图版壹陆壹，22。

〔2〕　中国科学院考古研究所：《庙底沟与三里桥》，科学出版社，1959年，图版拾贰，5；图版拾伍：2。

〔3〕　中国科学院考古研究所、陕西省西安半坡博物馆：《西安半坡》，文物出版社，1963年，173页，图版壹陆壹，2、6~15、17~19、21。

〔4〕　中国科学院考古研究所、陕西省西安半坡博物馆：《西安半坡》，文物出版社，1963年，图版壹零柒，4。

〔5〕　此表有误。ⅩⅢ6d无彩纹，Ⅲ9d应改为Ⅲ10，ⅩⅠ1c应改为Ⅹ1，Ⅶ1c则可能为Ⅲ3a之误。

〔6〕　由于《西安半坡》关于彩陶花纹的一节中没有谈到属于晚期的H164：39那件Ⅲ7d陶盆上的红色平行斜线纹彩，所以在表七中也没有统计进去。

其实，我们关于半坡彩陶分期的认识不仅可以从半坡本身的分析得到证明，就是从其他有关遗址的资料中也可得到许多旁证。例如文化面貌同半坡早期相当的北首岭中期有人面纹、鱼纹、宽带纹、三角斜线纹、波折纹、菱形纹、细腰纹等[1]，元君庙有宽带纹、三角纹和波折纹等[2]，横阵村有鱼纹、波折纹、三角斜线纹、菱形纹等[3]，东庄村一期有鱼纹、宽带纹、菱形纹、梭形纹等[4]，在这些遗址中没有见过像半坡晚期那样的彩陶，在元君庙和横阵村那样比较单纯的遗址中也没有见过像半坡中期的彩陶。又如文化面貌同半坡中期相当的泉护一期、西关堡和庙底沟等遗址中都有大量的垂弧纹、回旋勾连纹和花瓣纹等[5]，而没有像半坡早期或晚期那样的彩陶。而在文化面貌同半坡晚期相当的西王村仰韶晚期[6]和康桥义和村的遗存中[7]，都只见到在盆沿上饰红色斜线纹或曲折纹，与半坡晚期彩陶的风格一致，而绝不见像半坡早期或中期那样的彩陶。由此可见，半坡早中晚三期的彩陶花纹是有明显差别的，其程度要远大于陶器形制的差别，说明彩陶花纹的变化比陶器形制的变化要快。根据陶器形制的变化已能将半坡仰韶遗存划分为早中晚三期，根据彩陶花纹的变化就更能清楚地区分为同样的三期了。

三   房屋和灰坑的分期

半坡仰韶文化的房屋基址，按《西安半坡》表一所列为 52 座，其中编号的有 46 座。在这 46 座房子中，被划为早期的有方形房子 7 座，圆形房子 15 座，计 22 座；被划为晚期的有方形房子 8 座，圆形房子 16 座，计 24 座。这一划分的可靠

---

〔1〕 中国社会科学院考古研究所：《宝鸡北首岭》，文物出版社，1983 年，图 35，1、5、7；图 41，2；图 44，1~3、6；图 47，1~10；图 82，1~4；图 86，1~8；图 87，5~7 等。该书分期有误，本书《北首岭史前遗存的分析》一文对此有所讨论。

〔2〕 北京大学历史系考古教研室：《元君庙仰韶墓地》，文物出版社，1983 年，图 14，1；图 15，1、2；图 22，5、7 等。

〔3〕 中国社会科学院考古研究所陕西工作队：《陕西华阴横阵遗址发掘报告》，《考古学集刊》（第 4 集），中国社会科学出版社，1984 年，13 页图 12。

〔4〕 中国科学院考古研究所山西工作队：《山西芮城东庄村和西王村遗址的发掘》，《考古学报》1973 年第 1 期，16 页图 15，1~5、12、15~17 及 19 页图 16，1、5、6、8 等。

〔5〕 中国科学院考古研究所：《庙底沟与三里桥》，科学出版社，1959 年，图 15~22 等。

〔6〕 中国科学院考古研究所山西工作队：《山西芮城东庄村和西王村遗址的发掘》，《考古学报》1973 年第 1 期，49 页图 42。

〔7〕 李仰松：《陕西临潼康桥义和村新石器时代遗址调查记》，《考古》1968 年第 9 期，442 页图 4，3。

性究竟如何呢？

先说方形房屋，它包括几种形式不同的建筑。第一种是有矮墙的大型房子，仅见 F1 一座，其规模和结构都和姜寨一期的大房子 F1 相当[1]，只是半坡的 F1 较为残破。《西安半坡》认为它是属于半坡晚期中最晚的一座房子。但是至今在相当于半坡晚期的房子中从来没有发现像半坡 F1 这种形状的建筑，只有姜寨一期才有类似的房子，而姜寨一期的年代大致与半坡早期相当。从该房子中出土的陶器有饰人面花纹的Ⅲ5 盆、ⅩⅢ13d 和 17 罐、ⅩⅩ2c 器盖等[2]，都是属于早期的。可见这座房子属于早期的可能性很大。

第二种是浅地穴式的房屋，一般较小，有斜坡形门道，进门设门道，中心有浅圆形灶坑。属于这种形制的房屋有 F13、F21、F37、F38 和 F41 五座，其中 F13 和 F38 在《西安半坡》表五中被列为早期典型单位。从该表中所列这两座房子出土器物的型式看，的确是属于早期的；又从该书发表的出自 F13 的Ⅲ6 盆、剔刺纹陶片和三角斜线纹彩陶片看[3]，也都是属于早期的。这五座房子既然属于同一形制，应当属于同一时期。

第三种是地面建筑，有 F24、F25 和 F39 三座。由于都没有发表出土器物，无法确切判断其所属期别。不过从宝鸡北首岭和彬县下孟村[4]所发现的相当于半坡早期的房屋都是浅穴式方房，而相当于半坡中期的泉护一期和庙底沟一期的房屋都是半地穴式方屋的情况来看，这种地面起建的方屋很可能都是晚期的。

圆形房子的形状有很大的一致性，一般为木骨泥墙，进门两边有矮隔墙，中间有 4～6 根柱子，柱子中间有浅灶坑。《西安半坡》表五所列早期典型单位中的 F6、F9、F10、F11 和 F22 都是圆形房屋，该书图版壹壹贰，5 发表的早期典型器物Ⅲ3a 彩陶盆也是出自 F6 的，可见这种房子在早期是很普遍的。

但《西安半坡》同时把 16 座圆形房屋定为晚期，由于书中没有发表这些房屋的出土器物，无法一一进行验证。只是在对个别房屋的介绍中多少能看出一些端倪。例如 F3 和 F34 都是被定为晚期的房子，前者出土器物有粗陶罐 1 件，小罐 5

---

〔1〕　西安半坡博物馆、临潼县文化馆 姜寨遗址发掘队：《陕西临潼姜寨遗址第二、三次发掘的主要收获》，《考古》1975 年第 5 期。

〔2〕　中国科学院考古研究所、陕西省西安半坡博物馆：《西安半坡》，文物出版社，1963 年，图版壹叁伍，5；图版壹肆伍，1；图版壹伍贰，1 等。

〔3〕　中国科学院考古研究所、陕西省西安半坡博物馆：《西安半坡》，文物出版社，1963 年，图版壹壹叁，5；图版壹伍零，8；图版壹伍陆，14。

〔4〕　陕西省社会科学院考古研究所泾水队：《陕西邠县下孟村仰韶文化遗址续掘简报》，《考古》1962 年第 6 期。

件，细泥圜底钵 3 件，石杵 2 件，陶锉、石斧和骨锥各 1 件。其中除难以判断期属者外，圜底钵和陶锉都是早期典型器物，所以这座房子应改定为早期才是。后者出土器物有尖底瓶 2 件、瓮 1 件、陶锉 1 件和骨锥 1 件，也应是属于早期的。由此看来，圆形房屋主要是属于早期的。

另外，《西安半坡》将 F5 定为早期圆形房屋，但该房残破过甚，灶坑不明。其中出土的一件 Ⅱ3c 器盖形制与 Ⅱ3a 器盖基本相同，是晚期器物，因此这座房屋也应属于晚期。根据地层关系，F3 打破 F5。假定 F5 是晚期的，F3 也只能是晚期的，F3 里面的一大批早期器物便应视为混入物，这与实际保存情况相矛盾。查 F5 保存不好，又被以 K8 为代表的另一房屋打破。也许那个器盖是 K8 那个房子的混入物，而 F5 仍然是早期的。

关于灰坑，除《西安半坡》表五所列早期典型单位 H79 和 H138，晚期典型单位 2＃H1、H21、H29、H33、H35～H38、H46、H63、H69、H70、H91、H92、H109、H129、H131、H148、H155、H176、H183、H186 和 H189 以外，还有一些发表了陶器或陶片，可以大致确定其期属。其中可能属于早期的有下列 8 个：

H3：被 H5 打破，出土饰 B1 彩陶花纹的陶片，上有刻划记号（壹柒零，3，《西安半坡》图版号，下同）。

H5：出土 XⅧ3 尖底罐（壹壹玖，5）。

H7：出土饰 B1 彩陶花纹的陶片，上有刻划记号（壹陆玖，10）。

H8：打破 F1，出土 Ⅲ3a 盆，上饰 B14h 彩陶花纹（壹壹贰，6），由此更证明 F1 是属于早期的。

H22：出土饰 B2 彩陶花纹的陶片，上有刻划记号（壹柒零，2）。

H122：出土饰 B1 彩陶花纹的陶片，上有刻划记号（壹陆玖，7）。

T15H303：出土饰 B1 彩陶花纹的陶片，上有刻划记号（壹柒零，11）。

H341：出土饰 A2 彩陶花纹的陶片（壹伍肆，8、11）。

可能属于中期的灰坑有 2 个：

H25：出土 XⅣ瓮（壹壹陆，5）。

T18H307：出土敛口钵（壹零陆，3）。

属于晚期的灰坑有 10 个：

H1：出土 XⅢ21 罐（壹叁玖，4）。

H10：出土 Ⅸ2b 尖底瓶（壹贰零，1）。

H12：出土 Ⅲ7a 盆和 XⅦ3a 瓮（壹零柒，2；壹肆零，4）。

H13：出土 Ⅸ2b 尖底瓶（壹贰叁，2）。

H108：出土 Ⅲ7c 盆（壹零柒，1），并有粟粒朽灰。

H109：出土Ⅺ1、2 带流罐（壹叁贰，3、4）。

H115：据剖面图，此坑压于第 6 层下，且被 H116 打破，似不是晚期灰坑。《西安半坡》也认为它是属于早期的。但其中出有一件长颈小口瓶的口部残片（壹贰柒，2），中部有凸棱一周，上饰压印纹，好像绳索状，与康桥义和村出土的两件小口瓶几乎完全一样[1]，应是半坡晚期的遗物。这个灰坑中盛满粟的朽灰，是一个储藏粮食的窖穴。前述 H108 也是晚期的储粮窖穴。早期只发现用陶器盛装粟粒，一是盛在ⅩⅢ2c 罐中，另一是放在圜底钵中为 M152 的小孩随葬。

H161：出土Ⅲ7b 盆和ⅩⅪ1a 器座（壹零捌，1；壹肆肆，2）。

H164：出土Ⅰ7ab 钵、Ⅲ7d 盆、Ⅱ3a 器盖和ⅩⅢ14b、21 罐（壹壹陆，1；壹零陆，1；壹零柒，4；壹零捌，7；壹叁伍，3；壹叁玖，3）。H161 和 H164 在所在探方 T84 和 T85 中均在最底层，看来该两探方缺乏早中期的堆积。

H309：出土ⅩⅢ21 罐（壹叁柒，2）。

从上面的分析可知，半坡早期的房子甚多而灰坑较少，晚期反是。可能是因为晚期房子埋藏较浅因而容易被破坏。

四　墓葬的分期

半坡墓葬分成人墓和小孩墓两种。前者在发掘报告中虽未明确分期，但有一种倾向性看法，即在将随葬品分为 6 种组合后做了一个归纳："不同的组合可能有早晚的区分。初步观察，有尖底瓶和圜底钵者似乎较早，有壶类者似乎较晚。"[2]按照这一归纳，第 1～3、6 四个组合较早，第 4、5 组合应较晚。

正如陶器分期的一节所已经指出的，所谓壶类器本身就是早期的器物，没有理由单把出壶类器的墓定为晚期。再说出壶类器的墓和出尖底瓶与圜底钵的墓的区别也并非绝对的。例如壶与圜底钵共存的例子便有 M3（Ⅹ2 壶，Ⅰ1bc 钵）、M39（Ⅹ1a、2 壶，Ⅰ1ab 钵）、M102（Ⅹ4 壶，Ⅰ1c 钵）和 M114（Ⅹ1b 壶，Ⅰ1c 钵）四座墓葬，壶与尖底瓶和圜底钵共存的例子也有 M27（Ⅹ1d 壶，Ⅸ1 尖底瓶，Ⅰ1cd 钵）、M45（Ⅹ3a 壶，Ⅸ1 瓶，Ⅰ1bc 钵）和 M101（Ⅹ3ab 壶，Ⅸ1 尖底瓶，Ⅰ1cd 钵）三座墓葬。据此，把出壶的墓同出尖底瓶和圜底钵的墓对立起

---

〔1〕　李仰松：《陕西临潼康桥义和村新石器时代遗址调查记》，《考古》1968 年第 9 期，450 页图六，2、3。

〔2〕　中国科学院考古研究所、陕西省西安半坡博物馆：《西安半坡》，文物出版社，1963年，211 页。

来是不妥当的，根据这一假设的对立而人为地区分早晚，自然也是不妥当的。

为了比较全面地说明半坡成人墓的期属，有必要把半坡所有墓葬的随葬陶器作一考察。因此，我们把《西安半坡》表八（A）作为基础，参照表八（B）和书中发表了图版的随葬器物加以补充，制成了半坡早期陶器共存表（表一）。

这里有一点要加以说明，就是我们将发表了图版的随葬器物补充到表一中去的时候，没有将 M5：1 的一件 ⅩⅦ3b 瓮收入。因为在 M5 中还出 Ⅸ1 尖底瓶，是早期典型器物；而 ⅩⅦ3b 瓮则是晚期典型器物。一般地说，不同时期的典型器物不会同时作为一个墓葬的随葬品。再者该瓮高约 52、口径约 48 厘米，这样大的陶器是很难在一个小小的墓中随葬的。不仅半坡没有第二个用瓮随葬的例子，就是其他地方仰韶文化的墓葬中也没有这样的例子。可见这件器物的编号有误，只好不收。

从表一可以看出，墓中最常随葬的陶器是 Ⅰ1 钵、Ⅸ1 尖底瓶和 ⅩⅢ13 罐。鉴于三者都是半坡早期遗存中最大量和最富特征的器物，故只要随葬这三种器物或其中任意一种器物的墓葬，便都可以被认定为早期墓葬。这种墓一共有 64 座。其中三种器物同出的有 M32、M38、M42、M45、M48、M50、M67、M101 和 M106 等 9座，出 Ⅰ1 钵和 Ⅸ1 尖底瓶的有 M1、M4、M7、M8、M12、M27、M30、M44、M66、M80、M104、M155、M201 共 13 座，出 Ⅰ1 钵和 ⅩⅢ13 罐的有 M26、M31、M35、M39、M49、M54、M59、M79、M82、M86、M94、M105、M111、M153、M156 和 M158 共 16 座，出 Ⅸ1 尖底瓶和 ⅩⅢ13 罐的有 M47 和 M69 两座。此外，单出 Ⅰ1 钵的有 M2 等 17 座，单出 Ⅸ1 尖底瓶的有 M5 等 3 座，单出 ⅩⅢ13 罐的有 M51等 4 座。

半坡有随葬陶器的墓共计 73 座，除上述 64 座外，还有 9 座虽不出 Ⅰ1 钵等三种早期典型陶器，但其中随葬陶器也都常出于早期墓中，并常与 Ⅰ1 钵等早期陶器共存。如 M142 出 Ⅰ5a 钵，这种钵也曾出于 M3、M31、M44、M54、M69、M101、M104、M106、M153 和 M158 各早期墓中；M132 出 Ⅹ1b 壶，同式壶也出于早期的 M114，并与 Ⅰ1 钵共存；M52 和 M53 出 Ⅹ3b 壶，同式壶在 M101 中与 Ⅰ1钵、Ⅸ1 瓶和 ⅩⅢ13 罐共存；M159 出 ⅩⅢ3a 罐，同式罐在 M155 与 Ⅰ1 钵和 Ⅸ1 尖底瓶共存；M46 和 M107 出 ⅩⅢ8 罐，同式罐在 M7 中与 Ⅰ1 钵和 Ⅸ1 瓶共存；M74 出 ⅩⅢ6a 罐，同式罐在 M55 与 ⅩⅢ5b 罐共存，而后者又出于 M38 早期墓中。据此，这 9座墓也都是属于早期的，可确定为晚期的一座也没有。

半坡还有许多墓没有随葬品，究竟是属于哪一期的呢？查墓葬分布图，差不多所有无随葬品的墓葬和有随葬品的墓葬都是相互穿插的，并没有单独的墓域。两种墓的头向绝大多数都向西，少部分向北或向南。在葬式方面也看不出差别，二者绝大部分是仰身直肢葬，个别的为屈肢葬。虽然墓地中的俯身葬和二次葬都是没有随葬品的，但这些墓在分布位置和方向上仍然与有随葬品的墓葬没有多大差别，而与半坡文化面貌基本相同的北首岭墓地，其俯身葬和二次葬中有些就有随葬品。如 M95 和 M98 等是俯身直肢葬，M160 和 M207～M210 等是二次葬，这些墓都有随葬陶器，其形制与半坡早期基本一致[1]。因此，这些墓也很可能是早期的。

半坡的小孩和婴儿墓有 76 座，其中瓮棺葬 73 座，土坑墓 3 座。著名的 M152 就是一座小孩土坑墓。这些墓的期属也需要讨论。

《西安半坡》在表五典型单位陶器统计表中，将 M152 列为早期墓。但在具体介绍该墓情况时则说："这座墓的位置在第二瓮棺葬群的东边。从层位关系来看，是属于晚期的。墓口的东边被 129 号窖穴打破。"[2] 其实根据这一地层，只能证明 M152 比 H129 早。H129 是晚期的，M152 未必也是晚期的，到底属于哪一期要看它的随葬器物。该墓共有陶器 6 件，其中有圜底钵、Ⅸ1 尖底瓶和夹砂罐，从形制到组合都是属于早期的，无疑是一座早期墓葬。

半坡的瓮棺葬多成群分布，不少有相互打破关系，时间上自然是有早晚之别的，问题在于这种早晚的差别有多大，能否构成为不同的文化期。

半坡的瓮棺葬所用的葬具，不外是Ⅰ1a～c、2ab 钵，Ⅲ5ab 盆和ⅩⅡ4ab、6a～c 瓮共 3 种 12 式，全部都是早期器物。葬具中所见的彩陶花纹，只有 A1ab、2de、4c 和 B19b、45 等 6 种 8 式，也都是早期典型的纹饰。由此可见这些瓮棺葬都属于早期，只是时间略有先后。

但是在《西安半坡》书中却把瓮棺葬分为早晚两期，分别与遗址的早晚两期相照应。这种分法是否正确，只要看一看其中所列瓮棺葬葬具组合与时代分期表（表九）就明白了。这个表共登记了 66 座瓮棺葬，分为 22 种葬具组合。其中有 11 种组合是早晚两期共有的，占组合的 50%，占全部瓮棺的 80.3%。其余 13 座瓮棺的葬具也基本相同，唯一的区别是早期有Ⅰ1b 钵而晚期没有，晚期有Ⅲ5a 盆而早期没有[3]。但是这种区别是毫无意义的，因为二者都是早期器物，同时又都与ⅩⅡ4b 瓮共存（W2、W65 等），没有划分时期的意义。不能设想在早晚陶器群区

〔1〕中国社会科学院考古研究所：《宝鸡北首岭》，文物出版社，1983 年，附录四：墓葬登记表。

〔2〕中国科学院考古研究所、陕西省西安半坡博物馆：《西安半坡》，文物出版社，1963 年，214、215 页。

〔3〕《西安半坡》表九在 W68 一栏中列出了晚期的Ⅰ7b 钵，实为早期的Ⅰ2b 钵之误，参见该书 211 页便知。

别至为明显的同时，作为瓮棺葬具的陶器反而没有什么区别，乃至绝大部分葬具组合也完全相同。因此我们认为发掘报告中关于瓮棺葬的分期根据是不充分的，半坡的瓮棺葬应均定为早期。

五　结论

前面各节的讨论，证明半坡仰韶遗存可以分为早中晚三期。其中早期遗存最为丰富，包括绝大部分房子和全部墓葬；晚期遗存次之；中期遗存最少，且主要分布于发掘区的最南端。三期文化虽有一些相同或相近的因素，但总体面貌相差甚大，尤以彩陶花纹表现得最为突出。这种情况，一方面表示各期之间还存在一定的缺环，另一方面则是反映了仰韶文化本身发展的阶段性。半坡三期的划分，实际上代表了关中地区仰韶文化发展的三个阶段，也代表本地区仰韶文化的三个类型。

半坡早期的遗存在陕西渭河流域很发达，经过发掘的重要遗址有北首岭中期、下孟村早期、元君庙和横阵村等处，通常被称为仰韶文化的半坡类型。我们认为这一名称是合适的，并且应当限定它的内涵为半坡早期的同类遗存。也许有人会产生疑问：既然半坡类型一名本身就是来源于半坡遗址，为什么只有早期才能称为半坡类型呢？其实这个道理是容易明白的。因为第一，半坡的三期文化差别甚大，彼此又不相连续，称一个文化则可，称一个类型就显得过于庞杂；第二，由于半坡中期基本上相当于庙底沟类型，如果把它也统称为半坡类型，无异于将庙底沟类型称为半坡类型。这样，类型的划分将成为毫无意义的举动，而考古界关于这两个类型的关系的讨论也就成为多余的了；第三，因为半坡的资料是陆续发表的，当"半坡类型"一名出现的时候，发表的东西基本是早期。因而人们关于这个类型的概念便只能是早期的面貌，而不可能包括中晚期的内容。正因为如此，一些相当于半坡早期的遗址，如北首岭中期、元君庙和横阵村等处，也都公认属于半坡类型，而相当于中晚期的遗址如泉护一期、义和村等则没有被称为半坡类型的。鉴于有些同志对于什么是半坡类型的问题有着不同的理解，在讨论半坡类型与其他类型的关系时自然不容易得出一致的意见，所以我觉得有必要在这里作些说明。

半坡中期比较接近于庙底沟一期的遗存。由于资料太少，不足以全面地反映同类遗存的特征，但它同早期或晚期都有明显区别则是可以肯定的。在陕西渭河流域，这类遗存也很普遍，经过发掘的就有下孟村晚期（以 H14 为代表）、泉护一期、客省庄一期和西关堡等处。在下孟村，陕西省考古研究所泾水队曾发现了类似庙底沟类型的灰坑打破半坡类型的房子的地层关系[1]；现在我们通过对半坡遗址的分析，说明半坡也有类似的地层关系。尤其值得提出来的是，半坡中期的敛口钵（碗）、折腹釜、环形口尖底瓶和某些垂弧形彩陶花纹等，都分别与庙底沟仰韶文化第一期（即庙底沟类型早期）的 A Ⅰ、Ⅱ 碗，Ⅰ 式釜，A Ⅰ 瓶和 Ⅰa 垂弧纹相一致[2]，可见是属于同一时期的。而下孟村的环形口尖底瓶、圆肩陶缸（瓮）和饰有简单回旋勾连纹的彩陶盆等，也是庙底沟类型中较早的器物。这个事实最清楚不过地说明半坡类型是早于整个庙底沟类型的。

在半坡遗址存在着庙底沟类型（或相当于庙底沟类型的遗存）叠压半坡类型的地层关系这一事实并不是新近的发现。早在 1959 年，主持半坡发掘的石兴邦同志就曾说过："在半坡遗址中有确实可靠的层位关系，证明属半坡这一类型的遗物是早的。"[3] 这一发现是十分重要的，可惜《西安半坡》对这一地层关系没有给予应有的注意，反而撇开地层关系去泛泛地谈论两个文化类型关系的各种可能性[4]。使本来已经清楚的问题变得模糊起来。

关于半坡晚期遗存的文化性质，苏秉琦先生曾有精辟的论述。他说："半坡遗址的最上层或最晚期不宜算做半坡类型的一部分。""从文化面貌与分布情形看来，这类文化遗存同庙底沟类型仰韶文化和客省庄二期文化或庙底沟、泉护村二期文化的关系，多于它同半坡类型仰韶文化的关系。"[5] 当时这个看法并不是在对半坡遗址进行分期的基础上，而只是根据某些文化因素的比较研究而提出来的。现在通过分期研究，这个问题就显得更加清楚了。因为半坡晚期同早期的半坡类型并不发生直接的承继关系，它同中期类似庙底沟类型的遗存的时间距离比同早期半坡类型的时间距离显然要短得多，这就是为什么它同庙底沟类型的关系，要多于它同半坡类型的关系的缘故。但是正如前面所已经指出的，半坡中期的年代只是相当于庙底沟类型的早期，与半坡晚期之间还存在着一定的缺环。如果将半坡晚期同庙底沟仰韶第二期相比，就会发现二者的文化面貌更加接近。例如喇叭口尖底瓶同单环口尖底瓶就很接近，只是前者较敞较长罢了。再如篮纹、附加堆纹和鸡冠耳等，庙底沟仰韶第一期仅有萌芽，第二期稍微多些，半坡晚期则大量出

〔1〕 陕西省社会科学院考古研究所泾水队：《陕西邠县下孟村仰韶文化遗址续掘简报》，《考古》1962 年第 6 期。

〔2〕 严文明：《论庙底沟仰韶文化的分期》，《考古学报》1965 年第 2 期。

〔3〕 石兴邦：《黄河流域原始社会考古研究上的若干问题》，《考古》1959 年第 10 期。

〔4〕 中国科学院考古研究所、陕西省西安半坡博物馆：《西安半坡》，文物出版社，1963 年，230 页。

〔5〕 苏秉琦：《关于仰韶文化的若干问题》，《考古学报》1965 年第 1 期，52、55 页。

现。由此可见，半坡晚期应当是继承类似于庙底沟类型的遗存（较确切些说是像泉护一期那样的遗存）而发展起来的，不能和早期的半坡类型混为一谈。

与半坡晚期文化相当的遗址，主要分布在陕西省渭河流域，如临潼康桥义和村，灞河沿岸的泄湖、许沙河[1]，凤翔白岭堡和彬县城内衙背后[2]等处都是；山西芮城西王村第四层也基本尽是。这类遗存既具有本身的特征，又有确定的时期和分布地区，已经具备划分类型的条件，可称之为半坡晚期类型。

半坡仰韶遗址的分期和类型既明，它的历史变迁也就基本上清楚了；早先，半坡类型的人们披荆斩棘，首先在这里建立村落，并且居住了很长一段时期。随后因为周围的地力消耗殆尽，人们只好搬到别的地方去，村落从此沦为废墟，直到庙底沟类型时期才又有人在这里落户。但这次来的人数很少（遗存稀少，又仅分布于发掘区的南端），居住的时间也很短（只相当于庙底沟类型早期的一段时间）。他们搬走以后，这个地方再一次荒芜起来，到半坡晚期才又为人们所居住，又经历了一个繁盛的时期，以后就长期荒废了。直到现在才由考古工作者的手铲把他们的遗迹揭示出来。像这样几经沧桑，居民的变动自然很大。很难设想以后每一次搬来的人们，还会属于原先的氏族。如果不充分考虑遗址的历史变迁，也不注意发掘资料的有限性质，把不同时期的资料糅合在一起，提出一个"半坡氏族"的概念，并且匡算它的人口，是很难令人信服的。

1965 年 10 月

[原载《仰韶文化研究》（增订本），文物出版社，2009 年]

---

［1］ 张彦煌：《浐灞两河沿岸的古文化遗址》，《考古》1961 年第 11 期，603 页图三，3、9。

［2］ 考古研究所渭水调查发掘队：《陕西渭水流域调查简报》，《考古》1959 年第 11 期，图版壹，4、8。

半坡分期续记

　　《半坡仰韶文化的分期与类型问题》一文是 1965 年 10 月草就的，后来投给了《考古》杂志，并被安排在 1966 年第 6 期发表。不巧正在那时爆发了"文化大革命"，杂志被迫停刊，这篇文章也就长期搁浅了。直到 1977 年才以摘要的形式在当年《考古》第 3 期发表。现在把原稿找出来，觉得还是全文发表为好。一则可以把道理讲得更充分些，二则能够比较真实地反映我研究仰韶文化所走的道路。因此在收入本书时只作了个别词句和注释的修订，以求尽量保持原貌。

　　当时写这篇文章的一个目的，是想对学术界争论颇为热烈的半坡类型和庙底沟类型的关系发表一些个人的见解。我在《三里桥仰韶文化的性质与年代》和《论庙底沟仰韶文化的分期》两篇文章中对此虽已有所阐述，但语焉不详，有必要继续申述。如果专门为解决两个文化类型的关系而写文章，我觉得当时的基本条件不算好，难以深入。不如从半坡仰韶遗存的分期入手，全面地考察陕西渭河流域仰韶文化发展的主要阶段，顺带也就自然地解决了两个类型的关系。现在看来，这个目的是基本达到了。但就半坡遗址本身的分期来说，则还做得不够细致。例如半坡早期遗存那样丰富，持续的年代那样长，就应当分得再细一些，以便更确切地反映该遗址发展的历史轨迹。

　　把半坡早期进行更细的分期的想法早在 1965 年尝试对半坡遗址分期的时候就产生了，但那时苦于无从下手。直到 70 年代西安半坡博物馆相继发掘了临潼姜寨和渭南史家两处遗址，并提出了史家类型一名之后，才使我想到半坡也有像史家墓地那样的遗存，并且相信半坡早期确实可以进一步分期。

　　史家墓地最突出的特征之一就是用葫芦瓶取代尖底瓶作为水器随葬。半坡的 M55 和 M102 也是用葫芦瓶随葬的。这两个墓中出土的 6 型矮胖罐和史家 M4 的矮胖罐基本一致，只是后者多了一个器盖，半坡 M102 出土的 8 型带盖带纽的垂腹罐也与史家 M26 等所出带盖带纽罐和 M34 的带纽垂腹罐十分相似。据此可以肯定半坡的 M55 和 M102 是与史家墓地的年代相当的。

　　半坡 M102 还有 17 型垂腹罐，其特点是缘面内凹，最大腹径偏下，这正是史家许多夹砂罐的特点。而半坡出土这种罐的墓葬还有 M35 和 M91 等。

上述墓葬中具有史家特征的器物和与之共存的其他器物有 1bc 钵，1a 盂，4 壶，5～8、13e、16～18 罐等。它们构成了一个器物群，代表了半坡早期后段的特征。属于这一段的墓葬则有 M35、M46、M55、M91、M102、M107 等。

其余墓葬大多属于早期前段，如 M10、M32、M106、M152 等均是。其代表性器物有 1d、5ab 钵，3a、5ab 盆，1a 瓶，1b 壶，13 罐等，构成半坡早期的另一个陶器群。两个器物群中有个别器物相重，那是因为本文的资料不得不间接采自发掘报告，而发掘报告编写时还没有考虑到对早期进一步分期的问题，所以对某些器物形制的观察也未能那样细致准确。兹将两个陶器群的典型陶器制图（图一）。

半坡墓葬中十分引人注目的两座合葬墓的期属需要稍作分析。据《西安半坡》所述："墓 38 是四个女人合葬在一起的，年纪都很轻，约十四五岁，骨架贴得很紧。因距地面近，部分随葬品已损坏。有 7 个钵、4 个粗陶罐、2 个尖底瓶、1 个卷唇盆以及 3 个钵的残片，共 17 件"[1]，是半坡所有墓葬中随葬陶器最多的一座。查随葬陶器分类登记表，M38 随葬陶器的形制是 1b～d 钵，4 盆，1 瓶，5b、6c、13bf 罐。5 型罐在陶器分类描述中只提到一件，当然也无法再分式，登记表中出现 5b 式便很可疑。6c 罐在登记表中本来是没有的，而在图版器物索引中列入，不知孰是。半坡的 1 型瓶有两式，表中诸瓶虽未分式，查 M38 的墓葬平面图知为 1a 式，其他几件器物也都是早期前段的特征。所以 M38 应属早期前段。

M39 随葬 4 个钵、2 个壶和 2 个罐共 8 件陶器。查随葬陶器分类登记表，其形制分别是 1ab 钵，1a、2 壶和 10、13abf 罐，这里的罐仅 2 件而分了 4 个型式，肯定有误。10 型罐较矮胖而略显垂腹，1a 和 2 型壶根据宝鸡北首岭的分期研究当比 1b 大头细长颈壶略晚。其余器物则都是早期前段的。所以这座墓仍应属早期前段而稍稍偏晚。

把半坡早期的墓葬分为前后两段并没有直接的地层根据，因为发掘报告并未提及半坡墓葬有任何叠压打破关系。不过与半坡文化性质相近的临潼姜寨、华县元君庙和宝鸡北首岭都有类似的地层关系，证明半坡 M102 等一群墓葬要晚于 M152 等一群墓葬。把这两群墓葬分为前后两段应该是没有问题的。

---

[1]　中国科学院考古研究所、陕西省西安半坡博物馆：《西安半坡》，文物出版社，1963 年，206 页。

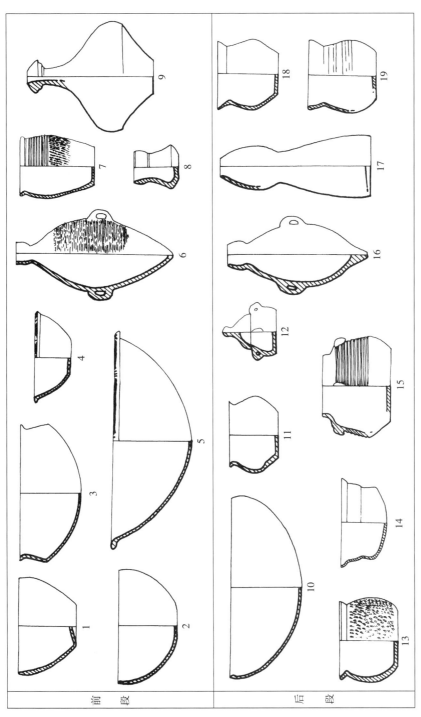

图一　半坡早期前后两段陶器的比较

1.5a 钵（M106∶5）　2.1c 钵（M108∶7）　3.4、3a、4 盆　5.5 盆（W2∶2）　6.1a 瓶　7.14b 罐（M154∶2）　8.3b 壶（M101∶9）　9.1b
壶（M114∶1）　10.2a 钵　11.6b 罐（M55∶3）　12.7a 罐（M47∶1）　13.6e 罐（M153∶4）　14.1a 盂（M35∶4）　15.8b 罐（M102∶2）
16.1b 瓶　17.4 壶（M102∶1）　18、19.17a 罐（M102∶4、M35∶1）

半坡早期的前后两段不仅表现在墓葬上，从房屋遗迹中出土的陶器也略可看出端倪。例如曾被列为早期典型单位的 F6、F10、F11、F13、F22 和 F38 等便都是属于早期前段的。而大房子中出土的 17 型带盖罐已是素面垂腹，基本上是早期后段的形制；其他几件器物则当属于早期前段。也许 F1 是一座早期后段偏早的建筑。

现知与半坡早期前段相当的遗址，有姜寨一期、元君庙一至三期、横阵村墓地和北首岭中期前段等。与半坡早期后段相当的遗址，有姜寨二期、史家墓地、元君庙 M423 等四座墓葬和大地湾仰韶早期、王家阴洼墓地等处。北首岭中期后段有些与半坡早期后段相当，有些则比后者略早。这一段遗存既然属于半坡早期，并且一开始就被作为半坡类型的组成部分，似乎不必另立新名，而以称为半坡类型后段为宜。

1985 年 3 月

[原载《仰韶文化研究》（增订本），文物出版社，2009 年]

北首岭史前遗存剖析

北首岭遗址位于陕西省宝鸡市东北，东部紧临金陵河，略呈南北向的椭圆形，面积将近6万平方米。从1958年起，先后对其进行了7次发掘，揭露面积4727平方米，发现了一处颇具规模的村落遗址和墓地，还有不同时期的文化遗存，为关中地区新石器时代文化的分期和社会性质的研究提供了相当重要的资料。发掘报告[1]比较全面地公布了这批资料，并将其分为三期，附有比较详细的图表，给读者提供了不少方便。但报告在具体分期界标的掌握上和对各期文化性质的认识上仍有不少值得商榷的地方，愿提出来加以讨论。

一　北首岭最早的遗存

北首岭最早的遗存属老官台文化，它至少包含这样一些内容：

（1）圈足碗：如T163⑤：21[2]，为细泥红陶，通体饰斜行细绳纹，器表红色，内壁黑色。同类器物还见于临潼白家、西乡李家村和甘肃秦安大地湾一期等处，是老官台文化中的典型器物。

（2）假圈足碗：均为细泥红陶，有实心的假圈足。1977年采集的一件口沿外还有一圈剔刺纹，这都是华县老官台遗址中陶碗的常见做法。

（3）平底碗：斜壁平底，有深腹和浅腹两种，如77T2⑦和77T4⑦的两件均是。这类碗均见于老官台遗址。

（4）圜底钵：一般在口沿有一道红色彩带，底部有一圈划纹和植物碎屑印痕，如77T2⑦的一件是。

（5）三足罐：数量较多，形态也较复杂。均为夹砂陶，满饰绳纹，大部分为

---

[1]　中国社会科学院考古研究所：《宝鸡北首岭》，文物出版社，1983年。

[2]　原发掘报告器物号的写法是在地层号前后加冒号，器物序号加括号。现改为一般的表达方式，即地层号加圈，冒号改为比号，比号后即为器物序号。以下均仿此。

红色，也有少数为灰色的。依形制又可分为侈口鼓腹罐、高领鼓腹罐、敞口直腹罐和直口鼓腹罐等数种，前三者足部稍高，后者足部甚矮，有的仅略具痕迹而已。三足罐是老官台文化的显著特色，在仰韶文化中是从来不见的。

（6）圈足罐：仅见78H32一件。细砂红陶，器身如直口鼓腹的三足罐，只是由圈足代替了三足。通身饰细绳纹，腹部在绳纹上又饰一周竖行划纹，这种纹饰也曾见于老官台遗址。

（7）平底罐：通体均饰绳纹，鼓腹、平底，如78H32的一件和77M10丙：6是。

（8）敛口小罐：仅见78H32一件，敛口鼓腹，通体饰绳纹。

（9）小口罐：T26：1的一件虽然地层不明，但从其形制的特征如小直口、鼓腹、腹部有双耳等及细泥红陶的质地和表面磨光的作风来看，与老官台遗址和大地湾一期的同类器物十分相近，当是属于老官台文化的。

除以上九种陶器外，还有素面杯等，因与上述陶器共存，也是属于老官台文化的（图一）。与这些陶器共存的小件器物则有颜料石、骨镞、骨锥、骨笄、石饰、牙饰和榧螺等。

从地层关系来看，上述器物除个别不明外，不论是出自地层（77T2⑦、77T4⑦）、灰坑（77H9、78H32）或墓葬（77M10、77M13、77M14）的，都是在所在探方的最底层，无疑是北首岭最早的遗存。它们彼此共存，而基本上不与其他器物共存，因而构成了一个独立的陶器群，应定为北首岭早期或第一期。换句话说，北首岭早期或第一期应属于老官台文化。

值得注意的是，发掘报告除将上述遗存定为早期者外，又在早期中划入了Ⅱ式鼎、Ⅰ式直腹小平底罐、Ⅰ式圆腹小平底罐和Ⅰ式壶等，这显然是不正确的。

Ⅱ式鼎仅有1件（77M4：7），为双联圜底罐各安两足构成，是一种很特殊的器形，过去从未见过。不过它的器身（单个的）与洛阳王湾一期前段F15所出是基本一致的，它的足呈长圆柱形，与西安半坡圜底陶鼎和仰韶文化后冈类型的陶鼎足也基本上是相同的。所以就其形制的特征来说毋宁划入仰韶文化早期。老官台文化从来没有发现鼎，而只有三足罐和三足钵。北首岭发掘报告中所定的Ⅲ～Ⅴ式鼎，实际上都是一种三足罐。这些三足罐或三足钵都是满被绳纹而没有素面的，足部都呈圆锥形或扁锥形，比较短矮，与北首岭Ⅱ式鼎风格迥异。更有甚者，这件鼎发掘时大部分发现于77M4，器物编号也属此墓。但据说有一足发现于77M9，而77M4打破77M9，故发掘报告认为是从后者扰入前者的，在随葬陶器组合图中又被置入77M9。可是77M9的随葬陶器是放在头部的，只有这一件鼎足放在脚端。再看77M4随葬陶鼎的位置正好与这件鼎足相重。假如此鼎真是77M9的随葬品，在77M4挖墓坑时偶然被挖出来，然后被回填到墓坑中，那么它应当在填

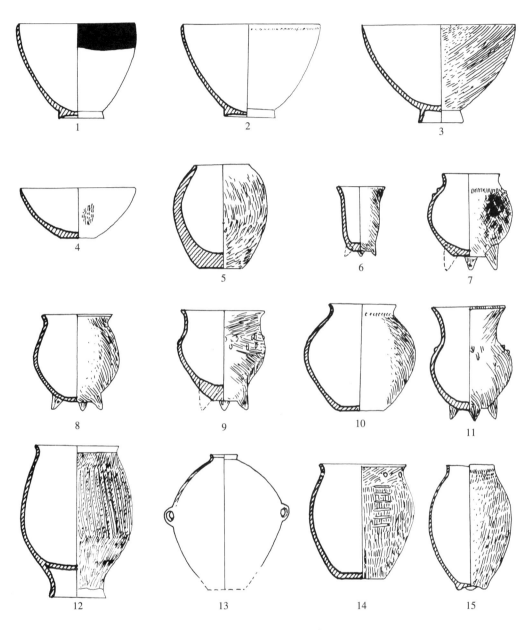

图一　北首岭早期的陶器

1、2. 假圈足碗（78H32、77 采）　3. 圈足碗（T163⑤∶21）　4. 平底碗（77T4⑦）　5. 敛口小罐（78H32）　6～9、11、15. 三足罐（77M10 乙∶3、77M10 丙∶3、77M10 甲∶1、77M14∶5、77M13∶4、77H11∶1）　10、14. 平底罐（77M10 丙∶6、78H32）　12. 圈足罐（78H32）　13. 小口罐（T26∶1）

土中而不应与 77M4 的其他随葬器物在一起，更难以与原先随葬的位置重合。所以这件鼎应是属于 77M4 的，那件鼎足只是 77M4 未清到底而被误判到 77M9 罢了。发掘报告的墓葬登记表也正是这样判定的。查 77M4 中出土的器物还有 Ⅱ 式直腹小平底罐、Ⅴ 式鼓腹小平底罐、Ⅰ 式钵、Ⅱ 式瓶和 Ⅰ 式杯等，其中 Ⅱ 式直腹小平底罐和 Ⅴ 式圆腹小平底罐都是侈口，口颈内侧急折，最大腹径靠上，下腹急收，上腹饰绳纹或弦纹，这都是仰韶文化半坡类型的特点。而老官台文化陶罐一般口颈内侧圆缓，最大腹径接近中部，通体饰绳纹而绝无弦纹。至于 Ⅱ 式瓶实乃小口细颈壶，更是仰韶文化半坡类型的特点。可见 77M4 是一座半坡类型的墓葬，北首岭报告也是将它定为中期墓的。这墓中随葬的 Ⅱ 式鼎当然也是属于仰韶文化半坡类型的了。

退一步来说，就算这件双联鼎是出自 77M9 的，那也不能判定属于北首岭早期。因为这座墓中还出 Ⅰ 式圆腹小平底罐、Ⅰ 式直腹小平底罐、Ⅰ 式钵、Ⅲ 式和 Ⅴ 式碗。其中两种罐都是下腹急收，上腹饰弦纹，是仰韶文化半坡类型的特点。所以这座墓也只能是半坡类型的墓葬，报告将其划入早期是不正确的。假定双联鼎属于这座墓葬，那也还是属于半坡类型。

Ⅰ 式直腹小平底罐和 Ⅰ 式圆腹小平底罐不属早期已于前述，至于 Ⅰ 式壶就更清楚了。这种器物一般称为大头细颈壶或蒜头形壶，是仰韶文化半坡类型中最富特征的器物之一，从来不见于老官台文化，也不与前举北首岭早期的陶器共存。其中一件出自 M228，发掘报告定为晚期是不对的，因其中还出 Ⅱ 式钵和 Ⅴ 式鼓腹小平底罐，也都是半坡类型的器物，这座墓应属半坡类型。另一件出自 77M12，被报告定为早期当然也不对，因为同墓还出 Ⅰ 式圆腹小平底罐、Ⅰ 式钵和 Ⅲ 式碗，该罐不但形制是半坡类型的，上腹满饰弦纹的风格也是属半坡类型的，这座墓也属于半坡类型。

有一点是需要说清楚的，就是 Ⅰ 式钵和某些平底碗既出于属老官台文化的地层单位，也出于属仰韶文化半坡类型的单位，似乎是两个文化共有之物。实际上只是形态上差别很小以致难以区分，但从陶色和彩纹颜色看则不大相同。即二者虽都是泥质红陶，但后者一般更红；二者虽都饰宽带彩纹，但前者为红色，后者往往为黑色，只有最早的才有一些红色。而我们在随葬器物登记表中是看不出这种差别的。

77H13 的两件陶鼎也应讨论一下。这两件鼎都是直口高领，各有一筒形把手和三个圆柱形足。乍看起来有点像青莲岗文化或薛家岗文化的早期鬶，在关中地区的新石器文化中还是首次发现。其形制特点有两点值得注意。一是圆柱形足，如前所说它是仰韶文化早期的特点，老官台文化只有比较矮短的圆锥形足，且均难以称为鼎足。关中地区的陶鼎实应从仰韶文化早期开始，且数量极为稀少。二是全身饰锥刺纹。老官台文化中也有锥刺纹或剔刺纹，但多在器物的局部地方，如碗的口沿外有时有一圈剔刺纹。满身锥刺纹是仰韶文化早期的特点，半坡类型较多，后冈类型也有一些。北首岭的 M17：8 小口壶、M47：1 坠腹罐和 M14：3 小口壶都是满身锥刺纹，前二者被定为中期，后者虽被定为晚期，但根据共存情况看，同前二者一样都是仰韶文化半坡类型的，所以，从形制来分析，我倾向于把这两件小鼎划归半坡类型。但这与发掘报告提供的地层关系相矛盾。发掘报告指出 77T2 的第⑦层已是早期地层，而 77H13 压在第⑦层下面。是否田野工作时灰坑口发现得晚了一点，不得而知。而所发表的共存陶器仅有一宽带彩纹钵片，且不知道彩纹是红是黑。即使是红的，这种小陶片也完全可以从更早的地层中混入，因而难以据它准确地判断年代，只好暂时存疑。

基于前面的分析，发掘报告中所定 7 座早期墓葬实有重新审查的必要。这 7 座墓葬都出于 77T2 探方中，并且都被第 6 层叠压，打破第 7 层，就中还有 6 座被中期墓葬打破。这样的地层关系从表面看起来似乎是一致的，实际上各墓的相对年代仍然存在着三种可能性：

（1）属于早期，但晚于以第 7 层代表的早期遗存；

（2）属于早期和中期之间，假定有这样一个文化期存在的话；

（3）属于中期，但早于以第 6 层和某些墓葬为代表的中期遗存。

至于每一墓葬究竟属于哪一期，必须根据随葬器物才能确定。查 77M10、77M13 和 77M14 都有被定名为鼎的三足罐，77M10 还有圆腹平底罐。这些都是老官台文化的典型器物，并且没有典型的仰韶文化的器物共存，所以这 3 座墓的确属于早期，即老官台文化。77M9、77M12、77M18 都出圆腹小平底罐，77M9 还出直腹小平底罐，77M12 更出蒜头形壶，这些都是仰韶文化半坡类型的典型器物。这 3 座墓没有发现典型的老官台文化的器物，所以它们应属中期或仰韶文化的半坡类型而不应划归早期。至于 77M19 因未出任何器物，时代不明。

通过上述分析，可知北首岭早期文化的界标和特征是明确的，文化性质也是清楚的。为什么发掘报告特别强调它同仰韶文化半坡类型的共同因素和相互演化关系，把它纳入仰韶文化之中，而不主张称为老官台文化和大地湾一期文化呢？我们认为这主要是因为报告把一部分半坡类型的因素不适当地归入早期遗存，从而模糊了对早期特征的认识和文化性质的判断，其次则是对老官台文化的认识不太一致。例如报告的结语中写道："从北首岭遗址来看，早期遗存陶器中的Ⅰ式钵、Ⅰ式壶、Ⅲ式碗、Ⅳ式碗都与中期遗存（即仰韶文化半坡类型）的同式陶器完全一致，而且，早期遗存中的小口罐、Ⅰ式直腹小平底罐等器物与中期遗存的Ⅰ～Ⅱ式瓶、Ⅱ式直腹小平底罐的器形相当接近。此外，墓葬习俗也相当一致。

因此，我们没有把北首岭早期遗存称为老官台文化，而仍然把它归属于仰韶文化中，称为北首岭下层类型遗存。"〔1〕这里所说早期遗存中的 I 式壶和 I 式直腹小平底罐本身就是中期遗存被误划入早期的，当然会与中期遗存相同。这里说的中期遗存的 II 式瓶，在叙述随葬器物时则被划入早期，自然也就难以划出早、中期的界线。像这样的情况还有其他一些器物已如前述。这是报告把早期遗存视为仰韶文化的一部分而不单列为另一文化的根本原因。

老官台文化原是指以陕西华县老官台遗址为代表的文化遗存而言〔2〕。但由于老官台遗址只开了一个很小的探方，清理了两个并不完整的小灰坑，所得遗物有限，难以反映文化的全貌，只是因为发现较早而用了这个名称。也有些学者主张用别的名称如李家村文化或大地湾一期文化等，总之都是指渭河流域或包括陕南部分地区在内的一种早于仰韶文化的新石器时代遗存。宝鸡北首岭、华县元君庙、商县紫荆，西乡何家湾和甘肃秦安大地湾都发现这类遗存叠压于仰韶文化早期的半坡类型遗存之下，文化内涵又同半坡类型有较多联系，故一般把它看成仰韶文化的直接前身或先行文化。不过由于发现的资料越来越多，发现它本身并不统一。首先是渭河流域和汉水流域的就不大相同，至少应划分为不同的地方类型，分别称为老官台类型和李家村类型。有的同志更分别称之为老官台文化和李家村文化〔3〕。而每一类型也还有早晚之别，例如同在陕西华县的老官台和元君庙一期就不大相同，相距较近的大地湾一期和北首岭早期也有一定的差别，从而有可能进行分期〔4〕。北首岭发掘报告注意到了早期遗存和大地湾一期的区别，并推测前者晚于后者都是很有见地的。但报告过分地强调了二者的区别，对它们相互间的共同特征和联系虽也谈及而强调不够，以至将二者分为两个文化则是不适当的。另一方面，北首岭发掘报告又过分强调了早期遗存同老官台遗址的共性，竟把老官台的遗存也划入仰韶文化，并入实际难以成立的北首岭下层类型，就更加不易理解了。不错，老官台遗址同临潼白家（这是现时已发现的最丰富的老官台文化遗址）或大地湾一期是有差别的，同北首岭早期也不大相同，但是这些差别比起它们同仰韶文化的差别毕竟要小得多。所以它们还是应该归为一个考古学文化即老官台文化，包括北首岭早期在内，而不应该同仰韶文化纠缠在一起。

---

〔1〕　中国社会科学院考古研究所：《宝鸡北首岭》，文物出版社，1983 年，124 页。
〔2〕　张忠培：《关于老官台文化的几个问题》，《社会科学战线》1981 年第 2 期。
〔3〕　魏京武：《李家村、老官台、裴李岗》，《考古与文物》1981 年第 4 期。
〔4〕　张朋川、周广济：《试谈大地湾一期和其它类型文化的关系》，《文物》1981 年第 4 期。

二　晚期遗存的分析

1979 年曾发表了 1977 年北首岭遗址的发掘简报[1]，人们第一次知道那里还有晚于半坡类型的仰韶文化遗存。从正式发掘报告中来看，这类遗存还有一些，但总数仍然不多。归纳起来，主要有以下几种（图二）。

（1）敛口钵：一般为泥质红陶，敛口、平底，如 T93②：25 和 78T4③的一件等是。这种钵是仰韶文化庙底沟期所常见的。

（2）带耳敛口钵：形制略同敛口钵，唯个体稍大，腹上部有一对鸡冠耳。仅见残片，但有一定数量，77T1③的一件，与河南陕县庙底沟的 H47：33 基本相同[2]，也应是庙底沟期的出品。

（3）敛口盆：仅见残片，如 77T1③的一件，唇外贴泥，是庙底沟期的特点。

（4）折腹盆：仅见 77H6 一件，窄缘，腹微折，其形制略与河南洛阳王湾二期盆相近。

（5）小口尖底瓶：见于 77T1③和 78T4③等，一般为泥质红陶，重唇或环形口，外饰线纹，是庙底沟期的典型器物。

（6）夹砂罐：残片甚多，口沿甚厚，有的为厚方唇，瘦腹，肩部有时有泥丁或似鸡冠耳的堆纹，通身饰绳纹，多数接近庙底沟期的特征。而 M248：2 在下腹有一道堆纹，似属庙底沟晚期或更晚一点。

（7）甑：仅见残片，如 77T2④的一件，底部有一大圆孔，腹部饰斜绳纹。

（8）器盖：77T3③：16，捉手为碗形，盖面饰绳纹，并有四个泥纽。这种饰泥纽的做法，在豫西庙底沟期的器盖上是常见的。

（9）彩陶片：可区别为两组，一组为回旋勾连纹或凸弧纹，饰于卷缘曲腹盆上，如出自 78T5③、T103②和 T106①的一些彩陶片是，属庙底沟期。另一组为旋涡纹或平行条纹，如出自 T106②和 77H4 的一些残片，具有马家窑期的特点。类似的彩陶在岐山王家咀的仰韶晚期遗存中也发现过[3]，在宝鸡出现并不奇怪的。

由以上的分析可知，北首岭的晚期遗存乃是相当于仰韶文化庙底沟期和较庙底沟期略晚的。由于资料过于零散，难以将其本身做进一步的分期，只好暂

---

[1]　中国社会科学院考古研究所宝鸡工作队：《一九七七年宝鸡北首岭遗址发掘简报》，《考古》1979 年第 2 期。

[2]　中国科学院考古研究所：《庙底沟与三里桥》，科学出版社，1959 年，41 页。

[3]　西安半坡博物馆：《陕西岐山王家咀遗址的调查与试掘》，《史前研究》1984 年第 3 期，87 页图十四，18；88 页图十五，18 等。

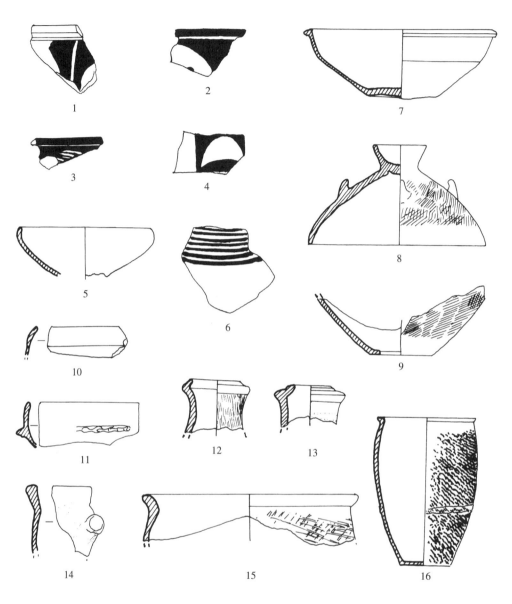

图二　北首岭晚期的陶器

1~4、6. 彩陶片（T103②、78T5③、T106②、T106①、77H4）　5. 敛口钵（78T4③）　7. 折腹盆（77H6）　8. 器盖（77T3③：16）　9. 甑（77T2④）　10. 敛口盆（77T1③）　11. 带耳敛口钵（77T1③）　12、13. 小口尖底瓶（78T4③、77T1③）　14~16. 罐（77T4②、77T3②、M248：2）

时作为一期。从地层关系看，这些器物都是出自新石器文化堆积的最上层或相当于最上层的单位，所以定为北首岭新石器文化的晚期应该是没有问题的。关于这批遗存的基本特征和相对年代，其实在 1979 年发表的发掘简报中便已基本上明确了[1]。令人不解的是，在正式发掘报告中又加进了一大批属于半坡类型的器物和房屋、墓葬等遗迹，也就是报告称之为中期或出自中层的东西，从而模糊了这期文化的特征，并影响到对其相对年代和文化性质的看法。

报告在总结晚期陶器的特征时说："晚期陶器往往器形大，陶胎厚，绳纹粗。彩陶数量减少，有较多的宽带纹，也出现为数很少的树叶纹或勾叶纹。富有特征的器物有：Ⅱ～Ⅲ式钵、Ⅲ式瓶、Ⅵ式瓶、Ⅲ～Ⅳ式盆、Ⅱ～Ⅴ式鼓腹小平底罐、Ⅲ式圆腹平底罐、敛口圆腹罐、Ⅱ式大口小平底罐、深腹罐、敞口坠腹罐、Ⅳ～Ⅶ式瓮、器盖、器座等。Ⅱ式钵器身较矮，口部常有一道宽带黑彩，底部没有划纹。Ⅲ式钵口部微敛，唇内缘有一道隆起的凸棱，平底。Ⅲ式瓶口部作葫芦形，底部尖，腹饰绳纹。Ⅵ式瓶口部为'重唇'，底部作尖而长的锥状，腹饰绳纹。Ⅲ式盆唇窄而厚，折腹，圜底，腹部有彩纹。Ⅳ式盆领斜竖。Ⅴ式鼓腹小平底罐腹径大于口径，为数最多。Ⅲ式圆腹平底罐唇缘下或颈下往往有鸡冠耳附加堆饰。Ⅳ式瓮为平唇，唇缘厚重，腹较直。Ⅶ式瓮为平唇，大口，其最大径在器身上部，小平底。Ⅱ式器盖把部空心，在盖顶有鹰嘴状附加堆饰。"[2]在这段文字中，除了讲到确实属晚期的器物外，还讲了许多属于半坡类型的东西，其所以把这两类很不相同的东西都作为晚期器物，主要是根据报告作者所选择的典型地层和典型单位（灰坑、房子、窑等）所出陶器口沿残片的统计表而得出的结论。但是，第一，早期和中期的陶片也可混入晚期地层中；第二，有些器物的型式单凭口部残片难以确定，故这种统计本身只有相对的准确性；第三，若把典型地层（《宝鸡北首岭》表一）和典型单位（《宝鸡北首岭》表二）两个陶片统计表合并，再把我们在前面已经确认为晚期的器物抽出来，剩下的所谓"晚期器物"大多能在中期的典型地层中找到相同的形制；即使有一部分在这个统计表中找不到对应型式，在中期墓葬器物登记栏中也都可以找到。这足以说明被发掘报告定为晚期的器物，其实有一大部分是属于中期的。根据这一部分器物而定在晚期的相当一部分房基、灰坑和墓葬，也应该相应地改正为中期的遗迹。

北首岭共发现50座房屋基址。报告在房屋分期一节中指出有34座出于第2层，有15座出于第3层，全都属于仰韶晚期。只有77F5出于第5层，属于仰韶中期。这一判断与考古界普遍的认识相左。一座房子出于某某层的提法本身就是费解的，一般应该是被某层所压或打破某层。在房屋分期一节中说是出于第2层的

---

〔1〕 中国社会科学院考古研究所宝鸡工作队：《一九七七年宝鸡北首岭遗址发掘简报》，《考古》1979年第2期，图七及106页结语。

〔2〕 中国社会科学院考古研究所：《宝鸡北首岭》，文物出版社，1983年，53页。

F21 和出于第 3 层的 F18，在文化堆积一节中则被分别说成是出于第 3 层和第 4 层。这种矛盾说明报告作者对于房基层位缺乏正确的观念。查两座房子所在探方的剖面图，才知道是第 2 层压着 F21，F21 打破第 3 层，第 3 层压着 F18，F21 也打破 F18，而 F18 又打破第 4 层。这里实际存在着②→F21→③→F18→④这样五个先后相继的层位关系，却被简化为两个层位关系。报告中许多分期的错误，都是由这种不正确地简化地层的方法所产生的。因此，我们无法从报告的地层叙述中得到正确判断房屋基址年代的证据。看来要判定北首岭房屋基址的年代，只有靠房内出土器物和房基形制的比较了。

北首岭房屋基址中发表了陶器的有 F2、F11、F14、F15、F16、F18、F23、F31、F34、F35、F38、F39、F40 和 77F3 共 14 座，各座房址的出土器物如下。

F2，出 V 式鼓腹小平底罐。这种罐在被发掘报告定为中期的 M20、M93、M101、M127、M149、M162、M187、M188、M238、M303、M304、M371、M390、78M11、78M12 等墓中出土，在仰韶文化半坡类型中是最普遍和最有特征的器物之一。

F11，出一彩陶片和一陶纺轮，难以判断所属年代。

F14，出一 V 式碗，一石锛和一研磨盘。这种碗也往往出自被发掘报告定为中期的墓葬中，如 M17、M24（此墓仅出此碗，即被定为中期）、M79、M93、M95、M127、M137、M141、M146、M152、M187、M223、M224、M295、M301、M304、M306、M309、M408、M409 等均是。

F15，出一Ⅲ式盆和一Ⅰ式盖。前者窄缘、微折腹、圜底，腹饰菱形彩纹，其形制和花纹与山西芮城东庄村的 H109：4：13 和 H104：4：11 十分相似[1]；与西安半坡的 P.1162 盆[2]也基本相同，是半坡期的典型器物。后者当是一小陶盆的反扣，其形制与西安半坡的Ⅲ2 盆[3]相近，也是半坡期的器物。

F16，出一Ⅷ式盆，饰斜绳纹。与西安半坡 T1：6 的一件盆[4]几乎完全一样。

〔1〕　中国科学院考古研究所山西工作队：《山西芮城东庄村和西王村遗址的发掘》，《考古学报》1973 年第 1 期，16 页图一五，4 和 19 页图一六，5。

〔2〕　中国科学院考古研究所、陕西省西安半坡博物馆：《西安半坡》，文物出版社，1963 年，图版壹壹贰，3。

〔3〕　中国科学院考古研究所、陕西省西安半坡博物馆：《西安半坡》，文物出版社，1963 年，111 页图九〇，2、3。

〔4〕　中国科学院考古研究所、陕西省西安半坡博物馆：《西安半坡》，文物出版社，1963 年，112 页图九一，6。

F18，出一筒形罐，粗砂质灰陶，腹饰斜绳纹，与半坡 T103 的一件[1]基本相同。

F23，共发表 5 件器物，包括小口尖底瓶、Ⅱ式瓮、石斧、石球和石磨棒各 1 件。其中小口尖底瓶口部为葫芦形，腹部较瘦，有双耳，饰斜绳纹，是半坡类型的典型器物（图三）。

F31，出一彩陶片，为鱼纹头部残片，而鱼纹乃是半坡类型的特点。

F34，出一彩陶片，是人面纹头上的尖状饰物，更是半坡类型的典型纹饰。

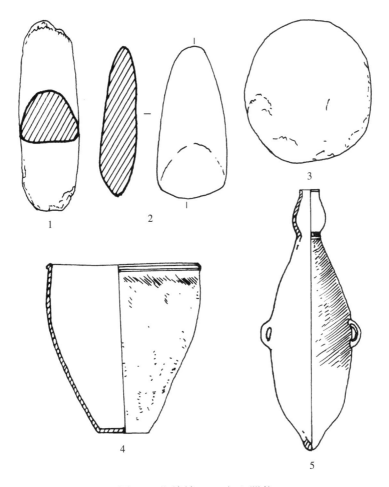

图三　北首岭 F23 出土器物

1. 石磨棒（F23∶2）　　2. 石斧（F23∶18）　　3. 石球（F23∶6）
4. 陶瓮（无号）　　5. 小口尖底瓶（F23∶23）

〔1〕　中国科学院考古研究所、陕西省西安半坡博物馆：《西安半坡》，文物出版社，1963 年，121 页图九七，5。

F35，共发表一陶罐（F35：12）、一陶罐残片、一石锛和一石磨棒。陶罐为 V 式，鼓腹小平底，上腹饰弦纹，与同出的罐口残片一起都是半坡类型的典型器物，也是北首岭中层的典型器物。

F38，出一彩陶钵，系泥质红陶，口沿有一道宽边黑彩，是半坡类型的典型器物。

F39，出一大口小平底罐，腹部饰斜绳纹，其形制几乎和 F23 的陶瓮完全一样，只是个体略小而已。

F40，共发表二陶钵、一陶碗和一陶罐。两钵均为Ⅳ式，圆腹圜底，一件为素面，另一件饰平行斜线与三角相间的彩纹。碗为 V 式，平底。罐为 V 式，鼓腹小平底，与 F35 出土的陶罐完全一样。这些都是半坡类型的典型器物（图四）。

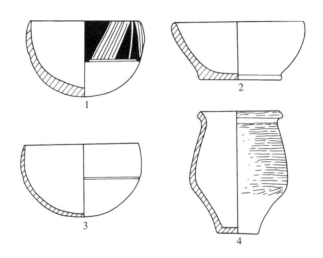

图四　北首岭 F40 出土陶器

1. 彩陶钵（F40：9）　2. 平底碗（F40：31）　3. 圜底钵（F40：25）
4. 夹砂罐（F40：24）

77F3，发表器物有敛口圆腹罐、Ⅶ式瓮、石锛、石磨棒和角凿各 1 件。在典型单位陶器口沿登记表中，可知该房址还出Ⅰ、Ⅱ式钵，Ⅱ、Ⅴ式鼓腹小平底罐和Ⅲ式瓶等，这些都是半坡类型常见的器物。

从以上各房址中出土的器物来看，基本上都是属于半坡类型的，与北首岭中期的典型器物相同。虽然我们无从知道房址中没有发表的器物（假定有这种器物的话）究竟具有什么样的特征，不能确证这些房子都是中期的，但至少不应都划归晚期。晚期房址中也许可能混进中期的某些陶片，而要把中期的完整器物都混进来是不大可能的。像 F23、F35 和 F40 等房址中出土成组的中期器物，那就只能是中期的房子才可以理解。

从房屋本身的形制来看，绝大多数是浅地穴式的方形窝棚，只有 F27 和 F33 等四座是半地穴式方形房屋。两种房屋的区别在于前者只有室内有少量柱洞，房顶迤于地面，是一种矮塌塌的窝棚；而后者于浅穴周围有一圈柱洞，表明已有木骨泥墙。在以往发现的一些可以确定为半坡类型的房屋中，如西安半坡、临潼姜寨和彬县下孟村所见者，多是浅地穴式方形窝棚，只有大型房屋才有低矮的泥墙，圆形房屋有木骨泥墙，方形小房子绝没有见到木骨泥墙的结构。而庙底沟期的房址，如在河南陕县庙底沟和陕西华县泉护村所见者，都是周围有柱洞并有较深圆形灶坑的半地穴式房屋。

总之，无论从出土器物还是房屋本身的形制来分析，北首岭的绝大多数房址都应归属于中期，即仰韶文化的半坡类型。只有 F27 和 F33 等少数几座可视为晚期遗迹。

发掘报告把 M172 等多达 118 座墓葬定为晚期，这一数字占可分期墓葬的 48.12%，是十分引人注目的。但从墓中出土的器物来看，这一论断是更加值得商榷的。

从报告发表的 M140、M169、M172、M263、M361 和 M376 等六座墓葬的随葬陶器组合或葬具组合来看，可说没有一座可归入晚期的，全都属于半坡类型。例如 M169 的 4 件陶器是宽边黑彩圜底钵、鱼纹彩陶圜底盆、鼓腹小平底罐和敞口坠腹罐，后二者均满饰弦纹，这些全是半坡类型的典型器物，庙底沟期或半坡晚期是根本不出这类器物的。又如 M361 的 3 件陶器是宽边黑彩圜底钵、大头细颈壶和鼓腹小平底绳纹罐，同样是半坡类型的典型器物，不可能是晚期的遗存。

在发掘报告中所发表的有线图或图版的随葬器物中，没有看到有一件是晚期的标准器物。在作为瓮棺葬具的陶器中，只有 M248：2 一件可视为晚期陶器。可见北首岭晚期墓葬绝不会有发掘报告所说的那样多。

在墓葬登记表中，我们没有发现任何一墓的随葬器物可归入晚期；在 66 座瓮棺葬中，除 M248 外，也没有发现其他葬具是可以视为晚期器物的。在发掘报告未能分期的许多墓中，有一些是可以根据其随葬陶器进行分期的。如 M28 以 I 式瓮为葬具，随葬 II 式钵；M43 以 I 式瓮为葬具；M170 随葬 I 式钵和 IV 式盆；M234 随葬 II 式钵和罐；M236 用 II 式钵作葬具；M267 用 I 式圆腹小平底罐随葬；M270 用 III 式壶和罐随葬；M288 用 II 式碗、M289 用 I 式钵随葬；M298 用 V 式碗和 V 式直腹小平底罐随葬；M298 用 I 式钵和 V 式鼓腹小平底罐作为葬具等等。这些用作葬具或随葬的陶器都具有半坡类型的特点，就是说应属于北首岭中期，而没有一件可被划归晚期的东西。

发掘报告在谈到墓葬分期时说："我们把墓葬所处的层位作为墓葬分期的首要依据，同时综合分析了墓葬的叠压、打破关系和随葬品（特别是陶器皿）的组合情况，将北首岭仰韶墓葬分为早、中、晚三期。这三期墓葬是与地层堆积的早、中、晚三期相应的。"[1]这里所讲的分期方法乍看起来似乎无可厚非，但仔细分析的话恐怕问题就出在这里。因为墓葬主要分布在第Ⅳ区（39 座，文化堆积一节说 40 座）和第Ⅵ区（404 座，文化堆积一节说 409 座），第Ⅳ区晚期地层中没有发现墓葬，可知所谓晚期墓都出在第Ⅵ区。但第Ⅵ区上部地层已被破坏，有的揭去表土即露墓葬。在这种情况下分期的依据自然首先要靠墓葬的叠压打破关系和随葬器物的型式的排比。而发掘报告却说是首先依据墓葬所处的层位关系，只是再结合叠压打破关系和随葬器物进行综合分析。像这种揭去表土即见墓坑的墓葬，如果不首先根据叠压打破关系，还有什么层位关系可作为首要的依据呢？须知叠压打破关系也是一种层位关系，对于墓葬来说应该是更重要的层位关系。因为这种关系比一般地层明确，田野工作中不容易发生误断。而一般地层形成的时间较长，界线的判断不易准确。有时在探方剖面上划准了，不等于全探方处处都十分准确。依据这种地层关系来进行分期研究，必须自下至上地对出土器物进行严格排比，把早期混入物逐层排除方可能得出正确结论。而如果同时存在许多墓葬的叠压打破关系，当然首先要排比这种关系及有关墓中的器物变化，用以检验地层的正确性。不然的话，只是把有些靠上的墓划为晚期，再依深度划早、中期，并以此作为分期的主要依据，那是没有不出乱子的。

我们认为北首岭的新石器墓葬虽有不同的层位和复杂的叠压打破关系，但按大的文化期分仍只有三期。可确定为早期墓的只有 3 座已于前述，可确定为晚期的也只有一两座瓮棺葬，除少数没有随葬品的无法确定期属外，其余绝大部分都属于半坡类型，即北首岭中期。而许多被划为早、中、晚的墓葬只是中期墓本身的分期，不应同整个遗址早、中、晚的分期相等同。这个问题我们在下面还要详细论述。

三　中期遗存本身的分期

北首岭的中期遗存通常被称为半坡类型。根据许多地方碳 – 14 测量的数据来看，这个类型延续的时间将近 1000 年，因此有必要对它本身进行更细的分期。西安半坡博物馆通过对渭南史家[2]和临潼姜寨[3]的发掘，提出了"史家类型"的

---

〔1〕　中国社会科学院考古研究所：《宝鸡北首岭》，文物出版社，1983 年，114 页。

〔2〕　西安半坡博物馆、渭南县文化馆：《陕西渭南史家新石器时代遗址》，《考古》1978 年第 1 期。

〔3〕　西安半坡博物馆、临潼县文化馆：《临潼姜寨遗址第四至十一次发掘纪要》，《考古与文物》1980 年第 3 期。

命名，认为它是介于半坡类型和庙底沟类型之间的一个新的文化类型。其实，在半坡类型由以命名的半坡遗址的早期遗存中，就包括有"史家类型"的东西。所以史家和姜寨二期发现的意义，不是发现了新的文化类型，而是发现了对半坡类型本身进行分期的地层证据。拿史家和姜寨一、二期同北首岭中期对比，可知后者既有相当于姜寨一期的较早遗存，也有相当于或略早于姜寨二期和史家的较晚的遗存，说明北首岭中期是可以进一步分期的。

北首岭中期的房屋和墓葬都有很复杂的叠压打破关系，所出器物的形制和组合都很复杂，从而为进一步分期提供了实际的可能性。

北首岭中期随葬陶器或以陶器为葬具的墓葬约为 261 座，随葬陶器最多的是碗、钵、直腹小平底罐和鼓腹小平底罐，其他还有圆腹小平底罐、敞口坠腹罐、小罐、瓶、壶、盂、盆、瓮等，还有个别的盖、杯和异型鼎等。其中随葬一种器物或以一种器物为葬具的有 58 座，有两种器物的 78 座，三种器物的 83 座，四种器物的 28 座，五种器物的 6 座，六种器物的 5 座，七种器物的只有 3 座。其中有个别的器物在一墓中同时存在两种式别，有的同一式别有 2~4 件不等。其组合相当复杂，初步归类主要有以下各组。

第一组合，以 Ⅱ 式直腹小平底罐和 Ⅰ 式钵为基本器形。只有这两种器物的有 M29、M80、M100、M147、M381、M391 等 6 座。有些墓中除有这两种陶器外，还增加瓶、壶等器，据此又可分为几个分组合。

一甲组合，以 Ⅱ 式直腹小平底罐、Ⅰ 式钵、Ⅰ 式或 Ⅱ 式壶为基本器形。之所以把两个式别的壶归入同一组合，是因为二者形态基本相同：头部如算盘珠，细长颈，上腹圆鼓、下腹急折斜收，只是 Ⅱ 式腹部较瘦而已。具有这三种器物的墓葬有 M71、M78、M179、M338、77M15 等 5 座。

有些墓葬除以上三种器物外还有其他一些器物，可以看作是一甲组合的延伸。如 M12 多一 Ⅲ 式盂；77M8 多 Ⅲ 式圆腹小平底罐、竖领鼓腹罐、Ⅲ 式碗、Ⅰ 式和 Ⅵ 式盂；78M10 多折腹小平底罐、Ⅱ 式小罐、Ⅲ 式和 Ⅵ 式盂等。

一乙组合，以 Ⅱ 式直腹小平底罐、Ⅰ 式钵、Ⅰ 式或 Ⅱ 式瓶为基本器形。从报告的插图和图版来看，Ⅰ 式瓶至少应分为两式或两型，其中一式是普通的小口尖底瓶，而另一式腹部特别膨大，小平底，且多为素面。但因都定为 Ⅰ 式，从墓葬器物登记表中无法分开，只好仍放在一起。而 Ⅱ 式瓶的形制基本上与 Ⅰ 式中的另一式相同，只是腹部更膨大而已。因此我们把这两式瓶放在同一组合。具有这三种器物的墓葬有 M2、M4、M142、M405、77M1、77M16 和 78M3 等 7 座。

有些墓葬除有一乙组合的三种器物外，还随葬有其他一些器物，可看作是一乙组合的延伸。如 M3 还有 Ⅲ 式碗和 Ⅲ 式盂，M17 还有 Ⅴ 式碗、Ⅶ 式壶和 Ⅱ 式盂，

77M2 还有折腹小平底罐和Ⅲ式碗，77M3 还有折腹小平底罐、Ⅲ式碗、Ⅵ式盆和Ⅱ式尖底器，77M4 还有Ⅴ式鼓腹小平底罐、Ⅱ式鼎和Ⅰ式杯，77M6 还有折腹小平底罐，77M7 还有折腹小平底罐、Ⅰ式和Ⅷ式盉，M159 还有Ⅱ式钵，78M8 还有Ⅰ式尖底器，78M17 还有Ⅱ式碗，78M2 还有Ⅴ式鼓腹小平底罐、敛口圆腹罐、Ⅲ式碗和Ⅱ式盉，78M15 还有Ⅴ式鼓腹小平底罐、敛口圆腹罐和Ⅱ式盉，78M16 还有Ⅲ式圆腹小平底罐，78M4 还有Ⅲ式圆腹小平底罐和Ⅴ式鼓腹小平底罐等，一共有 14 座墓葬。

第二组合，以Ⅱ式直腹小平底罐和Ⅴ式碗为基本器形，只有这两种器物的墓葬有 M51、M95、M141、M146、M295 和 M421 共 6 座。有的墓除基本器形外还有瓶、壶等器，可分为不同的分组合。

二甲组合，基本器形为Ⅱ式直腹小平底罐、Ⅴ式碗和Ⅱ式瓶，如 M409。

二乙组合，基本器形为Ⅱ式直腹小平底罐、Ⅴ式碗和Ⅳ式壶，如 M137，该墓还有 1 件Ⅰ式钵。

第三组合，以Ⅴ式鼓腹小平底罐和Ⅱ式钵为基本器形。只有这两种器物的墓葬有 M23、M140、M166、M182、M186、M219、M290、M360、M389 和 M393 共 10 座。有些墓中除这两种器物外还有瓶或壶等器，据此可分为几个分组合。

三甲组合，以Ⅴ式鼓腹小平底罐、Ⅱ式钵和Ⅲ式瓶为基本器形，如 M96 和 M172 均是。后者还有 1 件Ⅴ式瓶，两种瓶的共同特点是腹部较瘦，最大腹径在双耳的下部。M261 除这三种基本器形外，还有Ⅰ式钵和Ⅰ式壶，可视为本组合的延伸。

三乙组合，以Ⅴ式鼓腹小平底罐、Ⅱ式钵和ⅩⅢ式壶为基本器物。这种壶实际上是一种小口平底瓶或葫芦形瓶，不宜与大头细颈壶相混杂。出这种组合的墓葬有 M260 和 M263 两座。

三丙组合，以Ⅴ式鼓腹小平底罐、Ⅱ式钵及Ⅶ式、Ⅷ式或ⅩⅤ式壶为基本器形。这三式壶虽各有不同，但共同点是口部较高而颈部甚短，故归入同一组合。相关墓葬有 M31、M70 和 M230 等 3 座。有些墓中除这三种器物外，还有其他器物，如 M361 还有ⅩⅦ式壶、M353 还有Ⅴ式碗和式别不明的罐等，可算是本组合的延伸。

三丁组合，以Ⅴ式鼓腹小平底罐、Ⅱ式钵、Ⅲ式和Ⅳ式壶为基本器形。这两式壶都是短颈，腹部转折不显著，故归入同一组合。相关墓葬有 M50 和 M286 两座。有的墓除这三种基本器物外，还有个别其他器物，如 M210 还有瓶等。

第四组合，以Ⅴ式鼓腹小平底罐和Ⅴ式碗为基本器形，相关的墓葬有 M42、M151 和 M174 共 3 座。有些墓葬的基本器物中还有瓶或壶等器，据此可分成不同的分组合。

四甲组合，以Ⅴ式鼓腹小平底罐、Ⅴ式碗和Ⅰ式瓶为基本器形，如 M93 和

M187 均是。这两座墓中还出 I 式钵。

四乙组合，以 V 式鼓腹小平底罐、V 式碗和Ⅲ式瓶为基本器形，相关的墓葬有 M258 和 M365 两座。

四丙组合，以 V 式鼓腹小平底罐，V 式碗，Ⅵ式、Ⅶ式或 XV 式壶为基本器形。后三种壶虽略有差别，但共同特点是口部较高而颈部甚短，以区别于其他式别，所以归入同一组合。相关的墓葬有 M15、M33、M16 和 M384 共 4 座，后二者除基本器形外还有 I 式钵，应是同一组合的延伸。

四丁组合，基本器形是 V 式鼓腹小平底罐、V 式碗、Ⅲ式或 V 式壶，后二者的共同特征是短颈，且腹部转折不显著，颈腹间也没有明显分界，这都是有别于其他式壶的，所以归于同一组合。相关的墓葬有 M204、M282 和 M304 共 3 座。

以上 4 个组合 12 个分组合，涉及的墓葬有 80 座，约占有 2 件陶器以上墓葬的 40%。其余 120 多座墓葬中的陶器组合极为复杂，同一组合的墓葬不过一两座或两三座。如此复杂的陶器组合情况，在仰韶文化半坡类型的墓地中是仅见的。不过在这些零散的陶器组合中，有相当一部分与上述基本组合接近。在基本组合的相对年代确定以后，将有可能把其中的相当多的墓葬的年代大致确定下来。

在讨论各基本组合的相对年代时，我们必须全面考察墓葬之间的叠压打破关系。北首岭中期墓葬之间的叠压打破关系将近 60 组，其中涉及具有基本器物组合的仅有 15 组，列举如下：

（1）77M8（一甲组合）→77M9

（2）77M4（一乙组合）→77M9

（3）77M16（一乙组合）→77M20

（4）77M2（一乙组合）→77M11

（5）78M17（一乙组合）→78M20

（6）78M2（一乙组合）→78M6

（7）78M2（一乙组合）→78M16（一乙组合）

（8）78M3（一乙组合）→78M16（一乙组合）

（9）M159（一乙组合）→M285

（10）M178→M179（一甲组合）

（11）M96（三甲组合）→M95（第二组合）

（12）M23（第三组合）→M25（或 M25→M23）

（13）M182（第三组合）→M210（三丁组合）

（14）M260（三乙组合）→M261（三甲组合）

（15）M204（四丁组合）→M174（第四组合）

在这 15 组叠压打破关系中，第 7 和第 8 组都是同一组合的先后关系，无法从器物上分出早晚；第 6 组的 78M6 和第 10 组的 M178 都不出土陶器，无法进行器物形制的比较；第 12 组在发掘报告的不同地方有相互矛盾的地层叙述，无法判断孰先孰后；第 13 组和第 15 组则是同一大组合内的先后关系，三丁组合和四丁组合分别是第三组合和第四组合的一部分，相互之间无法判断早晚。所以要依靠不同组合的地层关系来进行分期，便只有 1~5、9、11、14 八组地层关系了。

在第 1 组地层关系中，77M8 出土 Ⅱ 式直腹小平底罐、Ⅲ 式圆腹小平底罐、竖领鼓腹罐各 1 件，Ⅰ 式钵 4 件，Ⅲ 式碗、Ⅱ 式壶、Ⅰ 式和 Ⅵ 式盉各 1 件，应是一甲组合的延伸型。77M9 出土 Ⅰ 式直腹小平底罐、Ⅰ 式圆腹小平底罐和 Ⅴ 式碗各 1 件，Ⅰ 式钵和 Ⅲ 式碗各 3 件，不属于前述任何一种组合。两墓中有两种器物是同式的，Ⅴ 式碗虽仅出于 77M9，但因与 Ⅲ 式碗共存，不能说一定比后者为早。这组地层关系只是证明两种直腹小平底罐和圆腹小平底罐的可能的发展顺序。

第 2~5 组的地层关系都是一乙组合的墓葬打破其他墓葬。各墓出土的陶器有如表一。

表一

墓号＼式别＼器类	直腹罐	钵	碗	瓶	其他
77M4	Ⅱ	Ⅰ 3		Ⅱ	Ⅴ 鼓腹小平底罐、Ⅱ 鼎、Ⅰ 杯
77M16	Ⅱ	Ⅰ 2		Ⅱ	
77M2	Ⅱ 2	Ⅰ	Ⅲ	Ⅰ	折腹小平底罐
78M17	Ⅱ	Ⅰ	Ⅱ	Ⅱ	
77M9	Ⅰ	Ⅰ 3	Ⅲ 3、Ⅴ		Ⅰ 圆腹小平底罐
77M20	Ⅱ 2	Ⅰ			敛口圆腹罐、竖领鼓腹罐
77M11		Ⅰ 2	Ⅲ		Ⅲ 圆腹小平底罐、Ⅱ 小罐、罐
78M20	Ⅱ	Ⅰ 2	Ⅴ		Ⅶ 盆

说明：表中式别旁的阿拉伯数字代表件数。

表一中除再次证实直腹小平底罐的发展序列外，几乎未能提供任何新的确切信息，由于四组关系中被打破的墓葬的主要器物与一乙组合相同，也与一甲组合相同，只能认为它们是属于同一时期的。

在第 9 组打破关系中，由于被打破的 M285 出土 5 件器物全部未定式别，无法了解器物变化的趋势。

第 14 组是 M260 叠压 M261，前者出 V 式鼓腹小平底罐 2 件，Ⅱ式钵和ⅩⅢ式壶各 1 件，属于三乙组合；后者出 V 式鼓腹小平底罐、Ⅰ式钵、Ⅰ式壶和Ⅲ式瓶各 1 件，Ⅱ式钵 2 件，属三甲组合的延伸型。所谓ⅩⅢ式壶实际是一种小口平底瓶或葫芦形瓶，这组关系只能说明这种瓶可能稍晚于Ⅲ式瓶。

只有第 11 组是两种组合间的关系。其中 M95 出Ⅱ式直腹小平底罐和 V 式碗，属第二组合；M96 出 V 式鼓腹小平底罐、Ⅱ式钵和Ⅲ式瓶，属三甲组合。由于后者打破前者，故第二组合可能早于三甲组合。

以上系统地考察了各组合间的地层关系，虽然从中可以看出某些器物发展的线索，但要据此对北首岭中期文化遗存进行更细致的分期，证据还很薄弱，因而有必要考察其余的所有地层关系。

在第Ⅳ区墓葬中，除了前面已经考察过的以外，还有 5 组叠压或打破关系：

（16）77M1→77M18

（17）77M2→77M12

（18）77M11→77M12

（19）77M21→77M17

（20）78M5→78M18

这 5 组关系涉及 9 座墓葬，各墓的出土器物列如表二。

表二

墓 号 ＼ 式别器类	直腹小平底罐	圆腹小平底罐	钵	碗	瓶	壶	其 他
77M1	Ⅱ		Ⅰ		Ⅰ		
77M2	Ⅱ		Ⅰ	Ⅲ	Ⅰ		折腹小平底罐
77M11		Ⅲ	Ⅰ	Ⅲ			Ⅱ小罐
77M21		Ⅲ	Ⅰ	Ⅲ	Ⅱ		
78M5	Ⅱ		Ⅰ			Ⅳ	
77M18		Ⅱ	Ⅰ	Ⅲ			
77M12		Ⅰ	Ⅰ	Ⅲ		Ⅰ	
77M17	Ⅰ	Ⅲ	Ⅰ		Ⅱ	Ⅳ	Ⅰ尖底器
78M18	Ⅱ	Ⅲ	Ⅰ	Ⅲ			V鼓腹小平底罐

表二中所列的墓葬，有 4 座都有 II 式直腹小平底罐和 I 式钵共存，都是第一组合的延伸，应视为同一时期。78M18 与 77M11、77M21 都有 3 件标型器物同式，当属同时期的墓葬。77M12、77M17 和 77M18 根据地层关系及个别器物的形制变化当较其余 5 墓为早。但这 3 座墓也都有 2 件标型器物与 78M18 相同，所以时间的差距十分有限，可以认为同第一组合基本上属于同一时期。

在第 VI 区墓葬中，除前面已经考察过的以外，还有 39 组叠压打破关系，但其中绝大部分没有器物。有的叠压打破关系中仅一墓出器物，或虽两墓出器物而其中一墓器物的式别不明，都无法进行比较研究，对于讨论分期问题无法提供确实的证据。两墓同时出土陶器而式别都明确的只有 4 组关系。

（21）M81→M270

（22）M96→M97

（23）M152→M153

（24）M203→M195

兹将这 4 组关系中各墓出土器物列如表三。

表三

墓号 ＼ 器类 式别	直腹小平底罐	鼓腹小平底罐	钵	碗	瓶	壶	其　他
M81		V		VI		XII	
M96		V	II 2		III		
M152	II			V			III 盂
M203			II		III		
M270			I				罐、碗
M97	II						
M153	II		I			IX	IV 小罐
M195		V				III	

表三中 M153 所出器物表明该墓是属于第一组合的。其中出土一壶系细长颈，除头部不显外，整体形态很接近于 II 式或 IV 式壶，所以它更接近于一甲组合。M152 出土器物表明它是属于第二组合的。其中的 V 式碗曾出于第一组合的78M20，还曾出于 77M9，该墓在地层关系上既被一甲组合的墓葬打破，又被一乙组合的墓葬打破。由此看来，M152 的年代不晚，很可能与 M153 属于同一时期。M97 和 M270 均只出土 1 件器物，且均与 M153 所出器物同式，可能属于同一时

期，只是把握不很大（相同的器物越多，同时性的把握越大，反之亦然）。

M96 本是三甲组合的，它打破了第二组合的 M95，又打破了 M97。前已说明后者可能与第一和第二组合同时，说明三甲组合晚于第一、第二组合。M203 两件器物与 M96 所出完全相同，应属同一时期。

M81 和 M195 同 M96 一样都出 V 式鼓腹小平底罐，这种罐大量地与 II 式钵和 III 式瓶共存，仅个别的与第一组合的器物共存，表明它是一种晚出的器物。M81 出 XII 壶，矮身短颈，其形态接近于 V 式壶，和渭南史家的同类器十分接近[1]。M195 出 III 式壶，形态也接近于 V 式壶。所以这两墓应与 M96 基本同时。

有了这样一个认识，再对照前面随葬陶器的各种组合，那就大体上可以认定第一组合和第二组合较早，而第三组合和第四组合较晚。当然，每一大组合中的各分组合也是略有早晚的，这里就不详细讨论了。

中期较早的墓，除前面已经讨论的第一、二组合和相关的墓葬共 62 座外，尚有 M1、M12、M409 等 16 座可归入此期。另外 M150 等 5 墓只出 I 式钵，M7 等 4 墓只出 II 式直腹小平底罐，M154 等 2 墓出 I 式瓶，M305 出 II 式壶，这些墓也可能属较早阶段。我们把这些墓代表的文化期，称为北首岭中期前段，相当于半坡类型前段。

中期较晚的墓，除前面已经讨论的第三、四组合和与之相关的墓葬共 41 座外，尚有 M11、M28 和 M402 等 25 座可大致归入此期。另外，M25 等 10 墓只出 V 式鼓腹小平底罐，M27 等 9 墓只出 II 式钵，M52 等 2 墓只出 III 式壶，这些墓也可能属较晚阶段。我们把这一些墓所代表的时期，称为北首岭中期后段，相当于半坡类型后段，或如有些同志所称的史家类型。

以上涉及的墓葬共 177 座，大体上代表了北首岭中期墓葬发展的全部过程，其余墓葬或没有随葬品，或有少量随葬品而非标型器物，都难以肯定其具体期属。

属于遗址部分的中期遗存，是否也可划分为相应的前后两段，这是需要加以分析的。

根据发掘报告所提供的遗址部分典型单位的陶器口沿统计[2]，其中被定为早期的 78H26 应改正为中期前段，因为其中有 I、II 式直腹小平底罐和 II 式瓶，这都是中期前段的典型器物，在早期遗存（老官台文化）中是不可能出现的。被定为中期的 77H3、77H4、78H11 和 78H14 都应属于中期前段，而被定为晚期的

〔1〕　西安半坡博物馆、渭南县文化馆：《陕西渭南史家新石器时代遗址》，《考古》1978年第 1 期。

〔2〕　中国社会科学院考古研究所：《宝鸡北首岭》，文物出版社，1983 年，55 页表二。

F14、F28、77F3 和 78H1 都应改正为中期后段，因为它的器物仍都具有半坡类型的特点，故不属于北首岭晚期。这些单位中大量出土的 V 式鼓腹小平底罐、II 式钵和 III 式瓶，在中期前段的典型单位中一件也没有见到，可见前面在讨论墓葬分期时把它们定为中期后段的标型器物是正确的。

报告中发表了器物图因而可初定其期别的，除 F14、F28 和 77F3 外，还有 F2（V 式鼓腹小平底罐）、F15（III 式盆、I 式器盖）、F23（III 式瓶、II 式瓮）、F35（IV 式和 V 式鼓腹小平底罐）、F38（II 式钵）、F40（IV 式钵、V 式碗、V 式鼓腹小平底罐）等 6 座，根据其出土器物都可能属于中期后段。连同前面的 3 座，可定为中期后段的房屋一共是 9 座，而没有一座确实可定为中期前段者。这些房屋门向颇不一致，并分别位于 I 区、II 区和 V 区。它们的形状和建筑技术和同遗址中绝大房屋是一致的，因此北首岭绝大多数房屋基址可能是属于中期后段的。

综上所述，北首岭中期遗存应分为前后两段。前段的代表性器物是 II 式直腹小平底罐、I 式钵、I 式和 II 式瓶、I 式和 II 式壶等。约有半数墓葬是属于本阶段的，分别分布于 IV 区和 VI 区。

后段的代表性器物主要有 V 式鼓腹小平底罐、II 式钵、III 式瓶、III 式和 V 式壶，以及 XIII 式壶（葫芦形瓶）等。绝大多数房屋基址和大约半数的墓葬是属于这一阶段的。这些房屋形成一种椭圆形村落布局，而墓葬则集中于村落南端的第 VI 区。

兹为明确起见，将北首岭中期前后两段的代表性器物列为图表（图五）。

前面说过，北首岭中期遗存具有仰韶文化半坡类型的一般特征，因此属于半坡类型。但半坡类型的遗址已经发现了许多处，各处的文化面貌并不完全一致，其间除了时间性差别以外，也还存在地方性的差别。

北首岭中期前段最接近于姜寨一期、半坡早期前段、元君庙墓地[1]和横阵墓地[2]的遗存。北首岭的 I 式圜底钵、碗、圆腹罐、杯形口尖底瓶、尖底罐、大头细颈壶、直筒形罐等等都能在半坡或别的遗址找到相应的器物。彩陶花纹也都以宽带纹为主，且其他纹饰都很相仿。这说明它们不但属于同一类型，而且时间也较相近。但是仔细比较，也还可看出一些差别。例如北首岭的水器除小口尖底瓶和大头细颈壶外，还有一种小口双耳壶，且数量不少。北首岭发掘报告把它同

〔1〕 北京大学历史系考古教研室：《元君庙仰韶墓地》，文物出版社，1983 年。

〔2〕 中国社会科学院考古研究所陕西工作队：《陕西华阴横阵遗址发掘报告》，《考古学集刊》（第 4 集），中国社会科学出版社，1984 年。

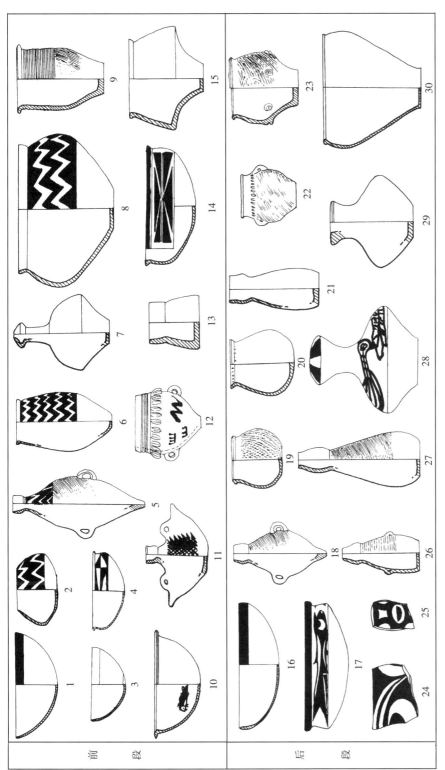

图五 北首岭中期前后两段陶器的比较

前段:1、3. 钵(H7:7,77T2⑦) 2. 盂(M17:5) 4、10、14. 盆(F15:2,M243:1,78H1) 5. 尖底瓶(M187:1) 6. 彩陶罐 7、11、
13. 壶(77M12:5,M98:3,77M8:15) 8. 竖领罐(77M20:8) 9. 罐(77M3:12) 12. 小底罐(77M17:1) 15. 泥罐(77M3:1)
钵16:16. 钵(F38:1) 17. 盆(M169:1) 18、21、26、27. 瓶(M419:2,M160:3,M263:3,M353:1) 19、20、22、23. 罐(M47:1,M58:1,M172:5、
M238:2) 24、25. 彩陶片(T120:2,F17) 28、29. 壶(M52:1,M149:4) 30. 瓮(77F3)

杯形口尖底瓶合在一起定为 I 式瓶显然是不对的，因为它正是北首岭的特点，在姜寨、半坡、元君庙或横阵等处都没有见到这种器物。从它的形状来看，有的部分像尖底瓶（如口、双耳、个别器物上的绳纹等），有的部分又像大头细颈壶（如细颈、鼓腹、小平底，多数为素面或饰彩等）。这种器物存在的时间很短，目前只见于北首岭中期前段，因此它绝不会是尖底瓶和细颈壶相结合的产物，反而好像是两者尚未完全分化的前身。此外，北首岭有较多的直腹小平底罐，半坡等遗址也基本未见。至于埋葬习俗，北首岭与半坡早期和姜寨一期比较接近，而与元君庙和横阵村大不相同。这些情况说明北首岭同元君庙、横阵村应代表半坡类型中不同的地方分区，而半坡、姜寨适在这两个分区的交接地带，故文化面貌也带有中间状态的特点。

北首岭中期后段最接近于秦安大地湾仰韶文化早期[1]，也略接近于王家阴洼[2]和渭南史家。例如北首岭的 II 式圜底钵、葫芦形瓶、鼓腹小平底罐、体形变矮的大头细颈壶、扁体鱼纹盆等都是同上述遗址接近的。不过北首岭并没有像王家阴洼和史家那样多的素面葫芦形瓶，反之还有一定数量的瘦腹尖底瓶，北首岭的大头细颈壶也没有像史家发展到那样矮扁，史家遗存中很富特征的带盖和泥纽的扁体罐也不见于北首岭。这除了有某些地方性差别外，可能说明北首岭中期后段的年代要较王家阴洼和史家略早。

北首岭的房屋基址都是浅穴式窝棚、瓢形灶，同彬县下孟村者完全一致[3]，而与半坡有较大差别。而半坡同姜寨一期的几乎完全相同，这显然是一种地区性差异。在埋葬习俗上，北首岭仍以单人一次葬为主，这与半坡比较一致，而与姜寨二期和史家以多人合葬为主的大不相同。王家阴洼虽也以单人葬为主，但多在墓坑旁再挖一个专门放置随葬器物的小坑。所以从埋葬习俗来说也反映出东西之间的地方性差异，而北首岭是属于渭河中游的群体的。

四　小结

北首岭遗址的地层关系相当复杂，房屋遗迹和墓葬之间又有众多的叠压打破

---

〔1〕　甘肃省博物馆文物工作队：《甘肃秦安大地湾遗址 1978 至 1982 年发掘的主要收获》，《文物》1983 年第 11 期。

〔2〕　甘肃省博物馆大地湾发掘小组：《甘肃秦安王家阴洼仰韶文化遗址的发掘》，《考古与文物》1984 年第 2 期。

〔3〕　陕西省社会科学院考古研究所泾水队：《陕西邠县下孟村仰韶文化遗址续掘简报》，《考古》1962 年第 6 期。

关系，不像发掘报告所叙述的上中下三层那样简单，根据简单化方法凑成的三层而划分的文化期，自然会发生不少的混乱。

从实际的地层关系（特别是那些地层单位的叠压打破关系和器物共存关系）出发，仔细分析各地层单位中的出土器物，尽可能地进行类型学的排比，使我们对北首岭新石器遗存的分期和每期的文化特征有了新的认识。

北首岭的早期遗存是以圈足碗、假圈足碗、圜底钵、三足罐等组成的陶器群为特征的，属于老官台文化。发掘报告把一些明显属于仰韶文化的器物及其所属单位划归早期，从而把早期文化描述成为既不像老官台文化，又不像仰韶文化半坡类型的一种特殊的文化类型，并由此提出北首岭下层类型的名称。现在知道并不存在这样的文化类型。

北首岭中期文化很明显属于仰韶文化的半坡类型，它是北首岭的主要遗存，遗址中90%以上的房屋基址和墓葬都属于这一时期。从这一角度来说，北首岭遗址乃是半坡类型的典型遗址之一。

根据墓葬的叠压打破关系和陶器形制、组合的变化，可将北首岭中期分为前后两段。前段的陶器以Ⅱ式直腹小平底罐，Ⅰ式钵，Ⅰ、Ⅱ式壶和Ⅰ、Ⅱ式瓶等为特征，年代约当姜寨一期和半坡早期前段，部分遗存可能稍稍偏早。从总体看应属半坡类型的早期，并具有渭河中游的地方特色。中期后段的陶器以Ⅴ式鼓腹小平底罐，Ⅱ式钵，Ⅲ式瓶，Ⅲ、Ⅴ式壶和ⅩⅢ式壶（葫芦形瓶）为特征，年代略早于史家和王家阴注。从总体看可能归于半坡类型中期或晚期的偏早阶段，这要对半坡类型进行全面的分期研究以后才能确定。

北首岭发现的50座房屋基址，除1座可能属于中期前段，2~3座可能属于晚期以外，其余40多座都是属于中期后段的，其建筑形式十分划一，布局大体呈一椭圆形。中间有广场，北、西、南三面的房子都面向中央广场，东边的房子可能被金陵河冲垮了无法知晓，墓葬则集中在居住区的南侧。这一布局虽不及姜寨一期那样完整，却是姜寨一期之后最好的一个典型，对于研究当时的社会形态具有重要意义。

北首岭晚期资料甚少，可以确定的大约只有两三座房基和一两座瓮棺葬，而遗物内涵并不单纯，大约相当于仰韶文化的庙底沟期和少量更晚一些的遗存。北首岭发掘报告把大量中期遗存并入晚期，并把它归入半坡晚期类型的较早阶段，显然是一种失误。这一失误不仅来自对北首岭遗存的错误分期，也是由于对半坡晚期资料未加分析，因而对半坡晚期类型缺乏正确认识所致。

1986 年 10 月

[原载《仰韶文化研究》（增订本），文物出版社，2009 年]

论半坡类型和庙底沟类型

一

仰韶文化可以划分为许多类型，其中最早提出并且研究较多的就是半坡类型和庙底沟类型，但是直到目前为止，究竟什么是半坡类型和庙底沟类型，它们两者的关系怎样，并没有取得一致的意见。

什么是半坡类型呢？开始是指"以西安半坡为代表"的仰韶遗存，它与庙底沟的主要区别"是前者彩陶数量较少，花纹比较简单，圜底的陶钵十分普遍；后一种则彩陶数量多，花纹复杂，不见圜底钵，但深腹曲壁的碗、盆十分普遍"[1]。现在看来，这一提法未免过于简略，而且要做必要的澄清。

以西安半坡为代表吗？半坡遗址很不单纯。所谓圜底钵十分普遍云云，仅仅是早期的现象。所以我们曾经提出半坡类型只宜以半坡早期为代表，而不应包括晚期的因素[2]。苏秉琦先生也曾指出，半坡遗址的最上层或最晚期，同庙底沟类型、泉护二期和庙底沟二期等文化的关系，多于它同半坡类型的关系，不宜算作半坡类型的一部分[3]。进一步的分析表明，半坡的仰韶遗存至少应分为三期[4]；它的晚期与西王仰韶晚期大体相当，无论从年代上还是从文化性质上来看，都与通常意义的半坡类型大不相同；中期彩陶花纹比较复杂，多深腹曲壁的碗、盆，没有圜底钵，其特征与庙底沟一期十分相似；只有早期才是彩陶花纹比较简单，圜底钵十分普遍，大体上符合最初为半坡类型所概括的基本特征。这期遗存在半坡遗址中也是最丰富的，包括全部墓葬（土坑墓和瓮棺葬均是）、绝大多数的房屋遗迹和多数出土遗物。因此半坡类型应当以半坡早期为代表，不要笼统地以整个遗址为代表。

---

[1]   安志敏：《试论黄河流域新石器时代文化》，《考古》1959 年第 10 期。
[2]   张忠培、严文明：《三里桥仰韶遗存的性质与年代》注⑩，《考古》1964 年第 6 期。
[3]   苏秉琦：《关于仰韶文化的若干问题》，《考古学报》1965 年第 1 期。
[4]   严文明：《半坡仰韶文化的分期与类型问题》，《考古》1977 年第 3 期。

半坡早期的基本特征如下。

（1）陶器绝大多数为红色，少数为灰褐色，手制，有些口沿经过慢轮修整。

（2）造型以平底器为最多，次为圜底器和尖底器，除个别鼎的残片可能属于早期外，基本上不见三足器和圈足器。一般无嘴、无流、无把，只有尖底瓶有竖耳，尖底罐有泥突，有些泥质罐有小鼻。

（3）主要陶器有钵、盆、瓶、罐、瓮五类，其中钵有平底和圜底两种，均为直口圆腹；盆有折壁深腹和圆壁浅腹两种，均为窄缘并略向外卷，多数圜底，少部分为小平底；瓶以杯形口尖底者为多，也有少数葫芦形的；罐有泥质和夹砂两大类，多为侈口鼓腹平底者；瓮也都是侈口鼓腹平底，只有个别是直口的。除此之外，还有少数大头细颈壶、尖底罐和盂等。

（4）多数陶器有纹饰，以绳纹为主，其次为弦纹、锥刺纹和彩纹。

（5）彩陶都是用黑彩直接施于原色地子上，以外部和缘面画彩为主，有些浅腹盆有内彩。动物花纹比较发达，以鱼纹为主，次为人面纹、山羊纹和鸟纹；图案花纹以宽带纹为主，次为三角纹、斜线纹、菱形纹、梭形纹、辫形纹、细腰纹和波折纹等，基本上是由直线或直边的三角、方块、长条等组成的，很少使用曲线，显得特别规整。

（6）生产工具有石器，并有相当多的骨器、陶器和用陶片改制的器物。打制石器数量相当多，但从种类来说，磨制石器则较单纯打制的为多，往往只磨刃部，很少穿孔。主要器物是剖面椭圆的斜刃斧。

（7）骨器主要为镞、鱼叉和鱼钩，陶片改制的器物主要是锉。陶器中有一种粗面锉形器，很富特色。

（8）房屋有两大类，一为地穴式方形窝棚，一为半地穴或平地起建的圆形小屋，两者居住面积多在 15～20 平方米之间。另外还有一座有矮墙的方形大屋，面积约为 120 平方米[1]。

（9）成年死者有公共墓地，多数头朝西或北偏西，单人仰身直肢葬为主，也有两人或四人的同性合葬，还有少数二次葬、屈肢葬和俯身葬。随葬器物以钵、小口尖底瓶和夹砂罐为最常见。

（10）早夭的婴儿实行瓮棺葬，葬地与成人墓地分开，多集中于居住区的边缘。葬具为侈口鼓腹绳纹瓮，上面覆盖浅盆或圜底钵等。

与半坡早期的文化特征基本相同的遗址主要分布在陕西中部的关中平原，如

---

〔1〕　即 F1，发掘报告列为晚期建筑，但所发表的出土物都是早期的；且其结构与临潼姜寨早期的大房子基本相同，不像是晚期的房子。

华阴横阵村、华县元君庙、渭南史家、合阳莘野村、临潼姜寨、长安五楼、彬县下孟村和宝鸡北首岭等处。这些遗址的面积较大，堆积丰富，分布也比较密集。中国科学院考古研究所 1957 年秋在长安、户县调查的 45 处仰韶文化遗址中，大部分是属于半坡类型的。甘肃东部的天水柴家坪、礼县寨子里、秦安五营及平凉苏家台等处，也发现有同一类型的遗存。

　　此外在潼关以东的晋南和豫西地区，也有一些类似半坡早期的遗址，如芮城东庄村、永济金盛庄、万荣刘村、襄汾赵康村、陕县三里桥一期、洛阳王湾一期、偃师汤泉沟、淅川下集和下王岗早一期等。如果仔细分析，它们同关中地区的半坡类型还是有不少区别的（图一）。

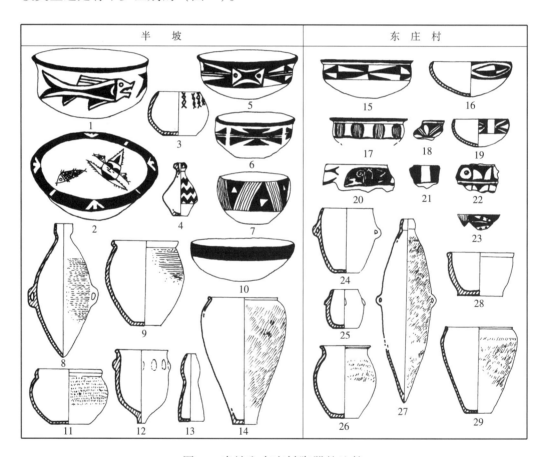

图一　半坡和东庄村陶器的比较

半　坡：1. 大脏土坑　2. W18：1　3. M48：6　4. M39：10　5、8、9. 采集　6. T1（3）　7. M108：7
　　　　10. M86：1　11. M160：1　12. T1（3）：11　13. M102：1　14. W18：2
东庄村：15. H104：4：11　16. H104：2：16　17. H104：4：18　18. H104：1：01　19. H129：3：8
　　　　20. H115：2：51　21. H104：2：017　22. H104：4：04　23. H106：1：021　24. H113：1：3
　　　　25. H115：2：17　26. H113：1：1　27. H113：1：7　28. H115：4：32　29. H104：4：10

（1）关中的陶器多饰绳纹、重叠的弦纹和锥刺纹，关东虽也有这些纹饰，但数量很少，大部分是素面陶。

（2）关中常见的葫芦形瓶和大口尖底罐基本上不见于关东地区，相反关中极罕见的陶鼎在关东倒是比较普遍，晋南所见的双耳罐和类似陶仓的镂孔柱状器也是不见于关中地区的。

（3）关中的小口尖底瓶比较粗短，比高（即通高与最大腹径之比）一般不超过2，而关东的东庄村、王湾和下集等处所出的尖底瓶都比较瘦长，比高往往在3以上。

（4）关中多动物花纹，关东很少；关中有人面纹、蛙纹、鸟纹和山羊纹，关东未见；反之在关东所见的豆荚纹等也不见于关中地区。

（5）关中骨器和陶质工具甚多，关东这些东西所占比例较小。

（6）关东王湾的房子是平地起建，并用石头做墙基，东庄村是平地或很浅的半地穴小屋，式样和建筑方法都与关中的房屋不同。

（7）关中的合葬墓的葬式多为仰身直肢（包括一次葬和二次葬的），关东则将许多人的骨骼堆在一起，与后冈类型的葬法相同；关中瓮棺葬用侈口鼓腹绳纹瓮做葬具，关东常用素面罐，在下集还有用小口尖底瓶的。

上述差别的形成，可能与文化传统、部落迁移和其他文化类型的影响有关。关中平原本是老官台文化的分布区域，半坡类型既是从老官台文化发展而来，自然也会以关中平原作为其活动的中心，这就是为什么那里的遗址较大、较丰富，分布也较密集。

不过，半坡类型的居民并没有把自己活动的范围局限在祖先的领地上，为着发展生产，必定会有一部分人向四周迁移，去开辟农田，建立新居。沿着渭河和泾河向上游发展的，因为没有遇到其他农业文化，很少受到外来影响，所以文化面貌基本上保持了中心地区的特色。越过潼关向东面发展的，可能与当地居民一道继承某些磁山文化的传统，甚至接受一部分来自后冈类型的影响，文化面貌因而与老家不大相同。果真如此，那么典型的半坡类型就只宜包括关中和甘肃东部，即整个的渭河流域；而关东地区的类似半坡早期的遗存则应另立为新的地方类型。除此之外，在湖北郧县大寺和黄河河套的东段，包括内蒙古的托克托、清水河、陕西府谷和山西保德等地，也发现过一些类似半坡类型的遗存，由于调查资料很不充分，目前还难以确定它们是另外的地方类型，还是仅仅受到半坡类型的影响。

二

庙底沟的仰韶遗存是否单纯，是否属于同一类型，乃至庙底沟类型一名是否能够成立，都是有过异议的。尽管如此，绝大多数同志还是认为存在着一个不同于半坡类型的庙底沟类型，庙底沟遗址就是这个类型的代表。不错，庙底沟的仰韶遗存不是同一时期的，可以分为两期三段；但差别不大，前后衔接紧密，基本的文化面貌是一致的，应当视为同一类型的遗存。其基本特征如下。

（1）陶器以红色为主，次为灰陶或褐陶，并有个别黑陶。手制，口沿常经慢轮修整。

（2）造型以平底器为主，其次为尖底器。与半坡类型相比，圜底器显著减少，三足器略有增加，并新出现了圈足器。有些器物有流、鸡冠耳或竖耳。

（3）陶器种类主要有曲腹平底碗、敛口钵、卷缘曲腹盆、环形口尖底瓶、小口平底瓶、圜底釜、盆形甑、盆形灶、夹砂罐、泥质罐、敛口瓮、大口缸和颜料杯等，还有少数釜形鼎、矮圈足豆和盂形器。

（4）纹饰比较发达，主要有绳纹、线纹和弦纹，还有少数横篮纹和附加堆纹。

（5）彩陶较半坡类型为多，均饰于器物外部或缘面，一般为黑色，个别的用红色或黑、红二色，后者于上色前往往加一层白色陶衣，很是美观。动物花纹很少，仅见蛙纹和一件似鸟纹者；装饰性图案花纹却相当发达，主要有回旋勾连纹、垂弧纹、凸弧纹、豆荚纹、花瓣纹、窄带纹、网格纹等，还有少量羽状纹、三角纹、圆点纹和横"X"纹等。构图多用曲线或曲边的三角、新月和圆点等，除用轴对称外，还采用中心对称的方式，一气呵成，显得圆润流畅，活泼生动。

（6）生产工具以石器为主，骨器和陶质工具远不如半坡早期那样多。石器磨制和穿孔的数量均较半坡为多，除斧、锛、凿等手工工具外，还有很多大型石铲和锛，后者有些是长方形穿孔的。

（7）房屋为长方形半地穴式，周围立柱，有斜坡形门道和很深的圆形灶坑，两座的面积分别为 30 平方米和 45 平方米，大于半坡类型的方形窝棚。

与庙底沟仰韶遗存相似的遗址是非常多的，分布的面积很大，各地的文化面貌也不完全一致。至于究竟哪些算是庙底沟类型，哪些不是而仅仅接受了一些庙底沟类型的影响，还存在着不同的看法。比较各地的文化特征，最接近于庙底沟的是在晋西南和豫西的三门峡地区，如山西夏县西阴村、芮城西王村、大禹渡、万荣荆村、垣曲下马村、襄汾寺头村、洪赵道觉村和潞安合室村等，以及河南陕县三里桥仰韶二期和灵宝南万村等处都是，东庄村也有很少一部分遗存与庙底沟相同。它们应当是典型的庙底沟类型遗址。

陕西和甘肃有大量接近于庙底沟的遗址，如陕西华阴西关堡、华县泉护村一期、西安客省庄一期、半坡中期、长安马王村、岐山王家咀、武功游凤、彬县下孟村、宝鸡北首岭上层，以及甘肃的天水罗家沟、甘谷渭水峪、武山西坪、渭源寺坪和临洮马家窑等处，总数约有三四百处。这些遗址的文化面貌非常接近，而与三门峡地区的不大相同。如泥质大口缸数目较多而敛口瓮很少，鼎极罕见，碗、钵类腹壁曲度较缓，夹砂罐比较瘦高；尖底瓶比较粗短，无亚腰，而庙底沟有些尖底瓶略见亚腰；平底瓶比三门峡地区多，一般为杯形口，有双耳，而庙底沟有环形口和无耳的；彩陶中有很多鸟纹，并都画成侧视图，不像大禹渡和庙底沟那样画成展翅飞翔的样子；回旋勾连纹很发达，次为垂弧纹、花蕾纹和花瓣纹，三门峡地区流行的凸弧纹、横"X"纹、羽状纹等在陕西、甘肃都不大容易见到，窄带纹和网格纹也不及庙底沟那样普遍。由于这些差别大多表现在细部，所以一般仍把这些遗址归入庙底沟类型，但若从文化传统考虑，也不妨另立为新的类型。

三门峡以东的伊洛—郑州地区同样有许多接近于庙底沟的遗址，如渑池仰韶村，洛阳王湾、孙旗屯，偃师高崖、苗湾，宜阳水沟庙，洛宁西王村，伊川土门，鲁山邱公城，郑州大河村和后庄王等处都是。它们与庙底沟的不同之处在于：常见直筒深腹缸（即所谓"伊川缸"）而不见泥质大口缸；陶鼎较多；尖底瓶有两种，一种接近于庙底沟者，另一种特别修长，且往往有亚腰和双耳。陶器纹饰很不发达，以素面无纹的为主；彩陶也不如庙底沟那样多，主要是回旋勾连纹，还有少数窄带纹、垂弧纹和花瓣纹等，未见动物花纹。房屋多平地起建，有些用挖沟筑墙的方法。墓葬多为长方土坑，很少有随葬品；婴儿则往往用尖底瓶或直筒深腹缸作为葬具，有些成人二次葬也用直筒缸作为葬具。由于有这样一些特点，有的同志主张把它们从庙底沟类型中划分出去。但这些遗址与庙底沟的不同多数仍然表现在细节方面，同时又存在着许多共同之处，看来把它们当作庙底沟类型并不是最合适的，似乎也应视为一个新的类型。

在河南西南部的南召二郎岗、淅川下集、下王岗早二期和镇平赵湾等处，也有类似于庙底沟的仰韶遗存，同时又具有明显的地方特色。如常见带小斗的彩陶簋，陶鼎甚多而尖底瓶很少，未见缸形器等；彩陶常施陶衣，以红衣黑彩为多，也有灰衣红彩，白衣黑彩和白衣黑、红二色彩的；花纹中以变体的回旋勾连纹为多，也有窄带纹、豆荚纹和花瓣纹等，未见动物花纹。婴儿埋葬有用尖底瓶的，也有用夹砂罐的。

此外，在山西北部和内蒙古南部的河套地区，也发现过一些类似庙底沟的仰韶文化遗址。

看来在庙底沟类型的时期，各地区之间文化面貌的差别是不容忽视的一个问题。如果把三门峡地区的作为典型的庙底沟类型遗存，那么西边的渭河流域，东边的伊洛—郑州地区，南边的南阳地区和北边的河套地区都可视为庙底沟期的地方类型。这里应当注意的是，不要以为这些地方类型纯粹是派生的，它们的情况各不相同。如果从遗址的规模、密集程度、传播方向及其与半坡类型的联系等各方面来看，毋宁把关中看成最中心的地区，三门峡地区接受关中的影响要多于关中接受三门峡的影响。伊洛—郑州地区、南阳地区和河套地区虽然接受三门峡和关中的影响较多，但它们也还有自己的文化传统以及其他方面的一些因素。庙底沟类型及同期的各个地方类型之间，既是互相联系的，又是各有特色的，不能把它们混为一谈。

三

如上所述，典型的半坡类型遗址分布在渭河流域，典型的庙底沟类型遗址分布在三门峡地区。二者分布范围不同，文化面貌不同，又都属于仰韶文化，乍看起来很像是同时并存的两个地方类型，但实际情况并非如此。

首先，从地层关系来看，半坡类型都是被类似于庙底沟类型的遗存所叠压或打破的。

在半坡，T1②层叠压③、④两层。前者出回旋勾连纹陶片，与庙底沟者别无二致；后者出尖底罐、折腹盆、鱼纹和三角纹彩陶片等，都是半坡类型的典型因素。

在姜寨，有局部的叠压和大量打破关系证明类似庙底沟类型的遗存晚于半坡类型[1]。

在下孟村，又是类似庙底沟类型的灰坑 H14 打破了半坡类型的房子 F3，F3 压着三个灰坑，其中 H31 又打破 H32，这三个灰坑也都是半坡类型的。

最后在北首岭，还是类似庙底沟类型的遗存叠压着半坡类型[2]。

这四处遗址所在的地方既是半坡类型的中心，也是庙底沟类型时期文化发展的一个中心，尤其是半坡中期、下孟 H14 和北首岭上层所出的器物，如小口尖底瓶为双唇，大口缸为圆肩，敛口钵下腹斜收，有的还有鸡冠耳，以及回旋勾连纹结构简单而紧凑等等，都和庙底沟仰韶第一期的特征基本相同，按照庙底沟类型本身的分期标准都是较早的；而下孟的地层关系表明 F3 并不是半坡类型中最早

---

〔1〕　西安半坡博物馆：《临潼姜寨新石器时代遗址的新发现》，《文物》1975 年第 8 期。

〔2〕　中国社会科学院考古研究所宝鸡工作队：《一九七七年宝鸡北首岭遗址发掘简报》，《考古》1979 年第 2 期。简报说到北首岭中层与半坡早期相当，即半坡类型；上层属本遗址的仰韶晚期。从发表的器物看，上层出双唇小口瓶、大口缸、唇部很厚的绳纹罐、敛口钵和有鸡冠耳的敛口钵等，都与泉护一期相同，和庙底沟类型非常相似。

的，这就证明半坡类型早于庙底沟类型。二者不但不是同时的，甚至在年代上部分的交叉也没有。

其次，典型的庙底沟类型遗存是打破与半坡类型相似的遗存的，东庄村的情况就是如此[1]。那里有一组 Y202 打破 H216 的地层关系，前者出网格纹彩陶，是庙底沟类型中常见之物；后者出豆荚纹彩陶，荚中画出两粒豆子。这种豆荚纹在东庄村为数甚多，并与鱼纹、宽带纹、圜底钵等共存，当属于半坡类型时期的一种遗存。

在东庄村存在着庙底沟类型的遗存一事需要做些说明。那里除 Y202：1：09 的网格纹彩陶外，还有 T213：5：014 和 T125：4：07 的花瓣纹和庙底沟的 H43：37 等基本相同；T124：3：1 的小口瓶与西王 H26：1：2 比较接近；T209：5：1 的彩陶碗形制与花纹都和西王 H31：3：7 基本相同。所有这些因素都不与相当于半坡类型的因素共存，反之倒有地层上的先后关系，自应从其余遗存中划分出来，作为庙底沟类型的组成部分。

东庄村的绝大部分遗存是与半坡类型接近的，如杯形口尖底瓶、圜底钵、窄缘圜底盆和彩陶花纹中的鱼纹、菱形纹等。与这些因素共存的还有一些于半坡不见而接近于庙底沟最早遗存的东西，如有些钵口部稍稍内敛，很接近于庙底沟的 AⅠ碗；有些盆腹部圆曲，也较接近于庙底沟的卷缘曲腹盆；有些小口瓶的口部明显变矮，已很接近庙底沟早期的双唇口；彩陶中已出现豆荚纹和花瓣纹，只是豆荚中有两三粒豆子，花瓣也不大规整，与庙底沟的同类花纹仍然有别。这些因素既接近于庙底沟类型的早期而又有所不同，正好说明了庙底沟类型不是凭空出现，而是在以东庄村为代表的类似半坡类型的文化遗存的基础上发展起来的。

最后，庙底沟期的一些地方类型也叠压或打破半坡期的地方类型。

王湾一期的前半是类似半坡类型的遗存，后半是类似庙底沟类型的遗存[2]，二者有明确的地层关系。那里有一座房子 F15 因失火而倒塌，揭开已成红烧土面的房盖，发现有两个杯形口尖底瓶，一个圜底钵，一个窄缘浅腹盆，一个侈口鼓腹夹砂罐和一个足呈椭圆锥形的圜底鼎，这些器物都与半坡早期或东庄村接近，当是属于同一时期的遗存。这座房被三个尖底瓶葬所打破，M335 打破西部，

〔1〕　中国科学院考古研究所山西工作队：《山西芮城东庄村和西王村遗址的发掘》，《考古学报》1973 年第 1 期。

〔2〕　北京大学考古实习队：《洛阳王湾遗址发掘简报》，《考古》1961 年第 4 期。简报将王湾新石器时代文化分为三期：一期为仰韶文化，三期为河南龙山文化，二期的前半为仰韶晚期的秦王寨类型，后半为一种接近于庙底沟二期文化的遗存。

M357 打破东南部，M358 正好切断南墙东段。而这三个尖底瓶都是环形口、双唇、无耳，与庙底沟 A I 瓶相同[1]（图二）。所以这一地层关系应解释为类似庙底沟类型的遗存晚于类似半坡类型的遗存。

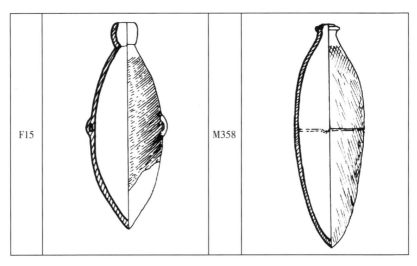

图二　王湾一期两种尖底瓶的比较

　　下王岗也有明确的地层关系并据以分为早一期和早二期[2]，早一期接近于半坡类型，早二期则接近于庙底沟类型，发掘简报中可能把部分早一期的遗存混入了早二期，所以面貌有些模糊。

　　以上是直到目前为止涉及两个类型及相关遗存的全部地层关系，或是半坡类型被类似于庙底沟类型的遗存叠压和打破，或是庙底沟类型打破类似于半坡类型的遗存，或是类似于庙底沟类型的遗存叠压与打破类似于半坡类型的遗存，没有任何一处相反的例子。这说明半坡类型及其相关遗存全都早于庙底沟类型及其相关遗存，它们实质上代表了仰韶文化发展的两个时期，我们可以称之为半坡期和庙底沟期。

　　比照碳–14 年代，也得到了同样的结果。到目前为止，已陆续公布了属于半

───────────

　　[1]　在 F15 的西部还发现有 M332、M333、M334、M344、M345、M346、M355、M356 共八个尖底瓶葬，其葬具形制毫无例外是环形口、双唇、无耳，即庙底沟期尖底瓶的典型特征。其中五个打破了 F15 的室外地面，它们同打破房子的三个尖底瓶葬共同组成王湾一期后段即庙底沟期的一个尖底瓶葬群。

　　[2]　河南省博物馆、长江流域规划办公室文物考古队河南分队：《河南淅川下王岗遗址的试掘》，《文物》1972 年第 10 期。

坡类型的 16 个数据（表一）[1]，属于庙底沟类型及其相关遗存的 7 个数据（表二）。半坡期的 16 个数据涉及 4 个地点，其中 15 个数据依次接近。按半衰期为 5730 ± 40 年计算，都在 3440 ± 100BC 和 4190 ± 120BC 之间。只有史家 M43 人骨的年代偏晚，比 15 个中最晚的一个还要晚 400 多年。庙底沟期的 7 个标本涉及 5 个地点，其中 6 个数据依次接近。按照同样的计算方法，都在 2715 ± 85BC 和 3280 ± 100BC 之间。只有西关堡 H60 木炭的年代偏晚，比 6 个中最晚的一个晚了将近 300 年。史家 M43 和西关堡 H60 两个标本的年代显然是有问题的。

表一　半坡期标本的碳 - 14 年代

标本号	出土地点和标本	碳 - 14 年代（BC）	真实年代（BC）
ZK498	北首岭 T3F3 木炭	3440 ± 100	4085 ± 140
ZK499	北首岭 T2 ④木炭	3520 ± 100	4170 ± 140
ZK500	北首岭 T2 ④木炭	3715 ± 100	4370 ± 195
ZK501	北首岭 T2 ⑤木炭	3980 ± 120	4640 ± 145
ZK515	北首岭 H3 木炭	3835 ± 100	4495 ± 195
ZK516	北首岭 H6 木炭	4190 ± 120	4840 ± 145
ZK536	北首岭 T1H2 木炭	3810 ± 120	4470 ± 210
ZK38	半坡　木炭	4115 ± 110	4770 ± 135
ZK121	半坡 T1 ⑤木炭	3955 ± 105	4615 ± 130
ZK122	半坡西断崖木炭	3890 ± 105	4550 ± 130
ZK127	半坡 F36 炭化榛子	3635 ± 105	4290 ± 200
ZK148	半坡 T1A 圆屋木炭	3540 ± 160	4190 ± 185
ZK264	姜寨 F17 木柱	3795 ± 140	4455 ± 220
ZK265	姜寨 F14 木橼	3885 ± 170	4545 ± 180
BK7704	姜寨 F29 炭化木橼	4020 ± 110	4675 ± 135
ZK453 - 0	史家 M43 人骨	4350 ± 100	3660 ± 125

[1]　这 16 个数据中包括 ZK127 炭化榛子的测定结果。其出土单位按原号为 F3K42，《西安半坡》将其列为早期遗迹。后经查对原始记录，将编号改为 F36K48，并认为属于半坡晚期（安志敏：《略论我国新石器时代文化的年代问题》，《考古》1972 年第 6 期，37 页）。这里存在着两个疑问：第一，F36 的房屋结构与半坡早期其他房屋结构基本一致，与半坡晚期的 F24、F25 等平地起建的房子很不相同；第二，半坡和西王的地层证明，半坡晚期比庙底沟期晚，比半坡期更晚，而 ZK127 的年代正好落在半坡期的范围之中，可见这件标本应属半坡早期的遗物，或者是因某种原因混到晚期房子中去了，或者 F36 本身就是早期的房子也未可知。

表二　庙底沟期标本的碳 – 14 年代

标本号	出土地点和标本	碳 – 14 年代（BC）	真实年代（BC）
ZK110	庙底沟 H333 木炭	3280 ± 100	3910 ± 125
ZK112	庙底沟 H324 木炭	2955 ± 170	3550 ± 180
ZK144	王湾 H421 木炭	2820 ± 120	3390 ± 150
BK76003	大河村 T21⑧木炭	2850 ± 90	3425 ± 130
ZK115	西关堡 H60 木炭	2460 ± 120	2960 ± 200
ZK116	西关堡 H62 木炭	2715 ± 120	3265 ± 150
ZK	北首岭 T1③骨头	3175 ± 85	3795 ± 110

　　说明：1. 以上两表碳 – 14 年代按半衰期为 5730 ± 40 年计算；2. 真实年代是根据 P. E. Damon 等在 1972 年国际放射性碳素会议上提出的树轮校正表求得的。

　　用碳 – 14 方法断代有其相对准确的一面，在大多数情况下所获得的数据是可靠的；但不要忽视还有许多原因导致误差，而有些误差很难找到其真实的原因。最初参加过 W. 利比创建碳 – 14 断代方法的 F. 伦内对此深有感触，认为要获得比较可信的年代，测量的标本最好要多一些。假如有 4 个标本的年代相近而第 5 个距离很远，那就应当肯定前四者的年代是可靠的，而后一个的年代有误，应予以抛弃[1]。因此，我们只能相信半坡期的 15 个和庙底沟期的 6 个数据。由此得出的年代经过树轮校正和必要的调整，半坡期大约为公元前 4900 ~ 前 4000 年，庙底沟期大约为公元前 4000 ~ 前 3300 年，与地层关系分析的结果完全一致。

四

　　庙底沟期不但比半坡期晚，经济文化的发展水平也比半坡期为高。碳 – 14 年代表明庙底沟期延续的时间不如半坡期长，但除关中地区外，庙底沟期的遗址却比半坡期多得多，分布范围比较广（图三），堆积也远为丰厚，说明庙底沟期的经济文化发展水平确实是高于半坡期的。

　　庙底沟期的生产工具比半坡期有所改进，石器磨制和穿孔的比例也有所提高，用陶片改制的工具已大大减少，骨器也有所减少，从而相对地提高了比较耐用的石器工具的比重。

---

〔1〕　Froelich Rainey, 1974. Science and Archaeology. *Archaeology*, 27（1）.

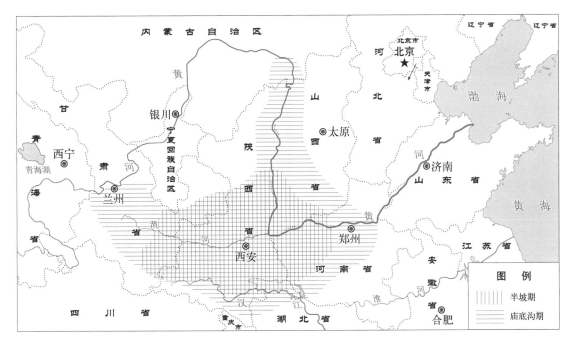

图三　半坡期和庙底沟期遗址分布示意图

庙底沟期的农业工具有显著改进，数量也有很大地增加。例如石铲在半坡期仅有少量标本，制作粗糙；庙底沟期就相当普遍，单是庙底沟一处就发现完整器和残块 130 多件，并且磨制很好。半坡期的石锛、陶锛等为数很少，并且都是打制的；庙底沟期大量增加，仅庙底沟一处就有石锛、陶锛各 100 件，比半坡期各遗址发现的总和还要多得多。而且其中不少是磨制穿孔的长方形锛，显然比单纯打制的好用得多。

庙底沟期的陶器较半坡期复杂，例如炊器除夹砂罐和鼎外，还有釜、甑、灶等配合使用的成套设备，特别是甑的应用，乃是以谷物为主要食物的人民的一个重要发明。其他还有少数器物带流，有的簋旁附一小斗，都是在半坡期所不见的。

庙底沟期的彩陶数量较多，有些在白衣上施红、黑二色彩，对比强烈，色彩绚丽。花纹多用曲线，显得活泼流畅；不像半坡期那样呆板和甚至存在人面纹等神秘的宗教色彩。

庙底沟期的方形房屋从平面结构看很像是从半坡类型的方形窝棚发展起来的，但地穴较浅，周壁立柱，成了有墙壁的建筑，比起窝棚当然是一个进步。至于伊洛—郑州地区，在半坡期就有平地起建的房屋，到庙底沟期则在此基础上又发展了挖槽筑墙的技术，那里的传统同关中和三门峡地区有所不同。

埋葬制度也有很大变化。半坡期的一个显著特点是普遍地实行不分男女老幼的多人二次合葬和同性合葬，只是在比例上有多有少；庙底沟期则基本上是单人葬，只有边远地区如下王岗才有些合葬。这是一个值得重视和研究的课题。

五

半坡期和庙底沟期既是仰韶文化先后相继的两个发展阶段，庙底沟期当然就是在半坡期的基础上发展起来的。但这并不意味着外部影响在整个过程中没有发生任何作用，更不意味着各地方类型都是从当地独立地发展起来的。例如长方形带狭长门道的房屋在半坡期只是关中地区流行的形式，到庙底沟期发展为周壁立柱的房屋，分布范围扩展到了河南西部。再如尖底瓶葬在半坡期只见于河南南阳地区，到庙底沟期则遍布于整个伊洛—郑州地区，最西在陕西泉护也曾发现了个别的例子。

陶器的情形更是如此。例如釜、灶本是河北南部的后冈类型的产物，到庙底沟期几乎为整个仰韶文化的居民所采用。尖底瓶在半坡期以潼关为界，关中的个体粗短，关东的比较瘦长；到庙底沟期整个仰韶文化的地区都有比较粗短的尖底瓶，而特别瘦长的仅仅在伊洛—郑州地区才有。

半坡期有鸟纹和蛙纹的彩陶限于关中地区，数量很少，到庙底沟期则扩展到了三门峡地区。半坡期的豆荚纹和花瓣纹仅见于三门峡地区，到庙底沟期则扩展到整个仰韶文化地区了。

如果就各种文化因素的整体来看，半坡类型主要是发展为以泉护一期为代表的地方类型，并且向西扩大到了甘肃和青海的交界处。关东半坡期的遗存在发展过程中继续接受关中的影响，同时接受来自东面（后冈类型）和南面（大溪文化）的影响，使得文化本身进一步分化，分成了好几个地方类型。

由此可见，从半坡期到庙底沟期，各地的具体表现是有所不同的。一方面有当地的发展，这是主要的；一方面又有交互影响和外部文化的影响。庙底沟类型同半坡类型的关系，虽不如同关东半坡期的关系那样直接，但也有不少因素是继承半坡类型发展起来的。

[原载《考古与文物》1980 年第 1 期。后收录在《仰韶文化研究》（增订本），文物出版社，2009 年]

略论仰韶文化的起源和发展阶段

一 引言

仰韶文化究竟是怎样起源的？它本身经历了哪些发展阶段？在它起源和发展的过程中，别的原始文化起了什么样的作用？这些问题过去一直为人们所关注，到现在仍然是需要研究的一个重要课题。

瑞典人安特生（J. G. Andersson）首先发表了他在河南渑池仰韶村等遗址调查发掘的初步结果，并提出仰韶文化这一命名，认为它是中华远古之文化。因为它的许多因素和中国商周文化有渊源关系，应是汉族未有文字记载以前的遗存，而仰韶文化的居民自然就是现代汉族的远祖[1]。不过他对仰韶文化中的彩陶尚不能做出肯定的解释。他认为这些彩陶与中亚和东欧的彩陶有相似之处，乍看有同出一源之感。但何处为源，又向何方传播，他并未妄加推测，而且他还说到即使花纹样式相似，也未尝不可以是各自独立创作的，他的这种观点和实事求是的态度是值得赞许的。不论怎样，仰韶文化的发现这一事实本身，给中国原始历史的研究揭开了崭新的一页。在此以前，人们对于中国石器时代的遗存仅有极零星的知识，个别西方学者甚至断言中国根本就没有石器时代[2]，有些人则硬说中国古代文化乃至人种都是从西方传播和迁移过来的[3]。现在这些说法已经不攻自破了。

不过，安特生早先的正确见解不久就发生了动摇，后来因阿尔纳（T. J. Arne）

---

[1] J. G. Andersson, 1923. An Early Chinese Culture. *Bulletin of the Geological Survey of China*, No. 5.

[2] 例如美国人劳弗尔在其所著《中国古玉考》（P. Laufer, 1912 *Chinese Jade*）中就是这样说的。

[3] 例如俄人罗斯托夫采夫（М. И. Ростовцев）主张中国文化来自西亚，美人彭培利（R. Pumpelly）认为中国文化来自中亚，英人列格（J. Legge）认为中国人种来自高加索，法人哥布伦（A. de Gobluen）以为中国人种来自印度等。

等的研究〔1〕，更加促使他改变观点。他在 1923～1924 年到甘肃、青海进行广泛调查后，认定中华民族是在铜石并用时代（他认为仰韶文化属于这一时代）从新疆迁入黄河河谷的，新疆是中国人种和远古文化的发祥地，而新疆远古文化又是在中亚和西亚文化的影响之下产生的，这就是所谓"仰韶文化西来说"〔2〕。

安特生自知西来说并没有什么确实的证据，不过是一种理论上的推测。而很多人对他的推测持怀疑态度。例如瑞典汉学家高本汉（B. Karlgren）就不同意他的说法，他认为中原的河南省是中国远古文化发生地，并向周围地区传布其影响，其到达甘肃者，将西来之某种文化同化，从而发展了当地的彩陶文化〔3〕。日本考古学家滨田耕作也表达了类似的观点〔4〕。

我国考古学家梁思永 1930 年指出山西夏县西阴村和河南渑池仰韶村的遗存较甘肃仰韶文化为早，1933 年又指出河南安阳后冈的仰韶遗存早于仰韶村的，而仰韶村又早于甘肃的，都是与西来说相抵触的〔5〕。尹达从 20 世纪 30 年代开始所写的一系列有关仰韶文化的文章，也都是反对西来说的〔6〕。

安特生离开中国后，仍然关注着新的考古发现和中国学者的研究成果，并不止一次地检查自己的工作是否有失。到晚年时终于感到有必要重新考虑自己的观点，认为仰韶文化也许有起源于中国本土的可能，并深有感触地说："当我们欧洲人在不知轻重和缺乏正确观点的优越感的偏见影响下，谈论甚么把一种优越文化带给中国的统治民族的时候，那就不仅是没有根据的，而且也是丢脸的。"〔7〕

我国的考古工作者们知道，要把仰韶文化的起源和发展道路搞清楚，并不单纯是一个理论问题，还必须有大量的科学资料，要进行艰苦的田野考古工作。早在 1951 年，中国科学院考古研究所就组织河南调查团，重新调查了仰韶村及其附近的遗址。同年又在郑州附近的成皋、广武区进行调查，在青台第一次发现了仰韶文化遗存本身分期的地层证据〔8〕。从 1954 年起，开始对仰韶文化遗址进行一

〔1〕　T. J. Arne. 1925. Painted Stone Age Pottery from the Province of Honan, China. *Palaeontologia Sinica*, Ser. D, Vol. 1, Fasc. 2.

〔2〕　J. G. Andersson, 1925. Preliminary Report on Archaeological Research in Kansu. *Memoirs of the Geological Survey of China*, Ser. A, No. 6.

〔3〕　B. Karlgren. Andersson's Arkeologiska Studier i Kina. *Litteris*, Vol. 1, No. 2.

〔4〕　滨田耕作：《东亚文明之黎明》，上海，1932 年，31 页。

〔5〕　梁思永：《梁思永考古论文集》，科学出版社，1959 年，1～49、91～98 页。

〔6〕　尹达：《新石器时代》，生活·读书·新知三联书店，1979 年。

〔7〕　J. G. Andersson, 1943. Researches into the Prehistory of the Chinese. *The Museum of Far Eastern Antiquities*, *Bulletin*, No. 15, p. 291.

〔8〕　夏鼐：《河南成皋广武区考古记略》，《科学通报》第 2 卷第 7 期，1951 年。

系列大规模的发掘。例如 1954～1957 年陕西西安半坡的发掘，1956～1957 年河南陕县庙底沟与三里桥的发掘，1958～1959 年陕西华阴横阵村和华县元君庙、泉护村的发掘，1958～1960 年和 1977～1978 年宝鸡北首岭的发掘，1959～1960 年河南洛阳王湾的发掘，1958 和 1960 年山西芮城东庄村与西王村的发掘，1971～1972 年河南淅川下王岗的发掘，1972～1975 年郑州大河村的发掘，1972～1979 年陕西临潼姜寨的发掘和 1978～1983 年甘肃秦安大地湾的发掘等，都是很大规模的工作。其中任何一处的发掘面积，都超过中华人民共和国成立前所有仰韶文化遗址发掘面积的总和。至于较小规模发掘的遗址，数目还要多许多倍。与此同时，在河南、河北、陕西、山西、甘肃和内蒙古等省区还进行了广泛的调查，至今发现的仰韶文化遗址，总数已达 2000 多处。不言而喻，由于这样大规模的田野工作提供了极其丰富的地层证据和实物资料，遂使关于仰韶文化起源和分期的研究有了全新的基础。

从 20 世纪 50 年代后期开始，依据黄河水库区考古的实际资料，把仰韶文化区分为半坡类型和庙底沟类型[1]，这实际上是对仰韶文化进行分期的一种尝试。1962 年，杨建芳全面讨论了仰韶文化的类型和分期，认为可分为两期五个类型[2]。此后就关于如何划分类型，整个仰韶文化究竟该划分为几个类型，以及各个类型孰早孰晚、是否有相互承袭或影响等问题，展开了热烈的讨论。对于个别典型遗址的分期，如庙底沟与三里桥、半坡和陕西彬县下孟村等，也进行过一些研究。1965 年，苏秉琦总结此前的工作，对仰韶文化的类型、分期、社会性质及其与相邻原始文化的关系等问题进行了全面的探讨[3]。

在 20 世纪 60 年代中期以前，我们对仰韶文化的研究重点放在分期、类型和社会性质的探讨上，对它的起源谈论较少。但就从分期和类型划分上也可反映出一种倾向，即认为仰韶文化应是当地起源的，很少有外来的可能。国外一些关注中国考古学发展的学者也多趋向于这一观点，只有苏联的瓦西里耶夫是个例外。他从 1964 年起连续发表论文和专著，企图恢复早已过时的"仰韶文化西来说"[4]。他全然不顾我国考古学家的研究成就，把安特生等过去讲过、而后却已

〔1〕 安志敏：《试论黄河流域新石器时代文化》，《黄河流域原始社会考古研究上的若干问题》，均载《考古》1959 年第 10 期。
〔2〕 杨建芳：《略论仰韶文化和马家窑文化的分期》，《考古学报》1962 年第 1 期。
〔3〕 苏秉琦：《关于仰韶文化的若干问题》，《考古学报》1965 年第 1 期。
〔4〕 Л. С. Васильев, 1964. О рали внешних влияни в возник новении китайской цивилизации. *Народы Азии и Африки*, No, 2；Л. С. Васильев, 1974. Происхождение Древнекитайской Цивильзаци, *Вопросы Истории*, No. 12.

放弃的某些说法捧为最有权威的结论，并且又加以发挥。一会儿说仰韶文化是从中亚和东南欧传播过来的；一会儿说是从克什米尔越过喜马拉雅山跑过来的；一会儿又说是蒙古人接受了西亚、南亚以及东南亚新石器文化的信息，是各种文化潮流错综汇合的结果。这种不确定的说法正好反映他对实际情况的无知，理所当然地遭到各方面的驳斥。

首先驳斥瓦西里耶夫的是苏联考古学家刘克甫，他认为仰韶文化并非外来，也不是文化传播的中心，它同东亚其他农业彩陶文化属于同一经济文化区而非历史民族区[1]。苏联另一考古学家卡施娜也持有类似的观点[2]。我国学者主要分析了瓦西里耶夫立论的主要"根据"马家窑类型，证明他的论据是不能成立的[3]。林寿晋等也曾著文批评新的"仰韶文化西来说"观点[4]。

不过，在 20 世纪 70 年代中期以前，关于探讨仰韶文化起源的文章多数是推理性的，因为那时在仰韶文化分布的范围内还很少找到更早的新石器遗存，更不用说具体分析某种早期遗存是否即仰韶文化由以继承和发展的基础了。但在 70 年代后期以来，由于老官台文化和磁山文化的发现，这个问题的研究便有了明显的进展[5]。关于仰韶文化的去向问题，则由于仰韶晚期和龙山早期的许多文化类型的发现而日益明朗起来。还有，关于相邻原始文化在仰韶文化发展中的作用问题，则因为有青莲岗文化、大汶口文化、红山文化、小河沿文化、马家窑文化、大溪文化和屈家岭文化等的许多发现和研究，而提供了讨论的切实的基础。这一切使得我们具有比过去任何时候都要好得多的条件，以便把仰韶文化放在一定的时间和空间范围来进行考察，而如果没有这种考察，要正确地阐明仰韶文化的起源及其发展规律是不可能的。

恩格斯说："历史上依次更替的一切社会制度都只是人类社会由低级到高级的无穷发展进程中的一些暂时阶段。每一个阶段都是必然的，因此，对它所由发生

---

〔1〕　М. В. Крынов，1964. У штоков Древних Культур Восточной Азии. *Народы Азии и Африки*，No，6.

〔2〕　Т. И. Кашина，1977. *Керамика Кулътуры Яншао*，Новсибирск.

〔3〕　甘肃省博物馆、北京大学历史系考古专业连城考古发掘队：《从马家窑类型驳瓦西里耶夫的"中国文化西来说"》，《文物》1976 年第 3 期。

〔4〕　林寿晋：《论仰韶文化西来说》，《香港中文大学中国文化研究所学报》第 10 卷下册，1979 年。

〔5〕　近年在这方面发表的文章甚多，仅举数篇：严文明：《黄河流域新石器时代早期文化的新发现》，《考古》1979 年第 1 期；安志敏：《裴李岗、磁山和仰韶》，《考古》1979 年第 4 期；张忠培：《关于老官台文化的几个问题》，《社会科学战线》1981 年第 2 期；魏京武：《李家村、老官台、裴李岗》，《考古与文物》1981 年第 4 期。

的时代和条件来说，都有它存在的理由；但是对它自己内部逐渐发展起来的新的、更高的条件来说，它就变成过时的和没有存在的理由了；它不得不让位于更高的阶段，而这个更高的阶段也同样是要走向衰落和灭亡的。"[1]本文的任务，就是要通过历年积累的资料和研究成果，试图阐明仰韶文化发生的必然性和它的主要因素的来源，它所经历的发展阶段和每一阶段的具体表现；还要阐明它是怎样由于内部条件的发展，导致了自身的灭亡和向新的更高水平文化阶段的转变；说明在整个起源和发展的过程中，为什么内部原因始终占主要地位，而外部条件虽然经常在起作用，但毕竟只是起到了次要的作用。

二　仰韶文化发生的地理与历史条件

仰韶文化分布于黄河中游地区，范围遍及整个黄土高原，可以说是黄土高原的产儿。

黄土高原略呈四方形，东起太行山，西到乌鞘岭，北及长城，南达秦岭，地势从西北向东南倾斜，因此许多河流都辐集于高原东南的河曲地区。

黄土高原的地貌可分为三种类型，第一种是黄土丘陵，第二种是黄土塬，第三种是黄土川地。黄土塬以渭河以北发育最好，可分三级，当地居民称为头道塬、二道塬和三道塬。黄土川地则是离河很近的冲积平原，是黄土地带最肥沃的地方。

黄土的特点是质地均一而疏松，有垂直节理，略呈碱性。而黄土地带的土壤则以褐色土类为主，具有显著的黏化作用，其生长条件是气候温和、干湿季明显和干燥森林草原的植被。由于侵蚀作用的影响，各地的土壤结构和肥力很不一致。一般在川地和较低的塬面的腐殖质含量较高，团粒结构较好，肥力和持水能力较强，是孕育新石器时代农业文化的良好温床。绝大部分仰韶文化和新石器早期文化的遗址，正是分布在这样的河谷平原地带。其中尤以从渭河源头到沁河河口，即北纬 34~35°，东经 104~114°，南北 100 余千米，东西约 1000 千米的狭长地带，居民点最为密集。因为这个狭长地带纬度较低，河流较多，海拔较低（约 300~400 米），土壤比较肥沃，雨量也比较丰富（年降水量约 500~600 毫米）。

黄土高原的气候，基本上属于暖温带，但受季风和地形的影响甚大。冬季干燥寒冷，一月平均气温低达 -1℃ 至 -15℃ 不等，夏季则炎热多雨，降雨集中在七、八月份，且往往以暴雨的形式集中降下，降雨变率在 30% 以上，加之黄土持

---

[1]　恩格斯：《路德维希·费尔巴哈和德国古典哲学的终结》，《马克思恩格斯选集》（第4卷），人民出版社，1972 年，212、213 页。

水力弱，故很容易发生干旱。

人们也许会说，黄土高原现今的气候固然是半干旱的，新石器时代的仰韶文化时期是否也是如此呢？这的确是需要研究的问题。根据竺可桢的研究，全新世以来的气候曾有几次波动，但幅度均不甚大，仰韶时期可能比现在高 2℃ [1]。而周昆叔根据对西安半坡孢粉的研究，指出仰韶时期是半干旱性气候，与今天当地的气候相仿 [2]。无论如何，由于季风和地形的影响，当地冬季干燥寒冷、夏季炎热多雨的基本格局是没有多大差异的。这决定了黄土高原的新石器居民只能发展旱作农业，而仰韶文化正是一个以旱作农业为主的新石器文化。

适当的地理环境给仰韶文化的发展和繁荣提供了客观物质条件，但不是仰韶文化起源的直接前提。要充分说明仰韶文化起源的历史背景，关键在于找到那种年代比仰韶文化早，内容又有亲缘关系的考古学文化，现在知道这就是老官台文化和磁山文化。

老官台文化是 1959 年首先在陕西华县老官台发现的 [3]，而较大规模的调查发掘则在 20 世纪 70 年代中期以后，经过发掘的重要遗址有陕西临潼白家、西乡李家村、宝鸡北首岭和甘肃秦安大地湾等处。整个文化的分布主要在渭河流域，少部分在汉水中游。在陕西华县元君庙、商县紫荆村、西乡何家湾、宝鸡北首岭和秦安大地湾等处都发现仰韶文化叠压在老官台文化之上的地层关系，证明老官台文化早于仰韶文化。碳 - 14 年代测定了 5 个数据，经过校正和适当的调整，其真实年代大约在公元前 5900 ~ 前 5000 年，正好是仰韶文化的前身 [4]。

老官台文化的遗址远较仰韶文化为稀，面积较小，文化内容比较单纯。石器分打制和磨制两大类，打制石器有斧、刀、刮削器和敲砸器等，还有类似细石器的石片和刮削器。磨制石器则有舌形和双肩铲、斧、圭形凿、锛、刀和砺石等。

老官台文化已有比较发达的农业，其农具主要是石刀和石铲，作物有黍，同

---

〔1〕 竺可桢：《中国近五千年来气候变迁的初步研究》，《考古学报》1972 年第 1 期，17、18 页。

〔2〕 周昆叔：《半坡新石器时代遗址的孢粉分析》，《西安半坡》，文物出版社，1963 年，270 ~ 272 页。

〔3〕 北京大学考古教研室华县报告编写组：《华县、渭南古代遗址调查与试掘》，《考古学报》1980 年第 3 期。

〔4〕 碳 - 14 测量的老官台文化的五个标本中，李家村的一个明显偏晚应予舍弃，其余大地湾 H10 为 5200 ± 90BC，H336 为 4730 ± 90BC，北首岭 T4⑦ 为 4515 ± 120BC，H5 为 4375 ± 120BC。如经树轮校正和适当调整，其真实年代应为约公元前 5900 ~ 前 5000 年。

时种植油菜[1]。饲养的家畜主要是猪。

制陶业已有初步发展。陶器均为手制，有些可能是用泥片敷积，然后用缠绳的拍子拍打挤压，故器外常有交错的绳纹。陶色多为褐色或灰褐色，少数为橘红色或黑色。前者颜色多不纯正，常有一些灰色或黑色斑块。主要器形有平底碗、圈足碗、圜底钵、二足钵、三足罐、平底罐、小口壶等。除饰绳纹外，还有划纹、刻齿纹、锥刺纹等。有些圜底钵和三足钵口沿有一道紫红色宽带，颇像是红色陶衣。有些陶钵内壁画有圆点、水波形、植物形花纹，还有箭头形、竖线、曲线和箅形记号。

老官台文化的房屋为圆形半地穴式，直径仅 2.5～2.7 米。墓葬可分单人葬和多人合葬两种，为长方形或方形土坑，一般头朝西北，小孩则实行瓮棺葬，这些都同仰韶早期的埋葬习俗基本相同。

在老官台文化的东边分布着磁山文化，它是以首先发现的河北武安磁山遗址而得名的[2]。主要分布于河北中南部和河南北部与中部，经过发掘的遗址除磁山外，还有河北容城上坡、河南新郑裴李岗和密县莪沟等处。容城上坡和河南长葛石固都曾发现仰韶文化叠压磁山文化的地层关系，可见磁山文化早于仰韶文化。根据 18 个碳 – 14 测量的数据并加以校正和适当调整，其真实年代约当公元前6000～前5500 年，个别的可达公元前 6280 年，和老官台文化大体同时而稍稍偏早。

磁山文化同老官台文化有不少相近之处，同时又有显著的地方特色。石器中最显著的是带乳突状足的磨盘和锯齿形镰。种植小米，饲养猪、狗和鸡。房屋有圆形和方形两种，均半地穴式。埋葬习俗同老官台文化有别，除个别二人合葬，几乎全部是长方形竖穴的单人葬，头朝南或南偏西，至今未见婴儿瓮棺葬。

老官台文化和磁山文化都在仰韶文化分布的范围以内，年代都比仰韶文化为早，许多文化因素又都和仰韶文化的相近，所以仰韶文化应是继承这两个文化而发展起来的。

三　仰韶文化若干主要因素的起源

为了进一步说明仰韶文化是土生土长的，是黄土高原的产儿，除了说明在它

---

〔1〕　张朋川、周广济：《试谈大地湾一期和其它类型文化的关系》，《文物》1981 年第4 期。

〔2〕　河北省文物管理处、邯郸市文物保管所：《河北武安磁山遗址》，《考古学报》1981年第3 期。

的分布区早就存在着新石器时代早期文化以外，还必须对它本身的若干主要因素进行分析，看看哪些是继承先行文化的，哪些是自行创造发明的，是在怎样的情况下创造发明的，还要看看是否存在着外来的影响，影响的方向和程度如何等等。

正同许多考古学文化一样，仰韶文化本身就是一个社会的反映，一个包含有许多文化因素的综合体。它有比较发达的磨制石器，包括斧、锛、凿、铲、镞等，也有琢制的磨盘、磨棒和打制的爪镰、敲砸器和盘状器等，足以担负当时主要的生产任务。

它的陶器基本是手制的，有不大的陶窑，烧成温度约 $1000 \pm 50℃$。成品以红色为主，种类包括日常生活所需要的最基本的几个方面，即饮食器（碗、钵、豆、杯等）、炊器（釜、甑、灶、鼎、砂罐等）、水器（小口瓶、葫芦瓶、壶等）和盛储器（盆、罐、瓮、缸等），其中以瓶、钵、盆、罐、瓮最为常见。

它的经济是以原始农业为主的多种形式相结合的一种综合经济，种植粟、黍和蔬菜，饲养猪、狗、羊、鸡，并经常从事狩猎、捕鱼和野果的采集。

它的居民组成为氏族—部落，聚居于较大的村落。每个村落有上百座房子，有时围成圆圈或四方形。建筑形式多为半地穴式窝棚和木骨泥墙的圆形或方形房屋。

当时通行氏族公共墓地，每一墓地埋葬数百个死者。早期单人葬和集体合葬并行，后来逐渐都变为单人葬，婴孩一般为瓮棺葬。

它有比较发达的原始艺术，有人（主要是人头）、鸟、羊、龟等陶塑，有人面、鱼、鸟、蛙、蜥蜴和各种几何形的彩陶花纹，有陶制房屋模型，还有各种建筑装饰。它的陶器上有几十种刻划记号，那是一种独创性的记事符号，为后来汉字的形成奠定了一定的基础。

具有如此丰富内容的仰韶文化，自然不可能一下子就完全形成。它的一些最基本的因素可能植根于黄河流域新石器时代早期文化之时，而从它出现于历史舞台的第一天起，也还是在不断地发展和变化的。但考古学文化的发展毕竟是阶段性的，一个阶段有一个阶段的质的规定即文化特征。就仰韶文化的主要特征而论，则是在老官台文化和磁山文化之后基本形成的。

人们谈论仰韶文化的起源，常常注意到它的原始农业、养畜业、磨制石器和陶器等。这些固然是仰韶文化最基本的因素，但却不是仰韶文化的发明，甚至也不是老官台文化和磁山文化的发明。因为它们都是伴随着新石器时代的开始而发生的，而老官台文化等只不过是新石器时代早期较晚阶段的文化。这些因素作为一种生产力和技术的进展，乃是人类社会发展到一定阶段的必然产物，不但黄河流域能够发生，世界上其他具有适当地理历史条件的地方也能发生。但是种植什么样的作物，使用什么形式的农具，饲养哪些种类的家畜，制造什么样式的石器和陶器，则是与地理环境、自然资源的状况和历史文化传统有密切关系的。

仰韶文化居民种植的粮食作物有粟（*Setaria italica*）和黍（*Panicum miliaceum*），都是耐旱和适应性很强的谷物，黄土高原的气候和土壤条件正适合于它的生长。现知老官台文化和磁山文化时期即已种植，仰韶文化的农艺知识是从这两个文化直接传承下来的。苏联农学家瓦维洛夫曾从几种不同的前提出发，特别是根据野生粟多产于中国和中亚的事实，认为粟是起源于这两个地区的[1]。但考古证据表明，中亚较早的农业文化为耶顿文化，它的居民种植大麦，可能还有小麦，却没有粟，粟是后来才种植的[2]。可见粟的驯化和栽培应首先发生在黄河流域，很可能就在黄土高原，是仰韶文化先民的一个贡献。黍对环境的要求和耕种方式接近粟，同样也有起源于黄土高原的可能[3]。

仰韶文化普遍使用的收割农具爪镰，是与粟、黍旱作农业紧密相连的。老官台文化时已有略呈长方形或椭圆形的石刀，应是爪镰的雏形。仰韶文化时因粟等旱作农业的发展，爪镰便大量发展起来。开始用石片或陶片打制，两侧做成凹形以便拴绳使用，后来发展为磨制长方形穿孔的，形态便基本定型了。此后龙山时代和商周的石刀，以至于近代的铁制爪镰，其形态和功用都承袭仰韶文化者。从地区分布来看，它先是发生在黄土高原，接着传至整个黄河流域，往后又传至东北和朝鲜、日本等地。世界上其他地方不曾见过这种收割农具，毫无疑问是仰韶先民创造而在仰韶时期发展和完善起来的一种特殊农具。至于苏联远东地区和北美因纽特人所用的一种形状相近的石刀，形式上也许受到了爪镰的启发，但它主要是切割动物皮肉的，功用已经完全不同了。

仰韶文化的居民已经大量养猪，在它以前的老官台文化和磁山文化也已养猪。猪的野生种分布很广，因而最初的驯化也可能不止一个中心。世界上养畜业发生最早的近东地区首先豢养的是绵羊，其次是山羊和牛，最后才是猪，而且数量甚少[4]，发展道路与黄河中游很不相同。还有，近东养猪最早的是耶莫文化，其年代与磁山文化等十分相近，二者间很难有传播关系。由此可见，仰韶文化养猪事

---

〔1〕　N. I. Vavilov, 1926. Studies on the Origin of Cultivated Plants. *Bull. of Applied Botany*，ⅩⅣ；N. I. Vavilov, 1931. *The Problem of the Origin of the World's Agriculture in the Light of the Lastest Investigation*，London.

〔2〕　M. B. 马松等：《中亚金石并用时代及青铜时代的考古文化》，《考古》1960 年第 3 期，56 页。

〔3〕　黄其煦：《黄河流域新石器时代农耕文化中的作物》（续），《农业考古》1983 年第 1 期，41、42 页。

〔4〕　Dexter Perkins, 1973. The Beginning of Domestication in the Near East. *American Journal of Archaeology*，77（3）.

业的起源，只能在黄土高原更为古老的文化中去探寻。

仰韶居民还已养羊，西安半坡发现的羊骨标本近似河南安阳的殷羊（*Ovis Shangi*，Teildhard and Young）。祖勒曾将世界各地现生野羊分为四类，即分布于地中海一带的毛弗仑羊（Moufflon group），从伊朗到喜马拉雅山麓地带的乌利尔羊（Urial group），从西伯利亚到北美的大角羊（Bighorn group）和中国及中亚地区的阿尔夏利羊（Argali group）[1]。增田精一根据这一分类，曾考证殷羊和中国最古的羊种都与阿尔夏利羊有联系，而与其他三种无关，证明仰韶文化的家羊应是本地起源的[2]。

仰韶文化的陶器很明显是继承老官台文化和磁山文化发展而来的。下一节我们将谈到仰韶文化的分期，在分期的基础上将会看到越是早的越接近老官台文化等。这里先就一些主要因素谈谈它们的起源问题。

仰韶文化的几种主要器物中，圜底钵、平底碗或钵和某些侈口夹砂罐等，都和老官台文化的同类器物差不多，只是小有改变而已。老官台文化以绳纹为主，并有划纹和锥刺纹，仰韶文化亦然。老官台文化和磁山文化都有很多三足钵或钵形鼎，仰韶文化早期继承了这种形制，西部少而东部多，后来全都稀少了，到仰韶文化后期的一部分地区（如郑州洛阳等地），鼎又大大发展起来。这种情况除了文化传统起作用外（因东部历来多鼎），还可能与房屋结构的改变有关。因为在仰韶前期，特别是西部的房子，大多为半地穴式的窝棚，屋顶很矮，室内火塘不得不在地面挖下一个凹坑做成，在凹坑里放炊器，罐子当然比鼎方便。后来房子地穴变浅了，甚至完全从地面起建，并且有了木骨泥墙，房顶高起来了，室内火塘已不必挖坑，有的还做成低低的土台子，在上面放鼎做饭就会比较方便。所以一种器物的发展，不但是与文化传统有关，而且是受制于生产的发展与生活本身的需要的。老官台文化没有大盆大瓮，仰韶文化则有很多这样的器物。原因是农业发展了，需要存放的东西多起来了，这是陶器发展受制于生产和生活需要的又一例证。

最能反映仰韶文化的特征以及仰韶居民的创造才能的，莫过于小口尖底瓶了。它是同仰韶文化一道出现，也是同仰韶文化一道消失的。在仰韶文化之前，世界上任何别的地方都没有这样的瓶子，老官台文化和磁山文化也没有这样的瓶子，不可能在别的文化中去追寻它的起源，而只能从实际生活中去探求它产生和发展的原因。

老官台文化没有专门的水器。到仰韶文化时期，由于生产的发展，聚居的村

---

[1]　F. E. Zeuner, 1963. *A History of Domesticated Animals*, London, p. 164.

[2]　增田精一：《中国家羊に関する二、三の问题》，《考古学杂志》第 52 卷 8 号，1967 年。

落相应扩大，做饭、制陶和泥盖房等许多活动都需要取用更多的水。用一般的陶罐当然可以取水，但不大方便。为搬运方便，需要有专门的水器，于是在仰韶早期出现了小口尖底瓶、葫芦形瓶、细颈壶和尖底罐等一系列水器。但除小口尖底瓶外，其余几种都先后被淘汰了。这是因为小口尖底瓶有许多优点：尖底容易入水，入水后又由于浮力和重心关系自动横起灌水，如果中间和口部拴上绳子，提起来口部会自行朝上，由于口小，搬运时又不至溢出水来。这种瓶子往后的发展还有一些改进，比如身子加长并做成亚腰，既增加了容量又比较便于搬运。由此可见，首先是用水增加的需要使仰韶居民制造了各种水器，而小口尖底瓶结构的优越性又使它成为竞争的最后胜利者，使它成为仰韶文化最有代表性的器物之一。

在有关论述仰韶文化起源的各种著作中，谈论最多的是彩陶问题。如前所述，过去有些学者受传播论思想的支配，以为仰韶文化的彩陶是从中亚、西亚以至东南欧传播过来的。这种看法，正同另一些人把乌克兰境内特里波列文化的彩陶说成是从中亚和中国黄河流域传播过去的一样没有根据[1]。因为各地彩陶的内容、风格和发展规律不同，与彩陶共存的其他文化因素也不相同，加以地理悬隔，又找不到足以建立起实际联系的中间环节，怎么可以仅仅因为都有彩陶这一点就断定相隔那么遥远的各个地方之间一定存在着传播和借用的关系呢？

彩陶是一种社会文化现象，它的发生和发展有其社会的和经济的原因，不应只是归结为历史文化传统，更不应简单地委之于外来影响。人们在旧石器时代就知道绘画了，但到新石器时代早期学会制造陶器时，并不在它上面画彩。因为那时做的陶器质地粗糙，颜色发暗而不均匀，画出花来很不好看，故一般用刻划和拍印等手段进行装饰。仰韶文化以前的老官台文化等基本上处在这一阶段，特里波列文化以前的线带纹陶文化也是处在这一阶段，只有等到发明了陶窑，能够比较熟练地控制火候，烧出经过充分氧化的浅色（一般为红色）陶器，并且在陶土加工方面也积累了较多的经验，能够做出质地细腻和表面光洁的地子时，才有可能在上面画彩。仰韶文化正是因为具备了这些条件，才有美丽的彩陶出现。既然彩陶首先是制陶技术发展到一定阶段的产物，为什么只能由一个地方发明，而不能有两个三个以至若干个地方自行完成这一过程呢？

从全世界范围来看，彩陶也不是什么地方都有，主要是分布于黄土地带。这可能与黄土微带碱性，比酸性红土更适于制造精致的浅色陶器有关，也可能与黄土地带旱作农业的经济特点有关，这当然还需要做些切实的研究。但无论如何，总不能把所有彩陶文化看成是一个来源或者都存在着实际的联系，因为在当时没

---

〔1〕　Т. С. Пассек，1949. *Периодизация Трипольских Поселений*，Рис，14，МИА，No. 10.

有这个可能。

当然，这样说的意思，绝不应理解为每个地方的彩陶都是独自发生的。相邻的各部落彼此借用对方的成就，只能对文化的发展与进步带来好处。但即使这样的借用，也要视其本身的需要而决定取舍，没有本身的需要这样一个根本的原因，任何外部因素都是不容易起作用的。

仰韶文化既已具备制造彩陶的条件，便可以借用，也可以自行发明。但在它分布范围以外的邻近地区并没有更早的彩陶文化，无法借用。在它分布范围以内，早在老官台文化之时便已有了彩陶的萌芽。仰韶文化的彩陶正是承袭了老官台文化的这一因素而大大发展起来的。

老官台文化中处于萌芽状态的彩陶，主要是圜底钵或三足钵口沿的红色宽带纹。由于陶器本身也呈红色，满饰绳纹，这种红色宽带的装饰效果并不显著。仰韶早期的彩陶主要也是宽带纹，只是大多数变成了黑色，而且还是画在圜底钵上（仰韶早期已没有三足钵）。由于红黑对比鲜明，装饰效果十分强烈。既然学会了画宽带纹，再画别的花纹就不会再有什么困难了。半个多世纪聚讼纷纭的仰韶彩陶的起源问题，现在总算是比较清楚了。

以上的分析说明，仰韶文化的主要因素都是当地起源的。有些是直接继承老官台文化的同类因素，有些应追溯到更早的时期，还有一些则是仰韶文化本身的创造，看不到有什么远地文化影响的形迹。至于相邻原始文化的影响，特别是在仰韶文化继续发展过程中的影响，也仅占很小的成分，后文将要详细分析。

四　各地仰韶遗存的分期

仰韶文化发生以后，究竟经历了哪几个发展阶段，然后才向着新的更高水平的文化转变的呢？要弄清这个问题，就要对整个仰韶文化遗存进行分期研究。但仰韶文化分布范围很大，遗址多达 2000 余处，各地文化特征不尽相同，怎样才能正确地认识整个文化的分期呢？毛泽东说过："就人类认识运动的秩序来说，总是由认识个别的和特殊的事物，逐步地扩大到认识一般的事物。人们总是首先认识了许多不同事物的特殊本质，然后才有可能更进一步地进行概括工作，认识诸种事物的共同本质。"[1]显然，要真正解决整个仰韶文化的分期问题，既不能从现有的文化类型出发，以讨论它们关系来代替分期研究；又不能只选择几个"典型"遗址，以它们的地层关系来概括全体。正确的方法应当是首先分析典型遗址

---

〔1〕　毛泽东：《矛盾论》，《毛泽东选集》（第一卷），人民出版社，1951 年，284、285 页。

的地层关系和分期，进而研究各个地区的分期，最后将各地相应的文化期进行对比和概括，归纳出整个文化的分期。本文就想用这一方法进行尝试。

考虑到自然地理、文化面貌和历年工作的情况，下面拟分为若干小区进行讨论。

1. 陕西渭河流域

渭河流域是老官台文化分布的区域，也是仰韶文化分布的中心之一。这里仰韶文化遗址非常密集，不少遗址经过了大面积的发掘。其中西安半坡、临潼姜寨、华县泉护村、彬县下孟村和宝鸡北首岭等处，都有不同时期的仰韶遗存依次叠压或打破的地层关系。兹简述如下。

西安半坡是一处单纯的仰韶文化遗址。发掘报告原分为两期[1]，我们经过整理分为三期[2]。早期陶器主要有直口圜底钵和平底钵、窄缘深腹盆、浅腹圜底盆、杯形口尖底瓶、葫芦形瓶、大头细颈壶、弦纹夹砂罐和绳纹侈口瓮等。彩陶较少，有人面纹、鱼纹和宽带、三角、梭形、波折形等几何花纹。中期遗存较少，有敛口曲腹钵、卷缘曲腹盆、甑、釜和环形口尖底瓶等，彩陶多为以曲线构成的回旋勾连纹等。晚期陶器有敛口斜腹钵、宽平缘斜腹盆、带流罐、饰附加堆纹和鸡冠耳的夹砂罐、喇叭口尖底瓶和高领瓮等。彩陶极少，仅为红色平行斜线纹一种。早中晚三期依次叠压或打破的地层关系见于 T22，中期叠压早期的地层关系见于 T1，晚期叠压早期的地层关系普遍皆是，仅发掘报告中就列出 18 组。

临潼姜寨是一处仰韶文化和客省庄文化的大型遗址，其中仰韶文化可以分四期[3]。第一期遗存最为丰富，陶器特征基本上与半坡早期相同，只是更为单纯。第二期主要有浅腹圜底钵、浅腹盆、钝尖底罐、葫芦形瓶、带盖敛口罐、侈口弦纹罐等，罐的最大直径常在中腹以下。彩陶有鱼纹、鸟纹、圆圈纹、条带纹等。其特征接近于一期而又有明显区别。类似的遗存也见于半坡早期，只是数量较少[4]。姜寨的发现使半坡早期可再分为两期。姜寨第三期遗存很少，特征与半坡中期基本相同。第四期遗存丰富，特征与半坡晚期接近，只是多了敛口深腹钵和盆形甑，未见彩陶。姜寨普遍存在各期文化依次叠压或打破的关系，有的是第

---

[1] 中国科学院考古研究所、陕西省西安半坡博物馆：《西安半坡》，文物出版社，1963 年。

[2] 严文明：《半坡仰韶文化的分期与类型问题》，《考古》1977 年第 3 期。

[3] 西安半坡博物馆、临潼县文化馆：《临潼姜寨遗址第四至十一次发掘纪要》，《考古与文物》1980 年第 3 期。

[4] 中国科学院考古研究所、陕西省西安半坡博物馆：《西安半坡》，文物出版社，1963 年，图九二，20；图九三，4；图九五，11；图九八，4~7；图九九，8、9、11。

二期压第一期，有的是第四期压第二期又压第一期，第四期压第三期的仅见于
T31，第三期的 H370 又压着第二期的 M83。

华县泉护村遗址的仰韶遗存可分两大期，即泉护第一期文化和泉护第二期文
化。泉护一期又可分为早中晚三段[1]，早段与半坡中期相当，晚段已接近于半
坡晚期。泉护二期多灰陶，年代应比半坡晚期更晚[2]。泉护二期普遍地叠压于
泉护一期之上。

彬县下孟村是一处单纯的仰韶文化遗址，可分为两期。第一期遗存丰富，有
杯形口尖底瓶、宽带纹圜底钵和侈口弦纹罐等，特征与姜寨一期相同。第二期出
现环形口尖底瓶、卷缘曲腹盆和大口缸等，彩陶以回旋勾连纹为主，总的特征相
当于泉护一期的早中段。第二期的 H14 打破第一期的 F3，F3 又压着同属第一期的
H30、H31 和 H32[3]。

宝鸡北首岭是一处很大的文化遗址，分上中下三大文化层，分别属于早中晚
三期[4]。早期属老官台文化[5]，中期遗存最为丰富，其中有些像姜寨一期，有
些则像姜寨二期，可见它本身还可分期。晚期遗物甚少，其中多数像泉护一期，
个别的可能更晚，似是受大地湾仰韶晚期遗存影响的结果。

兹将上述各典型遗址的文化分期列成一表（表一）。

表一　典型遗址文化分期表

分期＼遗址	北首岭	下孟村	半坡	姜寨	泉护村
第一期	中期	一期	早期	一期	
第二期	中期		早期	二期	
第三期	晚期	二期	中期	三期	一期
第四期	晚期		晚期	四期	
第五期					二期

[1]　黄河水库考古队华县队：《陕西华县柳子镇第二次发掘的主要收获》，《考古》1959
年第 11 期。

[2]　苏秉琦：《关于仰韶文化的若干问题》，《考古学报》1965 年第 1 期，52~54 页。

[3]　陕西省社会科学院考古研究所泾水队：《陕西邠县下孟村仰韶文化遗址续掘简报》，
《考古》1962 年第 6 期。

[4]　中国社会科学院考古研究所：《宝鸡北首岭》，文物出版社，1983 年。

[5]　发掘报告称为仰韶文化的"北首岭下层类型遗存"，见中国社会科学院考古研究所：
《宝鸡北首岭》，文物出版社，1983 年，124 页。

　　表一所列五个典型遗址的分期，基本上可代表陕西渭水流域仰韶文化遗存的分期。

　　第一期除表一列各处外，还有华县元君庙[1]、华阴横阵村[2]、铜川李家沟一期[3]等遗址。这期陶器主要有圜底钵、圜底盆、杯形口尖底瓶、大头细颈壶、尖底罐、侈口罐、盂和绳纹瓮等，无特制器盖和器座。纹饰主要是绳纹和弦纹，锥刺纹比较普遍。彩陶花纹均为黑色，有人面纹、鱼纹、三角纹、宽带纹、波折纹、梭形纹、菱形纹等，以直线直边构成的几何花纹为其特色。一般将这类遗存称为半坡类型。

　　第二期除表一列各处外，还有渭南史家[4]和铜川吕家崖[5]等处。这期陶器大多脱胎于第一期而稍有变化，如圜底钵和圜底盆大多较浅，侈口罐的最大腹径下移，大头细颈壶头部更大而颈部变短，尖底瓶仍为杯形口但腹部变瘦，另一种水器葫芦瓶则大量出现。纹饰中仍多弦纹，绳纹减少，锥刺纹更少。彩陶中仍有宽带纹、鱼纹，还有鸟纹。除直线直边的几何花纹外，新出现圆点、圆圈和弧线构成的图案，作风比第一期活泼一些。有人将这类遗存称史家类型，实际是半坡类型的晚期。

　　第三期除表一列各处外，还有西安南殿村[6]、渭南北刘[7]、岐山王家咀[8]、华阴西关堡、铜川李家沟等处。这期陶器多敛口曲腹钵（碗）、卷缘曲腹盆、环形口尖底瓶和侈口罐等，还有小口平底瓶、釜、甑、灶、大口缸等。多饰绳线纹和弦纹，锥刺纹消失。彩陶绝大多数仍为黑彩，新出现少量白衣黑彩或黑红二色彩。花纹多属鸟纹、蛙纹、回旋勾连纹和花瓣纹等，以曲线为主，显得圆

　　〔1〕　北京大学历史系考古教研室：《元君庙仰韶墓地》，文物出版社，1983 年。

　　〔2〕　黄河水库考古工作队陕西分队：《陕西华阴横阵发掘简报》，《考古》1960 年第 9 期。

　　〔3〕　西安半坡博物馆：《铜川李家沟新石器时代遗址发掘报告》，《考古与文物》1984 年第 1 期。报告对该遗址的仰韶遗存分为三期，但颇多错误，实际可划分为四期，分别与姜寨一至四期仰韶遗存相当。

　　〔4〕　西安半坡博物馆、渭南县文化馆：《陕西渭南史家新石器时代遗址》，《考古》1978 年第 1 期。

　　〔5〕　铜川市耀州窑博物馆：《陕西铜川吕家崖新石器时代遗址调查》，《考古学集刊》（第 2 集），中国社会科学出版社，1982 年。

　　〔6〕　西安半坡博物馆：《西安南殿村新石器时代遗址的调查》，《史前研究》1984 年第 1 期。

　　〔7〕　西安半坡博物馆、渭南县文管会、渭南地区文管会：《渭南北刘新石器时代早期遗址调查与试掘》，《考古与文物》1982 年第 4 期。

　　〔8〕　西安半坡博物馆：《陕西岐山王家咀遗址的调查与试掘》，《史前研究》1984 年第 3 期。

润流畅。这期遗存常被称为庙底沟类型，但该类型的典型遗址位于河南陕县，彩陶中基本不见鸟纹，几何花纹则比渭河流域的复杂得多。陶器器形也有一些差异，如渭河流域常见的素面大口缸就不见于庙底沟。所以渭河流域第三期仰韶遗存至多只能算庙底沟期的一个地方类型，而不宜划入庙底沟类型之内。

第四期除表一列各处外，还见于临潼义和村[1]和岐山王家咀等处。这期陶器主要有敛口斜腹钵（碗）、宽平缘斜腹盆、喇叭口尖底瓶、侈口罐、带嘴罐和高领瓮等。纹饰主要是绳纹和附加堆纹，还有少量篮纹。彩陶极少，仅见用红色描画的平行斜线纹一种。但在本区的西端某些遗址中出现平行横线和旋涡纹等，则是受到甘肃境内马家窑类型影响的结果。通常把这一时期的仰韶遗存称为半坡晚期类型。

第五期现在发现尚少，通常把它归入龙山文化早期。但它的器物如平缘盆、喇叭口尖底瓶和侈口绳纹罐等，同本地区内半坡晚期类型的联系要多于它同客省庄文化（陕西境内的"龙山文化"）的联系，故暂划入仰韶文化。它代表渭河流域的仰韶向龙山过渡的一个阶段。

以上五期的陶器对比见图一。

2. 甘肃地区

这里仰韶文化遗址甚多，其中秦安大地湾的地层关系最有代表性。这个遗址很大，从 1978～1983 年连续进行了 6 年的发掘，有四个大的文化层次及多组叠压打破关系，从而可将其粗分为四个文化期。第一期属老官台文化，二至四期属仰韶文化，发掘简报分别称之为大地湾仰韶早期、中期和晚期[2]。早期陶器有圜底钵、圜底盆、杯形口尖底瓶、葫芦瓶、大头细颈壶、带盖罐、侈口罐和瓮等。从发表的器物来看，有些像姜寨一期，如宽带纹圜底钵、大头细长颈壶、侈口罐、菱形纹彩陶盆等；又有一些像姜寨二期，如葫芦瓶、大头短颈壶、带盖罐、变体鱼纹盆等。可见大地湾仰韶早期至少还可再分为两段，只是后段远比前段丰富。中期陶器有曲腹钵、卷缘曲腹盆、环形口尖底瓶、小口平底瓶、罐和瓮等，还有甑、盘、杯、缸和器座。彩陶花纹流畅，多为弧形三角纹和花瓣纹等，与半坡中期或泉护一期相似，但个别器形和花纹均具有自己的特色。

大地湾仰韶晚期除红陶外，开始出现较多灰陶。主要器形有斜腹钵、曲腹盆、

---

〔1〕 李仰松：《陕西临潼康桥义和村新石器时代遗址调查记》，《考古》1965 年第 9 期。
〔2〕 甘肃省博物馆文物工作队：《甘肃秦安大地湾遗址 1978 至 1982 年发掘的主要收获》，《文物》1983 年第 11 期。

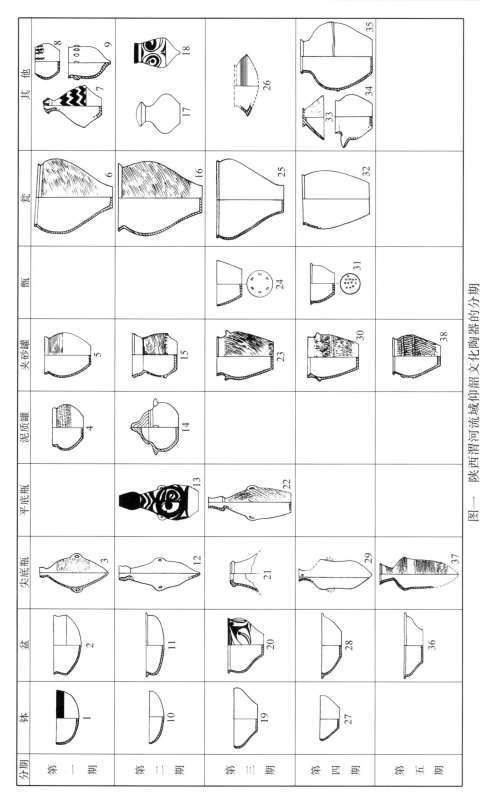

图一　陕西渭河河流域仰韶文化陶器的分期

1~9. 西安半坡（M129：1，T104，P.4722，M160：1，P.4652，M160：1，P.4722，W2：3，M39：10，M48：6，Tl（3）：11）　10~13, 18. 临潼姜寨（T11④：35，W42：1，无号，M76：1，M76：8）　14~17. 渭南史家（M26：1，M11：1，M42：5，M5：6）　19, 21, 24, 26. 西安半坡（P.4697，无号，H25，P.4728）　20, 23. 长安马王村　22. 华县泉护（H5）　25. 宝鸡北首岭（T3：3）　27~30. 西安半坡（H164：35，H12：1，P.1109，H1）31. 姜寨（H329：1）　32~35. 西安半坡（H12：4，H164，H109：2，H10：9）　36~38. 华县泉护（H157，T902，T903）

喇叭口尖底瓶、喇叭口平底瓶、甑、长颈壶、杯、盘、盖、罐、瓮等。大部分器形与半坡晚期相像，有些器物如长颈壶等应是本地的特产。彩陶较中期少，但较半坡晚期要多得多。其中动物纹有狗和蛙，图案花纹有平行横线、圆点、桃形或新月形网格纹等，后者已具有马家窑文化的特征。此外还有少量朱绘和白色彩绘。

在大地湾仰韶晚期地层之上还发现过一些常山下层文化的东西。所谓常山下层文化是因甘肃镇原常山遗址而得名的[1]。那里的最下层出土陶器多橙黄色，饰绳纹、篮纹和附加堆纹，还有少量彩陶。器形最多的是斜腹碗、斜腹盆、单耳罐、双耳罐、高领罐、杯和盘等。同类遗址中还出过喇叭口尖底瓶。其特征与泉护二期有相似之处，年代相若，而地方特点已更加突出了。

大地湾仰韶各期和常山下层，大体上代表了甘肃东部仰韶文化发展的全过程。其发展阶段与陕西渭河流域的仰韶文化是同步的；分布范围则有逐渐往西的趋势：早期仅到陇东的渭河上游；中期已到陇西和青海省交界的地方；晚期已发生分化，东面属半坡晚期类型，西面属马家窑类型，边界已到河西走廊，大地湾晚期是一中间地带，具有两方面的特点。至常山下层文化（最好称为常山类型）则又发展为一独立的地方类型。

3. 晋南和豫西

山西南部和河南西部也是仰韶文化分布的中心地区之一，重点遗址有山西芮城东庄村和西王村、河南陕县庙底沟和三里桥等处。

东庄村仰韶遗存至少可分两期[2]，第一期接近于半坡早期，代表性器物有杯形口尖底瓶、圜底钵、圜底盆、侈口绳纹瓮等，彩陶花纹中的鱼纹、菱形纹等也是如此。与这些因素共存的还有一些半坡早期不见的东西，如带泥突的筒形罐、镂孔筒形器和钟形器，以及彩陶中的豆荚纹等。所以东庄村一期应是与半坡早期大体同时而具有一些地方色彩的遗存，可称为东庄类型。东庄村二期遗存甚少，特征与下述之西王早期相同。二期的 Y202 打破一期的 H216。

西王村仰韶文化曾被分为早晚两期，此后的一期被称为"龙山文化"，实际是一种仰韶晚期遗存。这三期彼此均有依次叠压的地层关系[3]。西王仰韶早期出自第五层，出环形口尖底瓶、敛口曲腹碗、卷缘曲腹盆、绳纹罐和器座等。彩陶

〔1〕　中国社会科学院考古研究所泾渭工作队：《陇东镇原常山遗址发掘简报》，《考古》1981 年第 3 期。

〔2〕　严文明：《论半坡类型和庙底沟类型》，《考古与文物》1980 年第 1 期。

〔3〕　中国科学院考古研究所山西工作队：《山西芮城东庄村和西王村遗址的发掘》，《考古学报》1973 年第 1 期。

中有花瓣纹、豆荚纹、垂弧纹等，特征同于下述之庙底沟一期。西王仰韶晚期出自第四层，有敛口斜腹碗（钵）、平缘盆、豆、筒形罐、喇叭口尖底瓶、带嘴罐和敛口瓮等。彩陶极少，有红色斜线纹和白色曲线纹等。这期陶器的特征有不少接近于半坡晚期，但也有显著差别，应是同一时期的不同类型，可暂称为西王类型。西王的"龙山文化"出自第三层，其面貌与第四层的所谓仰韶晚期遗存十分接近，如都有筒形罐和喇叭口尖底瓶，又都流行绳纹、篮纹和附加堆纹，只是篮纹数量有所增加，器形也有局部的变化。因此这一层遗存还应归于仰韶文化的范畴，只是已到了它的尾声罢了。

河南陕县庙底沟的新石器遗存可分两大期，即庙底沟一期文化和庙底沟二期文化，两者在地层上普遍存在着叠压打破关系[1]。庙底沟一期本身还可分为两期三段，年代大体和陕西华县泉护一期的早中晚三段相当[2]，但所出遗物特征则有同有异。庙底沟多敛口瓮而少大口缸，彩陶花纹中有大量垂弧纹、凸弧纹、花瓣纹、豆荚纹等，泉护少见。泉护有大量鸟纹而庙底沟不见。人们往往把二者统称为庙底沟类型，实则不应混为一谈。

庙底沟二期一般也称为龙山文化，但它同仰韶文化的联系要多于同所谓"河南龙山文化"的联系。如陶器中有喇叭口尖底瓶、彩陶罐和圜底釜等，篮纹和附加堆纹发达，手制为主，这都很接近于西王仰韶晚期遗存，所以庙底沟二期文化以划归仰韶文化为宜。

上述三处遗址地层关系的对比有如表二。

表二　东庄村、西王村、庙底沟遗址地层关系对比表

东庄村一期		
东庄村二期	西王村五层	庙底沟一期
	西王村四层	
	西王村三层	庙底沟二期

各期典型器物的对比图如图二。

4. 河南中部

这个地区包括渑池以东、郑州以西，以伊洛流域为主的一片。地层关系明确

---

[1] 中国科学院考古研究所：《庙底沟与三里桥》，科学出版社，1959年。

[2] 严文明：《论庙底沟仰韶文化的分期》，《考古学报》1965年第2期。

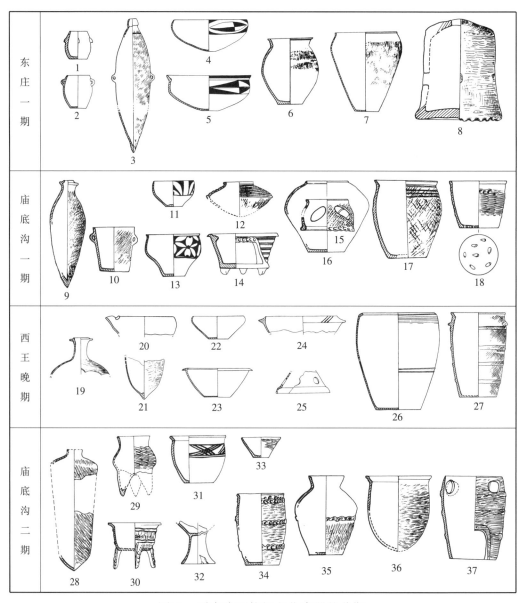

图二　晋南豫西仰韶文化陶器的分期

1~8. 芮城东庄村（H115∶17、H113∶2、H113∶7、H104∶16、H104∶11、H113∶1、H104∶10、H113∶5）　9~18. 陕县庙底沟（T203∶43、H12∶97、H387∶44、H12∶112、H11∶75、H47∶34、H358∶19、T143∶06、H318∶19、H387∶40）　19~27. 芮城西王村（H4∶44、H3∶3、H33∶4、H4∶10、H4∶7、H2∶28、H29∶15、H4∶17、M2∶1）　28~37. 陕县庙底沟（0∶12、H558∶52、H558∶50、0∶13、T551∶05、H35∶97、H202∶04、H564∶22、T555∶28、H35∶90）

的典型遗址主要有洛阳王湾和郑州大河村两处。

　　王湾遗址是 1959~1960 年发掘的，当时曾将其新石器遗存分为三期文化，第一期为仰韶文化，第二期为仰韶晚期或由仰韶向龙山过渡的文化，第三期为"河南龙山文化"[1]。实际上每一期文化又还可分为若干段。

王湾一期的陶器多呈红色，手制，一般饰绳线纹或为素面，少数着彩。本身又可分为两段。一期一段陶器有杯形口尖底瓶、圜底钵、窄缘盆、侈口鼓腹罐和椭圆锥形足的圜底鼎等，其特征与东庄村一期接近，只是彩陶极少，仅见宽带纹的一种。

一期二段陶器有敛口或折腹碗、卷缘曲腹盆、口沿似铁轨的罐、敛口瓮、釜、甑、灶、环形口尖底瓶和扁平足圜底鼎等。器表多为素面，少数有绳线纹和弦纹。彩陶多黑色花纹，也有少数为红色的，以窄带纹和回旋勾连纹比较普遍。其特征虽与庙底沟一期有许多相同之处，但绳纹和彩陶比庙底沟少得多，彩陶花纹也颇不同，不应归为同一类型。

王湾一期中两段之间的地层关系十分明确。属于二段的三座尖底瓶葬 M344、M357 和 M358 打破一段的 F15，前者三个尖底瓶均为环形口、无耳、饰稀朗线纹；后者的两个尖底瓶均为杯形口，有耳，饰整齐绳纹。

王湾二期除红陶外，还有相当数量的黑陶和灰陶，均属手制。除绳线纹外出现大量附加堆纹，还有篮纹和方格纹。磨光陶越来越多而彩陶越来越少。本期又可分为四段，高领瓮、凿形足鼎、带嘴罐和彩陶中的带状网格纹是这四段所共见的，但细部发生了变化，其他器物的发展变化也有类似的现象。二期一段以 H215 为代表，出土折腹碗、折腹盆、弧腹浅盘豆、曲折腹罐等。彩陶发达，常有白衣，上面饰红黑二色花纹。除带状网格纹外，还有豆荚纹、新月纹、细腰纹、凹边三角纹等。

二期二段以 H168 为代表，有斜腹碗、折腹盆、折腹豆、瘦腹罐等。出现篮纹。彩陶减少，无陶衣，单色（黑色或红色）彩。花纹主要是带状网格纹附加平行横线、竖线、斜线、"X"形纹和"⌣"形纹等。

二期三段以 H149 为代表。豆盘内折成斜缘，盆口外敞。篮纹增多，出现方格纹。彩陶仅罐一种，饰红色带状网格纹。

以上一至三段通常被称为秦王寨类型或大河村类型。

二期四段的碗、盆和豆盘均为内折腹，成为这一时期的显著特色。彩陶更少，仅罐一种，饰黑色网格纹，线条稀疏，有草率之感。这一段的年代大约与庙底沟二期相当，文化特征则有同有异（参见本书《从王湾看仰韶村》文中图一、二）。

大河村的分期和各期文化特征都和王湾相近。发掘报告将其分为六期，依次叠压的地层关系非常清楚。其中一至四期属仰韶文化，五期应为从仰韶到龙山过

〔1〕　北京大学考古实习队：《洛阳王湾遗址发掘简报》，《考古》1961 年第 4 期。

渡的遗存，六期是"河南龙山文化"[1]。

第一期的遗物较少，其中碗、钵、盆多圆腹，尖底瓶口为从杯形向环形转化的中间形态，鼎足剖面呈椭圆形，外部有一竖槽。彩陶花纹略似王湾一期二段，碗、钵上的条带纹较王湾一期一段略窄，又比一期二段为宽。所以大河村一期的年代应在王湾一期的一、二两段之间。

第二期鼎足有宽扁形、椭圆带槽形和凿形三种，可能略有早晚。碗、钵多敛口曲腹。彩陶发达，有的有白衣，用黑色或黑红二色画彩。花纹主要有睫毛纹、花瓣纹、新月形纹和窄带纹等。年代大约和王湾一期二段接近或略晚。

第三期陶器十分丰富，红陶约占 60%，次为灰陶。主要器物有凿形足鼎、敛口曲腹钵、曲腹盆、侈口罐、矮圈足壶、豆、杯等。彩陶特别发达，在白衣上画红黑二色彩的比率很大。花纹母题繁多，有太阳纹、六角星纹、同心圆纹、睫毛纹和带状网格纹等。年代大约与王湾二期一段相当。

第四期以灰陶为主，红陶次之。主要器形有凿形足鼎、瘦腹罐、敛口钵、碗、豆、杯、高领瓮等。还有背水壶，反映出大汶口文化的影响。彩陶显著减少，不见白衣，饰黑色或红色的单色花纹，母题主要是带状网格附加"X"形纹和植物纹等。年代约与王湾二期二段相当。

第五期以灰陶为主，红陶次之，还有少量白陶。器形有凿形足鼎，足外压成若干凹窝，还有瘦腹罐、折腹盆、罐形甑和圈足杯等。绳纹甚多，出现篮纹，彩陶极少。年代与王湾二期四段相当或更晚。

兹将王湾和大河村的仰韶各期年代对比如表三。

表三　王湾和大河村仰韶各期年代对比表

洛　阳　王　湾	郑　州　大　河　村
一　期　一　段	
	第　一　期
一　期　二　段	第　二　期
二　期　一　段	第　三　期
二　期　二　段	第　四　期
二　期　三　段	
二　期　四　段	第　五　期

---

〔1〕　郑州市博物馆：《郑州大河村遗址发掘报告》，《考古学报》1979 年第 3 期。

5. 汉水中游

主要指河南南阳盆地和湖北均县、郧县一带，其中淅川下王岗和下集的地层比较典型。

下王岗的仰韶遗存曾划分为早一期和早二期，二者有清楚的叠压关系[1]。早一期以红陶为主，器形有圜底钵、圆锥足圜底鼎、侈口鼓腹罐和细颈壶等。彩陶有宽带纹和菱形纹等，特征和半坡早期接近。早二期以灰陶和褐陶为主，有圜底鼎、卷缘曲腹盆、甑、杯、盖和器座等。彩陶发达，有带状纹、豆荚纹、三角纹和涡纹等。早二期之上叠压着相当于仰韶晚期的屈家岭文化遗存。

下集仰韶遗存可分三期。第一期和第二期相当于下王岗早期，第三期多素面陶，基本不见彩陶，特征与郧县青龙泉下层相同，青龙泉下层之上也压着屈家岭文化遗[2]。所以这个地方的仰韶文化只能划到下集第三期，往后则被屈家岭文化所融合和替代了。

6. 山西中部

太原周围原是由断层陷落形成的汾河谷地，地势较晋南稍高，气候也比较寒冷。这里的仰韶遗存发现不多，但很有特色，故单独划分为一个小区。

这里较早的遗存有祁县梁村（1955 年试掘）和太谷上土河等处，出土遗物有饰黑色宽带纹或烧出一道红边的钵、小口壶、敛口弦纹罐、绳纹罐等，彩陶除宽带纹外还有交错平行线纹，基本上没有小口尖底瓶和大头细颈壶，文化面貌与后述之后冈类型比较接近，而与半坡类型和东庄村一期相差较远。

第二阶段有忻县向阳村和娄烦新良庄等处，出土环形口尖底瓶、敛口钵、卷缘曲腹盆、铁轨式口沿夹砂罐和大口缸等，彩陶多回旋勾连纹和花瓣纹等，文化特征接近西王村早期。

第三阶段有离石马茂庄等处，有喇叭口尖底瓶、敛口斜腹钵和侈口罐等，有方格纹，彩陶花纹多红色，有条带纹、双钩纹和网格纹等。

第四阶段有太原义井和榆次埝涡镇等。义井遗址曾于 1956 年和 1957 年进行发掘[3]。陶器以灰色为主，少数为红色。器形有钵、侈口彩陶罐、小口罐、甑和

〔1〕 河南省博物馆、长江流域规划办公室文物考古队河南分队：《河南淅川下王岗遗址的试掘》，《文物》1972 年第 10 期。

〔2〕 长江流域规划办公室文物考古队直属工作队：《1958～1961 年湖北郧县和均县发掘简报》，《考古》1961 年第 10 期。

〔3〕 山西省文物管理委员会：《太原义井遗址清理简报》，《考古》1961 年第 4 期。

器座等。有一种圆盘状器，系夹砂灰陶，手制、敛口、大平底，壁底均特厚，外饰绳纹或篮纹，是这里特有的一种器物。一般陶器多饰篮纹，也有少量绳纹和附加堆纹。彩陶多为灰地红彩或红地深红彩，有些罐子上半画彩，下半饰篮纹或绳纹。彩陶花纹有窄带纹、网格纹、三角纹、螺旋纹、棋盘格纹和斜线纹等（图三）。义井遗存是一种很特殊的仰韶晚期遗存，可称之为义井类型。

图三　太原义井出土陶器

1、3. 彩陶罐　2. 彩陶钵　4. 彩陶器座　5. 彩陶片　6. 泥质灰陶碗或盖
7、9. 彩陶篮纹罐　8. 篮纹圆盘状器　10. 篮纹罐（1957 年发掘）

7. 河套、晋北和冀北

内蒙古河套东部至河北张家口一带，也分布着不少仰韶文化遗址。

较早的遗存有包头阿善一期[1]、准格尔旗坟墕和清水河岔河口等处，1921年发现的陕西府谷乌兰沟和1922年发现的山西保德银燕村也都有同期的遗存[2]。陶器多红色，有圜底钵、圜底盆、小口壶、弦纹罐等，彩陶多宽带纹和交错平行线纹等，彩纹黑红两色都有，比较接近于晋中的早期遗存，年代应与半坡类型相当。

第二阶段的遗存比较丰富，主要见于内蒙古清水河白泥窑子[3]、河北蔚县三关[4]等处。出土陶器有敛口圜底钵、敛口曲腹钵、卷缘曲腹盆、环形口尖底瓶、小口平底瓶、侈口夹砂罐和瓮等，一般饰绳线纹或弦纹。彩陶发达，主要是黑彩，有回旋勾连纹、花瓣纹、豆荚纹、垂弧纹等。其特征与晋中第二阶段的基本相同，年代应与庙底沟类型相当。

第三阶段的遗存以内蒙古托克托的海生不浪为代表[5]，白泥窑子等处也有类似的遗存。陶器中最富特征的是敛口折腹钵和敛口折腹罐，还有碗、盆、喇叭口尖底瓶、夹砂罐和带嘴罐等。大多数为灰陶，红陶较少，有些器物有篮纹或绳纹。彩陶发达，且常有内彩，花纹有单色的（红或黑色），也有红黑二色兼用的，有鱼鳞纹、三角纹、横线纹、折线纹、弧线纹和网格纹等，密布器身。这类遗存的年代大约相当于秦王寨类型，因为地方特色十分明显，可称为海生不浪类型。

第四阶段有准格尔旗房塔沟，阿善第二期大体也属这一阶段。多灰陶，红陶次之，有喇叭口尖底瓶、篮纹罐、碗等。彩陶减少，彩纹多为红色，有棋盘格纹、窄带纹和弧线纹等，有的罐子上部画彩，下半部饰篮纹，年代约与义井类型相当。

上述第三、第四阶段的遗存主要分布在河套地区，东部的情况可能有所不同。

8. 冀中南和豫北

这一带处于太行山东麓平原地区，已非黄土高原的范围，这里的"仰韶"遗

〔1〕 内蒙古社会科学院蒙古史研究所、包头市文物管理所：《内蒙古包头市阿善遗址发掘简报》，《考古》1984年第2期。

〔2〕 J. G. Andersson, 1943. Researches into the Prehistory of the Chinese. *The Museum of Far Eastern Antiquities*, *Bulletin*, No. 15, p. 291.

〔3〕 汪宇平：《内蒙古清水河县白泥窑子村的新石器时代遗址》，《文物》1961年第9期。

〔4〕 张家口考古队：《一九七九年蔚县新石器时代考古的主要收获》。《考古》1981年第2期。

〔5〕 吉发习：《内蒙古托克托县新石器时代遗址调查》，《考古》1978年第6期。

存也同黄土高原的典型仰韶有较大差别，但发展阶段基本上还是同步的。

这个地区的"仰韶"遗存一般被分为后冈类型和大司空类型，实际上要复杂得多。根据现有资料，至少可以分为四期。

第一期即通常所称的后冈类型。主要遗址有河南安阳后冈[1]、浚县大赍店[2]，河北磁县下潘汪[3]和正定南杨庄等处。这类遗存的陶器多为红色，手制，主要器形有平底钵、圜底钵、圆柱形足圜底鼎、弦纹夹砂罐、小口壶、大口圜底罐等，河北境内者尚有釜、甑、灶，个别遗址有支脚，故有时又被称为南杨庄类型。多数陶器素面无纹，少数饰弦纹、划纹或锥刺纹。彩陶甚少，大约占全部陶片的 1%，多数是紫红色彩，少数为黑彩。纹饰均为几何形，有宽带纹、平行竖线纹、交错斜线纹和网格纹等。年代应与半坡早期相当。

第二期遗存至今发现甚少，仅见于河北曲阳钓鱼台、正定南杨庄和河南安阳大正集等处。陶器有敛口钵、卷缘曲腹盆和小口罐等。彩陶发达，多为黑彩，个别为红彩，有条带纹、回旋勾连纹、花瓣纹和网格纹等，其作风接近于蔚县三关，年代也应相若，可暂称为钓鱼台类型（图四）。南杨庄第二期的灰坑打破了第一期遗存，所以它晚于后冈类型。

第三期即通常所说的大司空类型。主要遗址有河南安阳大正集[4]、河北磁县下潘汪和界段营等处。这期陶器以灰色为主，有少量黑陶、白陶和红陶。器形有敛口钵、折腹盆、碗、彩陶罐、小口高领罐、篮纹罐、簋形器、筒形杯和莲花瓣捉手的器盖等，鼎极少见，仅发现少数凿形鼎足。器表多素面或磨光，少数有篮纹、绳纹、方格纹、刻划纹和附加堆纹。彩陶较多，约占陶器总数的 8% ~ 9%，以红地深红彩为主，也有少数红地黑彩，或在灰陶和黑陶上画红彩的。主要纹饰有豆荚纹、细腰纹和双钩纹三种。豆荚纹是由两个弧边三角纹相错接，形成豆荚形地子，其中填以波线、折线或"S"形等附加纹饰构成一组，并与成组的平行斜线相间构成整个图案，画在敛口钵上。细腰纹是两个弧边三角相连接构成细腰形，上下留出两个半圆形地子，中间填以◔、○、山形或太阳形等附加纹饰构成一组，并与成组的平行竖线相间构成整个图案，画在折腹盆上。双钩纹一般连接在横线下，并与重叠人字纹相间构成整个图案，画在碗

〔1〕 中国科学院考古研究所安阳发掘队：《1971 年安阳后岗发掘简报》，《考古》1972 年第 3 期。

〔2〕 刘耀：《河南浚县大赍店史前遗址》，《田野考古报告》第 1 期，1936 年。

〔3〕 河北省文物管理处：《磁县下潘汪遗址发掘报告》，《考古学报》1975 年第 1 期。

〔4〕 中国科学院考古研究所安阳发掘队：《安阳洹河流域几个遗址的试掘》，《考古》1965 年第 7 期。

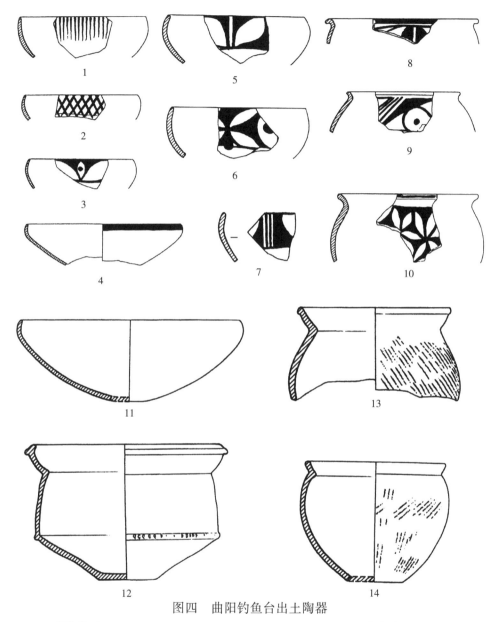

图四　曲阳钓鱼台出土陶器

1～7. 彩陶钵（H2、H1、T5（2）、H1、H14、H2、H1）　8～10. 彩陶盆（H2、T5（2）、T4（2））　11. 圜底钵（H41：47）　12. 素面罐（H5：27）　13、14. 绳纹罐（T5（2）、H2：63）（1997 年发掘）

上。除以上三种外，还有带状网格纹、平行横线纹、垂幛纹、波形纹和梳形纹等。从陶质、陶色、器形、纹饰和某些彩陶花纹（"S"形纹、带状网格纹、梳形纹、太阳纹等）的特点来看，比较接近于秦王寨类型而又有鲜明的自身特点，其年代应与秦王寨类型相若。

第四期以河北永年台口第一期文化为代表[1]，可称为台口类型。它的陶器以灰色为主，次为红陶、黑陶和白陶。器形有敛口钵、折腹盆、杯、罐、瓮等，多饰篮纹，亦有少量彩陶，多深红彩，也有黑彩。纹饰多平行横线纹、网格纹、折线纹等，有的器物上部画彩，下部饰篮纹，其作风与义井类型相似，年代也应相当。

五　仰韶文化的发展阶段

比较各地仰韶文化的分期，可以看出有很多相同或相似的因素，并且有基本一致的发展规律，这一事实乃是建立整个仰韶文化分期的基础。

各期陶器的颜色是不同的，而变化的总趋势是先红后黑或灰。不论哪个小区，开始几乎都是红色或红褐色的，以后逐渐出现部分黑陶、灰陶，最后发展到以灰陶或灰黑陶为主，甚至出现白陶。这个转变的关键时期，在渭河流域是从半坡晚期开始的，晋南豫西是西王晚期，河南中部是秦王寨类型，冀南豫北是大司空类型等。单是根据这一点就可以把整个仰韶文化分为早、晚两大阶段。

如果进一步分析陶器类型的变化，这个问题便可看得更加清楚。

仰韶文化的陶器主要有钵（碗）、盆、瓶、罐、瓮（缸）五类，分别代表食器、盛器、水器、炊器和储藏器这样五种基本用途的器皿。它是每一小区每一时期都存在的（冀南豫北略有例外，详后），其形制变化的阶段性又是很明确的。

钵（碗）　可分两型（图五），其区别不是因为用途不同，而是分别有其源头，即由老官台文化的两种钵演化出来的。

A 型　多钵，个体较大，体较宽矮，可分四式。

Ⅰ式　直口，圆腹，圜底。个体较大，口径约 20～35 厘米。通高与口径之比一般为 0.4～0.6，稍晚的则为 0.3～0.4，见于各区的最早一期，如半坡类型、东庄类型、后冈类型等。

Ⅱ式　敛口，曲腹或折腹，小平底。底与口径之比为 0.3～0.4。见于庙底沟类型及其同时期的遗存。

Ⅲ式　敛口，斜腹，平底。底径变大，与口径之比达 0.5 左右。见于半坡晚期类型、西王类型和秦王寨类型等。

Ⅳ式　敞口，斜腹或内折腹，平底。见于庙底沟二期等。

---

[1]　河北省文化局文物工作队：《河北永年县台口村遗址发掘简报》，《考古》1962 年第 12 期。

B 型　多碗，个体较小，体较高，亦可分四式。

Ⅰ式　直口，圆腹，平底。个体较高，通高与口径之比一般为 0.6～0.8。见于半坡类型、东庄类型和后冈类型等。

Ⅱ式　直口，斜腹，平底。见于庙底沟类型等。

Ⅲ式　微敛口，斜腹。见于西王类型等。

Ⅳ式　敞口，斜腹，大平底。见于庙底沟二期等。

盆　有好几种形式（图六），但只有一型（A 型）是可以贯穿始终的。可分四式。

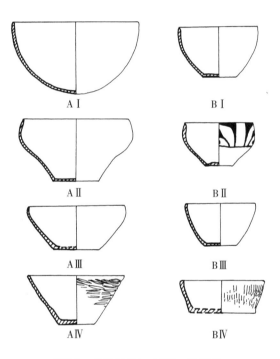 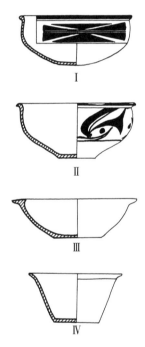

图五　仰韶陶钵（碗）的演化　　　　　图六　仰韶陶盆的演化

A Ⅰ. 元君庙 M457：9　　B Ⅰ. 元君庙 M449：6　　　Ⅰ. 北首岭 78H1
A Ⅱ. 庙底沟 H15：19　　B Ⅱ. 庙底沟 H387：44　　　Ⅱ. 庙底沟 H379：86
A Ⅲ. 半坡 H164：18　　　B Ⅲ. 西王村 H4②：12　　　Ⅲ. 半坡 H12：11
A Ⅳ. 庙底沟 H35：97　　 B Ⅳ. 庙底沟 H35：91　　　　Ⅳ. 庙底沟 H27：08

Ⅰ式　窄缘，微折腹，圜底或小平底。见于半坡类型和东庄类型等。

Ⅱ式　卷缘，曲腹，平底。是庙底沟类型和同时期遗存中非常普遍的一种器物。

Ⅲ式　宽平缘，斜腹，平底。见于半坡晚期类型和西王类型等。秦王寨类型等则多折腹盆。

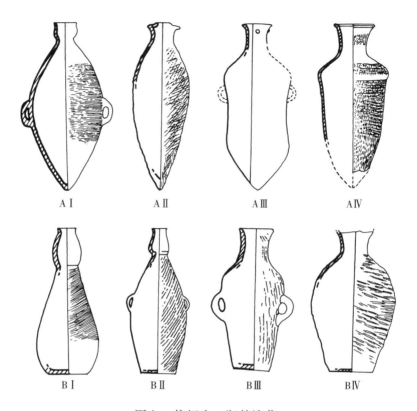

图七　仰韶小口瓶的演化

AⅠ. 半坡　AⅡ. 庙底沟 T203：43　AⅢ. 半坡 H10：2　AⅣ. 泉护 T902
BⅠ. 北首岭 M353：1　BⅡ. 泉护 H5　BⅢ. 大地湾 H832：13　BⅣ. 庙底沟
H563：44

　　Ⅳ式　敞口，斜缘，斜腹，大平底。见于庙底沟二期等。

　　瓶　有尖底和平底两型（图七）。

　　A 型　小口尖底，可分四式。

　　Ⅰ式　杯形口，鼓腹，锐尖底。腹有双耳，中段饰较整齐的绳纹。见于半坡类型及同时期之遗存。

　　Ⅱ式　环形口，瘦腹，锐尖底，但底的角度较Ⅰ式稍大，无耳，通体饰较凌乱的线纹。见于庙底沟类型及同时期之遗存。

　　Ⅲ式　喇叭口，溜肩亚腰或瘦腹，底角加大，有时有双耳，素面或饰篮纹。见于半坡晚期类型和西王类型等。

　　Ⅳ式　喇叭口，颈较Ⅲ式为长，微折肩，亚腰或瘦腹，无耳，底角甚大，通体饰绳纹或篮纹。见于庙底沟二期和泉护二期等。

　　B 型　小口平底瓶，也可分为四式。

Ⅰ式　杯形口，最大腹径靠下，无耳，饰较整齐的绳纹或彩纹。半坡类型早期没有这种器物，是该类型晚期（即所谓史家类型）才出现的。

Ⅱ式　杯形口或环形口，最大腹径靠上，有双耳，通体饰较乱的线纹。见于庙底沟类型和泉护一期等。

Ⅲ式　喇叭口，广肩，腹有双耳，素面或饰绳纹。见于大地湾晚期。马家窑类型中的彩陶瓶属于同一形制，那里缺少尖底瓶，它取代了尖底瓶的位置。其他地方已很少见有平底瓶了。

Ⅳ式　喇叭口，溜肩或折肩，无耳，一般饰篮纹。仅见于庙底沟二期等，而且数量很少。

罐　有夹砂（A型）和泥质（B型）两类，其中夹砂形制变化较大，但脉络还是大体清楚的，基本可分四式（图八）。

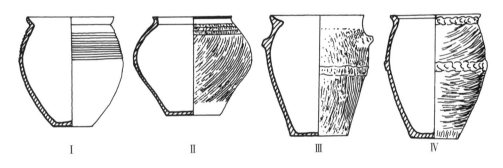

图八　仰韶夹砂陶罐的演化

Ⅰ.半坡　Ⅱ.庙底沟 H1：92　Ⅲ.半坡 H1　Ⅳ.西王村 H18②：29

Ⅰ式　侈口，鼓腹，上腹饰多道密集的弦纹，或弦纹下部加饰绳纹，或通体饰较整齐的绳纹。见于半坡类型、东庄类型和后冈类型等。

Ⅱ式　侈口，口沿为铁轨式，鼓腹，常饰弦纹加绳纹，但均较稀较乱。见于庙底沟类型及其同时期的遗存。

Ⅲ式　侈口，瘦腹，常饰一道附加堆纹，通体饰绳纹或篮纹，有时有一对鸡冠耳。见于半坡晚期类型、西王类型等。

Ⅳ式　侈口瘦腹，通体饰绳纹或篮纹，常有两道以上附加堆纹，其中一道贴于口沿外部。见于庙底沟二期等。

瓮　有夹砂（A型）和泥质（B型）两类，其中夹砂瓮亦可分为四式（图九）。

Ⅰ式　侈口，鼓腹，通体饰整齐的绳纹。见于半坡类型和东庄类型等。

Ⅱ式　侈口，腹微鼓，有时有一对小鸡冠耳，饰较乱的绳纹。见于庙底沟类型等。

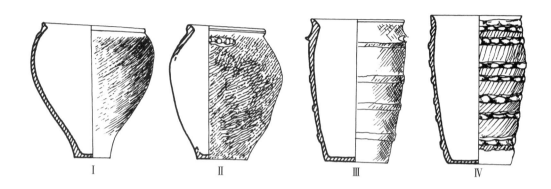

图九　仰韶夹砂陶瓮的演化

Ⅰ.半坡 W2：3　Ⅱ.庙底沟 H203：45　Ⅲ.西王村 M2：1　Ⅳ.庙底沟 H35：93

Ⅲ式　侈口，瘦腹，有时有鸡冠耳。通体饰绳纹或篮纹，上面再加多道附加堆纹。见于西王类型等。

Ⅳ式　形制与Ⅲ式略同，侈口或直口，筒腹，通体饰篮纹或绳纹，上面再加多道附加堆纹，口沿外亦必有附加堆纹。见于庙底沟二期等。

从以上关于五种基本器类形制发展规律的叙述来看，很清楚应分为四期，但期与期之间的关系并不完全相同。最明显的分界是在第二期和第三期之间，例如钵前两期是圆腹或曲腹，后两期是斜腹；盆前两期是微折腹或曲腹，后两期也是斜腹；瓶前两期是短颈锐角底，后两期是喇叭口长颈、直角或钝角底；罐前两期是鼓腹，后两期是瘦腹；瓮也类似，前两期是鼓腹或微鼓腹，后两期是瘦腹或筒腹。由此可见，这五种器物的变化可划分为两大阶段四小阶段，第一期和第二期属早期阶段，第三期和第四期属晚期阶段。

陶器组合的变化也是如此。与 AⅠ、BⅠ钵，AⅠ盆，AⅠ、BⅠ瓶，AⅠ罐和 AⅠ瓮共存的器物，一般有鼓腹盉、浅腹圜底盆、大头细颈壶、大口尖底罐、锥刺纹泥质罐等，有些地方（如后冈类型）还有圆柱足圜底鼎、圆腹釜、甑、灶、小口壶和支脚等。

与 AⅡ、BⅡ钵，AⅡ盆，AⅡ、BⅡ瓶，AⅡ罐和 AⅡ瓮共存的器物，一般有斜直腹盉、粗矮圈足豆、敛口盆、敛口瓮、缸、泥质彩陶罐、折腹釜、盆形甑、灶、器座、器盖等，少数地方有鼎。

与 AⅢ、BⅢ钵，AⅢ盆，AⅢ、BⅢ瓶，AⅢ罐和 AⅢ瓮共存的器物，一般有折盘细把豆、杯、敛口瓮、小口高领瓮、带嘴罐、泥质彩陶罐、凿形足鼎、花瓣形捉手的器盖等。

与 AⅣ、BⅣ钵等共存的器物。一般有内折盘豆、直筒杯、小口高领瓮、泥质彩陶罐、鼎、斝、乳钵和器盖等，个别地方（晋南豫西）有深腹圜底釜和筒形灶。

第一期与第二期器类的变率约40%，第三期与第四期器类的变率约30%，而第二期与第三期器类的变率高达60%左右。从这里也清楚地反映出第二和第三期之间的界线是更为重要的。

陶器纹饰的变化同器形变化有着类似的阶段性。第一期以绳纹、弦纹和锥刺纹为主；第二期绳纹变细为线纹，弦纹减少，锥刺纹消失，并出现少量篮纹和附加堆纹；第三期篮纹和附加堆纹已较普遍，绳纹减少，并出现个别方格纹；第四期以篮纹和附加堆纹为主，另有少量绳纹和方格纹。四期的区别是明显的，同时两大阶段也很清楚：前两期以绳线纹和弦纹为主，后两期以篮纹和附加堆纹为主。大的分界线还在第三和第四期之间。

彩陶的内容相当复杂，不同地区的差异又十分显著，似乎不容易看出变化发展的规律。倘使仔细对比，也还是可以分为两大期四小期的。前两期是逐渐增加的，后两期则逐渐减少以至基本消失。第一期只有单色彩，在西部全为黑彩，在东部则或为黑彩或为红彩。第二期仍以单色彩为主，同时出现白衣和红衣，在白衣上常兼用黑、红二色彩。第三和第四期又是单色彩，以红色为主。除秦王寨类型早期外，再也没有白衣复色彩了。前两期有像生性花纹，后两期几乎消失。前两期的图案花纹多用几何图形构成，不过第一期多用直边几何图形（宽带、三角、菱形、细腰形等），第二期多用曲边几何图形（圆点、凹边三角、新月形等）；后两期多用线条构成花纹，曲线和直线并用，带状网格纹是这两期的基本图案。

以上是从陶器的分析中看到的情况，如果结合考察其他文化因素，那么整个文化的发展阶段就会看得更加清楚。这里拟就生产工具、房屋建筑和埋葬习俗三个方面略作分析。

1. 生产工具的发展

仰韶各期的生产工具无论在类别和形制上都有变化。

第一期的生产工具以芮城东庄村和渭南史家的材料比较集中。东庄村虽可能混有个别第二期的遗物，但影响不大。西安半坡和宝鸡北首岭材料虽多，但都和其他时期的混在一起，无法一一区别开来。元君庙材料单纯，但因出自墓葬，数量太少，不能反映当时工具的基本面貌，故这里只统计东庄村和史家两个遗址的资料，作为第一期的一个代表（表四）。

表四　仰韶一期生产工具统计表

遗址	质地	斧	锛	铲	刀	砍伐器	敲砸器	尖状器	刮削器	铲形刀	镞	网坠	纺轮	锉	磨盘	杵	砺石	锥	圆盘状器	小计
东庄村	石	13	1		4	2	1			3	3		1			2	1			31
	骨										11							1		12
	陶				4							2	7	3						16
史家	石	5		7	7			3	3							2	1			28
	骨																	2		2
	陶													8					92	100

说明：本表骨器中包括角器。

从表四可以看出，仰韶第一期的工具以陶器为多，石器次之，骨角器最少。但陶器主要是打制的圆盘状器，其他各类很少，所以在生产中起作用的首推石器，次为骨角器，陶器最小。而石器中打制石器将近一半，是其特点。

第二期生产工具以陕县庙底沟的材料最为集中，统计如表五。

表五　仰韶二期生产工具统计表

质地	斧	锛	凿	铲	刀	圆盘状器	网坠	小石片	锤	槌	纺轮	砺石	镞	锥	锉	小计
石　器	27	5	7	4	100	2230	5	2	17		15	3				2415
骨角器			4						1				71	15		91
陶　器		2			100						85				1	188

从表五可以看出，石器在数量上已占绝对优势，次为陶器，最后是骨角器，这和它们在生产上起的作用的大小也是相称的。石器中盘状器占了绝大部分，它取代了第一期的陶盘状器而又有很大发展。石铲较完整的虽只有 4 件，但遗址中大小残片还有 130 多件。铲、刀这两种农具都比第一期多得多了。

第三期生产工具以芮城西王村的仰韶晚期遗存和郑州大河村第三、四期的材料比较丰富，现统计如表六。

表六　仰韶三期生产工具统计表

遗址	质地	斧	锛	凿	铲	刀	镞	网坠	钻	锥	陶垫	圆盘状器	纺轮	磨盘	磨棒	砺石	小计
西王村	石器	1	3	3	6	3	14		1			3	2	1	12	1	50
	骨角器			1			3			10								14
	陶器					123								4				127
	蚌器					2												2
大河村	石器	11	3		9	4								2			3	32
	骨角器			1			18			3								22
	陶器													25				25
	蚌器					3	4											7

从表六中可看出，陶质工具占了第一位，但主要是陶刀和纺轮，在多种生产部门中起最大作用的仍然是石器。同前两期相比，最大的变化是磨制石器的比例加大，而打制石器已不占重要地位，这是技术进步的一个表现。

第四期的生产工具可以庙底沟二期和大河村第五期为代表，统计如表七。

表七　仰韶四期生产工具统计表

遗址	质地	斧	锛	凿	铲	刀	镞	渔叉	纺轮	锯	锥	磨盘	磨棒	砺石	陶垫	小计
庙底沟	石器	11	9			31	19					1	1			72
	骨角器			1			17			1	15					34
	蚌器					1	2									3
	陶器					3						6			1	10
大河村	石器	24	4	16	8	2	3				13			7		77
	骨角器			3			25	1			5					34
	蚌器					14	5									19
	陶器										21				2	23

从表七可以看出，这一期石器在数量上占了很大优势，并且几乎都是磨制的了，陶质工具已大为减少，这是原始技术的又一进步。

在所有生产工具中，石铲的变化是最明显的，其次是爪镰，即所谓石刀和陶刀。这两种农具的变化在很大程度上反映了当时农业生产的发展。

石铲在第一期是很少的，多呈心形；第二期数量大增，有心形和舌形两种；第三期有较大革新，出现梯形穿孔铲和有肩铲；第四期有长方形铲和有肩铲。前两期石铲均厚重、体宽，后两期较扁薄，体亦较窄；前两期刃部弧凸，后两期接近平刃（图一〇）。

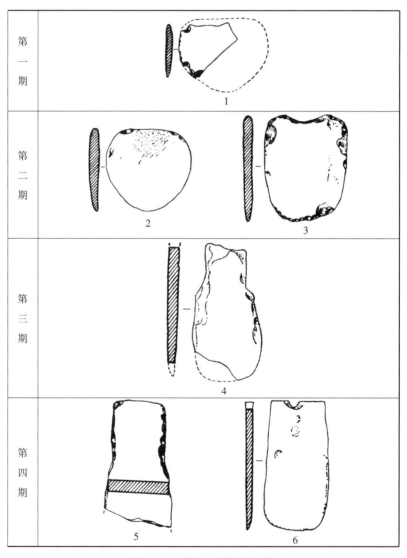

图一〇　仰韶石铲的演化

1. 史家 T3②：20　2、3. 庙底沟 H203：51、T81：10　4. 大河村 T9④：3　5. 王湾 H325：3　6. 大河村 T6、7 南扩③：3

爪镰在第一期为数很少，大体呈圆角长方形，不便拴绳。第二期数量大增，出现两端内凹（多为打制的）和长方形穿孔的（多为磨制的）两种基本形态，拴绳问题得到了解决。第三期陶刀多于石刀可能仅是西王的情况，大河村即无陶刀，洛阳王湾也是石刀远多于陶刀。第四期石刀终于占了优势，且磨制的也占了优势。

由此可见，生产工具的变化不但可以划分为四期，而且也能大致看出前两期和后两期的不同，这在石铲方面表现得最为明显。

2. 房屋建筑的发展

仰韶房屋的类型比较复杂，从房基看有地穴式和平地起建之分，从平面看有圆形和方形之分，从间数看有单间、双间和多间之分，从面积看有大、中、小之分，从建筑技术、室内布置等方面还可进行不同的分类。但如果放在一个发展的序列中来看，其变化脉络还是很清楚的。

一般地说，第一期的房子全都是单间的。平面圆形和方形都有，因地而异。方形房基通常有深半米的地穴，没有壁柱和墙，是一种地穴式窝棚。这时期村落布局井然有序，大中小房屋判然有别，生动地反映氏族公社的社会组织结构和生活图景。

第二期的房子仍都是单间的，并且基本上是方形。有较浅的地穴，有壁柱和木骨泥墙，是一种半地穴的房屋。这时的房屋面积较大，小房有 30～40 平方米，大房达 200～300 平方米，都比第一期的同类房子大一倍以上。

第三期的房子有三个显著变化：一是双间和多间房子的出现，二是普遍从地面起建房屋，三是室内地面使用土水泥，即用三合土打成泥浆抹成地坪，颜色、平滑度和坚硬程度都接近现代水泥。而第一、二期房屋地面仅仅抹草泥土或用料姜石铺垫。这期房屋大小相差悬殊，大的可达 300 平方米以上，有些房屋地面还有彩画。

第四期房屋发现尚少，有些地面和墙壁抹白灰，平光而明亮，称为白灰面。有些房屋内壁也有彩画。

火塘也有变化。前两期都从地面挖坑，第一期多瓢形浅坑，第二期多圆形深坑，都位于房屋中间或中间靠前。第三、四期的灶常偏于一隅，底与居住面平，有时周围做一土埂以挡火灰。第四期还有从壁上掏一火坑的。

由此可见，房屋建筑的阶段性也是很明显的，而在四期中第二、三期之间的变化最大。

3. 埋葬习俗的发展

尽管仰韶文化的分布范围极大，发展时间很长，但其埋葬习俗有很大的一致性，如在村落旁设置墓地，墓葬头向多朝西北，成年人用长方形土坑，婴儿实行瓮棺葬等。除此之外，阶段性的变化也是很明显的。

第一期普遍流行多人集体合葬和同性合葬，同时流行二次葬。有些墓地虽以单人葬为主，但也有少数合葬和二次葬。墓中普遍有随葬品，有陶器、生产工具和装饰品。瓮棺葬的葬具以夹砂瓮和盆、钵套合而成。

第二期墓葬发现甚少，以单人葬为主，只有个别地方（如淅川下王岗）仍流行多人集体合葬。仅少数墓有随葬品，且陶器明器化，个小质劣。瓮棺葬多用小口尖底瓶作为葬具。

第三期墓已全部为单人葬，仅少数墓有随葬品。瓮棺葬用鼎、罐、尖底瓶、盆、豆等作为葬具。

第四期墓也全部是单人葬。庙底沟二期的 145 座墓葬中仅有 2 座各随葬 1 件陶杯，其余均无随葬品。这时瓮棺葬的数目也已显著减少了。

埋葬习俗的变化中，最能反映社会性质的一是单个墓的埋葬人数，二是随葬品的情况。不少著作分析了半坡类型合葬墓的性质，认为它应是母系氏族在一定时期内的死者，它所反映的社会是母系氏族社会[1]。因此，我们可以大致确定第一期属母系氏族社会，第二期发生了变化，也许是由于向父系氏族社会转变而发生的变化，但毕竟还在变化之中，有些地方还存在着母系社会流行的那种葬制。第三期已全部是单人葬了，只凭这一点不好判定其社会性质，但如果考虑到与它同一时期的大汶口文化花厅期出现夫妻埋葬等情况，而仰韶文化在这一期的墓葬发现尚少，尚不能全面反映实际情况，那么它进入父系氏族社会并不是不可能的。对第四期的情况也可以这样说。至于随葬品由第一期比较普遍而丰富，到第二期即显著减少，可能是开始认识到社会财富的重要，不愿意对一般成员实行厚葬。这种珍惜财产的观念往往是同私有财产的观念相联系的。由于社会生产的发展而产生了积累一定财富的可能，由于财富积累的不平衡而发生了私有财产的观念和对于财产继承权的关心，由于这时期的财富大部分为男子所创造，这就造成了一股由母系转变为父系的社会力量。仰韶文化合葬墓的显著减少同随葬器物的显著减少发生在同一时期，集体合葬墓的消失与房屋建筑中由单间向双间和多间的转变发生在同一时期，正好说明这几种社会现象的本质联系。

综上所述，仰韶文化可以分为四期，这四期又可归纳为两大发展阶段。前两

〔1〕 北京大学历史系考古教研室：《元君庙仰韶墓地》，文物出版社，1983 年；张忠培：《史家村墓地的研究》，《考古学报》1981 年第 2 期；邵望平：《横阵仰韶墓地的性质与葬俗》，《考古》1976 年第 3 期。

期为早期阶段，是生产逐步发展，社会繁荣，整个文化的统一性加强，特征日益形成和完善的阶段；后两期为晚期阶段，是分化趋势日益明显，自身特色逐渐衰落的阶段，是社会开始分化，新的文化因素孕育和滋长的阶段，是向龙山时代过渡的阶段。

这里需要说明的是，本文把以庙底沟二期为代表的文化遗存作为仰韶文化的第四期即最后一期，而不是像历来的划法把它划归龙山文化的时代，不把它作为一种早期龙山文化，主要是出于两个方面的考虑，或者说是两条理由。

第一，从文化内涵来说，庙底沟二期文化既与西王类型接近，也与比它晚一阶段的三里桥或陶寺类型那样的龙山遗存接近，它本身就有承上启下的作用，所以过去曾把它称为过渡文化。但过渡期不能单独列为一个文化阶段，不归于仰韶晚期就归于龙山早期，主要看哪边比较合适。比较起来，它同西王类型相同或相似的程度远多于它同三里桥或陶寺龙山相似的程度。例如它的陶器是手制的，篮纹和附加堆纹特别发达，彩陶主要是带状网格纹，器形中的釜、喇叭口尖底瓶、筒形罐等等，都和仰韶第三期相同或接近；与仰韶大不相同而接近龙山的因素主要是鬶。龙山陶器中轮制的技术，大量新器形的涌现（单是袋足器就有鬶、鬲、甗、鬹、盉等多种），都同庙底沟二期有原则区别。可见把庙底沟二期划入仰韶比划入龙山要好。

第二，从同周围文化的比较来说，仰韶文化的东边是青莲岗·大汶口文化，两者的发展基本是同步的。仰韶文化的第一至第四期分别相当于它的青莲岗期、刘林期、花厅期和景芝期。后来又同步进入龙山时代。如果把庙底沟二期等划入龙山早期，那就意味着在中原地区比在山东等地早一个时期进入龙山时代，而这是与实际情况相抵触的。仰韶文化的西边是马家窑文化，它是仰韶晚期遗存特异化的产物，以后发展为齐家文化。假如把庙底沟二期等划入龙山，同样意味着中原早一个时期进入龙山时代，而事实却基本上是同步的。为了使名称尽量反映实际情况，也是把庙底沟二期划入仰韶为好。现将三个地区新石器文化的相对年代关系列如表八。

关于仰韶各期的绝对年代，现在已有很多碳－14年代作为根据。但碳－14年代有时由于标本的污染，或标本本身的年代与同层遗物的年代并不一致，或者由于碳－14测量中出现的误差，使得某些标本的年代大幅度偏离真实年代。在有许多数据的情况下，一般应取最集中相互最接近的多数数据，舍弃个别偏离太远的数据，而不要不加分析地同等对待，也不要取平均值。相邻两期的碳－14年代如果发生交叉，绝不意味着二者真正发生了交叉，而一定是由于上述的某种原因造成的误差。这就要找出一个适当的分界点。因此，我们这里所说的年代是经过校正和适当调整的年代。

表八　甘青、中原山东苏北地区新石器文化相对年代关系表

时代 ＼ 地区	甘青地区		中原地区		山东苏北	
仰韶时代			半坡期	仰韶文化早期阶段	青莲岗期	青莲岗文化
			庙底沟期		刘林期	
	马家窑期	马家窑文化	秦王寨期	仰韶文化晚期阶段	花厅期	大汶口文化
	半山、马厂期		庙底沟二期		景芝期	
龙山时代	齐家文化		"中原龙山文化"		龙山文化	

说明："中原龙山文化"指龙山时代处在中原地区的一系列文化和类型，包括客省庄二期文化、王湾三期文化、后冈二期文化、陶寺类型和造律台类型。

　　第一期共测了 20 个标本，绝大多数落在公元前 4900～前 4000 年间。

　　第二期共测了 16 个标本，绝大多数落在公元前 4000～前 3500 年间。

　　第三期共测了 15 个标本，绝大多数落在公元前 3500～前 3000 年间。

　　第四期仅测了 4 个标本，基本落在公元前 3000～前 2500 年间。

　　这些当能大体上反映仰韶文化各期的真实年代。

六　仰韶文化的地方类型

　　前面说过，仰韶文化的起源并不是单一的，它的前身有老官台文化，还有磁山文化，而磁山文化本身又还可分为磁山与裴李岗两个类型，这种情况不能不对仰韶文化地方特征的形成带来影响。加以仰韶文化分布地域辽阔，交通不便，各地的自然地理条件又有很大差别，这是使仰韶文化地方特征得以形成的另一个重要的原因。但是这种差别并不是很固定的。由于仰韶文化延续的时间很长，在每一发展阶段都发生过一些变化，因此划分地方类型就不能不在分期的基础上来进行。

　　第一期至少存在着三个或四个地方类型（图一一）。渭河流域的是半坡类型，山西南部和河南中西部是东庄类型，河南北部和河北中南部是后冈类型。山西中部、雁北和河套东段的遗存有很大一致性，也许属于另一类型。此外在南阳盆地和湖北交界的地方，以及河北西北的张家口地区等也发现过一些遗址，按其文化特征不能归于四个类型中的任何一个。

　　这一时期文化最发达的地方是渭河流域，即半坡类型分布的区域，其范围东起潼关，西到天水，南至西乡，北及铜川，是各类型中面积最大的一个。这个类

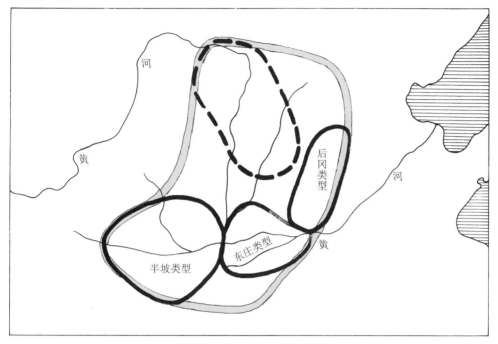

图一一　仰韶一期遗存及地方类型的分布示意图

型很明显是继承老官台文化而发展起来的，除某些陶器的器形和纹饰可从老官台文化中找到渊源外，还有彩陶钵上的许多刻划记号，也同老官台文化中陶钵里面画的红色记号相同或相近。这个类型的遗址分布较密，面积较大，堆积丰富，一般遗址的居住区即有 2 万～3 万平方米，有几十乃至上百座房屋。这个类型最富特征的器物有较粗短的尖底瓶、葫芦瓶、大口尖底罐、锥刺纹罐和大头细颈壶等；绳纹甚多；彩陶花纹全为黑色，像生性花纹比较发达，有人面纹、鱼纹、鸟纹和鹿纹等；图案花纹则以三角、方块、条带等几何形体为主。这个类型本身还可分为两期，早期有元君庙和姜寨一期，晚期有史家和姜寨二期，半坡、北首岭等两期都有。

后冈类型分布于河南北部和河北中南部太行山东坡的狭长地带，是继磁山文化的磁山类型发展起来的。它没有尖底瓶，但有较多圜底鼎和小口壶，河北境内年代较早的遗址常有釜，有时还有支脚。多数陶器为素面，次为弦纹、划纹和锥刺纹，几乎没有绳纹。彩陶花纹以紫红色为主，黑色较少；无像生性花纹，图案花纹以条带、平行竖线、平行斜线、交错斜线为主。

东庄类型分布于山西南部，河南中西部也暂划入这个类型，它的前身应是磁山文化的裴李岗类型。这个类型的遗址较少，堆积也远不及半坡类型丰富。陶器中既有尖底瓶，也有圜底鼎，但数量均较少。尖底瓶个体比半坡类型的细长得多。

双耳筒形罐和镂孔钟形器是本类型中所特有的。绳纹较少。彩陶花纹以黑色为主，也有少数红色的，动物纹很少，仅见鱼纹一种；图案花纹中以豆荚纹最富特色，其他多与半坡类型相似。由于这个类型处在半坡类型和后冈类型之间，不可避免地要受到二者的影响。比较起来所受半坡类型的影响更多也更深一些，不能排除有半坡类型居民的迁入，因此我曾建议称之为半坡类型的关东变体[1]。现在看来，它是可以单立为一个地方类型的。这个类型的典型遗址应该位于洛阳附近，但洛阳王湾一期一段的材料太少，不足以反映该类型的全貌，故暂以东庄村名之，称为东庄类型。

在山西中部、雁北、陕北和内蒙古河套地区的东段，都发现过一些仰韶第一期的遗存，遗址一般很小，分布稀疏，仅河套地区稍密一些。其文化面貌有很大的一致性，也许可以单独划分为一个新的类型。目前这些遗址很少进行发掘，很难确定某个遗址最有代表性，因而暂时还难以给予适当的名称。在这个"类型"的遗址中至今还没有发现小口尖底瓶，也没有鼎，主要器形是圜底钵、窄缘圜底盆、小口壶、侈口绳纹罐、敛口弦纹罐，还有大口圜底罐等。彩陶花纹中红、黑两色都有，彩纹主要是宽带纹和交错斜线纹等。总体面貌同后冈类型比较接近，可能是受了后冈类型的影响，或是后冈类型的变体。

第二期仰韶遗存通常被称为庙底沟类型，实际上它也是包含许多地方类型的。这一期仰韶文化的发展可以说达到了高峰时期，不但文化分布的面积扩大（主要向西边扩大），而且各地区之间文化融合的进程显著加强，整个文化的共同性或一体性表现得更为突出了。这当然不是说不存在地方差别，或者这些差别已不占重要位置了，因此我们还是把它分为若干地方类型（图一二）。

这一时期两个最突出的地方类型，一在渭河流域，一在伊洛流域。渭河流域的遗址可暂以华县泉护作为代表，称为泉护类型。它的前身是半坡类型，分布范围即以半坡类型为基础而向西部和北部扩展。它的文化因素主要是承袭半坡类型，也吸收了东庄类型和后冈类型的一些特点而加以融合和发展。例如它的尖底瓶和小口平底瓶十分发达，尖底瓶比较短粗，夹砂罐多绳纹和弦纹等，都是继承半坡类型的特点。釜、甑、灶则应是继承后冈类型的特点。特别值得注意的是，泉护类型的尖底瓶虽是继承半坡类型的同类器物而来的，但半坡类型为杯形口，泉护类型为环形口，后者很难继承前者。而后冈类型中的小口壶为环形口。也许可以认为，当泉护类型的人制造尖底瓶时，不但考虑到半坡类型的传统，也从东方后冈类型的小口壶上得到启发，从而造出了新的形态的小口尖底瓶。泉护类型的彩

---

〔1〕 严文明：《论半坡类型和庙底沟类型》，《考古与文物》1980 年第 1 期。

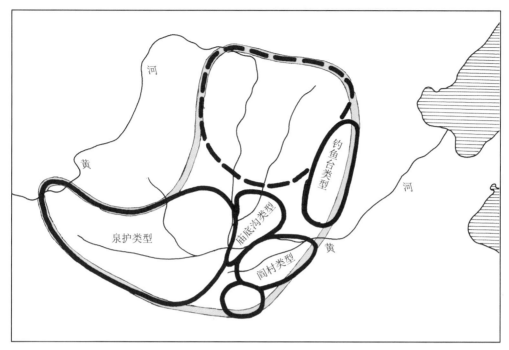

图一二　仰韶二期遗存及地方类型的分布示意图

陶继承了半坡类型的鸟纹、蛙纹而加以发展。鸟纹多为侧视形，种类很多。图案
花纹中以回旋勾连纹为主，次为垂弧纹、花蕾纹和花瓣纹等。

　　伊洛流域的仰韶遗存在这一时期特别发达，大型遗址甚多，其中心区应在嵩
山附近的临汝阎村，故可称为阎村类型。这一类型中陶鼎较多。小口尖底瓶有两
种而基本上没有小口平底瓶。一种尖底瓶较粗短，另一种特别修长，并有亚腰和
双耳，为它处所不见。流行直筒形带盖缸，并往往用作成年人的葬具。多素面陶，
绳纹少见。彩陶中基本上无动物花纹，个别特殊彩陶器则有很好的动物图像。如
阎村一件作为葬具的直筒形缸上就画一白鹳衔一尾细鳞鱼，旁立一把石斧[1]。
图案性花纹中有回旋勾连纹、窄带纹、垂弧纹和花瓣纹等。

　　庙底沟类型夹在泉护类型和阎村类型之间，范围很小，文化内涵也表现出一
种中间的状态。尖底瓶有些像泉护类型的，平底瓶则少得多，同时还有少量的鼎。
双耳筒腹罐当是从东庄类型继承下来的。绳纹发达，彩陶甚多。有少量动物纹，
如蛙纹。图案花纹发达，有回旋勾连纹、垂弧纹、凸弧纹、豆荚纹、花瓣纹、窄
带纹、网格纹、羽状纹、三角纹、横"X"纹等。

　　南阳盆地和汉水中游的一些遗址中，常有带小斗的彩陶簋，陶鼎很多而尖底

---

〔1〕　严文明：《〈鹳鱼石斧图〉跋》，《文物》1981 年第 12 期。

瓶很少，未见平底瓶和直筒形带盖缸。彩陶多红衣黑彩，也有灰衣红彩、白衣黑彩或黑红二色彩的。以变体回旋勾连纹为多，也有窄带纹、豆荚纹、花瓣纹等。当可划为一个单独的类型。

在河北中南部和河南北部，这一时期的遗存极少，但也有些特色。可暂称之为钓鱼台类型。

在山西中部、雁北、内蒙古河套东部和河北张家口一带，这时期的遗址逐渐多起来了，内涵也比较丰富。陶器中主要有卷缘曲腹盆、侈口罐、敛口瓮和小口尖底瓶等，未见鼎、釜、灶等器物。绳纹和弦纹都较发达。彩陶中以回旋勾连纹为大宗。这些特点在这一片地区内有较大的一致性，故也许可划为另一地方类型。

第三期仰韶遗存的一个特点是分化的趋势加强，各地方的特征更加突出起来，很容易区分为不同的地方类型（图一三）。

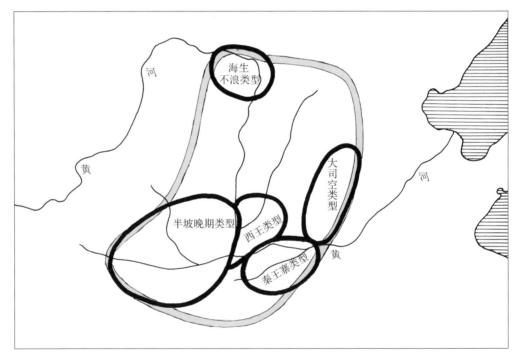

图一三　仰韶三期遗存及地方类型的分布示意图

分化现象最突出的是甘肃东部。那里的仰韶遗存在第一期时同陕西境内的没有什么区别；第二期时分布范围向西推进了许多，文化面貌同陕西境内的相比已略显差别，但相同的部分是主要的，基本上还属于同一类型。到第三期，天水以东和天水以西的文化走了完全不同的道路。天水以东继续用尖底瓶，彩陶几乎消失；而天水以西则显著特异化，基本不用尖底瓶，彩陶反而大盛。后者的特异化，使它有可能从仰韶文化中分离出来，而成为单独的一支考古学文化，即所谓甘肃仰韶文化或马家窑文化。

这期的地方类型可确定的有渭河流域的半坡晚期类型，河南中西部的秦王寨类型，豫北冀南的大司空类型等。山西南部和河南极西部原来庙底沟类型所在的地方，文化面貌仍然呈现一种中间的状态，只是同半坡晚期类型的联系要远多于同秦王寨类型的联系，可暂称为西王类型。内蒙古河套东部也分化出一片特征鲜明的地方类型，称为海生不浪类型。

半坡晚期类型基本上是承袭泉护类型发展起来的，但其西边已分化为马家窑文化，东边对西王类型给予了强烈影响。它的陶器主要有敛口斜腹钵、宽平缘斜腹盆、喇叭口亚腰尖底瓶、侈口绳纹罐、带嘴罐和高领瓮等。绳纹和附加堆纹甚多，彩陶仅见个别红色斜线纹。

西王类型同半坡晚期类型十分接近，所不同的是有折盘镂孔豆、釜和敛口泥质瓮等。彩陶也极少，除红色线纹外，还有白色弧线纹。

秦王寨类型是继承阎村类型发展起来的。它的碗、盆多为折腹，多鼎和豆，尖底瓶很少。素面陶居多，尚有篮纹和少量方格纹、绳纹等。彩陶较多，较早时有白衣红黑双色彩，后来则主要是红色或黑色带状网格纹。在这个类型中出过双腹杯和背水壶，很明显是受到了南方的大溪文化和东方的大汶口文化的影响。

大司空类型应是继承钓鱼台类型发展起来的。它的陶器中最多见的是圆腹碗、敛口钵、折腹盆和侈口罐，没有小口尖底瓶，这是它同一般仰韶文化的最大差别之一。这个类型分布的地区在后冈类型时是多鼎的，也有豆，和它同时期的两个近邻秦王寨类型和大汶口文化也多鼎和豆，而大司空类型基本上没有这两类器物，这是很奇怪的，其原因有待探讨。这个类型的彩陶比较发达而且十分规范化。绝大部分是红色花纹，主要母题是豆荚纹、细腰纹和双钩纹等[1]。

在山西中部以北的广大地区，在第一期和第二期时遗址稀少，但彼此的面貌有较大的一致性。到第三期就分化了，例如山西中部同雁北、河套地区就很不相同。这时期河套东段两岸遗址十分密集，文化特征显著，完全可划分出一个类型即海生不浪类型。这个类型的彩陶十分发达，多饰于折腹钵和折腹罐上，也有饰于碗上的。有外彩也有内彩，往往红黑二色兼用。全部是图案式花纹，非常繁缛，有鱼鳞纹、重叠三角纹、横线纹、折线纹、弧线纹和网格纹等。

---

〔1〕　郑绍宗：《有关河北长城区域原始文化类型的讨论》，《考古》1962 年第 12 期；唐云明：《试谈有关河北仰韶文化中的一些问题》，《考古》1964 年第 9 期。

　　至于南阳盆地和汉水中游，此时文化已呈衰落之势，遗址较少，陶器多素面而不画彩，很难划分出一个确切的类型。

　　第四期即庙底沟二期，各地文化继续分化（图一四）。渭河流域在半坡晚期类型之后，又分化为泉护二期类型和常山类型。山西中部也分化出来了一个义井类型。南阳盆地及汉水中游已不再是仰韶文化的分布区，原有仰韶居民已被江汉平原的屈家岭文化所融合和取代了。只有晋南豫西、伊洛流域和冀南豫北三片地方还保持基本稳定，它们已分别发展为庙底沟二期类型、谷水河类型[1]和台口类型。至于内蒙古河套一带，也由于分化趋势的加强，使文化面貌更加特殊，或许要另立一个文化了。

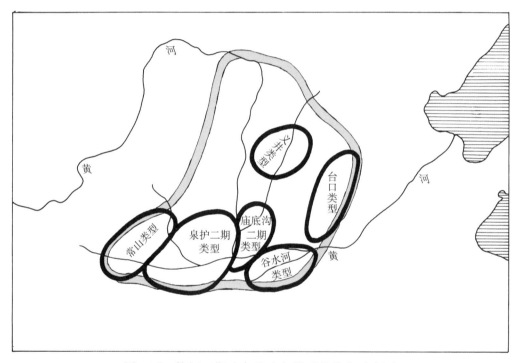

图一四　仰韶四期遗存及地方类型的分布示意图

七　相邻原始文化在仰韶文化发展中的作用

　　同任何考古学文化一样，仰韶文化并不是在孤立的状态下独立发展的，而是

---

　　[1]　以河南禹县谷水河第三期为代表，其年代和文化特征与洛阳王湾二期四段基本一致。见河南省博物馆：《河南禹县谷水河遗址发掘简报》，《考古》1979年第4期。

在同相邻近的各原始文化发生多种联系和相互作用的情况下向前发展的。

现在知道，仰韶文化的东边有青莲岗·大汶口文化，东北边有红山·小河沿文化，北边有"细石器文化"，西边有马家窑文化，南边有大溪·屈家岭文化，它们都受到了仰韶文化的不同程度的影响，同时又都给予仰韶文化以积极的影响。不过，由于各自的具体情况很不相同，它们对仰韶文化的发展所起的作用也是很不相同的。

在仰韶文化的发展过程中，青莲岗·大汶口文化的影响是最值得注意的。仰韶文化的前身老官台文化和磁山文化都基本上没有鼎，只有三足罐和三足钵，它东边的北辛文化则有大量圜底鼎，其中有些是圜底盆形鼎。大汶口第一期（相当于青莲岗期）也多圜底盆形鼎。此后东方（以及南方）的新石器文化中一直有很多鼎。仰韶文化第一期只是最东边的后冈类型多鼎（基本上都是圜底盆形的），越往西去数量越少，到半坡类型仅见几块残片。由此可见仰韶文化中的鼎不是本地发生的，而是受其东方的新石器文化的影响才有的。此时仰韶文化对东边的影响并不显著，只是从大汶口第一期中看到有宽带纹彩陶钵的残片，可以作为这种影响确实发生过的一个证据。

仰韶文化的第二期即庙底沟期是一个相当繁盛的时期，这一方面表现在它内部各地方类型融合和一体化的趋势加强，另一方面则表现在对外部文化影响的加强。这时在山东和苏北刘林期的遗存中普遍地出现卷缘曲腹盆和敛口钵，上面饰回旋勾连纹，从器形到纹饰都酷似庙底沟期的作风。还有些是仰韶文化的器形（如卷缘曲腹盆）画了青莲岗文化的花纹（如八角星纹），有些是青莲岗文化的器形（如漏器、小口壶等）画了仰韶文化的花纹（如花瓣纹），而花纹的画法又带有青莲岗文化自身的特点（如勾白边），这都表现仰韶文化对青莲岗文化的深刻影响。反过来青莲岗文化对仰韶文化的影响就很小，不容易看得清楚了。

到仰韶文化第三期即秦王寨期情况又发生了很大的变化。此时在仰韶文化各类型和大汶口文化花厅期中普遍地出现了小口高领瓮（罐），现在还很难断定这种器物是哪里发明的，传播的方向也不清楚。但既然在两个文化中几乎同时地普遍出现，这一事实本身就足以说明两个文化存在着密切的联系。在仰韶文化中，这种瓮只有在秦王寨类型中才画带状网格纹，大汶口文化中有些也画带状网格纹，说明秦王寨类型同大汶口文化的联系比别的类型更为密切。而大汶口文化对仰韶文化的影响，正是以秦王寨类型表现得最为明显。例如背水壶差不多是大汶口文化的特产，在郑州林山砦和大河村秦王寨类型的遗存中都发现过。大汶口文化花厅期有高领釜形鼎，多凿形足，足根起肩，秦王寨类型也有这样的鼎。青莲岗·大汶口文化历来多豆，仰韶文化很少有豆。庙底沟期的彩陶豆实际是一种圈足盆或簋，数量也少。到了秦王寨类型时期，一下子出现了许多豆，不能不说是大汶口文化的影响。彩陶中施白衣并饰红、黑两色花纹的作风，最早盛行于刘林期，仰韶文化的庙底沟期只有很少的例子。到了秦王寨类型的早期，这种彩陶也大为流行起来，其他地方则没有，显然也是大汶口文化影响的结果。

到仰韶文化第四期即庙底沟二期，大汶口文化的影响更加强烈。许多应属大汶口文化景芝期的器物在仰韶文化谷水河类型的遗址中出现。特别引人注目的是在谷水河类型分布的中西部远离大汶口文化的地方，如偃师滑城和平顶山市贾庄，都曾发现过一些随葬品很难与大汶口文化相区别的墓葬。是故有人认为这时不但大汶口文化对仰韶文化发生强烈影响，甚至有些大汶口文化的居民也迁到仰韶文化人民的老家落户了[1]。

对仰韶文化的发展产生重大影响的另一支文化，是在它南边的大溪文化和屈家岭文化。在仰韶文化的第一期，它同大溪文化的关系并不密切。到第二期即庙底沟期，它对大溪文化有强烈的影响，例如大溪文化中出现许多卷缘曲腹盆、敛口盆等，都和庙底沟期的同类器物十分相似，彩陶中的回旋勾连纹和花瓣纹等，也和庙底沟期的基本一致。同时仰韶文化也受到大溪文化的一定影响，这在比较接近于大溪文化分布区的南阳盆地和汉水中游表现得比较明显。在淅川下王岗早二期的遗存中，即有大溪文化风格的筒形杯、圈足碗和蘑菇形捉手的器盖。到仰韶文化第三期，南方的影响加强了，例如郑州大河村三、四期中出土的矮圈足壶、饰经纬刻纹的陶球，洛阳王湾二期一段出土的双腹杯等，都反映出大溪文化的特点。同时仰韶文化也继续对大溪文化产生影响，只是较第二期时有所减弱罢了。

到第四期即庙底沟二期，江汉平原已发展为屈家岭文化。它对北方的影响十分强烈。在南阳盆地和汉水中游，已将当地仰韶文化完全融合并取而代之；在河南中西部的谷水河类型中，彩陶杯、高柄杯、壶形高柄杯等都具有屈家岭文化的作风；在庙底沟二期类型中，如庙底沟 145 座墓葬中唯一的两件随葬陶器，就是具有屈家岭文化特征的彩陶杯。

仰韶文化在发展过程中同东北边的红山·小河沿文化也互有影响。在仰韶文化的第一期，红山文化的影响已到达张家口地区，同时红山文化中的圜底钵、口外有一圈泥突的圜底罐及若干彩陶等则是受仰韶文化影响的产品。到仰韶文化第二期和第三期的情况不甚明了，这主要是红山文化中相当于这两个阶段的遗存尚未确定。到仰韶第四期，小河沿文化对仰韶文化的东北部发生强烈影响，在北京和张家口地区形成了一种与仰韶文化很不相同的雪山一期文化。

---

〔1〕　武津彦：《略论河南境内发现的大汶口文化》，《考古》1981 年第 3 期。

　　仰韶文化同北边和西边原始文化的关系和它同上述几处原始文化的关系颇不相同。北边的内蒙古沙漠—草原地带普遍地分布着以细石器为特征的新石器文化遗存，一般称之为"细石器文化"。但直到目前还没有多少经过发掘的科学资料，无法对这个文化进行编年，更无法对它的每一时期进行系统的特征描述，这就使我们正确地探索它同仰韶文化的关系受到很大的限制。从仰韶文化本身来看，分布在北部广大地区的遗存在第一期时较少，到第二期时多起来了，它们的文化面貌都同南部中心区的比较接近，很像是从南部迁移过去的。它同当地原有住民还没有很好地结合起来，所以那些遗址中包含的细石器也较少。到仰韶文化第三期，文化面貌发生了很大变化，像海生不浪类型那样特殊的器形和彩陶花纹，显然不能完全由庙底沟期的遗存直接演化出来，一定参与了其他文化的影响。这个其他文化，我想应当是原来并不知道制造陶器，或只知道制少量质量粗劣的素陶，以游牧和狩猎为生，广泛地使用细石器的所谓"细石器文化"。它的人民同南来的仰韶人民开始是陌生的，久而久之相处熟了，他们也会学着经营农业，也会学着制造优美的彩陶器。在制造这些陶器的时候，他们会接受仰韶陶器的一些风格，也会融进自己的文化传统。对于仰韶人民来说，他们在继续居住下来以后，时间长了就难以同老家处处保持一致了，再说他们也会向当地的原有住民学习，把他们的文化特征反映到陶器制造中，同时也接受了使用细石器的技术。这两种情况都足以造成一种同原有仰韶文化面貌大不相同的地方类型或另一考古学文化。现在我们看到的事实是，海生不浪类型有非常独特的风格，它的遗址中有比较多的细石器。到第四期这个变化进一步加强，遗址中不但有更多的细石器，而且出现一定数量的篦纹陶器，已经很难算是仰韶文化的一部分了。

　　在仰韶文化的西边，至今还没有找到相当于仰韶文化早期阶段的其他文化遗存，但这不等于说当时那里还没有人类。我想当时那里的居民可能主要从事狩猎和采集，人数不多，他们的遗址不易发现。当仰韶文化的农业发展起来以后，自然会逐步扩展领域，寻找新的耕地。其中一些人从渭河流域往西推进，第一期到达天水附近，第二期就到了兰州盆地。由于离开老家的时间不长，还基本上保持文化上的一致性。但在当地一旦住得久了，就会发生类似在北边发生的过程，逐步同土著的狩猎采集者熟悉和接近起来。不论是仰韶人民吸取土著文化的因素，还是土著居民吸取仰韶文化的成就，都会形成一种既像仰韶又不像仰韶的新的文化，所谓甘肃仰韶文化或马家窑文化应该就是这样一种文化。

　　马家窑文化中的仰韶因素是显而易见的，越是它的早期就越看得清楚。例如马家窑类型中最多的几种陶器卷缘盆、彩陶碗、侈口夹砂罐等，便都是脱胎于仰韶文化庙底沟类型的，它的灰陶敛口瓮、喇叭口平底瓶、带嘴锅（罐）等，又都同半坡晚期类型或西王类型相似。它的彩陶有仰韶文化中的几种传统性动物花纹如鸟纹、蛙纹和鱼纹，它最流行的旋涡纹也可同庙底沟期的回旋勾连纹找到承袭和演化的关系。但马家窑陶器形制的规范化，彩陶花纹的极其繁缛和格律化的程度，又是仰韶文化各类型所不及的。马家窑文化的陶窑是方形窑室，与仰韶文化的圆形窑室很不相同，另外在房屋结构和埋葬习俗上也有很多特点。这些特点的形成如果只从仰韶文化自身的演变来解释是难以说得通的，所以我想一定有当地原住民文化的作用。某些马家窑类型的遗址中发现有较多的细石器这一点，或许对这个问题的解答提供了一点线索。

虽然马家窑文化是在仰韶文化的直接作用和参与下形成的，但它形成后也对仰韶文化本身带来一定影响，陕西宝鸡地区某些半坡晚期类型的遗址中有时可见到马家窑式的彩陶花纹是一个很好的证明。

八　结语

仰韶文化是我国新石器时代晚期的一个代表性文化，对它研究的历史最长，发现的遗址最多，积累的资料也最丰富。更值得注意的是，它所占有的地理位置比较适中，使它得以同很多新石器文化发生这样或那样的关系；而它分布的主要区域，后来又成了中国古代文明的发祥地。这种情况，使得一些人对它的起源发生特别的兴趣，有些著作几乎把仰韶文化的起源同中国远古文化和中国古代文明的起源等同起来。

现在知道，中国远古文化是十分复杂的，单是新石器时代晚期就有许多考古学文化，仰韶文化不过是其中的一个。它的起源同中国古代文明的起源毕竟也不是同一个范畴的问题。虽然如此，仰韶文化的起源仍然是一个令人瞩目的重要课题。

这个问题应该从三个方面来进行研究。第一，仰韶文化的前身是什么？在它分布的区域或附近是否存在某种前仰韶文化？仰韶文化从它那里继承了哪些重要因素？第二，仰韶文化所在的地理环境具有哪些特点，这些特点对于仰韶文化特征的形成有些什么影响？第三，仰韶文化同周围的原始文化有着什么样的关系？这些文化对仰韶文化的形成和发展带来过什么样的影响？

关于第一个问题现在总算比较明白了。仰韶文化的直接前身是老官台文化和磁山文化，二者都是新石器时代早期偏晚阶段的遗存。它们以粟、黍为主要作物的旱地农业和以养猪为主的家畜饲养业都为仰韶文化所继承，它们的房屋形式、埋葬习俗和从陶器等遗物上体现的文化特征大部分也传给了仰韶文化。除此以外，仰韶文化还从东边同样也属新石器早期偏晚阶段的北辛文化那里吸取了部分文化因素。除此以外再看不出仰韶文化有什么别的更早的来源。由此可以得出一个初步的结论：仰韶文化是本地起源的。

第二个问题过去往往被忽视，但在研究仰韶文化的起源时是不可回避的。仰韶文化种植的作物和耕作制度，它所采用的生产工具的种类和形式，它的房屋建筑的形式（如广泛采用半地穴式），陶器的种类和样式等，不但是与经济发展的一定水平相联系，同时与黄土高原的自然地理条件和半干旱的气候相关联的。仰韶文化的人民是在前人较低水平的文化的基础上，进一步认识和利用所在地区的自然条件，才创造出来富有当地特色的更高水平的文化。从这个意义来说，仰韶文化是黄土高原的产儿。

过去由于前面两个问题没有很好解决，于是就舍近求远，到遥远的西方去探索仰韶文化的来源，而对仰韶文化周围的原始文化很少去做工作，因而也不能正确地估计这些原始文化在仰韶文化发生和发展过程中的作用。现在看来，相邻的原始文化都同仰韶文化发生过一定的关系，只是这种关系的性质和密切程度各不相同。东边的青连岗·大汶口文化对仰韶文化有较大的影响，其次是南方的大溪·屈家岭文化，再次是东北的红山·小河沿文化。仰韶文化对这些文化也有影响，而且在不同时期相互影响的方向和主次都有变化。在北边和西边，早期阶段主要是仰韶文化居民的迁徙，后来才同土著居民结合起来，形成新的考古学文化。据此，我们对第三个问题的回答便是：仰韶文化不是外来的，也不是孤立发展的，相邻原始文化对它的发生和发展都起了程度不同的积极作用。

仰韶文化的发展阶段同仰韶文化的分期这两个问题是有联系的，但不是等同的。分期问题主要解决孰早孰晚和划分为几个时期较为合适的问题；发展阶段的划分则必须以分期为基础，进而探讨一个文化的发生、发展和消亡的规律。根据现有资料，仰韶文化应该分为四期两大发展阶段。第一、二期是一个大发展的时期，是逐渐走向一体化的时期，可以总称为早期阶段；第三、四期是逐渐衰落并最终为新文化替代的时期，是分化趋势日益加深的时期，可以总称为晚期阶段。这种划分既反映了仰韶文化自身的发展规律，也同相邻文化的发展阶段相互照应。具体说来，第一期是仰韶文化初步形成的时期，它的一些基本因素已经形成，并且大多是脱胎于老官台文化和磁山文化的。正因为如此，仰韶文化一开始就出现不同的地方类型，没有能够完全统一起来。第二期是仰韶文化大发展的时期，内部各地方类型的共同因素大为加强，外部对其他原始文化也有很强烈的影响。第三期开始走向衰退，分化的趋势显著加强，地方类型间差别十分明显。虽然仰韶文化同相邻原始文化的关系一直是相互影响的，但第二期主要是对外影响，第三期则主要是受外界影响。这种外部影响的加强，也是造成内部分化的一个重要的原因。第四期已到达仰韶文化的尾声了。原有的许多文化因素日渐衰落和消失，新的文化因素则每时都在滋长。文化内部愈加分化，边缘部分已发展为新的考古学文化。随着这一趋势的进一步发展，仰韶文化便将走完最后的历程，取代它的是一个具有更高发展水平的新时代——龙山时代。

1978 年 4 月初稿，1984 年 10 月修改

［原载《仰韶文化研究》（增订本），文物出版社，2009 年］

姜寨早期的村落布局[*]

　　西安半坡博物馆等单位从 1972 年开始，就有计划有步骤地对陕西省临潼县姜寨遗址进行发掘，直到 1979 年年底才结束，实掘面积一万六七千平方米，遗址的主要部分均已揭露出来[1]。

　　初步看来，这个遗址的堆积是比较复杂的，大体可分为先后相继的五个文化时期，分别相当于半坡早期、史家、半坡中期、半坡晚期和客省庄二期文化。其中早期（即第一期）的村落遗址是最引人注目的，它包括居住区、窑场和墓地，有房屋基址 100 多座，灶坑 200 多个，窖穴 300 多个，墓葬 300 多座，还有圈栏、陶窑、围沟、广场和道路等重要遗迹，构成了一个基本完整的原始村落的轮廓。结合同时出土的许多生产工具、生活用具、粮食朽壳、动物骸骨，以及装饰品、工艺品等各种遗物，通过研究复原是能够比较充分地再现当时氏族社会村落的生动图景的。

　　现在田野工作结束不久，发掘报告尚在编写之中。本文仅就其村落布局和各种遗迹的关系作一简单介绍，并对其所反映的社会面貌进行初步研究。引用资料如有出入之处，当以日后发表的正式报告为准。

一　村落的总体布局

　　姜寨遗址位于临潼县城北约 1 千米，南依骊山，北望渭水，临河自南而北流经遗址西侧。这里正值山前的河谷平原，地势平坦，水源充足，对于原始的锄耕农业和家畜饲养都是很方便的，周围还有丰富的野生动物和植物资源可供渔猎和采集。像这样的自然环境，在仰韶文化早期的村落遗址中是很有代表性的。

　　村落的总体布局分为居住区、烧陶窑场和墓地三个部分。居住区位于中央，

---

　　[*]　本文为与巩启明合写。
　　[1]　西安半坡博物馆、临潼县文化馆：《临潼姜寨遗址第四至十一次发掘纪要》，《考古与文物》1980 年第 3 期。

周围有壕沟环绕。村东越过壕沟即墓地，村西靠近临河岸边有一片不大的窑场
（图一）。这样的布局同西安半坡早期遗址十分相似，只是墓地和窑场的方位不同
而已。渭河流域其他仰韶早期的遗址如宝鸡北首岭、华阴横阵村、华县元君庙和
渭南史家等处，也都是把居住区同墓地安排在相邻的两个区域，具体方位则随地
形的变化而各不相同。这种生活区、生产区和安葬区连接在一起的规划，看来在
当时是颇为流行的。

　　姜寨居住区的北、东、南三边有壕沟为界，范围确切。西北因有部分为现代
村落所占，西南又被临河洪水冲蚀，边界不明。但从房屋的对称情况和迫近临河
而余地无多来看，损坏部分的宽度恐怕不会超过 10 米。村落轮廓呈椭圆形，东西
长径约 160 米，南北短径 150 米，面积约一万八九千平方米。

　　居住区周围的壕沟分为三段：北段西端为现代村落所压，现存长度约 150 米；
东段长 50 米；南段西端遭受冲蚀，残长约 70 米。从整个形势来看，北段和南段
都应向西延伸若干米，至于西南部分已靠近河岸，可能无须再挖壕沟了。这些壕
沟规模较小，沟面宽仅 1～2、底宽 0.7～1、深 1～2 米。沟边比较整齐，走向也很
规则，显然是人工挖成的。再者，这些沟不相连续，不能起排水作用，可见完全
是为了防御而设。

　　与姜寨一期同时的半坡遗址也有围沟，但仅发掘了两小段，其余部分是通过
钻探得知的，中间是否分段并不清楚。值得注意的是在北边一段沟中发现有三根
炭化木柱，柱径 15、残长 130 厘米[1]。我们推测这是被火烧毁的围沟内侧栅栏
的木柱。姜寨的壕沟比半坡小得多，一般人都能跨越过去。如要充分发挥其防御
的作用，内侧也应有用木桩和树枝编成的栅栏或围墙才行。

　　为了加强防御，在围沟内侧每隔一定距离盖一座小房子作为哨所。其中一座
（F130）设在东南缺口（实即寨门所在）正中，一座（F10）设在东北缺口（又
是一个寨门）正中，还有一座（F45）设在北边凸字形沟内，可以瞭望到东、北、
西三面。如果不是做哨所用，这段沟挖成凸字形就成为无意义的了。由于北段和
南段的沟局部都遭受破坏，估计有些哨所也不复存在了。如按现存哨所的距离推
测，至少还应有两座才是。从这种围沟、栅栏（假如有的话）到哨所的周密安排
中，可以看到姜寨居民对于防务的重视。

　　在中亚细亚纳马兹戛二期文化中，也多次发现过设防的村寨。村子周围用土
墙环绕，在每段土墙结合的地方即盖一座圆形小房，房门朝里，内有火塘。它的

---

〔1〕　中国科学院考古研究所、陕西省西安半坡博物馆：《西安半坡》，文物出版社，1963
年，52 页。

位置、形状、大小和结构都和姜寨的哨所相像，发掘者也推定为望楼或哨所（图二）[1]。其年代为公元前第四千年末期，大约与仰韶文化的晚期相当。此种在寨墙或栅栏附近设立哨所的做法，在近代某些保留原始社会残余的部落中仍能见到。

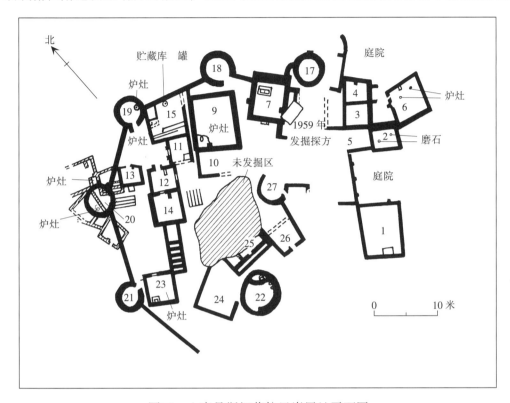

图二　土库曼斯坦茂拉里岗居址平面图

姜寨围沟东部的两个缺口，表示那里有两个寨门。但因门内房屋密集，出门就进入三片墓地，不大可能是主要的通道。从各方面的情况来看，经常出入的正门应设在西南边。那里留出有三十几米宽的通道没有盖任何房子，出去就是临河岸边，人们取水、驱赶牲畜饮水或到河里去捕鱼都很方便；由于多数陶窑就在近旁，烧陶器时必须经过这里。就是从防卫的角度来考虑，把正门开在临河的一边也是比较安全的。可惜因为河水的冲刷，这个正门本身已没有任何遗迹了。

居住区房屋的布局是比较整齐的，其最大特点就是围成圆圈：北边的房屋门朝南开，东边的房屋门朝西开，西边和南边的房屋则分别朝东和朝北开，总之是面向中央。中央无物，只有一片4000平方米的空地。空地周围略高，向中央逐渐

〔1〕　И. Н. Хлопин，1964. *Геоксюрская Группа Поселений Эпохи Энеолита*，Стр，13 –
55，Москва.

低平，局部地方保留着当年人们踩踏过的路土。西边有两片可能是牲畜夜宿场的地方。

世界上有许多保存氏族制度的居民，为了强调其血缘集团的牢固性和生活的集体性质，同时也是为了防务的需要，往往把整个村子的房屋围成圆形、椭圆形、半圆形乃至方形的一圈。例如北美大草原印第安人的提皮营帐（Tepe），西南印第安人的帕布罗（Pueblo），大洋洲土人的风篱，巴布亚人的村落，非洲富尔伯族的乌罗和东非、南非的克拉阿尔（Kraal）等，都是围成圆圈形的。这些村落的周围常有土墙或栅栏，中间是广场或畜栏，有时则有一个较大的公共建筑。

在考古发现中比较著名的圆圈形村落见于东欧的特里波列文化。例如属 B/Ⅱ期的弗拉基米罗夫克遗址有 354 座房子，依地势高低排列为许多同心的椭圆形和半圆形；C/Ⅰ期的科罗米辛遗址的住宅排列为两个相套的圆圈，里圈 8 座，外圈30 座，中间是空地，发掘者推测是畜栏或举行仪式的地方（图三）[1]。这两期的年代，据碳-14 测定和必要的调整，大多落在公元前第四千年的前半期，与仰韶文化的庙底沟期相当。

考察各种圆圈形村落的居民，其社会组织和发展阶段均有很大的不同。南非

图三　乌克兰科罗米辛村落遗址（特里波列文化 C/Ⅰ期）复原图

〔1〕　T. C. Пассек，1949. *Периодизация Трипольских Поселений*，*Материалыи Исследования по Археолог ии СССР*，No. 10，Рис. 36 и Рис. 70，Москва.

班图人的克拉阿尔通常只住一个父系家族[1]，北美印第安人的帕布罗往往住一个母系氏族[2]，至于大草原印第安人的提皮营帐，则居住着整个的部落[3]。所以，如果要了解姜寨早期村落的居民究竟属于何种集团，处于哪一阶段，单是根据圆圈形的房屋布局这一点来进行比较民族学的研究是不够的，还必须对房屋的类型和各类房屋的关系，以及与房屋有关的经济建筑物和墓葬等进行具体的分析。

二　住房的分类和分组

在姜寨早期村落遗址中发现比较完整或大体能看出形状的房子有 117 座，但是还有许多房子残破过甚，仅仅剩下了一个灶坑，若按灶坑编号则有 261 个（包括完整房子中的灶坑）。由于在居住期中不断地有损坏，有重建，叠压打破关系比较复杂。要确定同一时期的房屋总数，首先就要排除有叠压打破关系中的重复数目，还要看是否确实属于同一层位，从室外地面找到联系。反复排比核实的结果，可以基本上确定为同一时期的房子大概有 100 多座。

所有房屋都是住人的，没有一幢专作手工作坊、储藏室或宗教建筑的。房屋的建筑技术和质量也很相近，大部分为半地穴式，只有少数是平地起建的；一般无墙，少数有木骨泥墙；房顶则用木椽、树枝架设，然后抹一层厚厚的草泥。在这里看不出有穷人和富人的区别，但是根据房屋的大小和室内布置的情况，却可以明确地划分为三类。

第一类是小型房屋，数量最多，有圆形和方形两种，但面积和功用并没有什么不同。一般为 15 平方米左右，大的有 20 多平方米，小的仅 8～9 平方米。迎门正中有一个火塘，兼作炊事和取暖之用。室内地面平坦，有经长期践踏而形成的路土面，少数在地面和壁面上涂抹草泥并用火焙烧，显得平整坚硬。大多数因为是自然毁弃，室内空无一物；少数则因被火烧毁，室内器物来不及搬走，基本上按原来的位置保存下来，这就有可能据以复原当时居住的情况乃至人数。

兹以 F14 为例进行说明。它位于村落东边的大房子 F1 的右前方，方形，半地穴式。穴深 0.4～0.64、长 3.68、宽 3.88 米，面积为 14.9 平方米。门向基本朝西，偏北约 8°。有斜坡门道，宽 0.6 米，仅容一人出入。进门正中有火塘一个，

〔1〕　奥尔德罗格和波铁辛主编：《非洲各族人民》中译本，北京，1960 年，696 页。

〔2〕　И. А. 佐洛塔列夫斯卡雅：《帕布罗印第安人》，《美洲印第安人》中译本，北京，1960 年。

〔3〕　Ю. П. 阿维尔基华等：《大草原印第安人》，《美洲印第安人》中译本，北京，1960 年。

圆形，径约 1 米。室内地面用黏土和姜石粉末铺成，厚 2 ~ 3 厘米，平整而坚硬。四壁用草泥土涂抹，厚 1.5 厘米，也比较平整。由于是被火烧毁的，房顶的草泥被烧成红烧土而塌落下来，正好把室内的器物掩埋起来。揭去房顶堆积，原先室内布置的情况便生动地呈现出来了。房内的左边即南边一半基本上摆满了器物，计有陶盆、陶钵、陶罐和陶甑等生活用具 11 件，石斧、石铲、石磨棒、石球、骨鱼叉、骨镞和骨笄等生产工具和用具 9 件。其中有一件弦纹夹砂罐的里面还盛着已经朽坏的粮食。房子右边部分被 F12 打破，仅在灶坑旁边发现一件陶器。这样，室内剩下的较大空地就只有右边宽约 1.5 米的一块了，那充其量能睡下三四个人，还得包括小孩在内。

像 F14 这样保存较好的居室在半坡也曾发现过一些，如 F41 就是一例，也是方形，半地穴式，长、宽各为 3.2 米和 4.4 米。因为火毁，整个房顶塌落下来，故发现了很多炭化木橼。室内中间有火塘，左边放满器物，包括陶罐、陶瓮、镞和刮削器等，陶瓮中盛放着许多螺蛳壳。右边有一高出地面约 10 厘米的土床，长、宽各为 3.2 米和 1.5 米，表面平整，没有放什么器物，显然是专为睡觉而安排的。

圆形房屋差不多也是这个样子。如半坡的 F6，外径 6.3 ~ 6.7 米，室内直径不足 6 米。左边和后边放了许多器物，其中有一件小口尖底瓶和两件粗陶瓮，还有 6 个陶土墩子（红烧土泥团），中间是火塘，右边有高 8 厘米的土床。因为房子是圆形的，土床也只好做成扇面形，其最宽的地方不过 1.8 米，也只能睡三四个人。

不论是姜寨、半坡还是北首岭，凡属因火毁而侥幸保存室内摆设情况的大多如此，所以要了解小房子的使用情况，这几座房子具有一定的代表性。首先，它们都是住人的，而且是左边放什物，右边睡人，似乎有一定之规。通常一室住三四人，大的可能住四五人，小的可能只有两三人。其次，室内有火塘，有整套的生活用具，甚至还有少量的食物储备和粮食加工工具，可见其中的居民不是临时分派的，而是经常生活在一起的一个消费单位。换言之，住在每一所小房子里的两三个、三四个或四五个人不是一般关系，而是一个家庭的成员。

历史上的家庭有各种形态，分别代表着不同的社会发展阶段。像姜寨这种二三人到四五人的小家庭只有两种情形是可能的，要么是一夫一妻制下的个体家庭，要么是同大家族相联系的对偶家庭。前者主要是文明社会的现象，姜寨所属的仰韶文化早期不可能达到那样的阶段，因而最大的可能是对偶家庭。这种家庭的基础是男女双方或长或短时期的结合，它是一个生活单位，但不是一个生产单位。这样它就不能完全独立，必定要同一个较大的家庭组织——家族联系在一起，并成为后者的组成部分。如果从房屋遗迹来看，那就意味着除了对偶家庭所住的小房子以外，还应该有家族中其他成员的居室，它同小房子的区别不仅应表现在大小上，在室内布置上也应有所反映，这就是我们将要分析的第二类房屋。

第二类房屋可称为中型房屋，面积约 20～40 平方米不等。一般为方形，半地穴式，同样设置火塘并摆放许多器物，不但可以住宿，也可以在里面做饭。它和小型房屋的不同之处有二：一是睡觉的地方比较宽敞，能够住下远比对偶家庭人数为多的人；二是床位往往分为左右两半，不像小房子多在右边。

F17 就是一座中型房子，面积 31.2 平方米，方形，半地穴式。室外有斜坡形门道，迎门有灶台和火塘，围着火塘有 6 个柱洞，当是立柱以支撑屋顶的。在内门道、灶台和柱子周围有陶盆、陶钵和陶罐等 10 件生活用具，还有石斧、石锛、镞、骨锥和骨笄等。这样，房内就留下左右两片不大的空地，大约各可睡三四个人。其他一些中型房子因为是自然毁弃，室内摆设已不存在，很难确定其住人的部位和可住的人数。只有 F36 是清楚的，因为那所房子的前半部有左右对称的两个土床，而且面积还比较大，起码能睡 10 多个人。

中型房子的分布是分散的，如 F17 和 F29 在东边，F86 在北边，F36 在西边，F111 在南边等，而它们的周围都有一些小房子。看样子像是一座中型房子和若干小房子组成为一个单元，居住着一个家族——很可能是母系家族，如后文将要讨论的那样。但某一中型房子究竟同哪几座小型房子组成一个单元，由于没有明确的界标而很难确定。

这种由一所中型房子同若干小房子组成一个单元的情况，可以从云南永宁纳西族的房屋布局上得到启发。那里每个母系家族住着一所单独的院落，其中有一间较大的房子（主室）和若干小房子（客房）。主室住着女家长、老年人和未婚的青少年，客房则分配给正在过婚姻生活的妇女，让她们在晚上接待自己的男朋友（阿注）[1]。特别有趣的是在主室中以火塘为界立了两根大柱子，右边的称女柱，是少女举行穿裙子礼的地方；左边的称男柱，是少男举行穿裤子礼的地方。全家商议事情或举行宗教仪式时，也总是女子坐右席，男子坐左席。此种情况在民族志中并非孤例，柯斯文就曾指出"以中央支柱为界分住所内部为两面，男子的一面和女子的一面"，乃是原始社会房屋发展到一定阶段的产物[2]。由此可见，姜寨的中型房子以火塘为界而把床位分成左右两半的做法，很可能与上述观念有关；而且根据小型房子多把床位安排在右边的情况，推测当时也是以右为尊；在中型房子中则可能表现为男左女右。

〔1〕 宋兆麟：《云南永宁纳西族的住俗》，《考古》1964 年第 8 期。
〔2〕 柯斯文：《原始文化史纲》，生活·读书·新知三联书店，1955 年，103 页。

在姜寨还有一类房子，这就是第三类的大型房子。全村一共 5 所，也是分散
排列，周围有若干中型和小型的房子。平面均为方形，有矮墙，也有门道、灶台
和火塘，只是相应地大一些罢了。室内面积远较中小型房屋为大，如 F1 为 124 平
方米，F47 为 87 平方米，F53、F74 和 F103 分别为 74、70.4 和 53 平方米。除
F103 外，在火塘两旁都有低平的方形土床，面积因房子的大小而异，约 10 至 18
平方米不等，这样一所房子可以住 20～30 个人。由于房子较大，床位后面有很大
一片空地，除了一些必要的摆设外，还可以容纳较多的人集会议事、举行节日庆
祝或宗教仪式等。住在其中的人可能有两种情况，一是较大家族的成员，特别是
氏族酋长所在家族的成员，一是男子或妇女的秘密同盟。此种秘密同盟在许多原
始部落中存在过，一般都是住在公共的大房子里面的。

大房子不是孤立存在的，它的周围还有若干群中小型房子，合起来构成一个
较大的单元。姜寨共有五个这样的单元，我们称之为甲乙丙丁戊组。

甲组位于居住区的东边，门向朝西。有大型房子 1 座（F1），中型房子 2 座
（F17、F29），小型方屋 2 座（F14、F139），小型圆屋 9 座（F15、F19、F20、F22、
F24、F32、F33、F131、F139），还有 7 座仅剩灶坑（K19、K23、K27、K30、K38、
K307、K309），东边的哨所 F10 也应属于这组房屋，因而总共是 22 座。

按照逆时针方向排列，乙组在居住区北边，门向南开，个别的稍稍偏东
（F30、F35）。有大型房子 1 座（F47），中型房子 1 座（F86），小型方屋 5 座
（F30、F35、F42、F46、F56），小型圆屋 5 座（F26、F34、F44、F85、F93），此
外还有 9 座仅剩灶坑（K96、K98、K116、K118、K135、K193、K200、K304、
K306），加上北边的哨所 F45，共是 22 座房屋。

丙组位于居住区的西北，门朝东南，只有 F137 门朝正南，但它的位置适在丙
组房屋之中而距乙组甚远，故仍应属于丙组。本组西北部有很大一片地方已为现
代村落所占，所剩房屋遗迹较少。有大型房子 1 座（F74），小型方屋 4 座（F66、
F70、F72、F137），小型圆屋 4 座（F68、F69、F73、F76），灶坑 4 个（K192、
K148、K154、K197），共 13 座。

丁组房屋位于西边，门多朝东，只有 F41 门朝东北。因受河水侵蚀，本组南
部房屋已被破坏。现有大型房子 1 座（F53），中型房子 1 座（F36），小型方屋 4
座（F37、F41、F52、F63），小型圆屋 5 座（F38、F39、F40、F43、F60）和灶坑
5 个（K107、K122、K151、K160、K167），共 16 座。

戊组房屋居南，门朝北开，但 F109 和 F111 为北偏西。有 1 座大型房子
（F103），1 座中型房子（F111），5 座小型方屋（F88、F89、F97、F98、F117），
9 座小型圆屋（F79、F80、F90、F91、F95、F108、F109、F124、F127）和 5 个灶

坑（K252、K268、K270、K281、K282），加上哨所 F130，总数为 22 座。

　　每两组房屋之间，有的隔了比较大的空间，如乙组和丙组之间、丁组和戊组之间。有的虽然靠得比较近，但是门向不同，所以界线还是比较清楚的。其中甲、乙、戊三组房屋数目相同，丙、丁两组如无破坏，也当在 20 座以上，可见是相当整齐的。

　　为什么在同一村落里会划分为这样整齐的五组房屋呢？如果说每一座中型房子连同若干小房子的居民可能是一个家族，那么由几群这样的房子连同一座大房子构成的一组房屋，其居民自然是更大一些的人们共同体。在原始社会，比家族更大的共同体就是氏族，因而姜寨实乃五个氏族的聚居地。

　　前面列述各组房屋的构成时，一般只有 1～2 座中型房子，但这不应是原有的数目。因为第一，每组中都有许多房子仅存灶坑，其中可能有 1～2 座中型房子；第二，有些 20～30 平方米的房屋，可以是小型的，也可以是中型的，关键要看室内布置。在室内器物荡然无存的情况下暂都划入小型房屋，但不能排除个别有划入中型房屋（即两边睡人）的可能。由于中型房屋的数目不能确定，每个氏族究竟包含几个家族也难以确定。但从各方面来考虑，起码不会少于两个，最多大概也不会超出四个（如果大房子也住一个家族成员的话）。

　　每一氏族的人数也同样难以确定，只能粗略地估算出大致的范围。按大房子住 20 人左右，中型房子住 10 多人，小型房子住 3～4 人来推算，每组房屋可住 90～120 人。其中有将近 20 人（与小房子数目相等）是外氏族的男子，因与本氏族女子结婚而在妻方建立了对偶家庭。同样本氏族也将有大体相等的男子到其他氏族去居住。所以，虽然每组房屋中的居民并非全部属于一个氏族，而一个氏族的人数还是同一组房屋的居民人数相当，即在 90～120 人之间。

　　姜寨五个氏族的房子既是按照严格的规划来安排的，说明它们不是偶然地凑集在一起，而必定是有亲缘关系，并属于一个更高的共同组织的。

　　世界上保持氏族制度的居民中，有些就是几个氏族聚居在一起的，其中最著名的当推北美大草原印第安人。他们以猎捕野牛为主要生业，有的兼营一些农业。他们的住房是用木条和野牛皮搭起来的帐篷。若干氏族的帐篷搭在一个宿营地，并按秩序围成圆圈。"在他们的想象中，这圆圈便是部落组织的公式。每一氏族在圆圈里有严格规定的撑开自己帐篷的地点。部落议事会的帐篷布置在营帐的中央。"[1]折颜部落（Cheyenne）就是一个很好的例子。它有五个氏族，分别称为第

---

〔1〕　И. A. 佐洛塔列夫斯卡雅：《帕布罗印第安人》，《美洲印第安人》中译本，北京，1960 年，145 页。

一氏族即阿尔它氏族，第二氏族即毛发氏族，第三氏族即雪拜氏族，第四氏族即半折颜氏族，第五氏族即多格曼氏族。每个氏族有 12~13 个帐篷，按照顺时针的方向排成圆圈，只在东边留一条通道，中央则是一个部落议事会的大帐篷（图四）〔1〕。将这个营地的平面布局图同姜寨居住区的平面布局图做一对比，的确是十分相像的。那么姜寨早期村落是否就是一个部落的聚居地呢？这需要做进一步的分析。

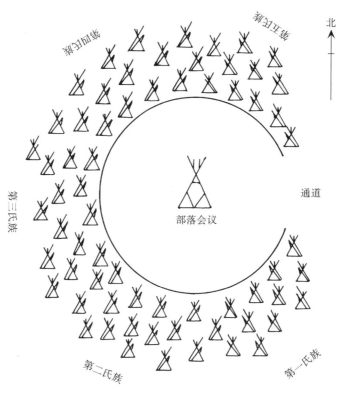

图四　北美印第安人折颜部落宿营地略图

在原始社会，大于氏族的组织首先是胞族，几个胞族才组成一个部落。但胞族是在氏族增殖过程中形成的，故早期部落没有胞族。在氏族制度受到破坏的时期，胞族往往最先衰亡。至于在发达的母系氏族社会时期，胞族组织还是很普遍的，我们在后文将要说明。姜寨早期正是属于发达的母系氏族社会，应该存在着胞族这一级组织。从房屋布局来看，五组的地位是完全相同的，很难把其中的某两组或三组划在一起，而与其他各组相区别。如果认为整个村落是一个部落的聚居地，就得说明当时没有胞族组织，而这是没有证据的。

---

〔1〕　A. Goldenweiser, 1937. *Anthropology*：*An Introduction to Primitive Culture*, Fig. 36, New York.

　　把全村看成一个部落还将遇到另外两个困难，一是村中没有供部落议事会使用的公共建筑，二是以小型房屋为标志的对偶家庭的普遍建立。

　　由于部落有行政的（就当时的意义而言）、社会的、军事的和宗教的广泛职能，所以设立议事会，并有专用的公共建筑。在一些围成一圈的村子里，这种建筑往往设在中央。胞族有时虽也有议事会，但它的职能仅限于某些宗教的和社会的事务，一般没有专用建筑。姜寨村中既没有这样的建筑，则胞族的可能性当较部落的可能性为大。

　　姜寨的小型房屋多是能住三四个人的居室，其中有火塘，有整套的生活用具（炊器、水器、饮食器、盛储器等），有少量食物的储备，有的甚至还有粮食加工工具（石磨棒），显然是一个可以自己过日子的相对独立的生活单位。它同纳西族大院落中的对偶居室（客房）很不相同，而与易洛魁人长屋中的对偶家庭住房比较接近。

　　纳西族的客房仅供夫妻晚上同居，自己并不单独做饭，因而也无所谓粮食储藏。丈夫和妻子既不在一起劳动，也不在一起吃饭，所以在那里实际上只有对偶婚而没有对偶家庭。易洛魁人的男子结婚后是要住到妻方氏族去的，夫妻建立对偶家庭，共同参加妻方氏族的生产劳动。他们住在长屋之中，有自己的房间和火塘，定期从女系家长那里领取粮食和其他生活资料。由于有这样的不同，纳西族妇女的丈夫（阿注）只能是本村人或离村不远的，易洛魁人则可以从较远的氏族中去寻找配偶。如果姜寨是一个部落，婚姻将在本村缔结（因为部落是实行族内婚的），夫妻尽可以像纳西族那样实行望门居，没有必要建立对偶家庭。但如果是胞族，情况就显然不同了。因为胞族本身是由一个氏族增殖而成的，内部一般禁止通婚，只是发展到后来才不那么严格罢了。这样，姜寨的大多数适龄男女将不得不同别的村落缔结婚姻。根据考古调查，相当于姜寨一期的其他村落遗址，最近的也有10余千米。要使婚姻维持下去，就必须建立对偶家庭。正如我们从某些小房子的分析中看到的，姜寨普遍存在着对偶家庭。所以姜寨应是一个胞族的聚居地。这个胞族的人口，按前面对氏族人口的估算，当有450~600人之多。

三　经济性建筑物和墓地

　　姜寨早期村落中与经济活动有关的建筑物有陶窑、圈栏和窖穴等。

　　陶窑的设置比较分散。有两座在居住区内，其中一座（Y2）在甲组房屋的东北角，一座（Y3）在丁组房屋的北边。有些陶窑可能考虑到防火的需要而设在居住区外，其中一座（Y1）在村子东边，紧靠东北的寨门，另外大约还有三四座在村子西头的临河岸边，当地农民过去见过它的残迹，已遭破坏。建在甲组和丁组房屋附近的，无疑和该组房屋属于同一主人，即分别属于甲氏族和丁氏族。村东的一座，从位置看虽比较接近于甲组房屋，但它既与 Y2 明显地隔开，充分表明它不属于甲氏族，应该也不属于已有陶窑的丁氏族，而是属于其他某一氏族的。临河岸边的陶窑，位置虽比较接近于丁组，但又明显地与丁组陶窑分开。它们可能分别属于乙、丙、戊中的某两组，也可能是全村的公共产业。

在仰韶文化早期，有的地方设置公共窑场，如半坡在围沟东边就有六座陶窑，那很像是全村的产业；有的地方则把陶窑建在居住区内，如北首岭的三座陶窑中，有两座在南面一组房子附近，一座在西南一组房子附近，很像姜寨的布局，大概是分属于各个氏族的。

姜寨有两个牲畜圈栏和两处牲畜夜宿场。两个圈栏均位于乙组房屋分布区内，在大型房子 F47 的西北边，略呈圆形，直径约为 4 米，周围有很多柱洞，原先应该是用木栅围起来的。栏内有厚约 20～30 厘米的畜粪堆积。牲畜夜宿场分别于丙组大房子 F74 和丁组大房子 F53 的门前，均呈不规则形，面积 100 多平方米。似有厚约 20 厘米的畜粪堆积，但未见栅栏的遗迹。由于牲畜圈栏和夜宿场都分别安排在各组大房子的附近，可以推知家畜的饲养乃是各氏族的集体事业，既不归家族所有，也不是全村人所共有。

一个以农业为主的氏族公社，总是要特别注意粮食和其他消费物品的储藏的，姜寨当然也不例外。那里属于早期的灰坑有 301 个，分为圆袋形、方袋形、圆角长方形、椭圆形和不规则形五种，以前两种为多，并且往往设有台阶。台阶的形状多种多样，有的是沿直线逐级下降，有的沿顺时针或逆时针方向旋转而下，有的下去后分为二室。这类灰坑的口径多在 1 米左右，底径 1.5～2 米，深达 2～3 米。周壁比较光滑，有的涂抹草泥并经火焙烧，具有一定的防潮性能。半坡有一个圆袋形灰坑 H115，里面堆着 18 厘米厚的粮食朽灰[1]，可以证明此类灰坑的用途之一就是存放粮食。

所有灰坑都分布在各组房屋附近，并且大多是集合成群，每组房屋附近都有三到四群。如甲组大房子 F1 北部的一群有 11 个，中型房子 F17 附近的一群有 9 个，最北部的一群有 13 个，此外还有少数零散地分布在某些小房子的附近。再如丙组西边的两群各为 7 个。在这种有比较严格规划的村落内，灰坑（多为窖穴，即当时的仓库）的分布在很大程度上反映着它们的归属，也就是反映一部分财产的所有权和分配制度。鉴于灰坑大多是成群分布的，一个氏族有三四群，那么每

---

〔1〕　中国科学院考古研究所、陕西省西安半坡博物馆：《西安半坡》，文物出版社，1963年，45～47 页及图 41，4。

一群当属于一个家族，氏族本身至多也只有一群。因此可知消费物品（主要是食物）大部分是掌握在家族手中的，对偶家庭只有很少的储藏。

上述分析或可说明，姜寨一期的生产活动主要是由氏族这一级来组织的，至少家畜饲养和制陶这两种生业是由氏族掌握的。产品的最初分配权大概也在氏族，各家族分到后储藏起来，再定期地分给各个对偶家庭享用。此种情况同易洛魁印第安人十分相近，其社会发展阶段自应基本相同，下述墓葬的资料将进一步地证明这一点。

姜寨一期共有墓葬365座，其中土坑墓175座，瓮棺葬190座。后者除个别为成年人二次葬外，绝大部分是埋葬早夭的婴儿。

成年人和较大的孩子死后大多埋在村东专设的公共墓地里，只有十几座分别埋在各组房屋之间。后者为什么不埋在墓地而做这样的安排，意义不明。

墓地分为三片。居住区正东的一片有53座土坑墓和20座瓮棺葬，东南的一片有51座土坑墓和31座瓮棺葬，这两片相距约20米。东北的一片只有53座土坑墓，同正东一片相距约40米。

所有土坑墓都是长方形竖穴，其中不少因在灰土层中，墓边不甚清楚。绝大多数为仰身直肢葬，也有个别的俯身葬和二次葬。均无葬具，头朝西方，少数为北偏西。大多数墓有随葬品，包括日用陶器、生产工具和装饰品等。无论从墓葬的规模大小和随葬物品的多少优劣来看，差别都是不显著的。正同房屋建筑一样，在这里看不出贫富分化的迹象，表明当时姜寨人过的是原始共产主义的生活。倘若将男女进行对比，则可看出多少有些差别。试以第一次发掘的属于正东一片的32座墓葬来进行统计[1]，其中女子平均随葬陶器4.2件，男子只有2.3件；随葬陶器5件以上的女子占60%，男子只占23%。个别随葬物品最多的也是女子，如M7埋葬一位16～17岁的女性青年，却随葬了2件陶罐、2件陶钵、1件尖底瓶、1件陶锉、1件刮削器、2件玉坠饰、1件骨管和12件石球；还有成串的骨珠，来回缠绕在颈部、胸部和腰部等处，总数达8577颗。从这些情况来看，似乎女性在社会上是更受尊重的。不过这里统计的墓数不到姜寨一期总墓数的1/10，是否能完全反映当时的一般情况还难以断定。

瓮棺葬绝大部分安排在各组房屋近旁，其中甲组39座，乙组31座，丙组24座，丁组6座，戊组36座，另有51座在村东墓地中。一般认为把瓮棺埋在住房附近是表示对早夭婴儿的特殊关怀，如果房子附近埋得过多了，再把一部分埋到氏族墓地去，那当然也是合乎情理的。

---

〔1〕 西安半坡博物馆、临潼县文化馆：《1972年春临潼姜寨遗址发掘简报》，《考古》1973年第3期。这次发现33座墓葬，其中M1属第二期，故未统计。

　　瓮棺葬在各组房屋附近的分布既不是高度集中的，也不是完全分散的，而是分为若干小群。例如甲组哨所附近有 12 个一群，紧贴大房子东北边有 3 个一群，F17 门前有 3 个一群，F29 东南有 4 个一群等。乙组的 F47 北边有 4 个一群，F86 后面有 7 个一群，另外还有个别零散的。其他各组的情况大多类此。这些瓮棺葬既分布在各组房屋的近旁，当然是分属于每一氏族的，而每一小群则可能属于某个家族。

　　村东公共墓地的死者无疑即是本村的居民，但又为什么分为三片呢？我们知道，在美洲印第安人中，有不少部落的墓地是按氏族来划分的。摩尔根和恩格斯据此都认为具有公共墓地乃是氏族的重要特征之一。摩尔根曾引述图斯卡罗拉部落的例子来说明这一点，那个部落在特居地内有一个公共墓地，按照八个氏族分为若干墓列，每一氏族有一列或两列。他还指出："在鄂农达加部和鄂奈达部的墓地中现在也流行与此相同的按氏族分行的埋葬方式。"[1] 姜寨既是一个胞族聚居的村落，整个公共墓地当然属于胞族，而每一片墓必定是属于氏族了，这与氏族制度的原则是相适应的。

　　现在出现了一个很大的矛盾——墓地的分片和房屋的分组不相一致。按照房屋的分组，姜寨居住着五个氏族；按照墓地的分片，却只能区分为三个氏族。难道还有两个氏族就没有自己成年人的墓地吗？这当然是不可能的。

　　姜寨早期的埋葬制度最接近于半坡早期和北首岭中期。在半坡的 250 座墓葬中有瓮棺葬 73 座，北首岭的 396 座墓葬中有瓮棺葬 58 座[2]，瓮棺葬所占比例分别为 29.2% 和 14.6%。姜寨早期有墓葬 365 座，其中瓮棺墓 190 座，比例高达 52.1%，同前两处墓地很不协调。由此我们推测姜寨还应有许多成年人的墓葬没有发现。考虑到居住区以北的很大一片土地均已被现代村落所占，因而无法进行发掘。从墓葬分布的趋向来看，那里是很可能有两片墓地的。假如这一推测不至大谬，那么瓮棺葬所占比例就会显著下降而趋向合理，墓地分片和房屋分组不一致的矛盾也就得到解决了。

　　　　[原载《考古与文物》1981 年第 1 期，原题为《从姜寨早期村落布局探讨其居民的社会组织结构》。后收录在《仰韶文化研究》（增订本），文物出版社，2009 年]

---

〔1〕　路易斯·亨利·摩尔根：《古代社会》，商务印书馆，1977 年，81 页。
〔2〕　考古所宝鸡发掘队：《陕西宝鸡新石器时代遗址发掘记要》，《考古》1959 年第 5 期；考古研究所渭水调查发掘队：《宝鸡新石器时代遗址第二、三次发掘的主要收获》，《考古》1960 年第 2 期。

姜寨一期村落的补充解释
和二期聚落的蠡测

　　姜寨遗址位于陕西省临潼县城北约 1 千米，原有面积约 5 万平方米，与西安半坡遗址大小相若。由于历年的破坏，现存面积仅 2 万多平方米。所幸主体部分保存尚好。经 1972～1979 年连续八年的发掘，揭露面积 17084 平方米，重要部分已基本发掘完毕。这在我国新石器时代遗址的发掘中是规模最大和揭露最完整的一处。

　　最近，姜寨遗址的大型发掘报告《姜寨——新石器时代遗址发掘报告》一书已由文物出版社出版。这部报告分上下两册，上册为文字，下册为图版。全书逻辑紧密，结构合理，文字简洁，插图、图版和表格等配合得体，比较全面地反映了姜寨遗址的发掘成果[1]。

　　发掘表明姜寨存在着先后相继的五期文化遗存：第一期和第二期分别相当于半坡早期的前段和后段，第三期相当于半坡中期，第四期相当于半坡晚期[2]，第五期相当于客省庄二期。姜寨发掘报告详细介绍了各期文化遗存依次叠压或打破的地层关系，分析了各期文化的内容和基本特征，认为第一至四期分属于仰韶文化的半坡类型、史家类型、庙底沟类型和半坡晚期类型，第五期属客省庄二期文化。这一判断是基本正确的。不过所谓史家类型或称姜寨二期类型，有时又被划入半坡类型的后段[3]，是否单立为一个文化类型，在学术界还存在着不同的看法。这里的第三期文化也只是一种与庙底沟类型同一时期的遗存，它只分布于关中地区，文化面貌与庙底沟类型不完全相同。其典型遗址有华县泉护和华阴西

　　〔1〕　半坡博物馆、陕西省考古研究所、临潼县博物馆：《姜寨——新石器时代遗址发掘报告》，文物出版社，1988 年。

　　〔2〕　严文明：《半坡仰韶文化的分期与类型问题》，《仰韶文化研究》，文物出版社，1989 年。

　　〔3〕　严文明：《半坡仰韶文化的分期与类型问题》，《仰韶文化研究》，文物出版社，1989 年，82～84 页；陕西省考古研究所汉水队：《陕西南郑龙岗寺半坡类型墓地发掘简报》，《史前研究》1988 年辑刊，199、200 页。

关堡等处，称泉护类型也许更为合适。不管怎样，姜寨的地层关系清楚地证明了仰韶文化的庙底沟类型晚于半坡类型而早于半坡晚期类型，也证明了半坡类型本身还应分段，从而廓清了此前在一些著作中的不正确判断，证明对半坡遗址的重新分期是符合实际的[1]。这一结果实际上为正确解决整个仰韶文化的分期铺平了道路。

姜寨发掘的最重要的收获当推第一期村落遗址和第二期合葬墓地的发现。关于第一期村落布局及其所反映的社会性质与社会组织结构，我们曾有专文进行研究[2]。那时姜寨的正式发掘报告尚在整理、编写之中，有些遗迹的文化性质和年代尚未最后敲定，故特地申明"引用资料如有出入之处，当以日后发表的正式报告为准"[3]。根据现在出版的正式报告，属于姜寨一期的房屋遗迹为 120 座，零星的灶坑还有 181 个。按一个灶坑即代表 1 座房子来统计，当为 301 座房子。如果再加上一些残破殆尽而没有编号的居住面残迹，原有房屋的数目就更多了。实际上这些房子并不是一下子就盖起来的。由于居住的时间比较长，早先盖的房子毁坏以后又重建新居，形成很复杂的叠压打破关系。姜寨报告依据地层关系把保存较好的 120 座房屋遗迹分为早中晚三批，分别为 42 座、60 座和 18 座房屋，使我们可以大致了解村落和其中各房子逐步建设的过程。应当承认，将现存房屋基址全部按年代顺序排列是十分困难的；若是房屋破坏殆尽，只剩了灶坑或居住面残迹，这种排列就几乎不可能。因此不要仅仅根据三批房屋的数字就简单地判定第二批建房时是姜寨最繁盛的时期，而到第三批建房时已经衰落了。须知房屋的营建有先后，使用的时间有长短，毁坏的时间更是参差不齐。人们不会等到前一批房子全部废弃后才来盖第二批，而是在大部分旧房子还在使用的时候，陆续翻盖那些破旧的房子，或在旧房子不够用时适当增盖一些新房子。这是一个陆陆续续进行的过程，所以被划在同一批的房屋相互间也有不少发生叠压打破关系的情况。正因为如此，要精确推定同时使用的房屋数目是不可能的，只能根据房屋基址和灶坑等所处的相对位置和整体布局的情况，再参照地层关系，大致估算出同时可能有多少房屋。正如报告所指出的那样，同时的房屋可能有 100 多座。

这些房屋很明显地分为大中小三种，并分别集聚为东、北、西北、西、南五

〔1〕　严文明：《半坡仰韶文化的分期与类型问题》，《仰韶文化研究》，文物出版社，1989年；张忠培：《试论东庄村和西王村遗存的文化性质》，《考古》1979 年第 1 期。

〔2〕　巩启明、严文明：《从姜寨早期村落布局探讨其居民的社会组织结构》，《考古与文物》1981 年第 1 期。

〔3〕　巩启明、严文明：《从姜寨早期村落布局探讨其居民的社会组织结构》，《考古与文物》1981 年第 1 期，63 页。

组，每组有一座大房子和若干中小房子[1]。五组房屋大体上拼合成一个圆圈，外面有壕沟环绕，中央是一个墓地[2]。所有房子都是背对壕沟而面朝中央墓地，构成一个十分规整的内向式的聚落。从最早的房屋即已分成五组并已组成一个圆圈来看，这个聚落是有组织有计划地建设起来的[3]。几百人居住在一起并且服从一个统一的规划，表明当时存在着相当严密的社会组织。我们曾从每所房屋的功能及其相互配合的情况，推测每所房子可住一个对偶家庭；若干小房子和一所中型房子可能住一个家族；几个家族聚集在一起并共同拥有一所大房子，组成为一个氏族公社；而整个村落则可能属于一个胞族公社。

据报告，姜寨一期有土坑墓 174 座，瓮棺葬 206 座。如果把村落中心的墓葬也加在一起，数目将会更多一些。

与房屋的布局被分为五组一样，墓葬也被分为若干区。比较明确的有四区，即村落中心一区，村外东北、东部和东南各一区。报告称遗址北部现姜寨村内曾发现过墓葬，那里很可能也有一个墓区。五组房屋和五个墓区正好相互对应，如果每组房屋居住着一个氏族公社的成员，那么每个墓区就可能是一个氏族墓地。至于瓮棺葬，大部分在居住区房屋的近旁，分别与各组房屋相互联系；一部分在成年人墓区内，可见也都是以氏族为单位来划分的。

既然每一个墓区代表一个氏族，为什么单有一个氏族的墓地设在村落中央的显著位置，而别的氏族墓地则安排在村外呢？这显然与氏族的地位不同有关。很可能中央墓地所属的氏族是最初的氏族或称母亲氏族，而其他氏族则是由它派生的女儿氏族。它们虽共同组成为一个胞族，却只有母亲氏族才可作为胞族的代表，从而给其墓地安排一个特殊的位置。这种情况从房屋布局中也多少有一点反映。因为最早的大房子只有东组的 F141 一座，以后各组都出现大房子时，还是以东组的 F1 为最大。显然以东组房屋为代表的氏族与其他氏族的地位不大相同，它应是

---

〔1〕　应当指出，南面一组的大房子应是 F142 而不是 F103，前者为半地穴式方形房屋，面积约 72.5 平方米；后者略似方形而不甚规整，面积也仅 53.7 平方米。在村落布局图上没有画 F142，应当补上。

〔2〕　姜寨发掘报告认为一期村落中央是一个广场。实际上被划分为姜寨二期的墓葬中，有一部分应属一期，如 M74、M84、M195、M197、M236、M241、M243、M244、M250、M253、M257 等均是。它们不但随葬器物与一期相同，而且多被二期墓葬叠压或打破。其分布区正好在一期房屋围成的圆圈之中，尤以正中心的 T11 最为密集，因此这里应被视为姜寨一期的一个墓地。

〔3〕　姜寨一期村落开始建设时是没有壕沟的，因而最早的房屋并不都在壕沟以内。例如南面一组 14 座早期房基中有 7 座在沟外，北面一组的 F28 更被壕沟横穿打破，说明挖壕沟时那些房屋已经毁坏了，没有必要围到村子里边。在围沟挖好以后，就再没有在沟外盖房子了。

最初的氏族或母亲氏族，是整个胞族的核心。

如果把房屋布局与遗址中的各种经济性设施联系起来观察，再结合某些房子中的遗物和墓葬中随葬品的情况进行全面分析，便可以清楚地看出姜寨一期的居民不但有不同级别的严密社会组织，而且存在着不同级别的财产所有制。例如在居住区西南临河岸边的一个烧制陶器的窑场，便与任何一组房屋都没有特殊的关系。换句话说，它不属于任何氏族公社而是全村的产业。这是第一级所有制。又如分别位于各组房屋间或在其近旁的畜圈、牲畜夜宿场、陶窑、制陶作坊、大房子和某些与大房子相近的窖穴等，都应属于氏族公社的财产。这是第二级所有制。至于中小房屋和与它相联系的窖穴等，当属家族财产，这是第三级所有制。这样，姜寨一期聚落的居民至少有三级所有制，而以第二级即氏族公社所有制占据主要地位，是当时的基本所有制。与此同时家族所有制也已发生。因此当时的社会应属于氏族公社的晚期阶段。

至于当时的世系究竟是从男还是从女，亦即父系还是母系的问题，发掘报告的作者认为应属母系氏族社会晚期。人们常用合葬墓中死者性别和年龄状况来说明当时的婚姻制度和家庭制度，进而推测当时的世系，这有一定道理，但有很大的局限性。姜寨一期以单人葬为主，合葬墓仅有 7 座，难以说明整个社会的情况。不过从这 7 座墓的具体分析来看，也多少能反映出一点倾向。

七座墓中，M36 为两人二次葬，性别和年龄均不明，无法判断两人的关系。

M250 和 M257 分别为 3 男和 2 男的同性合葬，且都是成年人一次葬。正如半坡的 M38 和 M39 一样，都是同性合葬，同一墓中死者的年龄相若。这应是氏族制十分发达，早先的群婚在亲族关系上带来的影响在埋葬制度上的一种反映[1]。

M158 为一个 19～24 岁的女人和一个 6～7 岁的儿童合葬，均为仰身直肢一次葬。M181 为一个 30 岁左右的妇女和一个 13～15 岁的少年（性别不明）的合葬，也均为仰身直肢一次葬。这两墓中死者的关系，似都可以理解为母子（女）或姐妹（弟）关系。不管是哪一种，都属于血亲而非姻亲，并且很可能是母系的血亲。

M96 为一个 40 岁以上的男人和一个 7～8 岁的儿童合葬，均为仰身直肢一次葬。墓中两人可能是父子关系或祖孙关系，也可能是舅甥或外公与外孙的关系，单从这一座墓无法做出明确的判断。但如果与前述几座合葬墓的情况联系起来考虑，似乎后一种可能性较大。

M84 的情况非常特殊。开始分别挖两个墓坑，南坑中埋葬 4 名中壮年男性，

〔1〕　严文明：《半坡类型的埋葬制度和社会制度》，《仰韶文化研究》，文物出版社，1989年，277 页。

且均为仰身直肢一次葬，这种葬法实际上与 M250 和 M257 的同性合葬相同。北坑中埋 3 人，也是仰身直肢一次葬，分别为 1 个壮年男人、1 个中年女人和 1 个 10 岁左右的男孩。这可以理解为父母和儿子的关系，也可以理解为舅甥和母子的关系。正如 M96 一样，似乎后一种的可能性较大。这两坑之上后来挖一较大墓坑，正好套住了两个小墓坑，其中合葬 25 人，分为南北两组，均属二次葬。南组埋中壮年男性 7 人，青年男性 3 人，老年男性 2 人，壮年女性 3 人，青年女性 1 人，15 岁以下小孩 1 人，另 1 人不明。北组埋中壮年男性 2 人，老年女性 3 人，壮年女性 2 人[1]。由于都是二次葬，死者年岁的差距不能完全反映他（她）们在生时实际的年龄差距。从成年人两性比例极不协调来看，不像是经过婚姻关系调整后的状况，而应是血亲的自然状况。至于是母系还是父系血亲，从这里得不到说明。

从以上的情况来看，姜寨一期文化的居民究竟实行母系还是父系，在证据还很不充分的情况下难以断定；但一些迹象表明属母系的可能性较大。

姜寨第二期文化的村落遗址远不如第一期的保存得那么好，因而村落与墓地的关系也不如第一期那么清楚。姜寨第二期基本上沿用第一期的中心墓地为墓地，只有个别墓葬埋在第一期的其他墓地，如 M1 就埋在第一期的东区墓地。发掘报告根据现存遗迹的情况，推测居住区当在墓地的北、东及东北一带。查房屋和灶坑登记表可知有 5 座房屋基址和 9 个灶坑分布在墓地东边或东北边，墓地北边有 1 座房基，西边有 1 座房基和 8 个灶坑，南边也有 1 个灶坑。如果这些遗迹的分期没有问题，则墓地四周都有房屋。换句话说，姜寨第二期也可能沿用第一期村落布局的基本格局，只是墓地已集中到中心墓地而不再分为若干墓区罢了。

发掘报告将二期土坑墓分为上下两层。其中下层墓有相当一部分应属于姜寨第一期已如前述；上层墓则纯属姜寨第二期，其葬俗与渭南史家墓地基本相同而与姜寨第一期大异其趣。

姜寨第二期墓地的一个鲜明特点是埋葬人数特多而又高度集中。据姜寨发掘报告统计，属于二期的土坑墓有 189 座，人骨 2194 具。其中除少数属一期的以外，确属二期的仍超过 2000 具。如果考虑到还有两座土坑墓没有清理，在墓葬特别集中的 T28 东南还有一块没有发掘的情况，原来实有人数应该会更多。而这些墓葬除个别外，基本上都分布在一个不足 1000 平方米的墓地以内。如此集中的埋葬，在别的地方是很少见的。但姜寨二期墓地似也不是孤例，离姜寨遗址不远的渭南史家墓地也是埋葬人数甚多而又高度集中的。那里现存 43 座土坑墓，埋葬

---

〔1〕　此据发掘报告正文，与第二期土坑墓登记表（附表九）不尽相符。正文中 14 号人骨未说明年龄性别，附表中多中年和青年男性各 1 人，少中年女性 1 人。

730 人。考虑到墓地的一部分已遭破坏，原有死者至少在 1000 人〔1〕。这两个墓地的年代和文化性质相同，都属于半坡类型的后段。也许当时埋葬制度有一个改变，即不但在墓地中埋葬本村落的死者，还要将住在其他村落的近亲死者迁来埋葬，否则要达到那样多的人数是很困难的。

姜寨二期埋葬制度的第二个特点是集体合葬特别盛行。这不但表现在实行合葬人数的比例特别高（大约 98%），还表现在单个墓埋葬的人数特别多。例如 M205 埋 82 人，分 4 层叠放；M358 埋 84 人，也分 4 层叠放，单是第一层就有 45 人。将这么多人埋在一个墓内，假如他（她）们生前属于某一血亲团体，则这个团体起码是一个氏族，甚至可能是一个胞族。如果是一个较小的团体如家族之类，在一定时期内是不可能死去那么多人的。过去往往把合葬墓看作是以家族为单位的埋葬，虽然不无道理，现在看来还要分具体情况，不能一概而论。

姜寨二期埋葬制度的第三个特点是流行二次葬，这是由前两个特点引申出来的必然结果。既然要实行许多人的集体合葬和大规模的异地迁葬，势必造成众多的二次葬。一次葬者人数极少，也许是一种巧合，即在实行某次迁葬或合葬仪式时正巧有新死的人，因而只需埋一次就行了。有些实行二次葬的单人墓，自然也是迁葬的结果。

姜寨二期的瓮棺葬也与一期的有明显差别。一是除婴幼儿外，还有不少成年人实行瓮棺葬；二是有少数实行合葬，如 W68 是两个成年人合葬，W263 是 1 个成年女性和 3 个小孩合葬，还有 6 个瓮棺埋在一个方形坑内的现象，实际上也是一种合葬。正因为用瓮、钵等埋成年人和实行合葬，自然只能是收集骨骼的埋葬即二次葬——它们很可能也是异地迁葬的结果。由此看来，姜寨二期瓮棺葬所反映的埋葬制度的特点，与土坑墓所反映的特点是基本一致的。

姜寨一期与姜寨二期埋葬制度的显著差异究竟是自然的发展还是有外部的原因呢？发掘报告未作分析，仅仅根据两期文化的总体特征关系密切的情况，初步认为"第一期和第二期是同一个氏族部落延续下来的群体"〔2〕。如果从整个半坡类型的埋葬制度来看，则以姜寨为界，东西之间有明显的差别。西边不论早晚，埋葬制度基本与姜寨一期相同；东边不论早晚，埋葬制度则基本与姜寨二期相同。因而姜寨二期埋葬制度的变化，不是东部部落侵占的结果，就是原有居民接受了

---

〔1〕 严文明：《半坡类型的埋葬制度和社会制度》，《仰韶文化研究》，文物出版社，1989 年，275 页。

〔2〕 半坡博物馆、陕西省考古研究所、临潼县博物馆：《姜寨——新石器时代遗址发掘报告》，文物出版社，1988 年。

东部的制度，而前一种可能性显然更大一些。

由于有以上一些情况，姜寨二期墓地为探讨当时的社会性质和社会组织结构，特别是为探讨不同部落之间的关系方面，提供了不同于姜寨一期的另一种典型。在一个遗址的发掘中能有这样两方面的收获，实在是非常难得的。正因为如此，姜寨发掘及其报告的出版，便成为我国新石器时代考古学发展史上的一个重要事件。如果说 20 世纪 50 年代西安半坡遗址的发掘及其报告的出版，标志着我国考古界以马克思主义关于原始社会的学说为指导，对一个新石器时代聚落遗址进行全面研究的首次尝试的话，那么姜寨遗址的发掘及其报告的出版，则标志着我国对这类聚落遗址的研究取得了新的突破。它对今后新石器时代聚落形态的研究将有重要的借鉴和推动作用；对于我国原始社会史学界来说，则提供了一个相当完整的氏族社会农业村落的范例。

姜寨报告除正文外，还有 8 个附录给读者提供了许多有用的资料和信息。附录一和附录二分别对姜寨一期和二期的人骨进行了研究。姜寨一期人骨的体征表明应属于亚洲蒙古人种中的远东人种，与仰韶文化半坡类型中的半坡组和宝鸡（北首岭）组最为接近。姜寨二期人骨体征大多与第一期人骨接近，但最接近于庙底沟（二期）组及华县（元君庙）、宝鸡（北首岭）两组，而与半坡组关系甚远。这一结果是很有趣的。它说明姜寨二期的居民很可能是由东边的部落侵入姜寨的，而不是姜寨一期居民的直接后裔，与我们前面的推测相合。只是既与半坡组关系甚远又为什么与宝鸡组接近，似乎还有一些矛盾。

附录三对姜寨各期文化的动物骨骼进行了深入的研究。它突破了过去仅对动物种属进行鉴定的做法，而是进行了全面的动物考古学研究。对各文化时期人们的肉类食物组成和由动物群反映的环境状态进行了复原，并且根据梅花鹿大量存在及年岁偏小的事实，提出它可能是仰韶文化居民驯养的动物之一。

附录四对遗址孢粉进行了分析，依据孢粉组合情况对当时气候及环境的推测，与对动物骨骼分析所得结果基本相同。

姜寨一期曾出土两件黄铜残片（其中一片卷成管状），发掘者认为地层无误，但因时代甚早，又是难以冶炼的黄铜，有人曾对其年代的可靠性表示怀疑。附录六发表了鉴定结果，除再次证实为黄铜外，还根据其成分较杂、各种杂质分布不匀，且含硫较多等特点，确认该黄铜残片系用原始的冶炼方法铸成，在一定程度上廓清了人们的疑团。这一结果对中国冶金起源的研究无疑具有重要的意义。

作为一个大型发掘报告，涉及的资料极多，时间长，经手的人也多，要做到一点问题都没有是很困难的，《姜寨——新石器时代遗址发掘报告》报告不免也有不足之处。例如有的数字不甚准确，某些遗迹和遗物的断代有失；还有各期文化遗迹应分别有个分布全图而不只是部分遗迹分布图等，希望能在适当的时候加以补正。但这并不影响我们对整个报告的积极评价。

［原载《文物》1990 年第 12 期，原题《史前聚落考古的重要成果——〈姜寨〉评述》。后收录在《仰韶文化研究》（增订本），文物出版社，2009 年］

仰韶房屋和聚落形态研究

一　前言

仰韶文化的房屋和村落遗迹，是在 20 世纪 50 年代中叶发掘西安半坡遗址时才首次发现的。从那以后，在各地陆续发现的房屋基址已达 400 多座；其中房屋比较集中，并且大体能看出其分布格局的村落遗迹有四五处。这些资料使我们不但能够了解单个房屋的结构及其演变的历史，而且可以从总体布局来研究各个房屋之间的关系，研究聚落形态的特质及其演变。本文试图对仰韶文化的房屋和聚落形态做一比较全面的考察。在这个基础上，我们将不仅通过房屋和聚落本身，而且通过它们在时间上和空间上的联系来考察它们的社会功能，探讨建造和使用它们的居民的社会组织和社会形态。用这种方法来研究房屋和聚落形态，至少要包括以下几个方面。

1）单个房屋的分类和每类房屋的结构和功能的考察。

2）同一聚落中房屋的组合关系，包括同组中住房与住房之间的关系，住房与其他建筑物之间的关系。

3）聚落的总体布局及其功能的考察。

4）聚落的分布和各个聚落之间的关系。

以上各点是相互联系的。因为任何单个房屋都是在某一聚落之中，而任何一个聚落又总是由许多单个的房屋所组成的。所列几个方面存在着客观的逻辑关系。因此，我们的讨论将包括这几个方面，并且以这里所列顺序为基本程序。

鉴于仰韶文化的分布范围十分辽阔，并且经历了 2000 多年的发展，不同地区和不同时期的房屋结构和聚落形态都会有很大的差异。本文将充分注意和讨论这些差异的实质。不过，现实的资料是仰韶一期的半坡类型比较丰富，其他时期和类型的资料较少。我们的讨论自然就以半坡类型为重点，其他类型或时期只能勾画一个轮廓，或可通过其与半坡类型的比较得到某些启示。

二　半坡类型房屋的初步分析

半坡类型的房屋，迄今发现的有西安半坡 40 多座[1]、临潼姜寨 65 座[2]、铜川李家沟 11 座[3]、彬县下孟村 7 座[4]、宝鸡北首岭 40 多座[5]、甘肃秦安大地湾数十座[6]、秦安王家阴洼 2 座[7]，总数约为 200 座。这里有些遗址中房屋的统计数字同原发掘报告有所不同，原因是房屋所属文化类型或文化期有所调整。半坡仰韶文化的房屋基址有 52 座，其中保存较好并有编号的 46 座。经过分析绝大部分应属早期即半坡类型，只有 F24 等 4 座应划归半坡晚期类型[8]。北首岭仰韶房屋基址 50 座，经过分析，绝大部分应属该遗址的中期即半坡类型，只有 F27 等少数几座属于晚期[9]。李家沟仰韶遗存的性质和分期也有调整[10]。

这些房屋的一个显著特点是室内没有分隔，全部都是单间屋子。流行浅地穴或很矮的木骨泥墙，草筋泥和木杆（较粗或较细的，原木或劈成两半的）差不多是全部的建筑材料，这在仰韶文化的房屋建筑中是属于一个较低的发展阶段。

房屋的平面很明显地可分为圆形和方形两大类。圆形房屋一般较小，仅有个别的稍大；方形房屋的面积则有很大差别，有的地方可分为大小两级，有的地方可分为大中小三级，大小不同的房子往往组合在一起，各自担负着不同的功能。

---

〔1〕　中国科学院考古研究所、陕西省西安半坡博物馆：《西安半坡》，文物出版社，1963 年。

〔2〕　西安半坡博物馆、临潼县文化馆 姜寨遗址发掘队：《陕西临潼姜寨遗址第二、三次发掘的主要收获》，《考古》1975 年第 5 期；西安半坡博物馆、临潼县文化馆：《临潼姜寨遗址第四至十一次发掘纪要》，《考古与文物》1980 年第 3 期。

〔3〕　西安半坡博物馆：《铜川李家沟新石器时代遗址发掘报告》，《考古与文物》1984 年第 1 期。

〔4〕　陕西省社会科学院考古研究所泾水队：《陕西邠县下孟村仰韶文化遗址续掘简报》，《考古》1962 年第 6 期。

〔5〕　中国社会科学院考古研究所：《宝鸡北首岭》，文物出版社，1983 年。

〔6〕　甘肃省博物馆文物工作队：《甘肃秦安大地湾遗址 1978 至 1982 年发掘的主要收获》，《文物》1983 年第 11 期。

〔7〕　甘肃省博物馆大地湾发掘小组：《甘肃秦安王家阴洼仰韶文化遗址的发掘》，《考古与文物》1984 年第 2 期。

〔8〕　严文明：《半坡仰韶文化的分期与类型问题》，《仰韶文化研究》，文物出版社，1989 年。

〔9〕　严文明：《北首岭史前遗存剖析》，《仰韶文化研究》，文物出版社，1989 年。

〔10〕　赵辉：《铜川李家沟仰韶文化遗存的初步分析》，《考古与文物》1986 年第 4 期。

1. 小型圆屋

这种房子在半坡有 30 座，姜寨 32 座，李家沟 4 座。分布地域偏东，主要在渭河下游及其附近，渭河中上游和泾水流域主要是方形房屋。看来小型圆屋在半坡类型中并不是普遍存在，而是一种富有地方色彩的建筑形式。根据其建筑结构可以大致分为三型。

A 型　浅穴式，没有单独的墙壁，屋顶直接覆盖于地面。

实例：李家沟 F10（图一）。

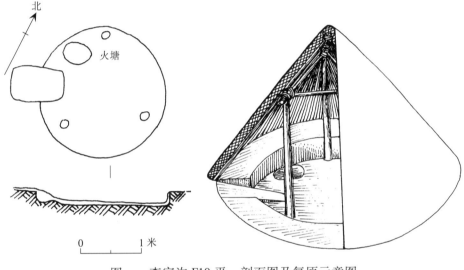

图一　李家沟 F10 平、剖面图及复原示意图

资料见《铜川李家沟新石器时代遗址发掘报告》，该报告的文字叙述和图八均误为 F4，查遗迹分布图、房屋和灶坑统计表知为 F10。

房子为浅竖穴，直径 2.28、穴深 0.24 米，穴底面积为 4 平方米。在居住面和穴壁上涂一层厚 2~4 厘米的黄泥土。西南由黑褐色杂土垫成斜坡形门道。迎门左侧有一椭圆形火烧硬面，当为火塘所在。为了充分利用空间，除将火塘设在一边外，三个柱洞也都靠着坑边，形成"品"字形。居住面的修整，火塘的设置乃至火塘与柱子位置的安排，都说明这所房子是住人的，其面积则充其量住两个人。如果住两个人，坑穴内就没有放东西的地方了。人们使用的陶器等物品只有放在坑外的地面。因此，这所房子的屋顶覆盖面必须大于坑穴，把整个门道都包括进去，使室内形成一周土台。这样做也是防止雨水倒灌所必需，室内柱子的设置也才是可以理解的了。

这所房子的复原，应该是先立三根木柱，将柱顶绑扎在一起；然后以浅穴中心为圆心，以圆心到门道外端的距离为半径作圆，在圆周上摆放木条，终端搭在柱顶叉手上；再在外面绑树枝并抹草筋泥。外形有些像鄂伦春族和鄂温克族的仙人柱[1]或北美大草原印第安人的提皮[2]，只是二者都没有浅穴。因为它们的主人都营游猎生活，必须经常搬迁；而仰韶居民是从事农业的，过着定居的村落生活。

在李家沟，与 F10 属同一类型的房子还有 F4 和 F5，其用途和复原方法也应和 F10 一样。现将 3 所房屋的基本情况统计如下：

房号	形状	直径	居住面	火塘	门道
F4	圆形浅穴	2.7 米	黄泥土	圆形烧土面，位置不详	西南向，斜坡形
F5	圆形浅穴	2.75 米	黄泥土	圆形烧土面，位于门道左侧	西南向，斜坡形
F10	圆形浅穴	2.28 米	黄泥土	椭圆形烧土面，位于门道左侧	西南向，斜坡形

B 型　半穴式，穴壁周围有一圈柱洞，形成矮墙。由于地穴很浅，故没有伸出地穴以外的门道。

实例一：半坡 F3（图二）。

资料见《西安半坡》29 ~ 33 页，图版 35 ~ 37。

该房略呈正圆形，直径 5、深约 0.18 米。地面平滑，为一厚 8 厘米的人工土层，其下铺一层手指粗的树枝，目的可能在于隔潮。室内中央有瓢形火塘，火塘两旁并列 6 个柱洞。进门处有柱洞，可能有矮门槛。门道设在室内，由左右两道墙隔开。房子周围有一圈较小的木棍洞，应有较矮的木骨泥墙。房顶设烟囱。其复原方案当如杨鸿勋所设计者[3]。

这座房子中有火塘，有日用器物，地面平滑并有隔潮处理，当然是供人居住用的。房子室内面积约 18 平方米，其南面是门道，中间有火塘和柱子，北面放置陶器和石器等，能够睡人的地方只有西南和东南两块不大的地方。但《西安半坡》所载平面图只画了 2 件陶器和 2 件石磨棒的分布位置，而这座房内出土器物甚多，计有粗陶罐 1 件，小罐 5 件，圜底钵 3 件，石杵 2 件，陶锉、石斧和骨锥各 1 件，各器物具体位置不详。从《西安半坡》图版 36 的堆积情况来看，其东部至少有一

---

〔1〕　杜耀西、黎家芳、宋兆麟：《中国原始社会史》，文物出版社，1983 年，357 页。

〔2〕　L. H. 摩尔根：《美洲土著的房屋和家庭生活》，中国社会科学出版社，1985 年，122 页图 8。

〔3〕　杨鸿勋：《仰韶文化居住建筑发展问题的探讨》，《考古学报》1975 年第 1 期，57、58 页。

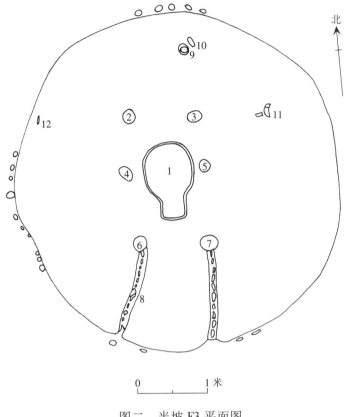

图二　半坡 F3 平面图

1. 火塘　2~7. 柱洞　8. 隔墙　9、11. 陶器　10、12. 石磨棒

粗陶罐。所以适于睡卧的仅有西南一隅，这块地方长 2 米余，宽 1.2~1.4 米，仅可容纳两三个人。

实例二：半坡 F2。

资料见《西安半坡》32、33 页，图版 38、39。

此房仅残存约 1/4，按其弧度推知直径约为 5 米，基本结构与半坡 F3 相同。这房值得注意的有以下几点。

1）墙壁没有发现柱洞，只有一圈木板痕迹，木板两面涂草泥，主要起围护作用。若要适当承重，便不可能太高，所以这种房子的墙是很矮的。

2）房子西南有一高约 15 厘米的土床，南北长约 1.8~1.9、东西宽约 1.4~1.5 米，上面没有器物，显然是供睡卧用的，其大小约可供两三个人使用。

3）由于房子多已残破，所剩器物应只占原有器物的一部分。其中有陶罐 3 件，陶锉和双耳陶瓮各 1 件，后者里面有灰白色谷物朽灰，说明房屋的主人有少量粮食储备。

实例三：半坡 F34。

资料见《西安半坡》33、34 页，图版 40。

此房应为圆形，北部稍残，直径约 4.1 米，室内面积约 12 平方米，是这类房子中较小的一座。室内有瓢形火塘，南面门道两边的隔墙不甚显著。这座房子值得注意的有以下几点。

1）室内只有火塘，北边有两个较大的柱洞，其支撑屋顶的方式应与半坡 F3 有所不同。

2）室内倒塌堆积中有成排的木板，上抹草泥，而房子周围和隔墙的柱洞都是圆形的，说明前者是房顶倒塌的堆积，并且说明房顶和墙壁的做法有所不同。因此，这座房子外形的复原仍应是蘑菇形的。

3）室内发现的器物有尖底瓶 2 件、陶瓮 1 件、陶锉 2 件、骨针 1 枚，但不知位于何处，从而也不能推测睡卧的地方在何处。

实例四：半坡 F9。

资料见《西安半坡》34 页。

该房未经火烧，故把用火烧烤作为当时盖房的一种必经工序的说法是值得怀疑的。这座房子与前几座不同的地方，一是火塘作长方形而非瓢形，二是火塘南边与门道隔墙相接处有东西并列的两个方形土台，一高一矮，当为放置什物而设。房子平面为扁圆形，长短径分别为 5.8 米和 5.6 米，除去墙壁厚度，室内面积约为 24 平方米，是这类房子中面积最大的。

总括 B 型半穴式小圆屋，可以得到以下几点认识。

1）房屋有矮墙，又有浅穴，墙高加穴深应以适于人的活动为度。墙的高度是受其承受屋顶的重量和墙壁自身的强度所制约的。由于这类房屋的墙壁多用较细的棍材或较薄的板材为骨，两面涂草筋泥，强度有限，只有放矮才能承受那满涂草泥的屋顶。因此，这类房子的浅穴不过是对墙壁高度的一种补充做法，而并没有其他实际意义。

2）由于有的房屋的墙壁和房顶的做法明显不同，可见这两部分已经分化。复原起来其外形应似蘑菇而不是穹庐式的。

3）室内设置火塘，居住面涂抹光平，有时还有防潮措施，加上有许多生活用器，表明这类房子都是住人的。除去门道、火塘、柱子和放置器物的地方以外，可供睡卧的位置往往设在迎门左侧，那里有时还做出一个很矮的土床，其大小长约 2 米，宽不足 1.5 米，仅够两三个人使用。

4）房子里放的生活用器，有炊器、水器、饮食器和盛储器等，有的陶瓮中还储有粮食，基本上具备了独立生活的条件。因此每座房子里的居民就是一个消费单位，同时又因粮食的储存十分有限，因而还只能是相对独立的一个消费单位。

5）有的房子里发现石斧等生产工具，但并不普遍，又不成套。其中一个原因是房屋被烧时人们正带着工具在外劳动，房子里不可能留下全部应有的生产工具；另一种可能是每座房子的居民并不是一个独立的生产单位，他们只需保留自己经常使用的某些工具，而不一定是成套的。

C 型　平地起建的，其结构与 B 型颇为相似，只是没有浅穴而已。

实例一：半坡 F6。

资料见《西安半坡》27、28 页，图版 29～32。

此房为不甚规则的扁圆形，长短径分别为 6.7 米和 6.3 米，室内面积约 30 平方米，是这类房子中最大的。门南向，设有门槛，门道两侧设矮隔墙。火塘为长方形坑，其北端两柱之间也有矮隔墙。推测此屋室内应有四根支柱。周围墙壁厚16～20 厘米，其中密集地排列着木棍、半圆木和木板，两面涂草筋泥。将较大木料劈成半圆木或木板可能是为了与较小木料取得较一致的厚度，从而适当减薄墙体。墙上无夹壁大木柱，说明其承重能力有限，因而不可能做得很高。墙内的板材也不可能做得很长。再从门槛和门道两侧矮隔墙中的木板和半圆木痕迹与外围墙体者基本相同来看，也说明周围的墙不会太高。这座房子复原起来的外形应与B 型房相同，只是内部没有浅穴而已。

这座房子的西边较东边稍高。东南有一尖底瓶和两个红烧土团，东北和北部有两个粗陶瓮和四个红烧土团，只有西边较为空旷，那里也许可以睡卧三四个人。

实例二：半坡 F22（图三）。

资料见《西安半坡》25～27 页，图版 27、28。

此房结构与半坡 F6 基本相同。唯平面略呈正圆，直径 4.6 米，室内面积约 13平方米。墙壁厚 25～30 厘米，中间有许多木棍痕迹，木棍直径 4～16 厘米不等。西南有一段墙壁向外倾塌，其中有一段炭化了的木棍长 1.3 米，直径 9 厘米，其长度应即墙的高度。墙壁能够向外倾塌，说明它和屋顶已经分化而不是结为一体的。这座房子复原起来仍应是蘑菇形的样子。

实例三：半坡 F11。

资料见《西安半坡》29 页，图版 33、34。

此房结构与半坡 F6 基本相同，直径 5.2 米。靠近东墙有红烧土团两个。出土器物有陶瓮 4 件、小罐 3 件、带耳罐 1 件、圜底钵 3 件、骨铲和骨锥各 1 件。从图版来看，房子东边和西边都有器物，不知西南是否还有较大空地。

实例四：半坡 F19。

资料见《西安半坡》27、29 页，图版 28。

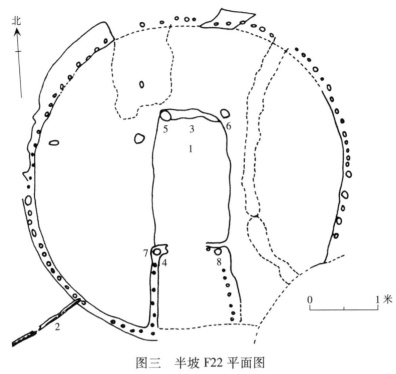

图三　半坡 F22 平面图

1. 火塘　2. 炭化壁柱　3、4. 挡火墙　5～8. 柱洞

此房仅剩东南一部分。结构与半坡 F6 相近，唯火塘为圆形，门边有大柱子，墙向内拐。房子东边和火塘旁边有许多陶器，其睡卧的地方当以西边的可能性为最大。

以上实例基本代表了 C 型平地式小圆房的特点。这种房子除没有浅穴外，其形状、大小、用途都与 B 型房没有多大差别。墙体和屋顶是分开的，半坡 F22 外墙木构长 1.3 米应是墙壁的合适的高度。房内住人仍多集中在左边，每所房子大约能住三四个人。

2. 中型圆屋

仅见李家沟 F3 一座，为平地起建的房屋，平面很像一把蒲扇。其长短径分别为 7 米和 6.5 米，室内面积约 35 平方米。中部设圆形火塘，直径约 1 米，深 0.2 米，周围有泥埂。居住面为草筋泥铺成，已被烧成硬面。其西南有一高 8 厘米的土床，南北长 4、东西宽约 2.3 米，大约可睡卧五六个人。房子有门道，旁边设两排柱子，当有门棚。室内有 6 根大柱，没有发现墙壁痕迹。复原起来应以室内大柱为骨架，周围搭上木椽，再在上面捆绑树枝并涂抹草泥，外形就像一个大圆锥形的仙人柱，只是多了一个门棚。

　　这座房子之所以被列为中型圆屋而与小型圆屋相区别，不单是因为它的面积较大，还在于它同几所小房子组合在一起，明显地成为一组房屋的中心，其功用与一般小型圆屋有所不同。这问题在后文还将详细讨论。

3. 小型方屋

　　这里所谓方屋，其平面并不限于正方形一种，还包括许多面阔大于进深的长方形房屋，但长、宽比一般不大于1.3，仍然接近方形。这种房屋的分布范围很宽广，整个半坡类型都有，在渭河中上游更是占有统治的地位。

　　这种房屋一般是浅穴式的，屋顶直盖到地面，只有个别的为地面建筑。据此可大致分为两型。

　　A 型　浅穴式，有较长的斜坡式门道。根据其结构不同又可分为两个亚型。

　　Aa 型　瓢形火塘，设火种罐，无门槛。这类房子主要分布于渭河上中游，以北首岭和大地湾发现最多。

　　实例一：北首岭 F23（图四）。

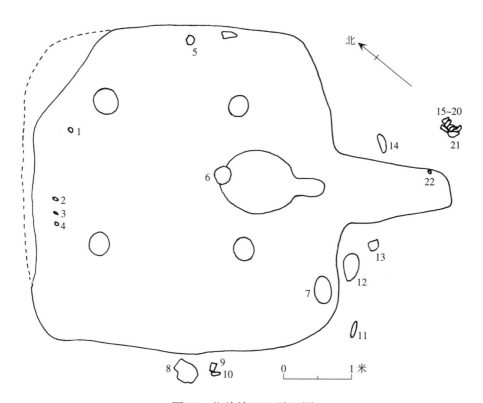

图四　北首岭 F23 平面图

1、2、22. 石锛　3. 骨锥　4. 石片　5. 陶钵　6. 陶火种罐　7～9、12. 石磨盘
10、11、14. 石磨棒　13. 磨石　15～20. 石斧　21. 牙饰

资料见《宝鸡北首岭》14～16页，图版3、6、8。

此房除北部一角被近代沟稍稍破坏外，保存极好。平面略呈方形，进深4.3、面阔4.5米，面积约19平方米。穴深0.65米。居住面、穴壁及穴外周围约0.5米宽的地方均用料姜石和草泥涂抹，表面平光。房子前面有一长1.7米的斜坡形门道，迎门有一瓢形火塘，火塘后部斜埋一火种罐。室内有四根木柱，南边一根被烧成木炭者直径为15厘米。不过一般木头烧成木炭后都要显著收缩，所以这几根柱子的原来直径可能不小于20厘米。

这座房子是被火烧毁的，被烧成木炭的柱子和室内遗留的许多器物便是最好的证明。它有许多值得注意的地方。

1）房子坑穴周围约0.5米宽的地方同居住面和穴壁一样加工讲究，上面还放了许多器物，说明这一圈应属室内部分的土台。屋顶要延伸到这一圈土台以外，室内的空间才能充分利用。这所房子的复原，应是先立室内四柱，绑上梁架，然后在周围架椽，并涂上草泥，形成一种四面坡的锥形体。由于门道已有一部分为屋顶所遮盖，故只需要再加一很小的门棚就可以了。这一复原构想应适用于同类型的其他房屋。

2）这房子内有火塘，地面做工讲究，又有陶钵等生活用具，显然是住人的。居住面上的器物位置都靠近穴壁，可能是房屋倒塌时从周围土台上滚下来的。这样室内空间较大，可以住较多的人，但无法估计其大致的人数。生活用具仅一陶钵，不敷起码的使用需求。估计房后被近代沟破坏的部分会放置一些器物，看来也不会太多，因此房内住人也还是有限的。

3）这房子里的生产工具远多于一般房屋者。其中主要是木工工具和粮食加工工具两类。木工工具有石斧6件、石锛3件，不像是一个人使用的；粮食加工工具有磨谷器三套半，也不像是一个人使用的；此外还有磨刀石、石片石器和骨锥等。它们除本房子的居民使用外，是否也可能为别的房子的居民所用呢？因此要考察本所房子的功能及其居民的性质，还应当同它附近可能与它发生关系的其他房子联系起来才能看得清楚。

实例二：北首岭F35（图五）。

资料见《宝鸡北首岭》17、18页，图版5、6。

房子为圆角方形，长、宽分别为5.4米和5.35米，穴深0.6米。居住面和穴壁均用草泥和料姜石涂抹而成，很是平坦。保存较好的北壁外地面也涂抹草泥和姜石，故知为室内部分。居住面上尽管只有两柱洞，其复原也应同北首岭F23基本相同，外形为四面坡的锥形体。

在火塘旁边发现一块40厘米见方的红烧土，上面有5行排列整齐的小圆孔，

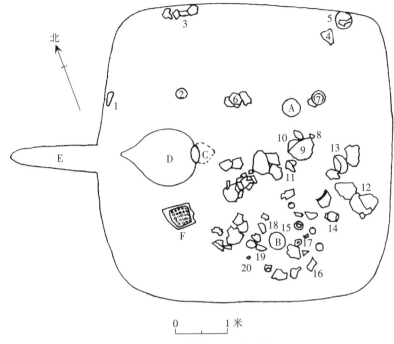

图五　北首岭 F35 平面图

A、B. 柱洞　C. 火种罐　D. 火塘　E. 门道　F. 红烧土块
1、19. 石斧　2～4、6、7、9、12～14. 陶罐　5、10、18. 陶钵
8. 陶模具　11. 陶尖底瓶　15、17. 陶器座　16. 石磨盘　20. 石杵

每行 5 个，孔径均约 8 厘米，烧土侧面有木橼痕迹，应为屋顶塌下的烟囱。

房内发现的器物甚多，计有石斧 2 件、石杵和石磨盘各 1 件、陶罐 9 件、陶钵 3 件、尖底瓶 1 件、器座 2 件、陶模具 1 件。大多数器物分布在房子中央和右边即南部，左边的器物均靠穴边，很像是房屋倒塌时从土台上滚下来的。这样左边就有较大的空地可供两三人睡卧，是一间典型的住房。

实例三：北首岭 F17。

该房南向，进深 5.4 米，面阔 6.1 米，穴深 0.6～0.7 米。地面及四壁用料姜石和草泥涂抹而成，穴壁外面有 0.4～0.5 米宽的范围经火烧过，当属室内土台，这座房子的复原应同 F23 一样。

房子的东北角有一小坑，深 5～7 厘米，内部光滑，里面有一石磨棒，旁边为一石磨盘，当为加工粮食的地方。居住面上还发现有陶罐和陶瓶的碎片。

Ab 型　圆形火塘，无火种罐，有弓形门槛。主要分布于渭河下游，以半坡和姜寨发现最多，李家村也有这种房屋。

实例一：半坡 F37（图六）。

资料见《西安半坡》10、11 页，图版 8。

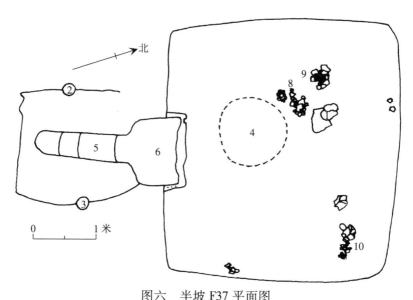

图六　半坡 F37 平面图

1~3. 柱洞　4. 火塘　5. 门道　6. 门槛　8~10. 陶器

　　房子长、宽分别为 4.2 米和 4.75 米，穴深 0.8 米。门道有四级阶梯，进门有弓形门槛，火塘为圆形浅窝。室内偏西有一柱洞，偏东对称的地方也应有一柱洞，复原起来的外形应和北首岭 F23 基本相同。室内北部和东部发现陶器，有圜底钵和粗陶罐等，在一个陶罐中发现有粟粒和皮壳的朽灰。这房子只有西南的空间能睡卧两三个人。

　　实例二：半坡 F13（图七）。

　　资料见《西安半坡》12、13 页，图版 12、13。

　　此房保存甚好，长、宽均为 3.8 米，穴深 0.7 米。斜坡形门道，两边有支撑门棚的柱洞。这座房子室内仅东北角有一个柱洞，是很奇特的做法。器物主要分布于东南部，有圜底钵和尖底器等。

　　实例三：姜寨 F14。

　　资料见《考古》1975 年第 5 期 282 页。

　　这座房子长、宽分别为 3.68 米和 3.88 米，深 0.4~0.64 米，地面用黏土和料姜石粉末铺成，穴壁用草泥土抹成，均甚平滑。斜坡形门道，迎门有门槛，火塘为圆形浅窝，周围有土埝。居住面上没有发现柱洞，仅门道两旁和屋后正中有三个柱洞，右边有成排倒塌的木椽痕迹。房顶复原可能仍为方锥形。

　　房内器物均分布在东边，计有陶钵、盆、罐、甑等 13 件，石斧、石球、石磨棒等 5 件，骨镞和笄等 6 件。弦纹罐中盛满粮食朽灰。

　　实例四：半坡 F41（图八）。

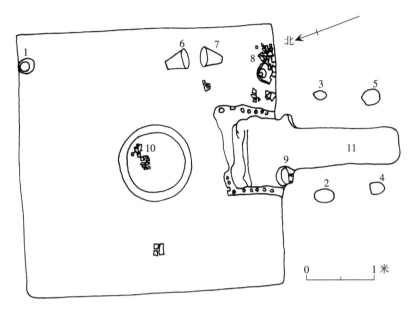

图七　半坡 F13 平面图

1～5. 柱洞　6、7. 圆锥形红烧土　8. 陶尖底瓶　9. 陶钵　10. 火塘　11. 门道

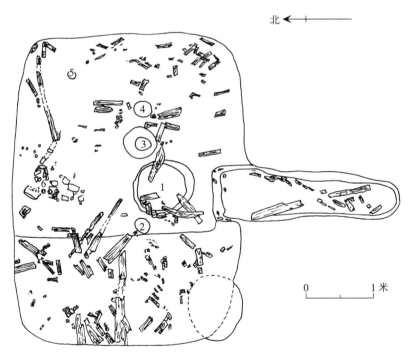

图八　半坡 F41 平面图

1. 火塘　2～5. 柱洞　6. 陶瓮及螺壳

资料见《西安半坡》13 ~ 15 页，图版 14、15。

此房正南向，进深 3.2、面阔 4.4 米，深 0.4 米。斜坡形门道，有弓形门槛。火塘为圆形浅坑。室内火塘两旁各有一柱洞。房子被火烧毁后整个屋顶倒塌于坑内，留下的炭化木椽尚有 20 多根，都是由四周倒向中央，故知此房屋顶为四面坡的锥形。穴壁周围应像北首岭 F23 一样有一圈留在室内。

居住面西边有一高 10 厘米的土床，宽 1.5 米，可睡卧两三个人。器物均放在中部和东部，有陶罐、石镞、刮削器和一个盛螺壳的陶瓮。

实例五：半坡 F38。

资料见《西安半坡》13、16 页。

房子向南，西部残毁，复原后进深 3.28、面阔 4.8 米。火塘北有一柱洞。西边居住面较高，当为土床。房内东北有一小窖穴，深不到 1 米，底径 1 米左右，内有粟粒朽灰堆积。这是屋内设置小型粮食窖穴的唯一例子。

C 型　平地式，墙基挖槽立柱，仅李家沟发现 2 座。

实例：李家沟 F9。

资料见《考古与文物》1984 年第 1 期 6、9 页。

房子为长方形，门西向，进深 2.04、面阔 2.9 米。地面为未经加工的路土，中间有一被火烧过的圆面，当为火塘。房子周围挖小槽，里面立小柱，四角和门两边的柱子较大。

上述小型方屋除个别不清楚的以外，绝大部分具有以下特点。

1）均有浅穴，有门道，无墙体，房顶为方锥形直盖地面。室内空间除浅穴本身外，还应包括穴周围约 0.5 米宽的土台。这样不但有了置放东西的地方，也使人在室内活动更为方便。

2）每个房子都有火塘，有生活用具，甚至有少量粮食储藏，表明都是为住人用的。睡卧空间一般设在迎门的左侧，其面积约可供两三人使用，个别大些的也只可供三四人使用。

3）房内放置的器物以生活用具为主，表明每个房屋的居民本身就是一个消费单位。个别房子中有较多的生产工具，可能说明房中的居民有分工，或者那些工具并不限于所在房屋的主人单独使用。

4. 中型方屋

这种房屋似乎并不普遍，只有姜寨才可比较明确地划分出来，下孟村 1 座也可归入此类。

实例一：姜寨 F17（图九）。

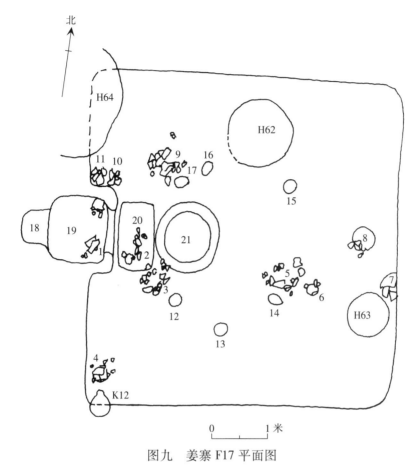

图九　姜寨 F17 平面图

1～11. 陶器　12～17. 柱洞　18. 外门道　19. 内门道　20. 灶台　21. 火塘

资料见《考古》1975 年第 5 期 281、282 页，图版 1。

房子为浅穴式，长、宽分别为 5.44 米和 5.74 米，深 0.48～0.56 米。居住面和穴壁均用草泥土抹平。有阶梯形门道和门槛。火塘为圆形浅窝，周围有土埂。室内中部有 6 个柱洞，围成圆形，其屋顶的复原应与 A、B 型的小型方屋相似。

房子内发现器物甚多，计有盆、钵、罐等陶器 10 件，斧、锛等石器 3 件，镞、锥、笄等骨器各 1 件，大多放置在房子中间，因而在两边留下了空地可以睡卧，这是同小型房屋室内布置的一个重要区别。

在姜寨，可以初步确定为中型方屋的还有 F36 和 F86 等。前者前半部左右各有一土床，这种安排原则与 F17 是相合的；但后者仅右边有一土床，与小型方屋往往把睡卧的地方安排在左边有所不同。

实例二：下孟村 59F3。

资料见《考古》1961 年第 1 期 1 页和 1962 年第 6 期 294、295 页。

这座房子为浅穴式，穴长8、宽7.5米，深0.82米，面积约60平方米。有斜坡形门道，迎门有一瓢形火塘，火塘后有一斜埋入土中的火种罐。前左方有一方形土床，高7~12厘米，长、宽分别为2.85米和2.87米。居住面和土床上均光滑坚硬，为草泥抹成，穴壁也抹草泥土。室内中间有对称柱洞4个，前面2个为圆形，后面2个为正方形。根据这种柱洞的布局，房顶应为四面锥形，并直接覆盖到地面。覆盖面可能像小型方屋那样大于浅穴，因而周围应有放东西的土台。

该房因被火毁，室内还留有被烧成木炭的长达1.3米的柱子，地面和穴壁被烧成灰色或黑灰色。土床靠南壁处发现的黑色泥质陶罐应是土台上滚下来的；火塘中发现的圜底钵和泥质灰陶器则应是从火塘边砸进去的。

5. 大型方屋

在半坡、姜寨和北首岭等地都发现过一些大房子，平面都作方形，根据其建造方式可区别为两个亚型。

Aa型　浅穴式，有瓢形或桃形火塘，主要见于渭河上游。

实例一：北首岭77F3（图一〇）。

资料见《宝鸡北首岭》13、14页，图版4。

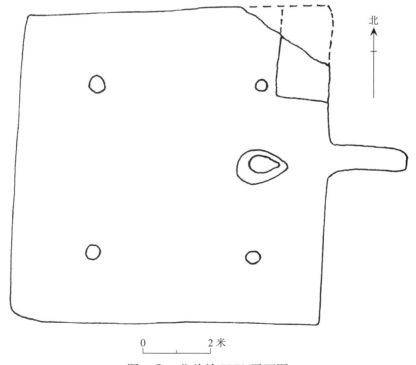

图一〇　北首岭77F3平面图

房子为正方形浅穴，长、宽均为 9.4 米，深 0.71 米，方穴面积 88.36 平方米。居住面积和穴壁均用草泥和料姜石涂抹，平整而坚硬。门朝东，有斜坡形门道。进门有一桃形坑的火塘。靠右前方有一个土床，长 2.6、宽 1.5、高 0.13 米。如此大的房屋而只有这样一个小土床，估计这座房子不仅供一般居住用，还应兼作集会等别的用途。

房子里面有对称的 4 个大柱洞，洞径 0.5～0.6 米，深 1 米以上。这种房子没有另外的墙壁，其屋顶应为四面坡的锥形，直接覆盖到地面，并在浅穴周围适当留有余地。

实例二：北首岭 F14。

资料见《宝鸡北首岭》7、12、13 页，图版 4。

房子接近正方形，长、宽分别为 9.5 米和 9 米，深 0.85～0.95 米，面积 85.5 平方米。大小和结构均与北首岭 77F3 相似。土床也设在右前方，只是没有紧靠前方穴壁。长 2.3、宽 1、高 0.15 米，面积比 77F3 者还小。

实例三：姜寨 F47。

资料见《考古与文物》1980 年第 3 期 4 页后图五。

该房长、宽分别为 9.3、9.4 米，面积 87 平方米。门朝南，有门道，进门有圆形火塘和灶台。两边有土床，各约 10 平方米，大约能住 20～30 人。

姜寨 F53 的形制与 F47 基本相同，只是面积较小，仅有 74 平方米。

Ab 型　由浅穴向平地过渡，一般为圆形火塘，多分布于渭河下游。

实例一：半坡 F1。

资料见《西安半坡》13～20 页，图版 16～20。

这座房子有很浅的地穴，又有垛泥墙，即用草筋、树枝、红烧土块掺泥垛成的低矮土台，表面涂细泥。墙体内和紧贴内壁处有小柱以增加强度。墙厚约 1、高 0.5 米。整个房屋略呈方形，门东向，室内南北宽 10.8、东西估计有 12 米，中间有 4 根对称的大柱（因被唐墓破坏，东边仅一柱留有残迹，另一柱据对称位置复原）。大柱旁有辅柱。复原起来应是方锥形的。

这座房子里面未见土床，火塘亦被完全破坏。形制不明。

实例二：姜寨 F1（图一一）。

资料见《考古》1975 年第 5 期 281 页，图版 1。

这座房基虽然有些残破，但尚能基本复原。它的东部是从当时地面下挖而成，西部则是垫起的土台，居住面也被垫平。全房接近方形，长、宽分别为 13.2、12.05 米，周围有宽约 1.5 米的土台，残存最高部分仅 0.3 米。室内面积为 124 平方米，与半坡 F1 的大小相仿。门朝西，有一短门道。进门有小坑和灶台，紧靠灶

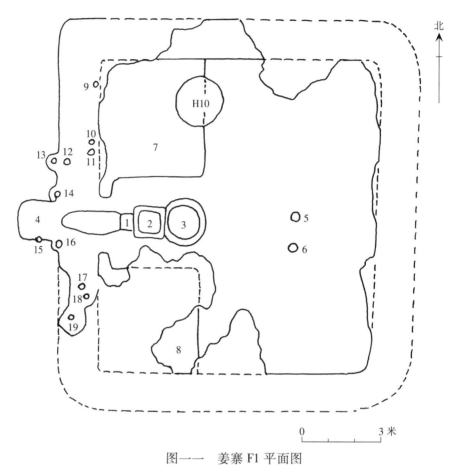

图一一　姜寨 F1 平面图

1. 小坑　2. 灶台　3. 火塘　4. 门道　5、6、9～19. 柱洞　7、8. 土床

台是圆形火塘。房子的前半，即位于火塘两边的地方都设有一个方形土床，高 9 厘米，面积均约 16 平方米，是所见土床中最大者。

　　姜寨 F74 的形制和姜寨 F1 基本一致，也有两个土床，四周有墙，墙上还有较大的柱洞。只是规模较小，室内面积仅为 70.4 平方米。

　　综观半坡类型的大房子，可以看出有一些共同的特点。

　　1）平面都呈方形，只是长、宽略有差异；室内面积约 70～124 平方米不等，未见更大的房屋。

　　2）全部大房子都是单间。只有半坡 F1 大柱子的泥圈上有痕迹表明没有到头，乍看起来似有隔墙。但半坡类型的隔墙（如小型圆房中所见到的）都是有木棍或木板插入地下做胎骨的，半坡 F1 没有这样的痕迹，故实际上不是隔墙，可见 F1 没有分间。

　　3）除半坡 F1 外，都有土床和火塘，可以肯定都是住人的。但有的有双床，面积又大，可以住很多人；有的只有一个土床，面积又小，只能住一二人或二三人。不论人多人少，都不像平常过日子的状态，因此推测这种房子除住人外，还应该有其他的用途。

4）大房子一般是同小房子或中型房子在一起的，但任何一组房子中都只有一所大房子，这也是考虑大房子用途的一个重要情况。

5）在建筑材料和建筑技术上，大房子同中小房子并没有什么不同。大型方屋的外形也和中小型方屋相似，都是一种方锥形。个别大房子有矮墙，往往与地基不好或地形有关，而且其高度不足以托起屋檐，其宽度则足以充当放什物的土台。整个房屋从外形看仍然是方锥形的。这些情况也许可以说明大房子并非有特殊权势的人的居室（当时也许还没有产生这种有特殊权势人的阶层），而只是为着某种公众的特殊用途而设的。

6. 讨论和思考

前面将半坡类型的房屋分为五类八型，有的还分出了亚型。这主要是根据房屋大小、平面形状、建造方式（浅穴或无穴、有墙或无墙）和室内结构（火塘形制、有无土床和门槛等）几个方面来划分的。而这几个方面的差别有的是因为功用不同，有的反映了建筑技术的发展，有的则可能是因为风俗习惯或文化传统的不同而形成的。

现在知道，半坡类型的直接前身老官台文化的房屋都是圆形或接近圆形的浅穴，如在陕西临潼白家[1]和甘肃秦安大地湾所见者[2]。与老官台文化大体属于同一时期的磁山文化（或称为磁山·裴李岗文化）的房屋，除河南密县莪沟有一座近方形的以外，也都是圆形或接近圆形的浅穴。这些房屋都很小，一般仅4~6平方米；有短小的门道或台阶；火塘无固定形式，一般也不在房屋中央，仅在一隅有块被烧红的硬面。在半坡类型的各类房屋中，形状大小最接近它们的是A型浅穴式小型圆屋，只是形状稍微规整一些，居住面加工稍微讲究一些罢了。由此可见，半坡类型的A型浅穴式小圆屋乃是直接继承老官台文化的浅穴式小圆屋而发展起来的。不过浅穴式小圆屋是老官台文化乃至磁山文化的普遍形式，而到仰韶文化的半坡类型时则仅在渭河下游的个别遗址才可见到。

---

〔1〕　中国社会科学院考古研究所陕西六队：《陕西临潼白家村新石器时代遗址发掘简报》，《考古》1984年第11期。

〔2〕　甘肃省博物馆、秦安县文化馆 大地湾发掘组：《一九八〇年秦安大地湾一期文化遗存发掘简报》，《考古与文物》1982年第2期。

　　在半坡类型中，继承浅穴式小圆屋传统而大量发展起来的是 B 型半穴式和 C 型平地式小圆屋。后两者相对于前者的进步主要有三：一是有了矮墙，墙与房顶明显分化，使人在室内周边也能方便地进行活动；二是面积扩大，少则 11 ~ 12 平方米，多则近 30 平方米，一般则为 20 平方米左右，比老官台文化的小圆屋大三四倍，这当然是与仰韶时期生产的发展和生活水平的提高，使每个家庭的日常生活用品和食物储藏等大幅度增加有关的；三是火塘结构的改善和位置的固定化，以及睡卧地方的划定乃至土床的设置，都使室内生活更加方便。正是因为这两型小圆屋是适应于半坡时期生产和生活发展水平的，所以很快就成为这一类型的主要房屋形式之一。

　　半坡类型的小型方屋在老官台文化中找不到渊源，似乎也不宜与磁山文化的小方屋搭上直接的关系。如果它的源头确实在东边的河南中部的话，那么在半坡类型中就应该是东部比西部更加普遍或至少是差不多，而事实恰恰是西部占统治地位而东部仅占小型房屋的 1/3。因此，它完全是半坡时期新产生的一种建筑形式。

　　不过，除了平面的形状不同以外，小型方屋的建造方法和某些结构很明显与 A 型浅穴式小圆屋相似。从这一角度来说，也不能说它与老官台文化的浅穴式小圆屋没有一点关系。

　　半坡类型的小型方屋虽然分为两型，但 C 型仅见个别例子，大量的形式是 A 型（包括两个亚型）。它的共同特点是有浅穴，周围有土台，有门道，攒尖式屋顶一直覆盖到地面，这些都与半坡类型的 A 型小圆屋相一致。它的进步性主要表现在三个方面：一是面积大，少则 14 ~ 15 平方米，多则约 30 平方米，一般为 20 平方米左右。这是仅就浅穴的地面而说的，如果加上周围的土台，总面积自然更大一些；二是火塘结构的改善和位置的固定化，以及睡卧地方的划定乃至土床的设置，这与 B 型和 C 型小圆屋是一样的；三是方形本身比圆形更适用，方形屋周围的土台又提供了较为充分的放置什物的场所。再说浅穴式方形屋免除了筑墙和屋顶与墙体结合的困难。所以浅穴式方屋一经出现，便很快在半坡类型分布的整个地区传布开来；而圆形房屋反而限于渭河下游不大的一片地区了。

　　我们注意到圆形小屋和方形小屋在建造方法上的一个明显区别，就是前者绝大多数有矮墙而后者反是。其原因可能是在榫卯和梁架结构完善化以前，圆形房屋的墙体和整个屋架较易解决结合牢固化的问题。反之，方形房屋则较困难，所以仅见个别地点（如李家沟）有过地面筑墙的试验，而没有像有墙的圆房子那样得到推广。

　　从功用上来说，圆形小屋和方形小屋都是住人的。根据土床的大小和室内器物摆设等情况，每所房子只可住两三人，最多也不过三四人，同老官台文化的每所小房子的住人数目差不多。假如每所房子中住的人可以算是一个家庭的话，那么老官台文化的此种家庭是根本不能独立的，而半坡类型的家庭则应有了一定程度的独立性。因为每所房子都有火塘，有成套的日用陶器，还有少量的粮食储藏，所以它至少是一个半独立的消费单位。

　　圆形小屋和方形小屋的功用既然完全相同，为什么在渭河下游的一些地方两种房屋同时存在，而不像渭河中上游地区只用方形一种形式呢？很难说渭河下游的人更注意保存文化传统，因为浅穴式方屋比起矮墙式圆屋来继承的传统并不少，实际上都有继承和革新。况且渭河下游是两种房屋并存，同一人群不能一方面显得保守，另一方面显得先进。一种可能的解释是，渭河下游夏季特别炎热，西安最高气温曾达到 42.8℃，浅穴式方屋难以通风，故要设法盖平地式或半穴式有墙的屋子。在当时的技术条件下，盖有墙的圆屋比盖有墙的方屋容易解决结构牢固的问题。所以夏季就住矮墙式圆屋，而冬季仍住浅穴式方屋，因后者比前者易于保暖。渭河中上游地势渐高，夏季没有渭河下游那样炎热，所以单是一种浅穴式方屋就可以了。这种解释的一个困难是，不论在哪个村落遗址中，圆屋和方屋并没有明确的对应关系，两者的比例也不相称，再说后来也看不出还有这种差别——假如是地方性气候条件所决定的话，这种差别应该长久地保持下去。所以究竟两种房屋为什么只在一个地区同时并存，还是一个需要继续探讨的问题。

　　在老官台文化中尚没有发现明显区别于小型房屋的大型房屋，半坡类型则普遍出现大型房屋，有的地方还有中型房屋。除个别中型房屋平面为圆形外，其余绝大多数中型房屋和全部大型房屋都是方形的，使用材料和建造方法都和小型方屋差不多。只是个别大房子有很矮的垛泥墙，它的功用不在于承重，也不起重要的围护作用，毋宁是一种放置什物的土台。屋顶照样要直接覆盖到地面，所以外形也和小方屋相像。无论大型还是中型房子都不是单独存在，而总是与小房子分布在一起的，说明它们应是同一人群为着不同的用途而安排的。

　　前面我们分析过，中型和大型房子都是住人的。但有的大房子面积 80～90 平方米，只设一个几平方米的土床，只能住一二人或二三人，显然还可在里面举行公共集会或宗教典礼等事务。半坡类型各村落中既普遍修建大房子，说明当时的公共事务有所发展。

三　仰韶房屋的分类和演变

　　半坡类型的房屋建筑有如上述，但它毕竟只是仰韶文化第一期中渭河流域的情况。同期其他类型的房屋，以及第二至第四期的房屋是什么情况，还需要进行全面的比较分析。

（一）第一期房屋

仰韶文化第一期的房屋，除属于半坡类型者外，尚有山西芮城东庄村 2 座[1]，河南洛阳王湾 1 座[2]，安阳后冈 2 座[3]，河北正定南杨庄 2 座[4]。除王湾的 1 座为中型方屋外，其他都是小型圆屋，并且都是单间的。分别说明如下。

1. 小型圆屋

根据其建造方式大致可分为三型。

A 型　浅穴式，平面为圆形或椭圆形，但多不甚规则。周围无柱洞。其形状大致与半坡类型的 A 型小圆屋相同。

实例一：后冈 H5。

资料见《考古》1982 年第 6 期 566 页。

此房为一坐北朝南的椭圆形小屋，长、短径分别为 2.9 米和 2 米，穴深约 0.7 米。居住面用细土抹平，较平坦。北部有不甚规则的烧土面，当为火塘。南边有斜坡形门道，长约 1.3 米。这座房子没有发现任何柱洞，推测房盖系用木条棚架成圆锥形，上面盖木板或苇席再抹上草泥。该遗址中曾发现印有木板和苇席痕迹的红烧土块。

距这座房子北边 1.5 米的另一座房子（H13）也大致呈椭圆形，长、短径分别为 2.5 米和 1.9 米，穴深 0.65 ~ 0.9 米。只是中央有一柱洞，除南边一门道外，北边也有一个门道。

实例二：东庄村 F204。

资料见《考古学报》1973 年第 1 期。

这所房子平面近似圆形，口径 5.4 ~ 5.5 米，底部即居住面近似椭圆形，长短径分别为 4.8 米和 3.8 米。穴深 1.8 米，是仰韶房屋中地穴最深的一座。居住面平坦，有厚约 2 厘米的路土，东南有斜坡可供出入，东北有一袋形窖穴。房中无火

---

〔1〕　中国科学院考古研究所山西工作队：《山西芮城东庄村和西王村遗址的发掘》，《考古学报》1973 年第 1 期。

〔2〕　北京大学考古实习队：《洛阳王湾遗址发掘简报》，《考古》1961 年第 4 期。

〔3〕　中国社会科学院考古研究所安阳工作队：《安阳后岗新石器时代遗址的发掘》，《考古》1982 年第 6 期。

〔4〕　河北省文管处：《正定南杨庄遗址试掘记》，《中原文物》1981 年第 1 期。

塘，也无柱子洞，可能是一种储藏室或工作室而不大像是住宅。

B 型　浅穴式，周围有柱洞，但不像有矮墙。

实例：南杨庄 F1。

资料见《中原文物》1981 年第 1 期。

房子甚小，近似椭圆形，口径 1.9～2.22、底径 1.82～2.1、深 0.94 米。南有门道。居住面为厚 1～2 厘米的烧土硬面。穴周围有 8 个柱洞，稍向里倾斜，个别洞内尚有朽木痕迹，室内靠南也有 2 个柱洞。由于穴周围的柱洞向里倾斜，估计里面的木柱不是做墙，而是直接搭上室内的柱子形成圆锥形，外形仍同 A 型房子相像。

C 型　平地式，周围有柱子，但也不像有单独的墙壁。

实例：东庄村 F201。

资料见《考古学报》1973 年第 1 期 5～7 页。

这座房子很小，直径 1.7～1.9 米。居住面基本平坦，由厚 10～30 厘米的灰白色细土筑成。中间有一较大的柱洞，东南靠门的地方有一不规则形的火塘。居住面周围有 21 个柱洞，直径较小，说明插入里面的木条较细较软；许多柱洞向外倾斜达 60°之多。其复原当如杨鸿勋的设计[1]，外形像一个倒置的萝卜。

2. 中型方屋

仅见一例，为平地起建，假如半坡类型的浅穴式中型房屋定为 A 型，则这座房屋可定为 C 型，并与 Ab 型非常接近。

实例：王湾 F15（图一二）。

资料见《考古》1961 年第 4 期 176 页，图版 2。

房屋为方形，南北宽 7.4、东西进深 7.2 米，周围有墙，室内面积约 40 平方米。门西向，进门有一长方形凹坑。正对凹坑有一长方形火塘，其南部为一灰坑所破坏，仅剩北部一段土埂。室内左前方有一土床，高 8 厘米。土床南边近门的地方有小隔墙。整个居住面和土床均抹草泥。十分平坦。墙基先放大石头，在上面垛泥，然后在内外抹草泥。这种墙实际上只能和半坡 F1、姜寨 F1 那样，是很矮的。室内柱洞分布不甚规则。房顶以密集的木板为椽，上面抹厚约 20 厘米的草泥，表面平光，形状可能是四坡式的。

由于被火烧毁，房子里一些器物未被搬走。其中有圜底鼎、夹砂罐、钵、盆、

---

[1]　杨鸿勋：《仰韶文化居住建筑发展问题的探讨》，《考古学报》1975 年第 1 期，54 页图 16。

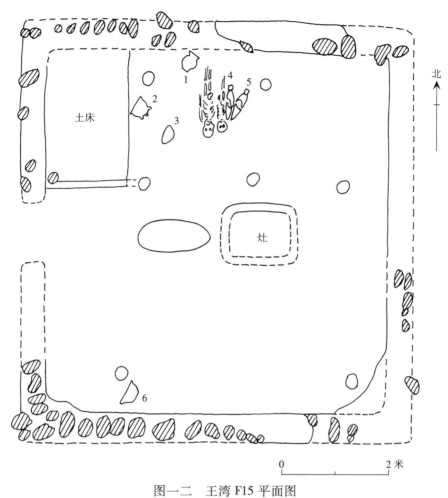

图一二　王湾 F15 平面图

1. 夹砂陶罐　2. 陶鼎　3. 陶钵　4、5. 陶尖底瓶　6. 陶盆

2 件尖底瓶和 1 件小石锛。两个小孩没有来得及逃走也被压在房顶底下。这两个孩子一个大约有 5~6 岁，另一个 10 岁左右。由此可见这种房子是住人的，其中包括断奶以后的小孩。

3. 与半坡类型房屋的比较

仰韶文化第一期的房屋绝大多数属于半坡类型，它东边的东庄类型和后冈类型均只有少数发现。比较这几个类型的房屋，很明显地存在着许多共同的特点。

1）所有房屋无论大小都是单间的。

2）建筑材料一般用原木、木板和草筋泥，有时也用料姜石末抹地面或墙壁。

3）绝大部分房屋为浅穴式，房顶一直拖到地面，只有少数大中型房屋为平地起建并有土台式矮墙。而且这种所谓墙高不过半米，宽可达 1 米左右，表面平光。既不是什么围护结构，也起不了多少承重的作用，与其说是墙，不如说是另一种类型的土台。其功用有二：一是放置器物，二是节省了挖穴的劳力。坑穴越大节约劳力越多，这正好说明为什么大中房子才采用这一形式。

4）不论何种形式的房屋都有火塘，并且只有一个火塘。

5）所有房屋都是住人的，只是在住什么人上有分工，没有发现单纯的经济性（东庄村 F204 也许是一个例外）和宗教性的房屋。

以上各点，主要是因为这些房屋都属于仰韶第一期，有同等的生产和技术发展水平，并大致处于同一社会发展阶段而形成的。同时，我们也看到东部两个类型的房屋同半坡类型的存在着一些差别，这主要表现在以下几点。

1）东部小型房屋几乎都是圆形或接近圆形的。半坡类型则以方形为主，它的圆形房屋集中在靠近东边的渭河下游，除继承老官台文化的传统外，也可能受到了东部类型的影响。

2）东部房屋面积较小，一般约 3～6 平方米，仅及半坡类型的 1/5，而与老官台文化及磁山文化的房屋较为接近。

3）东部房屋平面一般不甚规则，正如磁山文化和老官台文化的房屋不甚规则一样。而半坡类型的小圆屋大多数是比较圆的。

4）东部小圆屋没有单独筑墙的，房顶和墙壁没有明显分化，而半坡类型的小圆屋绝大多数有矮墙。

5）由于东部小圆屋面积狭小，火塘一般安置在边上，同时也没有土床的设施。而半坡类型则于室内中心部位设火塘，并往往在左边筑土床。

以上几点似乎说明东部的房屋保留较多的磁山文化房屋的传统，显得比较落后；而半坡类型房屋尽管也继承了老官台文化的传统，但是有较大的改进。如果我们仅就已发现的小房子看，这一结论无疑是能够成立的。但东部诸类型迄今所发现的房子甚少，能否完全代表实际的水平是很怀疑的；如果考虑有些遗址中时时发现一些不成形的居住面残块和柱洞，其建筑水平都明显优于现已发现的那些小房屋基址，这种怀疑就显得更有理由；如果进而对比王湾的中型方屋和半坡类型的中型方屋，无论在建造技术、材料处理和室内规划布置等哪一方面都毫不逊色，那么我们就不能说东方诸类型的房屋建筑明显地比半坡类型落后。它们毕竟是同一时期的，只不过有一些地方特色而已。

（二）第二期房屋

仰韶文化第二期即所谓庙底沟期的房屋迄今发现得不多，尤其小型房屋很少。

其中有河南陕县庙底沟 2 座[1]，洛阳王湾 5 座[2]，郑州大河村 1 座[3]，荥阳点军台 6 座[4]；陕西华县泉护村 1 座[5]，西安南殿村 1 座[6]，铜川李家沟 4 座[7]，宝鸡北首岭可能有 1 或 2 座；甘肃秦安大地湾仰韶中期有若干座[8]，秦安王家阴洼的第二类型也有 1 座[9]。

　　这一时期的房屋绝大多数仍为单间，平面一般都是方形。相当一部分周壁有柱洞，初步形成柱网结构。房屋的面积仍有大中小之别，但由于大小房屋的分布比较分散，难以考察在同一遗址中分布的相对位置和相互关系；单纯依靠面积大小来划分等级，其准确性自然要受到一定限制。

1. 小型方屋

　　平面方形或长方形，可分三型。

　　A 型　浅穴式，数量极少，仅见于大地湾和王家阴洼。

　　实例：王家阴洼 F3。

　　资料见《考古与文物》1984 年第 2 期图 2 及 11 页。

　　这座房子北半部已遭破坏，但据另一半还可大致复原。平面为长方形，长约 3.8、宽约 3.2 米。与半坡类型长方形房子宽大于长的情况正好相反。有门道，正对门道有一圆形直壁火塘，旁边放置两件敛口钵。居住面和穴壁均经处理，表面光滑坚硬。居住面南边即左边有一柱洞，推测右边也应有一柱洞。这种房子复原起来同半坡类型 Aa 型小方屋十分相似，只是火塘由瓢形变成了圆坑形，而这种圆坑形火塘乃是庙底沟期的普遍现象。

　　B 型　半穴式，周壁有柱洞，与室内柱洞一起初步形成柱网结构。这是仰韶第二期的主要建筑形式。

---

　〔1〕　中国科学院考古研究所：《庙底沟与三里桥》，科学出版社，1959 年。

　〔2〕　北京大学考古实习队：《洛阳王湾遗址发掘简报》，《考古》1961 年第 4 期。

　〔3〕　郑州市博物馆：《郑州大河村遗址发掘报告》，《考古学报》1979 年第 3 期。

　〔4〕　郑州市博物馆：《荥阳点军台遗址 1980 年发掘报告》，《中原文物》1982 年第 4 期。

　〔5〕　黄河水库考古队华县队：《陕西华县柳子镇考古发掘简报》，《考古》1959 年第 2 期。

　〔6〕　西安半坡博物馆：《西安南殿村新石器时代遗址的调查》，《史前研究》1984 年第1 期。

　〔7〕　西安半坡博物馆：《铜川李家沟新石器时代遗址发掘报告》，《考古与文物》1984 年第 1 期。

　〔8〕　甘肃省博物馆文物工作队：《甘肃秦安大地湾遗址 1978 至 1982 年发掘的主要收获》，《文物》1983 年第 11 期。

　〔9〕　甘肃省博物馆大地湾发掘小组：《甘肃秦安王家阴洼仰韶文化遗址的发掘》，《考古与文物》1984 年第 2 期。

实例：大地湾 F337。

资料见《文物》1983 年第 11 期 26 页。

房子半地穴，长、宽分别为 5.8 米和 5.4 米，残深 0.4 米。有斜坡形门道，进门有一圆形直壁火塘，径 1.2、深 0.55 米。火塘后有火种洞（有的房子放火种罐），前有通风口与门道相通。房子地面和四壁均涂草泥。居住面上有 4 个对称的柱洞，穴壁周围有 31 个柱洞，门道两旁各有 1 个柱洞，形成支承屋顶的柱网。复原起来应是有木骨泥墙、四坡屋顶和门篷的半穴式房子。

大地湾的 F10 与 F337 的结构基本相同，只是面积略小，长、宽均约 5 米，室内仅有 2 个柱洞。

C 型　平地式，主要见于东部地区，王湾、点军台和大河村等处均有发现。

实例：点军台 F2（图一三）。

资料见《中原文物》1982 年第 4 期 2～4 页，图版 1。

此房为正方形，长、宽分别为 5.12 米和 5.15 米，室内面积约 20 平方米，地面平整。墙壁应先挖基槽，在其中栽木柱。残存柱洞有 67 个，有三角形、方形、椭圆形、长条形和不规则形等，说明对木料有普遍的加工。以这些被加工的木料

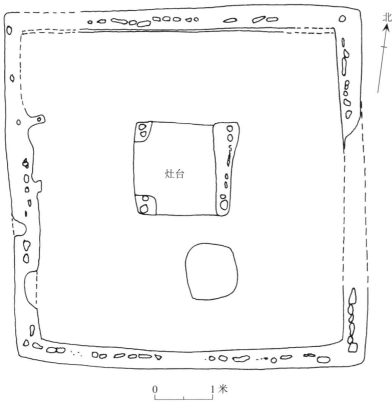

图一三　点军台 F2 平面图

为骨，中间绑芦苇束，然后在两边抹草泥，整个墙体厚约 27 ~ 32 厘米。西墙内壁有两根贴壁柱。门应在东边，已被晚期墓葬破坏。房屋中间设灶台，台高 4 厘米，长、宽分别为 1.3 米和 1.12 米。迎门一边有挡风墙，残高仅 8 厘米。灶台四角有柱洞，柱外围泥以防火。根据柱子分布的情况，房顶应是四面坡的。

2. 小型分间屋

仅见一例，是由 C 型小方屋分化出来的一种形式。

实例：点军台 F1。

资料见《中原文物》1982 年第 4 期 2 ~ 4 页，图版 1。

这是一所套间房，西边的主房结构大小均与同遗址的 F2（C 型小方屋）基本相同，只是多了一个狭窄的外间。主房长、宽分别为 6.04 米和 5.4 米，室内面积约 26 平方米。外间室内宽仅 2.08 米，面积约 11 平方米，因南墙和东墙的南北两端已被破坏，门向不明。

主室中间有方形灶台，高仅 2 厘米，西边略有破坏，仅三个角上有柱洞。东边的挡风墙保存完好，高 23 厘米，上部圆光。灶台正东有门通向外间，门内有 2 个柱洞，似是门框的残留。

3. 中型方屋

见于庙底沟、李家沟和大地湾等处。

A 型　地穴式。仅见一例。

实例：李家沟 F1。

资料见《考古与文物》1984 年第 1 期 15 页。

这座房子平面近似长方形，长 8.35 米，前后宽分别为 6.3 米和 5.46 米，深度不明。南有门道，进门正中有圆形火塘，口径 1.3、深 0.9 米。居住面、穴壁和火塘坑壁均用料姜石末抹光，经火烧后显得十分坚硬。室内后部有两个小隔墙围成一个约 5 平方米的空间，可能是储藏东西的地方。这一空间仅占整个房间的一小部分，不像是独立的房间。这房子里面有两排柱洞，居住面上有陶尖底瓶、灶和彩陶器的残片等。

B 型　半穴式。

实例：庙底沟 F301（图一四）。

资料见《庙底沟与三里桥》7 ~ 10 页，图版 2。

房子略呈方形，但并非正方形，四边分别长 6.18、7.42、6.27 和 6.8 米，深 0.34 ~ 0.68 米，面积约 44 平方米。有斜坡形门道，进门有圆形竖穴式火塘，口径

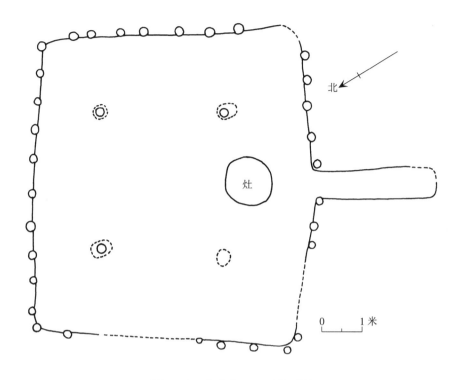

图一四　庙底沟 F301 平面图

1.17、底径 0.91、深 1.24 米。居住面及四壁均涂草泥土。室内有 4 个对称的柱洞，洞底有础石。周围有 33 个柱洞，如果把被破坏的地方估算进去，当有 40 个柱洞。洞径 14～24 厘米，其中埋木柱做成木骨泥墙，推测房顶是四面坡式的。

　　庙底沟 F302 与 F301 基本相同，只是面积略小，大约只有 40 平方米。

4. 大型方屋

　　见于泉护村和南殿村等处。

　　实例：泉护村 F201。

　　资料见《考古》1959 年第 2 期 71 页，图版 1。

　　这座房子坐北朝南，后半部已残。为半地穴式，穴深 0.75、前边宽 15 米，根据这种房子一般近于正方形的特点，其原有面积当达 225 平方米左右。房子南边的斜坡形门道长 6.3、宽 1.3 米，进门有圆形竖坑式火塘，火塘南另有一长方形坑，坑底与火塘之间有通风口，可由此加入燃料和清除灰烬。房子贴壁有柱洞 12 个，直径 0.35、深 0.5～0.8 米不等。居住面及穴壁均涂很厚的草泥，十分平坦。这座房子的复原当和庙底沟 F301 相同。

　　在仰韶文化第二期的遗址中，时常能发现大型房屋的残迹。如西安南殿村 F1

即是。该房从断面看残长即达 17 米。居住面先经砸实，再涂草泥，最后在表面用料姜石末和粉沙土调浆抹平。残存的一个柱洞直径 0.4、深 0.7 米。其规模当较泉护村 F201 更大。

5. 与第一期房屋的比较

第二期房屋与第一期的相比较，既有其相同的一面，又有明显不同的地方，有时在同一因素中也是既相同又不完全相同，表现出继承和发展的统一。从以下几个方面可以看得非常清楚。

1）两期都有大量方形房屋，但第一期流行的小型圆屋到第二期已基本不见了。

2）第一期的房屋全部都是单间式的，第二期绝大部分也是单间的，但李家沟 F1 内已用隔墙围出一个约 5 平方米的小空间，应看作是分间房屋的萌芽，而点军台 F1 更是明确的双间房屋了。

3）两期房屋都可分为大中小三类，但第二期大房子的规模比第一期更大。

4）两期都有浅穴、半穴和地面式建筑，但第一期以浅穴式为主，在方形房屋中浅穴式更占绝对优势，墙体还没有完全分化出来。第二期则以半穴式为主，有夹柱墙，并初步形成以柱网支承屋顶的结构。

5）两期房内都设置火塘，并且在每所房子内都只设一个火塘。但火塘的形状有明显区别：第一期西部多瓢形或桃形，东部多圆形浅窝，周围有泥埂；到第二期大多统一为很深的圆形竖坑，东部更出现一种高出地面的方形灶台。

6）两期的建筑材料均以木料（原木、半原木、木板、枝条）和草筋泥为主，有时使用姜石末。但第二期个别房子已用料姜石末掺细沙调浆抹地面，可视为第三期普遍出现的土水泥的先声。

7）第一期未见柱础，第二期个别房子已有石柱础；而第一期比较普遍的土床到第二期已经完全消失。

8）第一期东部和西部的地方差别主要表现在：西部多方房，东部多圆房；西部小房的面积明显比东部的为大；西部火塘多瓢形和桃形，东部多为圆形浅窝，等等。到第二期有些差别消失或缩小了，如房屋平面都成了方形，火塘大多成了圆形竖坑。但西部小房以半穴式为主，东部以平地式为主。西部火塘为圆形竖坑，东部新出现了方形灶台。说明从第一期发展到第二期文化，融合的趋势有所加强，同时保留有限的地方特色，这同陶器分析中所观察到的结果是一致的。

（三）第三期房屋

仰韶文化的房屋到第三期有非常突出的发展，建筑技术显著提高，房屋形式多样化，分间房屋普遍出现，凡此都说明当时的房屋建筑已经发展到了一个新的阶段。

至今发现的属于第三期的房屋，主要有河南郑州大河村 13 座[1]，林山砦 9 座[2]，荥阳秦王寨 1 座[3]，禹县谷水河 3 座[4]，洛阳王湾数座；陕西西安半坡 3 座[5]；甘肃秦安大地湾近 30 座[6]。这时期除林山砦外，仍然没有圆形房子。而林山砦的资料并未正式发表，具体情况不明。根据房屋的形状及结构大致可分为以下几类。

1. 小型方屋

绝大部分为平地起建，只有个别为半穴式者。

Bb 型　半穴式。

实例：大河村 F16。

资料见《考古学报》1979 年第 3 期 317、318 页。

这房子一边已残。其做法是先挖浅穴，再在穴壁上用红烧土块垒砌成墙，以达到增加室内空间高度的目的。由于墙体较窄，不会作为土台使用，而是起着半围护和半承重的作用。鉴于墙体中不加木骨，故定为 Bb 型；以与第二期相当流行的加木骨的半穴式小房（Ba 型）相区别。

C 型　为平地起建，见于大河村、秦王寨、谷水河、王湾、半坡和大地湾等处，根据其具体结构的不同又可分为四个亚型。

Ca 型　垛泥墙，圆形竖穴式灶坑。

实例：大地湾 F820（图一五）。

资料见《文物》1983 年第 11 期 2 页。

这房子为正方形，室内每边长 4.2 米，面积约 16.8 平方米。四周为垛泥墙，厚 0.4、残高 0.3～0.6 米。居住面先垫 12 厘米厚的黄褐色土，地面用料姜石末和细沙调浆抹成青灰色硬面。门朝东北，外有门斗，内有门道，均低于地面约 0.1

〔1〕　郑州市博物馆：《郑州大河村遗址发掘报告》，《考古学报》1979 年第 3 期。

〔2〕　河南省文化局文物工作队：《1957 年郑州西郊发掘纪要》，《考古通讯》1958 年第 9 期。

〔3〕　李昌韬：《秦王寨遗址与秦王寨类型》，《中原文物》1981 年第 3 期。

〔4〕　河南省博物馆：《河南禹县谷水河遗址发掘简报》，《考古》1979 年第 4 期。

〔5〕　中国科学院考古研究所、陕西省西安半坡博物馆：《西安半坡》，文物出版社，1963 年。

〔6〕　甘肃省博物馆文物工作队：《甘肃秦安大地湾第九区发掘简报》，《文物》1983 年第 11 期；甘肃省博物馆文物工作队：《秦安大地湾 405 号新石器时代房屋遗址》，《文物》1983 年第 11 期；甘肃省文物工作队：《甘肃秦安大地湾 901 号房址发掘简报》，《文物》1986 年第 2 期。

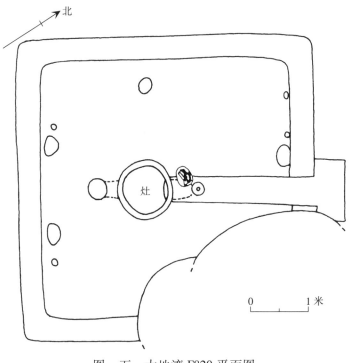

北

灶

0   1 米

图一五 大地湾 F820 平面图

米。门道与火塘相对。火塘为圆形竖坑式，前大后小，底部连通，前面一个下部埋火种罐。室内残存柱洞 8 个，按位置复原当为 12 个，多数靠壁，以承受房顶的载荷。而墙壁则主要起围护的作用。

这房子里出土器物较多，但原有位置不详，计有彩陶盆、彩陶瓶、夹砂罐、敛口瓮各 1 件，陶钵 3 件，另有陶笄、骨笄、石环、蚌饰各 1 件，陶纺轮、石凿、鳖甲各 2 件。

Cb 型 垛泥墙，方形灶台。这种房子在河南中部比较普遍。

实例一：大河村 F13（图一六）。

资料见《考古学报》1979 年第 3 期 337、338 页。

房子底部用灰土和黏土铺垫砸实，厚约 20 厘米，上铺黏土和黄沙，厚约 4 厘米，表面亦用黏土掺沙调浆抹光。再在四周筑墙，墙厚 20～30 厘米，残高 7～15 厘米。室内长、宽分别约 5.5 米和 4.6 米，面积 25 平方米。中部方形灶台高 5～6 厘米，边长 1.1 米。其西边两角各有一柱洞。房门朝东，宽 0.76 米。有门槛，高 0.1、宽 0.15 米。门外有一条用红烧土碎块铺垫的走道。室内前面有一排柱洞，贴后墙有 2 个柱洞，其中的柱子承受房顶的载荷，墙壁则主要起维护作用。

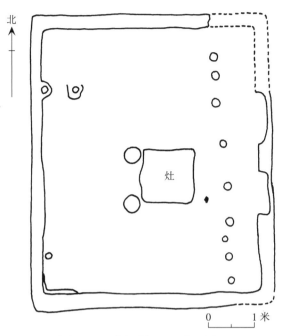

北

灶

0　　　1 米

图一六　大河村 F13 平面图

室内发现的器物有绳纹瓮、灰陶豆、红陶钵、陶环和残石器等。

实例二：大河村 F10。

资料见《考古学报》1979 年第 3 期 335、336 页。

房屋较小，长、宽分别为 3.2 米和 2.5 米，面积 8 平方米。地面和墙壁筑法同大河村 F13。室内中间有 4 个柱洞。灶台偏于一角，可能是因为房子过小，放在中间不大方便的缘故。

Cc 型　木骨泥墙。

实例一：半坡 F39。

资料见《西安半坡》23、24 页，图版 10。

这房子南北长 3.75 ~ 3.9、东西宽 3.6 ~ 3.7 米，面积约 17 平方米，门应朝南。周壁除 4 个角柱较大外（柱洞直径 10 ~ 15 厘米），其余柱洞直径仅 5 ~ 8 厘米，房内中间靠前有个椭圆浅窝式火塘，火塘与后壁间有一较大柱洞。根据柱洞的大小和分布情况，墙壁不可能很高，大体是一种四角攒尖式屋顶的建筑。居住面为草泥分层抹成。在东北部和火塘内均发现过一些残陶器。

实例二：大地湾 F411（图一七）。

资料见《文物》1986 年第 2 期 13 ~ 15 页，图版 3。

房屋进深 4.65 ~ 4.74、面宽 5.82 ~ 5.94 米，面积约 27 平方米。有门道和门垛，进门有圆形灶台，高 5 厘米。灶后有对称的 2 个柱洞。房屋周围有 19 个柱

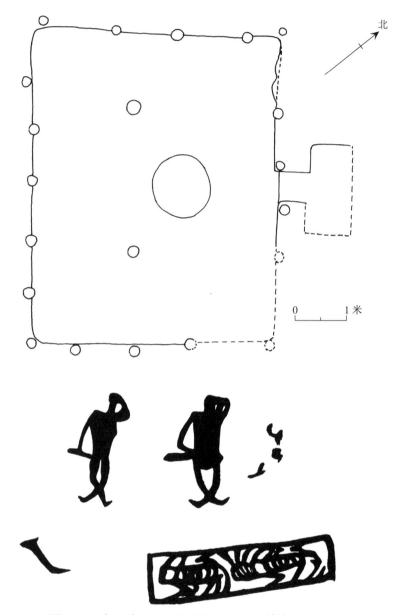

图一七　大地湾 F411 平面图（上）及其中的地画（下）

洞，房顶应是四面坡式。

此屋地面先铺平夯实，铺上草泥，然后抹一层由料姜石末打成的灰浆，似白灰面。此后大概经过修补，在白灰面上又铺草泥，再抹白灰面。在灶台后面近墙壁处的地面上，有用炭黑绘制的图画。画面长约 1.2、宽约 1.1 米，是我国新石器时代遗存中迄今所发现的最大的一幅图画。画上站立二人，均左手抚头，右手下垂执棒，双腿相交。两人右边也有些模糊墨迹，像是另有一人，也像右手执棒的样子。人像下方有一长方框，像是条案或木槽，里面放着两只动物——有些像青蛙或其他牺牲。这画很像是几个人面对作为牺牲的动物在跳舞，或者在做巫术，其宗教色彩是很明显的。用炭黑画在地下绝不是为了艺术欣赏。如果只是为了好看，满可以画在墙上，于今画在地上一定是有特殊的需要。这所房子也许是巫师专用的宗教性建筑。

Cd 型　柱网结构的两面坡顶房屋。

实例一：半坡 F24（图一八）。

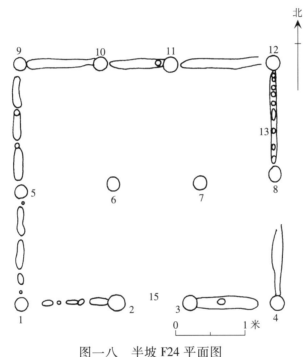

图一八　半坡 F24 平面图

1～12. 柱洞　13. 墙壁中的木板和小棍痕迹　15. 门

资料见《西安半坡》20～22 页，图版 23。

这座房子南北长 3.95、东西宽 4.28 米，面积约 17 平方米。由于建筑在早先的文化堆积之上，故地面铺一层木板以加固，再在上面抹数层草泥，使地面平光，也利于防火。墙壁由大柱支承屋顶，大柱间用板柱做围护墙，加上室内的大柱子，已初步形成柱网结构。房顶应是南北两面坡的。室内火塘现已不存。残留陶器有圜底钵和尖底瓶各 1 件。

实例二：半坡 F25。

资料见《西安半坡》22、23 页，图版 26。

这房子长、宽分别为 3 米和 3.7 米，面积约为 11 平方米。房架结构基本上与半坡 F24 相同。唯居住面下未铺木板而垫红烧土渣。中间偏后有一瓢形火塘，火塘后面斜埋一火种罐。这种做法在渭河上中游比较普遍。

2. 小型分间屋

为小型方屋分化出来的一种形式，有双间和多间两型。

A 型　双间小房，又分两个亚型。

Aa 型　房子相连但不相通。

实例：大河村 F19-20（图一九）。

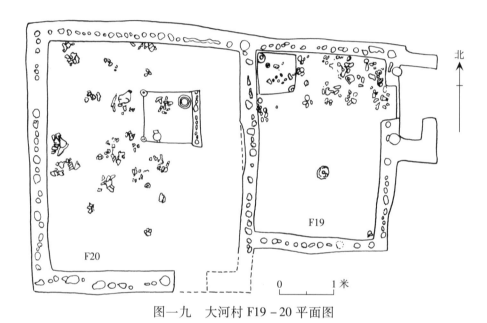

图一九　大河村 F19-20 平面图

资料见《考古学报》1979 年第 3 期 317~324 页，图版 2。

这是一座保存相当完好的房子。平地起建，木骨泥墙。西间（F20）房屋稍大，室内长、宽分别为 4.13 米和 3.7 米，面积约 15 平方米。中间略偏东北有方形灶台，高 4 厘米，东边有高 35 厘米的挡火墙。门开在南墙偏东处。东间房屋（F19）稍小，长、宽分别为 3.3 米和 2.3 米，面积约 7.6 平方米。西北角有一方形灶台。门开在东墙北端，有门槛。门外设门垛，门垛的墙壁内没有柱洞，为垛泥墙，当较房间四壁的木骨泥墙为矮。

西房出土器物甚多，计有鼎 7 件，罐 9 件，壶 4 件，杯 2 件，器盖 3 件，豆 2 件，碗、彩钵、盆、豆、甑、瓮和圜底残器各 1 件；此外还有石弹丸 2 件，陶弹丸、陶纺轮和骨笄各 1 件，共 38 件。其中灶台上有鼎 2 件、壶 1 件，灶台西北角下有鼎 1 件，西南角下有鼎 2 件，看来灶台的确是炊事的场所。其余器物都分布于房屋的中部和北部。南部除迎门的地方外，只有左侧不大的空间睡卧，最多能睡两三个人。

东房出土器物也不少，计有鼎 6 件，罐 6 件，盆和彩钵各 2 件，素钵、壶、瓮各 1 件；此外还有石弹丸、陶纺轮和插簪器各 1 件，共 22 件。在灶台上放置 1 鼎和 1 彩钵，其余器物大都分布在房屋北部，南部一盆也许是房子倒塌时砸过去的。这样南部（即进门左侧）有一片空地可供睡卧，大约也只能住二三人或三四人。

两间房子各有灶台，各有炊煮、饮食和盛储用的器物，又各有睡卧的地方，显然是两个相对独立的生活单位。两间房子互不相通，开门的方向都不一致也说明了这一点。但这房子又是连在一起的，是同时建成的一所房子的两个部分。因此假定每间房子住一个小家庭的话，这两个家庭的关系自然要比同别的家庭的关系要亲密些。

Ab 型　套间式建筑。

实例一：大河村 F17 - 18。

资料见《考古学报》1979 年第 3 期 317 ~ 320 页。

这是一所套间房，东房（F17）较小，仅约 5.6 平方米，是里间。西房（F18）较大，东西宽 3.5、南北长约 5 米，面积约 17.5 平方米。这所房子的建造方式和 F19 - 20 基本相同。只是把两间套在一起，中间有门相通。且东间没有灶台，西间的灶台可能已被 F19 打破。因此这所房子的居民应是一个统一的生活单位，这和以前的每一生活单位只住一所单间房的情况是很不相同的。

实例二：大河村 F6 和 F8 - 9。

资料见《考古学报》1979 年第 3 期 333 ~ 335 页。

大河村发掘报告将 F6 - 9 视为连续三次建成的多间房子，建筑的顺序是先建 F8 - 9，接着以 F8 的东墙为依托续建 F6 套间房，最后又以两所房子为依托建成 F7。从报告中对各房子的描述和平面图观察，这个判断是不正确的。F6、F7 和 F8 - 9 应是先后建成的三所独立的房子。F7 应是最先建成的，先后被 F6 和 F8 - 9 打破。这样判断的根据是：

1）F7 和其余两所房子的方向不同，如果是续建的附属房间，至少应保持方向的一致。

2）F7 和其余两所房子的建造方法不同，无论是地面还是墙壁的做法都有明显差别。

3）F7 现存部分如果作为单独一间房，仅 1.04 平方米，未免太小；如果是被打破的一所房子的残部就没有这个问题。

4）报告为了把 F7 解释为续建的完整房间，把南边的墙解释为门，从平面图看十分勉强；如作为被打破房子的残部，这个问题也不再存在了。

同样的道理，F6 是被后建的 F8－9 打破的，而不是在 F8－9 建成后，以 F8 东墙为依托续建的。因此，F6 和 F8－9 是先后建成的两座双套间房。至于 F7 原来是单间还是套间，因大部分被打破而无法知晓了。

F6 和 F8－9 都是双套间房，并且都是一大一小，中间有门相通，这同大河村的 F17－18 是基本相同的。只是 F8 东部有一高 5～6 厘米的土床，这是第三期房屋中见到的唯一土床。

B 型　多间小房。

实例：大河村 F1－4（图二〇）[1]。

资料见《考古》1973 年第 6 期 330～336 页，图版 1～3。

这是一所分三次建成的四开间房屋。其顺序是先建 F1 和 F2，接着以 F1 的东墙为依托建成 F3，最后又以 F3 的东墙为依托建成 F4。房屋保存状况甚佳，有的地方还保留 1 米高的墙壁。这些墙壁的做法是：先栽一排直径约 8～12 厘米的木柱，柱间距离约 8～22 厘米；在立柱上绑若干排横木棍或芦苇束，各排横木棍间的距离约 10 厘米；然后在立柱间竖缚一直径约 10 厘米的芦苇束，整个墙体的胎骨就完成了；最后在两边抹草筋泥，再在表面抹细沙泥，使其总厚度在 30 厘米左右。这种做法，在长江流域的某些现代农舍也还是采用的。

这四间房，从 F1 到 F4 的面积是递减的，分别为 20.8、14.2、7.8 和 2.2 平方米。F1 内还有一个小套间，面积约 6.6 平方米，从而形成里外两间。里间北边开门，进门右侧紧贴西墙筑一方形灶台。外间成曲尺形，北边开门，进门右侧紧靠西墙也筑一方形灶台。F2 南边开门，进门右侧紧靠东墙有一方形灶台，另在东北角和西北角各有一个放东西的土台。F3 北边开门，进门右侧紧贴西墙筑一方形灶台，灶台后有一矮墙，上面没有柱洞痕迹，可能是一个窗户。这三间房（包括 F1 的套间应为四间）都有灶台，也都有相当大的空地，应都是住人的。F4 面积太小，又没有灶台，地面加工也较粗糙，可能是一个储藏室。

这房子因被火毁，室内器物来不及搬走而被压在底下。F1 出土器物最多，F2 次之，F3 南部被一个灰坑打破，可能有些器物被破坏了。F1 的器物全都分布在外间的东部和中部偏北处，发掘报告并未全部发表。承发掘人陈立信同志相告，F1 出土器物经编号的即有 52 件，其中有陶鼎 12 件，白衣彩陶钵 1 件，素钵 1 件，彩罐 2 件，素罐 5 件，彩壶、双联彩壶、瓶、豆、缸、盖各 1 件；又有石球 3、石纺

---

〔1〕　郑州市博物馆：《郑州大河村仰韶文化的房屋遗址》，《考古》1973 年第 6 期。

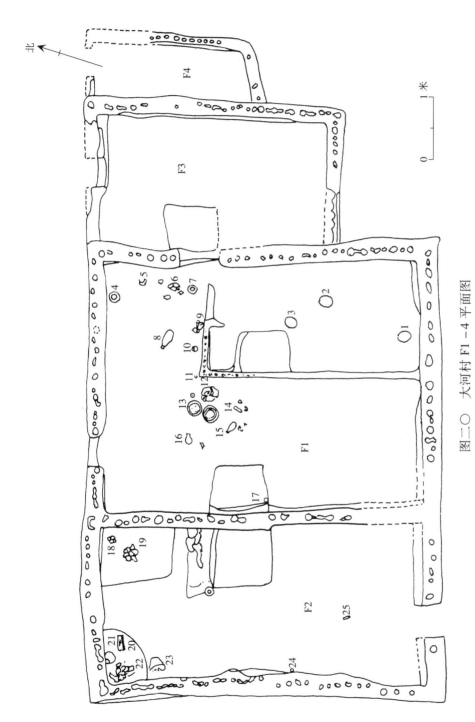

图二〇　大河村 F1-4 平面图

1~3. 柱洞　4~7.9.10.12. 砂质陶鼎　8. 陶瓶　11.17. 石球、陶球　13. 泥质灰陶鼎　14. 彩陶钵　15. 彩陶壶　16. 彩陶双连壶
18. 彩陶罐　19. 泥质灰陶罐　20. 砺石　21. 灰陶罐　22. 泥质灰陶缸　23. 砂质灰陶罐　24. 陶丸　25. 尖状骨器

轮 3、砺石 1 件，陶球 1、陶环 8 件，骨镞 2、骨锥 5、残骨器 1 件，鹿角 1 件。此外尚有未编号的陶鼎残片和海螺壳等。F2 出土器物 9 件，多在北边的两个土台子上。计有彩陶罐 1、素陶罐 3、陶缸 2 件，石球、砺石和骨尖状器各 1 件。其中东北角土台上放的一件泥质灰陶罐装着炭化的粮食，经灰象法鉴定为粟，同罐中还装有两粒莲子。从这些器物分布的情况来看，炊煮器（陶鼎）和饮食器（钵、豆等）都集中在 F1 外间，而没有一件分布到其他房间的，F2 的陶器仅为盛储器。说明居住在这所房子的各房间的人都集中在一个较大的房间烧饭和吃饭，他们应是一个包括不同辈分和若干对夫妻的较大的家庭。

3. 中型方屋

仅见一座，原为半穴式，经多次填筑变成平地式。

实例：大河村 F14。

资料见《考古学报》1979 年第 3 期 338、339 页，图版 7。

这座房子原为半穴式，长、宽分别为 5.6 米和 5.5 米，面积约 31 平方米。其筑法是先挖一浅穴，先铺碎烧土层，厚约 2 ~ 15 厘米；上面铺红黏土，略经加工砸实，厚 10 ~ 20 厘米；在上面用料姜石末、黄沙和黏土调浆抹平，共抹四层，每层厚 4 ~ 5 厘米。以后又抹过几次，形成八层青灰色的硬面，其高度已与地面平齐。居住面中间有方形灶台，约 1 平方米，高仅 2 ~ 3 厘米。室内有 4 个对称的柱洞，周围有 61 个柱洞，应为木骨泥墙，四面坡屋顶。门东向，宽 0.7 米。门外有一条用烧土碎块铺垫的走道。房内发现陶片不多，器形可辨的有鼎、豆、器盖等，还有陶环。

4. 大型方屋

见于大河村和大地湾，均为平地式，属 C 型。

实例一：大河村 F15。

资料见《考古学报》1979 年第 3 期 339、340 页。

这座房屋因被 F14 所压，未全部清理。但可看出是长方形，长、宽分别为 13 米和 9.4 米，面积 122 平方米。居住面用黏土和细沙铺垫。室内中央有灶台，高 8 厘米，因损坏，大小不详。室内共发现 15 个柱洞：灶台中间 1 个，其西边和北边各 4 个，房子南面 6 个。柱洞都较大，直径 20 ~ 28、深 50 厘米。全房因破坏过甚，难以复原。

实例二：大地湾 F405。

资料见《文物》1983 年第 11 期 15 ~ 20 页。

这座房子的建筑程序是：先将地面平整夯实，再在四周挖深沟（深 1.9～2.2 米）栽柱，将柱子周围层层夯实，搭屋顶。然后在屋顶内外及墙壁两边涂多层草泥。室内则首先夯实，铺一层红烧土，再填厚约 15 厘米的以料姜石烧制的水泥掺人造陶质轻骨料的混凝土，在室中心部位筑大型灶台，然后用料姜石烧制的水泥涂抹在房顶、墙壁、灶台和柱子周围。房屋坐南朝北（这与当地地形有关），室内进深 11.2、面宽 13.8～14 米，面积约 150 平方米。除正门外，在东西墙上还有两个侧门，通向两侧的檐廊。檐廊本身宽 3.4～4 米，有两排柱洞。地面和室内居住面基本在一个水平面上。地基为夯土，上有两层路土。整个房址面积达 270 平方米。

室内仅偏后有两根大柱子，直径 81 厘米，以一排横放的圆木为柱础。柱子周围挂草泥，外抹灰浆。贴墙有附壁柱，共 24 根，直径 45～52 厘米，有的也用横圆木柱础。附壁柱外也挂草泥，抹灰浆，经火毁后成为红烧土泥圈。其中南壁有一柱的泥圈基本完好，长达 3.36 米，说明墙壁至少也有同样的高度。房顶高度没有直接证据。按《考工记·匠人》篇所记周代房屋的情况是所谓"茸屋三分，瓦屋四分"，即茅屋顶高为跨度的 1/3，瓦屋顶高为跨度的 1/4。甘肃雨量甚少，屋面坡度一般较缓。即便按 1/5 的比高，顶高也有 2.24 米，加上墙壁高度则达 5.6 米，这在当时可算是相当宏伟了。

5. 大型分间屋

现仅大地湾发现一座。

实例：大地湾 F901（图二一）。

资料见《文物》1986 年第 2 期 1～12 页，彩版及图版 1、2。

这是目前所见仰韶文化房子中面积最大、标准最高的一座。它有主室、后室和东西两侧室，已初具前堂后室和东西两厢这种中国古典建筑的传统格局。它的主室或前堂的结构大体和大地湾 F405 相同：进正门有一巨大的灶台（直径 2.51～2.67 米，F405 灶台长径 2.34 米），灶台后有东西对称两大圆柱（外径 87～90 厘米），东西壁各有一侧门，四周有附壁柱，室内大柱和附壁柱均用草泥包围，表面抹用料姜石末和细沙等调成的灰浆；只是面积（约 130 平方米）较 F405 略小，前墙除中门外还有东西二门，中门设计十分讲究，门外还有方形门垛等。这房子的地面更是十分考究；先将地面铲平，铺土夯实，上面铺 15 厘米厚的红烧土，再上则铺以料姜石烧制的水泥为胶结材料并掺进约 2/3 的人工烧制的陶质轻骨料的混凝土，表层用原浆磨面，坚硬光滑。据实际测试其硬度约相当于现代的 100 号水

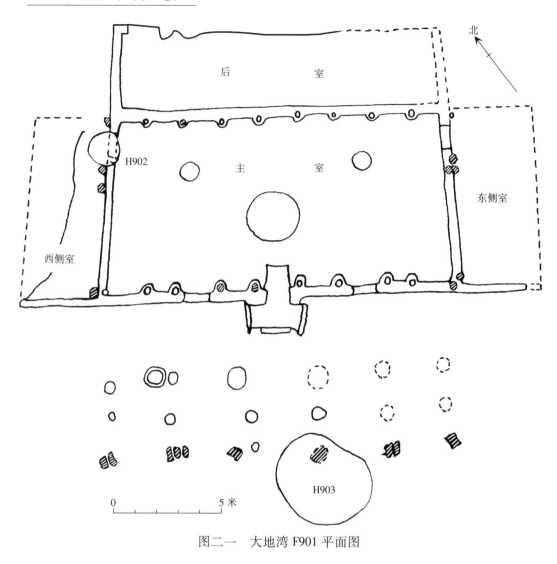

图二一　大地湾 F901 平面图

泥，表面光洁度也不亚于现代的加浆饰面地坪[1]。

　　这座房子的东西侧室实由像 F405 那样的檐廊发展而成，地面铺垫黄土，并略高于主室地面。后室的前墙即主室后墙，侧墙是主室侧墙的延伸，惜后墙已全被破坏，不知地面宽度，亦不知后门开在何处。后室的地面与侧室做法相同，但较主室地面稍低。

　　房子前面地面平坦，有横向的两排柱洞，柱洞前有一排青石板，西侧柱洞旁还有一个圆形火塘。这些都是房屋的附属建筑。

------

　　[1]　李最雄：《我国古代建筑史上的奇迹——关于秦安大地湾仰韶文化房屋地面建筑材料及其工艺的研究》，《考古》1985 年第 8 期。

整个房子占地约 290 平方米[1]，如加上前面的附属建筑，总面积达 420 平方米左右。

房子因为火毁，有些器物被压在里面。计主室 9 件陶器，4 件石器；西侧室 14 件陶器，1 件石器；后室 2 件陶器。陶器中除钵、罐、瓮等外，还有一些较特殊的器形，如深腹釜、四足鼎、条形盘和簸箕形器等，它们并非一般人的日用器皿，说明这房屋应有特殊的用途。它应是部落或部落联盟集会议事或举行宗教活动的公共建筑，房前的柱洞很可能立着所属各氏族的图腾柱。

6. 与第二期房屋的比较

第三期房屋同第二期的比较起来，有很明显的继承关系，如平面多方形、发达的木骨泥墙、大中小档次的划分等。在第二期存在的地方差别，到第三期依然保存甚至有某些发展。另一方面，第三期房屋比第二期的又有很大的变化和发展，这主要表现在以下几个方面。

1）第二期房屋基本是单间的，只在东部有个别的双间房；第三期则除仍有部分单间房外，还普遍出现了双间和多间房屋，有些房屋的内部结构也复杂化了。这种变化不单是建筑技术的发展，还应与家庭形态的变化有关。

2）第二期房屋以半穴加矮墙为主要形式，第三期则以平地起建为主要形式。

3）第二期火塘多为圆形深竖穴，一般位于进门不远的中轴线上；第三期火塘多高出地面成为灶台，除部分仍在进门不远的中轴线上以外，还有许多安置在进门右侧的墙根下，河南地区的分间房屋大多如此。

4）第二期地面和墙壁多抹草泥，有时抹掺料姜石末儿的砂浆；到第三期开始用料姜石烧制水泥，并有意识地制造陶质轻骨料，用水泥作胶结剂掺和大量骨料做成坚硬防潮的混凝土，并在表面用石头将水泥打磨光滑，使其硬度和光洁度都接近于现代水泥。这种水泥或灰浆不但在较大的公共建筑上使用，就是一般住房（如河南地区所见）也常采用，说明这时期的建材制备和建筑技术都有重大的发展。

5）从第一期到第二期的大型房屋本来就是公用性质的，但同时也是住人的，到第三期规模越来越大，建筑标准越来越高，里面的设施和出土器物都不像一般

---

[1]　据《秦安大地湾》（文物出版社，2006 年）413～428 页的详细描述，前面主室内面积为 126 平方米，包括墙体为 131 平方米。西侧室长约 8、宽 3.74 米，面积约 30 平方米。东侧室的面积应该相仿。"后室西北角发现长 0.4、厚 0.6 米的北墙，与主室墙体结构大体相同"。其南墙即主室后墙长 15.2 米，北墙应略短。东西侧墙长 3.6 米，面积估计为 50 平方米。所以整个房屋的面积应该为 240 平方米左右，不是原来发掘简报估计的 290 平方米。

日用器皿，说明其公用性质越来越强而不再作为起居用房了。个别特大房子如大地湾 F901 那样，恐怕不只是某个村落或部落的公共用房，还可能是若干部落首领的一个活动中心，而这种迹象在第一、二期的大房子中是还看不出来的。

6）大地湾 F411 地画的发现，说明宗教性活动的加强，宗教性建筑也开始出现了。

（四）第四期房屋

属于第四期的房屋至今发现得很少，仅有河南陕县庙底沟 1 座[1]；甘肃宁县阳坬 33 座[2]，镇原常山 8 座[3]；内蒙古包头阿善[4]、莎木佳和黑麻板[5]各若干座。其中绝大部分为小型房屋，新出现的形式有窑洞和石墙房屋等。

1. 圆形小屋

仅发现 1 座，为半地穴式。

实例：庙底沟 F551。

资料见《庙底沟与三里桥》18～20 页，图版 3。

这房子形同一个袋形灰坑，坑深 1.24、底径 2.7 米，面积仅 5.7 平方米。东有阶梯形门道。地面铺草泥，表面抹白灰面，穴壁下部及台阶上也有白灰面。进门左侧穴壁掏进一龛，被火烧成红色，为火塘所在。室中偏北有一柱洞，坑外有一圈小柱洞。据此复原起来当如蘑菇形。

2. 窑洞式屋

主要见于陇东泾水上游，可分两型。

A 型　准窑洞房。

实例：阳坬 F10。

资料见《考古》1983 年第 10 期 870、871 页。

此房为掏挖黄土筑成，顶部距地表 1.5 米。窑洞本身高约 3 米，底部近圆形，

〔1〕　中国科学院考古研究所：《庙底沟与三里桥》，科学出版社，1959 年。

〔2〕　庆阳地区博物馆：《甘肃省宁县阳坬遗址试掘简报》，《考古》1983 年第 10 期。

〔3〕　中国社会科学院考古研究所泾渭工作队：《陇东镇原常山遗址发掘简报》，《考古》1981 年第 3 期。

〔4〕　内蒙古社会科学院蒙古史研究所、包头市文物管理所：《内蒙古包头市阿善遗址发掘简报》，《考古》1984 年第 2 期。

〔5〕　包头市文物管理所：《内蒙古大青山西段新石器时代遗址》，《考古》1986 年第 6 期。

直径约 4.6 米，面积约 16 平方米。门洞朝西南，进深 1、高 1.6、宽 1.5 米。进门洞有一圆形灶台，左侧有一土埂，将门道与室内隔开。地面先用土夯实，抹一层草泥，表面再抹白灰面，周壁脚下约 20 厘米处也抹白灰面。窑洞顶部和周壁烟炱甚浓，是长久住人的证迹。

B 型　半窑洞房。这类房子较多，一般是挖一较深的袋形坑，坑顶上造一馒头形顶盖，使用时仍然像窑洞。

实例：常山 H14。

资料见《考古》1981 年第 3 期 202、203 页。

这房子原像个袋形窖穴，口径 2.6、底径 3～3.2、深 1.96～2.2 米，底部面积约 7.5 平方米。地面有四个柱洞，当是立柱以支撑屋顶者。此坑既已深 2 米以上，顶部就没有必要再支得很高，只要稍稍隆起就行，这实际还起着窑洞一样的效果。门洞设在东北，高约 1.6、宽 1.34 米，门洞外为斜坡形坑道。进门室内右侧壁上有火烧痕迹，当为火塘所在。

3. 小型方屋

主要见于内蒙古河套地区。可分两型。

B 型　半穴式，如阿善Ⅰ F6 是。

资料见《考古》1984 年第 2 期 98、99 页。

该房有斜坡形门道，进门中轴线上有圆形灶台。居住面铺草泥。室内及周壁有柱洞，其复原应同第二期 B 型小方屋相似。

D 型　平地起建，用石头垒墙，是包头附近阿善三期文化的主要建筑形式。

实例：阿善Ⅰ F1。

资料见《考古》1984 年第 2 期 103、104 页。

此房为圆角方形，进深 4.4、面宽 5 米。墙壁用石块砌成，厚 30～40、残高 30 厘米。居住面用泥土垫平。门道亦铺石子，进门正中有用石头砌成的圆形灶台。这房子东边接近围墙，房子后端与围墙间砌一隔墙，形成半封闭空间，可用以置放杂物。

4. 中型方屋和中型分间屋

均见于包头黑麻板，为石砌墙壁，建造方法与阿善Ⅰ F1 相同。

5. 大型方屋

仅见于包头莎木佳。南北向，进深 11.2、面宽 26 米，西北有拐角，总面积约

300 平方米。东北部有一小套间。整个房子用石头砌成，石墙厚约50、残高20～35 厘米。

6. 初步看法

目前发现属于仰韶四期的房屋甚少，属中心区域的更少，它们只能代表当时房屋的部分情况而不是基本情况，这是首先要明确的。从现在已经发现不多的房子来看，地方特征是非常强烈的，例如西部多窑洞而北部多石头建筑，它们都和中原地区的房屋大不相同。这说明从第三期开始加强的分化趋势到第四期又有了进一步的发展。在建筑技术上，从第三期已比较普遍的水泥地面一变而为比较纯净的白灰面。这种白灰面到龙山时代更得到普遍的发展。从抗压强度来说，白灰面不见得高于水泥，只是显得比较洁白而已。因此这种变化的契机是什么，还有待于进一步的探索。

（五）房屋的分类和演化

根据前面的叙述，截至1986 年为止，见诸报道的仰韶文化房屋基址约有460 座，其中第一期约210 座，第二期约120 座，第三期约60 座，第四期近70 座。其中以第一期的半坡类型最为集中，大约有210 座，占全部房屋数的40% 以上。

不论哪一期的房屋，很明显都有大小之别，有的则可分为大中小三个级别。根据反复对比的结果，小房子面积大致从数平方米至30 平方米不等，绝大多数为15～20 平方米；中等房子一般为30～60 平方米，以40～50 平方米为多；大房子约60～300 平方米，以80～150 平方米为多。三种房子的差别，表面看起来只是大小的不同，实际上是用途的不同。我们既然想通过房屋的研究对当时的社会组织有所了解，在房屋分类上自然首先要考虑这一情况。

在大中小三种房屋中，小房子的数量最多，达430 多座，约占总数的93%。这种房屋总是有一个火塘，有成套的日用陶器皿，有的还有谷物加工工具和少量的粮食储藏。屋中住人的地方似有定制，第一期时往往于进门左侧留一空地，或在那里设一低矮的土床。以后各期虽不再设土床，睡卧地方也没有那么严格，但大多数仍设在进门后的左侧，这是颇耐人寻味的。第一、二期的小房基本是单间的，到第三期才有较多的双间和多间房屋。每个单间房屋只能住二三人，至多能住三四人。这些人既住在一所房子里，有共用的火塘、粮食和日用器皿，当然是一个消费单位。不能让随便什么人组成那样小的消费单位，唯一可供选择的原则便是家庭。而家庭在历史上或现实生活中存在着各种形态，仰韶文化的家庭属于哪种形态——这便是我们要着重研究的一个课题。

　　我们知道，作为仰韶文化前身的老官台文化和磁山文化的房屋都是很小的，平均面积只及仰韶文化小房屋的1/4或1/5。每所房子也要住两三个人（因为人数再少已不成其为任何形式的家庭），房子里放的东西就十分有限。人们住在里面事实上难以独立生活，而必须同住在别的房子里的人结成更大的集体——大家庭或家族。仰韶小房屋的扩大和室内设施的增加，说明小家庭已具有一定程度的独立性，至少在消费领域是如此。但这时的独立也是有限的。没有证据能够证明他们在生产上能够独立，也没有证据证明他们在消费上已达到完全的独立。两三个人或三四个人的家庭本身也不是一种完全的自然结构——它难以包括老年人，也难以容纳年岁较大的孩子。因此在这种家庭之上还必须有一个较大的家庭，一个包括老年、中青年和少儿的，直系和某些旁系亲属的大家庭或家族。中型房屋的存在及其同小房子的结合可能正是这种大家庭或家族存在的一种实证。这情形到仰韶第三期又发生了变化，那就是双间和多间房子的普遍出现。大河村的 F1－4 是一个最突出的例子。

　　这房子包括套间在内一共有五个单间，其中一间是库房，四间是起居室。每间起居室进门右侧都有一个灶台，左侧或前面总是有一块空地可供睡卧。那灶台除 F1 外间的以外多半只做生火取暖时用，因为没有炊器，不像是炊事用灶。炊器和饮食器全都集中在 F1 外间，单是陶鼎就有 12 件以上。这一事实说明分住在各房间的人们属于一个共同消费的集体，他们共同在 F1 外间烧饭和就餐。炊器数量之多说明这一集体的人数不算太少，而饮食器较少则可能是人们外出时部分带在身边了。这住在一所房子里实行共同消费的集体显然也是一个家庭。这家庭人数较多而不住在一所较大的单间房屋（如中型房屋之类）里，说明它包含有不止一对过婚姻生活的夫妻因而有分居的实际需要。这几对（三对或四对）夫妻可能有不同辈分的，也可能有同辈的，除他们外还应该有不过婚姻生活的老人和孩子们。这是一种比较完全的自然结构，这种结构的家庭不同于那住在单间小房里的家庭，因为后者人数太少，是一种只有有限独立性的不完全自然的结构；也不同于由一所中型房屋和几所小房屋的居民所结成的那种大家庭或家族，因为作为家族虽然是独立的，而它下面还包括若干相对独立的（至少在消费方面是如此）小家庭。大河村 F1－4 所住的家庭是独立的，它有自己的房屋和库房，有整套的生活用具和若干生产工具，它的人口也是比较完全的自然结构。它的内部虽包含有几对夫妻，但每对夫妻都不构成任何意义上的单独家庭。它的上面是否还有更高一层的大家庭组织，至少在目前还没有任何证据。因此像大河村 F1－4 所代表的可能包含 10 人以上的家庭本身就是一个整体，是一个最基本的社会细胞。

这种家庭是怎样产生的呢？一种可能是早先存在的大家庭内部加强统一性，把它下面的若干具有相对独立性的小家庭更加密切地组织在一起，把分散的消费变为集中的消费。但为什么要这样做，是否存在这样做的内在的社会动力，那是完全不知道的。当然在考古遗迹上也找不出这样做的任何证据。另一种可能是小家庭的发展和扩大。由于仰韶后期生产的发展，小家庭的独立性日益加强。但它要切实加强和保持其独立性（我们不要从绝对意义上理解这种独立性，只是说其独立性比小家庭要强），就必须维持一定的劳动力和人口数量。当小家庭的孩子长大并能帮助大人做点事情时，父母不再愿意他们离开，直到结婚以后也还生活在一起。原有的房子不够住，可以在旁边增盖新房。大河村 F1－4 便是经过两次续建而成的，这正是这种家庭人口不断增殖的一个直接的证明。当然这种家庭的规模也是有限度的，是受生产力发展程度和生活水平的制约的。大体说来，其人口数要多于过去的小家庭而少于过去那种大家庭或家族。

仰韶第三期除分间房子外，也还存在单间的小房子，只是在建筑技术上有所发展。这或许说明，过去那种两三人或三四人的小家庭到第三期也还是继续存在的。但无论如何，家庭规模和性质的变化是一个重要事件，而分间小房屋的出现则是这种变化的信号和证据。所以我们在考虑房屋分类时，单间房和分间房是加以分开的。

小房屋的平面有方有圆，各自有不同的地域分布，这是一眼就能看得很明白的。这种情况与文化传统有关，更与仰韶各期地方特征的发展有很大关系，是地方性文化特征的一个组成部分。

仰韶文化以前的老官台文化和磁山文化流行的房子是圆形浅穴式，面积很小。到仰韶文化第一期，关东地区（晋南、河南、冀南）仍然流行小圆屋，包括浅穴、半穴和平地式的；关中西部和陇东则流行浅穴式方形小屋，平面形状虽与老官台文化的房屋不同，浅穴式的做法则仍然是对其前身的一种继承。这两片地区的中间，即关中东部地区，圆形和方形房子都很发达。倘若仔细观察，则这里的圆形房屋和关东的并不完全相同，这里的方形房屋也和关中西部至陇东的有别。所以我们在区分方形和圆形房子后，还进一步分出了若干型和亚型，以便能够如实地反映这种差别。仰韶文化第二期，圆形房子已基本不见，普遍流行方形小屋。过去关中东部同西部方形小屋在火塘形式和有无门槛等方面的差别，到这时都统一为圆形竖坑式火塘，这反映文化统一趋势的加强，但关东的房屋则仍然表现出较强的地方特点。仰韶三期的房屋仍然以方形为主，这时在关东普遍出现的分间小屋也是在方形小屋的基础上分化出来的。但各地房屋在灶台及某些具体做法上的差别已比第二期显著得多，反映地方性差别又有加强的趋势。第四期房屋发现较少，特别是中心地区发现得更少，对当时房屋的基本面貌可以说还不清楚，但也看出了某些端倪。一是圆形房屋又出现了，二是在西部（陇东）出现了窑洞式房屋（平面也是圆形的），而北部（河套附近的大青山南麓）则流行方形的石头建筑。这种各地房屋建筑形式的鲜明对比，反映了仰韶文化本身的进一步分化，此后就要发展为不同的区域性文化了。

在小型房屋的发展过程中，建筑方法也有很大改变，这首先体现在地穴和墙壁的消长方面。据此我们把所有房屋，不论是圆形还是方形的，都划分成 A、B、C 三型，分别代表浅穴无墙式、半穴矮墙式和平地高墙式。A、B、C 三型并不是严格地按年代顺序划分的，因为在仰韶第一期就已存在三种型式（只有方形小屋缺 B 型）。不过它们至少存在着逻辑的发展顺序，而大多数房屋的年代排比也是同逻辑的发展顺序相合的。具体地说，方形房屋在第一期基本是浅穴无墙式，只有个别的平地高墙式，其比例大约是 100∶1.5。第二期以半穴矮墙式为主，其次是平地高墙式，浅穴无墙式仅有个别的残余。第三期基本是平地高墙式，仅极个别为半穴矮墙式者。第四期已全部为平地高墙式。圆形房屋的情况要复杂一些。一是三种型式在第一期已出现并以 B、C 两型为主，似乎只在一个文化期内就走完了由地下到地上的发展路程；二是第二、三期已基本没有圆形房子而到第四期又有个别的再次出现。等到再晚一些的中原龙山文化时期，圆形小房又大批涌现，不过那已是另一种形态的圆形房屋了。

以上是小型房屋的分类和发展谱系。中型房屋除第一期有一座近圆形的以外，全部都是方形的，其发展规律与方形小屋基本一致：即第一期多浅穴无墙式，也有个别平地高墙式。第二期主要为半穴矮墙式，也有个别浅穴无墙式。第三期和第四期均为平地高墙式，第四期还出现套间式。

大型房屋全部都是方形的，或者是由方形发展出来的分间房屋。其发展规律和小型与中型方屋基本一致。第一期基本是浅穴无墙。有的为半浅穴，半有垛泥矮墙，而这种墙又矮又宽，既不起承重和围护作用，又不能显著地抬高屋顶。其作用主要在于节省挖穴的劳力，所以还算是浅穴式房屋。第二期只见半穴矮墙者。第三期为平地高墙式和分间式，第四期也是如此。大房子的面积在不同时期有较大的差别。第一期约为 60～125 平方米，第二期为 200 平方米左右，第三期约为 150～300 平方米，第四期的一座也有 300 平方米，总的趋势是不断扩大，建筑技术也不断提高。如果把大房子同各期其他房子联系起来看，大约第一期没有超出氏族公用房的范围，第二期也许有部落公用房，第三、四期特大的房子则可能为若干部落或村社所共有。这些问题后文还将详细讨论。

兹将各种房屋的分类及其发展谱系列表如下。

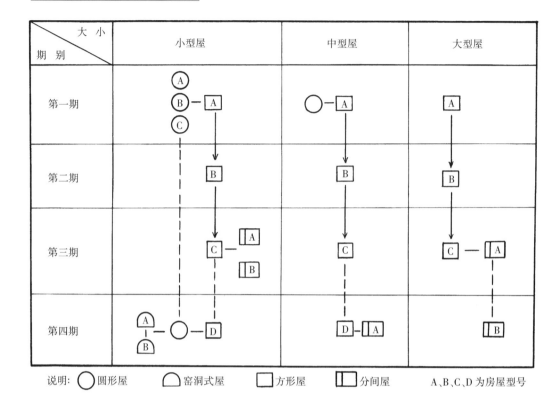

说明：⚪圆形屋　⌓窑洞式屋　▢方形屋　▯▯分间屋　A、B、C、D 为房屋型号

四　聚落形态研究

（一）仰韶聚落遗址的分布情况

仰韶文化的遗址究竟有多少，至今没有一个确切的统计数字。我们曾经统计 1975 年年底以前有关书刊正式发表的资料，知道陕西有 430 处，甘肃 201 处，河南 160 处，山西 69 处，内蒙古 50 处，河北 26 处，湖北 4 处，青海 1 处，总计 941 处。但是这个数字不包括 1975 年以后十多年的新发现，而 1975 年以前发现的遗址也远不是都已经正式发表，可见实际的遗址要比这多得多，最保守的估计也应在 2000 处以上。

各地遗址分布的密度是很不平衡的。若以 1975 年以前发表的遗址数目为基础，便可看出渭河流域（包括关中和陇东地区）最为密集，有 394 处，差不多占总数的 42%，每 1000 平方千米大约有 6.5 处遗址。其次是河南的伊洛—郑州地区（104 处）和山西南部（60 处），每 1000 平方千米大约有 2.8 处遗址。其余地方每 1000 平方千米有 1 处左右。渭河流域的遗址大多分布于其支流的岸

边，例如西安附近的沣河，在约 10 千米的一段距离内就发现仰韶文化遗址 13
处，比现代村落的密度还要大些。其次就是分布在塬上。这些地方土壤质地疏
松，含腐殖质较多，在雨量不很丰沛的情况下有利于旱作农业的发展。而仰韶
文化的居民正是以种植粟、黍等旱地作物为主要经济的，所以凡属宜于这种作
物生长的地方，也就成为仰韶文化聚落遗址的分布地。当然，作为一个以农业
为主并兼营养畜、捕鱼、狩猎和采集等生业的村社，除了考虑生产的需要，还
要照顾到用水、交通乃至防卫上的方便，所以大多数把聚落安置在河道稳定的
小河岸边，从仰韶第一期到第四期都是如此（图二二）。不过，仰韶后期（第
三、四期）的某些中心遗址，为着防卫的需要，把聚落设在相对高程达 50 米以
上的半山腰上。如大地湾遗址在仰韶前期时位于五营河边，高出河面不过几米；
到仰韶后期则迁至南边的半山腰上，高出河面 70～80 米。包头阿善等遗址也有
这种情况。

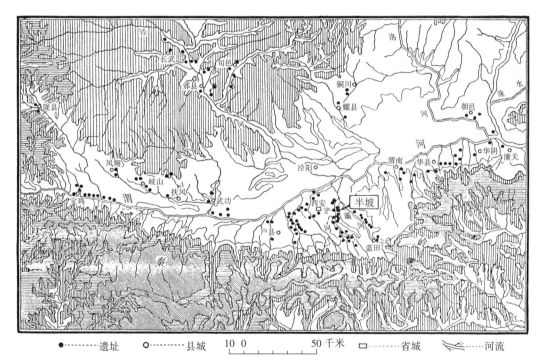

图二二　关中地区仰韶文化遗址分布略图
（引自《西安半坡》）

以上是黄土高原遗址的分布情况。到了华北平原，因地势平缓，河流变动性
很大。仰韶时期的聚落虽仍多选在小河旁边，但总要找一个比周围都高的岗地，
以免受到洪水的侵害。例如安阳高楼庄后冈，大正集老磨岗，荥阳青台、点军台，

洛阳王湾等都是如此。

（二）仰韶聚落构成的要素

作为一个聚落，其最重要的构成要素当然是各种类型的房屋。前面我们关于仰韶各期房屋的描述和分类研究，着重在单体建筑的特点及功用分析。但仰韶文化的聚落总是由许多房屋组成的，不同类型的房屋在聚落中往往发挥不同的作用；即使是同一类型的房屋，由于在聚落中所处位置的不同，也可能发挥不同的作用。而这些情况，只有研究各类房屋的布局及其相互关系才能明白，而这正是聚落考古所要研究的重要内容。

在仰韶聚落中，除房屋有一定布局外，还往往统一安排防卫设施。较普遍的是在房屋外围挖壕沟，把整个村子包围起来。有的村子还设有哨所。说明在仰韶文化时期不同聚落间的战斗是时有发生的，因而才引起人们对于防卫的普遍关注。

在仰韶文化的聚落中往往有一些经济性的设施，如烧陶器的窑（单个的或成群的）和豢养家畜的圈栏等。至于储藏粮食和其他物品的窖穴，更是大量地存在于每个聚落之中。

仰韶陶窑的结构在前期和后期是不相同的。前期（第一、二期）的窑室直径一般不超过80厘米，窑壁直立，窑算上的火眼分布于周边。烧窑时火苗从火眼进入窑室，周围的火力要大于中间的火力。这种窑难以严密封顶，陶土易于充分氧化，所以仰韶前期的陶器总是以砖红色的居多。

后期（第三、四期）的窑室直径往往超过1米，郑州林山砦的陶窑直径即达1.3米，每窑能烧制的陶器自然比前期要多。窑壁向内弧曲，火苗从北字形火道向整个窑室扩散，并通过分布均匀的火眼进入窑室，室内温度比较均匀。有些窑在火道上没有发现火眼，这有两种可能：一是原有火眼被破坏了；二是原没有火眼，陶器摆上后等于形成了许多火眼，可以起到分隔火苗的同样的作用。这种窑因弧壁易于封顶，在密封饮窑时可使陶土中的氧化铁还原，或者造成渗碳的气氛，烧出灰陶和黑陶。仰韶后期红陶急剧减少，灰陶和黑陶大量增加，应与陶窑的结构和烧陶方法的改变有关。

仰韶文化的窖穴在前期和后期也有较大区别。前期的容积较小，一般不足2立方米。有些窖穴有可供上下的台阶，以姜寨的最为突出，有的沿直线逐级而下，有的顺时针或逆时针旋转而下，有的在台阶下分为二室。有的袋形窖穴没有台阶，它们可能是储藏粮食的。

后期窖穴一般为袋形，没有台阶，容积常在3~4立方米以上，有的窖穴中有粮食朽粒或朽灰，如半坡 H115 和林山砦 H102[1]。

一些经过较大规模发掘的仰韶聚落遗址，其旁边总是有公共墓地，或者是连成一大片，或者是分成几片，所埋人数往往在 100 ~ 200 人。一些没有发现墓地的遗址往往是保存不好，或者发掘面积有限。因此，当时很可能是每个聚落都在聚落旁边安排自己的墓地，而不像是几个聚落共建一个墓地。

从仰韶聚落的一些基本要素可以看出，每个聚落的独立性或自给自足性是很明显的。人们在聚落中居住、生活，在那里组织自己的生产和有关经济活动，以聚落为单位进行防卫，就是死后也以聚落为单位进行安葬。聚落与聚落间没有明显的性质上的差别，因而相互间的交往和依存的程度都是有限的。这种情况在前期最为突出，后期则稍稍有些变化，我们在分析聚落形态的演化时将要详细说明这一点。

（三）前期聚落的典型形态——姜寨

在仰韶文化前期的聚落遗址中，保存较好而发掘较全面的首推姜寨早期即第一期[2]。关于姜寨早期村落布局及其所反映的社会组织结构问题，已在本书《姜寨早期的村落布局》一文中进行了初步的探讨。这里仅从聚落形态研究的角度提出一些补充的看法。

首先，姜寨一期聚落布局的特点是凝聚式和内向式的，表明聚落中的居民是一个有组织的集体。所谓凝聚式的布局，是把整个聚落的房屋，紧密地聚集在一个规定的范围以内。姜寨一期同时存在的房屋大约有 100 座，全部聚集在一个不足 2 万平方米的椭圆形范围以内。不但如此，聚落内房屋的排列还鲜明地表现了内向的特色，即将房屋大致排成圆圈，让所有房屋的门都朝向中央。这就必然要使东边的房门朝西，南边的房门朝北，违背了一般房屋要求背风向阳的原则。这种宁愿让一部分房屋的居民在冬天喝西北风，也要保持整齐而内向的布局的做法，只有存在着一个统一的集体，并且每个成员的群体意识极强的情况下才可能发生，否则是很难理解的。世界上有许多保持氏族制度的人民，血亲观念特别强烈，为着强调其血缘群体的牢固性和生活的集体性，往往把房屋的布局安排成凝聚式和内向式的；而氏族制度不牢固或已经衰亡的地方，聚落的布局则明显不同，即使

---

〔1〕　河南省文化局文物工作队第一队：《郑州西郊仰韶文化遗址发掘简报》，《考古通讯》1958 年第 2 期。

〔2〕　西安半坡博物馆、临潼县文化馆 姜寨遗址发掘队：《陕西临潼姜寨遗址第二、三次发掘的主要收获》，《考古》1975 年第 5 期；西安半坡博物馆、临潼县文化馆：《临潼姜寨遗址第四至十一次发掘纪要》，《考古与文物》1980 年第 3 期。

有些规划，也很少是内向式的，有些则完全是散点式的。

姜寨聚落的防卫设施显然也是根据整个集体的安全利益而统一布设的。它用壕沟把整个居住区围护起来。而根据我们的分析，壕沟内侧还应有篱笆或栅栏。寨门也是精心设置的，有的寨门让壕沟的一侧伸出，形成一个缓冲地带以利于防守。寨门内都设有哨所，没有寨门的北边也设有哨所。在那个地方，壕沟拐了一个凸字形弯，以便于扩大从哨所瞭望的视野。这显然是有意安排的，并且是一次就规划好了的，否则不会让壕沟特别在这里拐一个弯。

总之，从姜寨早期聚落的房屋布局，乃至窖穴、圈栏、陶窑、防御工事和墓地的安排来看，应当是在统一规划和全面动员的情况下，在短期内即基本建成，并且一次就搬迁进去的。这样有计划有组织的活动，只有群体意识极强、组织相当严密的集体才能完成。这个集体在姜寨居住了相当长一个时期，有的房子毁坏了又重新建造，因而遗址上发生了相当复杂的叠压打破关系。现在发现的比较完整或大体能看出形状的房子有 117 座，另有一些房子残破过甚，有的已只剩下一个灶坑。经过编号的灶坑即有 261 个，而一所房子只有一个灶坑，有的房子连灶坑都已被破坏了。把这些情况都考虑进去，估计姜寨一期原有房屋前后加起来不会少于 300 座，而同时存在的只能有 100 座左右。这就是说，姜寨一期的居民在那里住下来以后，他们的房屋平均更新过两次。这当然是一个不短的时间。很多人是生于斯死于斯，大量婴儿的瓮棺葬和几片成人墓地也充分地说明了这一点。我们注意到，不管房屋如何毁坏又重建，一切都仍然按照早先的规划，直到这个村落完全被放弃时为止，说明居住在这个聚落的集体组织一直都在起着作用，这是十分耐人寻味的。

历史上发展水平相近，而又有组织地规划村落的最突出的例子是曾经居住在北美科罗拉多河上游一带的村居印第安人。他们建造的村子称为普韦布洛，每个普韦布洛都是一个凹字形或半圆弧形的大房子，一边用围墙封堵。这种大房子可说是凝聚式和内向式的典型，从里向外呈阶梯形，分成 100～200 个房间，可居住数百人至两三千人。L. H. 摩尔根曾经详细地研究了这些普韦布洛及其居民的情况，认为他们都是过原始共产主义生活的。一个普韦布洛往往居住一个胞族，其中包含若干氏族。每个氏族有一个公共的议事会所即埃斯图法，一所普韦布洛有几个埃斯图法，就可推知其中大概住着几个氏族[1]。姜寨聚落的布局尽管和普韦布洛不完全相同，但所遵循的原则是基本一致的，因此我们有理由推测那个聚

〔1〕 L. H. 摩尔根：《美洲土著的房屋和家庭生活》，中国社会科学出版社，1985 年，14、15、169～223 页。

落里的居民也是过着原始共产制生活并组成为公社的，而且很可能是群体意识特别强的那种由血缘纽带结成的氏族或胞族公社。

　　第二，姜寨一期聚落布局的另一特点是内部有明确的划分。它有五组房屋，每组都有一所大房子和若干中小房子，大房子的结构和内部布置都和小房子有较大不同已如前述，说明它是公用性质的建筑，就如普韦布洛中的埃斯图法那样。这一情况清楚地说明了姜寨一期存在着小于聚落的第二级组织。墓地的分片进一步证明了这一看法。如果姜寨不存在小于聚落的第二级组织，房屋的分组和墓地的分片就变成没有意义和不可理解的现象了。

　　要了解这两级组织的性质，关键是要了解每组房屋中大中小各类房子居民的情况及其相互关系。姜寨的小房子，正如前面对半坡类型小房子的分析那样都是住人的，并且一般只能住两三人或三四人，最多也只能住四五人。房子内有供生活起居的必要条件，包括火塘、成套的生活用具、少量食物储藏和供睡卧用的土床（有时是一块空出的地坪）。住在里面的人显然不是临时地任意凑合，而是较稳定地在一起生活的小集体，这个集体只能是一个家庭。但这究竟是一种什么样的家庭呢？我们注意到，这种家庭虽然能单独生活，但并不能完全独立。一是小房子内一般没有成套的生产工具，而只有少数房子有少量的不配套的工具，说明这种小家庭不是独立的生产单位。生产单位应是更大的集体，个人只能保留某些随手使用的工具——这大概是小房子中有时也能发现某些工具的原因。二是小房内的食物储藏十分有限，一般是放在陶罐或陶瓮里。没有发现专属于每一小房子（也就是每一小家庭）的窖穴或其他储粮设施，小家庭的粮食需要不时地从更大的集体那儿去领取，否则难以维持生计。这样的家庭自然不是文明社会的那种个体家庭，而只能是一种不很稳固、没有自营经济的对偶家庭。这个问题的明确，一下子便把姜寨聚落的社会组织和社会性质，乃至人口的估算等十分重要、一向为人们所关注而又苦于不得其解的问题凿通了。

　　既然以小房子的居民为单位的对偶家庭是没有自营经济的、不很稳固和不完全独立的，那么在它的上面必定还有一个有一定自营经济、较为稳固和独立的大家庭和家族。属于这个家族而在小房子里无法容纳的老人和尚未过婚姻生活的少年男女应当有一个适当的居所。我们发现姜寨的中型房子正好就是这样一种居所。这种房子往往有两个土床，能住较多的人（估计每房能住七八人至十余人不等），同样有火塘和成套的生活用具，还有较多的生产工具。例如姜寨 F17 就有石斧、石锛、镞和骨锥等，加上与它同组的小房子中的某些生产工具，就基本上能够配套。换句话说，一所中型房子和与它联系在一起的若干小型房子的居民结成一个大家庭或家族，能够独立地（当然是相对而言）从事一些生产活动，那一群群像葡萄似的窖穴多半也是由大家庭所掌管的，因此这种大家庭已是有自营经济的较为稳固的社会细胞了。

现在问题已经清楚，每一小房子住着一个对偶家庭，若干小房子和一所中型房子居住着一个大家庭或家族，若干组中小型房子和一所大房子居住着一个以胞族为基础的公社，而五所大房子及其所属中小房子组成的整个姜寨聚落，很可能就是居住着一个以胞族为基础的公社。这种逐级社会组织用血缘纽带牢固地结成一个整体的情况，就像印第安普韦布洛的居民一样。

我们说姜寨聚落居住着以氏族或胞族为基础的公社，而没有说居住着若干氏族或胞族，是因为原始社会一般实行族外婚，每一对偶家庭中都包含有外氏族的成员，在这个基础上组成的大家庭和以氏族、胞族为基础的公社，也必定包含相当一部分外氏族的成员。这些外氏族的成员既在一起生活并参加共同的生产活动，自然也是公社的成员。这时的公社和氏族、胞族等血亲组织不是一个概念，但却是以氏族、胞族等血亲组织为基础建立起来的。

第三，姜寨一期聚落在经济上有两个显著的特点：一是相对封闭的自给自足的模式；二是不同范围的共产制，包括不同级别的所有制，而以氏族公社的所有制为基础。

姜寨聚落的经济是一种以原始农业为主，结合家畜饲养、捕鱼、狩猎和植物采集等多种成分的综合经济。聚落所在地的选择也体现了这种综合经济的需要。因为它紧靠临河，捕鱼和捞取其他水生动植物十分方便；它的周围是渭河及其支流的冲积平原，土壤含腐殖质丰富，团粒结构好，能开辟为很好的农田或牧场；南面的骊山更是狩猎和采集植物性食物的好场所。这种聚落位置的选择，本身就说明它的主人决心建立一种不依赖他人的门类齐全的经济体系。我们从生产工具、牲畜圈栏、动物遗骸及植物性食物包括粮食作物遗存的情况来看，当时确实建立了这样一种自给自足的经济体系。

姜寨的手工业也是门类齐全的。从制造石、骨、角、蚌器本身到木作、制陶、纺织、织席乃至谷物加工，样样都是在聚落内完成的。这种样样不求人的经济模式，是一种相当典型的封闭式的自然经济模式。这种经济模式决定了姜寨居民的内向性和保守性，决定了他们同外界只有有限的接触和交往，决定了他们的经济文化的发展仍然比较缓慢。只有在手工业进一步发展，生产逐渐走向专业化，商业交换开始经常化的前提下，这种情况才会改变。

姜寨经济的原始共产制特征是随处可见的。大型房屋、陶窑和牲畜圈栏（当然要包括其中豢养的牲畜）不用说都是集体的财产；窖穴的成群分布而不附属于特定的小房子，说明其中的藏品也是集体所有的。正因为如此，以小房子为代表的对偶家庭不可能有很多财产，当然也就不可能有表现在财产上的重大差别。比如每个对偶家庭所住房子的建筑技术和所用材料基本上是统一的，只是面积略有大小，平面形状有方有圆。前者可能与人口多少有关，后者则是一种风俗或文化传统，都不影响财产状况。墓葬的情况也是如此。一般为长方形土坑（多数因挖在灰土中未找出墓坑），大小仅能容身，没有任何葬具，随葬品多为日常生活所用陶器皿，极少数有生产工具和小件装饰品。在第一次发掘的33座墓葬中，未经后期扰动的仅8墓，其中随葬陶器6件者4墓，10件、5件、4件和1件者各1墓，有些墓另有一两件陶锉、纺轮或骨镞等。表面看起来有相当的差别，但若认真分析，就不能过分强调这种差别。因为这些随葬品无非是一些最普通的生活用具和少量生产工具，没有证据证明它们已成为重要的商品。人们在日常生活中少不了这些东西，但超过了必要的数量又将成为无用之物，它们并不是完整意义上的财富。再者，墓中埋葬的死者在生时都是属于家族的成员，他们的财富应以家族为单位来计算而不是以个人为单位计算。一个家族里不同身份和不同时期的死者完全可能有不同数量的随葬品，不能把这种差别也看成贫富差别。而家族之间即会有财富上的差别，因为不能确定哪些墓属于一个家族，从而也难以确切估算。可见单凭墓中随葬品的多少来简单地推断当时的贫富分化程度是不适当的。

姜寨一期聚落的居民虽然是实行原始共产制，但并非一切都以整个聚落为单位来共同生产、共同消费，而是分别情况由不同级别管理生产或消费的。我们注意到牲畜圈栏和牲畜夜宿场都是同某组房屋相联系的，一部分陶窑也是同某组房屋相联系的，假如前面关于每组房屋都聚居着一个氏族公社的推测有点道理，那么牲畜的饲养和部分陶器的烧制可能就是以氏族公社为单位来组织的。农业生产究竟由哪一级组织来进行管理，没有直接的证据；但前面我们曾谈到窖穴群的分布情况，并指出每群窖穴可能为一个家族所拥有，当然也有直接为氏族公社所掌握的。窖穴的主要用途是存放粮食，这是否可以反证农业生产主要以家族为单位进行，氏族公社的集体生产只占一小部分。当然，这并不排除氏族乃至胞族公社的干预，它们可能定期重新分配土地来调节各家族的经济情况，这在许多民族志和历史文献中都是经常谈到的。

胞族的经济职能似乎不如氏族公社那么重要。河边的公共窑场也许是整个聚落的财产，由胞族公社组织部分陶器的生产；森林、渔猎场所也当是胞族公社所掌管的；也许还有对氏族公社土地的调节权利，如此而已。由此看来，当时的生产还是以氏族公社为主体的。至于消费，从窖穴和住房内的情况来分析，似乎是以家族为主，定期向对偶家庭分配食物，以氏族公社为单位的集体消费并不占重要位置。这便是我们对姜寨一期聚落经济活动的初步分析，是否反映当时的历史实际，还需要对同时期的聚落遗址进行深入的比较分析。

（四）前期聚落的一般特征

仰韶前期的聚落除姜寨外，经过较大规模发掘的还有陕西西安半坡、宝鸡北首岭和甘肃秦安大地湾甲址等处。这几个聚落遗址同姜寨一样都分布于渭河流域，并且都属于半坡类型。它们的具体情况虽有一些不同，但整个聚落规划的原则却十分相似，从而代表了早期聚落的一般特点。

先说半坡。这个遗址约 5 万平方米，大小和姜寨遗址相仿。有三个时期的堆积，即半坡早期、中期和晚期。后两期遗址破坏严重，只有早期保存尚好，而早期的大部分遗存相当于姜寨一期。因此这里所说的半坡早期聚落遗址，和姜寨早期聚落遗址基本上是同一时期的。

同姜寨一样，半坡早期聚落遗址也分为居住区、公共窑场和墓葬区几个部分，居住区周围也有壕沟环绕。但半坡遗址的西北部已遭后期破坏，不甚完整。现知居住区南北长约 200 米，东西残宽约 120 米，如果把残毁的部分复原，总面积将近 3 万平方米，大体呈一不甚规则的椭圆形。

居住区仅北部和西北部经过发掘，约占全区面积的 1/5。在这个范围内发现了许多房屋、窖穴和埋葬婴幼儿死者的瓮棺葬。

据《西安半坡》表一，半坡共发现 52 座房子，其中有编号的 46 座，另有灶坑 89 个。在半坡，每座房子只有一个灶坑，可见在半坡实际发现了 141 座房基或房基的残迹。我们曾经分析过，半坡的 31 座圆形房屋基本上是属于早期的；15 座方形房屋中，F24、F25 和 F39 可能是晚期的，F1 可能是早期后段的[1]，F20 和 F40 被《西安半坡》另编为一号和二号圈栏，其余多数应属早期，很可能是早期前段。灶坑中浅圆盆形和瓢形者共 21 个，属于早期；圆形竖坑形者 7 个，可能属中期；其余期属不明。由此可见，半坡发现的房屋基址及其残迹绝大部分是属于早期的。

但早期房屋本身也有早晚之别，因为同属早期的房子，相互间也有不少叠压打破关系。我们从房屋分布平面图看，相互分离的房基只有 23 座，如果加上某些分离较远的灶坑（如复原为房基，不至同其他房基相互打破者），同一时期可容纳房屋的最大数值约为 30 座。但可能容纳的最大数值不等于实际数值，实际数值可能只有 20 多座。假定其余尚未发掘的部分也保持这一密度，那么整个半坡早期聚

---

[1] 严文明：《半坡仰韶文化的分期与类型问题》，《仰韶文化研究》，文物出版社，1989 年。

落便应有 100 多座房屋，和姜寨早期聚落接近或略大。

由于大部分居住区未经发掘，其整体布局无法知晓。但仅从已发掘的局部来看，也可看出其规划的某些原则。

一是房屋的分组。北部和西北部显然是两组房屋，其界线即东沟和西沟。北边一组的西南边接近东西沟的地方房屋明显变得稀少，并有几群瓮棺葬。用沟道分隔的方法虽比姜寨明确得多，但实际的含义是相通的，就是不同组的房屋住着不同的集体。假如半坡整个聚落的居民是一个大集体，那么它下面还应包括几个较小的集体。

二是每组房屋的门向基本一致。半坡这两组房屋门都朝南或南偏西，只有 F1 是朝东的。也许到早期后段村落的布局略微发生了一些变化。

三是每组房屋中方形和圆形房屋交错安置，这和姜寨的情况几乎完全一样，说明这个地区的人民对两种形状的房屋都是喜欢的。

值得注意的是半坡仅有早期后段的大房子，而没有发现早期前段的大房子，这或许是两组房屋都未挖完的缘故。中型房子也不很明确，不过像北组的 F21 有 36 平方米；西北组的 F6 有 30 平方米，都可能是中型房屋。且 F6、F10、F11 完全在一平面上，室外地面连成一片，显然是一个更小的单元。从这些迹象来看，半坡聚落的居民也可能有三级组织：一座中型房子和若干小房子的居民组成为一个家族；以小沟隔开的每大组房屋的居民可能组成为以氏族为基础的公社；整个聚落可能是由若干氏族组成的胞族公社。

半坡的每组房屋中也有一个圈栏，说明家畜饲养是氏族公社的事情。陶窑整个在居住区的东北，其间隔着一条围沟。说明陶器的烧制是整个胞族公社的公共事业。

北首岭遗址的发掘面积比半坡小些，但居住区的揭露要全面些，整体布局也比半坡看得清楚些。这个遗址南北长约 300 米，东西最宽处将近 200 米，面积 5 万余平方米[1]，和姜寨、半坡都十分接近（图二三）。

北首岭遗址共发现房基 50 座，灶坑 2 个，灰坑 75 个，窑 4 座，墓葬 451 座。我们曾经分析，50 座房子中有两三座可能属于晚期，一座可能属于中期前段，其余都属于中期后段，即半坡类型的偏晚阶段[2]。研究北首岭的聚落布局，实际就是研究中期后段的布局，它是较姜寨一期和半坡早期前段两个聚落稍晚的又一典型聚落遗址。

---

〔1〕《宝鸡北首岭》谓约有 6 万平方米，显然是估计过高了。此处按实际平面图估算，见中国社会科学院考古研究所：《宝鸡北首岭》，文物出版社，1983 年，1、4 页。
〔2〕 严文明：《北首岭史前遗存剖析》，《仰韶文化研究》，文物出版社，1989 年。

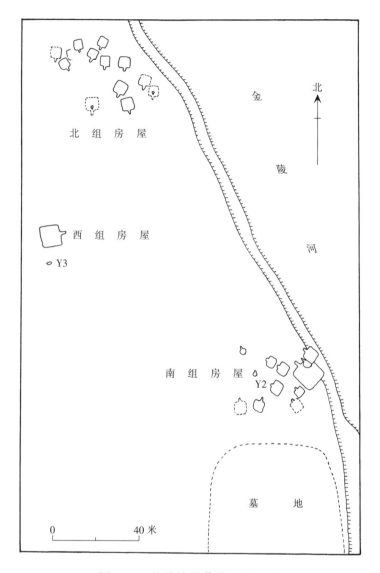

图二三　北首岭聚落遗址平面图

北首岭遗址东部紧临金陵河，高于河床约 30 米，西部是更高的陵塬，中间为一南北向的窄长地带，遗址受地形影响而成为南北长、东西窄的长椭圆形。居住区居北，墓葬区靠南，中间并无壕沟相隔。这种情况与半坡和姜寨都不相同，因为金陵河和陵塬本身就是很好的屏障，用不着再挖壕沟来进行防护。

居住区的房屋明显分为三组。北边一组 20 座房屋（另两座晚期房屋不计在内），绝大多数门朝南，有些则为南偏东或南偏西，只有 F28 是朝东的，可能不属同组房屋。南边一组有 17 座房屋，绝大多数门朝西北，只有 F2 和 F3 门朝东北，F6 门朝西南。西边一组有 10 座房屋，门都朝东。遗迹从平面图来看，每组房屋都没有完全揭露出来，原有房屋当较现知数目为多。北组与西组房屋间的距离约 50 米，西组与南组间距约 80 米，北组与南组间距则达 100 余米。中间经过探测未见房基而只有路土面，当为公共广场。这一布局原则同姜寨是相近的，也是凝聚式和内向式的聚落，而聚落内各组房屋的界线更为明确。

在南组房屋中有一座大房子即 F14，面积为 85.5 平方米。西组房屋中也有一座大房子即 77F3，面积为 88.26 平方米。北组房屋中没有见到大房子，可能是发掘面积所限，它的东北部显然还应有房屋遗迹而未发掘。由此看来，北首岭也和姜寨一样，每组房屋中都有一座大房子。

北首岭有无中型房子也是一个不易解决的问题。有些房屋较一般房屋稍大，如北组的 F17 面积为 32.94 平方米，南组的 F35 面积为 28.98 平方米，且器物甚多。F23 虽仅 19 平方米，但其中生产工具甚多，有石斧 6 件、石锛 3 件、石磨盘和石磨棒 3.5 套，还有砺石、石片石器和骨锥等。一个对偶家庭无须拥有这样多的工具，它很可能是几座小房子中的居民的共同财产。换言之，几座小房子的居民可能结成一个很紧密的集体，共同从事生产和粮食加工等任务。假如一座小房子一般居住一个对偶家庭的话，几座小房子（有时包括一座中型房子）便可组成一个较大的家族。北首岭每组房屋应包括几个这样的家族，它们有公共活动的大房子，并且紧密地聚居在一起，这个更大的集体应是以氏族为基础的公社。三组房屋应代表三个氏族公社，而整个聚落则至少是一个胞族公社了。

北首岭的 4 座陶窑中，Y1 是属于早期的，其余在西组房屋中 1 座，南组房屋中 1 座，墓区 1 座。看来陶器生产是分氏族进行的。

北首岭的墓地虽分为两区，但东区甚小，且该区墓葬均属早期（3 座）和中期前段（约 30 座）；南区墓地甚大，共有 404 座墓葬，基本上都属中期（个别瓮棺葬属晚期），前段和后段数目差不多。如果仅从中期后段的布局来看，那么居住区在北边，墓葬区在南边，十分清楚。

墓区中不但有成年的土坑墓，也有婴幼儿的瓮棺葬，这同姜寨墓地有相似之处。但姜寨瓮棺葬的绝大部分不在成人墓地而在居住区内，北首岭居住区基本没有瓮棺葬，可见两地风俗仍有不同。

墓区中墓葬的分布虽有疏密，但难以分割为不同的群；头向虽不尽一致，但绝大多数朝向西北。其他朝西或朝北者掺杂其中，没有构成单独的群。这是一个重要的信息。因为在原始社会，氏族组织往往成为划分墓地的重要准则。北首岭墓地既不分群，说明其死者本来就属于一个氏族。胞族不过是氏族的扩大和发展，同胞族的墓葬当然也可以埋在一起。部落则往往包含互为婚姻的若干胞族和氏族，即使有同一的墓地，也往往按氏族分为不同的墓群，这是许多民族志资料所一再证明过的。由此可见，北首岭中期后段聚落最多是一个胞族公社的集居地而不大可能是部落，这与对居住区房屋分析所得出的结果是一致的。

大地湾仰韶遗址有两处，一处在五营河南岸第一阶地上，紧靠五营村东，高出河床仅数米，发现有少量老官台文化（大地湾一期）遗存，大量半坡类型和庙底沟类型遗存，尤以半坡类型晚期遗存（即大地湾仰韶文化早期）为主，我们称之为大地湾甲址；另一处在甲址东南第二级阶地上，高出河床约 50～80 米，主要是仰韶晚期即仰韶文化第三期的遗存，我们称之为大地湾乙址。现在乙址仅发掘几座大房子和少数小房子，甲址则已基本发掘完毕，其中半坡类型晚期遗存保存较好，大体能看出一个聚落的布局情况。

这个聚落的北边被河水冲蚀掉一小部分，南边被现代公路所压，但绝大部分仍保存较好。居住区在东边，墓葬区在西边。居住区的东边和西边各发现一段壕沟，从其弧度走向和房屋均背对壕沟的布局来看，显然是围绕居住区的防卫性围沟。

房屋几乎全部是浅穴式方屋，分布是凝聚式和内向式的。已发现的 100 多座房子（其中有少量属庙底沟期者）均背对壕沟，面朝中心，而中心是一广场，这同姜寨的布局是十分接近的。只是具体应分为几组，因为有部分被破坏而不易准确判断。

在仰韶前期半坡类型的聚落遗址中，除姜寨、半坡、北首岭和大地湾这些发掘面积较大，大体能看出其整体布局的以外，还有一些发掘面积较小，仅能看出局部布局情况的遗址。如陕西铜川李家沟的 F3 是一座中型圆屋，有土床。它的东边依次排列 F5、F4 和 F10 三座小型圆屋，门都朝向 F3 的门道口，这显然是一组有机联系的房屋（图二四）。按照前面的分析，它应是一个家族的房屋。彬县下孟村几座房屋均为方形浅穴，布局虽不甚清楚，但其中有的面积达 60 平方米（如 59F3），有的则仅 23 平方米（如 60F1），显然有中型和小型之别，说明这里也可能存在着按照家族规划房屋的情况。

总结仰韶前期聚落的情况，可以看出存在着以下几个共同的特征。

第一，聚落的布局是凝聚式的，同时是内向式的。不仅房屋被安排在一个确定的范围内，就是陶窑、窖穴、墓葬、牲畜圈栏等也都按规划紧密地联系在一起，所以说是凝聚式的。而居住区往往视地形的特点被规划为圆形或椭圆形，房屋也呈圆形或椭圆形排列，房门内向，屋后则绕以防御性壕沟，个别没有壕沟的也有天然屏障。这不仅是为防务的需要，而且是社会组织严密，集体观念甚强的一种表现。

第二，无论哪个聚落，内部都有明确的划分。姜寨的房屋分为五组，北首岭

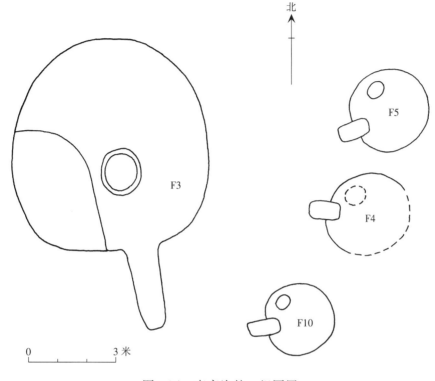

图二四　李家沟的一组圆屋

分为三组，半坡和大地湾甲址也分为若干组。每组房屋内往往有一座大房子，应为该组房屋居民的公用房屋。从许多迹象看，每组房屋中还可以有更细的划分，即由一所中型房和几所小房子结成一群，或者仅由几所小房子结成一群。这样一个聚落就往往包括三级社会组织：每组房屋的居民可能组成为一个以氏族为基础的公社，它下面包括几个家族，而三五个氏族公社合为一个胞族公社。

第三，每个聚落的大小十分接近，一般为 5 万多平方米，居住区 2 万~3 万平方米，有数十所到百余所房屋，居民数估计在 300~400 或 500~600 人之间。各个聚落的经济看来都是以旱地农业为主，结合家畜饲养、捕鱼、狩猎、采集和各种手工业的综合性经济，是自给自足的，因而在相当大程度上是封闭的。商业交换虽已存在，但并未充分发展起来。正因为如此，各部落间的经济发展水平也没有明显的分化，只有因自然条件和聚落间相对隔离而不可避免地形成的某些差异。

第四，在每个聚落内部，不论在以每组房屋为代表的各氏族公社之间，或是氏族公社内的各家族之间，在经济上虽有一些差别，但没有明显的分化。人们住的房屋和室内的摆设都差不多，死后埋葬在公共墓地，墓葬形制大小和随葬品的数量与质量也只有并不显著的差别。从这些情况来看，当时仍然处在原始共产制社会的子夜。

前面所述仰韶前期聚落形态的一般特征，仅仅是第一期中半坡类型的情况，第二期即相当于庙底沟期的情况尚未涉及。不过第二期的资料甚少，至今还没有一处遗址经过全面的发掘，对当时聚落内布局的情况无从知晓。从一般遗址的情况看，和第一期相差不大，但也可看出某些变化。

第一，遗址的分布地区有所扩大，这在西部表现得特别明显。第一期的西部边界在陇东，第二期则已到青海东部。

第二，遗址分布的密度有所增加，特别是甘肃与河南等地，第二期遗址都远比第一期为多。

第三，遗址面积大小的差别已逐步明显。有些遗址的面积明显比第一期的为大，如河南陕县庙底沟有 24 万平方米，陕西华县泉护村约 60 万平方米，岐山王家咀也有 20 万平方米等。这些遗址中虽不全是仰韶第二期的遗存，但第二期毕竟占主要成分。

第四，第二期各遗址中农具的比例均较第一期为大，而渔猎工具相对减少，反映原始农业有了进一步的发展。但从总体来看，每一聚落仍然是农业、养畜业、狩猎、捕鱼、采集和各种手工业相结合的一种综合经济，是封闭式的自给自足的自然经济。

第五，第二期房屋除个别例外，仍然是单间的，并且也有大中小的区别，虽不清楚各类房屋在布局上的相互关系，但若联系第一期的情况来看，也应是在同一聚落中存在不同级别社会组织的反映。

（五）后期聚落形态的变化

如果说仰韶前期的第二期同第一期的聚落形态比较还只有很小的变化，那么到后期的变化就十分明显了。

仰韶后期包括第三期和第四期。第三期聚落遗址可以河南郑州大河村和甘肃秦安大地湾乙址为代表。

大河村遗址位于贾鲁河南约 2.5 千米的慢坡土岗上，高出周围地面仅 2 ~ 3 米。遗址南北长 600、东西宽 500 米，面积将近 30 万平方米，其中包括从仰韶文化到中原龙山文化的六期遗存，而以仰韶第三期（大河村三、四期）遗存为主。遗址的中间偏西有一条西南—东北走向的古河道，把遗址一分为二。这古河道不知是什么时候形成的。假如仰韶文化时期即已有之，则大河村遗址很可能是仰韶后期的双生聚落遗址。

河东聚落的居住区在西南即临河的一边，紧靠居住区的东北为墓地。从已发掘部分的情况来看，居住区的房屋是东西排列的。分为三排，最北边一排是较早的，属大河村三期，有两座双间房，即 F17－18 和 F19－20，而后者打破前者。到大河村四期，在北排房以南约 20 米的地方有 F21。从遗迹平面图来看，它的西边好像还有一座未编号的房屋残迹。在这排房子南边约 5 米，还有属于大河村四期的 5 座房基。这里原先只有 F13 和 F15 两座单间房屋东西并列，后来在 F13 上先后续建了 F12 和 F11，在 F15 上续建了 F14，仍然是东西并列的。由于发掘面积所限，尚不知道每排房子的长度。

墓地中共发现有 28 座土坑墓和 46 座瓮棺葬，均属大河村四期，但地层上瓮棺葬均晚于土坑墓，是十分奇怪的。土坑墓排列密集，头向绝大多数为南偏西，仰身直肢，仅 5 座墓有少量随葬品。

河西聚落居住区距河东居住区约 50 米，仅发掘了一排房子。在大河村三期时，这里曾有一所分为四间的房子 F1－4，它的东边有一单间房 F16。到大河村四期，仍在这排房的西边延续盖了 F5 和 F10 两个单间房，更西有 F7，后被 F6 套间房打破，以后又接着盖了 F8－9 套间房。这一排房子尽管年代有先后，但总不离东西排列这一格局，表明这个聚落是有一定规划的。由于发掘面积所限，很难知道这一排房屋原来有多长，也不知道它的北面是否还有其他成排的房屋。

这排房屋的西边和南边应该已到居住区的边界，因为西边有大量的窖穴，而南边已是墓地的分布范围。这片墓地发掘的面积很小，仅发现 9 座土坑墓和 15 座瓮棺葬。其中除 1 座瓮棺葬属大河村三期外，其余均属大河村四期。这里的土坑墓头向大部朝东，与河东墓地多为南偏西者显然不同。

在一个聚落内把房子沿东西方向安排成相当长的排列，不仅大河村遗址一处，荥阳点军台和淅川下王岗也有同样的情况。淅川黄楝树虽为屈家岭文化的聚落，也把房子排成十分规整的长条，并在一端拐成曲尺形，这种布局应是受河南仰韶后期聚落布局的影响而出现的。

值得注意的是每排房子中不但有单间房，也还有双间乃至四间的房屋。在房屋分期和分类一节中，我们曾经指出双间和多间房屋的出现是适应人口的增长；从某些房子里器物的组成及其分布状况来分析，其居民已有相当的独立性，已不像一般意义上的对偶家庭。同排中的单间房子最多能住两三个人，其家庭性质难以确定。即便还是对偶家庭，在同时已有较独立的家庭的情况下，它也不能像仰韶前期那样，也应增加了独立性的成分。这些大大小小的家庭住在一排房子里，显然与其他排房子的居民有所区别。很可能，每排房子的居民组成一个家族，这是在范围上有所扩大，经济上的独立性有所加强的家族，从某种意义上或可称为家族公社。这样，一个聚落有几排房子，就可能是由几个家族公社组成的氏族公社的住地了。

如果把大河村两个聚落看成两个氏族公社的住地，那么这两个氏族公社的关系就显然不像姜寨、北首岭、半坡等聚落内各氏族公社的关系那么密切。它们不再住在同一聚落而是住在相互靠近的两个聚落。墓地也完全是分别安排的，从墓葬的头向不同也可看出它们的信仰或习俗也并不完全相同。它们不大可能属于同一胞族，也不大可能组成为一个公社。但二者的关系毕竟非同一般，它们可能是互相联姻的，在经济上和防务上互相帮助的氏族公社聚居地，因而在后来形成双生聚落遗址。

大地湾乙址位于五营河南岸的二级阶地，南面靠近山坡，面积约 36 万平方米。遗址范围内明显可分为若干小区，各区地形和高程都有差异，高出现在河面50～80 米不等。其所以把遗址安排在较高的山坡脚下，可能是为了防卫的需要。遗址中有一些规模甚大、建筑标准甚高的房屋，其中最突出的是 F901。它是一座分为前堂、后室和东西厢的多间式大型建筑。前堂有直径达 87～90 厘米的大圆柱，有直径达 2.5 米以上的巨大灶台，地面则经过多层处理，最后用水泥掺陶质轻骨料的混凝土铺垫并打磨光滑，硬度至今仍不低于现代 100 号水泥。整个房屋占地约 290 平方米，前面还有广场，有两排柱洞，洞前还有一排青石板。这一切设施使得那座房子显得特别气派。房屋所在的地方处在阶地北边陡崖的边缘。从河边的平地向上瞭望，就像筑在小山顶上，十分雄壮。从这些安排来看，它绝不是一般的公用建筑，而可能是部落或部落联盟集会议事和举行宗教活动的中心会堂。

大地湾乙址内各小区也有标准较高的大型建筑，如五区的 F405 便是。我们从遗址梯田的陡坡上也能清楚地看到一些类似 F405 那样的建筑。这些情况使大地湾乙址处在一种非常特殊的位置，它显然超过一般遗址的建筑水平和规模，使它成为一种中心性质的聚落遗址，而它内部的分化也是显而易见的情况。

仰韶后期聚落形态的变化，到第四期应该看得更加清楚。可惜这时期的田野工作做得太少，以至难以准确估计其发展程度。但有一些迹象仍然值得注意。例如中原有的聚落甚大，并出现用石灰抹地的白灰面建筑，陇东一带有住窑洞的小聚落，河套大青山脚下常有石头建筑等，说明地方性特征十分突出，它是仰韶后期分化趋势日益加深的又一种表现。又如内蒙古包头附近的阿善三期文化中已出现石头的围墙。这是我国远古文化中最早出现的围墙，虽不能说就是城，但真正的城应该就是在它的基础上发展起来的。

总括仰韶后期聚落形态的变化，可大致归纳为以下几点。

第一，各地聚落大小规模差别显著，特点突出，不但出现了发展水平较高的中心聚落，而且有的遗址还发现了石砌围墙，预示城市即将出现。这和前期聚落那种大小相若，格局相似，发展水平也基本相同的景象已经大不相同了。

第二，这时期的聚落虽然基本上还是凝聚式的，但不再是内向式的。有的地方还出现了双生聚落，二者的关系尽管还很密切，但不像前期往往把房屋围成圆圈的那种强调一体化的做法。

第三，这时期聚落内部不但有明确的划分，而且有某种程度的分化。河南的一些遗址中在同一排房子里就有单间、双间和多间的差别，说明此种分化虽然还不很突出，毕竟已深入到家族公社内部了。这同前期那种仅有自然差别，而基本没有贫富分化的情况也是很不相同的。

第四，这时期的经济仍然是综合性的，自给自足的，但也掺进了一些新的因素。例如过去的制成品都是大家常用的普通物品，这时则在一些特殊建筑中（如大地湾 F901）发现为特殊用途制成的物品。又如在大河村遗址中出现完全随葬大汶口文化器物的墓葬，同址还有屈家岭文化风格的陶杯等，说明远地交换已有所发展。

总之，仰韶前期的聚落形态较为统一而较少差别，其原因大致有两个方面：一是仰韶文化处于上升发展的时期，其文化面貌也随之而趋于统一；二是当时还基本上是处在原始共产制的子夜，以氏族公社为基础的公有制当时还占据主导地位，从而在聚落形态上就表现出一致的、凝聚的和向心的特点。仰韶后期发生的变化，主要就在统一性方面有所削弱，出现了明显的分化。这种分化既表现在地区之间和遗址之间，也表现在聚落的内部。其原因也有两个方面：一是仰韶文化本身已处于下降阶段，文化面貌逐渐改变，各地差别越来越大；二是社会内部发生了变化，家族公社所有制逐渐发展起来。各家族的劳力、技术水平不尽一致，使它们之间在财富的创造和占有上也发生了差别，这应是仰韶后期聚落形态发生变化的主要原因。而这一变化最集中的表现，便是聚落群和中心聚落的出现。

（六）聚落群和中心聚落的出现

仰韶前期的聚落遗址，在分布上虽也有疏密的不同，但多是自然形成的。有些地方也可大致看出聚落的群体，如嵩山周围各聚落遗址均用伊川缸作成年死者的葬具，其他文化面貌也有相当大的一致性，特别是在其中心地区的阎村出现部落酋长的彩画葬具，那地方便很像是一个聚落群的中心，或者称之为中心聚落。但这个聚落群遗址并不密集，中心遗址在规模和建筑规格等方面也并不十分突出，况且在仰韶前期这种情况并不多见，所以只是处在聚落群刚刚萌芽的阶段。

仰韶后期的变化在于，聚落群已是比较普遍的现象，而中心聚落也已发展到比较突出的地位。郑州附近很明显有一个聚落群，在 20 多千米的范围内即发现有大河村、林山砦、后庄王、秦王寨、点军台、青台、河王、楚湾等十几处遗址，且文化面貌十分一致。洛阳附近也有一个聚落群，在方圆 20 多千米的范围内也发现有王湾、史家湾、涧西、中州路、孙旗屯等将近 20 处遗址。

同属一个聚落群的遗址，虽然文化面貌相当一致，而大小却有很大差别。例如郑州附近的一群遗址就以大河村为最大，约为 30 万平方米。点军台和秦王寨分别为 6 万和 3 万平方米，而河王仅有 1000 平方米。虽然现有遗址面积并不等同于原有聚落面积，但这时聚落遗址的规模已有十分明显的差别则是一个事实，这种差别是社会内部发生分化的一种表现。

秦王寨遗址在同一聚落群中不但是面积最大的，而且有最大的公共建筑 F15，残剩面积即达 122 平方米。还有较多的分间式房屋。这使它跟其余遗址有所区别。但因该遗址仅发掘了一小部分，有些情况不易看得明白，而大地湾乙址则表现得较为突出。

前面已经谈过，大地湾乙址位于高出河面约 50～80 米的小山坡上，地势险要，显然不同于一般聚落遗址的要求，是精心选择安排的。遗址中相当多的建筑规格也高于一般聚落所见，这两点足以表明它处在一种较为突出的中心的地位。

大地湾的 F901 显然也不同于一般的公共建筑，这不但因为它面积大，分间多，规格高，还在于它的前面有一些特殊设置。那整齐排列的 12 个柱洞可能是供 12 个氏族竖立图腾柱的，也可能是供 12 个部落各自竖立旗杆而用。柱洞前面的一排青石板则可能是各氏族或部落处理牺牲以供祭享的，甚至是处理敌方重要俘虏的场所。这样它就很像是一个部落联盟的议事会堂和神庙。联盟的首领不但掌握着"政权"（当然还不是完全意义上的政权），也应掌握着军权、财权和宗教权力。如果说仰韶文化的资料还不够完备，至今还难以完满地说明这些问题，那么最近几年发现的属于红山文化的大型积石冢、祭坛和拥有大批塑像的类似庙宇的建筑等[1]，应该启发我们用新的眼光重新估价仰韶文化的社会发展阶段。因为红山文化的那些发现的年代不能晚于仰韶后期，而从整个文化发展水平来看也不大可能高于仰韶后期。由此看来，仰韶后期也完全有可能存在那些东西，或至少有类似的东西。这样，在仰韶文化之后一下子出现了城郭就不是难以理解的事了。

---

[1] 辽宁省文物考古研究所：《辽宁牛河梁红山文化"女神庙"与积石冢群发掘简报》，《文物》1986 年第 8 期。

从一般性聚落遗址发展为聚落群和某些中心遗址，再在中心遗址的基础上发展出最初的城市。这在表面看起来只是聚落形态的变化，而实质上则是反映由原始社会向阶级社会的转变，是一部文明起源史的生动体现。那种以为文明起源仅仅是跨越一个门槛而不是一个历史过程的看法，显然是不符合历史实际的。

1987 年 6 月

[原载《仰韶文化研究》（增订本），文物出版社，2009 年]

半坡村落及渭河流域的原始部落

考古学家们对渭河流域氏族社会遗迹的探索是从 20 世纪 50 年代初开始的。1953 年，西北文物清理队在西安市东郊发现了半坡村的仰韶文化遗址。1954 ~ 1957 年，中国科学院考古研究所和陕西省文物管理委员会等许多单位的考古工作者连续进行了五次发掘，在我国考古历史上第一次发现了一处原始氏族公社聚落遗址。后来用碳 – 14 测量它的年代，知道它距今大约有 6700 ~ 6100 年了。

西安半坡村落遗迹的启示

为什么说半坡发现的仰韶文化遗址是一处原始氏族公社聚落遗址，它对考古学家们探讨我国原始社会的氏族制度和生活图景提供了哪些有益的启示呢？

第一，考古学家在这个村落遗址的北部发掘出一段 70 多米长的深沟。后来继续用探铲钻探，知道这条沟由北向东再向南弯曲成半圆形，西部可惜因为后期的破坏已经连不起来了，但从它的走向来看很像是围成一个椭圆形的防护沟。防护沟内是居住区，过沟北部是公共墓地，沟东是烧制陶器的窑场。这种严格的布局很清楚地告诉我们：当时居住在这里的人们过着一种有组织的生活。这是一种什么性质的组织呢？

考古学家们很快注意到第二个现象。这里发现的所有生产工具无非是石器和骨角器，甚至还有不少很不耐用的陶器，如陶刀、陶纺轮和陶锉等。石器中有磨制精细的，也有打制粗糙的。很明显当时还处在考古学上所称的新石器时代，人们还不知道使用金属工具，生产力水平当然是很低的。

第三，那时人们居住的房子虽有方形和圆形之别，但建筑技术基本上是一样的，而且都是单间，除一所大房子可能作为公共活动的场所外，其余房子连大小都差不多。从这里看不到有穷、富的差别。墓葬的情况也是这样，成年人都埋在一个长方形土坑里，无棺无椁，多数人随葬几件生活中必备的陶器，有的也有点生产工具或装饰品，随葬物品的多少虽有一些差别，但在质量上并没有明显的不同。如果说这也表示他（她）们生前财产有些差别的话，那也是极其有限的一种差别，没有贫富集团的划分，当然更谈不上阶层或阶级了。

第四，半坡东边公共窑场的设置，至少说明陶器生产这个部门是集体性质的而非个体的。储藏食物和其他物品的窖穴往往成群分布而不与特定的房屋相联系，说明当时消费品的主要部分也是集体所有而并非归于个人。

上述几点足以说明，半坡遗址的仰韶居民在生产力水平比较低下的条件下，过着人人平等的、有组织的原始共产主义生活。

在半坡村落遗址中还有许多重要的发现，只是孤立起来不容易弄明白它们的意义，需要同别的遗址进行对比研究。有些还需要同民族学的资料进行比照，从那里得到一些启发。半坡遗址所代表的社会的性质及其组织结构，就是这样一步一步地探索出来的。

典型氏族公社村寨的发现

1972 年到 1979 年，西安半坡博物馆等单位的考古工作者们在离半坡只有 15 千米的临潼县姜寨遗址进行了发掘，发现了一处比半坡保存更加完整的村落遗址。我们可以把它看成渭河流域氏族社会村寨的一个典型。

姜寨遗址西南紧靠临河，和半坡一样也分为居住区、烧陶窑场和公共墓地三个部分，居住区周围也有壕沟围绕。只是半坡窑场在东，墓地在北；而姜寨窑场在西南，墓地在东与东南方向。

姜寨居住区中间有很多房基，包括完整的和仅仅残剩一个灶坑的在内，共有260 多座。这些房基的时代有早有晚，属于同一时期的有 100 多座。这 100 多座房屋分为五组，每组之间留有一定空隙，而且都背对围沟，面朝中央的广场。

据研究，姜寨遗址可能是一个结合着五个氏族公社的母系胞族的村寨。这个胞族大约有 450～600 人之多，他们有共同的防御设施——围绕村寨的壕沟，有设在村西南河边上的公共烧陶器的窑场，还有位于村中央共同集会议事或举行庆典的广场。这个胞族所属的五个氏族都各有一组房屋，共同围成一个大圆圈，就像五个人围住一个圆桌开会议事一样。这一方面表示胞族内各氏族地位完全平等，凡事都要协商一致；另一方面也是出于团结合作和相互援助的实际需要。

姜寨的每个氏族都有一所大房子，面积一般为 70～80 平方米，大者达 100 多平方米。平面大致呈方形，周围有矮墙，前面有一个斜坡形门道，进门有灶台和火塘。在灶台和火塘的两边设有两个高仅 10 厘米左右的土床。土床的面积有 10～20 平方米，至少可睡一二十人甚至更多。这显然是氏族的公房，住在里面的人应是本氏族不过婚姻生活的男子或妇女。房子后半部分有很大的空地，除一些必要的摆设外，还可供许多人集会议事，或者举行宗教仪式，它是氏族的心脏和氏族的象征。

有些氏族有自己的牲畜圈栏或牲畜夜宿场。一个圈栏有 12 ~ 13 平方米，可以养一二十头牲畜。一个夜宿场有 100 多平方米，可以养更多的家畜。有的氏族还有自己的陶窑，以满足本氏族的特殊需要。由此可见，氏族是当时生产活动的组织者和基本单位。

氏族还有自己的墓地。现在姜寨只发现三块墓地，另两块可能被现代村落破坏了。氏族墓地中多数是埋葬成年人的，也有少数埋婴儿的瓮棺葬。成年人都埋在长方形土坑墓里，头朝西方或者北偏西，都没有棺椁一类的葬具。大多数墓都有随葬品，包括生产工具、日常生活使用的陶器和装饰品等。同半坡的情形一样，这些墓葬的大小、随葬器物的数量和质量都没有显著的差别，反映出当时还没有出现明显的贫富分化现象。这说明当时的人们还是过着共同生产、共同消费、没有剥削、人人平等的原始共产主义的生活。不过从统计数字来看，女子随葬物品一般多于男子。以正东一片墓地为例，女子随葬陶器平均 4.2 件，男子只有 2.3 件。随葬 5 件以上陶器的女子占 60%，男子只占 23%。个别随葬物品最多的也是女子。例如 7 号墓埋葬一位 67 岁的女子，随葬品有 2 件陶罐、2 件陶锛、2 件小口尖底瓶、1 把陶锉、1 件刮削器，还有很丰富的装饰品，包括玉坠饰、石弹丸和骨管等，以及 8500 多颗的骨珠。看来，当时女性的社会地位是优越的，至少不比男子为低。

姜寨的每个氏族都由若干家族构成。一个家族有一所中型房屋，面积为 20 ~ 40 平方米不等。也是方形，有门道，进门设有灶台和火塘，可以在那里做饭和取暖。火塘两边有低矮的土床，能睡七八个甚至十多个人。这种情况很像云南永宁纳西族的主室。

纳西族直到中华人民共和国成立初期还保留着母系社会的许多特征，基本的社会单位是母系家族。一个家族有一所自己的院落，其中有一间较大的主室和若干较小的客房。主室住着老年女家长、她的已不再过婚姻生活的兄弟姐妹和尚未过婚姻生活的青少年。客房则分给正在过婚姻生活的妇女，以便让她们晚上接待来访的男人。主室中间设火塘，两边各立一根大柱子。右边的称为女柱，是少女举行穿裙子礼的地方；左边的称为男柱，是少年男子举行穿裤子礼的地方。通常在家族内集会议事或举行宗教仪式的时候，女子都是坐右席，男子则坐左席。姜寨的中型房子很可能也是住着一个母系家族的家长和没有婚姻生活的老人、小孩们；其中安设左右两个床位，很可能也是按男女分开的。

姜寨的家族有自己的仓库——窖穴。这种窖穴往往口小底大像个袋子，所以叫袋形窖穴。有些窖穴中有旋转式台阶便于上下。西安半坡有一个同样的窖穴中曾发现有 18 厘米厚的小米朽壳，足见这种窖穴是储藏粮食的。这种窖穴常常七八个乃至十多个紧靠在一起，有的就在家族主室的旁边。这些粮食或其他消费资料一部分是从氏族公社分来的，一部分可能就是家族自己生产的。

有些婴儿死亡之后直接埋到氏族墓地中去，大部分则以家族为单位埋在住房的旁边。这些死婴都用陶瓮盛放，盖上陶钵或陶盆，七八个或十几个一群地埋在一起。埋在房子旁边的葬俗，表现了当时人们对婴儿的特殊关怀。

姜寨家族之下还有若干对偶家庭。所谓对偶家庭是由实行对偶婚的一对男女及其所生养的婴幼儿所组成的家庭。它与一夫一妻制的个体家庭的区别，在于它没有独立的自营经济，夫妻间没有严格的经济上的权利和义务，主要是出于性爱的一种结合，所以是不巩固的，没有继承性的。只要双方感情破裂就会自行解散，或者由于年老失去了性的要求也会各自回到家族主房中去居住。

姜寨的每个对偶家庭都住一所小房子。这种房子有方形的，也有圆形的。两种房屋的大小和建筑质量都没有什么差别。一般面积为 15 平方米左右，大的可达20 多平方米，最小的也有 8 ~ 9 平方米。房子中间有一个火塘，旁边放着做饭的炊具——夹砂罐和甑等，还有饮食器陶碗、陶钵，盛储器陶盆、陶瓮之类。有的房子的瓮罐中装着螺蛳或粮食，有的房子内还放置一些生产工具和装饰品。那些生产工具是房主人随手使用的，但不一定是专为对偶家庭劳动的。至于有些房子中放着石磨盘和石磨棒，那大概就是为自己加工粮食而设置的了。小房子没有单独的窖穴，对偶家庭所需的粮食看来只有依靠家族的家长定期分配了，一个陶瓮所装的粮食是吃不了多少天的。

小房子内睡人的地方一律设在右边，有的有一个高约 10 厘米的土床，有的只是留出一块空地，一般长 2 ~ 3 米，宽约 1.5 米。大约能睡两三个人或三四个人，这就是一个对偶家庭的规模。换句话说，当时的对偶家庭乃是由一对男女和他（她）们的婴幼儿组成的。如果孩子稍大些，就会住到所属家族的主室去的。

由于当时实行族外婚，所有对偶家庭中的成年男子都是外氏族和外胞族的，也就是姜寨以外的村寨的。当然，姜寨的成年男子也必须到其他氏族去求得自己的配偶。他们一旦不愿再过婚姻生活，就会自行回到自己的母家，死后也要葬到母亲所属的氏族公共墓地中去。

姜寨早期村寨遗址表明，当时的社会是由若干对偶家庭组成一个家族，几个家族组成一个氏族，几个氏族组成一个胞族，两个或两个以上的胞族，或是像姜寨这样的村寨再组成一个部落。这是多么严密而有秩序的血缘社会组织啊！

像姜寨这样的氏族社会村寨，在六七千年以前的渭河流域并不是个别的。前面讲到的西安半坡就是一个，地处西部的宝鸡北首岭遗址的情形也大致相同。半坡人在居住区外围挖壕沟、沟外设窑场和墓地的做法都跟姜寨相同。居住区内的房屋也有大型（如 1 号房子）、中型（如 21 号房子）和小型的区别，房屋左边也设有牲畜圈栏。唯一的差别是半坡的居住区内还有东、西两条小沟，把房子隔成了两个部分。至于整个村落的房屋布局，因为大部分还没有挖掘，不得而知。已经挖出的房子遗址在整个村落的北边，门都朝南，也与姜寨一致。所以半坡也是一个氏族社会的村寨，它的居民也有可能组成为一个胞族。

北首岭遗址在金陵河西岸，同样也分为居住区和墓葬区，只是没有大围沟，也没有单独的窑场。居住区中的房子同样分为几组，大致围成一个椭圆形。每组房子的门都朝向中央广场。房屋规模也有大、中、小之别，有的房屋附近也设陶窑。墓葬非常密集，同样分成不同的片，一片墓葬应与一组房屋相呼应，这些也都和姜寨相同。所以北首岭也可能是居住着一个胞族的村寨。

渭河流域有很多像半坡、姜寨和北首岭这样的氏族社会村落遗址，只是多数没有发掘，或者发掘的规模没有半坡等遗址那么大，村落布局没有揭露出来。但通过这几个村落布局大同小异的情况来看，那些遗址的基本情况也不会差得太远。

公共墓地所反映的社会组织

有些遗址虽然没有发现居住区的详细情况，但是有保存比较完整的公共墓地。例如华阴横阵村、华县元君庙和渭南史家等处，都已经过全面发掘。考古学家通过对这些墓地的研究，可以大致了解当时的社会组织结构。

让我们首先分析横阵墓地的情况。这个墓地有 3 座大坑套小坑的复式合葬墓和 8 座普通合葬墓，另外在西北方向的居住区（大部分已遭到破坏）还发现了 5 座婴儿瓮棺葬。

根据对墓葬中随葬陶器形制的研究，得知这些墓是在许多年中先后埋葬的。最早埋的是 1 号复式合葬墓，里面套着五个小合葬墓，分别埋着 12 人、8 人、10 人、4 人和 10 人，共为 44 人。接着往南埋第 52 号等普通合葬墓，每墓埋数人或十数人不等。接着又往南埋第 3 号复式合葬墓，这个墓因遭后期破坏只剩了三个小合葬墓。此后往西埋有第 53 号等普通合葬墓。最后又往西埋有第 2 号复式合葬墓，里面套着七个小合葬墓，分别埋着 7 人、9 人、6 人、5 人、6 人、3 人和 7 人，共计 43 人。所有人骨都已紊乱，说明都是实行二次葬的。这就是说，当时人们处理尸体不是一次埋葬就不再移动了，而是将尸体先放在厝屋里，或者暂时埋在别的什么地方。过若干年后，人死得多了，肉体也早已腐烂了，再把尸骨收集起来进行第二次埋葬。这样，才有可能把许多人埋在一个墓里，即所谓集体合葬。如此一次一次地举行集体合葬，最后就形成了横阵这个墓地。

复式合葬墓的存在，清楚地反映出当时至少存在着两级社会组织。即复式合葬墓本身代表着一个较大的集体，其中包含的每个小合葬墓则代表着较小的集体。大集体包含着小集体，小集体从属于大集体，这就是两级社会组织。否则，就无法解释这种用大坑套小坑的方式进行的集体合葬。

这是什么级别的两级组织呢？从姜寨早期村寨遗迹的分析中，我们知道当时存在着对偶家庭、家族、氏族、胞族和部落各级组织。横阵复式合葬墓中小合葬墓的死者显然不是按对偶家庭划分的。因为对偶家庭本身是不稳固的，没有继承性的，不可能形成自己单独的墓域。再说对偶家庭人数有限，一般是两三人或三四人。而横阵一个小合葬墓的死者可多至十人，显然与对偶家庭的人数极不相称。由此看来，横阵复式合葬墓所代表的两级社会组织，至低是家族—氏族，或者更高一些，而不可能更低。

前面说了，横阵墓地的埋葬顺序是从北到南，从东到西。先是一个复式合葬墓，接着是几个普通合葬墓，然后又是复式合葬墓。这两种墓葬老是相间出现，这是很有意思的。首先要弄明白的是，一个普通合葬墓所代表的社会组织究竟相当于复式合葬墓的哪一级别。是复式合葬墓本身呢，还是其中的小合葬墓。如果相当于小合葬墓，那么一次就至少要埋5座到7座，因为第1号和第2号复式合葬墓中就分别有五个和七个小合葬墓，说明一个大组织里面包含着五个到七个小组织。事实上第1号到第3号复式合葬墓之间只有2座普通合葬墓，第3号复式合葬墓到第2号复式合葬墓之间虽有5座普通合葬墓，但分成两排，很明显不是一次埋的。因此，这些普通合葬墓无论如何不应与复式合葬墓中的小合葬墓平级，而应与复式合葬墓本身平级。从这里我们获得了一个重要的信息，就是复式合葬墓本身和普通合葬墓所代表的较大的社会组织是基本的单位，是在埋葬制度中必须划分清楚的。而小合葬墓所代表的组织则不具有这样的性质。当一次埋葬时人数较多，有可能按小单位划分时，便采取复式合葬墓的形式。当一次埋葬时人数较少，有些小单位甚至没有死者，不便于按小单位划分时，就采取普通合葬墓的形式。人的死亡率是一个变数，有时多些有时少些，没有一定之规，这就是横阵墓地两种墓葬所以交替出现的原因。

原始社会晚期最基本的社会组织是氏族。许多仍然停留在原始社会阶段或者保持浓厚的原始社会残余的民族中，往往实行氏族公共墓地的制度。即使一个部落的死者埋在一个墓地，也必须按氏族进行排列。不同氏族的死者不能埋在一起，而同一氏族的死者则设法葬在同一片或同一排墓葬里。如果横阵复式合葬墓中的小合葬墓代表的社会组织是氏族，那么到普通合葬墓时就不再有氏族的划分了，这显然是不合逻辑的。而氏族下的家族则是另一种性质，特别是当家族的势力还没有发展到对氏族制度构成实际的威胁之时。由此看来，小合葬墓所代表的社会组织最高也不会超过家族，而复式合葬墓和普通合葬墓所代表的组织最高也不会超过氏族。前面已经分析复式合葬墓所代表的社会组织不能低于家族—氏族，所以横阵墓地反映的两级社会组织就是家族—氏族，横阵墓地是一处氏族公共墓地。

元君庙和史家的情况同横阵墓地稍有不同，那里没有复式合葬墓而只有普通合葬墓，而且还有少数单人葬，合葬墓中除大多数是二次葬外，还有少量的一次葬。但从这些墓地反映的社会组织状况还是相似的。

元君庙合葬墓中一墓合葬人数最多的有 25 人，史家最多的一墓有 51 人，这样多的人很难想象只是属于一个家族。再说如果每一普通合葬墓代表一个家族，那么高于家族的氏族组织反而在墓地中得不到明确反映，这是不合情理的。因此这些墓地的普通合葬墓应是氏族的合葬墓，是一个氏族在一定时期的死者的集体埋葬。早先死的只剩了尸骨，合葬时或前不久死的还保留着肉体，这就是有些墓中大部分是二次葬，而个别人是一次葬的原因。

元君庙合葬墓明显地分作两群，埋葬顺序都是从北到南，从东往西，这显然是两个氏族的共同墓地。这两个氏族既有如此紧密的关系，当是共同属于一个胞族的。史家墓葬的排列比元君庙更为杂乱，但也隐约看出不同的群体，如果每一群体代表一个氏族在一定时期先后埋的墓葬，那么史家也是由几个氏族墓地构成的胞族墓地。

横阵、元君庙、史家等墓地的墓葬一般都没有什么葬具，随葬品以日常生活需要的陶器为主，包括炊器（夹砂罐）、饮食器（钵）和水器（尖底瓶或葫芦瓶），其他工具和装饰品都很少。除数量上多少有些差别外，质量上基本上是一致的。况且就大多数普通合葬墓来说，既然是以氏族为单位安葬的，那么即使有些差别，也只是反映那个氏族在有的时候器具丰富一点，有的时候器具紧缺一点，而不是氏族内部有什么财富分化。在元君庙墓地，某些墓葬（如单人葬或同性合葬）的随葬品妇女稍多于男子，老人稍多于一般成年人。这反映出当时的社会是平等的，妇女的地位是受到尊重的。这同姜寨等地所观察到的情况基本一致。我们推测当时的社会很可能是母系社会。

单独一个墓地，只能反映出家族、氏族和胞族几级社会组织，要了解更大的社会组织或人们共同体，需要将各个墓地进行对比研究。

以今天的西安为界，渭河上中游的仰韶早期墓地（简称西区）同渭河下游的同期墓地（简称东区）的随葬陶器特征基本相同，都属于仰韶文化的半坡类型，而埋葬习俗却有很大的差别。例如西区除土坑墓外，还盛行瓮棺葬，其中不但埋葬婴儿，个别也作为成年人二次葬的葬具；而东区各墓地则很少见到瓮棺葬。西区成年人一般实行一次葬，葬式以仰卧直肢为主，二次葬一般不到10％；而东区二次葬往往占90％以上，一次葬反而比例很少。西区成年人和较大的孩子一般实行单人葬，合葬人数一般不到10％；而东区合葬人数往往超过90％。姜寨正好处在东西两区的交界，它的一期诸特征基本上属于西区，而二期的诸特征则明显地属于东区。这种情况仅仅存在于交接地区，一方面说明两区的势力消长有所变化，另一方面也表示两区的划分是明确的，基本上也是稳定的，变动只发生在很小的范围。

这种埋葬习俗明显地可划分为东西两区的情况，在房屋建筑的形式上也可得到相互的印证。例如在西区的宝鸡北首岭和彬县下孟村等地都流行半地穴式方形房屋，而紧靠东区的西安半坡和临潼姜寨则是方形和圆形并重，只是东区本身至今没有发现完整的房屋遗迹。紧靠东区东边的山西芮城东庄村是圆形房屋，以此推测东区应是圆形房屋。

既然在埋葬习俗和房屋建筑形式上都可以分成东西两区，那么这两区应各代表一个人们共同体，它们可能是亲属部落群，或者是早期的部落联盟。

东西两区的内部也是有差别的。例如东区较东的横阵和较西的元君庙、史家墓地就不相同。前者有复式合葬墓和普通合葬墓，后者只有普通合葬墓。每座普通合葬墓的最高人数有自东向西递增的迹象，如横阵为14人，元君庙为25人，史家为51人，姜寨二期为70余人。又横阵几乎无单人葬，而元君庙、史家和姜寨二期的单人葬都还占一定比例。西区较西的宝鸡北首岭和秦安大地湾合葬和二次葬的比例极小，瓮棺葬所占比例也较小，而较东部的半坡和姜寨一期恰巧相反。房屋建筑如前所述也有差别，即较西的北首岭和下孟村都是方形半地穴式，较东的姜寨一期和半坡都是方形半地穴式与圆形房屋并重。这种进一步划分小区的方法便于追寻隐藏在后面的较小的人们共同体，它的规模应该是接近于部落了。

总起来说，通过对渭河流域考古遗存的分析，可以大致追寻出六七千年以前的原始社会的社会组织结构。就一个遗址或墓地而言，可以观察到对偶家庭、家族、氏族乃至胞族的比较严密的组织结构；就整个渭河流域六七千年以前的遗址和墓葬的比较分析而言，又可观察到高于氏族、胞族的部落乃至亲属部落群，甚至是早期的部落联盟。人们掌握的财富是有限的，生活的艰苦使这些原始公社的人口死亡率极高，绝大部分人难以寿终天年。但在这个社会里人人基本是平等的，共同生产、共同消费，没有剥削、没有压迫，也没有任何男子特权，妇女普遍受到尊重。这种社会的亲族制度很可能是母系的。

（原载《半坡仰韶文化纵横谈》，文物出版社，1988 年。后收录在《史前考古论集》，科学出版社，1998 年）

从埋葬制度探讨社会制度的有益尝试

——《元君庙仰韶墓地》读后

陕西华县元君庙仰韶文化墓地的发掘报告《元君庙仰韶墓地》[1]，最近由文物出版社出版了。从墓地的发掘到报告的编写和出版，整整经过了 25 年的艰苦历程。在这个时期内，我国的考古工作者付出了极大的精力，克服了许多的困难，试图创造性地运用马克思主义的理论指导我们的考古研究工作。对元君庙墓地的发掘和研究，正是这一总的努力中的一个环节。

元君庙墓地是 1958 年下学期到 1959 年上学期发掘的，那时全国正处在"大跃进"的高潮之中。当时参加发掘的北京大学历史系考古专业的师生虽然也免不了受到一些影响，但是，他们要求用马克思主义的历史唯物主义理论指导考古发掘和研究工作，改变那种见物不见人（即只研究实物本身，而不愿努力探索隐藏在实物遗存背后的人类社会）的状况的愿望是真诚而强烈的。这使得他们不但具有朝气蓬勃的革命热情，而且处处都用严肃认真的科学态度来要求自己。具体表现在发掘过程中的，是特别注意了以下几件事情：

（1）对墓地进行全面揭露，尽可能地了解墓地的情况及全部布局，了解墓地同居住遗址的关系。

（2）考虑到多人合葬和二次葬是元君庙墓地的突出现象，是探讨社会性质的主要根据，因而在发掘时着重考察了每一合葬墓中一次葬与二次葬的区别及其配置情况，男女老幼的配置情况，不同死者同随葬品种类和数量的联系情况，等等。

（3）对每座墓葬进行了详细的文字、表格、绘图和照相记录，并且采集了全部标本。

（4）请解剖学者对所有人骨架的年龄、性别和病理现象进行了现场鉴定，之后又请人类学家对人骨的体质特征和所属种族进行了深入的研究。这些工作为以后的室内整理研究提供了很好的基础。像这样的发掘资料，即使从今天的要求来

---

[1] 北京大学历史系考古教研室：《元君庙仰韶墓地》，文物出版社，1983 年。

看也还是比较全面周到的。

元君庙墓地资料的整理研究，是在苏秉琦先生指导下，主要由张忠培同志负责进行的。他们用类型学方法对墓葬进行分期，然后在分期的基础上观察墓地的布局，发现在同一墓地存在着甲、乙两个墓区，都是从北而南、从东往西地安排墓穴，从而把对墓地布局和它所反映的氏族社会组织状况的探索深入了一步。根据这一认识所编写的发掘报告早在 1963 年就已基本完成，可是稿子交出后还没有来得及付印，就因为"文化大革命"而被长期搁置，到 1973 年又进行过修改。多亏编辑和出版部门同志们的努力，这本报告现在终于同读者见面了。因为盼望得太久，拿到手里就感到格外高兴。

元君庙发掘报告共分六章，前四章和几个附录全面而详细地报道了发掘资料，后两章对文化性质、特征与年代，尤其是当时的社会制度进行了相当深入的探讨。

报告在探讨元君庙墓地所反映的社会制度时首先注意了墓地的范围，认为基本上保持完整，并都已被揭露出来，因而这个墓地可以作为一个整体来进行研究。接着根据地层关系和出土器物形制的变化对墓葬进行全面分期，最后讨论布局问题。

元君庙共有 57 座墓葬，相互发生叠压或打破关系的有七组 15 座，其中四组有彼此对应的器物可资比较，报告按年代先后将它们分成了四组。用四组器物衡量其余墓葬，绝大部分都可归入其中的一组。鉴于第一组仅有两墓，且其随葬器物或残破，或缺乏其他可以比较的共存器物，故暂与第二组合为一期，三、四组各为一期。第一期 18 座，第二期 17 座，第三期 11 座，共 46 座墓葬。又 M438 等 4 座墓葬，无论从地层关系或出土器物看都是晚于三期墓葬的，可以算是元君庙的第四期墓葬。只是因为当时可供比较研究的资料太少，报告中没有详细论述。剩下的 7 座墓葬或过于残破而没有陶器可资比较，或有些陶器而不属标型器物之列，难以确定它们的期属。据分析，所有这些墓葬都是属于仰韶文化半坡类型的。

读者大概不难看出，元君庙各期墓葬中的器物的变化幅度并不很大，这说明它们的年代相距较近，且基本上是一个连续的过程，这就给分期工作带来很大的困难。尽管做了很大的努力，也难保 100% 的准确性，这是谁都能够理解的。

元君庙墓葬的排列并不十分整齐，这可能是因为早先的墓葬掩埋后没有留下明确的标志，或原有标志在若干年后失散了，后来的墓就难以保持准确的位置，有些跨行，有些似是前后颠倒，还有一些相互打破的情况。不过从整体来看，还不完全是杂乱无章的，多数墓葬都遵循自北而南、从东往西的顺序，甲区如是，乙区也如是，这不能不说是一种有意的安排。报告根据这一情况，把某些未定期属而排列整齐的墓归入适当的期；又把某些已定期属而位置错乱或跨行的墓划入适当的排。这样一种人工整齐化的方法是否恰当，是否能够做到绝对准确，当然不是没有商榷的余地，但至少可以反映一个大致的格局。经过整齐化以后的排列图式基本如下（参见原报告图六）：

第一排	一期11墓51人。	甲墓区
第二排	一期3墓6人，二期7墓34人。	
第三排	三期7墓7人。	
第四排	三期1墓1人。　一期6墓18人，二期4墓30人。	乙墓区
第五排	二期4墓34人。	
第六排	二期1墓5人，三期4墓20人以上。	

　　为什么会在同一墓地中形成两个墓区，并且紧密相邻？为什么在埋葬习俗上没有差别，又各自按照相同的规律来排列墓葬呢？报告引用了许多民族志资料作为旁证，说明这两个墓区应分属于两个对婚氏族，而整个墓地则是由这两个对婚氏族组成的部落共同体的遗留。

　　报告注意到多人合葬墓是元君庙墓地的一个十分突出的现象，并且详细地对合葬墓中死者的相互关系进行了剖析。

　　据统计，元君庙有合葬墓28座，埋葬190多人，占整个墓地死者的90%以上。同一墓中死者的年龄差距很大，说明包含着不同的辈分。例如 M404 埋葬 6人，依次是 50＋♂、40±♀、30±♀、30±♂、10±、成年♂，均为一次葬，说明死者的岁差就是他（她）们生前的实际岁差。假如按 20 岁为一辈（实际还可更小一些）计，其中应该有三辈人。又如 M405 埋葬 12 人，依次是成年♂、7±、15~18、30±♀、40±♂、30±♂、50±♀、18±♂、40＋♂、30＋♂、30±♀、10±，最后一人为一次葬，其余都是二次葬。所有二次葬者都应比一次葬者先死，至于先死多少年则不能确定。但是，墓中 30~40 岁的死者有 6 人，他（她）们至少大于一次葬的小孩 20~30 岁，当是属于长辈；那位 50 岁左右的老妇至少比那位小孩大 40 岁，可能长两辈，所以这座墓中也包含有三代人。按照这种分析方法，元君庙的合葬墓大多数包含了不同辈分的人。

　　合葬墓中成年人两性的比例关系大致是，男多于女的 13 座墓，女多于男的 3座墓，男女相等的 2 座墓，其余是同性合葬、单个成年人与小孩合葬、小孩与小孩合葬等，情况比较复杂。有的墓男女比例相差悬殊，如 M456 有 6 男 1 女，M417 有 16 男 4 女，M444 有 4 女 1 男等。尽管这些人还有年龄甚至辈分的差距，又受到一定时期内死亡人员的偶然性和不确定性的限制，但这样大面积的不成比例的情况，多少能反映合葬墓中成年男女的数目未曾经过婚姻关系的调整，仅仅受到自然规律的制约。由此可见，合葬墓的死者是由血亲关系而非姻亲关系组成的包含不同辈分的亲族共同体在一定时期内死亡的成员，报告认为这种小于氏族而又排除姻亲成员的亲族共同体，最大的可能是母系家族。

分析墓葬结构和随葬品的情况也能得出同样的结论。元君庙一般是土坑墓，只有几座女性或男性老人墓稍稍特殊，或有二层台，或用红烧土垫底，或在周围堆放石头。

陶器是元君庙墓地的主要随葬品。在 10 座女性单人墓或女性与小孩合葬墓中，有 3 件陶器的仅 1 座，6 件以上的 9 座，最多一墓 21 件；反之，在 10 座男性单人墓或合葬墓中，有两墓陶器不足 3 件，6 件以上的仅 4 座墓，最多的一墓也不过 11 件，那还是给一位 40 岁左右的老人的（当时人的寿命较短，40 岁以上可算老年，能活到 50 岁就很稀罕了）。这些随葬陶器都是日常生活的一般用品，葬多葬少并不表明财产的显著差别，而且在当时社会条件下，财富的差别只能表现于家族或氏族之间，而不可能表现于两性之间。所以妇女和男性老人随葬陶器较多的情况，只能说明他（她）们比较受到社会的尊重。报告认为造成这种情况的根本原因，是男女在生产中占有不同的地位。元君庙墓地属仰韶文化的半坡类型，当时的经济是以种植小米的旱地农业生产为主的，狩猎已退居次要地位。元君庙男子随葬骨镞，说明他们担负狩猎的任务，而狩猎的收获是没有保障的；女子随葬蚌刀和纺轮等，说明她们从事农业生产和家庭手工劳动，在生产上占据主要地位，因而在社会上也赢得了普遍的尊敬。

根据元君庙墓地的布局及各墓具体情况的分析而确定的当时的家族—氏族—部落的组织结构，和发达的母系氏族社会性质，是否就是完全巩固而没有任何内部矛盾呢？报告最后比较了两个墓区及每一墓区内同时期的各个墓葬在墓坑结构和随葬器物方面的区别，对这一问题进行了探讨。认为甲乙两墓区（假如代表两个互婚氏族的话）的家族数目和经济发展状况是不平衡的，但由于都按同一制度安排在同一墓地，说明部落组织是巩固的。在同一墓区内按家族来安排墓穴，说明氏族制度是巩固的；但又不能无视家族的区别，而且各墓的情况不同，说明各家族的经济状况也是不平衡的。这时的家族一方面属于氏族，依赖于氏族；另一方面又已具有一定的独立性，已作为氏族内部的矛盾力量而存在，而且从某种意义上来说，它还为以后父系氏族社会的产生准备了一个可以借用的外部形式。

以上就是《元君庙仰韶墓地》一书的主要内容和研究成果。我个人认为，这些成果是弥足珍贵的。试想一下，我们发掘的新石器时代遗址成百上千，发掘的新石器时代墓地也不在少数，而真正取得比较完备资料，并且经过深入分析，从多方面揭示当时的社会面貌的，究竟有多少呢？尹达同志在参加编写《中国史稿》的原始社会部分时，曾经翻遍了有关考古资料，参考了一些考古论文，认为不是资料残缺不全，仅仅描绘出一幅抽象的空洞的社会发展过程，就是充满盆盆罐罐，缺乏人的气氛、生活气氛和社会气氛。他向考古学家提出要求："希望在今后的考古发掘和综合研究中，能够认真考虑：如何使新石器时代的考古资料较全面、较系统地反映出某一类型文化遗存的社会面貌。"他认为这不是苛求，而是一个马克思主义的考古学家应尽的职责[1]。二十年过去了，现在的情况虽已发生了很大变化。但真正成功的经验并不多。况且这种变化不是凭空到来，而是由一些扎扎实实的工作成果来体现的，《元君庙仰韶墓地》应该是其中之一，它是从埋葬制度探讨社会制度的一次有益的尝试。

在仰韶文化半坡类型的墓地中，和元君庙的埋葬习俗比较接近而又各具特色的还有华阴横阵村、渭南史家、临潼姜寨二期等数处；和元君庙的埋葬习俗差距较大的则有西安半坡、姜寨一期和宝鸡北首岭等处。如果对每一墓地都实事求是地进行比较全面而透彻的研究，进而进行相互的比较研究，并且尽量把墓地研究同村落遗址的研究成果结合起来，那么在一定程度上恢复半坡类型所代表的人类社会的历史面貌就绝不是一句空话。如果把这一方法推广到全国新石器时代文化的研究中去，那么经过相当时期的努力，必能写出一部有血有肉的中国原始社会史来。这应是我国新石器时代考古工作者的首要任务之一，如果不是全部任务的话。

[原载《史前研究》1984 年第 4 期。后收录在《仰韶文化研究》（增订本），文物出版社，2009 年]

---

〔1〕　尹达：《新石器时代》，生活·读书·新知三联书店，1979 年，219、220 页。

横阵墓地试析

陕西华阴横阵仰韶文化墓地的发现，曾经引起学术界的极大注意。因为它的埋葬制度特别严谨，层次分明，是研究当时家庭形态和社会组织结构的极好资料，所以在正式发掘报告发表以前就已经展开了热烈的讨论[1]。现在发表的《陕西华阴横阵遗址发掘报告》[2]虽然十分简略，毕竟比较全面。本文即依据该发掘报告，结合手头的部分资料，试图就墓地的范围、布局、年代分期及其所反映的社会组织结构等问题进行一些粗浅的分析。

一　墓地范围

现在所见的横阵墓地最集中的部分南北长约 20 米，东西宽 10 余米。由于边角并不整齐，实际占有面积不足 200 平方米。包括有 3 座大坑套小坑的复式合葬墓和 8 座普通合葬墓（图一）。另在墓地以南约 12 米处有 1 座单人墓葬，往西北约 18 米处有 5 座婴儿瓮棺葬，北偏西约 13 米处有 1 灰坑葬，总共埋葬 140 余名死者。

这个墓地显然包括三个部分。

---

〔1〕　下列诸文都曾讨论到横阵仰韶墓地所反映的社会组织结构：李仰松：《佤族的葬俗对研究我国远古人类葬俗的一些启发》，《考古》1961 年第 7 期；吴汝祚：《从墓葬发掘来看仰韶文化的社会性质》，《考古》1961 年第 12 期；方扬：《仰韶文化合葬习俗的几点补充解释》，《考古》1962 年第 3 期；张忠培：《关于根据半坡类型的埋葬制度探讨仰韶文化社会制度的商榷》，《考古》1962 年第 7 期；王珍：《略论仰韶文化的群婚和对偶婚》，《考古》1962 年第 7 期；宋兆麟：《云南永宁纳西族的葬俗——兼谈对仰韶文化葬俗的看法》，《考古》1964 年第 4 期；夏之乾：《关于解释半坡类型墓葬制度的商榷》，《考古》1965 年第 11 期；邵望平：《横阵仰韶文化墓地的性质与葬俗》，《考古》1976 年第 3 期；李文杰：《华阴横阵母系氏族墓地剖析》，《考古》1976 年第 3 期。

〔2〕　中国社会科学院考古研究所陕西工作队：《陕西华阴横阵遗址发掘报告》，《考古学集刊》（第 4 集），中国社会科学出版社，1984 年。

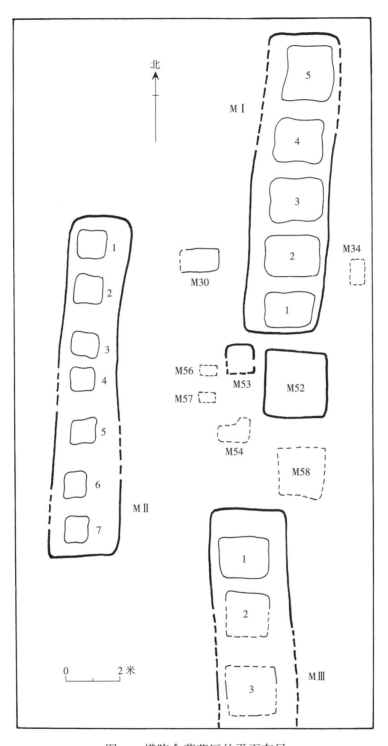

图一　横阵合葬墓区的平面布局

（1）成年人和小孩的土坑墓区。

（2）婴儿瓮棺葬区。

（3）乱葬坑。

三个部分在空间上是截然分开的，其中最重要的是第一墓区。

我们首先关心的是这一墓地是否保持完整，是否已经全部揭露出来。如果保存完整并且都发掘出来了，就可以把它作为一个整体来进行细致的解剖；如果保存的只是原有墓地的某一部分，或虽保存完好而仅仅发掘了其中的一部分，那么我们的分析就要受到相当的局限。

原发掘简报在表述横阵遗址的地层堆积时是这样写的："遗址的最下层是仰韶文化，遍布整个遗址，灰层厚度平均在 1 米左右……龙山层压在仰韶层上面，灰层厚 2 米多，分早晚两期……再晚的是战国的文化遗存。战国文化层厚薄不等，南部厚些，北部较薄……压在战国层上的是汉代文化层。汉代层比较薄。"[1]

发掘报告所列墓地东北部的 T16、T17 东壁的剖面图及其描述也反映了同样的堆积层次及顺序[2]。在平面图上看到一些仰韶墓葬被龙山灰坑 H91、H118、H120 和 H121 打破[3]。因此墓地曾经有过局部的微小的破坏，而大的地形没有变化。遗址的西北面破坏比较严重，但并没有涉及第一墓区，只是婴儿瓮棺葬受到较大损失。据此可知墓地的主要部分即第一墓区的保存是基本完整的。至于这一墓区是否已经全部挖完，只需分析它的四至的情况就清楚了。

墓区北边即 MⅠ和 MⅡ的北端，两墓并不平齐。MⅡ偏南，它的北端有较大一片已被发掘，但没有发现墓葬。MⅠ以北没有发掘，但该墓北端已超出 MⅡ以北约 6 米了。根据这个时期的墓地一般为凝聚式分布的情况来看，在 MⅠ以北似不应再有墓葬分布。因此，现已发掘的墓区北部边界，应该就是原有墓区的边界。

墓区西边的北半部向西直到遗址边缘的断崖，有将近 30 米的范围都已发掘而没有发现仰韶文化的墓葬。墓区西边的南半部虽未发掘，但从墓葬排列的趋势看，似不应有更大的发展。再说墓区西边即遗址居住区的东部边缘，二者之间也应有一明确分界。所以现已发掘的墓区西边应该是原有墓区的边界。

墓区东边的北半部挖了一个探方 T20。从 MⅠ往东延伸约 14 米的范围内没有发现墓葬。墓区东边的南半部尚未发掘，依据同样的理由似也到了原有的边界，

〔1〕 黄河水库考古队陕西分队：《陕西华阴横阵发掘简报》，《考古》1960 年第 9 期。

〔2〕 中国社会科学院考古研究所陕西工作队：《陕西华阴横阵遗址发掘报告》，《考古学集刊》（第 4 集），中国社会科学出版社，1984 年，3、4 页。

〔3〕 中国社会科学院考古研究所陕西工作队：《陕西华阴横阵遗址发掘报告》，《考古学集刊》（第 4 集），中国社会科学出版社，1984 年，2 页图二。

即使再有些墓葬也不会太多了。

墓区南部的 MⅢ 已遭破坏，南端没有到头，但最长也不会超过 T18 的北边，而 T18 已没有仰韶墓葬。在与该探方相邻的 T19 北端发现一座 M33，发掘报告只说它属仰韶文化而没有说明地层情况，又没有任何可借以判断时代的随葬品。再说它的位置离墓区较远，离 MⅡ 南端达 17 米。它实行单人葬，而其余所有墓都是二次合葬。因此很难把它列入同一墓区，甚至它的时代都不是没有疑问的。这样看来，现在发掘的墓区南边虽未到头，但也接近于边界了。

由此可见，原有墓区基本上已被全部揭露出来，或者说现已发掘出来的横阵合葬墓区是一个基本上完整的墓区。即使在东南和西南部分还存在着少量墓葬未被揭露，也不过稍稍加大墓区的规模而不会有根本性质的改变，也不会影响整个墓区凝聚式的严谨格局。这个格局当然是某个长期稳定的凝聚式的严谨的社会组织所建立的。而墓区范围的确定对于估算这一社会组织的人口数目、它的规模和性质都是至关重要的。

横阵的婴儿瓮棺葬区在合葬墓区的西北，已发掘出 5 座。它的附近发现 30 个灰坑，其中相当一部分可能是窖穴。在西安半坡和临潼姜寨等地，成人土坑墓和婴儿瓮棺葬也是分开的，后者多半在居住区的边缘。据此推测，横阵的仰韶住地应在遗址的西北部分，可惜现在已经完全破坏了。瓮棺葬区也跟着遭受破坏，原来的数目当较现存的数目要多得多。

二 墓葬分期

横阵仰韶文化墓地中的所有墓葬相互没有任何叠压或打破关系，也不能从有关的地层间接地排出先后次序。但这不等于说所有墓葬都是同一时期的。为了把问题弄清楚，有必要仔细分析各墓的随葬器物。

从发掘报告的表七可知，横阵各墓随葬陶器的组合是相当一致的。多数墓随葬一件尖底瓶、两三件钵和两三个罐子，即瓶、钵、罐的组合，如 MⅠ1、2、5，MⅡ1～7，MⅢ1、3，M52 和 M53 等均是。以钵和罐为组合的有 MⅠ4、MⅢ2 和 M34。考虑到 MⅠ 和 MⅢ 都是十分规整的复式合葬墓，除 MⅠ3、4 和 MⅢ2 外，各合葬小坑的陶器组合都是瓶、钵、罐，而 MⅠ4 和 MⅢ2 分别被 H91、H111 和 H118 打破，器物部分地遭受破坏，不能排除在原先的组合中也有尖底瓶的可能性。M34 已无人骨，可能已被迁出，从而现存陶器也就难以反映原先的组合情况了。

墓区中还有 6 座墓葬或小合葬坑没有随葬品，它们是 MⅠ3、M30、M54、M56～M58，其中 MⅠ3 和 M58 分别被战国墓葬和龙山遗迹所打破，原来的情况不明。所以确知没有随葬品的只有4座合葬墓。至于M33也无随葬品，因其时代和性质都有疑问已于前述，可能也不属这一墓区，自应另当别论。

综上所述，横阵合葬墓区随葬陶器的组合相当一致，可以确定的只有瓶、钵、罐一种，其余都因有后期破坏而无法知道本来的情况。至于4座无随葬品的合葬墓可能另有原因，我们在后面还将讨论到。

墓区布局的谨严有序和随葬陶器组合的高度一致，充分说明它是属于同一文化类型的同一人们集团的。另一方面，从发掘报告表七可知各种随葬陶器的型式并不单一。例如尖底瓶有Ⅰa、Ⅰb、Ⅲa、Ⅲb和Ⅳb各式，钵有Ⅰb、Ⅱa、Ⅲa、Ⅲb、Ⅳb、Ⅴ、Ⅵ、Ⅶb式，罐有Ⅰa、Ⅰb、Ⅱa、Ⅱb、Ⅲa、Ⅲb、Ⅳb、Ⅴa、Ⅴb、Ⅴc、Ⅵa、Ⅵb、Ⅸ各式。虽然这些式别的划分还有调整的必要，但仅此也可以看出它们的复杂性，明示其不是一个短时期内的产品。如果说单是横阵的资料还难以排比出各墓早晚的顺序的话，那么同横阵相距最近、并属同一文化类型和同一时期的元君庙仰韶墓地的资料，当有助于这个问题的解决。

元君庙仰韶墓葬有多组叠压和打破关系，其中有三组的各墓随葬陶器均具有瓶、钵、罐的组合[1]：

甲组为M466打破M470。前者出Ⅰc瓶、Ba钵和Ac绳纹罐各1件，后者出Ⅰb瓶、Aa钵、Ab和Bb弦纹罐各1件，二者陶器的形制明显不同。

乙组为M469叠压M454。前者出Ⅰa瓶，Ba、Bb、Bc钵，Aa碗和Ab、Bb弦纹罐等；后者出Ⅰa瓶，Aa、Ab、Ba钵，Ab弦纹罐和Ba绳纹罐等，二者陶器形制也略有差别。

丙组为M437打破M441。前者出Ⅰa瓶、B碗、Ba和Bb钵、Ba素面罐；后者出Aa钵、Ab弦纹罐和Ⅱa瓶，另有一尖底瓶口部已残，从体部形态和绳纹特征来看应属Ⅰa式。故两墓器物也有一些不同。

元君庙发掘报告主要依据这些地层关系和各墓陶器形态的差异，分别将其分为三期。其中M441、M437、M454属第一期，M469、M470属第二期，而M466属第三期。这三期可以概括元君庙的绝大部分仰韶墓葬。

我们注意到横阵MⅠ的随葬陶器十分接近于元君庙一期的陶器。例如横阵的小口尖底瓶Ⅰ1：1与元君庙一期的M454：10都是口部较深而微敛，体形较瘦长，颈部粗短，腹部绳纹所占面积较宽。横阵的圜底钵Ⅰ5：6与元君庙一期的M457：4可谓别无二致，都是厚口薄唇，底部粗糙，全器呈半球形。横阵MⅠ有两种绳纹罐，一种比较矮胖，如Ⅰ1：5；另一种比较瘦高，如Ⅰ4：2。二者分别与元君庙

---

〔1〕　北京大学历史系考古教研室：《元君庙仰韶墓地》，文物出版社，1983年，8～11页。

一期的 M429：4 和 M456：3 酷似（图二）。由此可见，横阵 M I 的年代应同元君庙一期大致相当。

横阵 M III 的出土器物不同于 M I，而与元君庙二期比较接近。例如横阵的尖底瓶 III3：1 和 III1：4 就分别与元君庙二期的 M417：4 和 M470：5 相似，其颈部较一期者稍稍变长变细而腹部圆鼓，绳纹所占面积也较一期稍窄。横阵的平底钵 III3：5 为厚口薄唇，底面上凸，与元君庙二期的 M470：2 和 M470：3 十分相似。横阵的圜底钵 III2：2 与元君庙 M470：7 基本相同。横阵的弦纹罐 III3：3 与元君庙的 M470：4 也是非常相像的（图三）。由此可见 M III 的年代应同元君庙二期相当。

横阵 M II 的随葬陶器又是另一种风格。它不同于元君庙一、二期的器物而比较接近于三期的作风（图四）。例如横阵的尖底瓶 II4：2 的口部较大而浅，颈较细长而腹部圆鼓，与元君庙三期的 M466：3 的体形几乎完全一样，只是前者为素面而后者尚有占面积较窄的绳纹。横阵 M II 和元君庙三期的圜底钵都为大口浅腹，绳纹罐和弦纹罐的最大腹颈都不同程度地下垂。横阵的尖底瓶 II6：5 口大而腹瘦，圜底钵 II7：4 不但是大口浅腹，口沿部还明显内敛，已分别接近姜寨二期的作风。其年代应相当于元君庙三期或略晚。

横阵的普通合葬墓也不越出复式合葬墓年代的范围。例如 M52 所出尖底瓶 I b，钵 I b、III b、VII b、罐 III a、V a 都见于 M I；而瓶 I b，钵 I b、VII b，罐 IV b 则见于 M III，应与 M I 同属一期而略偏晚。

M53 出土尖底瓶 IV b。定为这一式别的尖底瓶仅此一件，观其形状与 I b 没有多大差别，只是个体特小，当为明器，似不必另立一式。同墓还出钵 I b、IV a 和罐 III b、IV，其中钵 I b 在三座复式合葬墓中均出，罐 III b、VI 见于 M III 和 M II，钵 IV a 仅见于此墓。因此这座墓应与 M III 同属一期而略偏晚。

综上所述，横阵合葬墓可分为三期：

第一期：M I 和 M52；

第二期：M III 和 M53；

第三期：M II。

若再细分，则可排出下列年代顺序：

M I → M52 → M III → M53 → M II。

如果在分期的基础上来观察横阵墓地的布局，便可清楚地看出墓穴的安排是从北到南（M I → M52 → M III），达到一定限度后再由东向西（→ M53 → M II）。这与元君庙墓穴安排的规律是一致的[1]。

---

[1] 北京大学历史系考古教研室：《元君庙仰韶墓地》，文物出版社，1983 年，11～15 页。

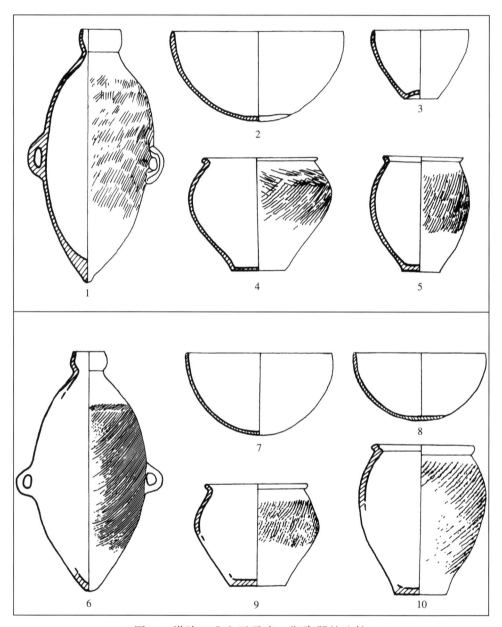

图二　横阵MⅠ和元君庙一期陶器的比较

横阵MⅠ：1. Ⅰa瓶（Ⅰ1∶1）　　2. Ⅱa钵（Ⅰ5∶6）　　3. Ⅷb钵（Ⅰ5∶7）　　4. Ⅲa罐（Ⅰ1∶5）
　　　5. Ⅱb罐（Ⅰ4∶2）

元君庙一期：6. Ⅰa瓶（M454∶10）　　7. Ba钵（M457∶9）　　8. Bb钵（M457∶4）
　　　9. Bb绳纹罐（M429∶4）　　10. Ab绳纹罐（M456∶3）

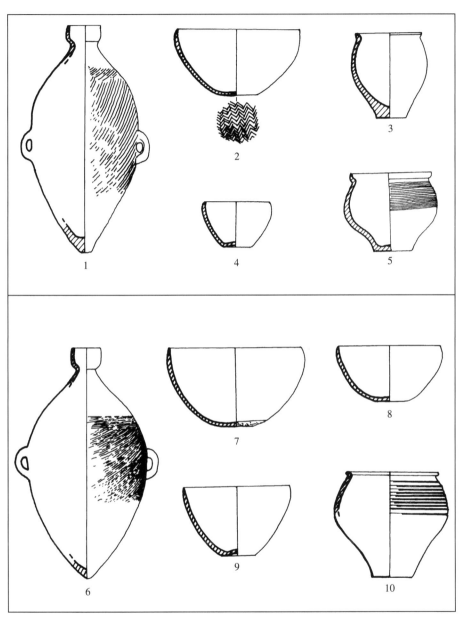

图三　横阵 M Ⅲ 和元君庙二期陶器的比较

横阵 M Ⅲ：1. Ⅰb 瓶（Ⅲ1∶4）　　2. Ⅴ钵（Ⅲ2∶2）　　3. Ⅰb 罐（Ⅲ3∶4）　　4. Ⅶb 钵（Ⅲ3∶5）
　　　　　5. Ⅲb 罐（Ⅲ3∶3）
元君庙二期：6. Ⅰb 瓶（M417∶4）　　7. Bb 钵（M470∶7）　　8. Bb 钵（M470∶2）
　　　　　9. Aa 钵（M470∶3）　　10. Bb 弦纹罐（M470∶4）

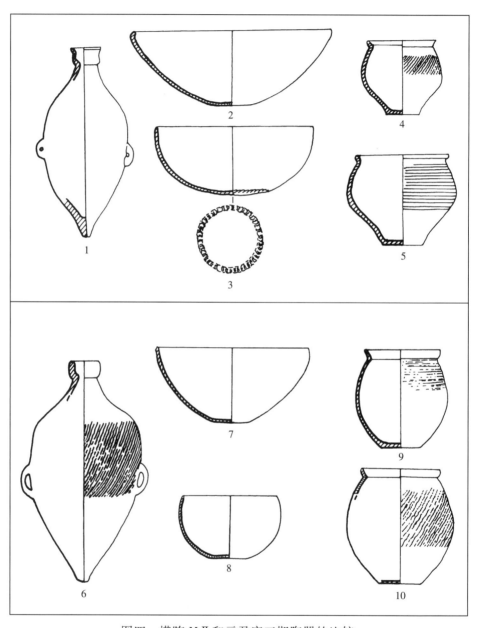

图四 横阵 M Ⅱ 和元君庙三期陶器的比较

横阵 M Ⅱ：1. Ⅲa 瓶（Ⅱ4：2） 2. Ⅵ钵（Ⅱ7：4） 3. Ⅴ钵（Ⅱ6：1） 4. Ⅵa 罐（Ⅱ7：10）
5. Ⅱb 罐（Ⅱ3：2）

元君庙三期：6. Ⅰc 瓶（M466：3） 7. Ab 钵（M442：3） 8. Bc 钵（M428：1）
9. Aa 罐（M428：4） 10. Aa 绳纹罐（M442：6）

三　人口分析

横阵仰韶墓地埋葬的死者如下。

（1）合葬墓区

情况比较复杂。其中复式合葬为 MⅠ44 人，MⅡ41 人，MⅢ8 人，合计 93 人。但由于某些小合葬坑遭受破坏，或有的骨架过于凌乱而难以统计，这个数目是较保守的。例如 MⅠ3 被战国墓打破，随葬器物已不见，人骨也可能受到损失。MⅢ2 被 H118 破坏了 90% 以上，只剩了几件陶器，人骨荡然无存。何况 MⅢ南部已遭破坏，原来还应有几个合葬小坑，其总人数当接近于 MⅠ和 MⅡ的平均人数。再如 MⅡ5 原记录 6 人，发掘报告统计为 5 人，颜訚的统计也是 6 人，当以 6 人为是。MⅡ7 发掘报告为 5 人，而原记录是 7 人。由于这种情况，人数的统计难以做到完全准确，只能使其尽量相近。要之，把三座复式合葬墓的总人数定为 130 人左右是较为适宜的。

普通合葬墓有人数统计者四墓，即 M30，2 人；M52，12 人；M53，5 人；M54，14 人[1]；共计 33 人。其中 M53 被战国灰坑打破，故其人数统计是偏低的。此外，还有 M34、M56、M57 和 M58 四墓均属二次葬的合葬墓，由于破坏严重而无法统计其实有人数。假定这四墓同前四墓的人数大致相若，那么普通合葬墓的总人数当为 70 人左右。而整个合葬墓区先后埋葬的死者当为 200 人左右。

（2）婴儿瓮棺葬区

5 墓 5 人。横阵发现的瓮棺葬很少，并不是婴儿死亡率特别低。正如前面已经指出的，该处瓮棺葬区早年已跟着居住区一起被破坏了，原有数目不得而知。不过我们可以根据一些保存较好、发掘面积较大的遗址和墓地的情况来进行推测。同横阵相距较近，并属同一时期同一文化类型的遗址首推元君庙，但那里的居住区大部分已遭破坏，没有发现瓮棺葬，难以从那里获得新的启发。其次则是临潼姜寨一期和西安半坡早期。姜寨一期埋葬死者 420 余人中，婴儿约有 230 人，占总数的 56% 弱[2]。半坡早期 250 座墓 253 人，其中婴儿瓮棺葬为 75 墓 75 人，占

---

[1]　发掘报告未列 M54 埋葬人数，此据原记录，14 人中有 4 男 7 女，3 人性别不明。

[2]　西安半坡博物馆、临潼县文化馆：《1972 年春临潼姜寨遗址发掘简报》，《考古》1973 年第 3 期；西安半坡博物馆、临潼县文化馆：《临潼姜寨遗址第四至十一次发掘纪要》，《考古与文物》1980 年第 3 期。

总数的 30% 稍弱[1]。由于姜寨的成年人墓区可能有部分压在现村落下，而居住区边缘的瓮棺葬则已全部挖出，故统计比率较实际数要大些。半坡的情况恰好相反，居住区及其边缘的瓮棺葬还有许多没有发掘出来，而成年人墓区则已基本揭露完毕，故统计比率较实际数要小一些。将两者权衡一下，实际的比率可能在 40% 上下。横阵既同姜寨和半坡的仰韶居民处在同一时期，经济发展水平和生活条件都没有多大差别，那么它那里的婴儿死者的比率也应是 40% 上下，即 130 余人。

（3）乱葬坑

8 人。无法确定当时是否还有其他乱葬坑，因而也就无法确知其原有人数。

横阵墓地经过性别年龄鉴定的仅有 MⅠ1~5、MⅡ2~7、MⅢ1、M52、M53 和 M54，总人数为 101 人。其中男性 42 人，女性 47 人，另有 12 人或因其为孩童而性征不明，或因骨殖朽坏过甚而难以辨明其性别。

在 101 人的年龄构成中，3 岁以下的婴儿 1 人，4~12 岁的孩童 7 人，13~20 岁的青年 4 人，21~35 岁的壮年 28 人，36~55 岁的中年 27 人（其中 50 岁以上者 20 人，在当时一般寿命较短的情况下或可称为老年）。大体在 21 岁以上而无法细致地划分年龄级别的成年 18 人，16 人骨殖甚残无法确定年龄。兹将其性别年龄构成的情况列为一表，称为表甲。

表甲是根据发掘报告的表八和原记录中 M54 的资料编制而成的，与考古研究所体质人类学组发表的统计表（暂称表乙）有较大的差别。二者都说是根据颜𫄧生前的记录，不知为什么会有这么大的不同。现转录于此以供参考[2]。

表甲

性别\年岁	婴儿	孩童	青年	壮年	中年	成年	未定	合计
男 性		1	2	15	12	5	7	42
女 性				12	14	12	9	47
未 定	1	6	2	1	1	1		12
合 计	1	7	4	28	27	18	16	101

〔1〕 中国科学院考古研究所、陕西省西安半坡博物馆：《西安半坡》，文物出版社，1963 年。
〔2〕 考古研究所体质人类学组：《陕西华阴横阵的仰韶文化人骨》，《考古》1977 年第 4 期。

表乙

性别＼年岁	婴儿	孩童	青年	壮年	中年	老年	成年	未定	合计
男　性				12	14		9	2	37
女　性		3	4	23	12	1	7	3	53
未　定	3	6	3						12
合　计	3	9	7	35	26	1	16	5	102

　　根据死者年龄的构成可以推算出当时的死亡率。由于横阵人骨年岁的鉴定都是采用分级制而不是用单个数值，为了计算的方便都取每一级别的中间值，即婴儿 2 岁、孩童 8 岁、青年 16.5 岁、壮年 28 岁。中年因 50 岁以上占 20 人，若取中间值将显著偏低，故将其再分两级。36～49 岁为中年，中间值为 42.5 岁；50 岁以上为老年，中间值取 52.5 岁。成年取青年到老年的中间值 38 岁。由于各年龄级别人数不同，故必须依人数加权平均。而全部人数构成中还必须加进婴儿应占的比率（即 40% 左右），这样计算的结果才能接近于实际情况。我们按表甲计算的结果，横阵仰韶居民的平均寿命为 21.8 岁；若按表乙计算则为 20.3 岁。

　　平均寿命短，意味着死亡率高。设前者为 N，后者为 R，二者的关系可表达如下式：

$$R = \frac{1}{N}$$

　　因为 $N = 21.8$ 或 20.3，所以 $R = 4.59\%$ 或 4.93%。

　　要推测横阵仰韶居民经常保持的人数，除应掌握墓地死者总数和死亡率外，还应知道墓地延续的年限。而后者是极难确定的，充其量只能有非常不准确的估计。

　　前一节我们曾将横阵的合葬墓分为三期。实际上第一、二期的差别是很小的，第二、三期的差别才比较明显。从历史时期考古遗存的分期来看，基本器物形制普遍发生变化从而可据以分期的年限起码要 40～50 年，原始时期的年限可能更长。横阵虽曾分为三期，但只是部分器物的形制发生明显变化，相隔的年限当不会太长。假如把整个墓地延续的时间定为 100～120 年，也许不至于与实际情况过于相悖。

　　横阵合葬墓区的孩童以上的死者本来应有 200 人左右，已如前述，与之相适应的婴儿死者当有 130 余人，两者共 330 余人，平均每年约死亡 2.75～3.3 人。按死亡率为4.59%或4.93%计算，经常性人口应保持约56～72人。我们在分析墓地范围时曾谈到现存的合葬墓区是基本完整的，但也不排除在它的东南和西南还会有个别墓葬未被发现。因此我们对于墓区总人数的推算应是最低的数目。再者，我们在统计总人数时没有包括乱葬坑的人数，因为那些人可能与正式埋葬的人不属于同一集团。但反过来说，既然别的集团的人可以有少数埋在本集团墓地附近，那么本集团也就可能有少数人埋在别的集团的墓地附近。如果把这些因素都估计进去，横阵仰韶墓地所代表的人们集团的经常性人口当有70～80人或80～90人。同时在一般情况下，出生率总要略高于死亡率，所以它后期的人口还要稍大于这一数值。

四 社会结构蠡测

如前所述，横阵仰韶墓地大体与元君庙仰韶墓地同时，均属仰韶文化的半坡类型。绝对年代大约在公元前第五千纪前半，尚处在原始社会的子夜，氏族—部落是当时的基本社会组织。横阵仰韶墓葬虽可分为土坑合葬墓、瓮棺葬和乱葬坑三个相互分离的墓区，但并非三个氏族或部落的遗留。不可能有那么一个氏族或者部落仅仅埋葬婴儿，瓮棺葬和土坑合葬墓的死者应属于同一个人们集团，其所以把二者从空间上区分开来，当是出于某种宗教信仰或风俗习惯。有的同志认为把婴儿埋在居住区边缘是出于对他（她）们的爱护，可能是原因之一。

乱葬坑的情况比较特殊。（1）年代短暂。现仅发现1座，其中人骨均属一次葬，虽分两层而十分贴近，是一次或分两次投入的。这就是说，乱葬坑是偶然形成的，年代上不是与另两墓区相始终的，不像是整个墓地的有机构成部分（2）葬式特殊。下层二人为屈肢葬，在另两个墓区中没有这种葬式。上层六人横七竖八，有的四肢呈挣扎状，有的人身上压着大石块，像是有意砸下去的。他们很像是被活埋的，或是刚被打死后胡乱掩埋的。乱葬坑中的所有死者都是成年，他们是犯了氏族习惯法而被处死的吗？在一个并不很大的集团里，一次处死这样多成年人是不近情理的。再说别的时候怎么就没有犯法而被处死的人了呢？看来这种解释难以成立。他们更像是某次战争中敌对部落的牺牲者或被处死的战争俘虏。他们被扔弃在废坑中或采用屈肢葬法都是为了同本氏族、部落的人们区分开来。部落间的冲突虽可经常发生，而达到杀死许多人的战斗毕竟是少有的，这或许可以说明只有一个乱葬坑的理由。显然，我们不能从几个瓮棺葬、更不能从那些乱葬的尸骨中获取更多的社会组织结构的信息，而必须把重点放在对土坑合葬墓的研究上。

横阵的土坑合葬墓本身又可分为两类。

甲类包括三座复式合葬墓和两座普通合葬墓 M52 和 M53，其墓坑排列有序，人骨摆放整齐，头均朝西，均有随葬品，其陶器组合均为瓶、钵、罐。是经过严格安排的一类墓葬。

乙类包括 M30、M54、M56、M57 和 M58 五座墓葬，墓坑排列没有一定秩序，人骨头向不一，骨架摆放也较凌乱，且均无随葬品。

另有 M34 有陶器而无人骨，可能已被迁出，因而无法归入哪一类。

两类墓葬中死者的数目相差悬殊，而处置方法颇不相同，其中必有某种缘故。

甲类墓中的死者占整个合葬墓区死者的 80% 以上，显然是某个人们集团的主体。其埋葬制度体现出三大特点：一是强调组织和秩序，如墓坑从北到南、从东往西的顺序，大坑套小坑的做法，人骨葬式和头向的一致性等；二是强调平等的原则，如都是土坑，都随葬瓶、钵、罐等，看不出有贫富贵贱的差别；三是强调集体的原则，每一墓坑是一集体，随葬品依墓坑分配，看不出个人有什么特殊的用品。当然，在现实生活中，绝不会只有集体财产而没有任何个人的东西，这一集体和那一集体的财产也不会没有任何差别。但这种情况在埋葬制度上没有明确反映，表明当时人们的社会意识所要强调的是平等，是集体性和组织性，而个人之间或集体之间的差别不是社会追求的目标，不是受当时的社会意识所鼓励的。它所体现的社会，当然是有组织的原始共产制社会。

乙类墓的情况相反。它不是统一的，因为它的墓葬分布较零散，葬式和头向也不一致。它的共同特点就是没有随葬品。由于它同甲类墓处在同一墓区，应该是同一集团人群中的一部分，由于埋葬简陋而不规则，看来是这个集团中被打入另册的一部分人，他（她）们可能是凶死者，也可能是本族中严重违反习惯法的分子，还可能是收养的外族人员。总之是同本族中大多数成员不大相同，所以在埋葬制度上做了不同的处置。

甲类墓所体现的原始社会组织究竟是什么性质的呢？在墓葬分期一节中，曾指出那些有随葬品的墓葬是属于不同时期的，埋葬的顺序是 MⅠ→M52→MⅢ→M53→MⅡ。从这里透露了两个重要的信息：（1）合葬墓区每次只埋一座合葬墓，或者说整个墓区只存在一个埋葬序列。因此，一座合葬墓所代表的社会组织，同整个墓区所代表的应属同一级别。假定一座合葬墓所埋的是某个氏族在一定时期的死者，则整个墓区就是那个氏族在不同时期所埋的死者的总和。（2）在这个顺序中，复式合葬墓和普通合葬墓交替出现，说明这两种墓葬所代表的社会组织也是属于同一级别的。

复式合葬墓的存在，清楚地说明那时至少存在两级社会组织，即在大集体下还有若干小集体。人们在埋葬先人时除了强调整个集体的一致性以外，还想表示一下小集体的相对独立性。但为什么有时又不采取复式合葬的形式而仅仅有普通合葬墓呢？我认为这正是问题的关键，即当时最基本的社会组织是由复式合葬墓或普通合葬墓所代表的较大集体，而不是由小合葬坑所代表的较小的集体。后者虽然是现实存在的，但独立性还不很强，不是什么时候都必须强调的。人们在隔一段时期举行集体合葬仪式时，如果死者数目甚多，便可将小集体的死者分别放置，从而实行大坑套小坑的复式合葬；如果死者数目较少，有些小集体可能没有死者，不便按小集体分别埋葬，于是就实行单一墓坑的普通合葬。如果不是这样来理解问题，就很难解释两种墓葬交替出现的情况。

横阵墓地即然是处在原始共产制社会的子夜，当时的基本社会组织就应当是氏族部落。如果由复式合葬所代表的较大集体是某个部落，那么由小合葬坑所代表的较小集体就将是胞族（假定有这一级组织的话）或氏族。但是在普通合葬墓中，胞族或氏族的区分不存在了，而这是与氏族的原则相抵触的。许多民族志的资料都证明，不同氏族的人是不能埋在一起的，即便亲如父子，如果他们属于不同氏族（在母系社会往往如此），也是不能埋在一起的。如果把较大的集体定为氏族，则较小集体便是家族。

在氏族制度下，家族也经历了不同的发展阶段，它开始在经济上是很脆弱的，与氏族利益的一致性多于其矛盾性，后来才逐步增强其独立性，并作为氏族的对抗因素而发展起来，横阵的较小集体只具有相对的独立性，应属于较早的家族形态。

把横阵墓地所代表的社会组织解释为氏族和家族两级与前节人口的分析是吻合的。前节估算横阵墓地所代表的集团的经常性人口约有 70～80 人或 80～90 人，这恰与一个较小氏族的规模相当，与我们关于姜寨早期村落中每个氏族人口的估算也十分接近[1]。把它再分割为五个或七个单位，如横阵 1 号和 2 号复式合葬墓所表明的那样，每一单位的经常性人口就只有十几个人，只是一个较小的家族，而绝不可能成为一个氏族。

横阵墓地、元君庙墓地和姜寨一期墓地都属于仰韶文化半坡类型的前期，后二者反映的都不止一个氏族。横阵现存墓地反映的虽只有一个氏族，但因横阵仰韶遗址的西北多已破坏，不能肯定是否还有第二片乃至第三片墓地。所以横阵的情况并不能被视为一种特例。横阵墓地对探索当时社会组织的特殊贡献，则是它

---

〔1〕　巩启明、严文明：《从姜寨早期村落布局探讨其居民的社会组织结构》，《考古与文物》1981 年第 1 期。

明确地表示了氏族之下还有家族,表示了一个氏族所含家族的确切数目,还表示了家族增殖的能动性质。而这种增殖的能动性首先是经济条件决定的。正如恩格斯所说的:"每个原始家庭,至迟经过几代以后是一定要分裂的。原始共产制的家庭经济,决定着家庭公社的最大限度和规模,这种规模虽然依条件而变化,但是在每个地方都是相当确定的。"[1]就横阵来说,我们知道它的规模只有十几个人,大了就要分裂。氏族的规模当然也是有限度的。横阵一个氏族开始包含 5 个家族,后来发展到了 7 个。如果再增殖下去,到一定限度也要分裂。这种情况,在摩尔根所描述的美洲印第安人中可以找到许多生动的例子,当是氏族制度的一种通例。

[原载《文物与考古论集》,文物出版社,1986 年。后收录在《仰韶文化研究》(增订本),文物出版社,2009 年]

[1]　恩格斯:《家庭、私有制和国家的起源》,人民出版社,1972 年,35 页。

半坡类型的埋葬制度和社会制度

仰韶文化的墓葬，以半坡类型发现得最多，研究的著作也最多，但往往限于对个别墓地的分析，全面考察半坡类型埋葬制度者甚少，对诸多问题的看法也颇不一致，因而有进一步研究的必要。本文拟对半坡类型的埋葬制度做全面的考察，并对其所反映的社会制度进行初步的探索。

一　半坡类型墓葬的一般情况

至今发现属于半坡类型的墓葬主要在渭河流域，还有一部分在汉水流域。大致情况如下。

（1）陕西华阴县横阵：1958～1959 年发掘，发现合葬墓 11 座，单人墓 1 座，瓮棺葬 5 座，另有乱葬坑 1 个[1]。其中除单人墓期属不明外，其余均属半坡类型前段。

（2）华县元君庙：1958～1959 年发掘，发现合葬墓 32 座，单人墓 16 座，葬式不明者 2 座，无人墓 7 座，合计 57 座[2]。其中除 M423、M438、M460 和 M461 属半坡类型后段外，其余均属半坡类型前段。

（3）渭南县史家：1976 年发掘，发现合葬墓 40 座，单人墓 3 座，共 43 座[3]。均属半坡类型后段。

（4）临潼县姜寨：1972～1979 年发掘，发现土坑墓 360 多座，其中属半坡类型前段者约 180 座，以单人葬为主；属半坡类型后段者 180 多座，以合葬墓为主。

---

〔1〕　中国社会科学院考古研究所陕西工作队：《陕西华阴横阵遗址发掘报告》，《考古学集刊》（第 4 集），中国社会科学出版社，1984 年。

〔2〕　北京大学历史系考古教研室：《元君庙仰韶墓地》，文物出版社，1983 年。

〔3〕　西安半坡博物馆、渭南县文化馆：《陕西渭南史家新石器时代遗址》，《考古》1978 年第 1 期。

瓮棺葬 280 多座，前段约 240 座，后段仅 40 多座[1]。

（5）西安半坡：1954～1957 年发掘，发现合葬墓 2 座，单人墓 172 座，瓮棺葬 73 座。[2]其中绝大多数属半坡类型前段，少数如 M35、M102 等属半坡类型后段。

（6）铜川李家沟：1976～1977 年发掘，发现单人土坑墓 3 座，瓮棺葬 26 座，大致属于半坡类型后段[3]。

（7）商县紫荆：1977～1978 年发掘，发现合葬墓 2 座，单人土坑墓 15 座，瓮棺葬 7 座，大致属于半坡类型前段[4]。

（8）彬县下孟村：1959～1961 年发掘，发现瓮棺葬 8 座，其中 6 座有随葬品，大致属半坡类型前段[5]。

（9）宝鸡北首岭：1958～1960 年、1977～1978 年进行发掘，发现土坑墓 385 座，瓮棺葬 66 座，其中除 3 座土坑墓（一为 5 人合葬，二为单人葬）属老官台文化及个别瓮棺葬属仰韶后期者外，绝大多数是属于半坡类型的[6]。其中可大致定为半坡类型前段者有 90 座，后段者约有 87 座。

（10）华县涨村：1958 年试掘，发现土坑墓和瓮棺葬各 2 座，分别埋葬小孩和婴儿。均属半坡类型前段[7]。

（11）西乡何家湾：1980 年发掘，发现土坑墓 22 座，瓮棺葬 2 座，另有一个灰坑葬，均属半坡类型前段[8]。

---

〔1〕 西安半坡博物馆、临潼县文化馆：《1972 年春临潼姜寨遗址发掘简报》，《考古》1973 年第 3 期；西安半坡博物馆、临潼县文化馆 姜寨遗址发掘队：《陕西临潼姜寨遗址第二、三次发掘的主要收获》，《考古》1975 年第 5 期；西安半坡博物馆、临潼县文化馆：《临潼姜寨遗址第四至十一次发掘纪要》，《考古与文物》1980 年第 3 期。

〔2〕 中国科学院考古研究所、陕西省西安半坡博物馆：《西安半坡》，文物出版社，1963 年。

〔3〕 西安半坡博物馆：《铜川李家沟新石器时代遗址发掘报告》，《考古与文物》1984 年第 1 期。

〔4〕 商县图书馆、西安半坡博物馆、商洛地区图书馆：《陕西商县紫荆遗址发掘简报》，《考古与文物》1981 年第 3 期。

〔5〕 陕西省社会科学院考古研究所泾水队：《陕西邠县下孟村仰韶文化遗址续掘简报》，《考古》1962 年第 6 期。

〔6〕 中国社会科学院考古研究所：《宝鸡北首岭》，文物出版社，1983 年。

〔7〕 北京大学考古教研室华县报告编写组：《华县、渭南古代遗址调查与试掘》，《考古学报》1980 年第 3 期。

〔8〕 陕西省考古研究所汉水考古队：《陕西西乡何家湾新石器时代遗址首次发掘》，《考古与文物》1981 年第 4 期。

（12）甘肃秦安大地湾甲址：1978～1982 年发掘，发现土坑墓数十座，均为单人葬，属半坡类型后段[1]。

（13）秦安王家阴洼：1981 年发掘，发现合葬墓 3 座，单人土坑墓 57 座，瓮棺葬 3 座，均属半坡类型后段[2]。

除以上各处外，还有个别墓地虽已发掘而资料尚未发表；而已发表简报的资料也颇不全（如姜寨），因此难以做出精确的统计。粗略计算，现已发掘的半坡类型墓葬已达 1600 座以上，其中埋葬的死者接近 5000 人。

兹将各地墓葬统计如表一。其中属于半坡类型前段者有 880 余座，属后段者有 520 余座，难以确定分段者有 270 余座。

表一　半坡类型墓葬统计表

墓地 墓数 墓形 分段	前段		后段		时期未定			小计
	土坑墓	瓮棺葬	土坑墓	瓮棺葬	土坑墓	瓮棺葬	乱葬坑	
横　阵	11	5			1		1	18
元君庙	53		4					57
史　家			43					43
涨　村	2	2						4
姜　寨	180±	240±	180+	40+				640±
半　坡	168	73	6					247
李家沟			3	26				29
下孟村		8						8
北首岭	70	20	60	27	252	17		446
紫　荆	17	7						24
何家湾	22	2					1	25
大地湾甲			70+					70+
王家阴洼			60	3				63
小　计	523±	357±	426+	96+	253	17	2	1674±

---

〔1〕　甘肃省博物馆文物工作队：《甘肃秦安大地湾遗址 1978 至 1982 年发掘的主要收获》，《文物》1983 年第 11 期。

〔2〕　甘肃省博物馆大地湾发掘小组：《甘肃秦安王家阴洼仰韶文化遗址的发掘》，《考古与文物》1984 年第 2 期。

半坡类型的埋葬制度具有以下几个特点。

（1）成年和少儿流行土坑墓，且多有固定的公共墓地。

（2）婴儿流行瓮棺葬，一般分布在居住区边缘，少数分布于成年和少儿的公共墓地。

（3）绝大多数土坑墓头向西或向西北，反映当时各地方集团存在着共同的信仰。

（4）流行多人合葬和二次葬，在一些地方，实行这两种葬制的死者均占90%以上，另一些地方虽没有这样多，也仍然占有一定比例。

（5）流行用陶器随葬，在全部墓葬中，有将近2/3用陶器随葬，而用工具或装饰品随葬的仅1/10左右。其余约1/3强没有随葬品。

上述特点在各墓地并不是绝对一致的，例如在姜寨的居住区也有个别成人土坑墓，甚至有个别成人瓮棺葬。但就整体而言，上述五点仍然是半坡类型埋葬制度的鲜明特征。

由于各个墓地的情况仍有很大不同，而讨论半坡类型社会性质者又多将注意力集中于几处多人合葬制流行的墓地，所以我们也将从典型墓地的分析开始，然后对整个类型的埋葬制度及其所反映的社会制度进行考察。

二　横阵与元君庙

横阵与元君庙两地相距仅10余千米，其墓葬所处时期大体相同，除元君庙的M423等四座墓葬属半坡类型后段以外，其余都是属于前段的。据分析，横阵墓地可进一步划分为三小期，并与元君庙的三期具有相应的关系。

两处墓地的埋葬制度有许多相同或相近之处。

（1）成年和少儿葬于同一墓地，并往往葬于同一墓穴。而婴儿除个别例外，则用瓮棺葬于居住区边缘。元君庙没有发现瓮棺葬，是因为那里只发掘了墓葬区而没有发掘居住区的缘故。

（2）墓穴埋葬的先后均遵循从北到南、从东到西的顺序。

（3）头向一律朝西。

（4）两地都流行集体合葬，其合葬人数占墓地总人数之比在元君庙为92.5%，横阵为99.2%。

（5）两地又都流行二次葬，其人数占墓地总人数在元君庙为88.8%，横阵为99.2%。

（6）两地的随葬物品均以陶器为主，其中元君庙有陶器随葬的墓占总墓数的

86.8%，横阵占 70.8%。随葬陶器的组合也基本一致，横阵全部是钵、尖底瓶和夹砂罐，元君庙除这三种器物外，还有少量泥质罐、盆和细颈壶等。

两处墓地既属同一文化类型的同一时期，空间距离又很靠近，其埋葬制度相同或相近是很自然的。但两者也还存在着明显的差别。

（1）横阵有 3 座大坑套小坑的复式合葬墓，其中所埋死者占整个墓区的 70%以上，元君庙没有这种葬法。

（2）元君庙有人骨的 48 座墓中有 16 座为单人葬，占全部墓葬的 1/3。而横阵12 座墓中仅 1 座为单人葬，因没有随葬品，还不能肯定它是否一定属于半坡类型。

（3）元君庙的合葬墓中全为一次葬的有 2 座，全为二次葬的有 16 座，一次葬与二次葬合在一起的有 8 座，还有 2 座葬式不明。而横阵合葬墓中的死者全部都是二次葬。

（4）横阵墓地随葬品除 MⅡ1 有一陶锉、MⅡ2 有两件石斧外，其他全是随葬陶器，并且都是钵、尖底瓶和夹砂罐的组合。元君庙除有 46 座墓随葬陶器外，还有 11 座墓随葬工具，15 座墓随葬装饰品，3 座墓随葬猪牙床，1 座有鱼骨，1 座有鸟骨，显得比较多样化。而陶器组合除钵（碗）、尖底瓶和夹砂罐外，尚有少数墓随葬盆、泥质罐、盂、细颈壶和器盖等，不像横阵那样整齐。

由于横阵与元君庙的埋葬制度不尽相同，它们所反映的社会制度是相同的，还是也有一些差别，都需要分别进行具体分析。关于横阵墓地的埋葬制度及其所反映的社会制度，我已经有专文进行论述[1]，此处不再重复。至于元君庙墓地的埋葬制度所反映的社会制度，则以发掘报告《元君庙仰韶墓地》所论最为详细。此外还有一些讨论的文章[2]，我也曾对发掘报告进行了介绍和初步评论[3]。

---

〔1〕　严文明：《横阵墓地试析》，《文物与考古论集》，文物出版社，1986 年。

〔2〕　有关元君庙仰韶墓地的埋葬制度及其所反映的社会制度的讨论文章有下列各篇：李仰松：《佤族的葬俗对研究我国远古人类葬俗的一些启发》，《考古》1961 年第 7 期；方扬：《仰韶文化合葬习俗的几点补充解释》，《考古》1962 年第 3 期；吴汝祚：《从墓葬发掘来看仰韶文化的社会性质》，《考古》1961 年第 12 期；张忠培：《关于根据半坡类型的埋葬制度探讨仰韶文化社会制度问题的商榷》，《考古》1962 年第 7 期；夏之乾：《关于解释半坡类型墓葬制度的商榷》，《考古》1965 年第 11 期；张忠培：《元君庙墓地反映的社会组织初探》，《中国考古学会第一次年会论文集》，文物出版社，1979 年；伊竺：《关于元君庙、史家村仰韶墓地的讨论》，《考古》1985 年第 9 期；马洪路：《元君庙墓地的分期与布局——〈元君庙仰韶墓地〉商榷》，《中原文物》1985 年第 1 期；张忠培：《答〈元君庙仰韶墓地商榷〉》，《中原文物》1985 年第4 期。

〔3〕　严文明：《从埋葬制度探讨社会制度的有益尝试——〈元君庙仰韶墓地〉读后》，《史前研究》1984 年第 4 期。

在元君庙墓地的研究中，争议较大的是墓葬的排列是否有一定秩序，是否存在着六排和两个墓区。从墓葬平面图看，有些地方排列相当整齐，有些地方则比较凌乱，这是一个谁都能看得出来的表面现象。但任何墓地都是经历颇长的时期才形成的，元君庙也不例外。要对墓葬的排列有较深一层的认识，首先就要对墓葬进行分期。发掘报告用了不少篇幅讨论元君庙墓葬的分期，认为可以分为四组三期两段，共涉及 46 座墓葬。这一分期是从地层关系出发，并对随葬陶器进行类型学的分析后得出的，其可靠性是不用怀疑的。但我们同时要注意到下述情况：

（1）元君庙各期的时间并不很长，反映在陶器上的变化也不很大，要严格分辨难度很大。

（2）元君庙各墓陶器组合不如横阵那么整齐，使得少数墓的陶器在对比上发生困难。

（3）有些陶器的个体变异甚大，例如同被列入Ⅰc 的小口尖底瓶，其实包含了高口、矮口，鼓腹、瘦腹，绳纹面积大或小、斜或直等多种形态。

由于上述情况，自然不宜把元君庙墓葬的分期绝对化。发掘报告已经注意到这一点。在第 11 页中写道："第一组只有两座墓葬，且这两墓的随葬器物，或残缺，或缺乏其他共存的器物。因而，区分这组的标准器物，是否具有分期的意义，在元君庙仰韶墓地中，不能得到较为充分的检验。"又说"二、三期的分界，不如一、二期清楚"。因为"（一）三期的墓葬打破二期的墓葬只有一例；（二）区别两期的器物只有小口尖底瓶c 及盆两种；（三）弦纹罐 Bb、素面罐 Bb 及钵 Bc，虽是二期区别一期的器形，但在第三组（按应为三期之误）仍被继续使用；（四）钵Ac 虽不见于三期，但因它和钵 Bc 形制相似，故可能在第三期仍被使用；（五）如单从（三）、（四）两种情况考虑，第二期中未出小口尖底瓶的墓葬，是否一定早于第三期，尚不能断言。"既然如此，当然不应把报告中对每一墓葬所定期属都从绝对意义上去理解。反过来，我们又不应因此而对绝大多数墓葬分期的正确性发生怀疑，这应该是不言自明的。

根据发掘报告的分期，再来看看墓葬的排列，还是有的比较整齐，有的则不那么整齐（图一）。

第一期排列比较整齐的有三组：

（1）M457、M429，两墓在墓地最北头，紧密相靠，正南北排列，分别葬 3 人和 2 人。

（2）M453、M459、M458、M456、M455，五墓在南北一条直线上，彼此距离甚近，自成一独立单元。其中除 M459 外，分别埋 10 人、1 人、7 人和 4 人。M459是一座"空墓"，仅存颅顶骨、肩胛骨、肱骨、指骨、肋骨等碎片或残段。随葬器

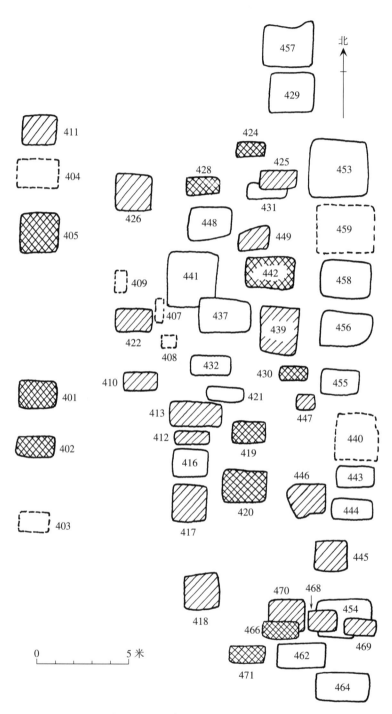

北

0　　　　　5 米

图一　元君庙墓地平面图

（一期为白地，二期为斜线，三期为网格，期属未定为边框虚线）

物只有钵、夹砂罐残片和 3 颗骨珠。根据这些残器无法确定其期属。但从该墓所在位置来看，很像是与其他四墓共属一组的，因而很可能是同属一期的。人骨与器物被破坏的原因不明。

（3）M440、M443、M444，这三墓相距甚近，并且在南北一条直线上，分别埋葬 11 人、2 人和 6 人。M440 略被破坏，随葬器物仅 Ba 钵、骨笄、蚌刀和蚌饰等。由于 Ba 钵三期都出，故难以定此墓的期属。但从其位置来看，很可能是同另两墓合为一组的。

第二期排列比较整齐的有两组。

（1）M469、M468、M470，三墓相距甚近，东西排成一条直线，这是唯一作东西排列的一组墓。M470 仅埋 1 人，M468 和 M469 人骨均已迁出。这几座墓同一期和三期的几座墓聚集在一起，位于整个墓地最南端，排列方式比较特殊，其中又有三座"空墓"，是很值得注意的。

（2）M413、M412，两墓靠近，南北排列，分别埋葬 2 人和 1 人。

第三期排列比较整齐的也有两组。

（1）M419、M420，南北排列，分别埋葬 1 人和 3 人。

（2）M401、M402、M403，南北排列，M401 为多人合葬，但人数难以查清，其余两墓分别埋 1 人和 4 人。其中 M403 遭严重破坏，未见随葬器物，仅据其位置推测可能与其余两墓合为一组。

严格地说，在元君庙墓地排列比较整齐且各自成组的，仅有上述 7 组 20 座墓，其中还有 3 座墓的期属无法确定，只是根据其位置来看可能分属于某一组墓罢了。其余半数以上的墓虽不甚整齐，也并非完全杂乱无章。就第一期来说，排列不甚整齐的墓多在西边自成一群，而东边的一群则为前述的第二、三组墓葬。南边的三墓或者自成一群，或者可归入东群；而北边的两墓自成一组，难以断定是否属于东群或西群。

第二期的墓也可大致分为东西两群，只是东群较凌乱而西群比较整齐。正如第一期一样，南边的三墓自成一组，较难归入东群或西群。

第三期的墓显然也可分为东西两群，同二期一样是东群较乱而西群较整齐。南边两墓自成一体，或可勉强归入东群。

有趣的是，第二期的东群在第一期的东群之西，第三期的东群则杂在第二期的东群之间而稍稍偏西。第一期北组两墓无法归群而恰在第二期东群之北。从整体看，这三群的发展自是由东而西，由北而南。又第二期的西群在第一期的西群以南和以西，第三期的西群又在第二期的西群以西和以南。这三群的发展自然也是从北往南，从东向西。由此可见，元君庙发掘报告所归纳的三期六排两个墓区的见解是基本正确的，只是有些"排"不大整齐，有些"排"又有些交错的情况。不如把排改称群。就每一期来说是两群，就整个墓地来说还是两群。而南边的一小群可能是一个独立单位，不必勉强地归入某一群。每群中都还可分组，只是有些墓成组，有些墓不成组。这样一种结构，究竟反映一种什么样的社会组织结构呢？

我们首先注意到那些成组的墓，它们很像横阵的复式合葬墓。一组墓就等于横阵一个复式合葬墓，每组中的单个合葬墓相当于横阵复式合葬墓中的合葬坑。其区别只有三点：一是元君庙墓葬没有外面的大套坑，二是元君庙有个别的一次葬而横阵复式合葬墓中没有，三是元君庙随葬器物不像横阵那么一致。但这些差别应属风俗习惯方面的东西，与它们各自所体现的社会制度没有多大关系。因此，横阵的复式合葬墓代表一个氏族在一定时期的死者，其中的合葬坑代表一个家族在一定时期的死者[1]；元君庙的每组墓及其中的单个墓也应分别代表一个氏族和家族在一定时期的死者。

现在难以断定的是，在同一墓群中，每一期的各组墓是同时埋葬的呢，还是先后埋葬的。因为每一期的时间虽然不会很长，总还是有一段时期，姑且说是几十年吧。人们可以过几十年集体埋一次，也可以在几十年中集体埋葬几次。目前我们还没有办法从器物上识别同期各组墓葬的早晚，所以这个问题暂时得不到解答。这牵涉每群墓所代表的社会组织的性质问题。假如各组墓是同时安葬的，说明每群墓代表了几个氏族（两个或三个），它本身应是更高一级的组织。假如各组墓是先后安葬的，说明每群墓仍是代表一个氏族，是一个氏族先后几次集体埋葬的结果。从各期墓组的数目和每组墓的数目均变化较大这一点来看，后一种的可能性较大一些。

现在进一步要探讨的问题，是那些较散乱的单个墓所代表的社会组织。鉴于有些墓埋葬了相当多的死者。如 M417 有 23 人，M426 有 25 人，很难想象这么多人只是一个家族在一定时期的死者，因为一个家族的人口是有限的。如果把它看成一个氏族在一定时期的死者则近是。但我们又没有任何证据说其他所有墓葬都代表一个氏族，其中埋葬的都是一个氏族在一定时期的死者。因为各墓埋葬的人数相差极为悬殊。最多的有 25 人，最少的只有 1 人，多数在 3～12 人之间。所以我们认为元君庙的单个墓有时是以氏族为单位埋葬，有时则是以家族为单位埋葬，这是与横阵有所不同的。

根据以上分析，元君庙的两群墓很可能是代表两个氏族的，是两个氏族在相

---

〔1〕　严文明：《横阵墓地试析》，《文物与考古论集》，文物出版社，1986 年。

当长时期内埋葬的结果。关于这两个氏族的关系，我们注意到以下情况。

（1）两墓群在不同时期的埋葬习俗略有不同，在第一期东墓群比较整齐而西墓群不甚规则，到第二、三期正好相反。

（2）两墓群十分贴近，只是在同一时期大体可分辨各自的墓域，时间长了两者的墓葬就发生交叉甚至相互打破的现象，说明二者的分割并不要求做得十分严格。这只有血缘较近，甚至本来就是由一个氏族分离出来的情况才比较容易理解。由两个氏族结成的更高一级的组织，亦即整个墓地所代表的社会组织，很可能是胞族而不是部落。

（3）墓葬形制最特殊的和随葬器物最多的都在东墓群中。例如东墓群第一期的 M458 仅埋葬一位 50 岁左右的男性老人，却挖了一个长 2.8、宽 2.1 米的大墓坑，坑中有二层台，满铺砾石，这是整个墓地中唯一讲究的做法。墓中随葬陶器 6件，远高于墓地中每人平均拥有的陶器数目。又如同墓群第三期的 M420 虽埋三人，却只有一位 30～40 岁的妇女，另两人是小孩。其中随葬陶器 21 件，尚有石球 5 颗、骨笄 2 根、骨珠 1147 粒、穿孔蚌饰和鱼骨各 1 件，大大超过了其他墓葬的随葬器物。西群墓葬中没有这样突出的情况。东群墓葬所代表的很可能是母亲氏族，那位 50 岁左右的男子和那位 30～40 岁的妇女很可能不但是东部氏族的首领，还是整个胞族的首领。

（4）墓地南部的一小群墓葬，位置上虽较接近于东群，但毕竟有一些距离，排列方法又有些特殊。它也许是东群所代表的氏族中特殊的一支，或者竟是第三个氏族的墓地，颇难断定，但即使属后一种情况，因它与两群墓地十分靠近，又没有像 M458 或 M420 那样首领式的墓葬，故应同东、西两群属于同一胞族。

三　史家墓地分析

史家墓地至今仅发表一个发掘简报，而研究和讨论的文章却已有多篇[1]，这些文章用不同的方法对它的分期或社会制度进行了探讨。所有文章在对史家墓地进行分期时，都是以发掘简报所定各类陶器式别为依据的。但简报所定陶器式

---

[1]　研究讨论史家村墓地分期或社会制度的文章有：张忠培：《史家村墓地的研究》，《考古学报》1981 年第 2 期；朱乃诚：《概率分析方法在考古学中的初步运用——以陕西渭南史家墓地的墓葬为分析对象》，《史前研究》1984 年第 1 期；陈铁梅：《多元分析方法应用于考古学中相对年代研究——兼论渭南史家墓地三种相对年代分期方案的比较》，《史前研究》1985 年第 3 期；伊竺：《关于元君庙、史家村仰韶墓地的讨论》，《考古》1985 年第 9 期；陈雍：《史家墓地再检讨》，《史前研究》1986 年第 3、4 期。

别不尽合理。例如同属Ⅰ式罐的 M28：3、M34：4 和 M26：1 形态各异，应分属于三个式别；而Ⅰ～Ⅲ式罐与Ⅳ～Ⅷ式罐本属两种性质不同、用途有别的器物，其中每种又有不同的发展系列，应再分型，而简报竟不加区别地列为同一器物的八个式别。这是导致分期难以准确的主要原因。

为便于分期研究，下面依据简报插图及文字说明对陶器型式略作整理。但因大部分器物没有插图或图版，而简报分式又有归并失当的地方，无法通过实物或插图予以纠正，所以这种整理的正确性也还是有限的。

史家的随葬陶器主要有钵、侈口罐、带盖罐和葫芦瓶四种，此外尚有少量碗、盂、细颈壶、小口平底瓶和瓮。具有分期意义的主要是前四种，细颈壶和小口平底瓶可作参照，而碗、盂、瓮各仅见于一座墓中，不具有分期的作用。

钵　均为圜底，可分四式。

Ⅰ式　即简报所定Ⅳ式钵。浅腹，腹壁弧度甚缓，个体较小，口径多在 20 厘米左右。简报所定Ⅰ式碗也应属本式，只是个体更小而已。

Ⅱ式　即简报所定Ⅲ式钵。腹略浅，腹壁弧度稍缓，个体中等，口径都在 25 厘米以下。

Ⅲ式　即简报所定Ⅱ式钵。腹稍深，腹壁弧度明显，口亦微敛，个体较大，口径多在 25 厘米左右。

Ⅳ式　即简报所定Ⅰ式钵。深腹，腹壁呈弧形，敛口，个体甚大，口径在 25 厘米以上。

以上各式钵所属墓葬的地层关系如下：

(1) M14（Ⅳ）→M24（Ⅲ）→M32（Ⅰ）→M15（Ⅱ）（→代表叠压或打破关系，下同）

(2) M17（Ⅳ）→M11（Ⅱ）→M10（Ⅰ）

(3) M3（Ⅱ）→M34（Ⅰ）

(4) M14（Ⅳ）→M31（Ⅰ）

(5) M16（Ⅳ）→M31（Ⅰ）

(6) M19（Ⅳ）→M32（Ⅰ）

(7) M19（Ⅳ）→M39（Ⅱ）

(8) M16（Ⅳ）→M18（Ⅲ）

(9) M29（Ⅳ）→M18（Ⅲ）

(10) M4（Ⅳ）→M38（Ⅲ）

这十组包括了不同式别陶钵的全部地层关系，除第 1 组 M32（Ⅰ）→M15（Ⅱ）颠倒外，均证明陶钵的发展序列应是Ⅰ→Ⅱ→Ⅲ→Ⅳ（→代表发展方向）。

带盖罐　罐体矮胖，有盖。分二型。

A 型　即简报的Ⅰ式罐。均为泥质红陶，有四纽。可分三式。

Ⅰ式　最大腹径下垂，纽位于中腹，如 M34：4，此器缺盖。

Ⅱ式　最大腹径居中，纽略上移，如 M26：1。

Ⅲ式　最大腹径偏上，纽亦偏高，如 M28：3。

由于 AⅠ式带盖罐与Ⅰ式钵共存（M34），AⅢ式带盖罐与Ⅳ式钵共存，可知Ⅰ式罐可能早于Ⅲ式罐。从逻辑发展序列来看，排式的顺序可能是 A 型罐发展的顺序。

B 型　即简报的Ⅱ、Ⅲ式罐。泥质红陶和夹砂红陶均有。可分二式。

Ⅰ式　即简报的Ⅱ式罐。直口、矮领、折腹，如 M4：1。

Ⅱ式　即简报的Ⅲ式罐。直口微敛、矮领、鼓腹，如 M11：2。

BⅠ式罐与Ⅰ式钵（M10）及Ⅳ式钵（M4、M17、M36）共存，M10 在地层上又是远早于 M17 的；BⅡ罐与Ⅱ式钵（M11）、Ⅲ式钵（M24）和Ⅳ式钵（M42）共存，在地层上 M11 早于 M10 而晚于 M17，早于 M24 的 M32 出Ⅰ式钵，M15 出Ⅱ式钵，晚于 M24 的 M14 出Ⅳ式钵。可见 BⅠ、BⅡ式罐早、晚地层均见，二者的发展序列不明。

侈口罐　即简报的Ⅳ～Ⅷ式罐。均为粗砂红陶，可分二型。

A 型　宽凹缘、折颈，可分三式。

Ⅰ式　即简报Ⅶ式罐。垂腹，饰弦纹，如 M11：1。

Ⅱ式　即简报Ⅵ式罐。瘦腹，饰绳纹或弦纹，如 M14：1。

Ⅲ式　即简报 V 式罐。鼓腹，有的饰绳纹。

从地层关系来看，出 AⅠ侈口罐的墓早于出 AⅡ式侈口罐的墓有四组：

（1）M5（Ⅱ）→M17（Ⅰ）→M11（Ⅰ）→M10（Ⅰ）

（2）M14（Ⅱ）→M32（Ⅰ）→M15（Ⅰ）

（3）M5（Ⅱ）→M30（Ⅱ）→M33（Ⅰ）

（4）M5（Ⅱ）→M30（Ⅱ）→M39（Ⅰ）

出 AⅠ式侈口罐的墓晚于出 AⅡ式侈口罐的墓有两组：

（1）M3（Ⅰ）→M34（Ⅱ）

（2）M4（Ⅰ）→M38（Ⅱ）

出 AⅠ式侈口罐的墓早于出 AⅢ式侈口罐的墓有两组：

（1）M19（Ⅲ）→M32（Ⅰ）

（2）M19（Ⅲ）→M39（Ⅰ）

出 AⅡ式侈口罐的墓早于出 AⅢ式侈口罐的墓有一组：

M16（Ⅲ）→M18（Ⅱ）

由此可见 AⅠ、AⅡ式侈口罐均早于 AⅢ式侈口罐，AⅠ式侈口罐基本上早于 AⅡ式侈口罐，但有一段时间交叉。若考察各式侈口罐与各式钵的共存情况，也能得到相似的结果。

B型　即简报Ⅷ式罐。卷缘曲颈，饰绳纹，仅 M24 和 M35 各出 1 件，分别与Ⅲ式钵和Ⅰ式钵共存。

葫芦瓶　简报中将葫芦瓶分为七式，其中有两式应为小口平底瓶，其余五式中有三式各仅 1 件，实际上主要是Ⅰ式和Ⅱ式。Ⅰ式口部伸长呈管状，下腹甚胖，而Ⅱ式上、下腹形状相似，只是上部较小。从形态上看很难判断二者是发展关系还是平行关系。从地层关系来看，出Ⅰ式瓶的墓打破出Ⅱ式瓶的墓有三组：

（1）M3（Ⅰ）→M2（Ⅱ）

（2）M11（Ⅰ）→M10（Ⅱ）

（3）M14（Ⅰ）→M31（Ⅱ）

出Ⅱ式瓶的墓打破出Ⅰ式瓶的墓有一组：

M19（Ⅱ）→M32（Ⅰ）

若考察二者与钵的共存情况，更是显得错综复杂。其中Ⅰ式瓶有时与Ⅰ式钵共存（M32），有时又与Ⅱ式钵（M3、M8、M11）、Ⅲ式钵（M23、M25）或Ⅳ式钵（M27、M28、M42）共存；Ⅱ式瓶有时与Ⅰ式钵共存（M10、M31、M37），有时也与Ⅱ式钵（M39）、Ⅲ式钵（M9、M38）或Ⅳ式钵（M4、M19）共存。所以这两式瓶应为两个平行发展的型，各自互有早晚，并应将其早晚变化的细节作为分式的根据。但由于简报没有发表全部器物的插图或照片，无法进行猜测。据此，我们最好将二者改称为型。

A型　敛口，下腹较小，上下两段交界处较圆缓。此型相当于简报Ⅱ式瓶，也应包括Ⅲ、Ⅳ、Ⅶ式瓶，其发展序列不甚清楚。

B型　口部上伸成管状，下腹较胖，上下两段交界明显。此型相当于简报Ⅰ式瓶。

小口平底瓶　形制略介于小口尖底瓶和葫芦瓶之间，与葫芦瓶的区别在于通体比较瘦长，多有双耳，且往往饰绳纹。分二式或二型。

Ⅰ式　即简报Ⅵ式瓶，口径较大，有双耳，如 M5：3。

Ⅱ式　即简报Ⅴ式瓶，口径较小，饰绳纹，有的有双耳，如 M22：1。

两式平底瓶之间没有直接的地层关系。

细颈壶　即大头细颈壶，简报所分三式大体是正确的。其中Ⅰ、Ⅱ式壶与Ⅱ式钵共存，Ⅱ、Ⅲ式壶与Ⅳ式钵共存，可知其发展顺序是从Ⅰ式到Ⅲ式，即从颈部较长到颈部较短。如果结合比史家更早的半坡类型前段的细颈壶颈部更长的情况来看，这一判断无疑是站得住脚的。

前面的分析大致可以说明，在史家墓葬的随葬陶器中，序列最清楚、同地层关系最相吻合的是钵，其次是 A 型侈口罐，细颈壶和 A 型带盖罐也可看出一些端倪。当指出的是，后者数目虽多，简报却通通归为一式，使大部分随葬这种罐的墓葬资料难以利用。

既然钵的序列最清楚，同地层关系最相吻合，而用钵随葬的墓葬又有 27 座，占史家全部墓葬的 62.8%，所以我们可以用钵的演变序列作为墓葬分期的首要根据，从而将 27 座墓分为四段：

第一段，出 I 式钵，A I 或 A II 式侈口罐，个别墓出 A I 式带盖罐，共有 5 墓：M10、M31、M32、M34、M37。

第二段，出 II 式钵，A I 式侈口罐，个别出 I、II 式细颈壶，共有 5 墓：M3、M8、M15、M11、M39。

第三段，出 III 式钵，A I、A II 或 A III 式侈口罐，共有 6 墓：M9、M18、M23、M24、M25、M38。

第四段，出 IV 式钵，A I、A II 或 A III 式侈口罐，个别墓出 II、III 式细颈壶和 A I 式带盖罐，共有 11 墓：M4、M14、M16、M17、M19、M21、M27、M28、M29、M36、M42。

从这一分段中，知道 A III 侈口罐只出于第三、四段，M12 出 A III 式侈口罐，大体可归入这两段之中；II 式平底瓶只与 IV 式钵共存，则出该瓶的 M22 也应划入第四段中。经过这样整理，涉及的墓葬仍只有 29 座。

考察地层关系，被第二段墓打破的还有 M2、M7、M40，它们应早于第二段或者大体同时；打破第三段墓的有 M1，应晚于第三段或大体同时；打破第四段墓的有 M5 和 M30，它们应晚于第四段或大体同时。

考虑到史家墓地分为四段的唯一根据是钵，若参考其他因素则最好分为两大段或两期，如 A 型带盖罐只能分前后两段，A III 式侈口罐是三、四两段共见的器物，细颈瓶也只能分为前后两段等。单纯根据地层关系分期的 6 座墓葬中，只有 2 座可确定属于四段或略晚，其余也只可分为前后两段。因此史家墓地的分期，在局限于简报所提供的资料范围内，只能大体上分为两期四段，第一期除第一、二两段的 10 座墓葬外，还应包括 M2、M7 和 M40，共 13 座墓葬；第二期除第三、四段的 17 座墓葬外，还应包括 M1、M5、M12、M22 和 M30，共有 22 座墓葬。无法进行分期的则有 M6、M13、M20、M26、M33、M35、M41 和 M43 共 8 座墓葬（图二）。

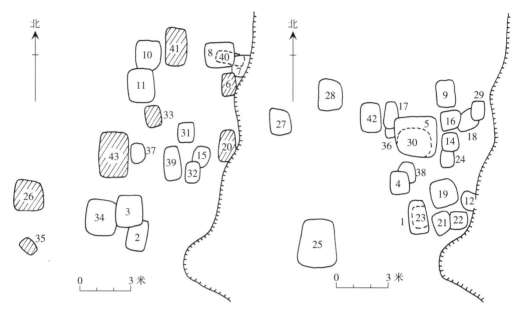

图二　史家墓葬分期平面图

（左为一期墓，有斜线者期属未定，右为二期墓）

在分期和分段的基础上考察墓地的布局，仅能看出较晚的墓有部分向南和向西扩展的倾向，这同横阵与元君庙自北向南、从东向西地安排墓葬的方式似有一些联系。但墓葬的排列远不如两处墓地那样整齐，既看不出一定的排列，也看不出可以明显区分的群体，分布的疏密程度也很不一致，这说明史家墓地仅能反映一级社会组织。

史家的绝大多数墓葬所埋人数在 11～32 人之间，最多的一墓可达 42 人（M43）乃至 51 人（M5），很难想象一个家族在一个不太长的时期能死这么多人，这样的规模至少应有氏族那样大的组织才有可能。这一点又同横阵一样，即以氏族为单位安排合葬墓，一座墓是一个氏族在一定时期内死者的葬所，整个墓地则是那个氏族在不同时期的死者先后埋葬的结果。当然我们也不排除个别情况是依家族安葬墓穴，一些少于 10 人的合葬墓的可能性也许更大一些，但这在史家不占重要位置。

也许有人会说，史家墓地既被分为两期四段，每一段的墓少则 5 座，多则 10 数座，如果每座墓代表一个氏族，那么同时期的 5 座乃至 10 数座墓不是应该代表更高层次的社会组织，例如胞族或部落吗？这里首先要明白每一期或每一段的墓只是同期或同段，而不一定是绝对同时。任何期、段都有一个时间幅度，很难想象这一期或段正是每两次集体合葬所需的时间。而关键的问题是史家墓地难以分排或分群，如果是存在着不同的氏族，总应该在墓葬的分布上反映出来。史家墓地的 43 座墓葬一共埋葬 730 人。从墓地布局来看，东边还应有一些墓葬塌毁了，故实际埋葬人数还要多一些。如果考虑到半坡类型的婴儿死者通常不埋在成年人墓地，而用瓮棺埋在居住区边缘，史家墓地所代表的氏族当也不会例外。在半坡、北首岭和姜寨一期，婴儿瓮棺葬占全部墓葬的比例分别是 38.2%、14.6% 和 58.9%，北首岭较少可能是居住区东临断崖，许多瓮棺葬塌毁了；姜寨较多可能是因有两片成人墓被现代村寨所压而使瓮棺葬比例相对提高。不论各墓地有何种特殊情况，当时的婴儿死亡率极高则是一个基本事实。这样，史家墓地死者除已发现的 730 人外，还要包括塌毁墓葬的人数及婴儿瓮棺葬的人数，总数便将超过 1000 人，这是很大一个数目。我在估算横阵墓地的死者总数时，曾指出如果包括婴儿在内当有 330 余人，并推算出当时一个氏族的人口当有 70～80 人或 80～90 人。史家人口的年龄结构与横阵相近，死亡率也应相近；史家墓地延续的时间当不会比横阵长过许多。由此推算史家氏族的经常性人口当有 200～300 人，远比横阵氏族的经常性人口为多。

与史家墓地时期相同，埋葬制度最接近的是姜寨二期墓地。这墓地又分上下两层，单是上层就有 140 多座墓葬，其中一次葬 15 座，二次葬近 130 座，其中绝大部分为多人合葬，最多的一墓有 70～80 人。无论从墓地的总人数还是一墓中埋人最多数都超过了史家墓地。它再一次说明合葬墓不应一律看作是以家族为单位的埋葬。像姜寨二期一墓埋葬 70～80 人的现象，甚至以氏族为单位都不够了。或许那是一个较大的胞族在一定时期内死者的一种集体埋葬。

四　半坡、北首岭和姜寨一期

半坡、北首岭和姜寨一期的墓葬有许多共同特征，如均以一次葬为主和以单人葬为主等，显然与横阵、元君庙和史家的葬俗大不相同，而它们又都是属于半坡类型的。

半坡共发现 250 座墓葬，很明显分为两个部分。婴儿多葬在居住区的边缘，成人（包括较大的小孩）则葬于围绕居住区的壕沟之外，形成整片的墓地。

成人墓葬主要分布于居住区的北边，东南部仅发掘少数探沟，也发现了一些墓葬。北边的墓葬，其东南界仅到Ⅲ区的西北部，往东往南经过发掘的大片地区都没有发现墓葬，可见半坡的墓地是分区的，至少有北边和东南边两个墓区。遗址的东边未经发掘，西边大片地区已经塌毁，不能断定这两边是否也曾有单独的墓区。

北边的墓区也保存不全，许多地方已被历年取土积肥所挖掉，从而难以估计一个墓区原有的墓数，只能说要比现已发现的约 170 座墓葬为多。在这个墓区内部，大体还可分出许多墓群。例如Ⅳ区西北角 152～159 号墓自成一群（这里的 162 号墓与居住区边缘的一个小孩墓重号，显然有误），其南边的 2～7 号墓及 42、47、48、68 号墓构成第二群，这群东部的 8、11、12、13～19 号等 19 座墓及 3 个瓮棺为第三群，再往东、往南又都可分为若干墓群。各墓群中墓葬排列的方式不尽一致。有的比较整齐，有的比较凌乱；比较整齐的中间有的南北成排，有的东西成列。这说明各墓群属于各个不同的集体，而每个集体有自己安排墓葬的方式。

由此可见，从半坡成年人墓葬的分布大体可以看出存在着三级社会组织。最基层的社会组织是以墓群为代表的，每个墓群包括几座或十几座墓葬。原始社会的家族往往有十几人到几十人。在一个不太长的时间内就可以死去几人到十几人。所以每个墓群可能是以家族为单位埋葬的，而由若干墓群所构成的墓区则可能是以氏族为单位来安排的。如前所说，半坡存在着不同的墓区，因此那里实际存在着比氏族更高一级的社会组织。这高一级的社会组织至少应是一个胞族。这一结论同我们对半坡村落房屋布局的研究结果是一致的[1]。

当然，半坡墓地形成的时间颇长，其中既包括大部分属于半坡类型前段的墓葬，也包括一些如 35、46、55、91、102、107 号等属于半坡类型后段的墓葬。几百年以后的人很难知道早先墓葬的确切位置，所以某些排列较乱的墓群中很可能包括一些不同时期的墓，甚至是不同家族的墓（假如时间隔得太久的话）。而一个家族在隔了很长时间以后也可以建立新的墓群。这样，我们就不能确切统计每一墓群中实际属于某一家族的墓数，更不能用这些墓数来估算每一家族的人口数。同样，我们也不能用现存的墓群数来估算某一氏族内实际存在的家族数目，不能根据现存的两个墓区来推测整个胞族所包含的氏族数目。在遗址已遭后期破坏，而发掘工作又远未做到全部揭露的情况下，做出那样精确的估算是不可能的。我们所能获得的信息只是当时存在着三级社会组织，并且按这三级社会组织来安排墓葬，正同按这三级社会组织来安排居住区的房屋建筑一样。

半坡有两座同性合葬墓，一座是 M38，埋葬 4 个女孩，年纪都很轻，约 14～15 岁，且都是一次葬；M39，埋葬 2 个男子，成年，也都是一次葬。两墓头均朝西，一南一北，并列埋葬。同穴安葬的原因，首先当是强调血亲关系紧密。但有紧密血亲关系的人甚多，唯独这两座墓采取合葬方式，可能还有友情甚深的一层原因。因为是一次葬，埋在同一墓中的人自然是同时或差不多是同时死的，这种

---

〔1〕　严文明：《仰韶房屋和聚落形态研究》，《仰韶文化研究》（增订本），文物出版社，2009 年。

概率本来就是很小的，差不多同岁的 4 个女孩子同时死亡的概率就更加微小。应当如何来解释这一现象呢？

假定同穴安葬首先是强调血亲关系的紧密，那么最紧密的血亲关系当是同父母所生的子女。一个母亲同时生 2 个男孩是可能的，同时生 4 个女孩就十分难得。而在当时生活十分艰苦的情况下，同时生 4 个女孩又都养活到 14～15 岁是绝对不可能的。不但不可能是一母所生，也不可能是在一家族范围内几个亲姐妹同时所生。只有在一个氏族范围内才能有这种偶然的巧合。而这在另一方面又无疑说明当时的氏族观念甚强，早先的群婚在亲族关系上带来的影响也不很弱。这就是把非一母所生的同辈兄弟姐妹都认作自己的亲兄弟姐妹，从而把她（他）们同穴安葬也就是理所当然的了。

半坡瓮棺葬的分布跟土坑墓一样也自成群落，一般是 3～5 个或 10 多个构成一群。例如在已经发掘过的北部居住区，紧贴大围沟就有四群。从东往西数第一群 3 个，第二群 11 个，第三群 5 个，第四群也是 5 个。往南一些，在房屋附近的空隙中也有若干群。从东往西，第一群在 F46 附近有 4 个，第二群在 F41 附近有 4 个，第三群在 F30 及其附近有 6 个，第四群在 F30 西北有 9 个，第五群在 F18 的地方有 4 个。这种分群当与所属的家族有联系，即一个家族在一定时期内死亡的婴儿往往集中地埋在一起。许多群瓮棺葬构成的大区当是属于高一级组织即氏族的。我们不知道在北部成人墓区中的几座瓮棺是否应与北部居住区内的各瓮棺群合为一个大瓮棺区，但在整个遗址东南部发现的两个瓮棺（请注意那里仅发掘了几条探沟）肯定是自成一区的，那尚未发掘的东区和已塌毁的西区说不定也曾经有过瓮棺。所以，瓮棺的分布所反映的社会组织同成人墓葬一样，也是三级：瓮棺群代表家族，瓮棺区代表氏族，几个区合为胞族或部落所有。

北首岭发现半坡类型的土坑墓葬约 380 座，瓮棺葬 60 余座。这个墓地延续时间较长，其中可大致定为半坡类型前段者约 90 座，后段者约 87 座。

所发现的墓葬主要分布于南区和东区，其中南区约 400 座；东区因濒临断崖，估计许多墓已随断崖的崩塌而毁掉了，余下的部分也并未全部挖完，仅发掘了 39 座，其中 3 座还是属于老官台文化的。

东区的 36 座墓葬都是属于半坡类型前段的。各墓本身也还略有早晚之别，所以形成相当复杂的打破关系。有的墓虽有叠压打破关系，但方向、位置和排列基本不变，应是属于同一集体先后埋葬的墓葬。有些墓则属于不同的排列。如西北向的墓葬，77T2 中的 12、18、19 及稍后的 1、17 等墓应属第一排，78T5 中的 2、3、6～8、17～19 等墓应属第二排，10、14、15 等应属第三排（此探方中另有一 15 号墓，重号，有误）。另外还有一些不成排的，或东北方向的。不同排的墓葬很可能是属于不同家族的，这是从墓区中所能观察到的最基层社会组织。

南区的墓因前后段都有，延续的时间特别长，而绝大多数又未做出墓圹，故不易辨认墓群，但也不是没有一点迹象。例如从 T60 的 M334 向东北直至 T31 的 M103 有 10 多座墓，头均向西北，排成较整齐的一排，T42 和 T62 的墓也多头向西北，自成群体。T33 的墓特别密集，头向北方，自成一群。T52 有几座墓头向正西，排成一列。从 T39 的 M164 到 T40 的 M285，头均正西，南北成一排，其中的 M283 和 M285 为二人合葬，显然也是一个单独的墓群。

可见，从北首岭墓葬的分布状况来看，也和半坡一样，反映当时存在着三级社会组织。这同对居住区房屋布局的分析是一致的。

不同墓区或墓群的葬制和随葬品的情况不尽相同。一般地说，东区的墓葬较讲究。墓坑清楚，有的有二层台（如 78M2），有的有板灰（77M1、77M4、77M17、78M7、78M18 等），有的有席痕（77M1、78M16 等）。随葬器物丰富，在 35 座单人葬墓中，平均随葬陶器 5 件，同时还有大量骨器和部分石器、蚌器、牙器等。其中 77M4 有陶器 8 件，骨镞 86 件，石斧、磨石、骨器各 1 件，陶罐中还放了两只鸡；77M8 有陶器 11 件，骨镞 42 件，骨珠 176 粒，牙饰和石饰各 1 件。仅极个别的墓没有随葬品。南区的墓葬绝大多数墓圹不清楚，没有葬具痕迹，随葬器物也很少。336 座单人"土坑墓"仅随葬陶器 438 件，平均每人仅得 1.3 件，其中半数以上的墓一件也没有。

在同一墓区中，各墓群的随葬器物也有差别。例如 77T2 中墓 4、8、11 的一群头向东北，器物最丰富，平均每墓有陶器 8.3 件，骨镞 52 件，还有许多骨珠、石斧、磨石、石饰、牙饰等。而 78T5 墓 2、3、6 ~ 8、15 ~ 18 的一群随葬器物就比较少，平均每人（M16 有 2 人）陶器 5 件，其他骨器等均甚少。在南区各墓群中，有些群多数墓有一定数量的随葬品，有些群无一墓有随葬品。如 T32 的一群墓就没有一座有随葬品。

上述情况说明，各氏族的经济状况是有差别的，同一氏族内各家族的经济状况也是有差别的。只是这种差别还不悬殊，还没有构成显著的贫富分化罢了。

北首岭有 13 座合葬墓，其中 11 座为二人合葬，仅 77M12 经年龄、性别鉴定，知为男性合葬，年岁分别为 50 岁以上的老人和 30 ~ 40 岁的成年。2 座为三人合葬，其中 77M6 经鉴定也是男性合葬，甲为 50 岁左右的老人，一次葬；乙为 40 岁左右的成年人，可能属男性，一次葬；丙为 50 岁左右的老人，二次葬。这些合葬墓所代表的意义应与半坡合葬墓接近，唯一不同的是北首岭 77M6 为大坑套小坑的埋葬，在大墓坑内，三人又各有一小墓坑。也许三人各属一个家族，因在生时特别亲近而要求合葬于一墓，只是一人先死，另两人后来同时死后才把另一人的骨殖搬来同葬。

北首岭的瓮棺葬有 66 座，其中绝大部分应埋葬婴儿。但也有个别例外，如 M131 即埋一位 30 多岁的女人。这些瓮棺葬的葬具大部分为 II 式钵和 V 式鼓腹小平底罐相扣合。两种器物都属于北首岭中期后段，也就是半坡类型的后段，所以大部分瓮棺的年代是较晚的。

瓮棺葬的分布，基本上都在成年人墓区内，这看起来与半坡有所不同。但北首岭居住区的发掘多半没有达到最边缘的地方，不能排除在居住区边缘也还存在瓮棺葬的可能。在墓区内，大体是土坑墓分布最集中的地方瓮棺葬较少，反之则稍多。瓮棺墓本身的分布比较分散，但也有集合成群的。例如 T81 及其附近就有 6 座瓮棺葬，T52 也有 4 座瓮棺葬集中在一起。

与北首岭葬俗相近的姜寨一期发现墓葬约 420 座，其中土坑墓约 180 座，瓮棺葬约 240 座[1]。

土坑墓有三个墓区，甲区在居住区东北，有 53 座；乙区在居住区正东，有 53 座；丙区在居住区东南，有 51 座。其余在居住区内还有一些零星墓葬。甲墓区与乙墓区之间相距约 40 米，乙墓区与丙墓区之间相距约 20 米。鉴于姜寨的土坑墓埋葬人数尚不及瓮棺葬的人数，其成年死者的比例远低于同属半坡类型，且埋葬制度也基本相同于半坡和北首岭，所以我们推测姜寨居住区北边和西北边还应有两个墓区。这样不但会使土坑墓和瓮棺墓的比例趋于合理，而且墓葬的分区和房屋的分组也能互相对应起来。

从姜寨"一期主要遗迹分布图"中[2]，大致可以看出在每一墓区中的墓葬还可分群。但这个分布图中的墓数少于历次统计的墓数，一些墓葬的方向和位置又明显与第一次发掘简报所公布的平面图不相符合[3]，所以在利用这个图时只能给我们一个大致的概念，而不大可能做精确的分析。

甲区墓葬至少可分成三群或四群，西北的 M158 等 4 墓为一群，M142 以北为一群，M148 西南为一大群。其最南边的 M270 等 4 墓也许又是一群，它的南边应还有一些没有发掘完毕。

乙区墓葬至少可分成三群，最北的 M44 等 4 墓为一群，M40 等 11 墓为一群，

---

〔1〕　姜寨一期墓葬的各种统计数字是根据前后发表的三个简报统计出来的，有些地方有矛盾，可能有误，最后数字当以将要发表的正式报告为准。

〔2〕　西安半坡博物馆、临潼县文化馆：《临潼姜寨遗址第四至十一次发掘纪要》，《考古与文物》1980 年第 3 期，图五。

〔3〕　西安半坡博物馆、临潼县文化馆：《1972 年春临潼姜寨遗址发掘简报》，《考古》1973 年第 3 期，图四。

二者中被一些瓮棺墓所隔开。M12 以南是一大群，其中也许还可分为两小群。

丙区墓葬也可分为三群，西北 M92 等 5 墓为一群，东北 M276 等 12 墓为一群，西南 M117 等为一大群。

由此看来，姜寨的土坑墓分布反映出当时存在三级社会组织，最小的墓群应是以家族为单位的，是一个家族在一定时期的死者；墓区当为氏族墓地，而几个墓区合成的整个墓地则至少是由胞族来组织的。

姜寨一期有两座合葬墓，其中 M1 为 9 人二次合葬，M36 为 2 人二次合葬。M1 的 9 人中经鉴定的 7 人全是男性，且均为中、老年，很可能是一座同性合葬墓。

姜寨一期的瓮棺墓绝大部分是埋婴儿的，仅个别的放成人二次葬的骨骼。大部分瓮棺葬分布于居住区的边缘或房屋的空隙中，很少一部分分布于成人墓区内。

居住区瓮棺葬的分布是以房屋的分组为单位的，而每组房屋附近又有若干瓮棺葬群。例如在居住区正东的甲组房屋附近即有四个瓮棺葬群，F1 北边的 W26 等 4 座为第一群，F13 北边的 W69 等 7 座为第二群，F24 东北边的 W57 等 13 座为第三群，F29 北边及东北边的 W91 等 4 座为第四群。其他四组房屋附近也都有类似的情况。

在成人墓地的瓮棺葬是以墓区为单位分布的，每一墓区内又可分为不同的瓮棺葬群。东北的甲墓区没有发现瓮棺葬，可能与该墓区没有发掘完毕有关。

由此可见，姜寨一期的瓮棺葬也可反映出三级社会组织：瓮棺葬群可能是以家族为单位形成的，每一组房屋附近或每一墓区内的瓮棺葬可能是以氏族为单位形成的，而整个姜寨一期的瓮棺葬当是一个胞族所有的埋葬。

这样，姜寨一期无论从成年人墓葬的分布还是从以婴儿为主的瓮棺葬的分布来看，它们所反映的社会组织结构不但与房屋布局所反映的社会组织结构相一致，也与半坡和北首岭的墓葬与房屋布局所反映的社会组织结构相一致。

五　埋葬制度的分区与文化分区

如前所述，半坡类型的埋葬制度有许多自身的特点，这些特点是各个墓地所共同存在，而区别于仰韶文化其他类型的埋葬制度的。现在我们则要着重考察半坡类型内部各墓地在埋葬制度上的差别，这一点在分析横阵、元君庙与史家，以及半坡、北首岭与姜寨一期的埋葬制度时已经初步接触到一些了。实际上，半坡类型的其他一些墓地，如甘肃秦安大地湾甲址和王家阴洼等的埋葬制度也都有自己的特色。而且我们发现，半坡类型埋葬制度的差别主要表现为地区性的，表现

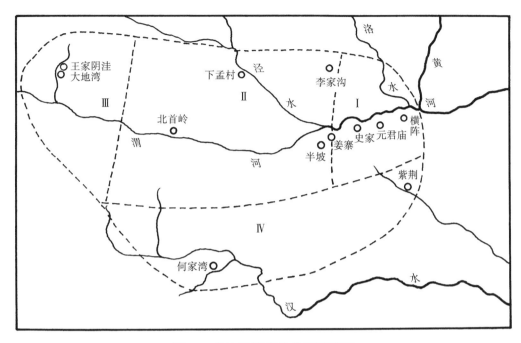

图三　半坡类型墓地分区示意图

Ⅰ. 陕东区　Ⅱ. 泾渭区　Ⅲ. 陇东区　Ⅳ. 陕南区

为时期性的因素则甚少。张忠培同志曾经注意及此，并且认为这种葬俗在地区上的区别，乃是那时氏族部落的习俗有所差异的反映[1]。

通观半坡类型的埋葬制度，大体可以分为四个区域（图三）。

陕东区：或称渭河下游区，在泾水入渭以东的一片地方，包括华阴横阵、华县元君庙和涨村、渭南史家、临潼姜寨二期等墓地。

泾渭区：在渭河中游，泾水和渭河之间的地区，包括临潼姜寨一期、西安半坡和宝鸡北首岭等墓地，铜川李家沟也可能属于这一区域。

陇东区：包括渭河上游的地区，有秦安大地湾甲址和王家阴洼等墓地。

陕南区：主要是秦岭以南的汉水上游一带，包括西乡何家湾和商县紫荆等地。

陕东区和泾渭区的差别是十分明显的。大体说来，可以归纳为以下几点。

（1）陕东区以合葬墓为主，合葬墓至少占总墓数的 2/3 以上。若以埋葬人数计算，则合葬者可达 90% 乃至 99% 以上；而泾渭区虽有合葬墓，其数甚少，往往不足总墓数的 5%；若按人数计算，大多也不过 10% 以下，最多不超过 20%。

（2）陕东区的合葬墓多是男女老少的集体合葬，同时有个别的同性合葬；泾

---

〔1〕　张忠培：《史家村墓地的研究》，《考古学报》1981 年第 2 期，154 页。

渭区已鉴定性别的几座墓都是同性合葬。

（3）陕东区以二次葬为主，其人数往往在90％以上，少数一次葬者为仰身直肢葬；泾渭区以一次葬者为主，按人数计算往往在80％以上，其葬式除仰身直肢葬外，还有少量的俯身葬和屈肢葬，而二次葬者往往不足10％或者稍多一点。兹将两个区域的合葬与单人葬、二次葬与一次葬的情况统计如表二，读者可以很明显地看到两个区域埋葬制度的不同。

（4）陕东区成人墓地中未见瓮棺葬，估计瓮棺都分布于居住区边缘；而泾渭区除大部分瓮棺在居住区外，在成人墓地中或多或少也有一些，且有个别成年人的瓮棺葬。

表二　泾渭区和陕东区墓葬统计表

区　　域	泾　　渭　　区				陕　　东　　区			
墓地	北首岭	半坡	姜寨一期	小计	史家	元君庙	横阵	小计
统计墓数	377	118	46	541	43	48	12	103
单人葬墓数	364	116	44	524	3	16	1	20
百分比（％）	96.6	98.3	95.7	96.9	7.0	33.3	8.3	19.4
合葬墓数	13	2	2	17	40	32	11	83
百分比（％）	3.4	1.7	4.3	3.1	93.0	66.7	91.7	80.6
统计人数	364	122	55	541	730	214	127	1071
单人葬人数	336	116	44	496	3	16	1	20
百分比（％）	92.3	95.1	80.0	91.7	0.4	7.5	0.8	1.9
合葬人数	28	6	11	45	727	198	126	1051
百分比（％）	7.7	4.9	20.0	8.3	99.6	92.5	99.2	98.1
一次葬人数	318	117	38	473	3	24	1	28
百分比（％）	87.4	95.9	69.1	87.4	0.4	11.2	0.8	2.6
二次葬人数	46	5	17	68	727	190	126	1043
百分比（％）	12.6	4.1	30.9	12.6	99.6	88.8	99.2	97.4

说明：（1）凡墓葬扰乱过甚，人骨数目不清者未予统计，故统计墓数少于实有墓数；（2）姜寨一期仅统计1~3次发掘资料。

（5）陕东区墓葬除少数经后期破坏者外，一般都有随葬品，其中绝大部分为陶器。在合葬墓中往往许多人共用一套或几套器物，难以分辨个人所有；而泾渭区仅半数稍多一点的土坑墓有随葬品，因绝大多数为单人墓，所属主人明确，但不一定都是私有财产。

上述陕东区和泾渭区埋葬制度的区别，不仅在半坡类型前段是这样，而且到半坡类型后段也是这样。因为陕东区横阵和元君庙属半坡类型前段，是以合葬和二次葬为主的；史家和元君庙的 M423 等四座墓葬属半坡类型后段，也是以合葬和二次葬为主，只是合葬的规模更大一些，墓葬的排列更缺乏秩序罢了。在泾渭区的北首岭和半坡墓地都包括半坡类型的前段和后段，都以单人葬和一次葬为主，埋葬制度并无多大差别。所以前面概括的五点差别乃是地区性的而非时代性的。

这问题在姜寨发生了矛盾。因为姜寨一期是以一次葬和单人葬为主的，其他特征也都同泾渭区的半坡、北首岭墓地一致；而姜寨二期则以合葬和二次葬为主，基本特征与陕东区的史家墓地相同。这好像是一个例外，本来是地区性的差别到姜寨却成了时期性的差别了。但我们注意到姜寨正好处在陕东区和泾渭区的交界线上，而区间的分界原本不是不可改变的。很可能姜寨在一期时即在半坡类型前段时属泾渭区，它的居民同泾渭区其他聚落的居民有较亲的关系，因而有基本相同的埋葬制度。到了半坡类型后段，陕东区的居民向西扩展，占领了姜寨这块地方，因此姜寨二期的埋葬制度就表现为陕东区的特点。假如不是这样解释，姜寨二期的居民成了姜寨一期居民的后裔，那么他（她）们把墓葬埋到姜寨一期村落的中心就是很难理解的了。只有姜寨二期的居民本来属陕东区，在向西扩展时赶跑了姜寨原有的居民并加以占领，才可能干出那样的事来。这样表面上看来是矛盾的现象也就得到了适当的说明。

陇东区的埋葬习俗比较接近于泾渭区，也是以单人葬和一次葬为主。例如王家阴洼的 60 座墓葬中，合葬墓 3 座，仅占总数的 5%，二次葬 9 人，也仅占总人数的 14.3%，而单人葬墓和一次葬人数则分别占总墓数的 95% 和总人数的 85.7%。但王家阴洼埋葬制度的最大特点是在墓坑旁单挖小坑随葬器物。器物坑有的与墓坑相连，如 M45；有的则紧靠墓坑而又明显分开，如 M51（图四）。大地湾甲址的墓葬如 M215、M216 等也是这样。因此，在墓坑旁单挖器物坑成了陇东区埋葬习俗的共同特点，而在半坡类型的其他区域中，都见不到这样的埋葬方式。

王家阴洼的墓葬很明显地分为两区。西北墓区有土坑葬 30 座，头朝东南，另有 2 座瓮棺葬；东南墓区也有土坑墓 30 座，头朝东北，另有 1 座瓮棺葬。在墓区内大致可分为不同的墓群，如东南墓区的 M37 及其以东共 7 墓构成一群，其余墓葬可能是一群或两群；西北墓区的墓葬呈东北—西南的排列，大致可分三群或四

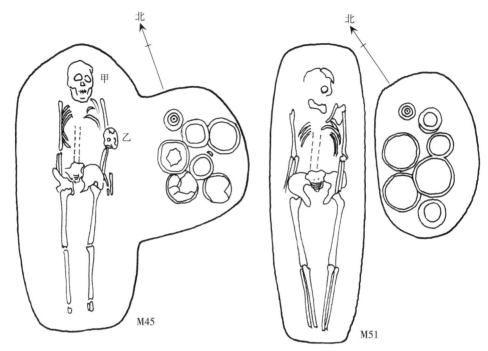

图四　王家阴洼墓葬平面图

群（图五）。同此前在半坡、北首岭和姜寨一期所观察到的情况一样，这里也存在着三级社会组织：墓群是家族在一定时期死者的埋葬，墓区是以氏族为单位的埋葬，而整个墓地则代表更高一级的社会组织。考虑到两个墓区头向截然不同，埋葬制度有所区别，也许不属于一个胞族而是两个对婚氏族，则整个墓地就应代表一个小型部落了。

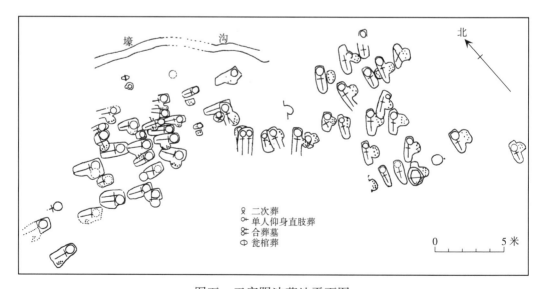

图五　王家阴洼墓地平面图

陕南区目前还只发掘了西乡何家湾和商县紫荆等少数几处半坡类型的墓地，且都只进行了局部的发掘，墓地的全貌及布局不得而知。不过从少数墓葬来看，其埋葬习俗仍有一定特点。例如身上涂朱并随葬赤色研磨器，有的墓上压许多石头，有的瓮棺葬附近殉狗。紫荆 W1 等 4 座瓮棺附近即殉葬狗骨 4 具。在随葬品中有较多的生产工具（石斧、石铲、石锛、石凿、石镞、石刮削器、骨锥、骨匕、骨针、骨镞等）及装饰品（绿松石饰、骨管、骨饰、牙饰、石丸等），有不少人骨手部执兽类（野猪?）獠牙。而陶器相对较少，其组合多钵、罐，仅个别随葬尖底瓶。由于紫荆与何家湾相距较远，二者也还有一些区别。如紫荆有合葬墓而何家湾未见，紫荆瓮棺葬附近用狗殉葬的情况也不见于何家湾。何家湾一般墓均有随葬品而紫荆仅个别墓有随葬品等。这种差别，有的可能是资料不够充分而带来的片面性现象，有的则应是一种地方性差别，正如陕东区、泾渭区等内部也还存在一定的地方性差别一样。

埋葬制度是文化因素的重要部分，埋葬制度的特点在很大程度上反映着考古学文化的特点。但埋葬制度不是文化的全部，它常常反映现实生活，但又不是现实生活的简单复制。所以要了解埋葬制度本身的特点及其分区的全部意义，就必须结合其他文化因素进行全面的分析。

半坡类型的聚落形态，就目前已发现的几个较完整的遗址来说，都是凝聚式和内向式的，居住区、生产区、丧葬区既有明确界线，又都紧密地结合在一起。与此同时，差不多每个遗址的具体细节又都有一些不同的情况，难以做分区性的归纳。至于房屋形态，则可明显地分为两区。渭河下游的半坡、姜寨与李家沟都是方形与圆形房屋并重，方形房屋的灶坑多作圆形浅坑，很少有火种罐，室内有时有土床；渭河中上游的下孟村、北首岭和大地湾甲址等处基本上没有圆形房屋，即使有个别的圆形房屋，其结构也与半坡、姜寨者大不相同。方形房屋一般为瓢形灶，有火种罐，室内极少有土床设施。两区的界线同墓葬的陕东区与泾渭区之间的界线接近而又不完全相同。按照埋葬制度，姜寨一期和半坡属泾渭区，仅姜寨二期属陕东区；而按房屋形态则属于渭河下游区。至于按房屋形态仅能分出两区，可能存在两方面的原因。一是陕东、陕南很少发现房子，已知的少数房子又多残破，难以从形态上进行比较，无法判断是否应分为新的区域；二是房屋形态本身的变化不如埋葬制度那么复杂，因而很难从形态上分出更多的区域。

从陶器来看，各地也仅有细微的区别。大体上说来，陕南尖底瓶较少，罐多瘦腹，且多饰绳纹，彩陶甚少。陕东前段多尖底瓶，后段尖底瓶渐少，出现小口平底瓶及葫芦瓶，墓葬中更以葫芦瓶代替尖底瓶，陶罐多绳纹和弦纹，多鼓腹，另有一种剔刺纹泥质矮胖罐颇富特色。泾渭区彩陶稍多，鱼纹和人面纹常见，绳纹瓮发达，罐多曲腹与瘦腹者。陇东区彩陶最多，鱼纹特别发达，有许多圜底或近圜底器，尖底瓶和带盖矮胖罐较少。总之，陶器的分区大体上与埋葬制度的分区相当，但也没有埋葬制度表现得那么明显。至于生产工具和装饰品，各地的差别就更小了。

造成上述情况的原因，首先在于有共同的文化传统，同时人们生活于现实世界中，免不了要相互接触，在文化上自然要相互借鉴和相互影响，从而在很大区域内诸文化因素都很相似。埋葬制度涉及人们的宗教信仰和历史传统，故最富保守性，因而也最能反映出不同集团的文化特色。我们注意到在每一区域内的埋葬制度仍有不同，例如陕东区同属半坡类型前段的横阵和元君庙就有所不同；泾渭区的半坡与姜寨一期也有差别。因此以埋葬制度的分区为基础，同时考虑房屋遗迹和陶器等方面的因素，便能将半坡类型分为五个文化分区，即陕东区、泾渭东区、泾渭西区、陇东区和陕南区。

六　半坡类型的社会

考察一个考古学文化类型的社会，除了要对它的聚落形态和埋葬制度进行研究外，还必须对它赖以生存和发展的经济活动，特别是当时的生产力的性质和发展水平进行分析，才能获得比较清晰的认识。

一般认为，半坡类型的经济是以原始旱地农业为主，兼营养畜业、狩猎、捕鱼、采集以及各种手工业生产。种植的农作物主要是粟，其次是黍，也种芥菜等蔬菜。饲养的家畜主要是猪，其次是狗和黄牛，家禽有鸡。猪的大量饲养应与农业生产较为发达有关。从现有的一些资料来分析，很难了解当时的农业、养畜业、狩猎、捕鱼和采集等各自能提供多大比例的食物和其他生活资料，但我们可以通过对生产工具的分析获得一个大致的印象。

在半坡类型各遗址的生产工具中，以半坡遗址出土最多，但该遗址同时有仰韶第二期（半坡中期）和仰韶第三期（半坡晚期）的遗存，后者占有相当大的比例，发掘报告统计生产工具时未加区别，故这批材料难以利用。北首岭的资料也是比较丰富的，那里除半坡类型的遗存外，也还有老官台文化（北首岭早期）和比半坡类型更晚的遗存（北首岭晚期），发掘报告在统计生产工具时也没有加以区别。不过后两种遗存在北首岭均只占极小比例，混在一起固然不好，但也不会严重影响半坡类型生产工具的基本面貌，故在此仍然引用。加上比较单纯的史家、横阵和何家湾的材料，就可对半坡类型生产工具的大致情况有所了解。兹统计如表三。

表三　半坡类型出土工具统计表

遗址 \ 类别数目	石器													骨角器				陶器			
	铲	斧	锛	凿	刀	网坠	砍砸器	锄	磨盘	磨棒	研磨器	砺石	小计	铲	锥	镞	小计	刀	锉	纺轮	小计
横阵		16	6						1		1	11	35		25	7	32	15	25	6	46
史家	7	2					7		2			1	19	1	2		3		8		8
北首岭	33	63	28	12	4	6	52		10	14	3	28	256	146		80	226	1	467		468
何家湾	3	44	19	5		23	70	5		3	1		184	20	22	18	60				
小计	43	125	53	17	4	29	129	5	28	17	4	40	494	167	49	105	321	16	500	6	522

说明：（1）砍砸器在有的报告中称砍伐器或敲砸器，实是同物异名；（2）史家有个别尖状器和刮削器，北首岭有个别角锄、角矛，何家湾有个别石矛未予统计。

从表三的统计来看，石器占绝对优势，其次是骨角器，再次才是陶器。后者绝对数值之大主要是北首岭陶锉特多，这种器物容易制造又容易损坏，故遗址中发现数量虽多并不说明现实生活中使用这种工具最多，更不说明它在生产中起着最重要的作用。

表三中的农具或者可作农具使用的主要有石铲、石锄、石刀、骨铲和陶刀，还有加工粮食的石磨盘和石磨棒。其中有些器物并不一定只用于农业，如石铲的主要用途是挖土，造半地穴式房子、挖窖穴、壕沟乃至墓葬都用得着，有的窖穴壁上还遗留有铲掘的痕迹，但不可否认也可以用于翻地。其他几种器具用于农业的成分可能还多一些。像这样数量较多，种类配套，包括耕种、收割和粮食加工各道工序都已有适当的器具的情况，应能说明原始农业在当时的确已占重要地位，甚至已是生活资料的主要来源。

表三中的狩猎工具主要是骨镞，捕鱼工具主要是网坠，数量均不算多，后者在横阵和史家均未发现。相形之下，狩猎和捕鱼在经济生活中的比重比起农业来要小得多了。人们往往用半坡类型的彩陶中鱼纹甚多一事来证明那时捕鱼业的发达。但彩陶花纹是一种艺术，它固然是来源于生活，即人们能够看到鱼、喜爱鱼甚至捕鱼、吃鱼，从而才可能在艺术上再现鱼的形象。但我们绝不可以仅仅根据鱼纹较多就断定当时渔业生产最发达。艺术有自己的规律，它对于生活的反映总是有选择的。正如我们不能因为彩陶花纹中没有农业生产的主题就断定当时不存在农业生产一样，我们也不能因为某种花纹较多就认为现实生活中某种生产部门最为重要。何况半坡类型分布的范围乃是半干旱的黄土地带，纵令有一些河流，

也不能使渔业生产成为整个类型的主要生产部门。

　　以往在论述半坡类型的社会性质时，常常利用墓葬中随葬工具的情况，来说明男女在生产中发挥着不同的作用，从而影响两性在社会上的地位。这里应该注意的是，埋葬制度不但受制于现实生活，同时受制于历史文化传统和宗教信仰。它在一定程度上能够反映现实的社会关系，又不完全是现实社会的简单复写。为了进一步说明这个问题，我们把半坡类型主要墓地随葬品的情况统计如表四。

表四　半坡类型随葬品分类统计

墓地	北首岭	半坡	姜寨	史家	元君庙	横阵	何家湾	小计
统计墓数	382	118	33	43	53	24	22	675
随葬陶器墓数	222	73	24	37	46	17	12	431
百分比（%）	58.1	61.9	72.7	86.0	86.8	70.8	54.5	63.9
随葬工具墓数	33	2	14	2	11	2	9	73
百分比（%）	8.6	1.7	42.4	4.7	20.8	8.3	40.9	10.8
随葬装饰品墓数	41	10 +	4		15		2	72 +
百分比（%）	10.7	8.5 +	12.1		28.3		9.1	10.7 +
随葬食物墓数	7				2		1	10
百分比（%）	1.8				3.8		4.5	1.5
随葬猪牙床墓数					3			3
百分比（%）					5.7			0.4
无随葬品墓数	160	45	6	5	7	7	6	236
百分比（%）	41.9	38.1	18.2	11.6	13.2	29.2	27.3	35.0

　　说明：（1）横阵复式合葬墓以小合葬坑为单位计算；（2）姜寨仅统计第一次发掘的墓葬。

　　从各墓地随葬品的粗略统计中可以看出，当时人们关心死者在另一世界的生活，所以把现实世界生活中所需要的生产工具、生活用具、装饰品乃至粮食、肉类都给死者随葬，以满足他（她）们在另一世界生活的需要。但这种用什物随葬的举动似乎主要体现为对死者的关心、敬爱和慰藉，而不像是一种必须遵守的制度。因为从统计数字来看，还有35%的墓葬没有随葬品，其中除某些特殊情况者（如凶死）以外，绝大多数在墓坑排列、墓葬结构和人体葬式等几个方面都与有随葬品的墓没有明显的差别，不能认为那些墓葬的死者在身份上与有随葬品墓中的死者有什么特别的不同。至于用工具、装饰品和食物随葬的墓葬都只占极少数，更不能认为用这些东西随葬是一种必须遵守的制度了。

表四中统计用工具随葬的那些墓葬，无论在形制、葬式还是随葬品的数量和质量上都与其他墓葬没有明显的差别。同一墓中随葬工具的数量也很有限，除骨镞外，一般只随葬一两件。说明当时并没有把工具作为一种特别的财富，更没有迹象表明用工具随葬的墓主人都比他人富有。

随葬工具的种类，主要有石斧、石镞、刮削器、砺石、研磨盘、骨锥、骨镞和陶锉等，差不多包括了当时生产工具的主要门类，但并非所有门类。石刀、陶刀、砍砸器、石锄、网坠、骨铲等不见用于随葬，石锛、石凿、石铲、石磨盘、纺轮等也仅有个别例子。河蚌在元君庙报告中称为蚌刀，北首岭等报告归入装饰品类，后者可能近是。现将各主要墓地生产工具统计如表五。

表五 半坡类型随葬工具统计

墓葬 \ 数目 类别	石器									骨器		陶器		小计
	铲	斧	锛	凿	镞	刮削器	磨盘	研磨器	砺石	锥	镞	锉	纺轮	
横阵 24 座墓		2										1		3
元君庙 53 座墓											31		1	32
史家 43 座墓		3				1								4
姜寨 33 座墓		1		1	1	11				4	3	6	1	28
北首岭 382 座墓		5					1	4	7		431	4		452
何家湾 22 座墓	1	6	1	1	7			4		7	9			36
小 计	1	17	1	2	8	12	1	8	7	11	474	11	2	555

将表四同遗址中工具统计表（表五）对比一下即可看出，许多在现实生活中常用的生产工具并不用于随葬。而且随葬工具的多少随地区不同而有很大的差异，陕东区仅有个别墓随葬工具，泾渭区稍多一点，陕南区较为普遍。由此可见，仅仅通过随葬工具并不能全面地反映当时的生产状况，对陕东区极少随葬工具的墓地来说更是如此。用这种局限性极大的资料来全面论证当时男女的分工，进而讨论男女社会地位的差异，其准确性是值得怀疑的。

让我们进一步考察半坡类型中所有经过性别年龄鉴定，其年龄大致在 12 岁以上而又随葬生产工具的单人墓和同性合葬墓。其所以有这样的限制，是因为 12 岁以下的儿童尚未完全参加生产劳动，谈不上生产劳动中的性别分工；而只有单人墓和同性合葬墓才能准确地判断工具属男还是属女，才有可能讨论性别分工的问题。这样的墓葬并不很多，现分男女列表如表六。

表六甲　男性墓随葬工具统计

墓　地	墓　号	年　龄	石　器								骨　器		陶　器		
			铲	斧	锛	凿	刮削器	研磨器	砺石	镞	锥	镞	锉	纺轮	刮削器
姜寨	8	23 ±											1		
	12	中壮年											1		
	15	40 ±					1				1				
	19	40 +					2				1	1			
	24	30 ~ 35	1												
	25	50 ±													2
	32	60 +											1	1	
北首岭	77 – 1	25 ~ 30										7			
	77 – 4	40 ±			1				1			86			
	77 – 6 甲	50 +										17			
	77 – 8	25 ±										42			
	77 – 11	25 ±			1							28			
	77 – 16	30 ±										4			
	77 – 17	成年							1	2					
	77 – 20	40 ~ 45										80			
何家湾	3	40 +			1						1				
	6	20 +			1		1								
	8	30 +	1		1	1	2				1				
	9	40 +			1						1				
	11	40 +					1		4		6				
	13	30 +							2		1				
	14	40 +			1						1	1			

表六乙　女性墓随葬工具统计

墓　地	墓　号	年　龄	石　器				骨　器		陶　器	
			斧	锛	刮削器	研磨器	锥	镞	锉	纺轮
姜　寨	7	16～17			1				1	
	23	50＋						1		
	33	22～25							2	
北首岭	162	36				1				
	77－2	25～30					1			
何家湾	12	30＋	1	3			1			
	20	40＋	1				1			
元君庙	419	成年								1
紫　荆	3	青年	1							

根据统计表六中所列材料，只能得出以下几点印象。

（1）女性用工具随葬的墓比男性少得多，平均一个人随葬工具的数目也比男性少得多，似乎表明当时的生产劳动主要由男性承担，这同传统的看法相左。

（2）男女随葬的工具门类中都以手工工具为主，似乎表明男女都参加较多手工劳动，包括纺纱在内。

（3）随葬品中可以认为是农业工具的仅有一把石铲，出在一位30多岁的男子墓中。女性墓未见农具随葬。即使像有些学者那样把石斧当作农具，最多也只在开荒砍树木时使用，这里男性22座墓中有7座，女性9座墓中有3座随葬，概率都在1/3左右。只能认为男女都参加农业生产，看不出妇女是农业生产的主要担当者，这也同传统的看法相左。

（4）男性墓中随葬最多的是骨镞，还有部分石镞，女性墓仅见1件骨镞，似乎说明狩猎基本是男子的专业，妇女基本上不参加这一活动。而几座男性墓骨镞的特别集中，似乎说明他们是专业的猎人或至少是打猎的能手。

正如前面所已经指出的，少数墓葬随葬工具的情况不足以全面反映当时男女的分工。因为第一，我们不知道绝大多数死者生前究竟使用什么样的工具，无从知道他（她）们的分工；第二，即使那些用工具随葬的人，因为多数只有一两种，不能认为用石斧随葬的人生前只用石斧而不曾用过别的工具；不能说用骨镞随葬的人生前只会射猎而不会用其他方式狩猎，也不能说他们除狩猎以外别的什么事情都没有做过。其所以对某人选用某种工具随葬，当然也不会纯粹出于偶然。也许是因为他或她生前最擅长某项工作，或者他最喜爱某件工具，后人为着表示对他的敬爱和尊重，就把他惯常使用的或最能代表他的特长的工具用来随葬。即使这样，也不能由此而进一步引申，以为那绝大多数没有用工具随葬的人的劳动都不出色。由此看来，人们惯常用男女随葬不同的工具来推断当时两性间的分工，并进而论证男女在生产中的作用和社会地位的做法，是有很大的局限的。

可否根据男女在合葬墓中的葬式不同来判断谁在社会上处在本位或中心的位置呢？实际上也是不可能的。因为除陕东区以外，其他三区都不存在男女集体合葬的习俗，至少至今还没有发现这种墓葬，不存在进行这种判断的依据。就是从陕东区的一些墓地来看，男女在埋葬方式上也没有显著的不同。人们常举元君庙为例，据说那里的合葬墓存在着某一女性为一次葬，其他人为二次葬的情况，表明在那里女子处于本位的或中心的地位。查元君庙共有 28 座合葬墓，其中全部为二次葬的有 15 座，全部为一次葬的 1 座，同性合葬的 5 座。假定上述原则能够成立，这 21 座墓就没有中心或无所谓中心。其余 7 座墓的情况如下。

M425，3 人合葬，其中仅一成年女性为一次葬，其余二次葬的一为 30 ± ♂，一为小孩，这似乎是以女子为中心的。

M418，5 人合葬，其中仅一 30 岁左右的人为一次葬，性别是否为女性还有疑问，其余二次葬的为 30 + ♂、30 ± ♂、30 ± ♂、30 ± ♀（?）。

M440，11 人合葬，其中有两位女性（50 ± ♀、25 ± ♀）为一次葬，其余二次葬的性别年龄为 50 ± ♂、50 ± ♀、50 ± ♂、20 ± ♀、20 ~ 30 ♂、6 ~ 7 小孩、25 ± ♀、25 ± ♂、40 ± ♀。假如把一次葬者看成中心，这墓就有两位女人是中心，其他 4 位女人却不是中心，尽管其中也有 50 岁左右的老人。

M453，10 人合葬，其中一男一女（35 ♂、30 ♀）为一次葬，其余二次葬的有 30 ~ 40 ♂、10 ± 小孩、7 岁小孩、40 ♂、5 ~ 7 小孩、25 ~ 30 ♂、30 ♀、50 ♂，这已不是单纯的女性中心了。

M456，7 人合葬，其中两位男人（50 ± ♂、50 ± ♂）是一次葬，其余二次葬的有 40 ± ♂、25 ~ 30 ♂、25 ~ 30 ♀、25 ~ 30 ♂、25 ± ♀，这简直是以男性为中心了。

M420，3 人合葬，其中一位女人（30 ~ 40 ♀）为一次葬，其余二次葬的是 9 ± 小孩、10 + 小孩。如果一个女人只是同小孩争中心，那不能认为就是女性中心。

何况两个小孩的性别并不清楚，假如都是女孩，就更无所谓女性中心了。

M405，12人合葬，其中仅一10岁左右的小孩为一次葬，其余二次葬的是成年♂、7±小孩、15~18少年、30±♀、40♂、30±♂、50±♀、18±♂、40+♂、30+♂、30±♀。假若一次葬是中心，则这个墓的中心便是一个小孩，这是怎么也说不通的。

至于横阵和史家的合葬墓全部都是二次葬，那就更是不存在任何中心了。

我们认为，在某些合葬墓内同时存在着一次葬和二次葬者，与死者的社会地位并没有任何直接的联系。许多民族志资料表明，为了把本集团的死者埋葬在一起，往往将死者的尸体进行暂时处理，隔一段时期后举行迁葬仪式，才可能把先后死去的亲人的尸骨合葬。如贵州苗族在早先"人死殓后，停于寨旁，或二十年合寨共择一期，百数十棺同葬"（乾隆《贵州通志》卷七《苗蛮》）。如果在合葬时期有人新死，合葬墓中就会出现一次葬和二次葬同穴的情况。不过能碰上这样的机会总是少的，所以绝大部分合葬墓中全为二次葬而没有一次葬者。

能否从墓穴或随葬品方面来考察男女的社会地位呢？当然可以，但这只能限于那些经过性别鉴定了的单人墓和同性合葬墓。因为那种包括男女老幼在内的集体合葬墓，许多人同一墓穴，随葬器物也难辨所属，不可能从中清楚地分析男女在墓穴和随葬品方面有什么不同。前面讲过，半坡类型的随葬品主要是陶器，其次是工具、装饰品和食物。关于两性在随葬生产工具方面的异同前面已做分析。装饰品主要是骨珠、骨笄和耳坠等，男女青年和小孩都有随葬。如姜寨M7葬一16~17岁女子，随葬玉坠2件，骨珠8577颗，骨管1只，另有陶容器5件，石刮削器1件，陶锉1件，石球12件。又如北首岭77M8埋一25岁左右的男子，随葬骨珠176颗，牙饰、石饰各1件，另有陶容器11件，骨镞42件。姜寨M29为一5~6岁男孩，随葬骨珠72颗，另有陶容器5件，石球3件，骨锥2件。总的看来，随葬装饰品的墓葬只占全部墓葬的10%左右，随葬装饰品的人占全部死者的比例恐不足5%，因为横阵和史家将近千人的墓葬中就没有一人随葬装饰品。而在有装饰品的墓中性别的差异并不显著，只是女子的骨珠和骨笄稍多一点，谁也不会认为在装饰品方面的这一点点差别会影响男女两性的社会地位。至于用食物随葬，主要是小米、鸡、猪、鱼等，数量极少，同样也是男女都有而以男子稍多一点，这一点差异当然也不足以影响男女两性的社会地位。

随葬陶器的墓数较多，假如男女随葬陶器有显著差别，或许能部分地反映当时对男女两性观念的某种倾向性。现将各墓地中经过性别年龄鉴定的12岁以上的男女随葬陶器的情况统计如表七，其中只包括单人墓和同性合葬墓。

表七甲　男性墓随葬陶器统计表

墓　地	墓　号	年　龄	钵　类	罐　类	瓶	壶	盆	小　计
元君庙	12	成年	1	1				2
	13	25± 30±	6	1				7
	21	40+	1	1	1			3
	28	40±	2	1	1			4
	31	成年		1				1
	42	40±	6	3	1		1	11
	49	成年 50± 50±	4	2	2			8
	58	50±	4	1	1			6
	62	30±	1	1	1			3
	71	30~40	2	1	1			4
史　家	22	中年 5 人			1			1
	41	中年						0
姜　寨	1	成年 7 人	1	2	1			4
	2	55+						0
	3	50±			1			1
	6	25~30				1		1
	8	23±	2	1	1			4
	10	55±	2	3	1			6
	11	中年						0
	12	中壮年	1	2				3
	13	45±						0
	14	40~45	1					1
	15	40±		1				1
	16	35~40						0
	18	55+	5	4	1			10
	19	40+						0
	21	成年	3	3	1			7
	24	30~35						0
	25	50±						0
	31	50+						0
	32	60+	3	1	1			5

墓 地	墓 号	年 龄	钵 类	罐 类	瓶	壶	盆	小 计
半 坡	39	成年2人	4	2		2		8
北 首 岭	6	36	1					1
	7	40		1				1
	14	40	1	1	1			3
	24	46	2					2
	51	38	1	1				2
	70	40＋	1	1		1		3
	85							0
	111	60						0
	112	44						0
	114	50						0
	159	34	2	1	1			4
	160	30＋	3	3		1		7
	190	40＋		1				1
	196	43	1					1
	203	40	1		1			2
	244	45						0
	246	40						0
	252	45		1				1
	256	40?	1					1
	258	31	2	2	2			6
	259	36	2	1	1			4
	260	45	1	2		1		4
	275	55				1		1
	277	50						0
	280	成年						0
	281	40～50	1	1		1		3
	286	45	1	1		1		3
	288	成年	1					1
	289	34	1					1
	294	33	1		1			2

续表

墓 地	墓 号	年 龄	钵 类	罐 类	瓶	壶	盆	小 计
北 首 岭	301	60	2	1		1		4
	305	39				1		1
	311	45?		1				1
	313	40 +		1				1
	388	52						0
	394	36						0
	396	45		2				2
	401	40 ?		3		2		5
	404	40 ?	1			1		2
	77 - 1	25 ~ 30	2	1	1			4
	77 - 4	40 ±	4	2	1			7
	77 - 6	成年 3 人	4	5	2			11
	77 - 8	25 ±	7	3		1		11
	77 - 11	25 ±	3	3				6
	77 - 12	成年 2 人	3	1		1		5
	77 - 16	30 ±	2	1	1			4
	77 - 17	成年	2	4	1	1		8
	77 - 20	40 ~ 45	1	4				5
紫 荆	16 墓	成年 16 人						0
王家阴洼	6	成年	2	2		1	2	7
	13	45 ±	2	2		1		5
	51	成年	3	3	1		1	8
何 家 湾	3	40 +						0
	6	20 +	2					2
	8	30 +	1		1			2
	9	40 +	1			1		2
	11	40 +						0
	13	30 +	1					1
	14	40 +	1	2				3
小 计	105 墓	122 人	117	90	31	20	4	262
每墓平均								2.50
每人平均								2.15

表七乙　女性墓随葬陶器统计表

墓　地	墓　号	年　龄	钵　类	罐　类	瓶	壶	盆	小计
元君庙	402	30 +	3	1	1			5
	419	成年	2	2	1		1	6
	422	成年	3	2	1			6
	443	成年 2 人	1	1	1			3
	448	20 ±	3	2	1			6
	457	成年 3 人	9	2	1			12
	470	20 ~ 25	6	2	1			9
史　家	40	中年						0
姜　寨	4	35 ~ 40	3	2	1			6
	5	40 ±	2	1				3
	7	16 ~ 17	2	2	1			5
	9	40 ±	2	2	1	1		6
	17	40 ±	4	2				6
	20	50 +	2	2				4
	23	50 +	4	1	1			6
	30	17 ~ 19						0
	33	22 ~ 25	1	3				4
半　坡	38	青年 4 人	10	4	2		1	17
北　首　岭	54	50？						0
	56	40						0
	73	26		1				1
	80	28	2	1				3
	130	40	1	2				3
	131	33		2				2
	162	36	3	1	1			5
	164	30						0
	173	60	1	1		1		3
	219	25	1	1				2
	264	26						0
	274	50						0
	282	26	1	1		1		3
	358	50？						0
	377	38	1	2				3
	77 - 2	25 ~ 30	3	3	1			7
	77 - 9	40 ~ 45	7	2				9
	77 - 18	35 ±	2	1				3
	77 - 19	35 ~ 40						0
紫　荆	14 墓	成年 14 人	1					1

墓 地	墓 号	年 龄	钵 类	罐 类	瓶	壶	盆	小计
王家阴洼	25	老年						0
	39	成年	2	2		1		5
	47	35~45						0
	63	成年	4	2		1		7
	53	成年						0
何家湾	12	30+	2	5				7
	16	30+	1	2				3
	18	35~40						0
	19	成年	1	1				2
	20	40+						0
	22	20+	2	1				3
小　计	62	81	92	62	15	5	2	176
每墓平均								2.84
每人平均								2.17

从表七可以看出，男性平均每墓随葬陶器 2.50 件，每人 2.15 件，其中超过 5 件者 17 人，占总人数的 13.9%，一人随葬陶器最多者为 11 件；女性平均每墓随葬陶器 2.84 件，每人 2.17 件，其中超过 5 件者 16 人，占总人数的 19.8%，均略高于男性，但一人随葬陶器最多者仅 9 件，还不如个别男性那样突出。如果把随葬生产工具男性略多于女性的情况统一起来考虑，那么就应说半坡类型男女两性的随葬品大体是相等的，看不出何者特别优厚的情况。过去仅对姜寨等少部分墓葬进行统计分析，就以为女子随葬陶器明显多于男子，显然是有局限性和片面性的。至于个人在随葬陶器和其他物品上的差别，不应简单地看成个人财产占有的不均，从而误以为当时存在着个人之间的贫富分化。须知当时的人们是组成集体的，并不存在后来那样的个体家庭。大量合葬墓中几个人乃至几十个人共用一两套器物，证明当时还不存在私有制的观念，不强调个人对财富的占有。给死者若干随葬品，主要是出于一种尊敬、爱护和关心，希望自己的亲人在鬼魂世界能安心过日子，所以随葬品中以生活用具最普遍，其次才是生产工具和装饰品。个人在随葬品方面的差别可能是多方面的原因造成的，一是所属家族、氏族和部落在经济发展上的不平衡性，使它们对各自的成员不能一例对待；二是各集团在不同时期，因受自然和人文各种因素的制约，经济状况会有所波动，使得人们对不同时期的死者也难于一例对待；三是个人的品格和能力的差别，使得社会对他（她）们的景仰、爱戴、尊敬和关心的程度各不相同，从而使随葬品出现了差别；四是出于某些宗教信仰，对凶死者或遇到什么不吉利征兆的人采取特殊葬法，包括不

给予任何随葬品；五是对某些触犯习惯法的人，在随葬品上有时也不同于一般成员。由于有这样一些原因，即使在一个非常平等的社会里，死者的随葬品也不会千篇一律而总是呈现或多或少的差别的，何况绝对平等的社会是从来都不存在的。

由此可见，过去我们认为半坡类型属于发达的母系氏族社会的一些论据事实上都不牢靠，不能认为这个问题已由许多事实所证明；反过来，如果认为半坡类型已是父系氏族社会，那更是没有任何根据。我们只能说，根据半坡类型的生产力尚不甚发达，血亲组织相当牢固，男女地位基本平等的情况，属于母系氏族社会的可能性较大。考虑到半坡类型分布领域较大，各地的埋葬习俗和其他文化因素都有相当大的差别，即使大部分地方是母系社会，也不妨碍有些地方实行父系制。这一切在现阶段都还属于未定之天，有待于今后做进一步的研究。

家系的研究在原始社会史中固属重要的内容，但并非头等重要的因素。要了解半坡类型的社会性质，最重要的是搞清楚当时的所有制和生产关系，从而决定它究竟处在原始社会的哪一个发展阶段。

在研究姜寨村落布局时，我曾指出那里的每所小房子都居住着一个对偶家庭。这样的家庭既有火塘和炊器、饮食器等生活用具，又有少量的食物储藏，自然是一个半消费单位。由于它既不是一个生产单位（没有各家自有的成套生产工具即足以说明这一点），又要定期从更大的集体即家族中领取粮食等生活资料，所以它不是独立的，因而也是不巩固的。

若干小房子同一个中型房子结成一个初级的单位，其居民即应是一个家族。这个家族包括一两位长者及其两三代的子孙。它的旁边往往有一群窖穴，说明它是一个分配单位和消费单位；它的一些房子中常能发现生产工具，说明它在一定意义上也是一个生产单位。

由若干中小房子围绕一座大房子组成较大的单位，其居民应为一个以胞族为基础的集体。氏族不但有自己的公共活动房屋，还有自己的牲畜圈栏或夜宿场，有时还有自己的陶窑，很明显以氏族为基础的集体是一个生产单位，它把绝大部分产品分配给各家族，因而属于公社性质，我们称之为氏族公社。

姜寨有五组房屋，成内向格局围成一个圆圈，从而组成一个更大的集体。我们分析了这个集体的性质，认为它很可能是一个以氏族为基础的公社，它有自己的窑场，也许还有自己的森林和牧场。但它在经济上的职能似乎表现得没有氏族那样强烈，基本的经济职能看来是在氏族公社一级。因此从所有制来说，当时是三级所有而以氏族公社为基础。

我在全面研究仰韶房屋和聚落形态的特点及其所反映的社会组织结构与社会制度等问题时，又指出姜寨的情况至少在半坡类型的范围内是一个通例。因为在整个类型的其他遗址中，无论房屋结构或聚落布局的原则，同姜寨都是大同小异的。

现在当我们分析半坡类型的埋葬制度之时，又发现它基本上体现着同样的原则，反映着相同的社会制度。

在以集体合葬墓为主要特征的陕东区，诸墓地也或多或少地表现着家族—氏族—胞族的不同层次。横阵的复式合葬墓同普通合葬墓在时间上交错地排在同一序列，说明二者属于同一级别。在墓地中，这一层次是表现得最清楚的，因而我们断定它属于氏族一级。一个复式合葬墓或一个普通合葬墓都代表一个氏族在一定时期内死者的安息场所，整个墓区则是这个氏族在相当长时期内埋葬死者的场所。墓地中能观察出来的最小单位是复式合葬墓中的小合葬坑，它有时被强调有时又被忽略，正好说明当时家族力图争取部分的独立性而又还未能与氏族抗衡的时代特征。

元君庙没有横阵墓地那样整齐，但它本身也存在着几个层次。整个墓地分为两群，每群中有些墓成组，有些则较散乱。成组的墓很像横阵的复式合葬墓，因而应是以氏族为单位安葬的，组内的合葬墓当是以家族为单位安葬。排列较不规则的墓，有的可能以氏族为单位，有的则可能以家族为单位。而一墓群是在相当长时间内逐渐形成的。故一组墓代表一个氏族在一定时期的埋葬，一群墓仍然是一个氏族，只是较长时间的埋葬罢了。元君庙有两个墓群，当然应有一个高于氏族的组织，其最大的可能就是胞族。

史家和姜寨二期合葬墓的规模远远超过了横阵和元君庙，而墓葬排列则更加不整齐了。那里一座墓所埋的死者，少则数人、十数人，多则数十人，史家一墓最多埋葬 51 人，姜寨一墓最多埋葬 70～80 人，那至少是以氏族为单位，甚至是以胞族为单位的。否则集体过小，在一定时期很难死去那么多人。

根据上面的分析，在陕东区的各墓地中，有时可分三级，有时则只能分两级或一级，但不论哪一种情况，氏族这一级是清楚的，家族的作用尚不显著。从元君庙墓地来看，氏族之间在经济发展上已有某些差别，虽然是不大的差别。

在以单人葬为主的泾渭区诸墓地中，无论是半坡、姜寨一期或北首岭，都存在着墓群—墓区—墓地的三个层次，连瓮棺葬也是如此。在姜寨，每个墓区是与每组房屋相对应的，在每组房屋近旁又总有几个瓮棺群构成一个瓮棺葬区。我们在分析房屋时既已认定每组房屋的居民应是一个以氏族为基础的公社，那么就有理由认定每一墓区是以氏族为单位规划的，是一个氏族在一定时期埋葬死者的场所。这样，墓群—墓区—墓地实际上就反映了家族—氏族—胞族的三级社会组织。值得注意的是，这个地方的家族组织比陕东区表现得要清晰一些。从北首岭墓地来看，某些墓群之间已有一定差别，说明家族的发展也是不平衡的。但同墓地中最明显的差别还是表现在东墓区与南墓区之间，说明氏族仍为基本单位，氏族之间的差别是当时的基本差别。不过这种情况在半坡和姜寨一期表现得没有那么明显。

在陇东区的王家阴洼，同样存在着墓群、墓区和墓地三个层次。墓群的划分不甚清晰，表明当时尚不特别强调家族的区别。两墓区的区别则特别明显：东南墓区地势稍高，墓葬排列较宽松，随葬品也较富裕；西北墓区地势稍低，墓葬排列较紧凑，随葬品比较贫乏，表明两个氏族的经济状况颇有差别。特别值得注意的是两个墓区的头向完全不同，东南墓区者头向东北，西北墓区者头向东南，都与半坡类型绝大部分墓地头向西或西北的情况不同。这可能是因为王家阴洼处在半坡类型分布的边缘，已不那么严格地遵守半坡类型的共同的习俗，因而在头向的安排上表现得比较自由。同时也说明两个氏族具有不尽相同的信仰和埋葬习俗，不像是同出一源的姐妹氏族，而像是两个互相联姻的氏族。如果这一分析不错，则整个墓地所代表的组织便不会是胞族，而可能是部落或部落的一个分支。

通观半坡类型的各个墓地，总是以不同的方式反映出当时存在着家族—氏族—胞族等不同层次的社会组织，而以氏族一级表现得最为清晰。氏族与氏族之间的差别也较明显，说明氏族是当时的基本组织。家族虽然到处存在，但在有些地方（如陕东区）并不十分强调，有些地方（如北首岭）虽表现出一定的独立性，也仅仅是一个苗头。至于胞族，则不仅是氏族自然分裂的结果，在许多情况下还要受聚落大小的制约，而聚落规模又是与当地自然环境和经济发展条件相适应的。

我们在对房屋和聚落形态所反映的社会组织进行分析时，使用了以家族、氏族或胞族为基础的公社等名称，而在对埋葬制度所反映的社会组织进行分析时，则仅使用家族、氏族和胞族等名称。这是因为实际生活中存在的集体，即日常在一起生活并且共同从事生产等活动的集体，并不是单纯的血亲团体。一个家族公社可以是以家族范围的血亲（母系的或父系的）为基础，但又必须包括因缔结婚姻而生活在一起的异族男子或女子，氏族公社或胞族公社也是如此。但在埋葬制度中，则首先强调血亲而排除姻亲，这在合葬墓中表现得非常清楚。

半坡类型有两种合葬墓，即同性合葬墓和包括男女老幼在一起的集体合葬墓，假如合葬是为了强调亲密关系，则同性合葬者便只能是血亲——兄弟、姐妹或诸如此类的亲戚关系。对包括异性成年在内的集体合葬来说，其两性成员之比或表现为自然状况，如同一般家庭生男生女的自然状态一样，总是很不一致的，只是全社会的男女两性的数目才趋于相近，或者因缔结婚姻而得到调整，即成年男女的数目应大致相近。前者是血亲集团的埋葬，后者（假如有那种情况的话）则可能是血亲和姻亲的混合埋葬。

考察半坡类型合葬墓中成年男女的比例，如表八。

表八　半坡类型合葬墓中成年男女人数统计

墓地	墓号	男　性	女　性	性别未定	男：女
横阵	Ⅰ1	壮年、成年	中年、中年、成年、成年		2：4
	Ⅰ2	壮年	壮年	青年	1：1
	Ⅰ3	壮年、壮年、中年	壮年、壮年、壮年、中年		3：4
	Ⅰ4	中年、壮年、中年	中年、中年	青年	3：2
	Ⅰ5	成年、中年、中年、成年、壮年、壮年	成年、成年、成年、壮年	壮年、成年	6：4
	Ⅱ2	成年、壮年、壮年	壮年、壮年、壮年		3：3
	Ⅱ3	壮年、青年	成年、成年、中年、中年		2：4
	Ⅱ4	中年、壮年	成年、中年		2：2
	Ⅱ5	中年、中年	中年、中年、中年		2：3
	Ⅱ6	壮年、壮年	中年		2：1
	Ⅱ7	三人，年龄不明	两人，年龄不明		3：2
	Ⅲ1	成年、中年	成年、成年、壮年		2：3
	52	壮年、壮年、中年、青年	壮年、中年、成年、中年	中年	4：4
	53	中年、中年	壮年、成年、壮年		2：3
史家	1	中年 10 人	中年 4 人、青年 1 人		10：5
	2	中年 5 人	中年 2 人、青年 1 人		5：3
	3	老年 2 人、中年 6 人	老年 1 人、中年 10 人		8：11
	4	中年 2 人	中年 4 人		2：4
	5	中年 32 人	中年 17 人、青年 1 人		32：18
	6	中年 24 人	中年 4 人		24：4
	7	中年 4 人、青年 1 人	中年 6 人		5：6
	8	老年 2 人、中年 17 人	中年 4 人		19：4
	9	中年 10 人	中年 6 人		10：6
	10	中年 13 人	中年 5 人、青年 1 人		13：6
	11	老年 1 人、中年 13 人	老年 2 人、中年 7 人、青年 2 人		14：11
	12	老年 1 人、中年 14 人	中年 2 人		15：2
	13	老年 1 人、中年 6 人	中年 1 人		7：1
	14	中年 4 人、青年 1 人	中年 3 人		5：3
	15	老年 1 人、中年 4 人	中年 1 人		5：1

墓地	墓号	男　　性	女　　性	性别未定	男：女
史家	16	中年6人	中年2人		6：2
	17	中年11人	中年6人		11：6
	18	中年9人、青年2人	中年7人		11：7
	19	中年13人	中年3人、青年2人		13：5
	20	老年1人、中年13人	中年2人		14：2
	21	中年2人	中年2人		2：2
	23	中年4人	中年5人		4：5
	24	老年1人、中年10人	中年3人		11：3
	25	中年16人	中年9人		16：9
	26	中年17人	中年10人		17：10
	27	中年19人	中年7人		19：7
	28	中年12人	中年13人、青年1人		12：14
	29	中年9人	中年2人		9：2
	30	中年8人	中年6人、青年1人		8：7
	31	中年11人、青年1人	中年1人、青年1人		12：2
	32	中年6人	中年5人		6：5
	33	中年6人	中年6人		6：6
	34	中年10人、青年2人	中年10人、青年5人		12：15
	36	中年6人	中年4人		6：4
	37	中年8人	中年4人、青年1人		8：5
	38	中年3人	中年3人		3：3
	39	老年2人、中年13人、青年3人	中年2人、青年1人		18：3
	42	老年3人、中年9人、青年1人	中年2人、青年1人		13：3
	43	中年23人、青年1人	中年9人、青年2人		24：11
元君庙	456	40±、25~30、25~30、25±、50±、50±	25~30		6：1
	439	50±、40±、50±、30~35	30~40		4：1
	441	20~25、20~25、20±、成年	30±	成年	4：1

墓地	墓号	男　　性	女　　性	性别未定	男：女
元君庙	417	30＋、25±、30＋、30＋、40、50±、30±、40±、30±、30±、30＋、30±、30＋、25±、成年	20±、30＋、30±、30±、30±		15∶5
	453	30～40、40、35、25～30、50	30、30		5∶2
	418	30＋、30±、30±	30±、30±		3∶2
	405	成年、40±、30±、18±、40＋、30＋	30±、50±、30±	15～18	6∶3
	445	30～40、成年、成年	30～40、成年		3∶2
	416	40±、25±、20±、40±	20±、30±、30±		4∶3
	411	30±、30	40±		2∶1
	404	50＋、30±、成年	40±、30±		3∶2
	444	45～50	50±、15～18、50±、30±		1∶4
	403	成年	成年、成年		1∶2
	440	50±、50±、20～30	50±、25±、50±、20±、25±、40±		3∶6
	425	30±	成年		1∶1
	454	35±、30、35±	25±		3∶1
	446	40±、30～35、50±、30±、成年	20～25、25±、20±		5∶3
	426	50±、25～30、35～40、35～40、20～25、40±、30～35	30±、30～35、30～35、50＋、30～35、30±、20±	成年、30±	7∶7

在表八71座集体合葬墓中，成年男性多于女性者有47墓，女性多于男性者15墓，二者占总数的87%强；男女数目相等的仅有9墓，占13%弱。其中不乏极不相称的例子，如史家M6为男24∶女4，M12为男15∶女2，M39为男18∶女3；元君庙M456为男6∶女1，M444为男1∶女4等。如果考虑年龄的相配，这种极不相称的例子还会更多。当然，在一般家庭中，成年男女的比例即使经过婚姻关系的调整，也很难都做到完全相等。但不相称的比例那么大，加上不少相差五六倍乃至七倍以上的极端的例子，便很难认为是经过婚姻关系调整的。这样，半坡类型的合葬墓乃是按血亲的原则来安葬的，男女比例的不协调实际是反映各家

族或氏族男女比例的自然状态。

既然合葬墓都是按血亲关系的原则来安葬的，那么其他单人葬的墓群—墓区—墓地也应该是按血亲关系的原则来划分的，它们所反映的社会组织，自然只是家族—氏族—胞族这样的血亲组织。由此可见，埋葬制度所反映的社会组织同居住遗址所反映的社会组织是既相适应而又有区别的。

像半坡类型这种以氏族公社为基础，并已普遍出现家族和一定的家族经济的情况，在整个原始社会的发展中究竟处在什么阶段呢？我们知道，原始社会的基本特征是在生产力极为低下情况下的共产制，即原始公社所有制。这原始公社所有制经历了几个阶段的发展：第一阶段是原群公社，那是一个不大的集体，生产、交换和分配都在整个集体的范围内进行，其发展是极其缓慢的。第二个阶段是氏族公社，其特点一是规模有所扩大，二是出现不同级别的公有制。它本身又至少可分为两个阶段，初级阶段的社会组织表现为氏族—部落，其经济以氏族公社的所有制为主，同时也有一定的部落所有制；高级阶段出现了家族，同时因氏族本身的增殖又出现了胞族。公有制经济的基础进一步扩大，氏族公社的所有制仍然是基本的方面，同时又有以家族为基础的公有制和以胞族为基础的公有制，甚至还有少量部落的所有制。氏族公社时期的血统可能以母系为主，特别在农业发达的地区是如此，但不妨碍有些地方实行父系，这种父系制并不一定以母系制为其必要的前提。下一步走向第三个阶段的家族公社，生产的发展使得以氏族公社为基础的公有制内部发生分化，家族公社在生产上的地位日益显著，并且作为氏族公社的对立面而占据主导地位，取得优势的家族成员便变成氏族贵族。这时的氏族公社同胞族和部落一样仍然保持着一定的地位，但其职能越来越趋向于宗教的、社会的乃至军事的方面，经济上的作用则已退居次要地位。家族公社时期的血统可能以父系为主，但不妨碍有些地方仍然实行母系制，或者是父系兼母系的双系制。此种情况在个别民族可以一直继续到阶级社会。

半坡类型既是以氏族制为基础，家族和胞族也都有了一定的发展，只是没有占据主导地位，因此应属于氏族公社的高级阶段。这个阶段的聚落，有许多是在胞族的基础上组织起来的。若干聚落组成一个部落。我们现在虽然还难以划出部落的范围，但从埋葬制度和其他文化特征来看，总不会超过一个分区的范围。假如一个分区有一个或几个部落，整个半坡类型的范围内就存在着许多部落。由于在文化传统上的许多方面的一致性，它们很可能是一个大的亲属部落群。这个亲属部落群在创造仰韶文化的事业中，曾经发挥过独特的作用。

1985 年 1 月初稿，1987 年 12 月修改

［原载《仰韶文化研究》（增订本），文物出版社，2009 年］

半坡类型彩陶的分析

　　半坡类型是仰韶文化早期的一个地方类型。主要分布于渭河流域，外及陕西南部的汉水中游一带。对河南西部、山西和内蒙古中南部也有明显的影响。这个类型的提出，最初是因为西安半坡和河南陕县庙底沟两个仰韶文化遗址的面貌颇不相同，从三门峡水库区的考古调查来看，与二者相同或相近的都有一大批遗址。据此学术界首次将仰韶文化划分为半坡类型和庙底沟类型。后来经过仔细分析，发现庙底沟遗址的仰韶文化遗存是比较单纯的，而半坡遗址的仰韶文化遗存则至少可分为早、中、晚三期，而且三期之间的差别十分显著。值得注意的是中期的遗存跟庙底沟十分相近，年代应该基本相当。在这种情况下，如果还把半坡遗址的全部仰韶文化遗存笼统地称之为半坡类型，就无法厘清它与庙底沟类型的关系，对整个仰韶文化发展谱系的研究也会带来难以克服的困难。实际上半坡遗址三期之间不但差别很大，还应该分属于三个类型。考虑到半坡遗址的主体遗存，包括除两座以外的全部房屋基址、全部墓葬、大部分灰坑和出土遗物，都是属于早期的，如果继续沿用半坡类型的名称，就只能称为半坡遗址的早期。换句话说，半坡类型的内涵应限于以半坡仰韶文化早期为代表的一类遗存。

　　但是所谓半坡早期的仰韶文化遗存也不单纯，并非属于同一时期，这问题是在渭南史家和临潼姜寨的发掘之后才认识清楚的。史家的仰韶文化遗存很单纯，用它分析半坡早期的遗存，发现只有少量单位是相同的。而姜寨的半坡类型遗存明确可以分为两期，其第二期跟史家基本一致且更为丰富。第一期则相当于半坡早期的主体部分。根据这种情况，巩启明先生便把史家和姜寨二期一类的遗存称为史家类型，而把半坡早期的主体部分和姜寨一期一类的遗存继续称为半坡类型[1]。我则仍然把二者统称为半坡类型，而以半坡类型的前段和后

---

　　[1]　西安半坡博物馆、渭南县文化馆：《陕西渭南史家新石器时代遗址》，《考古》1978年第 1 期，52 页。

段相区别，或者称为半坡类型的早期和晚期[1]。之所以把史家一类遗存仍然归入半坡类型是有多方面理由的。单就彩陶而言，诸如宽带纹、三角纹、平行斜线纹、连续折带纹、人面纹和鱼纹等，都是半坡类型早期和晚期即史家类型所共有的主体花纹，而在庙底沟期的泉护类型中根本不见。只是在半坡类型晚期或史家类型中出现了少量曲线风格的圆点纹、花瓣纹和豆荚纹等，与庙底沟期的彩陶风格相似。这正好证明从半坡类型到泉护类型有一个发展演变的过程，证明泉护类型是继承半坡类型、同时吸收了其他类型的某些因素而发展起来的。

　　不过事情并没有到此为止。我们注意到甘肃秦安大地湾的发掘，那里发现了极为丰富的仰韶文化遗存。其中的第二期文化遗存既具有史家类型的许多特点，又有不少庙底沟期的因素，似乎归入哪里都不尽合适[2]。不过发掘较晚而报告出得较早的陕西陇县原子头遗址的分期研究廓清了一些迷雾。作者将那里的仰韶文化遗存分为六期，第一、二期分别相当于半坡类型和史家类型，第三期既有史家类型的一些特点，又有不少庙底沟期的因素。作者认为它是代表关中偏西地区从史家类型向庙底沟类型过渡时期的一种遗存，可称为原子头类型[3]。本文的彩陶研究只包括半坡类型的早期和晚期（史家类型），而把原子头类型一类遗存的某些因素视为半坡类型彩陶的余绪。

一　半坡类型彩陶的基本情况

　　根据不十分精确的统计，半坡类型彩陶约占全部陶容器的 1.4% ~ 8.83%，遗址中彩陶的比例略高于随葬彩陶，而且年代越晚彩陶所占的比例越高。例如陕西华县元君庙随葬陶器 290 件，其中彩陶仅 4 件，占 1.4%[4]。宝鸡北首岭随葬陶器 753 件，其中彩陶 24 件，占 3.2%[5]。西乡何家湾半坡类型早期彩陶占 4.8%，晚期占 6.27%[6]。南郑龙岗寺随葬彩陶 73 件，占陶器总数的 8.83%[7]，是随葬彩陶比例最高的一处。

---

　　〔1〕　严文明：《仰韶文化研究》，文物出版社，1989 年，84、153 页。

　　〔2〕　甘肃省文物考古研究所：《秦安大地湾——新石器时代遗址发掘报告》，文物出版社，2006 年。

　　〔3〕　宝鸡市考古工作队：《陇县原子头》，文物出版社，2005 年。

　　〔4〕　北京大学历史系考古教研室：《元君庙仰韶墓地》，文物出版社，1983 年，28 页。

　　〔5〕　中国社会科学院考古研究所：《宝鸡北首岭》，文物出版社，1983 年，92 页。

　　〔6〕　陕西省考古研究所、陕西省安康水电站库区考古队：《陕南考古报告集》，三秦出版社，1994 年，69、126 页。

　　〔7〕　陕西省考古研究所：《龙岗寺》，文物出版社，1990 年，109 页表一。

所有彩陶花纹都是在细泥红陶上画的，画彩的地子打磨光滑，不施陶衣，彩纹几乎全部是黑色的。画彩的器物有钵、碗、盂、盆、细颈壶、尖底瓶、葫芦瓶、尖底罐和平底罐等，以钵、盆、壶、葫芦瓶和尖底罐为多，还有个别的杯、豆、器盖和器座。一般画在器物外面的上半部和口沿部分，只有少数盆、钵的内部画彩，但很特别。因为在与半坡类型同时期的文化类型中都没有见到内彩，半坡类型的彩陶是唯一有内彩的。

按照花纹的性质可以区别为几何形花纹和像生性花纹两大类，以几何形花纹为主。像生性花纹尽管数量较少，但在同时期其他文化类型中完全不见。就是在较晚的其他文化类型中也很少见。所以以人面纹和鱼纹为主的若干种像生性花纹的存在，乃是半坡类型彩陶的一个显著特点。

二 几何形花纹的分析

半坡类型几何形花纹的突出特点是以直线和以直线围成的块体构图，显得庄重稳健，与其后继者庙底沟期诸类型彩陶活泼流畅的风格形成鲜明的对比。为了比较清晰地分析半坡类型彩陶的几何形花纹，可以将其分解为元素、母题和构图三个层次来分别加以考察。

（一）元 素

半坡类型几何形花纹的元素可分为线形和块体两种。前者是基本元素，后者是由短线围合并填充颜色而成，可称为次生元素。

（1）线形元素

基本上是由直线组成。如果加上方向，便有横线、竖线、左斜线和右斜线四种。但因画面的地子并非平面——器物的不同部位有不同的曲度，这类直线也并非纯平面几何意义上的直线。在半坡类型的早期几乎全部是由直线元素组成的花纹，晚期才有较多的曲线元素。

横线 —— 竖线 | 左斜线 ╱ 右斜线 ╲

（2）块体元素

以四种基本元素围合而成的块体，包括带状纹、三角形纹和四边形纹等，以宽带纹和三角纹最为发达。半坡类型晚期才出现花瓣纹和圆点纹等以曲线块体构成的图案。

①带状纹

由两条平行横线之间填黑，一般绕陶钵口沿一周，左右没有边际，有宽窄两种。由带状纹上下波折和横向延伸，即成折带纹。

宽带　███████　　窄带　━━━━━　　折带　〣〣〣

②三角形纹

有正倒等腰三角纹和各种直角三角形纹。正倒等腰三角纹由左右斜线和横线围成为三角形块体，三角形顶点朝上或朝下，两边（腰）等长。如图：

正三角　▲　　　倒三角　▼

直角三角纹由竖线和横线相交成直角，再加斜线围成各种直角三角纹，以直角的方向来说有左上、左下、右上、右下四种：

左上　◤　　左下　◣　　右上　◥　　右下　◢

③四边形纹

很少见，有正方形、长方形和平行四边形等：

正方形　■　　长方形　▬　　平行四边形　▰

总起来说，半坡类型彩陶花纹的基本单元以块体元素为主，线形元素为辅。

（二）母题

由不同或相同元素的连接便构成各种各样的母题。有的元素如宽带纹、折带纹、三角纹本身也是一种母题。

由线形元素构成的母题不多，主要有平行斜线纹、折线纹和连续折线纹等。

①平行斜线纹

一般由数道以至十数道斜线重叠而成，有左斜与右斜之别，常见于碗钵类器物，如姜寨 M237：1（图一，4）。更多的情况是与三角纹交错排列，如半坡 M108：7、龙岗寺 M75：8 和北首岭 F40：9 等均是（图一，2、3、5~8）。

②折线纹

由多道折线重叠而成，见于细颈壶和钵类。如北首岭 M45：3 和半坡 T110A：5，上腹的主体花纹即由十多道折线纹重叠而成（图一，1）。

③连续折线纹

见于细颈壶和罐等器物。往往由多道连续折线纹重叠而成，见于半坡、龙岗寺 M215：5 和何家湾 M75：6 等（图二，1~3）。

④网格纹

由多道左斜线和右斜线相交而成。多数画在圜底碗、钵之内，并被划分为若干单元。个别有画在碗钵外壁的。如姜寨 F17：1 为宽沿盆，内壁网格纹被划分为六个单元。龙岗寺 M395：1 也是宽沿盆，内壁饰网格纹，划分为另一种风格的六

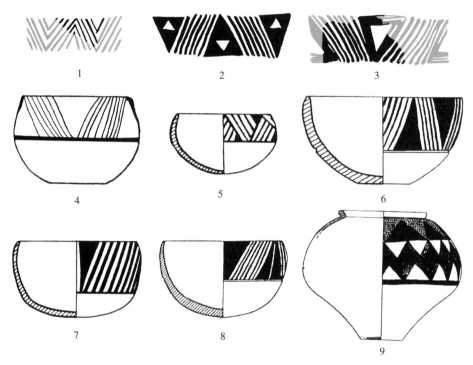

图一　平行斜线纹及其与三角纹相错组成的花纹

1～3. 半坡 T110A：5、M108：7、T24：3　4. 姜寨 M237：1　5、6. 龙岗寺 M228：1、
M75：8　7. 何家湾 T34③：1　8. 北首岭 F40：9　9. 元君庙 M420：13

个单元。龙岗寺 M324：4 为一圈底钵，外饰宽带纹，内饰三个单元的网格纹。何家湾 T14③：3 为一碗，外饰一排倒三角形的网格纹（图三，1～4）。网格纹的出现，应与真实的网如渔网有关。半坡的彩陶中有几例可能就是渔网纹。如 W45 宽沿盆内就有两个四方形渔网，四个角上各缀一个网坠。在另一宽沿盆 W50 的相同位置

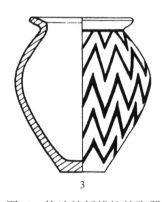

图二　饰连续折线纹的陶器

1、2. 细颈壶（龙岗寺 M215：5、半坡）　3. 罐（何家湾 M75：6）

画的是两条鱼，可以反证这两个网是与捕鱼相关的渔网。北首岭 M98：3 是一个船形壶，在侧边画一渔网，网的两边各缀七个网坠。这个例子也许可以说明当时已经学会驾驶小船到河上撒网捕鱼（图三，5、6）。

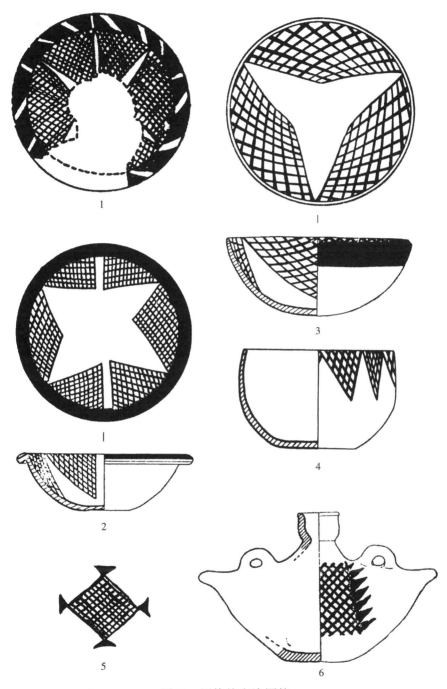

图三　网格纹和渔网纹

1～4. 网格纹（姜寨 F17：1，龙岗寺 M395：1、M324：4，何家湾 T14③：3）　5、6. 渔网纹（半坡 W45，北首岭 M98：3）

其他还有细腰纹和由多道平行线组成的平行横线纹等，均极少见。

由块体元素构成的母题有：

①三角纹

由三角形组成的纹饰。有单个三角的，如姜寨 M83：5。有横排三角的，如何家湾采 4 是由两排倒三角错落排列而成。有正倒三角相错的，如半坡 P2：70，饰于盂的外壁（图四，1～3）。还有许多是作为折带纹上下空位的补充的，如图六，4～6；图七，1～6；图八，1、4、6、7 等。更多是与平行斜线纹相错排列的各种三角纹（图一，2、3、5～8）。

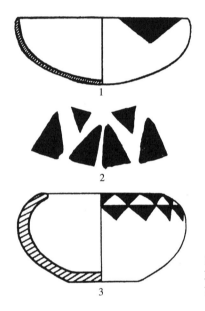

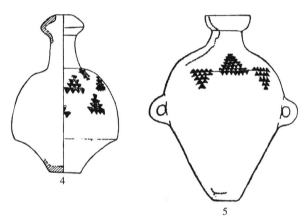

图四　饰三角纹的几种器皿

1. 钵（姜寨 M83：5）　2. 盂上的三角纹（半坡 P2：70）　3. 盂（何家湾采 4）　4. 细颈壶（北首岭 77M15：7）　5. 小口瓶（北首岭 78M4：6）

②对三角纹

两个三角共一顶点，上下相对或左右相对。

③镂空三角纹

一般由三个三角相叠形成大三角，中间有一个三角形镂孔。常与平行斜线纹相互交错排列，多饰于碗、钵类器物，如半坡 M108：7（图一，2）。有的镂空方向与三角纹一致，也与平行斜线纹相互交错排列，如半坡 T24：3（图一，3）。

④重叠三角纹

由若干小三角重叠而成，多成组布局。如北首岭 77M15：7，为一细颈壶，在肩腹部有三排二十组小三角纹。上部一排有六组，每组六个小三角。其中上面三个为倒三角，按一二顺序排列；下面三个为正三角，按二一顺序排列。中部和下部各有七组，每组有十个倒置的小三角，按一二三四的顺序排列，十分整齐。北首岭78M4：6为一小口瓶，肩部有一排由小三角组成的大三角纹，正倒相错。每个大三角纹由十五个小三角按一二三四五或相反的顺序排列。这两件器物都是半坡类型中年代最早的。做器者明显具有较好的数的概念和几何的概念（图四，4、5）。

⑤宽带纹

宽带纹是半坡类型彩陶中最流行的一种母题，从早到晚都是如此。一般画在碗、钵类的口沿外面，尤以圜底钵数量最多，其次是平底钵和平底碗。彩带宽2～3厘米，最宽的可达4厘米，环绕器物口外一周。个别的宽带纹断为两截，如何家湾H164：3。有些小豆、圈足杯和器盖上也饰宽带纹，但为数很少（图五，1～9、11、12）。半坡类型有不少刻划记号，差不多都是刻在彩陶钵的宽带上，显得格外醒目。宽带纹最早见于白家文化，但都是红彩。这种花纹的产生可能与制陶技术有关。因为从白家文化到仰韶文化早期的各个类型中，有不少碗、钵类器物在制

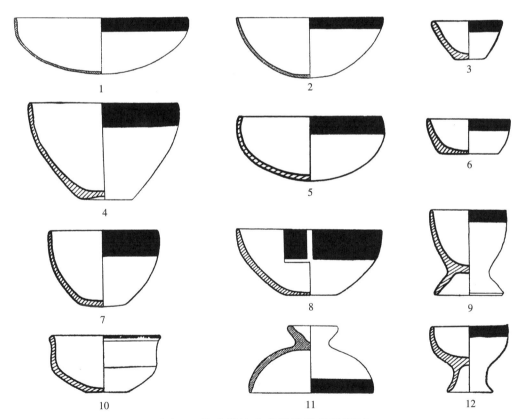

图五　饰宽带纹和窄带纹的几种器皿

1、2、5. 圜底钵（北首岭F38：1、H7：7，何家湾T13②：12）　3、6. 小碗（龙岗寺M27：2，何家湾T33③：1）　4. 碗（龙岗寺M118：4）　7、8. 平底钵（何家湾H195：1、H164：3）　9. 圈足杯（龙岗寺M315：1）　10. 窄缘盆（龙岗寺M413：3）　11. 器盖（北首岭78H1）　12. 小豆（龙岗寺M401：1）

坯时，往往用一种不同于坯料成分的细泥浆修理口沿。烧成后留下一周不甚明显的宽带。有的是把碗、钵类器物套叠起来烧制，套叠的部分氧化不够充分，颜色灰红。露出的口沿能够充分氧化，显得更红一些，从而产生一种不甚明显的红色宽带。当时的陶工可能注意到这种情况，干脆试着用红色颜料画出宽带，使其更加鲜艳悦目。这可能是宽带纹产生的原因，也是彩陶产生的原因之一。因为人们既然可以画宽带纹，当然也可以试验画别的更加复杂的花纹。一旦走出这一步，彩陶就应运而生了。

⑥窄带纹

多饰于窄沿盆或钵的口沿，也有饰于器座上的。带宽一般在 1 厘米以下（图五，10）。

⑦连续折带纹

数量甚多，是半坡类型中最富特征的花纹之一。一般由若干连续折带纹重叠而成，常见于细颈壶、尖底罐和盂等器物。细颈壶上一般有一至三道连续折带纹（图六）。

有的只有折带纹，如半坡 M39：10 有三条折带纹相互重叠（图六，1）。有的在折带纹上下空白的地方填补三角纹，如龙岗寺 M291：8、M346：5 和 M121：3

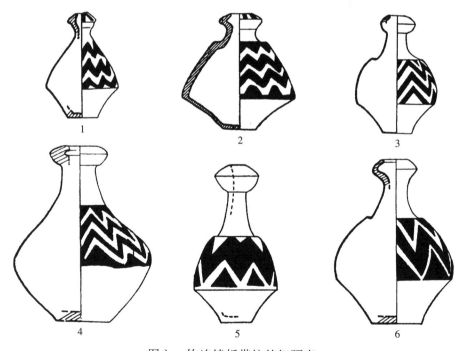

图六　饰连续折带纹的细颈壶

1. 半坡 M39：10　2. 北首岭 78M7：6　3~6. 龙岗寺 T25③：1、M291：8、M346：5、M121：3

等均是（图六，4~6）。尖底罐因为器身较高，一般有二至四条折带纹，而且上下都有三角纹填补空白。多数折带纹仅饰于上下腹部，近底部留出空白。有的则从口至底画满纹饰（图七）。龙岗寺 M273：3 分两段纹饰，上腹由三条折带纹和一排三角纹组成，下腹由一排倒三角纹和一排正三角纹相互咬合而成，中间的空地就成为阴纹的折带纹。实际上所有折带纹都是阴纹和阳纹互见，别有一番风味。盂因为比较矮胖，折带纹一般只有一二条，龙岗寺 M297：4 是唯一有三条的。龙岗寺 M109：11 则由两排正倒三角纹相互咬合，中间的白地成阴纹的折带纹（图八，1~5）。折带纹也见于盆、罐和尖底瓶等器物。北首岭 77M20：8 是一个窄沿盆，腹部有一条折带纹，上下各一排三角纹填补空白，显出两条阴纹的折带纹（图八，6）。北首岭 T125 为口颈部有弦纹和一圈泥突的尖底罐，腹部也饰三条折带纹，上下又填补三角纹（图八，7）。北首岭 M187：1 是一个尖底瓶，颈部有折带纹，腹部则为绳纹（图八，8）。

⑧细腰纹

花纹两头大中间细，有点像石工或木工用的细腰。一般中间用一至三根横线

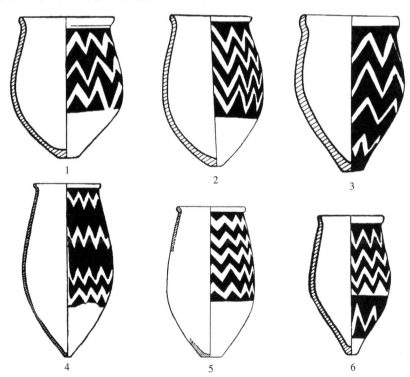

图七　饰连续折带纹的尖底罐

1~3、6. 龙岗寺 M424：1、M291：6、M386：7、M273：3　4. 姜寨 M257：16

5. 北首岭 77M3：5

图八　饰连续折带纹的陶器

1～5. 盂（龙岗寺 M109：11，姜寨 M84：19，龙岗寺 M374：5，北首岭 M17：5，
龙岗寺 M297：4）　6. 盆（北首岭 77M20：8）　7. 带泥突尖底罐（北首岭 T125）
8. 尖底瓶（北首岭 M187：1）

分隔，上下左右都很对称，再在腰部的上下加对三角纹，饰于窄沿盆的腹部，是
半坡类型很有特色的一种纹饰（图九，1～5）。主要见于早期，如半坡 M45：8 和
北首岭 78H1 等。晚期少见，如姜寨 M306：5；或拟似细腰纹，如何家湾 H24：5。

⑨菱形纹

这种纹饰的画法是，在一个长方格内用直线纵横划分成四个相等的小长方形，
再在每个小长方形中画对角线，形成八个直角三角形。中间的四个三角形便组成
菱形的样子。相邻三角形总是画成一黑一白，好似多面体不同反光且富于变化的
感觉。通常饰于窄沿盆的腹部，也是半坡类型中颇具特色的一种花纹（图九，6～
8）。多见于晚期，如北首岭 F15：2 和大地湾 H6：1 等。在与半坡类型大体同时或

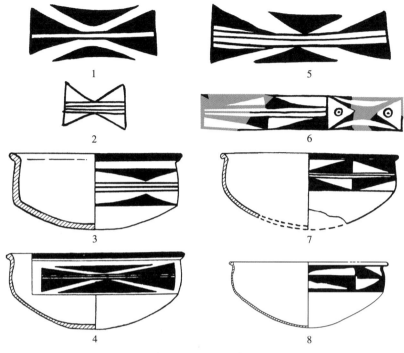

图九　细腰纹和菱形纹

1～5. 细腰纹（半坡 M45：8、T32H9，何家湾 H24：5，北首岭 78H1，半坡 T1（3））
6～8. 菱形纹（半坡 M45：8，大地湾 H6：1，北首岭 F15：2）

略晚的山西芮城东庄村和河南淅川下王岗等地也有出土，那大概是受到半坡类型
影响的结果。

⑩盆沿纹饰

在宽沿盆的沿面上一般由三角纹、短条纹或平行四边形纹组成花边带，阴纹
阳纹互见（图一〇）。例如半坡的 W45 和 W50 都是由阴纹表现为"个"字形纹和
短竖条，且均为四组，与盆内的两个人面纹和两个鱼纹或渔网纹相互对应（图一
〇，1）。北首岭 H14 盆沿全部由两个直角三角形相向和相背连缀而成，从阴纹看
正倒都是"个"字形纹，共有 22 个之多（图一〇，4）。其他盆沿花纹也多由三
角形、平行四边形、正方形和短竖条组成，阴纹阳纹相互交错，变化甚多，也是
半坡类型彩陶的一大特色（图一〇）。龙岗寺 W9：2 为一口径 43.2 厘米的大浅腹
宽沿盆，沿面的三角纹的一边或两边已成弧形，三角纹之间还夹杂有弧形纹（图
一〇，3）。这是半坡类型晚期新出现的以曲线为特征的纹饰。姜寨二期还出有似
花瓣纹的大口尖底罐。这都开启了下一时期以曲线、曲边体为特征的彩陶的先河。

半坡类型的彩陶除以上母题外，还有一些小品，如窗棂纹、放射形纹等，难
以用母题来概括。

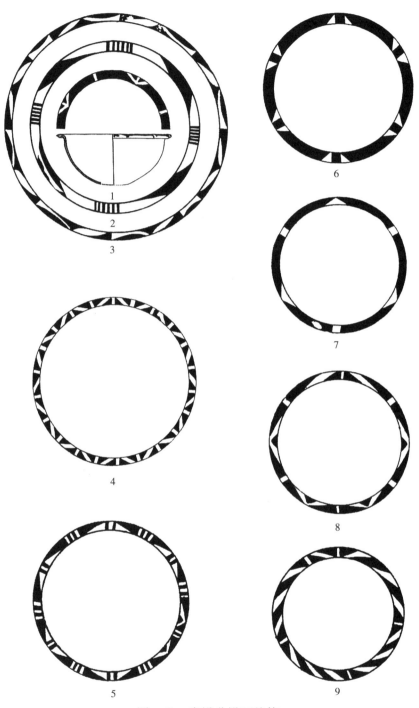

图一〇 宽沿盆沿面纹饰

1. 半坡 W45 2. 何家湾 H163∶1 3、6、7. 龙岗寺 W9∶2、H55∶7、W7∶1
4. 北首岭 H14 5、8、9. 姜寨 W122∶1、W115∶1、W52∶1

母题的运用与器物形态有密切关系——什么器物画什么花，显然是有一定之规的。例如碗、钵类最流行宽带纹，其次是平行斜线纹和三角纹；盂、细颈壶和尖底罐最流行连续折带纹；窄沿盆最流行细腰纹、菱形纹和鱼纹——这在后面还要说到。

（三）构图

半坡类型几何形花纹的构图比较简单，并且与器物形态有密切的关系。器形简单的碗、钵、盂等往往由单一母题或两个母题相间排列，前者有宽带纹、连续折带纹、连续折线纹、平行斜线纹和部分三角纹等；后者主要是由平行斜线纹与三角纹相间排列，如半坡 M108：7 陶钵上即由六组斜线纹与三角纹相间排列而成。有的陶钵内的主体花纹是由若干单元排列组成的网格纹；有的陶钵外有宽带纹，内有网格纹，可以说都是主体花纹，如龙岗寺 M324：4 即是（见图三，3）。

器形比较复杂的盆、细颈壶、尖底罐和葫芦瓶等则往往有主体花纹和配套花纹之别。例如窄沿盆的主体花纹多为细腰纹和菱形纹，更有许多鱼纹，配套花纹则只有唇沿的窄带纹一种。宽沿盆主体花纹多像生性花纹，也有画网格纹的，沿面的配套花纹则是用阴纹短斜线绕盆一周（见图三，1）。有些宽沿盆没有主体花纹而只有盆沿花纹。

细颈壶和尖底罐的主体花纹多是单一母题的连续折带纹，或为连续折带纹加三角纹镶边。早期细颈壶很少配套花纹，晚期则往往在壶嘴周围画放射形花纹或其他图案（见图六）。尖底罐一般没有配套花纹，少数在口沿配窄带纹。

有些彩陶上同时有锥刺纹或绳纹相配，数量很少，只有个别的尖底瓶、尖底罐和广肩罐等（图八，7、8）。

三　像生性花纹的分析

半坡类型的像生性花纹主要有人面纹和鱼纹，还有少量鸟纹、蛙纹、鹿纹、猪面纹、鸟衔鱼纹、人鱼合纹、鱼鸟合纹等。此外还有渔网纹等。

（一）人面纹的分析

人面纹是半坡类型特有的一种花纹，形态有神秘感。最先发现于西安半坡，曾经引起各种奇特的揣测[1]。之后在宝鸡北首岭、临潼姜寨和马陵、南郑龙岗

---

[1]　例如有人说是蚩尤的形象，有人说像水虫龙虱，还有人说像产妇生小孩的样子。实在不着边际，恕不一一征引。

寺、西乡何家湾和甘肃正宁东坪等地都或多或少有所发现，表现形态也有一些差别。华县元君庙[1]和临潼零口[2]也有个别残片。

据《西安半坡》报告称，半坡发现的"人面形花纹有七例"[3]，但从发表的图片看只有五例（图一一），也许是把同一陶盆上的两个人面一起统计了。

W45 和 W50 都有一个盖在瓮棺上的陶盆，在陶盆的内壁各画两个人面纹。

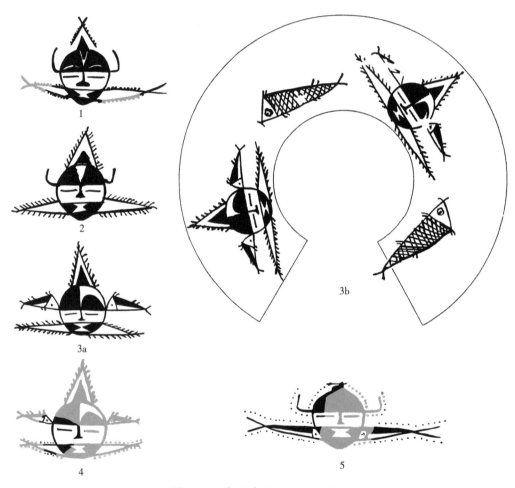

图一一　半坡陶盆上的人面纹

1. F1（3）　2. W45　3. W50　4、5. 采

〔1〕　北京大学历史系考古教研室：《元君庙仰韶墓地》，文物出版社，1983 年，图版五四，6。

〔2〕　陕西省考古研究所：《临潼零口村》，三秦出版社，2004 年，图二七〇，2。

〔3〕　中国科学院考古研究所、陕西省西安半坡博物馆：《西安半坡》，文物出版社，1963年，163 页。

W50 除两个人面纹外还有两条大鳞鱼纹，在盆的四壁各自相互作中心对称而不是镜面对称。画面似向反时针方向旋转，富有动感。人面为圆形，眼鼻口俱全。双眼眯成横线，像闭目沉思、潜心祈祷的样子。额头右半全部涂黑，左半仅涂成半圆形。头顶似乎是扎成椎髻的样子，耳部有两条小鱼相吻，嘴两边各有一条毛茸茸的东西，像是兽尾。整个画面有一种神秘感。半坡报告还发表了一件残陶片上人面纹的复原图像[1]，其构图几乎与 W50 完全相同。

W45 人面的两边没有鱼纹而是渔网纹。人面纹的样式也稍有不同，一是额头两边对称涂黑，中间留下一个楔形的地子。二是两耳各有一个弯钩上翘而没有小鱼。其余部分跟 W50 基本相同，也是闭目沉思或潜心祈祷的样子。由于面部左右对称，渔网纹本身也是对称的，整个画面便是镜面对称，非常平稳而没有丝毫动感。

F1(3) 是一个宽沿盆的残片，内壁仅有一个基本完整的人面纹。其形态与 W45 那件彩陶基本相同，只是额部正中的白地中又填充了一个倒三角，而且眼睛上方用阴线勾勒双眉，是所有人面纹中唯一表现眉毛的作品。

有一件窄沿盆的外壁也画了一个人面纹[2]，出土单位不详。因原器物过于残破，图像不全，也不知道人面纹以外还有没有别的配套花纹。从不完整的图像来看，其构图略与 W45 相近，闭眼静思，耳旁也有两个弯钩上翘。只是嘴两边为双鱼相吻。头顶发髻上插一骨笄。这种骨笄在遗址中多有出土。

临潼姜寨距离半坡只有 15 千米，文化面貌十分相近。根据发掘报告，姜寨一期发现有人面纹的陶器三件（W156：1、W162：1、W176：1），二期两件（F84：14、H493：32）[3]。但从形制来看，后两件也应当属于一期，也就是半坡类型的早期。前四件都是画在宽沿盆的内壁，只有后者画在尖底罐的外壁（图一二）。

W156：1、W162：1、W176：1 三者都是瓮棺的盖，内壁各画着一对人面纹和一对鱼纹（W156：1 有一个鱼纹因器物残破而不清楚）。F84：14 器物残破，只剩了一个人面纹。

W156：1 人面纹闭目沉思或静心祈祷，两耳弯钩向上，额头两边涂黑，嘴两边略似兽尾，又像鱼纹。两个人面纹作镜面对称。总体形象跟半坡 W45 的人面纹相似。但人面纹之间的鱼纹是顺时针游的，与其他鱼纹的方向不同。

————

〔1〕 中国科学院考古研究所、陕西省西安半坡博物馆：《西安半坡》，文物出版社，1963年，166 页图一二〇，4。

〔2〕 中国科学院考古研究所、陕西省西安半坡博物馆：《西安半坡》，文物出版社，1963年，166 页图一二〇，5；图版壹壹贰，4。

〔3〕 半坡博物馆、陕西省考古研究所、临潼县博物馆：《姜寨——新石器时代遗址发掘报告》文物出版社，1988 年，图九〇，4、5；图一八一，1、2；彩版贰、叁、伍，1；图版六八，1~3。

图一二　姜寨遗址的人面纹

1. W176：1　2. F84：14　3. H493：32　4. W156：1　5. W162：1

　　W162：1 的人面纹与 W156：1 基本相同，只是发髻上没有茸毛而耳旁弯钩上倒有茸毛，头顶上有一个大叉。两条鱼向逆时针游动。

　　W176：1 跟半坡 W45 的人面纹也颇相似，只是耳旁双钩上有特长的茸毛，而且两眼圆睁，还特别表现出黑眼珠，跟其他闭目沉思的形象形成鲜明对照。两条鱼也是朝逆时针方向游动，跟大多数盆内鱼纹一致。

　　F84：14 跟半坡 F1（3）几乎完全相同，其年代也应该相当。

　　H493：32 也是一块残陶片，原器物应是一个颈部有一周泥突的尖底罐。外壁的人面纹基本上与半坡 W45 的人面纹相同，只是在耳旁的两个弯钩上配着两条小鱼。年代也应该跟半坡 W45 一样属于半坡类型早期。

　　宝鸡北首岭没有发现完整的人面纹，只在一些残陶片上发现四例局部花纹，其中有两例可以复原，一例保留面部的主要部分，一例仅有部分发髻或尖锥状装饰，其特征分别与可复原的两个图像相同[1]（图一三，3、4）。T129：2 大致可以复原，形状与半坡 W50 的人面纹基本相同。T144：2 只有一个圆形的面部，没有发髻，也没有耳旁的弯钩和嘴旁的尾状茸毛。圆形面部与半坡 W50 的人面纹基本相同，只是外面再加画了一个圆圈。这个画面与下述何家湾 H242：6 盆底中央的人面纹几乎完全相同。

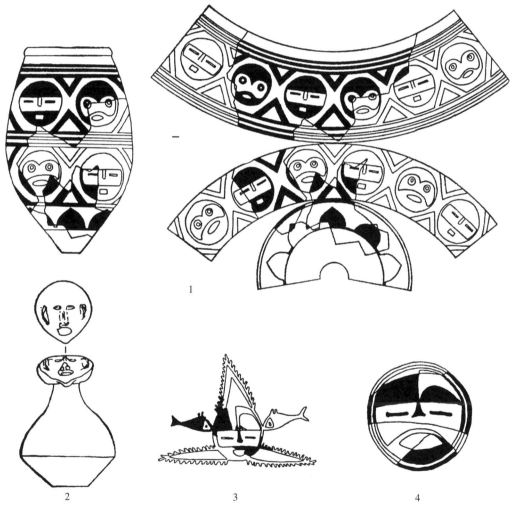

图一三　龙岗寺和北首岭的人面纹

1、2. 龙岗寺 H23：1、M369：13　3、4. 北首岭 T129：2、T144：2

〔1〕 中国社会科学院考古研究所：《宝鸡北首岭》，文物出版社，1983 年，图四七，3、7；图四八，15、21。

西乡何家湾有许多人面纹彩陶，全部出在 H242 一个灰坑中[1]。该坑略呈椭圆形锅底状，口径 2.16 米 × 1.70 米。出土大量陶片，据统计有 3076 片之多，其中有几件陶盆可以复原。有三件陶盆（H242：2、4、6）内壁画人面纹，一件画蛙纹，一件画鱼纹。另有几件人面纹的残片（H242：9、10、13、15、17），至少代表三个不同的人面纹的个体，而且形象都与前三个陶盆的人面纹不同。可见这一个灰坑就曾经堆积了六种不同人面纹的陶盆（图一四），还有其他许多种陶器或陶器的残片。

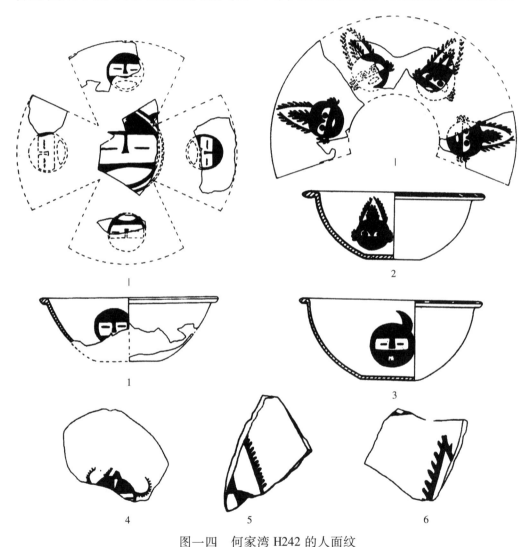

图一四　何家湾 H242 的人面纹

1. H242：6　2. H242：2　3. H242：4　4. H242：9　5. H242：13　6. H242：17

〔1〕　陕西省考古研究所、陕西省安康水电站库区考古队：《陕南考古报告集》，三秦出版社，1994 年，126、128、132、133 页图八一、八四、八五。

H242：6 陶盆已残破，但器形和花纹仍然可以复原。器内有五个圆形的人面纹，都是圆形，器底的一个最大，外边套一个圆圈，与宝鸡北首岭 T144：2 完全相同。四壁有四个圆形人面纹，彼此作镜面对称，构图方式与底部人面纹完全一样，只是没有外边的圆圈。

H242：4 内壁仅剩一个人面纹，报告作者估计原来应该有四个，说不定底部也有一个。人面也呈圆形只是黑道较粗，口较小，头顶右侧有一角状上翘。

H242：2 陶盆也略有残损，内壁有四个人面纹作镜面对称。人面头顶发髻高大且满是茸毛，两耳也有茸毛。两眼圆睁，眼眶上部作弧形，像人面也像猴面。

几块陶片上的人面纹局部形态，与半坡人面纹基本相同。

何家湾报告的作者将这个灰坑的年代定为半坡类型的晚期。但从出土物来看似乎应该属于半坡类型的早期。

南郑龙岗寺出土一件尖底罐 H23：1，外面画满了人面纹[1]。分上下两层，每层六个共十二个。上边和中间各有三道横线、下边有一道横线作为分隔。人面的左右之间用 ∨、∧ 形分隔。人面之下有五片莲花瓣承托。所有人面均为圆形，但有两种区别鲜明而又十分夸张的表情。一种与何家湾 H242：6 相同，作闭目沉思状；一种与何家湾 H242：2 相比，除没有头顶和耳际的茸毛，其余部分基本相同。每个都是双眼圆睁，作高度警觉的样子。特别有趣的是人面的排列，从横着看是一闭一睁相间排列，从竖着看则是一闭一睁和一睁一闭错位排列，可谓匠心独运。实在是一件罕见的艺术珍品（图一三，1）。

以上人面纹都是属于半坡类型早期的。

半坡类型晚期的人面纹形象已经有比较大的变化，而且多画在葫芦瓶上，见于陕西临潼马陵和甘肃正宁东坪等地。何家湾骨筒上的人面纹也应当是属于这一时期的（图一五）。

临潼马陵遗址葫芦瓶的口部全部画黑彩，腹部的主体纹饰分两个部分。正面画人面纹，背面画两条鱼纹。人面双目圆睁，鼻孔大张，龇牙咧嘴，两边伸出獠牙，像是怒不可遏、大发雷霆的样子。特别是头上有三个大角，显得更加威武凶狠。背面两条鱼的画法几乎完全一致，都是大头朝下，身躯短而宽，有背鳍和腹鳍，尾部有分叉。像是胖头鱼即鳙鱼的形象。这件葫芦瓶应当是半坡类型晚期不可多得的珍贵物品，现藏临潼博物馆。

正宁县东坪遗址位于甘肃东部接近陕西的旬邑，大致在泾水的中游地段，那里出土的葫芦瓶口部全部画黑彩，主体部分也分正反两面。正面画人面，两眼细

[1] 陕西省考古研究所：《龙岗寺》，文物出版社，1990 年，35 页图二五；图版贰陆，1。

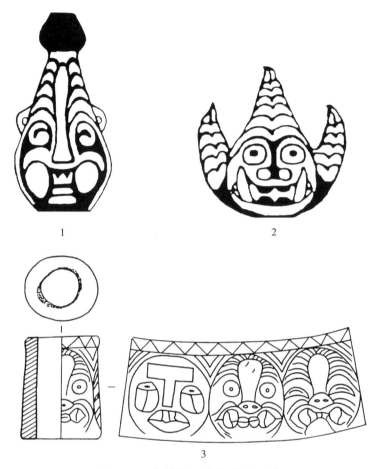

图一五　半坡类型晚期的人面纹

1. 临潼马陵　2. 正宁东坪　3. 西乡何家湾 M168：1

睬，鼻孔夸张得像棒槌，两颊圆鼓做嬉笑状。这个葫芦瓶背面也有圆形图画，可惜漫漶不清，不知道画的是什么内容。

　　西乡何家湾的 M168 出土一个骨筒，上面刻了三个人面纹[1]。骨筒高 4.4 厘米，直径 3.2～3.5 厘米。上部刻一道横线，横线上刻折线纹，下面刻三个表情各不相同的人面纹，人面之间用折线填空。每个人面纹同彩陶一样都呈圆形。第一个眉毛鼻子连在一起作"T"字形，眼袋下垂，中间一道似为眼泪，显露出深深的悲哀和痛哭的样子。第二个双眼圆睁，龇牙咧嘴，鼻子像棒槌，表现出十分愤怒的神情，与临潼马陵葫芦瓶上的人面纹颇为相似，只是头上没有长角。第三个

---

　　[1]　陕西省考古研究所、陕西省安康水电站库区考古队：《陕南考古报告集》，三秦出版社，1994 年，144 页图九三，1。

眯缝着双眼，喜上眉梢，咧嘴大笑，鼻子也夸张得像棒槌，头发向两边分开。整体形象跟正宁东坪葫芦瓶上的人面纹几乎完全相同。三个人面纹三种表情，其中第二、三个都有头发和胡须，显得有阳刚之气，当为男性；第一个没有胡须，也没有表现头发，悲哀中有娇柔之气，可能是女性。三者表情都很夸张，富于浪漫情调。说明作者善于体察人们的情感，创作中能够把握不同表情的特点，具有极高的艺术修养和表现能力。

龙岗寺也发现了一个刻划人面纹的骨筒[1]。人面十分简化：大鼻子，两眼圆睁，没有嘴巴。艺术性远不如何家湾的那件。

从上面的分析可以看出，半坡类型的人面纹不是一般意义上的人像绘画，而是高度模式化的作品。东起关中盆地东部，西到陇东，南到汉中盆地，差不多分布到半坡类型覆盖的整个地区。在这么广大的范围内，所有人面纹都画成圆形。而真正的人面没有一个是正圆形的。因此，与其说是表现真正的人面，倒不如说画的是假面具，是作巫术舞蹈时戴的假面具。假面具可以根据需要画出各种表情，自然也可以做出各种装饰。所以各个人面纹在相同中又有许多不同。如果这个推测不至于大错，那么这种人面纹就不是单纯的艺术作品，也不仅仅是反映某种社会风俗，应该还有一定的宗教含义，是半坡类型各部落所遵循的某种信仰和仪式的表征。这可能是它能够在整个半坡类型范围内施行，而决不向外传播，别的部落集团也决不仿效的原因。

人面纹也明显有一个发展过程。早期的表情多比较严肃，规规矩矩；晚期的人面纹似乎有所减少，画法则显得比较活泼开朗。这与整个半坡类型彩陶风格变化的趋势是一致的，应该说在一定程度上也反映了社会风气的变化。

（二）鱼纹的分析

鱼纹是半坡类型像生性花纹中数量最多，形态变化最为丰富的一种。最早发现于陕西西安半坡，之后在宝鸡北首岭、临潼姜寨、陇县原子头和甘肃秦安大地湾也都发现有大量鱼纹，陕南南郑龙岗寺和西乡何家湾等地数量较少。其他如陕西华阴横阵村、武功游凤，甘肃天水柴家坪、平凉苏家台和礼县石桥村等地零星的发现还有不少。

在半坡类型早期，鱼纹主要画在宽沿盆内壁和窄沿盆外腹壁，形象比较接近于写实。画在宽沿盆内壁的鱼纹大致有三种情况：一是直接画在人面纹的耳际或嘴边，与人面纹构成一个整体，似有特殊含义。这种鱼形状多青背白肚，个体甚

---

[1] 陕西省考古研究所：《龙岗寺》，文物出版社，1990年，160页图一〇五，1。

小，如半坡 W50 和姜寨 H493：32 等是（见图一一，3；图一二，3）。二是与人面纹两两对称。有的也是青背白肚的小鱼，如姜寨 W162：1（见图一二，5）；有的个体较大，并且用网格表现鱼鳞，应该是大鳞鱼之属，如半坡 W50。三是单画鱼纹。有的是青背白肚，如北首岭 M243：1，盆底画三个青背白肚的小鱼（图一六，3）。有的全部为黑色，如姜寨的 W159：2，盆底画五条小鱼，其中三条通身全黑，两条体部略微露白（图一六，2）。姜寨 W63：1 盆底有两个蛙纹和两对鱼纹相互对称，其中鱼纹也是通身全黑（图一六，4）。这些不同画法的鱼纹，可能是表现不同种类的鱼。

画在窄沿曲腹盆的外壁的鱼纹最多，是窄沿盆的主体花纹之一。一般个体较大，环绕盆壁周围画两条或三条鱼，首尾相接。鱼的形体各异，单是半坡遗址的鱼纹就有十二种之多。其中单体鱼纹九种，双体、三体和四体鱼纹各一种（图一七）[1]。从正面看，鱼纹的头部都向右。但如果从盆的顶面看（实际上看不到），每条鱼就都是按逆时针方向旋转游动。这与宽沿盆中鱼纹游动的方向是一致的。

由于窄沿盆有较宽裕的画面，有利于表现鱼的全体形态，所以从半坡类型的早期到晚期都很流行。甚至到半坡类型之后，仅保留半坡类型若干余韵的原子头仰韶文化三期，都还能够见到画变体鱼纹的窄沿盆[2]。从这些鱼纹的演变轨迹来看，大体是早期接近于写实，如半坡、姜寨一期和北首岭中期前段所见。晚期逐渐写意化，只求神似而不求形似。到半坡类型之后便发生更大的变化，只能叫变体鱼纹了（图一八）。

鱼纹的变化还反映在所画器物上。在半坡类型早期，鱼纹基本上只见于宽沿盆内和窄沿盆外。到半坡类型晚期，鱼纹除仍然多见于窄沿盆外，已不见于宽沿盆内。同时又常见于葫芦瓶上，有时也见于圜底钵和细颈壶上。这时的鱼纹形象多在写实与写意之间，运笔比较自由奔放。例如姜寨 M238：4 葫芦瓶画一完整鱼纹绕瓶一周，头部占了整个鱼身的一大半。画工似乎觉得尾部太过细弱，所以在上部又画了一个菱形装饰以求平衡（图一九，1）。有的葫芦瓶上画的鱼纹变形极大，后半身有鳍有尾，可以判断是鱼。但前面的主体完全不像鱼头，也不像别的什么动物，变化多端，无以名状（图二〇，1、2）。晚期也有比较写实的鱼纹，只是运笔比较流畅自如（图一九，3、4）。

在半坡类型早期，窄沿盆上的两尾鱼形状基本相同；但到半坡类型晚期便有

---

〔1〕　中国科学院考古研究所、陕西省西安半坡博物馆：《西安半坡》，文物出版社，1963年，164～168 页图一二〇至一二二。

〔2〕　宝鸡市考古工作队：《陇县原子头》，文物出版社，2005 年，78 页图五二，10～13。

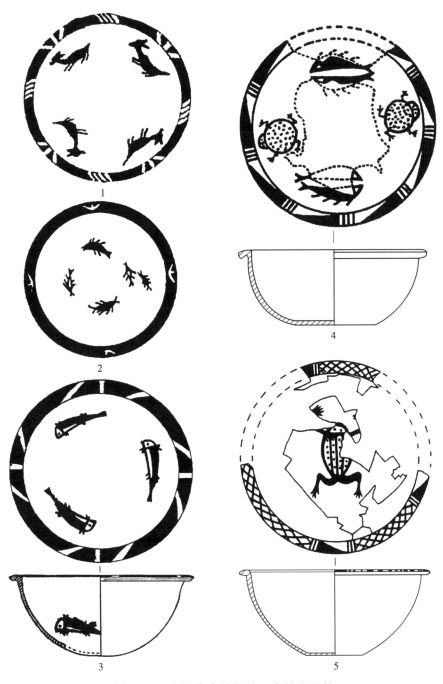

图一六　宽沿盆内的鱼纹、鹿纹和蛙纹

1. 鹿纹（半坡 W34）　　2、3. 鱼纹（姜寨 W159：2、北首岭 M243：1）　　4. 蛙纹
和鱼纹（姜寨 W63：1）　　5. 蛙纹（何家湾 H242：5）

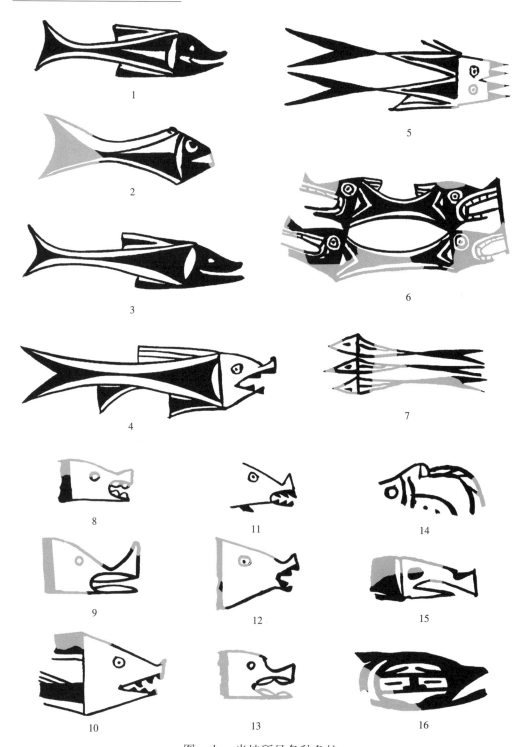

图一七　半坡所见各种鱼纹

1. T104　4. 大脏土坑　5. T32H8　余见《西安半坡》图一二〇至一二二，图版壹伍贰至壹伍肆

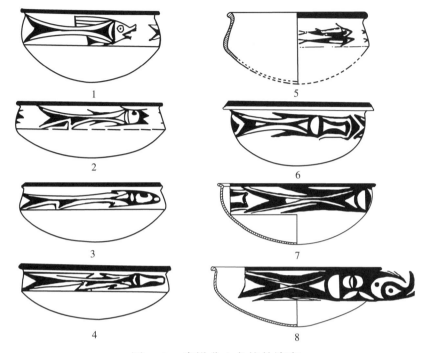

图一八　窄沿盆上鱼纹的演变

1. 半坡大脏土坑　2、5. 北首岭 M169：1、T113：2　3、4、6. 大地湾 H232：1、
T332③：14、H227：22　7、8. 原子头 H55：1、F33：4

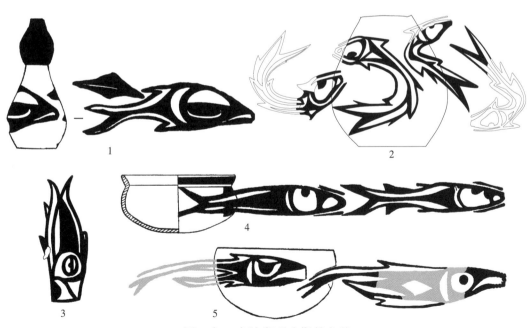

图一九　半坡类型晚期的鱼纹

1. 姜寨 M238：4　2. 王家阴洼　3. 临潼马陵　4. 龙岗寺 M178：2　5. 姜寨 ZHT8⑤：2

图二〇　变体鱼纹
1、2. 姜寨 M168∶3、ZHT11⑤∶60

较大的随意性，两尾鱼可以有较大的差别。例如龙岗寺 M178∶2 为一圜底窄沿盆，腹部画两条鱼；一条较胖，一条较瘦；一条腹背都有双鳍，一条腹背只有近尾部的单鳍；头尾的形状也略有差别。又如姜寨 ZHT8⑤∶2 为一圜底钵，画两条鱼前后循环追尾；一条体胖，一条身体奇瘦；但鱼头颇像，很难说是画的两种鱼。看来画工是信手运笔，犹如行云流水，挥洒自如，充满艺术的神韵（图一九，4、5）。甘肃秦安王家阴洼墓地多有用葫芦瓶随葬的，其中一件口残，腹部画四尾鱼，两两相对嬉戏。一对头与头相接，似在私语，一对头尾相追，很是亲热。整个画面布局匠心独运，充满活力（图一九，2）。

半坡、姜寨和北首岭个别窄沿盆上有两鱼并列或三鱼并列的画面，笔道相对简化而草率（见图一七，5~7；图一八，5）。半坡还有画在尖底罐上的四鱼纹，每两条鱼的身体连在一起，没有尾巴，四条鱼都张嘴露齿，很是特别。

（三）鹿纹、蛙纹和鸟纹等的分析

半坡类型除人面纹和鱼纹以外，还有鹿纹、蛙纹、鸟纹、猪面纹、鸟衔鱼纹、人鱼合纹和鱼鸟合纹等。除鱼鸟合纹稍多外，其他数量都很少，也很有特色。鹿纹、蛙纹见于早期的宽沿盆，后几种纹饰基本上都是晚期的作品。

（1）鹿纹

仅见于半坡，画在宽沿浅腹盆内，形象在拟似之中。四个鹿纹的头部都朝向逆时针方向，好像一个跟一个在转圈走动（见图一六，1）。

（2）蛙纹

见于姜寨和何家湾，也都画在宽沿浅腹盆内。姜寨的 W63∶1 有两个蛙纹和两对鱼纹彼此相对。蛙体四肢伸开，背部有许多麻点。鱼均为黑体，双双腹面相对，头部朝向逆时针方向游动（见图一六，4）。何家湾的 H242∶5 在盆底中央画一青蛙，四肢张开，头部有双眼，背部有三条竖线，中间有排列整齐的麻点（见图一六，5）。

（3）猪面纹

半坡类型晚期还有所谓猪面纹，主要画在葫芦瓶和细颈壶上（图二一）。姜寨 M312：1 口像细颈壶，全身像葫芦瓶。主体花纹分两层，均有两个大眼和猪特有的鼻子，绕瓶连续排列。姜寨 M128：1 为细颈壶，主体花纹的两个大眼像前器的猪眼；龙岗寺一细颈壶 M315：2 主体花纹像前器的猪鼻。二者都是写意之作。

图二一　猪面纹
1、3. 姜寨 M128：1、M312：1　2. 龙岗寺 M315：2

（4）鱼鸟合纹与人鸟合纹

陕西武功游凤有一细颈壶，上面画两条鱼相互追尾，形状完全相同。鱼身上有鳍有尾，口部大张，里面有一个鸟头，构思奇特（图二二，2）。姜寨一件葫芦瓶 M76：10，正反两面都有一个鸟头被包在一个圆形体内。比照游凤的那个鸟鱼合纹，那个圆形体也许是一个鱼的大口（图二二，4）。姜寨另一件葫芦瓶 H467：1 的花纹比较复杂。正背两面的花纹相同，都分两层。上层似人面纹，方形，有两眼，头顶有三个尖锥，口大张，中间含一鸟头，可称为人鸟合纹。下层似乎是鱼嘴，里面也含一鸟头，正背两面之间的配套花纹左右各不相同，一边是两尾鱼上下相向、对着中间的器耳，另一边上下各有一个缩短的细腰纹加三角纹。瓶口则全部涂黑（图二二，3）。

（5）鸟纹

仅见于半坡类型的晚期，完整形态的只有北首岭一件，画在大头细颈壶上。为一只水鸟叼着一条"鱼"，但这条鱼形象特别，不太像鱼，和泥鳅比也是似像又不太像（图二二，1）。

图二二　鸟衔鱼纹和鱼鸟合纹
1. 北首岭 M52：1　2. 武功游凤　3、4. 姜寨 H467：1、M76：10

半坡还有一人鱼合纹的例子。在鱼的头部留出一个大空间，里面画一个人面[1]。这类花纹艺术性并不高，把鸟和鱼或人和鱼身体的一部分合在一起，可能有某种寓意，可惜现在的我们已无法知晓了。

（四）像生性花纹的构图

半坡类型像生性花纹的构图大致遵循以下原则。

一是突出主体。例如饰人面纹的宽沿盆总是突出人面纹，其旁的鱼纹或渔网纹以及盆沿的几何形花纹都是配套纹饰。饰人面纹的葫芦瓶同样如此。饰鱼纹的窄沿盆或钵或葫芦瓶则都以鱼纹为主体，如有空白则配以三角或细腰纹等小品，以达到主题鲜明的效果。

二是讲求对称。有镜面对称和中心对称，而以中心对称为主。有些人面纹是镜面对称的，如半坡 W45，两个人面和两个渔网都互为镜像。何家湾 H242：6 盆内有五个人面纹，除中间一个大人面纹外，周围四个也是镜面对称。不过这些镜面对称也可以按中心对称来理解，毕竟这些图像是画在圆形器物上，用中心对称的方法来布图是合乎情理的。有的人面纹完全是中心对称，如半坡 W50 的两个人面纹和两个鱼纹都不互为镜像，如果把一个以盆的圆心为轴心旋转 180°，便会与

〔1〕　中国科学院考古研究所、陕西省西安半坡博物馆：《西安半坡》，文物出版社，1963年，168 页图一二二，11。

另一个完全重合。

　　早期的鱼纹几乎都是中心对称。宽沿盆中的鱼，有的要旋转180°，有的只需要旋转120°。如北首岭 M243：1 的一件宽沿盆里面画三尾鱼，任何一尾鱼向逆时针方向旋转120°，就会与另一尾鱼重合。窄沿盆上的鱼纹一般是两条相互追尾，把任一条旋转180°，便会与另一条重合。也有不那么守规矩的。如姜寨 W159：2 画了五条鱼纹，其中四条是分为两组作中心对称的，但不知为什么又附加了第五条小鱼，破坏了整个画面的对称与平衡。不过到半坡类型晚期画风变得比较自由，有时故意打破对称的规则。盆钵上的两尾鱼有的还按照中心对称来布图，有的就故意画得不一样；一个骨筒上的三个人面纹表情更是各不相同。镜面对称有一种平衡稳定的感觉，而中心对称则有旋转移动的感觉，同时又不失基本的平衡。

　　三是在不变中求变。最典型的例子是龙岗寺那件饰人面纹的尖底罐。横着两排人面纹每排六个，排列得整整齐齐，可是一个闭眼一个睁眼，从竖着看也是一个闭眼一个睁眼。这是在不变中求变，摆脱了有可能过于平稳的处境。

　　四是分割与双关。像生性花纹的构图事先都有设计，把整幅画面划分为二等分、三等分或四等分，以四等分为多。人面纹、鱼纹、鹿纹、蛙纹等都是如此。有的画面既有分割，又有关联。例如姜寨 M312：1 那件变形葫芦瓶上的猪面纹，同一只眼睛既可以是左边猪面的右眼，又可以是右边猪面的左眼，任何一双眼睛都可以找到一个相配的鼻子，明显有一种双关的效果。类似的情况其实在几何形花纹中也可以找到，例如菱形纹和宽沿盆的盆沿花纹就常有这样的例子。

四　半坡类型彩陶的演变

　　半坡类型的彩陶应该是在零口类型彩陶的基础上发展起来的，而零口类型则是继承白家文化发展起来的。问题是所谓零口类型的研究刚刚起步，基本面貌还不是很清楚。其实这类遗存最早是 1959 年春在陕西华县老官台发现的[1]，当时即认识到它与以元君庙为代表的半坡类型和以泉护一期文化为代表的所谓庙底沟类型都不相同，年代可能较早。那时在元君庙下层也发现了一种与半坡类型和庙底沟类型都不相同的文化遗存，而且在地层上即已证明比同遗址的半坡类型墓葬要早。这两类遗存其实并不相同，却不甚恰当地合在一起而命名为老官台文化。后来与元君庙下层相同或相近的遗址多有发现，其中以临潼白家村遗址最为丰富

---

　　[1]　北京大学考古教研室华县报告编写组：《华县、渭南古代遗址调查与试掘》，《考古学报》1980 年第 3 期，297～302 页。

而且单纯，所以白家村考古报告的作者将这一类遗存改称为白家村文化[1]。而老官台遗址的文化遗存倒是与近年发现的临潼零口村遗址第二期基本相同。零口村考古报告的作者将这类遗存称之为零口村文化[2]；巩启明先生称为零口二期遗存，认为属于仰韶文化的最早时期[3]；也有称之为零口类型的。零口遗址第二期的彩陶很少，均为黑彩，饰于宽沿盆口沿和尖底罐上；有三角形纹、平行四边形纹和连续折带纹等，与半坡类型的花纹完全相同。这不免令人有点怀疑：要么是这类花纹延续时间长，从零口类型直到半坡类型的晚期都没有什么变化；要么是把这些彩陶错定了时期，因为零口遗址也有半坡类型的遗存，即零口的第三期文化遗存。对于这种情况一时间还难以做出准确的判断。

白家文化的彩陶基本上只有红色宽带纹一种。零口类型作为白家文化和仰韶文化半坡类型的中间环节，似不应没有宽带纹，但就是没有发现。其他彩陶也极少。二者只能是彩陶文化的萌芽期。

以半坡类型为主的仰韶文化早期或半坡期才真正进入彩陶文化的发展期。这个时期的彩陶本身也有一个发展过程。几何形花纹和像生性花纹都有自己的演变轨迹。大量的几何形花纹如宽带纹、三角纹、连续折带纹、平行斜线纹等其实从早期到晚期并无多大变化。但早期那种重叠小三角纹不见于晚期。早期多细腰纹，晚期多菱形纹。早期颇流行的宽沿盆的盆沿花纹到晚期少见。最大的变化是早期几乎都是以直线和直边构成的块体组成花纹，而晚期出现了少量以曲线或曲边构成的块体组成的圆点纹、豆荚纹和花瓣纹等，从而开启了下一阶段以曲线为特征的那种活泼流畅的花纹体系的先河。像生性花纹的变化也有同样的趋向。早期的人面纹似乎比较严肃规矩，到晚期就比较活泼自由。鱼纹的变化大体也是从比较规矩到比较自由奔放发展的，不过情形比较复杂。窄沿盆上的鱼纹多数是沿着从写实到写意的轨迹进行的；而晚期的细颈壶和葫芦瓶上的鱼纹有的还颇写实，有的则变化极大，仅能辨识出还有一点鱼纹的影子。几何形和像生性两种花纹各自发展，绝对看不出有从像生性花纹演变为几何形花纹的情况。《西安半坡》的作者注意到某些几何形花纹跟鱼纹似乎有些联系，画了三幅由鱼纹演变为几何形花纹的推测图[4]。作为一种推测，无可厚非；可是经常被一些著作征引，以为那就是仰韶文化彩陶发展的一种规律。其实单体鱼纹不会演变为双体鱼纹，双体鱼纹也

---

[1] 中国社会科学院考古研究所：《临潼白家村》，巴蜀书社，1994 年，105～106 页。

[2] 陕西省考古研究所：《临潼零口村》，三秦出版社，2004 年。

[3] 巩启明：《仰韶文化》，文物出版社，2002 年，147 页。

[4] 中国科学院考古研究所、陕西省西安半坡博物馆：《西安半坡》，文物出版社，1963 年，183～185 页图一二九至一三一。

不会随便砍掉脑袋而不断向几何形花纹演变。同样的鱼纹，一会儿变成细腰纹，一会儿又变成菱形纹或其他纹饰，与彩陶发展的实际情况相悖，又没有任何地层学和类型学的证据，显然是难以成立的。

需要指出的是，在仰韶文化早期不仅有半坡类型，还有东庄类型、后冈类型、下王岗类型和鲁家坡类型等[1]，每个类型都有或多或少的彩陶，只是都不如半坡类型发达。这些地方几乎都有宽带纹饰于碗、钵之上，可能是受了半坡类型的影响。山西芮城东庄村有鱼纹、菱形纹、平行斜线纹与三角纹相互交错的纹饰[2]，河南淅川下王岗一期有折线纹、二期有菱形纹[3]，郑州大河村前一期有鱼纹和三角纹[4]，这些明显是受半坡类型影响而发生的。至于后冈类型多平行斜线纹和平行竖线纹，半坡类型的平行斜线纹倒可能是受到它的影响。不管怎样，仰韶文化早期分布的广大地区已经普遍出现彩陶，是中原地区彩陶文化初步发展的时期。而半坡类型的彩陶在这个时期是最发达、内容最丰富的，它所在的渭河流域应该是仰韶文化彩陶的起源地和发展中心。

[原载《仰韶文化研究》（增订本），文物出版社，2009 年]

〔1〕 韩建业：《中国北方地区新石器时代文化研究》，文物出版社，2003 年，77～87 页。

〔2〕 中国科学院考古研究所山西工作队：《山西芮城东庄村和西王村遗址的发掘》，《考古学报》1973 年第 1 期，16 页图一五。

〔3〕 河南省文物研究所、长江流域规划办公室考古队河南分队：《淅川下王岗》，文物出版社，1989 年，50 页图四七，4 和 149 页图一六四，5、6。

〔4〕 郑州市文物考古研究所：《郑州大河村》，科学出版社，2001 年，100 页图五三，4、13。

大司空类型彩陶之分析

一 大司空类型遗存的发现

1929 年秋，中央研究院历史语言研究所在进行第三次殷墟发掘时，在小屯的殷文化层一大堆带刻字的甲骨片中发现了一块敛口陶钵的残片。这钵的口部有白衣，上面画红黑相间的竖条纹、同心圆纹和网格纹。这是在河南北部第一次发现仰韶文化的遗物，只是并非出于原生地层而是混杂在殷文化层中[1]。

1931～1934 年，梁思永等主持发掘了河南安阳高楼庄后冈遗址，不但证实河南北部确实有仰韶文化遗址，而且发现了小屯（殷）、龙山与仰韶三种文化遗存依次叠压的地层关系[2]。

1932 年 4 月，吴金鼎发掘安阳侯家庄高井台子，也发现了与后冈相同的地层关系[3]。同年刘燿（尹达）发掘河南浚县大赉店遗址，发现有龙山叠压仰韶的地层关系[4]。在其后的几年中，历史语言研究所还先后发现了安阳秋口同乐寨、大正集老磨冈和浚县刘庄等仰韶文化遗址[5]。检查这几处仰韶文化遗存，不难发现其面貌有相当的差别。例如后冈多红陶，彩陶很少。彩纹多紫红色，间或有黑色的，但在同一器物上只使用一种颜色。纹样主要有三种：宽带、成组竖条和交错的成组斜条。而同乐寨多灰陶，彩陶稍多。彩纹多红色，间或用黑色或用红黑两种颜色。纹样稍复杂，有细腰纹、豆荚纹、蝶须纹、成组竖波线和斜波线等。两者彩陶的器形也有所不同。高井台子和大正集两种彩陶都有，其余遗址则都与

〔1〕 李济：《小屯与仰韶》，《安阳发掘报告》第二册，1930 年。
〔2〕 梁思永：《后岗发掘小记》，《安阳发掘报告》第四册，1933 年；梁思永：《小屯龙山与仰韶》，《庆祝蔡元培先生六十五岁论文集》，中央研究院历史语言研究所集刊外编第一种，1935 年。
〔3〕 吴金鼎：《摘记小屯迄西之三处小发掘》，《安阳发掘报告》第四册，1933 年；吴金鼎：《高井台子三种陶业概论》，《田野考古报告》第一册，1936 年。
〔4〕 刘燿：《河南浚县大赉店史前遗址》，《田野考古报告》第一册，1936 年。
〔5〕 尹达：《中国新石器时代》，生活·读书·新知三联书店，1955 年，24、86 页。

后冈相同。吴金鼎关于高井台子的两篇文章中发表的仰韶器物都属于第一种，但他所著《中国史前陶器》一书中说明是出于高井台子的第 11、14 和 15 三个器物插图则都属于后一种[1]。不过当时首先是要正确地区分仰韶与龙山，对仰韶文化遗存本身的进一步区分则未遑顾及。

1957 年，作者在河北邯郸实习期间试掘的百家村遗址与安阳同乐寨相同，在平山调查发现的韩庄与尚庄则与后冈相同。1958 年，中国科学院考古研究所在河南安阳北郊大司空村东南的豫北纱厂内清理了一处仰韶文化遗址，发现一座残窑和一个灰坑。出土陶片不多，其特点与同乐寨和百家村相同，而与隔河相对的后冈

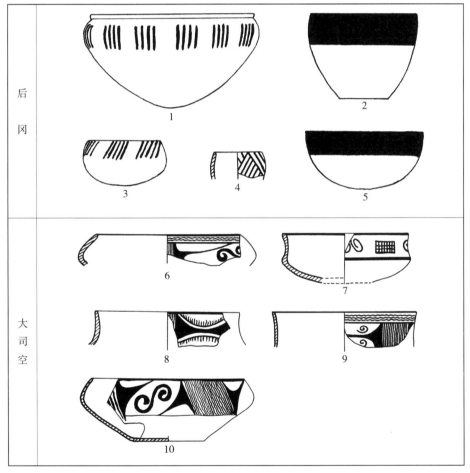

图一　安阳后冈和大司空村的彩陶

1. 圜底盆　2. 平底钵（H5：3）　3、5. 圜底钵（TA2③：2、H5：22）　4. 盂（TC4④：9）

6、10. 敛口钵（T507 火门下、65T301：01）　7~9. 折腹盆（?、T407④、T507 火门下）

〔1〕　G. D. Wu, *Prehistory Pottery in China*, London, 1938.

判然有别（图一）。发掘者认为二者应属于不同的类型，并且代表不同的发展阶段[1]。从此在仰韶文化的研究中才有了后冈类型和大司空类型这样的名称。有些学者称大司空类型为百家村类型[2]，因为百家村遗址比大司空村发现得早，遗物比较丰富，识别得也比较早，只不过名称提得稍晚而已。

1962、1963 和 1965 年，北京大学考古专业的师生曾经先后到安阳地区进行田野考古实习，调查发现了许多仰韶文化遗址，其中包括后冈类型和大司空类型两种遗存。并且对安阳大正集锅炉（老磨冈）、大寒南岗、鲍家堂、汤阴程岗和浚县草店等多处遗址进行了发掘，从而对当地仰韶文化有了比较明确的认识，对大司空类型则有更加深切的了解。

现知大司空类型的遗址主要分布在河北省南部和河南省北部，尤以漳河和卫河流域为多。河南新乡洛丝潭只有少量大司空类型的因素，应该是这个类型分布的南部边缘。在河北历年发现的大司空类型遗址还有磁县下潘汪、界段营，邯郸义西，永年洺关，武安城二庄，邢台柴庄和西黄村等处。邢台大概已经接近这个类型的北部边缘，再往北就是以平山田兴和中贾壁为代表的一类遗存的分布区了。至于正定南杨庄第五期和容城午方相当于仰韶文化晚期的遗存则又是另一类型的东西，与大司空类型没有多大关系。所以大司空类型分布的范围是比较明确的，大致呈长椭圆形，南北长径约 250 千米，东西短径仅约 50 千米。基本上处在太行山东麓的冲积扇和冲积平原上（图二）。

关于大司空类型的年代过去多有争论[3]，但大多只注意到它与后冈类型孰早孰晚的问题。实际上在冀南豫北的仰韶文化至少可以分为四期，即后冈期、钓鱼台期、大司空期和台口期，大司空类型属第三期，与河南中西部的秦王寨类型基本上属于同一时期[4]，其绝对年代大约为公元前 3500～前 3000 年。如果与后冈类型相比，不但年代要晚得多，在文化内容上也看不出明确的因袭继承关系。

---

〔1〕 中国科学院考古研究所安阳发掘队：《1958～1959 年殷墟发掘简报》，《考古》1961年第 2 期，64 页。

〔2〕 唐云明：《试谈有关河北仰韶文化中的一些问题》，《考古》1964 年第 9 期。

〔3〕 杨建芳：《略论仰韶文化和马家窑文化的分期》，《考古学报》1962 年第 1 期；唐云明：《试论豫北冀南仰韶文化的类型与分期》，《考古》1977 年第 4 期；杨锡璋：《仰韶文化后冈类型和大司空类型的相对年代》，《考古》1977 年第 4 期。

〔4〕 严文明：《略论仰韶文化的起源和发展阶段》，《仰韶文化研究》，文物出版社，1989 年。

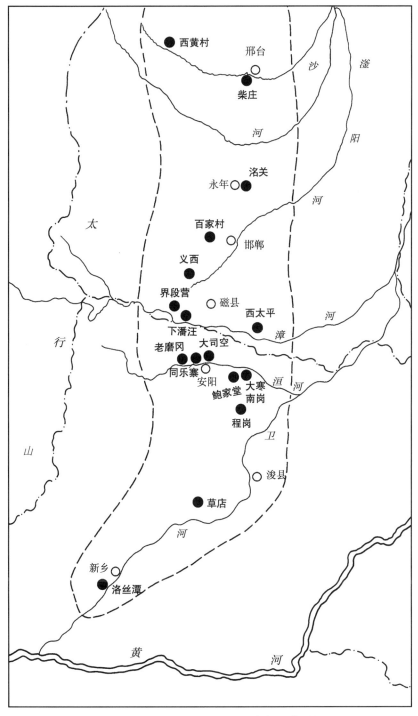

图二　大司空类型遗址的分布示意图

（虚线表示大司空类型分布的范围，"●"表示遗址）

二　主要遗址彩陶的初步分析

大司空类型中出土彩陶较多的遗址有河北的百家村、下潘汪、界段营、洺关以及河南安阳的大正集老磨冈、大寒南岗、鲍家堂和浚县草店等处。兹将各处出土彩陶的情况做一介绍和初步的分析。

（1）百家村

遗址位于邯郸市西约 4 千米的百家村西边，它的西南两边紧临沁河。在河边的断崖上可以见到白灰面的房屋遗迹和许多灰坑，文化层厚约 2 米。遗址的范围东靠元甲寺，往西距离约 400 米；南北将近 500 米，近椭圆形，保存甚好。1957 年 11 月，北京大学和河北省文化局合组邯郸考古队调查发现了这一遗址，12 月初进行了试掘，之后省文化局的罗平又进行了一次调查[1]。发现的遗物基本上都是仰韶文化的。出土陶片多灰色，少量为红色和黑色。可识辨的器形有彩陶盆、彩陶钵、彩陶罐、素面罐、篮纹罐、绳纹罐和素陶杯等。彩纹多红色，主要有细腰纹、豆荚纹、成组竖波纹和蝶须纹等。细腰纹上下的半月形地子上有各种式样的小纹饰（图三）。

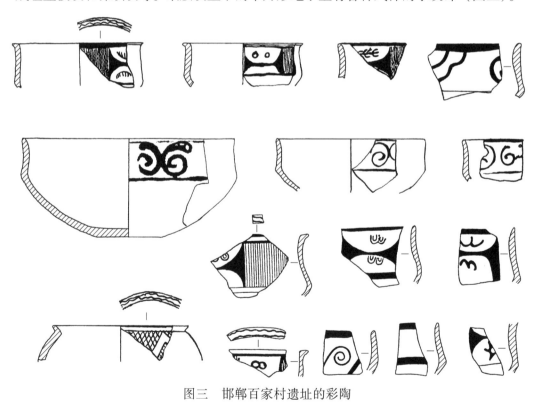

图三　邯郸百家村遗址的彩陶

〔1〕　罗平：《河北邯郸百家村新石器时代遗址》，《考古》1965 年第 4 期。

（2）界段营

遗址位于磁县西20千米的界段营村西约1千米处，南临漳河，面积约1万平方米。1959年秋发现，1960年春发掘，发现有大司空类型和后冈类型两种仰韶文化遗存，但未见相互叠压或打破的地层关系[1]。根据9个大司空类型灰坑出土陶片的统计，泥质灰陶占30％，夹砂灰陶占35％，泥质红陶占25％，其余为夹砂红陶和泥质黑陶。素面和磨光的陶片约占80％，篮纹占9％，彩陶占5％，绳纹和划纹共占4％，其余尚有极少的附加堆纹、锯齿纹和剔刺纹。彩纹以红色为主，少数为赭色，没有发现黑彩（图四）。

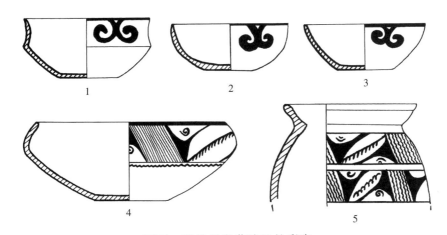

图四　磁县界段营遗址的彩陶

1. 盆（H10∶1）　　2、3. 碗（H35∶5、H21∶1）　　4. 钵（H35∶4）　　5. 罐（H10∶8）

（3）下潘汪

遗址位于磁县西南18千米的下潘汪村东南，南临漳河。1959年10～12月发掘，发现有仰韶、龙山和商周等时期的文化遗存，其中仰韶文化即包含有后冈类型和大司空类型两种遗存[2]。两者在地层上虽然没有叠压打破关系，但是在大司空类型的H70和H99中分别出后冈类型的弦纹罐和红顶碗，而后冈类型的灰坑中完全不见大司空类型的遗物，即可以证明大司空类型确实晚于后冈类型。发掘报告却认为第一类即大司空类型的遗存早于第二类即后冈类型的依次是不正确的。这里大司空类型仅发现7个灰坑，出土陶片以灰陶为主，红陶不足三分之一，彩陶却占24％，是本类型遗址中比例最高的。这些彩陶几乎都是泥质红陶，仅有个别是泥质灰陶。器形主要是盆、钵、碗三种，还有少量罐。彩纹几乎全部饰于器

〔1〕　河北省文物管理处：《磁县界段营发掘简报》，《考古》1974年第6期。

〔2〕　河北省文物管理处：《磁县下潘汪遗址发掘报告》，《考古学报》1975年第1期。

身上腹部和盆的缘面，个别罐的缘面和耳部也有彩纹。绝大部分彩纹为比地色稍深和比较鲜艳的红色，只有个别是黑色的，没有发现同时施用两种颜色的。在不同的器物上往往有不同的纹饰。盆上最常见的纹饰是由两个凹腰三角形顶部对接形成的细腰纹与多道并列的曲线纹交错排列，细腰纹上下的两个半月形空间则饰以各种式样的小品。盆的缘面则多为曲线纹，也有由若干组斜线纹交错排列的。钵上最常见的纹饰是由两个不对称的凹边三角形相错连接，中间形成的豆荚形空间也饰以各种式样的小品。这样形成的一个单元再与多道并列的波线纹交错排列。碗上则以蝶须纹为主，还有反"S"纹等。罐上的纹饰不多，但是变化比较大，缺少规范（图五至图七）。

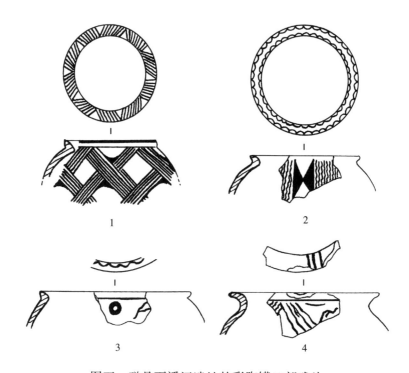

图五　磁县下潘汪遗址的彩陶罐口部残片

1. T32④∶36　2. T30③∶16　3. T32④∶37　4. T11④∶21

现将7个灰坑的陶片统计如表一。

表一　磁县下潘汪大司空类型7个灰坑陶片统计表

陶质陶色	素面	彩纹	篮纹	划纹	堆纹	线纹	剔刺纹	麻纹	小计	百分比（%）
泥质灰陶	160	3	75	1	2	19			260	43.4
泥质红陶	24	141	6			6			177	29.5

续表

陶质陶色	素面	彩纹	篮纹	划纹	堆纹	线纹	剔刺纹	麻纹	小计	百分比（%）
夹砂灰陶	119				4	3	6	5	137	22.9
夹砂红陶	9	5					1		15	2.5
泥质黑陶	10								10	1.7
小计	322	144	86	1	6	28	7	5	599	
百分比（%）	53.7	24.0	14.3	0.2	1.0	4.7	1.2	0.9	100	100

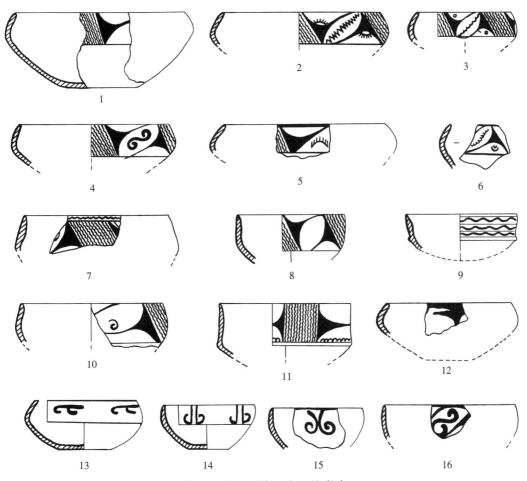

图六　磁县下潘汪遗址的彩陶

1~7、10、12、13. 钵（T50④a：5、H20：2、T33④a：20、T50④a：262、H183：194、T7④：25、H96：275、H96：274、H99：4、T33④a：17）　8、9、14~16. 碗（H74：5、T22④a：4、H99：1、H74：102、T45④a：229）　11. 盆（H99：5）

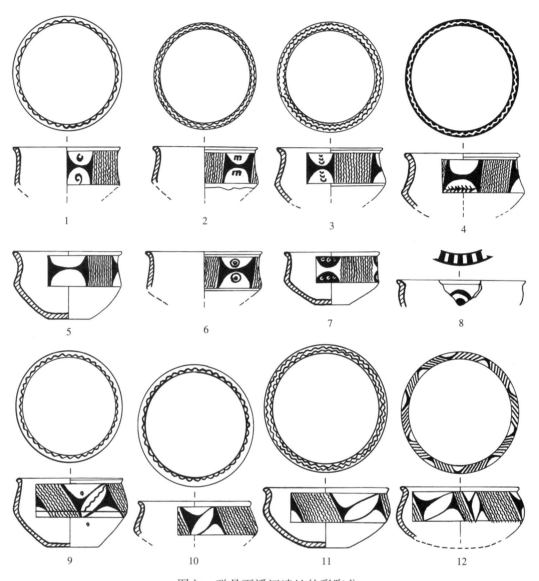

图七　磁县下潘汪遗址的彩陶盆

1. T39③：12　2. H99：3　3. T50④a：42　4. H20：3　5. T50④a：14　6. T44④：201
7. T42③a：70　8. H46：1　9. H99：2　10. T33④a：69　11. H15：5　12. H74：102

（4）洺关

遗址位于永年县城东侧，1986 年 3 月发掘 50 平方米。发掘简报注意到遗址中大部分为大司空类型的遗物，而第二层出土有龙山文化的遗物，于是认为这个遗址属于大司空类型晚期，并具有向龙山文化发展的过渡性质[1]。实际上根据发

_____

〔1〕　河北省文物研究所：《河北永年县洺关遗址试掘简报》，《文物春秋》1990 年第 4 期。

表的资料来看，只有第 3 层和 H3 是属于大司空类型的，第 2 层和 H1 则是属于龙
山文化的。属于大司空类型的陶器以灰陶为主，红陶次之，黑陶最少。彩陶多为
泥质红陶，个别为泥质灰陶。彩纹主要为红色或紫红色，黑彩较少。施彩的器物
主要为盆、钵、碗、罐四类。彩纹大致与下潘汪相似，盆上多由细腰纹和多道并
列的曲线纹交错排列，钵上多由凹腰三角纹拼接的豆荚纹和多道并列的曲线纹交
错排列，罐上多菱形网格纹。碗上的花纹比较自由，其中有两例斜梯格纹，是别
的遗址所未见的（图八）。

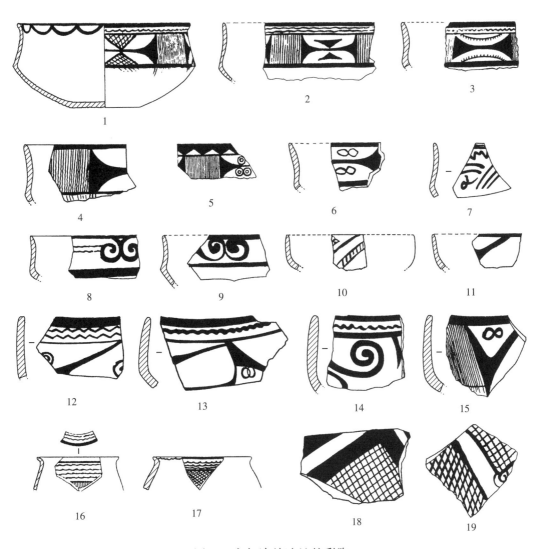

图八　永年洺关遗址的彩陶

1~9. 盆（T3③：26、T1③：30、T2③：9、T3③：24、T1③：31、T3③：23、T1③：29、T1③：28、
T3③：25）　10、11. 碗（T3③：22、T3③：40）　12~15、18、19. 彩陶片（T1③：27、T3②：22、
T1③：41、T1③：26、T3②：24、T1③：35）　16、17. 罐（T1③：33、T1③：32）

（5）大正集老磨冈

遗址位于安阳以西约 15 千米，西南紧临洹河，面积 3 万多平方米。早在 20 世纪 30 年代即已发现，1962 年调查时发现有仰韶文化的后冈类型和大司空类型两种遗存，1963 年 11 月进行了发掘，发现的 8 个灰坑全部属于大司空类型[1]。出土陶器以灰陶为主，红陶次之，还有少量的黑陶和白陶。绝大多数陶器为素面或打磨光滑，次为篮纹陶，约占 17%，彩陶约占 9%。彩纹绝大多数为红色或赭红色，少数为黑色。一般饰于泥质红陶上，也有饰于泥质灰陶和泥质黑陶上的。彩陶的器形主要为盆、钵、碗三种，还有一些大口罐（或曰深腹盆），与秦王寨类型的同类器十分相似。彩纹在盆上有细腰纹和蝶须纹，在钵上有由凹腰三角错接而形成的豆荚纹，但豆荚中没有装饰小品。大口罐上饰带状网格纹，也是秦王寨类型所常见的（图九）。

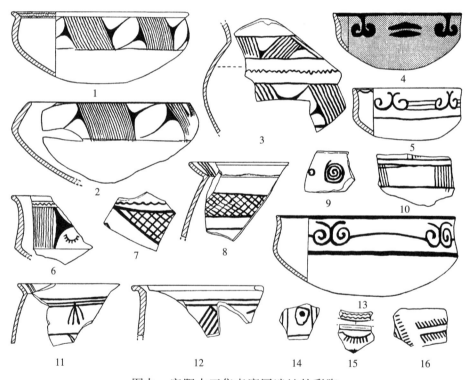

图九　安阳大正集老磨冈遗址的彩陶

1、6、13. 盆（H7∶32、H3∶279、H1∶42）　2. 钵（H5∶1）　3、8、11.12. 罐（H2∶4、T2∶34、H3∶78、H6∶25）　4、5. 碗（H6∶69、T2∶57）　7、9、10、14～16. 彩陶片（H5∶52、H1∶17、H5∶21、H5∶158、H1∶29、H3∶88）

---

[1]　中国科学院考古研究所安阳发掘队：《安阳洹河流域几个遗址的试掘》，《考古》1965 年第 7 期。

（6）大寒南岗

大寒又名大韩，在安阳东约 15 千米。遗址在村南约 500 米的慢岗上，面积约 25 万平方米，主要为龙山文化的遗存，仅北部边缘有小面积的仰韶文化大司空类型的遗存。1962 年试掘曾经发现一座残房基和一个残灰坑[1]。出土陶器几乎完全相同。与老磨冈相比虽然也比较接近，但还是有一些差别。主要是泥质红陶和彩陶的比例较高，彩陶花纹略显复杂，没有饰带状网格纹的大口罐等。彩陶器形只有盆、钵、碗、罐四种。盆上多饰细腰纹，罐上也饰细腰纹，则是别的遗址中所不见的。细腰上下的半月形空地上多有螺旋形和"C"形等小品纹样。碗上则有竹叶纹和螺旋纹等（图一〇）。兹将大寒南岗 H1 出土的陶片统计如表二。

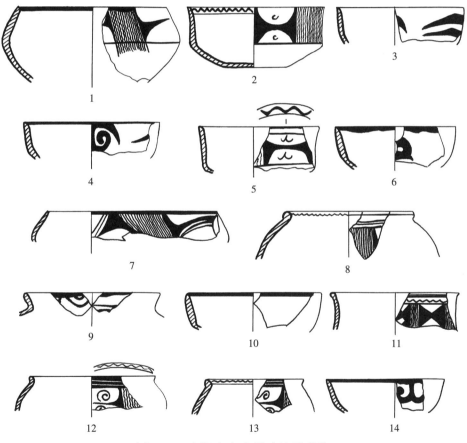

图一〇　安阳大寒南岗遗址的彩陶

1、7. 钵（F1：1、H1：1）　2、5、11. 盆（F1：2、H1：5、采：1）　3、4、6、10、14. 碗（F1：4、F1：3、H1：2、H1：3、采：2）　8、9、12、13. 罐（H1：9、H1：4、采：3、采：4）

[1]　中国科学院考古研究所安阳发掘队：《安阳洹河流域几个遗址的试掘》，《考古》1965 年第 7 期。

表二　安阳大寒南岗 H1 陶片统计表

陶色陶质	彩陶	磨光	素面	堆纹	弦纹	线纹	篮纹	剔刺纹	小计	百分比（%）
泥质红陶	37	18	47	1					103	33.9
泥质灰陶	14	39	28	1	2	1	3		88	28.9
泥质黑陶	5	5	1						11	3.6
夹砂灰陶			77	10	3		5	2	97	31.9
夹砂黑陶			5						5	1.6
小计	56	62	158	12	5	1	8	2	304	
百分比（%）	18.4	20.4	52.0	3.9	1.6	0.3	2.6	0.7	100	100

（7）鲍家堂

遗址位于安阳东偏南约 15 千米，东北距大寒南岗约 1 千米，是一处单纯的仰韶文化大司空类型的遗址，面积约 15 万平方米，文化遗存十分丰富。1962 年 11 月，北京大学考古专业师生在安阳实习时调查发现了这个遗址并进行了试掘[1]，1965 年北大师生又进行了较大面积的发掘，发掘面积 262 平方米，发现有两座陶窑和许多灰坑。其中 1 号窑旁的 H25 掩埋有 10 副完整的猪骨架；2 号陶窑旁边的 H5 掩埋有 1 只完整的猪骨架，H7 掩埋有 2 只完整的猪骨架。陶窑旁边还发现有和泥坑等，都是与烧制陶器相关的遗迹[2]。鲍家堂的仰韶遗存明显有早晚之别，实习报告曾经分为两期，但正式报告发表时却完全没有提及。鲍家堂的大部分遗存跟大寒南岗是比较相近的，但是在西区与两座陶窑相关的 H5、H7、H22、H23 以及 H21、H25 和 H27 等出土的高领罐和纹饰散漫的彩陶罐、类似朱绘的罐、彩陶杯、类似大汶口文化的白陶罐和青灰陶杯等残片，不但在其他单位不见，就是在前述各遗址中也是不见的，而与下述的草店遗址所出十分相似。依据发掘报告，鲍家堂彩陶总计约占 6%，而我们统计的 62H1 为 9.4%，是较早的；晚期单位的陶片中彩陶不足 2%，它们应该是大司空类型中最晚的遗存。鲍家堂彩陶花纹的种类比较丰富，其中辫形纹、卷曲纹和逗点纹等是他处所未见的。就是同一种花纹

---

〔1〕　中国科学院考古研究所安阳发掘队：《安阳洹河流域几个遗址的试掘》，《考古》1965 年第 7 期。

〔2〕　中国社会科学院考古研究所安阳队：《安阳鲍家堂仰韶文化遗址》，《考古学报》1988 年第 2 期。但是在这篇报告中没有关于 H7 掩埋猪骨架与和泥坑的记载。

的变化也比较多，例如"S"纹就有单线、双线（H7：112）和多线（H5：4）者，有正向（极少）和反向者，有两端卷曲为螺旋纹或仅略有弯曲者（H7：112）。圆圈纹有单圈、单圈加点、双圈和双圈加点等多种（图一一至图一三）。

图一一　安阳鲍家堂遗址的彩陶片
4. T2⑤：24　10. H3（余均采集）

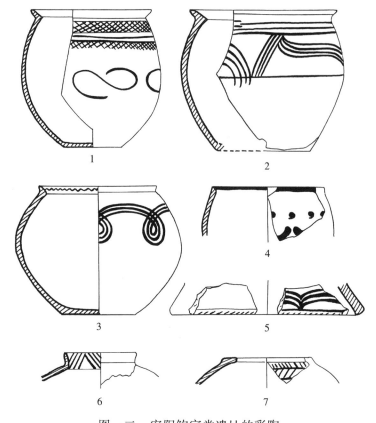

图一二　安阳鲍家堂遗址的彩陶

1~4、6. 罐（H108④：3、H5：4、H5：7、T3⑤：1、T1③：56）　5. 器盖
（T1④：3）　7. 敛口罐（T1⑤：1）

（8）草店

浚县草店遗址是1965年北大师生考古调查时发现和试掘的，其彩陶也有盆、钵、碗和罐四种。彩纹画得比较草率，细腰纹和豆荚纹都有点变态，空地也没有加饰小品（图一四）。

（9）柴庄

遗址在邢台市南约3.5千米，北临七里河并与柴庄隔河相对，面积约4.6万平方米[1]。调查时发现东部和西部的彩陶有所不同，东部的与百家村基本一致，而西部的比较特殊，难以确定是属于同一类型的不同时期还是属于不同类型。不过西部的彩陶同鲍家堂晚期的比较接近，看来还是同一类型的不同时期的遗存（图一五）。

---

〔1〕　唐云明：《河北邢台柴庄遗址调查》，《考古》1964年第6期。

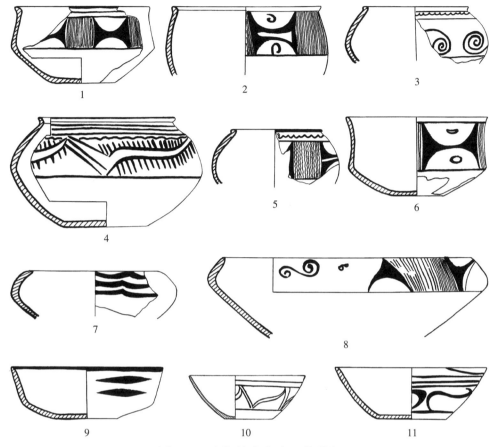

图一三　安阳鲍家堂遗址的彩陶

1～6、9. 盆（H4：5、H114：2、T1④：2、H7：6、T2001③：?、T2004③：6、T2001③：5）　　7、8. 钵（H1：7、H4：9）　　10、11. 碗（H7：7、H7：8）

以上 9 个遗址的彩陶基本上包含了大司空类型所有彩陶的类别与构图方式，其余出彩陶的遗址还有以下几处。

邢台西黄村：1989 年调查，面积约 6000 平方米，出土有仰韶文化庙底沟期和大司空类型的彩陶片若干[1]，后者与柴庄东部的彩陶片基本相同。

邯郸义西：遗址在邯郸市峰峰矿区义井镇义西村，1996 年发掘 1600 平方米，发现有仰韶文化的后冈类型、大司空类型和先商文化的遗存[2]，其中大司空类型的彩陶与百家村基本相同。

---

[1]　河北省文物复查队邢台分队：《河北邢台县考古调查简报》，《文物春秋》1995 年第 1 期。

[2]　河北省文物研究所、邯郸市文物研究所、峰峰矿区文物保管所：《邯郸市峰峰电厂义西遗址发掘报告》，《文物春秋》2001 年第 1 期。

图一四　浚县草店遗址的彩陶

1. 盆（H4：1）　2、9. 彩陶片（H2：4、T2②：2）　3. 钵（H4：2）　4~6. 碗（T2②：1、H2：1、H4：3）　7、8. 罐（H101：1、H101：2）

图一五　邢台柴庄遗址的彩陶

（据《考古》1964 年第 6 期 317 页图二、三，均为采集）

武安城二庄：遗址在县城西南约 10 千米，面积约 4 万平方米，1979 年调查和试掘，仅在遗址东部发现有大司空类型的遗存[1]，其特征与界段营所出基本相同。

以上几处遗址的彩陶均不越出前述各主要遗址的彩陶的范围，只不过增加了若干分布点而已。至于新乡洛丝潭的彩陶则比较特别。该遗址位于新乡市西南约 5 千米，大部分已经被破坏，仅剩下西部约 1 万平方米。1982 年试掘时出土了不少陶器[2]。其中彩陶有盆、钵、碗、罐四种，后者还有大口罐、敛口罐和小口高领罐（或壶）三种。彩纹多为红色，也有黑色，个别有用红黑两种颜色的。在盆、钵上有类似凹腰三角相错接并与多道并列斜线纹交错排列的纹饰，但没有见到细腰纹。碗上有蝶须纹、钩纹和平行线纹等。罐上则以带状网格纹最为发达，这和秦王寨类型有相似之处。有些碗上的纹饰也和秦王寨类型相似。不过秦王寨类型多鼎，这里只发现两个鼎足，两者的差别是明显的。要之洛丝潭还应该归属于大司空类型，只是因为处在南部边缘，文化面貌发生了比较大的变化，同时又受到秦王寨类型的强烈影响。

除此以外，据说在汤阴程岗、武陟东石寺、永年西阳城和临漳西太平等处也发现过大司空类型的彩陶，但是未见发表资料。即使把这些遗址都算在一起，再加上前已述及的安阳同乐寨、高井台子和大司空村，总数也不过 20 处。而且一般遗址仅有几千或几万平方米，最大的鲍家堂遗址只有 15 万平方米。整个类型的分布范围也不过一万多平方千米，可见其发达程度远不如西南边的秦王寨类型和东边的大汶口文化花厅类型（大司空类型的年代大约与花厅类型相当），可谓是相当于仰韶文化晚期的一个袖珍型的地方类型。

三　彩陶花纹的类别与构图方式

大司空类型的彩陶片，在下潘汪占全部陶片的 24%，在大寒南岗占 18.4%，两处的彩陶都属于该类型的较早时期。须知一件彩陶器物上画彩的部位只占全器表面的一半多一点。下潘汪遗址复原的器物稍多，所以统计出的比例稍高。如果都能复原，彩陶器将占三分之一以上。在我国众多有彩陶的史前文化类型中，除甘青地

---

〔1〕　河北省文物管理处、邯郸地区文物保管所、邯郸市文物保管所：《河北武安洺河流域几处遗址的试掘》，《考古》1984 年第 1 期。

〔2〕　新乡地区文管会、新乡县文化馆：《河南新乡县洛丝潭遗址试掘简报》，《考古》1985 年第 2 期。

区的马家窑文化外，大司空类型早期的彩陶应该是最发达的，到晚期则显著减少。

大司空类型彩陶的一个显著特点是高度统一。一是全部为几何形花纹，不见任何动物纹或其他像生性花纹。二是以红彩为主，大约占 90%。这在全国有彩陶的史前文化类型中也是最突出的。而且不用陶衣，也不见内彩。三是大量使用细线纹，线体宽度不到半毫米，这也是其他彩陶文化类型中所仅见的。四是花纹母题和构图方式的高度统一，用一对曲腰三角纹拼成的豆荚纹和一对凹腰三角纹连接成的细腰纹配以成组的细波线占了所有彩陶花纹的 80% 以上。同时在大的统一性中又有许多细小的变化以避免千篇一律。特别是在豆荚形和细腰纹上下的半月形空地中常常配以各种各样的用细线描画的小品，非常雅致。下面按彩陶花纹的基本元素、主要母题和构图方式做一分析。

1. 构成花纹的基本元素

构成大司空类型彩陶花纹的基本元素主要有线体和块体，还有少量条带纹。所有花纹都由这三种元素构成（图一六）。

A. 线体：在大司空类型的彩陶中特别发达，一般线宽不到半毫米，绝大多数为各种连续曲线或波线，直线和其他种类细线很少。分列如下。

A1. 直线：未见垂直者，有横线、左斜和右斜三种，数量较少，是构成网格纹的基本元素。

A2. 波线：为波纹状的连续小曲线，有竖行、横行、斜行等各种，数量极多，往往有许多条紧密排列成组。

A3. 带刺线：有弧形、斜形等各种。

此外还有弧形、螺旋形和圆圈等，多为填空的小品，而且有不少变体。

B. 块体：除个别例外，绝大多数是三角形的变体，可以大致分为 7 种，其中以凹腰三角形和细腰形为最多。

B1. 等腰三角形：有顶点向上、向下、向左和向右四种，为数极少。

B2. 曲腰三角形：两腰凹曲且不对称，底边有向左下和向右上两种，数量极多，是构成豆荚纹的基本元素。

B3. 细腰形：由两个凹腰三角形的顶点相连接而成，有如横置的细腰，数量极多。

其他还有凹斜边三角形、元宝形和小长方块等。

C. 条带：一般宽 2 毫米以上，多饰于碗、罐上，形态变化较多，可分为以下几种。

C1. 横条形：见于碗的口沿，少数见于罐或杯上。

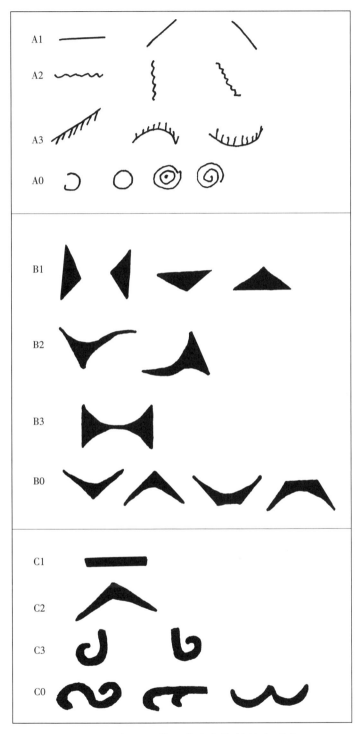

图一六　大司空类型彩陶花纹的基本元素

A. 线体元素　B. 块体元素　C. 条带元素

C2. 人字形：末端为尖叶形。

C3. 弯钩形：有左钩和右钩。

此外还有钩爪纹和反"S"纹等。

2. 主体纹饰的基本母题

主体纹饰，即饰于器物上腹部最醒目位置的纹饰。往往由几种元素拼合而成各种母题，再由一种或两种母题交错排列为整个主体纹饰。最常见的母题有以下几种（图一七）。

1）豆荚纹：由两个凹腰三角形错向对接，中间形成豆荚形空地。在空地中填充像豆子一样的圆点或圆圈、曲线纹、折线纹、"S"纹等小品，变化甚多。有时在豆荚上下的空地也填充小品纹饰，形成一个完整的母题。

2）细腰与半月纹：细腰横置，形成上下两个半月形空地，然后在空地中填充圆圈、梳子、半圆弧等小品纹饰，变化甚多，与细腰纹共同构成完整的母题。

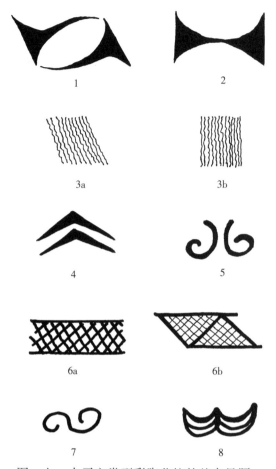

图一七　大司空类型彩陶花纹的基本母题
　1. 豆荚纹　2. 细腰纹　3. 成组波线纹
　4. 叠"人"字纹　5. 蝶须纹　6. 网格纹
　7. 反"S"纹　8. 垂弧纹

3）成组波线纹。

4）叠"人"字纹：由两个"人"字形上下相叠，仅见于碗上。

5）蝶须纹：由一对反向的弯钩组成，形如蝶须。

6）网格纹：有带状、菱形和三角形等多种。

此外还有反"S"纹、垂弧纹等。

3. 镶边的纹饰

镶边纹饰有两种情况：一种是镶在主体纹饰的上边或上下两边，另一种是画在盆或罐的口沿面上。镶在主体纹饰上边的（也就是盆、钵类紧贴口沿外边的）多为两道横线夹一至三道细波线，或仅画一至三道横线。主体纹饰的下边多只画一道横线。画在盆或个别罐的口沿面上的花纹大致与主体纹饰上边的花纹相同，也多是两道横线之间夹一两道细波线。从顶面看则是几个圆圈。也有个别成组相错排列的斜线纹，如下潘汪的一件罐口沿的纹饰便是（见图七，1）。还有画整个一圈小长方块的，如下潘汪一件盆的口沿上的纹饰便是这样（见图五，8）。

4. 构图方式

大司空类型彩陶的构图一般由主体纹饰加镶边纹饰组成。不同的主体纹饰可以有相同的镶边纹饰。而主体纹饰则可以是一种母题的重复，也可以是两种母题的交替排列。大致的情况是，盆类的主体纹饰多是由细腰纹与成组竖细波纹两种母题交替排列。每种母题各出现三次，个别的出现四次。钵类的主体纹饰则多由豆荚纹与成组斜细波纹交替排列，每种母题也是各重复三次，个别的重复四次。为避免豆荚中或细腰纹上下形成的半月形地子显得过于空旷，便在其中加入各式各样的小品纹饰，形成一种特殊的风格。

碗上的主体花纹有的只有一种母题，如蝶须纹或竹叶纹等多次重复排列。有的则用两种母题交错排列，如老磨冈的 H6：69 便是（见图九，4）。个别蝶须纹还用一道或三道横线相连（见图九，5）。罐上的主体花纹有的是同一母题的重复，有的是两种母题交替布局。晚期的大口罐上多饰带状网格纹，在网格纹下常常有三个左右的"⌣"形纹等。

四　彩陶纹饰与器形的关系

大司空类型的彩陶器形比较简单，主要是盆、钵、碗、罐四种，另有极少数杯和陶环。一般地说，不同的器形有不同的纹饰，只有少量的交叉现象。

盆上最常见的主体纹饰是细腰纹加成组竖细波纹。也有个别的豆荚纹加成组斜细波纹或蝶须纹。

钵上最常见的主体纹饰是豆荚纹加成组斜细波纹。也有个别的蝶须纹和重叠垂弧纹。

碗上最常见的主体纹饰是竹叶纹和蝶须纹。也有个别的横线纹和变体"S"纹。

罐上的纹饰变化较多，主要有网格纹，也有成组相错的斜线纹、豆荚纹和细腰纹等。

以上情况说明大司空类型彩陶规范化的程度是特别高的。若从发展来看，早期最为规范，晚期则有较大变化，这在下一节还要讨论。

五　花纹的演变与地域差异

若要理清彩陶花纹本身演变发展的轨迹，首先要对大司空类型的文化遗存进行分期。有的学者曾经进行过分期的尝试[1]，但发展脉络并没有完全理清，所分各期特征也不甚明确。问题是仅仅根据已经发表的资料以进行细致的分期是困难的，倘若仅划分为早晚两期还是不难的。这不妨碍个别遗址可以划分得更细一点。

我们首先注意有明确地层关系同时在相关地层中出有易于把握其特征的器物的遗址。可惜发表过这种资料的遗址不多，仅有安阳大正集老磨冈和鲍家堂两处。

根据老磨冈 T1、T2 的平面遗迹分布图和发表的器物图，可知有两组地层关系是符合上述条件的。第一组是 H3 打破 H2，H2 又打破 H7，第二组是 H6 打破 H5。在第一组地层中，H7 只发表一件彩陶盆，该盆折沿，腹壁圆曲，饰豆荚纹加成组斜细波纹。其造型有点接近早先的钓鱼台类型的曲腹盆，只是花纹已完全是大司空类型所特有的。说明它是大司空类型中较早的代表性器物。H2 出彩陶罐，其纹饰一如 H7 那件彩陶盆，只是分为上下两层。同出有一件素面罐和两件素面罐的残片，还有绳纹罐残片等。H3 出土器物有折腹彩陶盆残片、饰平行横线的彩陶罐残片、篮纹罐、敛口钵以及素面和绳纹罐残片等（图一八）。其中除折腹彩陶盆外，基本上与王湾二期第二段的陶器相同或相似，应该是属于同一个时期的东西。在第二组地层关系中，H5 出土彩陶钵、网格纹彩陶和绳纹罐等，其中彩陶钵与 H7 的彩陶盆腹壁弧度相近，花纹则完全相同，当是同一时期的器物。H6 出土蝶须纹和叠人字纹碗、饰平行横线的彩陶罐残片等，其风格与 H3 所出器物相似，应该是同一时期的器物（图一九）。这样老磨冈的大司空类型遗存就至少可分为两期。早期以 H7、H2 和 H5 为代表，晚期以 H3 和 H6 为代表。

鲍家堂发掘面积比较大，地层关系比较复杂，有多组叠压打破关系，但符合上述条件的仅有一组，即 H103 打破 T2001③，后者叠压 H104，H104 又打破 H114。H114 出土一件彩陶盆，折沿，腹壁圆曲，形制与老磨冈 H7 所出彩陶盆相似，只是花纹不同。这件彩陶盆的花纹是细腰纹与竖细波纹依次排列，是大司空类型彩陶盆上常见的花纹。H104 出土若干彩陶片和一件素面陶盆，后者腹壁圆曲，形制与 H114：2 相近。有三件彩陶片饰细腰纹和竖细波纹，其中两件近口沿处有附加纹饰。还有一件饰豆荚纹，当是钵的残片；一件饰弯钩纹，可能是碗的

---

[1]　吴东风：《大司空文化陶器分期研究》，《环渤海考古国际学术讨论会论文集》，知识出版社，1996 年；陈冰白：《略论"大司空类型"》，《青果集》，知识出版社，1993 年。

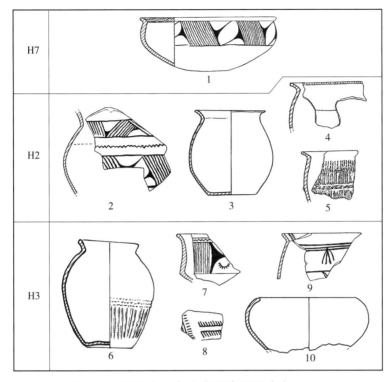

图一八 安阳大正集老磨冈陶器的演变（一）

1. H7：32 2. H2：4 3. H2：87 4. H2：41 5. H2：31 6. H3：169
7. H3：279 8. H3：88 9. H3：78 10. H3：1

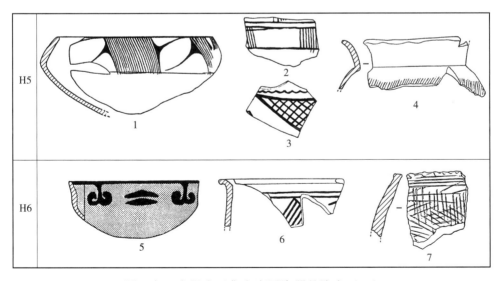

图一九 安阳大正集老磨冈陶器的演变（二）

1. H5：1 2. H5：21 3. H5：52 4. H5：9 5. H6：69 6. H6：25 7. H6：6

残片。本单位全部遗物都表现为早期特征，只是比 H114 略晚。T2001③发表一件彩陶碗和两件素面碗，前者饰叠"人"字纹，纹样已经拉平几无折角，与老磨冈 H6：69 相似，二者应基本同时。素面碗一为平底，一在平底上捏成高低不平的边沿，似为器盖的捏手，则此碗实为器盖或碗、盖两用，此种盖也是晚期特征之一。H103 发表两片彩陶和一件碗盖，彩陶之一在平行横线间随意画两道曲线，风格与 H7 的两个碗接近。这件碗盖口比 T2001③：5 更敞，腹壁内凹，年代应该更晚。鲍家堂这组地层关系大体上反映了该遗址从早到晚的发展过程（图二○）：与 H104 相近的有 H4（图二一），与 H103 相近的有 H5 和 H7（图二二）。因此鲍家

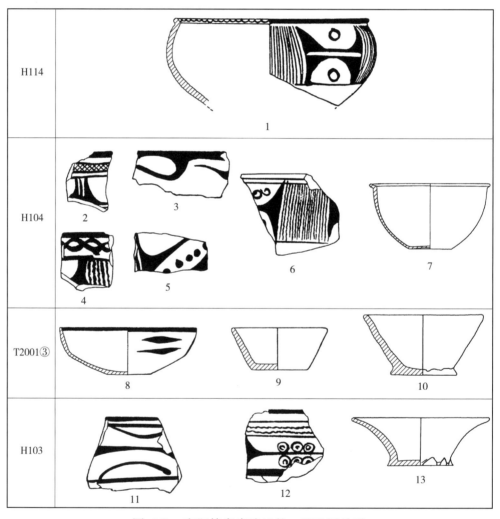

图二○　安阳鲍家堂遗址的一组地层关系

1. H114：2　2～6. H104（未编号）　7. H104：2　8. T2001③：5　9. T2001③：23　10. T2001③：15　11、12. H103（未编号）　13. H103：2

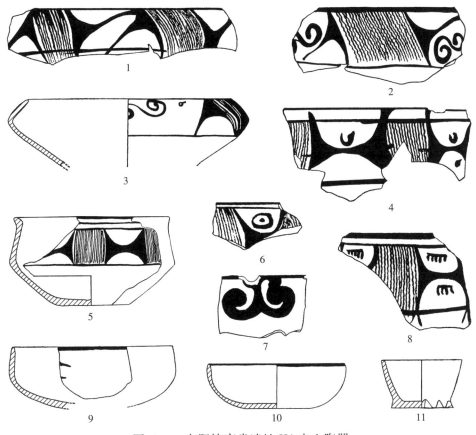

图二一　安阳鲍家堂遗址 H4 出土陶器

3. H4：9　5. H4：5　9. H4：8　10. H4：1　11. H4：4（余未编号）

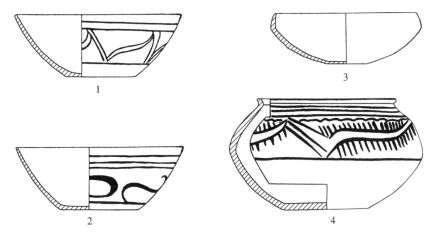

图二二　安阳鲍家堂遗址 H7 出土陶器

1. H7：7　2. H7：8　3. H7：4　4. H7：6

堂大司空类型的遗存即可分为两期四段：早期一段有 H114，二段有 H104 和 H4，晚期一段有 T2001③，二段有 H103、H5 和 H7。

将老磨冈和鲍家堂的分期与其他遗址出土的陶器相比照，可以大致得出整个大司空类型的分期，但只能有较粗线条的分期而难以做到更细的分段。大体上属于早期的遗存有大司空，百家村，界段营，下潘汪，大寒南岗，大正集老磨冈的 H7、H2、H5，鲍家堂的 H4、H104 和 H114 以及柴庄的大部分彩陶。晚期主要有大正集老磨冈的 H3 和 H6，鲍家堂的 H7、H103 和 T2001③，以及草店的大部分遗存。从这个分期可以看出，大司空类型早期的彩陶是比较发达的，特点也比较突出。尤其是饰豆荚纹和成组斜波纹的钵、细腰纹和成组竖波纹的折腹盆和蝶须纹与叠"人"字纹的碗最为突出。到晚期遗址显著减少，几种在早期流行的花纹都只剩下少量遗存，形态上也变得草率而不规范。与此同时却出现了较多的带状网格纹和与之相关的纹饰，这些纹饰不是早期典型花纹的发展，而是受到西南方的秦王寨类型影响的结果。至此大司空类型已经明显地衰落了（图二三）。

由于大司空类型分布的范围很小，其中心区仅限于邯郸—安阳一带，看不出多少地方差异。只是在北部的扩散区受到其北边以平山田兴和正定南阳庄第五期为代表的一类遗存的影响，南部的扩散区受到其西南边的秦王寨类型的影响，因而产生了一些地方性差异，而且早晚的变化也有所不同。

六   来龙去脉与文化联系

前面谈到，豫北冀南的仰韶文化可以分为后冈、钓鱼台、大司空和台口四个类型，分别代表四个发展时期。后冈类型和大司空类型的资料较多，特征鲜明，相对年代也比较清楚。问题在于钓鱼台类型和台口类型是否能够成立，它们的相对年代是否清楚，文化特征是否明确，这涉及大司空类型的来龙去脉问题。关于钓鱼台类型，我在《略论仰韶文化的起源和发展阶段》一文中已有所论述[1]，但语焉不详。现知在河北正定南阳庄[2]、平山石疤沟[3]、邢台西黄村西[4]均

---

〔1〕 严文明：《略论仰韶文化的起源和发展阶段》，《仰韶文化研究》（增订本），文物出版社，2009 年，146 页。

〔2〕 河北省文物研究所：《正定南阳庄——新石器时代遗址发掘报告》，科学出版社，2003 年。

〔3〕 河北省文物研究所：《河北平山县考古调查简报》，《文物春秋》1990 年第 3 期。

〔4〕 河北省文物复查队邢台分队：《河北邢台县考古调查简报》，《文物春秋》1995 年第 1 期。

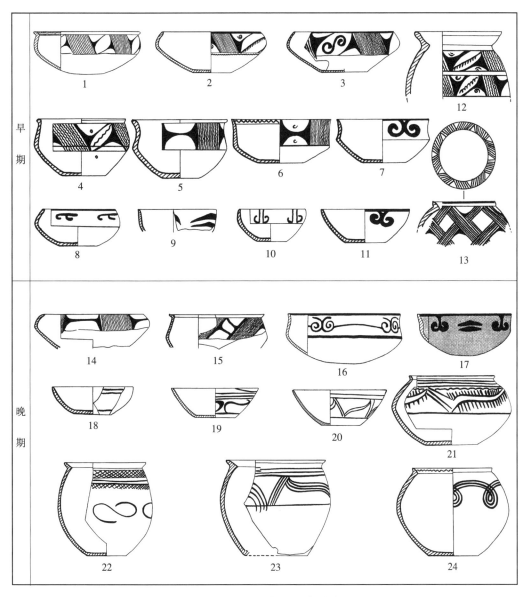

图二三　大司空类型彩陶分期图

1. 老磨冈 H7：32　2、7、11、12. 界段营 H35：4、H10：1、H21：1、H10：8　3. 大司空
T301：01　4、5、8、10、13. 下潘汪 H99：2、T50④a：14、T33④a：17、H99：1、T32④：36
6、9. 大寒南岗 F1：2、F1：4　14、15、18. 草店 H4：2、H4：1、H4：3　16、17. 老磨冈 H1：42、
H6：69　19～24. 鲍家堂 H7：8、H7：7、H7：6、H108④：3、H5：4、H5：7

有类似钓鱼台的陶器或陶片，包括双唇口尖底瓶、敛口钵、卷缘曲腹盆及饰回旋
勾连纹的残片等。从整个仰韶文化来看，应该属于庙底沟期的范畴。正定南阳庄
有明确的地层关系说明这类遗存晚于后冈类型。同样在南阳庄存在着类似大司空

类型的遗存晚于钓鱼台类型的地层关系。发掘报告中所划分的第四期实际上属于钓鱼台类型，而第五期中有不少叠"人"字纹和网格纹的陶片，与大司空类型的彩陶无异，但更多的彩陶则具有自己的特色。因此南阳庄第五期应当是与大司空类型基本同时并且紧邻大司空类型北边的另一地方类型，并且也是钓鱼台类型进一步发展的产物。如此说来，大司空类型不过是钓鱼台类型之后继续分化出来的一个小小的地方类型而已。至于大司空类型与台口类型的关系，由于后者至今发现很少，难以做出详细的分析。只能大致推测是大司空类型进一步衰落的产物。再往后就是后冈二期文化了。

在大司空类型的彩陶中，可以看出不少秦王寨类型的影响，尤其到晚期更加明显。那就是以带状网格纹为代表的花纹的普遍化。这种花纹在同时期的大汶口文化的花厅期也颇流行。这是一种较大范围出现的趋势，即几乎所有彩陶花纹都趋向线条化，带状网格纹广泛流行而块体花纹基本消失。再往后彩陶更急剧减少以至消失，从而进入了一个崭新的发展阶段——龙山时代。这种情况在大司空类型的南北两翼，因为相邻的文化类型不同，相互影响的内容虽有差别，但总体发展的趋势还是基本相同的。

1989 年初稿，2009 年 9 月修改

（原载《中华文明的始原》，文物出版社，2011 年）

《鹳鱼石斧图》跋

　　《中原文物》1981 年首期报道了河南临汝阎村出土的一批仰韶文化陶器，其中有一件彩陶缸特别引人注目[1]。缸上画一只白鹳衔着一尾鱼，旁边竖立一把斧子。张绍文同志按照我国古代绘画命名的习惯，贴切地称之为《鹳鱼石斧图》（图一，右）[2]。

图一　水鸟衔鱼图（左）和鹳鱼石斧图（右）

　　陶缸是夹砂红陶制，个体甚大，通高 47、口径 32.7、底径 19.5 厘米。略呈直筒形，平底，厚圆唇，口外有四个对称的鹰嘴形泥突。正如同一遗址中其他陶缸底部有穿孔一样，这件彩陶缸底部正中也穿一圆孔。这种陶缸本是瓮棺葬的葬具，上面应有一个半球形的盖。同时出土的"三足盆"，可能就是做盖用的。

　　《鹳鱼石斧图》偏于陶缸一侧，高 37、宽 44 厘米，约占缸体面积的一半，是一幅很有气魄的大型作品。

---

　　〔1〕　临汝县文化馆：《临汝阎村新石器时代遗址调查》，《中原文物》1981 年第 12 期。

　　〔2〕　张绍文：《原始艺术的瑰宝——记仰韶文化彩陶上的〈鹳鱼石斧图〉》，《中原文物》1981 年第 12 期。

　　画幅左边为一只向右侧立的白鹳，细颈长喙，短尾高足，通身洁白。它衔着的鱼，头、身、尾、眼和背腹鳍都画得简洁分明，全身涂白，不画鳞片，应该是白鲢一类的细鳞鱼。因为鱼大，衔着费力，所以鹳身稍稍后仰，头颈高扬，表现了动态平衡的绘画效果。鹳和鱼的眼睛得到了完全不同的处理：鹳眼画得很大，目光炯炯，俨然是征服者的气概；鱼眼则画得很小，配合僵直的身体，显得已无力挣扎。

　　竖立在右边的斧子，圆弧刃，中间有一穿，很像陕县庙底沟一期（即仰韶文化的庙底沟期）的 6D 和 6E 式穿孔扁斧[1]，只是刃部画得太凸了一点。斧和柄的结合方式表现得不大清楚，似乎是斧子穿入柄内再用皮带绑住的，那两边各有两个圆点装饰的窄条也许就是绑缚的带子。斧柄中间画一个黑叉，显然不是装饰而是特意标记的符号。同样的符号曾见于年代更早的西安半坡和临潼姜寨的彩陶钵上[2]。斧柄下端有许多刻划的交织纹，很像陕西华县泉护一期的麻布印痕[3]。在粗糙的木柄上缠些布片可以保护手心。如果理解为缠绕的绳索或刻划的沟纹，那就会使木柄更加粗糙而不便握持了。

　　这幅画最发人深思的地方，是把鹳衔鱼和石斧这两类似乎毫不相干的事象画在一起，并且画在专为装殓成人尸骨的陶缸（棺）上。显然这不能看作是一般的艺术作品。为了把含义搞清楚，还得从着画的陶缸及其所属的文化系统谈起。

　　在仰韶文化中，口外带泥突的直筒形缸是一种特征明确、时代和地域界线都很清楚的器物。这种缸一般为夹砂红陶，用泥条盘筑的方法做成，直口直腹平底，下腹才稍稍内收，口外有四个或五六个鹰嘴形泥突，有时还有多道平行弦纹。缸盖总是半球形，有拱形或叉形捉手，有的盖沿也有泥突。

　　1959 年中国科学院考古研究所洛阳发掘队在豫西调查时，曾在伊川土门发现了两个这样的缸[4]。1960 年和 1962 年，北京大学考古实习队再度对土门遗址进行调查和试掘，又发现了十几个这样的缸。由于在伊川发现得较早而且数量也比较多，所以习惯上把这种器物称为伊川缸（图二）。

---

　　〔1〕　中国科学院考古研究所：《庙底沟与三里桥》，科学出版社，1959 年，55 页图三七，9、10。

　　〔2〕　王志俊：《关中地区仰韶文化刻划符号综述》，《考古与文物》1980 年第 3 期。

　　〔3〕　北京大学考古实习队 1958 年发掘资料。

　　〔4〕　中国科学院考古研究所洛阳发掘队：《1959 年豫西六县调查简报》，《考古》1961 年第 1 期，图版叁，8。

图二　成人葬具伊川缸

出土地点：1～3. 阎村　4. 邱公城　5. 二郎岗　6. 土门

到现在为止，发现伊川缸的遗址已多达十余处，其中有偃师苗湾[1]、巩县（今巩义市）赵城[2]、禹县（今禹州市）谷水河[3]、鲁山邱公城[4]、南召二郎岗[5]

---

[1] 北京大学历史系洛阳考古实习队：《河南偃师伊河南岸考古调查试掘报告》，《考古》1964 年第 11 期，548 页图五，2。

[2] 中国科学院考古研究所洛阳发掘队：《伊河下游几处新石器遗址的调查》，《考古》1964 年第 1 期，14 页图二，4。

[3] 中国社会科学院考古研究所洛阳工作队：《1975 年豫西考古调查》，《考古》1978 年第 1 期，28 页图七，18。

[4] 河南省文化局文物工作队：《河南鲁山邱公城古遗址的发掘》，《考古》1962 年第 11 期。

[5] 河南省文化局文物工作队：《河南南召二郎岗新石器时代遗址》，《文物》1959 年第 7 期，49 页图 20。

和密县（今新密市）马鞍河[1]等[2]。洛阳王湾曾发现一件质地和形制基本类似的缸，只是口外没有泥突。这次阎村的发现不但增加了一个分布地点，而且数量较多，在形制和花纹上也有一些新的内容。

阎村伊川缸的底部都有一个直径 0.8～0.9 厘米的圆孔，说明是专门烧制的瓮棺葬具。其他遗址的伊川缸，凡属比较完整的，也都是做葬具用的，并且一般是用于埋葬成人，只有个别的埋葬小孩。例如土门的十几个伊川缸，包括前后三次调查的在内，就都是装着成年人骨骼的。邱公城有五个伊川缸集中在一起，竖立排列成梅花形状，也全部装着成年人的骨骼。其中 M10 死者牙齿磨损甚烈，已经是老年个体了。

尽管伊川缸的形体较大，毕竟无法容纳一个成年人的身躯，只能拣拾主要骨骼装入。例如邱公城 M19 的骨骼保存较好，可以清楚地看出头骨居中，盆骨在下，脊椎靠东南，股骨在西北，位置错乱，又缺小骨，很明显是二次葬。这种用陶缸作为葬具的成人二次葬，是伊洛—郑州地区的仰韶文化的一个特色[3]。

伊川缸的时代，可以从土门和王湾的地层关系得到说明。这两个地方都有大量尖底瓶葬，瓶口均呈环形，与伊川缸处于同一个文化层中。王湾的直筒缸上还套着半截环形口尖底瓶作为一个小孩的葬具，可见这两种陶器是同时的。小口尖底瓶口部变化的序列是，由杯形口而环形口，最后变为喇叭形口，这是已经由许多地层关系所证实的。环形口尖底瓶乃是仰韶文化中期即庙底沟期的标型器物，故伊川缸也应属于庙底沟期。

伊川缸本身的纹饰也可证明这一点。例如有些缸的腹部有稀朗的线纹，只有庙底沟期的尖底瓶才有这种纹饰。阎村有一件伊川缸的腹部画着由圆点和弧边三

---

[1] 魏殿臣、谷洛群：《密县古文化遗址概述》，《河南文博通讯》1980 年第 3 期，30 页图三，7。

[2] 至今发现伊川缸的遗址，见于著录的当以汝州洪山庙为多。经过发掘的 1 号合葬墓中即有 136 个瓮棺。墓东南部早年已被破坏，估计原来应该有 200 个左右。死者男女老少都有。不少瓮棺外面饰彩绘，其内容有太阳、月亮、人物、鸟、鹿、龟、蜥蜴，还有面具、男根、梳子以及各种几何形图案，是伊川缸葬俗的一次重大发现。值得注意的是其位置正好也在阎村附近。详情见河南省文物考古研究所：《汝州洪山庙》（中州古籍出版社，1995 年）。又临汝（即今汝州）中山寨村北有两行排列整齐的伊川缸葬，同出的还有两个婴儿尖底瓶葬。见临汝县文化馆：《河南临汝中山寨遗址调查简报》（载《考古》1986 年第 6 期）。伊川水寨也曾发现两个伊川缸葬，见洛阳市第二文物工作队、伊川县文化馆：《伊川土门、水寨新石器时代遗址调查简报》（载《中原文物》1987 年第 3 期）。

[3] 陕西临潼姜寨曾发现两座成人瓮棺葬，那里绝大部分成年死者，包括一次葬和二次葬的，都是埋在土坑墓中，瓮棺二次葬只是一种特例。且葬具同婴儿瓮棺葬相近，不像伊洛—郑州地区那样区别明显。

角纹组成的带形图案，使地子成为叶形和花苞形[1]，这种花纹也是庙底沟期所流行的。

我们曾经说明，庙底沟期和庙底沟类型是既有联系又有区别的两个概念[2]。庙底沟期代表仰韶文化发展的第二个时期，而庙底沟类型只是该期中的一个地方类型，此外还有许多地方类型。河南中部偏西的伊洛—郑州地区，包括著名的中岳嵩山及其周围方圆约200千米的范围，文化面貌有很多自身的特点，应是一个单独的地方类型。它有伊川缸、尖底缸、特长型尖底瓶等富有特色的器物；纹饰很不发达，素面无纹或局部有纹的居多；彩陶较少，而白衣彩陶则较其他变体为多；彩纹母题主要是回旋勾连纹、窄带纹、垂弧纹和花瓣纹，除这次发现的鱼鸟图画外，基本上不见动物花纹。埋葬制度也很特殊：成年人除土坑墓一次葬外，同时用伊川缸进行二次葬；婴儿多用尖底瓶葬，其方式或是头尾相套，或是两头乃至两尾相套；也有用尖底缸、鼓腹罐、盆、鼎、豆等为葬具的。这些情况，无论在庙底沟类型或其他地方类型中都是罕见的。

在同一文化的同一时期内，各地文化面貌之所以存在明显的差别，根源在于存在着不同的人们共同体。每一共同体都有自己的文化传统和风俗习惯，甚至有自己的语言和宗教信仰，这种情况表现在考古学遗存上就是不同的地方类型或较类型更小的单位。假如伊洛—郑州类型代表着一个确定的人们共同体，则其规模至少够得上一个部落联盟。

原始社会部落在产生之后的一个相当长的历史时期，彼此之间是分离的，除了在血统上较近的部落往来较密切以外，不存在更高一级的社会组织。但在较晚时期，当生产已有一定程度的发展，部落间的战斗日益频繁之时，原来亲近的部落就会建立起联盟的组织，壮大自己的作战力量。印第安人中的易洛魁联盟就是一个很好的例子[3]。他们原先居住在美国东北部的大湖区，有五个部落，大约在15世纪之初建立了部落联盟，那时他们还处在母系氏族社会的繁荣时期。最初的联盟会议是在部落分布地区的中心温嫩多加湖北岸召集的，以后该地就成了联盟事实上的"首都"，而温嫩多加部落也便成了该联盟的中心部落。他们是贝珠带和联盟会议篝火的守护者，他们的酋长被列为联盟酋长名单的首位。对比阎村及其周围遗址的情况，至少有两点应当引起足够的注意：

---

〔1〕 临汝县文化馆：《临汝阎村新石器时代遗址调查》，《中原文物》1981年第12期，封二，1。

〔2〕 严文明：《论半坡类型和庙底沟类型》，《考古与文物》1980年第1期。

〔3〕 勃洛姆克维斯特：《易洛魁人》，《美洲印第安人》中译本，北京，1960年，94～136页。

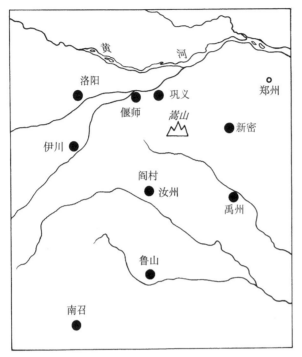

图三　伊川缸出土地点（黑点所示）分布示意图

第一，阎村遗址适当嵩山之阳，汝水之滨，地理条件相当优越。而整个伊洛—郑州类型是环绕嵩山分布的，阎村遗址正好在它的中心区域（图三）。

第二，各地发现的伊川缸都是素朴无彩的，唯独阎村有 3 件彩陶缸，画《鹳鱼石斧图》的一件乃是其中之一，由此可见其地位的特殊。

假定伊洛—郑州类型所反映的人们共同体是一个部落联盟，阎村遗址就很有可能是这个联盟的中心部落的居址，而那个画《鹳鱼石斧图》的陶缸就应当是该部落的酋长——多半是对建立联盟有功的第一任酋长的葬具了。如果这一推测不至于背离事实太远，那么把鹳鱼和石斧画在一起的谜底也就比较容易揭开了。

既然那竖立着的石斧是画在一位有名望的酋长的葬具上，位置那么突出，又加标记，又缠布片，绑斧的皮条也很讲究，那么它就绝不是一般人使用的普通劳动工具，而是同酋长身份相适应的，既可实用，又可作为权力标志的东西，是酋长生前所用实物的写真。

在酋长的葬具上画一只白鹳衔一尾鱼，绝不单是为了好看，也不是为着给酋长在天国玩赏。依我们看，这两种动物应该都是氏族的图腾，白鹳是死者本人所属氏族的图腾，也是所属部落联盟中许多有相同名号的兄弟氏族的图腾，鲢鱼则是敌对联盟中支配氏族的图腾。这位酋长生前必定是英武善战的，他曾高举那作为权力标志的大石斧，率领白鹳氏族和本联盟的人民，同鲢鱼氏族进行殊死的战斗，取得了决定性的胜利。在他去世之后，为了纪念他的功勋，专门给他烧制了一个最大最好的陶缸，并且打破不在葬具上作画的惯例，用画笔把他的业绩记录在上面。当时的画师极尽渲染之能事，把画幅设计得尽可能地大，选用了最强的对比颜色。他把白鹳画得雄壮有力，气势高昂，用来歌颂本族人民的胜利；他把鲢鱼画得奄奄一息，俯首就擒，用来形容敌方的惨败。为了强调这场战斗的组织者和领导者的作用，他加意描绘了最能代表其身份和权威的大石斧，从而给我们留下了这样一幅具有历史意义的图画。

《鹳鱼石斧图》是我国新石器时代幅面最大和内容最丰富的图画，但不是唯一的，甚至也不是最早的图画。浙江余姚河姆渡的《稻熟猪肥》和《双凤朝阳》两幅线刻画[1]，一幅有浓郁的生活气息，一幅有神秘的宗教色彩，其年代约当公元前5000～前4600年[2]，比《鹳鱼石斧图》早得多。1958年在陕西宝鸡北首岭也曾发现一幅彩陶画[3]，画在一个大头细颈瓶的上腹部，和阎村彩陶画有不少相似之处，画面上有一只水鸟向右侧立，衔住一条鱼。水鸟长颈长喙，头顶生翎，体形略似苍鹭，只是足部太短。它眼睛睁得老大，将鱼尾都咬掉了，还死死地叼住不放。那鱼则拼命地挣扎，头部和身子都翘起来了，但显然已经不能逃生。这幅画，可以命名为《水鸟衔鱼图》（图一，左），它属于仰韶文化早期的半坡类型，比《鹳鱼石斧图》早几百年。尽管如此，阎村出土的这幅彩陶画论幅面之大、技法之精、内容之丰富和深刻，都是同时代的其他绘画所不可比拟的。更为重要的是，它给了我们一个启示：既然阎村可以出这样的彩陶画，别的类似的遗址不是也可以出吗？如果我们把工作做得更深入一些，完全有可能大大丰富我国早期的绘画资料，而且开辟一条探索当时的氏族—部落组织及其相互关系的新途径，这该是多么令人高兴的啊！

　　[原载《文物》1981年第12期。后收录在《仰韶文化研究》（增订本），文物出版社，2009年]

〔1〕　河姆渡遗址考古队：《浙江河姆渡遗址第二期发掘的主要收获》，《文物》1980年第5期，9页图六，1、6。

〔2〕　北京大学历史系考古专业碳十四实验室：《碳十四年代测定报告（四）》，《文物》1979年第12期。

〔3〕　考古所宝鸡发掘队：《陕西宝鸡新石器时代遗址发掘纪要》，《考古》1959年第5期，图版壹，2、3。

甘肃彩陶的源流

引言

　　这里所说的甘肃地区，是泛指甘肃全省、青海东部和宁夏南部而说的。这个地区位于黄土高原的最西端，并与青藏高原和蒙古高原连接在一起。这里有黄河流贯，支流辐集，是发展农业的重要地区。从很早的时候起，以彩陶为特征的农业文化就在这里传播，并经历了很长时期的发展，这并不是偶然的。

　　甘肃地区彩陶特别发达的事实，早在 20 世纪 20 年代就已为人们所深知。但究竟那些彩陶是怎样发生的？本身具有什么特点？经历了哪些发展阶段？在整个发展过程中同其他地区的彩陶是否发生过什么关系？最后又是怎样走向消亡的？凡此等等，都是大家所关心的。本文根据历年考古调查和发掘的资料，试图理出一个大概的眉目，作为进一步研究的参考。

一　甘肃地区最早的彩陶

　　截至目前，我们所知道的甘肃最早的彩陶是仰韶文化半坡类型的，其出土地点有天水刘家上磨、柴家坪，平凉苏家台、石柏阙，礼县寨子里和石咀村等处。分布限于陇东，这是头一点值得注意的。这些彩陶陶色全部为砖红色，黑彩，有鱼纹、变体鱼纹和宽带纹等（图一），与西安半坡和宝鸡北首岭等半坡类型典型遗址出土的彩陶别无

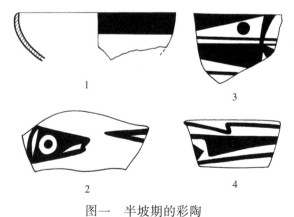

图一　半坡期的彩陶

1. 礼县寨子里　2. 礼县石咀村　3、4. 天水刘家上磨
（2 ~ 4. 引自 J. G. Andersson，1943）

二致，这是又一点值得注意的。根据这样两点，我们很有把握地说，甘肃的这些彩陶，是属于以关中平原为中心的仰韶文化半坡类型的有机组成部分。

如果说半坡类型的遗址仅见于甘肃东部一小块地方的话，那么庙底沟期的分布范围就扩大得多了。对于甘肃的大部分地区来说，最早出现的彩陶不是半坡类型，而是属于庙底沟期的。

现知属于庙底沟期的遗址，在甘肃约有 150～160 处，分布于陇东、陇西和陇南的全部地区。比较重要或经过试掘的有天水马跑泉、罗家沟，渭源寺坪，武山石岭下，陇西暖泉山，礼县寨子里和临洮马家窑等处。此外，在青海民和也曾发现几处。

甘肃庙底沟期彩陶的器形主要是卷缘曲腹盆、敛口盆和敛口钵等，也有个别的小口平底瓶。陶质细腻，多呈砖红色，个别的有白色陶衣。绝大多数是黑彩，也有极少数用红彩或黑红两色彩。花纹母题最常见的是垂弧纹和回旋勾连纹，也有圆点、窄带、豆荚、花瓣和网格等（图二），这些在陕西、山西和河南庙底沟期遗址中都是常见的纹饰。动物花纹仅见蜥蜴一种，这种彩纹虽未见于陕西、山西等地，但那里不止一次地发现过蜥蜴形陶浮雕。凡此都说明甘肃地区庙底沟类型的彩陶，同陕西、山西和河南庙底沟期的彩陶属于一个整体。

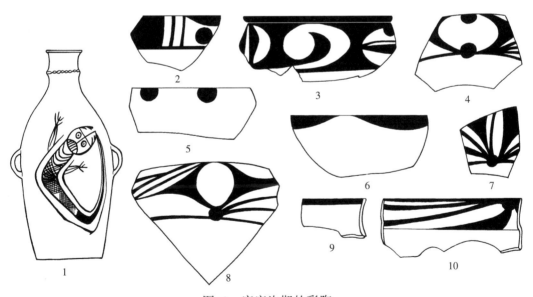

图二　庙底沟期的彩陶

1. 武山西坪　2、3. 天水李家湾　4～10. 临洮马家窑（1. 引自《考古学报》1960 年第 2 期 14 页；2、3、8. 引自 J. G. Andersson；4～7. 引自 B. Sommarstrom，1956；9、10. 引自《考古通讯》1958 年第 9 期 40 页）

关于半坡类型和庙底沟类型的年代，过去多有争论。但如果从它们的分布范围、地层关系、碳–14 年代和文化内涵的比较等各方面来看，无疑的是庙底沟类型比较晚，并且是在半坡类型的基础上发展起来的。因此，在一定的场合，我们可以径直称为半坡期和庙底沟期，用以表示仰韶文化在一定地区先后发展的两个阶段。

半坡类型分布的中心是关中平原，那里还分布着老官台文化。根据华县元君庙和宝鸡北首岭等处的地层关系，老官台文化比半坡类型要早；它的直口陶钵、宽边彩带和锥刺纹饰等在半坡类型中不但存在，而且更为发达。半坡类型很有可能就是在老官台文化的基础上发展起来的。

老官台文化的某些钵或钵形三足器的口外有红色宽带，可以视为彩陶的萌芽。半坡期的彩陶已有初步发展，在整个陶器中的比例约为 2% ~ 3%。到庙底沟期彩陶就发达得多了，通常占陶器总数的 10% ~ 15%。考察这三期彩陶分布的范围，可以发现一个有趣的事实，就是最初以关中地区为中心，一期一期地向周围扩展，而向西的扩展幅度最大：半坡期还只到甘肃东部，庙底沟期一下子就到了青海东部，往后到马家窑期更发展到了河西走廊（图三）。由此可知甘肃地区的彩陶是起

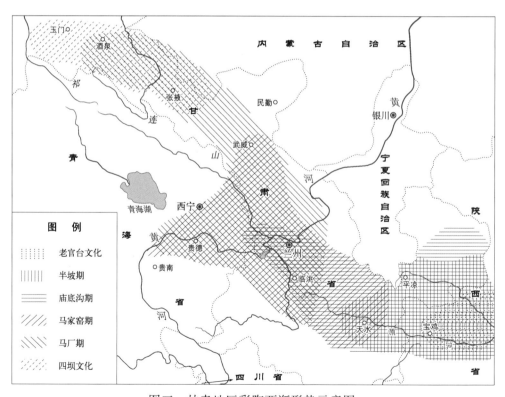

图三　甘肃地区彩陶西渐形势示意图

源于关中的，那种把甘肃作为外来通道，用以证明仰韶文化的彩陶是从西方传播过来的说法，与实际情况完全相反。

二　马家窑彩陶的发生和发展

长期以来，人们习惯于把半坡类型和庙底沟类型视为中原地区的仰韶文化，而把马家窑类型、半山类型和马厂类型称为甘肃仰韶文化，认为二者虽有早晚之别，但主要还是地方性的差别，甚至是属于不同文化系统的。有些同志为了强调二者属于不同的文化系统，连"甘肃仰韶文化"一名都难以接受，主张改用夏鼐同志在 20 世纪 40 年代用来专指马家窑类型的名称而称为马家窑文化[1]。这里姑且不去讨论什么名称比较合适的问题，只是要说明一点，即用改变名称的方法以表示二者属于不同的文化系统，是不必要也是不正确的。

首先，半坡类型和类似庙底沟类型的遗存不只是分布在中原，同时还分布在甘肃地区，尤其是类似庙底沟类型的遗址在甘肃数目相当多，分布范围也相当大，总不能说它只是中原的仰韶文化，应该说它既是中原的，又是甘肃的。

其次，马家窑、半山和马厂诸类型虽只分布于甘肃地区，但年代晚于半坡类型和庙底沟类型。从文化内涵的比较分析，可以清楚地看出它们是在庙底沟期遗存的基础上，一步一步地发展和分化出来的。追根溯源，它们本来是一个文化系统。

关于马家窑类型同庙底沟类型的关系，我们曾在《从马家窑类型驳瓦西里耶夫的中国文化西来说》（《文物》1976 年第 3 期）一文中做了分析，认为马家窑类型晚于庙底沟类型，并且继承了庙底沟类型的许多因素，是庙底沟类型在甘肃地区的继续和发展。这里要补充说明的是关于马家窑期彩陶中两种动物花纹的来源及马家窑类型本身的分期问题。

马家窑期彩陶中除各种几何形花纹外，还有蛙纹和鸟纹两种动物花纹，都已脱离写实作风而高度图案化了。蛙纹一般画在碗或盆的里面，画工有意识地将体部画成圆形，置于正中，加上四肢和头尾，使整个画面显得非常匀称和谐。为了使臀后不致出现大片白地，故意加画了一个肥厚的尾巴，真是别开生面。鸟纹通常画在瓶或盆的外壁，并同旋涡纹组成统一的画面。为了让两种纹饰取得协调，鸟纹本身也便旋涡纹化，使得多数只有头部保持鸟的形状，身体有时变得难以辨认。

---

〔1〕　夏鼐：《临洮寺洼山发掘记》，《中国考古学报》第 4 册，1949 年，注②。

　　蛙纹和鸟纹本是仰韶文化的传统纹饰，并不是到马家窑期才开始出现的。最早的蛙纹见于陕西临潼姜寨半坡期的陶盆里面，但不画在中央而偏于一旁，画法也比较接近于写实。到庙底沟期，蛙纹一般画在盆的外壁，样子也还接近于写实；山西万泉荆村一件敛口陶瓮残片的外壁用锥刺纹做成蛙形，样子和彩陶蛙纹非常相似。

　　鸟纹也是在半坡期就有的，西安半坡就有鸟纹残片，在宝鸡北首岭发现的一件大头细颈壶上，绘一水鸟衔鱼，相当生动。庙底沟期的鸟纹就多了，陕西华县泉护村和华阴西关堡是发现得最多的，其他如河南陕县庙底沟，山西芮城大禹渡等处也有一些。鸟的形象多种多样，有的似在啄食，有的伫立张望，有的振翅欲飞；而后两地的鸟纹则多是在空中翱翔的样子。早期的鸟纹还是比较写实的，到庙底沟类型晚期已有简化趋势。

　　把半坡期到庙底沟期再到马家窑期的蛙纹和鸟纹联系起来看，很清楚地存在着因袭相承、依次演化的脉络。开始是写实的、生动的、形象多样化的，后来都逐步走向图案化、格律化、规范化，而蛙、鸟两种母题并出这一点则是始终如一的（图四）。

　　彩陶作为一种造型艺术，总是反映当时的生活和社会存在的。当时的社会基本单位是氏族和部落，若干部落有时又结成亲属部落或军事联盟，从而组成大大小小不同范围的人们共同体。一定的人们共同体往往有一定的信仰、风俗和艺术风格，当陶工们在制造彩陶时，不免会自觉或不自觉地把这种信仰、风俗和艺术风格融入自己的作品之中。因此一定的彩陶花纹，特别是某些特殊的传统花纹，反过来又可作为区分考古学文化和隐藏在文化背后的人们共同体的重要标志。马家窑期既有许多因素是继承庙底沟期的，又同半坡期和庙底沟期具有一脉相承的蛙纹和鸟纹传统，理应属于一个文化系统，而它们的创造者也应当是同一族系的人民。

　　通常被纳入马家窑类型的彩陶，实际上包含着不同时期的内容，目前要进行严格的分期虽有困难，但可初步将其分为石岭下、雁儿湾、西坡岇和王保保四组。

　　石岭下一组的主要遗址有武山石岭下，甘谷灰地儿和渭水峪，天水西山坪、罗家沟和关子镇，以及静宁威戎镇等处。石岭下、罗家沟和临洮马家窑都发现雁儿湾或西坡岇组叠压石岭下组，而石岭下组又叠压庙底沟期的地层关系，表明其年代晚于庙底沟期而早于雁儿湾和西坡岇两组。

　　石岭下组的彩陶脱胎于庙底沟期为时不久，因而还多少保持一些庙底沟期的特色，如陶色砖红，彩纹构图比较疏朗，以及很少内彩等。但马家窑类型最流行的鸟纹、蛙纹、旋涡纹和波形纹等，都已经基本上形成（图五）。

期别	蛙　纹		鸟　纹	
半坡期	1		2	
庙底沟期	3	4	5	6
马家窑期	7	8	9	10

图四　仰韶文化蛙纹和鸟纹的演变

1. 临潼姜寨　2. 宝鸡北首岭　3. 陕县庙底沟　4. 万泉荆村　5、6. 华县泉护村　7. 兰州雁儿湾　8、10. 甘肃　9. 武山石岭下（1、2、10. 《考古》1973 年第 3 期图版壹，2；1959 年第 5 期图版壹，3；1962 年第 6 期 321 页；3. 《庙底沟与三里桥》图版玖，1；4. 《师大月刊》第 3 期图版贰，5；5、6. 《考古学报》1965 年第 1 期 60 页；7、9. 甘肃省博物馆资料；8. B. Sommarstrom，1956，f. 9）

　　雁儿湾组的主要遗址有兰州雁儿湾，天水柴家坪、西山坪和永靖三坪等处。陶色橙黄，内彩发达，构图繁而不乱，经常使用旋转和中心对称的手法，显得很有韵律。线条粗细均匀，笔道流畅，技法是相当高明的（图六）。

　　西坡呱组的主要遗址有兰州西坡呱、曹家咀，临洮马家窑，天水罗家沟和渭源寺坪等处。彩陶陶色橙黄，构图有些繁缛，有些则比较疏朗；内彩不如雁儿湾组那么发达。线条常粗细相间，弯钩和网格纹非常普遍，常常在一个桃形、

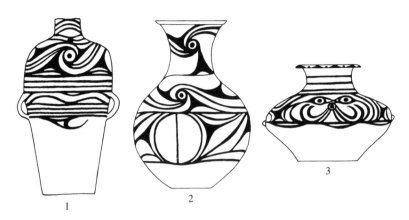

图五　石岭下组的彩陶

1. 静宁威戎镇　2. 甘肃　3. 天水关子镇（1. 引自《考古学报》1960 年第 2 期 14 页；
2. 引自马承源：《仰韶文化的彩陶》；3. 引自《考古通讯》1958 年第 5 期图版壹，2）

心形或"C"形、"S"形纹中填满细密的网格纹，成为本组花纹的鲜明特色之
一（图七）。

　　王保保组的彩陶主要见于兰州市黄河北岸的王保保城，在那里曾清理过一座
马家窑类型的墓葬，出土 10 余件彩陶器。这些彩陶花纹繁缛，线条粗细相间，有
大片的平行条纹和网格纹，瓶罐类花纹一直延伸到底部。彩陶瓶腹部已较粗，并
出现了四纽罐，时代可能比上述三组为晚（图八）。

三　关于马家窑期、半山期和马厂期的年代

　　马家窑类型、半山类型和马厂类型的彩陶特别发达，但关于三个类型之间的
年代关系，至今没有统一的认识。而如果三者的年代关系不解决，甘肃地区彩陶
发展的来龙去脉就不容易解释清楚，因而有必要在这里专门谈一谈年代的问题。

　　从三个类型的分布状况来看，中心都在陇西的洮河、大夏河及其附近的黄河
沿岸地带，只是四周伸展的范围有所不同。马家窑类型稍稍偏东，最东到了陇东
的天水和清水等地，最西只到河西走廊东端的武威；半山类型稍稍偏西，东界退
缩到渭源，往西延伸到永昌；马厂类型又向西伸展了许多，直到河西走廊西端的
酒泉（见图三）。鉴于三个类型分布的中心基本上是相同的，周围又还有很大一部
分是重合的，因而它们之间的差别应当首先是时代性的而不是地区性的，据此也
可以把它们称为马家窑期、半山期和马厂期。

　　关于三期的相对年代，杨建芳同志曾根据间接的地层关系和类型学的排比，
确定其顺序是马家窑、半山和马厂。1963 年兰州青岗岔的发掘，发现属马厂期的

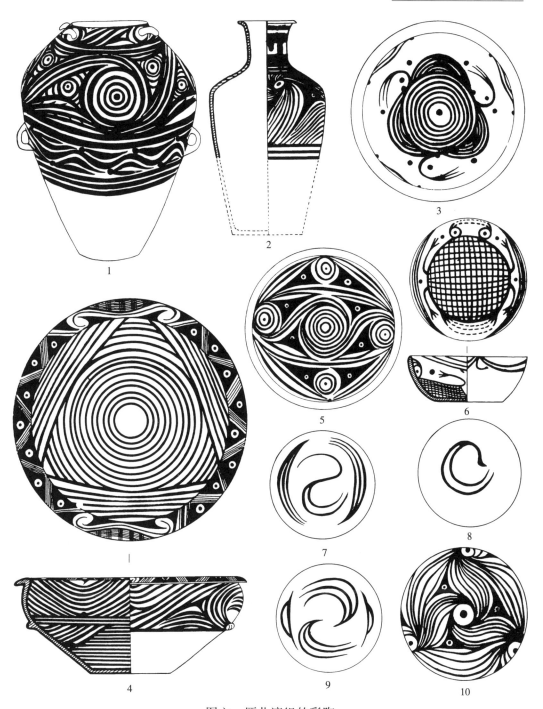

图六　雁儿湾组的彩陶

1. 永靖三坪（《考古通讯》1956 年第 6 期）　2、4、6. 兰州雁儿湾（《考古学报》1969 年第 2 期 15 页、《文物》1976 年第 3 期 29 页）　3、5、7、8、10. 甘肃（B. Sommarstrom，1956）　9. 兰州白道沟坪

图七　西坡岘组的彩陶

1、3、4、7. 马家窑（引自 B. Sommarstrom，1956）　2. 临洮寺洼山　5. 兰州曹家咀
（据《考古》1973 年第 3 期 149 页）　6. 兰州西坡岘

图八　王保保组的彩陶

（均出自王保保一号墓，据《文物》1975 年第 6 期）

一号窑中，除出土较多的马厂式彩陶外，也还有个别的半山式陶片；1973 年永昌
鸳鸯池的发掘，又发现属马厂期的 44 号墓打破了属半山期的 72 号墓，凡此都证

明半山期确实比马厂期为早。

　　近年来中国社会科学院考古研究所实验室和北京大学历史系考古专业实验室用放射性碳素测量年代的方法，测量了一系列属于三个类型的标本，所得结果与根据地层关系和类型学排比而得出的结论基本上是一致的。兹将有关数据列表如下（表一），并给予必要的说明。

表一　马家窑、半山、马厂期碳－14 测定年代表

标本号	质　料	出土地点	文化期	碳－14 年代（公元前）	真实年代（公元前）
ZK186	木　炭	甘谷灰地儿	马家窑早期	3190 ± 160	3815 ± 175
ZK108	木　炭	兰州曹家咀陶窑	马家窑期	2575 ± 100	3100 ± 190
BK75020	木　炭	永登蒋家坪 T12	马家窑期	2550 ± 100	3070 ± 190
BK75033	棺　木	乐都柳湾 M284	半山期	2090 ± 100	2505 ± 150
ZK25	炭化木柱	兰州青岗岔 F1	半山期	2065 ± 100	2470 ± 150
BK75029	炭化木柱	兰州青岗岔 F1	半山期	1990 ± 100	2380 ± 150
ZK21	木　炭	永靖马家湾	马厂期	2185 ± 100	2620 ± 145
BK75009	棺　木	乐都柳湾 M281	马厂早期	1910 ± 90	2280 ± 140
BK75012	棺　木	乐都柳湾 M236	马厂期	1800 ± 100	2145 ± 120
BK75028	木　炭	永登蒋家坪 T42	马厂期	1830 ± 90	2175 ± 110
BK75017	木　炭	永登蒋家坪 T45	马厂期	1730 ± 90	2055 ± 110

　　注：（1）碳－14 年代按半衰期为 5730 ± 40 年计算。
　　（2）真实年代据 P. E. Damon，A. Long，E. I. Wallick 1972 年 10 月新西兰举行的第八届放射性碳素断代国际会议上提出的树轮校正表校正。

　　只要稍稍注意一下，就会发现表一中有几处矛盾，比如半山期同马厂期的年代发生交叉，就是一个明显的例子。用放射性碳素测定年代，不可能要求有 100% 的准确性，因为有许多因素影响着最后测量的结果。因此，很多人主张同一文化期必须有比较多的标本，以便选择那些年代相互靠近的标本，舍弃年代偏离过远的标本，这样才可获得比较可信的结果。

　　在表一所列的年代中，半山期的三个年代是比较接近的，应当可信。马厂期的五个年代中有四个比较靠近，马家窑期三个年代中有两个比较靠近，它们中较远的一个数据应当舍弃。这样获得的三期真实年代大致如下。

　　马家窑期——公元前 3290 ～前 2880 年

　　半山期——公元前 2655 ～前 2330 年

马厂期——公元前 2330 ~ 前 2055 年

这里马厂期结束的年代之所以定在公元前 2055 年，是考虑到齐家文化最早的年代而划定的。马家窑期同半山期的年代不相衔接，不是由于测量的误差，而是在二者之间存在着另一个文化时期，下面将对此进行分析。

四 从马家窑期到半山期彩陶的演变

从前安特生把马家窑和半山陶器混为一谈，以为二者是同一时期的，只是前者是活人用的，后者则是专给死人用的。但是以后越来越多的事实证明，马家窑式的彩陶不但见于居住遗址，也多次作为墓葬的随葬品；半山式彩陶不但见于墓葬，也不止一次地见于居住遗址。当人们抛弃了安特生的错误理论，正确地把马家窑式和半山式彩陶加以区别之后，发现二者的区别相当大，不像是彼此衔接的两期文化。所以有的同志把它们看成平行的两个文化[1]，有的同志把马家窑类型单独称为一个文化，把半山、马厂看成是从其中派生出来的另一文化[2]。

把马家窑类型同半山类型合二为一固然是错误的，反之把二者的差别强调过分，并加以绝对化，也是不恰当的。实际上，这两个类型的彩陶是既有区别又有联系的。例如半山期流行的四大旋涡纹（过去称螺旋纹）就是从马家窑期的旋涡纹逐步演化出来的，半山期的拟蛙纹（有时称为拟人纹或人形纹）也可能与马家窑期的蛙纹存在着联系。但二者的区别毕竟是显著的，无论是主要器物的形制还是彩陶花纹的母题与艺术风格等各方面都有较大的差别，看来二者很难有直接继承的关系。前面关于碳 – 14 年代的讨论中已经指出在马家窑期同半山期之间还存在着一段空白，很可能还有整整的一个文化时期。如果把这个文化期的遗存找出来了，各期彩陶发展的脉络也就比较清楚了。

联系两个类型的链环确实存在，它是通过兰州市华林坪和陆家沟小坪子的相继调查而逐步明确起来的。华林坪是居址，小坪子是墓地。小坪子的彩陶既有些像马家窑，又有些像半山，似是处在二者之间的东西。华林坪的彩陶一部分像马家窑，大部分则像小坪子。

以小坪子为代表的一类遗存过去多有发现，但大多归于马家窑类型，一部分归于半山类型，实际上代表着一个单独的文化期，我们姑且称之为小坪子期。

小坪子期彩陶的陶色橙黄，彩纹全为黑色，并有旋涡纹、波形纹和局部网格

---

〔1〕 马承源：《略论仰韶文化和马家窑文化的问题》，《考古》1961 年第 7 期。

〔2〕 安志敏：《略论我国新石器时代文化的年代问题》，《考古》1972 年第 6 期，39 页。

纹等，这些与马家窑期比较接近。另一方面，出现了一些四个到六个对称的连续旋涡纹和大锯齿纹等，这些又与半山期比较接近。小坪子的旋涡纹和波形纹的线条往往比较宽，中间比两头更宽，与马家窑粗细均匀的风格很不一致；它的对称的连续旋涡纹和锯齿纹全为黑色，不像半山期彩纹红黑相间，也不像半山期的锯齿那么细。这些可以看出它同马家窑期和半山期的联系以及它自身的独立风格。小坪子期彩陶的器形也表现出从马家窑到半山期的中间链环的特色，例如马家窑期有许多长颈瘦腹的彩陶瓶，半山期则流行短颈广肩鼓腹的彩陶瓮，小坪子期的同类器物颈部稍稍缩短，腹部显著外鼓，但又不如半山期那样膨圆（图九）。所以，从类型学的角度进行分析，小坪子期应是联系马家窑期和半山期的中间环节，半山期乃是马家窑期经过小坪子期逐步发展起来的。

图九　小坪子期的彩陶

1. 兰州（J. G. Andersson，1943，Pl. 57：2）　 2、3、6. 兰州小坪子（《考古学报》1960 年第 2 期）　 4、5. 兰州华林坪　 7. 甘肃（甘肃省博物馆藏）

五　马厂期彩陶的分区与分期

一般认为，马厂期彩陶是在半山期彩陶的基础上发展起来的。这两期的器形非常相似，有些花纹也可找出演变的形迹。但总的说来，马厂花纹比半山花纹种类复杂得多，风格也有很大的不同。

马厂期的彩陶常有红衣，除早期外，线条一般不加锯齿，而是用黑边紫红条带或黑线条构图，常见母题是四大圆圈纹、拟蛙形纹、波折纹、螺旋纹、菱形纹、编织纹和棋盘格纹等。同马家窑、小坪子和半山各期以曲线为主的风格不尽相同的是，马厂期是曲线和直线同样发达的。

马厂类型的分布范围，虽有大面积同庙底沟、马家窑、小坪子和半山诸类型重合，但是向西伸展得相当远，最西已达到河西走廊的西端。在这样大的范围内，文化面貌自然很难保持完全一致。大致说来，陇西和青海东部比较接近，河西走廊则自成一格，前者有较多的双

图一〇　马厂西区的单把直筒杯
（永昌鸳鸯池99号墓出土）

耳彩陶壶，常用黑边红色条带，大圆圈纹、螺旋纹、拟蛙形纹等比较发达；后者最特殊的是有很发达的单把直筒杯，在古浪谷家坪滩、永昌鸳鸯池和酒泉下河清等处都相当普遍，而基本上不见于陇西和青海东部。这种杯下腹前方常有泥突，把上与器口结合的部位显著突起，造型可说是别具一格（图一〇）。此外，在河西走廊还有较多的敞口深腹盆，绝大部分为黑彩，编织纹和变体回纹比较发达。据此，可将马厂类型分为东、西两区。

关于马厂类型本身的分期，最早是由巴尔姆格伦提出来的[1]，但那只是具有假设性质，并没有任何可靠的根据。近几年在青海乐都柳湾发掘了数百座马厂类型的墓葬，其中有一些互相打破，从而为马厂类型本身的分期提供了坚实的基础。青海省文物管理处考古队和北京大学历史系考古专业曾将柳湾马厂陶器分为三期，认为"马厂早期陶器组合以彩陶双耳罐、小粗陶双耳罐为主，双耳彩陶壶体形矮肥，短颈侈口，长颈彩陶壶多直口，流行黑红两彩和锯齿纹，某些因素和半山陶器颇相类似。马厂中期彩陶壶数量大增，彩陶双耳罐数量减少，彩陶壶由肥变瘦，颈部逐渐加长，腹微内收，以黑彩绘成的人字与四大圆圈相间的纹饰流行。马厂晚期彩陶数量减少，彩陶纹饰逐渐趋于简化，以黑彩绘成的波折纹最流行。彩陶壶更显瘦长，腹部内收明显，仅施淡淡一层红色陶衣而不饰彩的双耳壶十分多，出现了素面敛口瓮等新的器物和折肩作风"[2]。这一概括同我们于1963

---

〔1〕 巴尔姆格伦：《半山及马厂随葬陶器》，《中国古生物志》丁种第三号第一册，1934年。

〔2〕 青海省文物管理处考古队、北京大学历史系考古专业：《青海乐都柳湾原始社会墓葬第一次发掘的初步收获》，《文物》1976年第1期，69页。这段文字发表时脱漏甚多，特为之补充订正，并全文征引于此。

年参加整理兰州白道沟坪马厂类型墓葬的陶器时所得的结果基本一致，只是马厂早期仅有少量而并不流行锯齿纹，且锯齿较粗，齿尖较钝，也不常用红黑相间的画法，与半山期锯齿纹是容易区别的。

六　齐家文化以后彩陶的分化与消亡

甘肃地区以彩陶为特征的文化，到马厂期已分化为东、西两区，其后东区发展为齐家文化[1]，西区发展为四坝文化[2]。齐家文化的发展，除继承马厂东区外，还受到东边客省庄文化的强烈影响；而四坝文化则更多地吸取了西北游牧部落的文化特点，所以二者在文化面貌上差别越来越大，在发展的道路上，从此分为两个不同的文化了。

齐家文化和四坝文化的年代，根据碳－14测定和树轮校正，大约分别在公元前2050～前1900年和公元前1950～前1500年之间，基本上与夏王朝相始终。近年在两个文化的遗址中都出过不少青铜器，若说齐家文化早期还可能处在铜石并用时代，那么它的晚期和四坝文化都已经是进入青铜时代的文化了。

彩陶发展到这个时期已经显著衰落，画彩的器物数量不多，种类也很少了。

齐家文化的彩陶主要集中在各种类型的双耳罐上，花纹或黑或紫，在一件器物上总是单色的。花纹的母题有较大的地方差别，一般地说，陇西与河湟地区多三角纹和网格纹，且多画在双大耳罐上；河西则主要为菱形纹、棋盘格纹、变体回纹和网格纹等（图一一）。后者的某些作风已接近于四坝文化。日后资料多了，也许还可以分为几个地方类型。所有这些齐家文化的彩陶，无论从器形或纹饰来看，都可以从马厂类型的彩陶找到渊源关系。

四坝文化的彩陶比齐家文化稍多一些，突出的特点是上色极浓，纹饰凸起。部分彩陶还有陶衣，花纹多为黑色，只有少数为紫红色。线条粗细比较均匀，多平行横线、平行竖线以及交错平行斜线等（图一二），也有菱形纹、变体回纹和网

---

[1]　马厂东区的分布范围主要在陇西和青海东部，齐家文化则以陇西为中心，东到陇东、陇南，西到青海贵南和甘肃武威，二者虽有大面积重合，但齐家文化分布的范围要比马厂东区扩大许多。至于齐家文化晚于马厂类型的地层关系，最近已在乐都柳湾发现，见青海省文物管理处考古队、北京大学历史系考古专业：《青海乐都柳湾原始社会墓葬第一次发掘的初步收获》，《文物》1976年第1期，69～70页。

[2]　马厂西区分布在从古浪到酒泉的河西走廊地区，四坝文化也分布于河西走廊，但东边退缩到山丹，西边延伸到玉门，已经向西挪动了一些。四坝文化叠压马厂类型的地层关系，曾于酒泉下河清遗址发现，见甘肃博物馆：《甘肃古文化遗存》，《考古学报》1962年第2期。

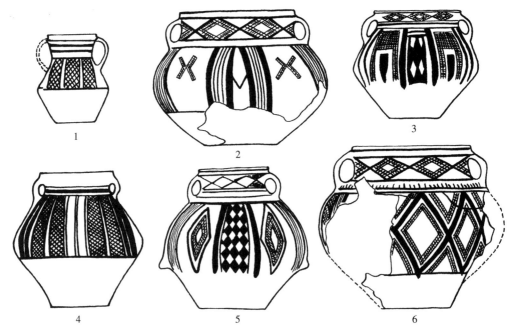

图一一　齐家文化的彩陶

（武威皇娘娘台出土，据《考古学报》1960 年第 2 期）

格纹，后几种与齐家文化的彩陶相似，说明二者有相互交流影响的关系。

值得注意的是，从半山期、马厂期到齐家文化和四坝文化，都有拟似青蛙的纹饰，当是继承马家窑期的蛙纹而发展起来的，故名之曰拟蛙纹。至于马家窑期流行的鸟纹，到半山期以后就没有了。不过，鸟纹经过一个时期的发展，到马家窑期即已开始旋涡纹化，而半山期的旋涡纹和马厂期的大圆圈纹，形象拟似太阳，可称之

图一二　四坝文化的彩陶

（山丹四坝滩出土）

为拟日纹，当是马家窑类型的旋涡纹的继续发展。可见鸟纹同拟日纹本来是有联系的（图一三）。由此我们可以知道，从公元前 5000 年的半坡期即已开始出现的蛙纹和鸟纹，经过了 3000 多年的发展，仍以变化了的形式继承了下来，这究竟是怎么一回事呢？

在我国古代的神话传说中，有许多关于鸟和蛙的故事，其中许多可能和图腾崇拜有关。后来鸟的形象逐渐演变为代表太阳的金乌，蛙的形象则逐渐演变为代表月亮的蟾蜍。《楚辞·天问》说："羿焉射日，乌焉解羽？"《山海经·大荒东

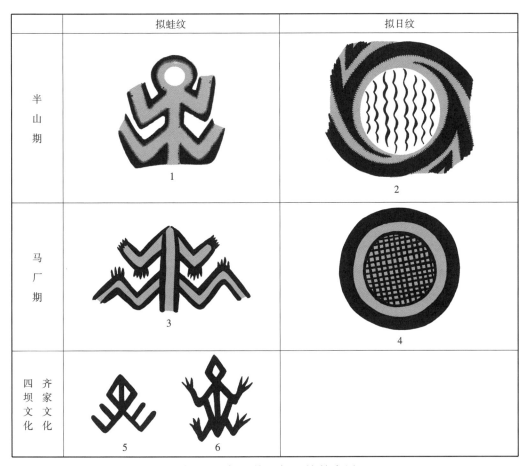

	拟蛙纹	拟日纹
半山期	1	2
马厂期	3	4
四坝文化　齐家文化	5	6

图一三　拟蛙纹和拟日纹的发展

1. 甘肃　2. 兰州青岗岔　3、4. 兰州白道沟坪　5. 武威皇娘娘台　6. 玉门火烧沟

经》载"一日方至，一日方出，皆载于乌"，说的就是乌鸦和太阳的关系。《楚辞·天问》又说："夜光何德，死则又育？厥利维何，而顾菟在腹？"夜光就是月亮；顾菟，闻一多先生以为即蟾蜍的古音读；顾菟在腹，就是月亮中有蟾蜍。《淮南子·精神训》径直说"而月中有蟾蜍"，就更加清楚了。这就是说，从半坡期、庙底沟期到马家窑期的鸟纹和蛙纹，以及从半山期、马厂期到齐家文化与四坝文化的拟蛙纹，半山期和马厂期的拟日纹，可能都是太阳神和月亮神的崇拜在彩陶花纹上的体现。这一对彩陶纹饰的母题之所以能够延续如此之久，本身就说明它不是偶然的现象，而是与一个民族的信仰和传统观念相联系的。

齐家文化和四坝文化之后，有些地方已不再有彩陶，有些地方如青海东部的卡约文化只有极少的彩陶，有些地方的彩陶反倒又发达起来，从而加速了分化的进程。

在洮河、大夏河和兰州附近，继齐家文化之后出现了辛店文化。辛店文化叠压齐家文化的地层关系见于临夏张家咀和姬家川等处，它的双耳罐和陶鬲等很明显地是在齐家文化的基础上发展起来的。辛店文化具有比齐家文化发达得多的彩陶，但陶质一般比较粗糙，笔道粗犷，花纹几乎千篇一律。

关于辛店文化本身的分期，至今还难以确定。安志敏同志曾根据临洮辛店与永靖张家咀等地彩陶器形和纹饰的不同，将辛店文化分为甲、乙两组，同时又提出"唐汪文化"或"唐汪式陶器"[1]的命名[2]。事实上，同属于甲组的辛店 A 墓地和洮沙四时定墓地的器物就不全相同，而唐汪式陶器跟辛店文化乙组的陶器很接近，应当作为辛店文化的一个部分。因此，辛店文化至少包括四组陶器，其年代顺序暂时还难以排定（图一四）。

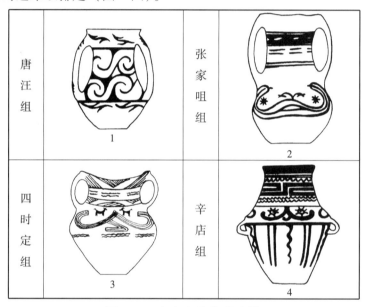

图一四　辛店文化的彩陶罐

1～3. 临夏张家咀（《考古学报》1960 年第 2 期 21 页）　4. 临洮辛唐（J. G. Andersson，1943，pl. 128）

　　[1]　根据 20 世纪 80 年代的一系列考古发现，所谓"唐汪式陶器"多出于辛店文化的张家咀期，是该期文化因素的有机组成部分。这种陶器在卡约文化的阿哈特拉类型和上孙家寨类型中也颇常见。有的学者认为是卡约文化受辛店文化影响所致（见张学正、水涛、韩翊飞：《辛店文化研究》，《考古学文化论集》（三），文物出版社，1993 年）。有的学者认为是辛店文化与卡约文化互相影响的结果（见高东陆：《略论卡约文化》，《考古学文化论集》（三），文物出版社，1993 年）。韩建业在考察新疆吐鲁番地区的苏贝希文化时，发现那里也有旋涡纹彩陶罐和单耳豆等器物，其特征略似"唐汪式陶器"而年代偏早。因此他认为"这类因素只能是从吐鲁番盆地传播到甘青地区而非相反"（见所著《新疆的青铜时代和早期铁器时代文化》，文物出版社，2007 年，109～110 页）。因此尽管"唐汪式陶器"有些特别，但把它单独列为一组而与张家咀组平行是不恰当的。

　　[2]　安志敏：《甘肃远古文化及其有关的几个问题》，《考古通讯》1956 年第 6 期；安志敏：《略论甘肃东乡自治县唐汪川的陶器》，《考古学报》1957 年第 2 期。

　　唐汪组彩陶常有紫红陶衣，器形主要是双大耳罐，还有单耳罐、小口罐和豆等，纹饰以变体旋涡纹为主，变体"S"纹为附带装饰。

　　张家咀彩陶常有米黄色陶衣，器形主要是双大耳罐和双耳罐，纹饰为成组的平行横线和竖线，横线中有时夹紫红色条带，上面再画交错斜线，也常用变体"S"纹作为附饰。

　　四时定组陶质较粗，器形以双耳罐和盆为主，花纹以复线双钩纹和用平行斜线组成的交错三角纹最为多见。双钩纹间有时有太阳和动物纹。

　　辛店组陶质更粗，器形仍以双耳罐和盆为主，还有彩陶鬲，双耳罐底部往往内凹。纹饰以回纹和粗线双钩纹为最发达。双钩之间也往往附加太阳、人物或狗等形象。

　　卡约文化主要分布在青海东部的湟水流域和黄河沿岸。过去安特生认为卡约没有彩陶，把卡约和下西河遗址中的彩陶归入马厂期中。1958 年，中国科学院考古研究所的同志在湟水流域进行调查时，在西宁古城路和朱家寨都发现了卡约文化的彩陶。卡约彩陶主要是双耳罐，底部凹入似圈足，彩纹主要为黑色，用较细的线条画成回纹和波折纹等（图一五）。

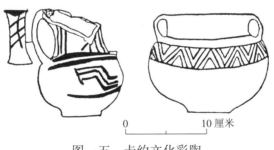

0　　　　　　10 厘米

图一五　卡约文化彩陶

（西宁古城路和朱家寨出土）

　　辛店文化的年代，一般认为相当于商周时期，卡约文化也可能差不多。至于分布于河西走廊东端的沙井文化，也有一定数量的彩陶，并与青铜器和铁器共存，时代已到春秋战国，是我国保持彩陶最晚的地区之一。

七　讨论

　　前面各节说明了，甘肃地区的彩陶是从陕西关中地区发源，而后逐渐向西开拓，在公元前第五千年的半坡期到达甘肃东部，在公元前第四千年前半叶的庙底沟期到达陇西和青海东界，在公元前第四千年后半叶的马家窑期到达河西走廊东端，此后通过小坪子期、半山期、马厂期和四坝文化，一直延伸到河西走廊的最西端（见图三），这个事实是对半个多世纪以来不时出现的彩陶文化西来说的最有力的驳斥。

甘肃地区的彩陶为什么不是从西而来，也不尽是本地方的独立发展，而是首先发源于关中，然后逐步向西传播和发展呢？这主要是甘肃的特殊自然条件和地理位置所造成的。因为所有彩陶文化几乎都是农业文化，或是以农业为主的文化，而发展农业是需要一定的自然条件的。

马克思主义认为，自然环境是对人类社会发展经常起作用的物质条件之一，它虽不能决定社会的性质和发展方向，但却能加速或延缓社会的发展。甘肃及其毗邻的青海东部和宁夏南部地势较高，一般在海拔 1000～2000 米之间，山岭重叠，只有陇西才有面积不大的盆地；气候干燥，年降水量仅 300～400 毫米，河西走廊甚至只有 40～50 毫米；而气温又低，大陆性气候非常显著，对原始农业的起源和发展是一个重要的障碍。至于西南的青海，西边的新疆和北边的蒙古高原等地，条件更差。这就使得以农业为主的彩陶文化不大可能从本地发生，更不可能从西方或北方传播过来。

紧靠东边的关中平原情况就不同了，那里地势较低，土壤肥沃，气温较暖，雨量也较甘肃为多。这种处于温带并具有半干旱性气候的河谷平原，正像尼罗河下游、两河流域和印度河流域一样，乃是旱地农业发源的理想条件。我国许多关于农业起源的故事，如神农作耒耜和播殖百谷的传说，后稷播时百谷和成为农师、农神的传说，都是最先发生在关中地区，并不是偶然的。

农人比牧人或从事采集经济的人们更需要陶器，所以农业部落的制陶业总是比较发达的。关中地区大约在公元前第六千年的老官台文化时期已有比较发达的陶器，但陶色不匀，不宜作画，只有个别钵形器口沿装饰一条宽宽的彩带，可谓彩陶的萌芽。到了公元前第五千年的半坡期，陶工们已知用陶窑烧制陶器，可以控制火候，烧出颜色均匀的红陶，在红色地子上绘画当然是十分理想的，彩陶就应运而发达起来。

仰韶文化的农人具有比老官台文化更丰富的经验和更好的生产工具，他们需要不断地开辟新的耕地。从关中溯渭河而上，很容易到达甘肃东部，陇东很自然地成了他们的第一个移居地。当某些部落首次在陇东落户开辟农田时，一定会把他们熟悉的制造彩陶的技术带过去，这就是为什么陇东最早的彩陶同关中地区的彩陶几乎完全相同的原因。

随着生产力的不断发展，人们改造自然的能力不断加强，使得过去没有能力开发的地区现在逐渐能开发了，于是移民的浪潮也逐渐向西推进。甘肃地区越往西越干燥寒冷，大陆性气候越显著，对原始农业的发展来说就越困难，这个事实决定了当时的农业不能一下子移居到很远的地方，只能随着生产力的逐步发展，一个时期一个时期地像波浪一样地向西推进，直到公元前第二千年的中叶才最后到达河西走廊的尽端。

彩陶传到甘肃之后的一个时期，风格基本上与中原保持一致；但到马家窑期之后就开始走向独特化的道路，同中原的差距越来越大；而且在中原彩陶完全消失以后的很长时期，甘肃地区仍然存在着彩陶文化，直到春秋战国方才结束。为什么会出现这种情况呢？甘肃地区多山，从关中迁来的移民因为地理阻隔很难保持经常的联系，时间一长，就会走上各自发展的道路，使得差别越来越大，这应当是原因之一。除此之外，可能还有更深一层的原因，那就是本地原始居民的影响。在仰韶文化半坡期之前，甘肃没有彩陶，没有农业部落，但并不等于没有人类，过去在陇东庆阳发现的旧石器，就是最好的说明。但在仰韶文化的部落进入甘肃之前，当地的原始居民一定是极其稀少的，并且一直停留在采集和狩猎经济的阶段。当仰韶文化的人们带来农业时，他们感到陌生，不大适应。双方的接触不会太多，在一个时期内各自都保持着传统的文化特点。但是时间一长，双方就会逐渐熟悉起来，某些当地的部落就会学习仰韶居民的经验，开始谷物的种植和陶器制造。他们在制作彩陶时当然会把自己部落的艺术传统结合进去。而仰韶文化的陶工也会学习他们的艺术风格。这样就使得从马家窑期开始的彩陶，在造型、花纹内容和表现方法上都和中原地区的有所不同，只有蛙纹和鸟纹等少数母题还以变化了的形式保持着古老的传统。

甘肃地区各期彩陶文化的族属问题，是一个颇饶兴味而又不容易解决的课题。根据历史记载，先秦时期生活在甘肃地区的居民主要是戎、羌各族。戎居东而羌偏西。戎族各部落有许多与华夏族杂居，后来绝大部分可能已融合为汉族的一部分了。羌族同华夏族也有密切关系，商代卜辞中就有许多伐羌和获羌的记载。《后汉书·西羌传》以为"羌之本，出自三苗，姜姓之别也"，意思是说他们同华夏族的姜姓本是同出一源的。传说姜姓的发源地在关中，而甘肃地区各期彩陶也是起源于关中地区的，这当不是一种偶然的巧合。

过去步达生研究了甘肃半山、马厂、辛店、寺洼、沙井各期和河南仰韶村的人骨标本，认为与现代华北人种基本相同，可称之为中华原始人[1]。但据颜訚先生分析，甘肃各期与仰韶村人骨的体质特征同陕西半坡、宝鸡和华县属于仰韶

---

[1]　步达生：《甘肃河南晚石器时代及甘肃史前后期之人类头骨与现代华北人及其他人种之比较》，《古生物志》丁种第六号第一册，1928 年。

文化半坡期者不大相同。半坡期属于公元前第五千年，甘肃各期为公元前第三千年后半叶到公元前第一千年，仰韶村的人骨过去被当作仰韶文化的标本，实际上属于"河南龙山文化"，最早不会超过公元前第三千年后半叶。在数千年的发展过程中，人的体质特征是会发生一些变化的。因此，颜闾先生认为甘肃各期与河南仰韶村人骨体质特征之所以与半坡期的不大相同，可能是发展过程中分化的结果。这个结论，同前面关于甘肃彩陶的起源和特化原因的分析是一致的，同《后汉书·西羌传》关于羌人起源的说法也是一致的。

[原载《文物》1978年第10期。后收录在《仰韶文化研究》（增订本），文物出版社，2009年]

雁儿湾和西坡岏[*]

　　1963 年秋，北京大学考古专业 59 级部分同学由严文明指导在甘肃省兰州地区实习，在甘肃省博物馆及所属文物工作队（现为甘肃省文物考古研究所）的合作与大力支持下，先后整理了兰州雁儿湾、西坡岏、白道沟坪和武威皇娘娘台等新石器时代遗址的资料，调查了兰州陆家沟、小坪子、西果园和青岗岔等新石器时代遗址，并对青岗岔遗址进行了发掘。在此基础上完成了雁儿湾和西坡岏、白道沟坪、皇娘娘台三个整理报告和青岗岔发掘报告，以后者为基础的发掘简报已经发表[1]。雁儿湾和西坡岏的资料因文化性质相近，当时都由张万仓整理并写出实习报告。鉴于这份资料对马家窑文化期的特征和分期研究具有重要意义，经商得甘肃省博物馆和甘肃省文物考古研究所的同意，由严文明重新整理撰文予以发表。

一　雁儿湾

　　雁儿湾位于兰州市旧城以东约 10 千米的桑园子乡，遗址北临黄河，高出河面约 80 米，北部已被河水冲毁。1955 年修筑天兰铁路时首先发现了这个遗址，甘肃省文物管理委员会随即派人进行了清理，其简况也已发表[2]。

　　由于遗址是在铁路施工中发现并进行清理的，大部分地层已经破坏，仅重点清理了一个灰坑，编号为 55LSH1。该坑为不规则椭圆形，北部稍大，口径最长为 2.9 米，最宽 1.6 米，底部不平，最深 1.9 米。坑内堆满灰土、木炭末、黄土块和大量陶片，兼含少量石器、骨器和兽骨等。

　　石器有磨制和打制两种。磨制石器有锛、长方形双孔石刀和石环等。打制石器又分两种：一种是普通打制石器，有两侧带缺口的石刀、网坠和石球等，后者

---

　　[*]　本文为与张万仓合写。
　　[1]　甘肃省博物馆：《甘肃兰州青岗岔遗址试掘简报》，《考古》1972 年第 3 期。
　　[2]　甘肃省文物管理委员会：《兰州新石器时代的文化遗存》，《考古学报》1957 年第 1 期。

打后全身琢成；另一种是细石器，仅发现 6 件石叶，另有 44 件打下的废石片。

骨器有锥、针、指环和穿孔珠饰。

陶质工具有两侧带缺口的陶刀，装饰品则有 81 件残陶环。

动物骨骼共发现 68 块，主要有猪骨、羊骨、羊角和鹿骨等。

遗物中数量最多的是陶片，据第一次统计有 11560 片，我们整理时凡不足 2 平方厘米的概不计入，得 9638 片。经过大力拼对，结果复原了 14 件器物，还有数十件接近复原，从而使我们能够比较准确地把握这一陶器群的基本特征。

雁儿湾陶器按质地可分细泥、粗泥和夹砂三类，分别占 55.4%、12.5% 和 31.9%，另有极少数半截泥质半截夹砂者。夹砂陶中又有个别的白陶，与一般夹砂陶质地不同，是选用高岭土淘净并夹细砂而制成的，这是第一次在马家窑期的遗存中发现白陶。

细泥陶原料是经过精细淘洗的，胎壁较薄，火候甚高；泥质陶质地稍粗。两者颜色均以橙黄为主，色泽柔和，只有少数为橙红色和黄灰色。在统计表中，我们把橙黄陶和橙红陶均称为红陶，而黄灰陶和个别较纯的灰陶统称为灰陶。夹砂陶中也有夹粗砂和夹细砂之分，夹细砂的陶质较坚硬，胎壁较薄，颜色则以灰色和灰黄色者为主，橙黄或橙红色的也占 14.1%。

绝大多数陶器都有纹饰，其中细泥陶多画彩，夹砂陶多饰绳纹和附加堆纹，泥质陶则多素面无纹。

从陶片统计表中可以看出，细泥陶画彩纹的几乎占全部陶片的一半。细泥磨光陶实际是彩陶的未画彩部分。这两部分加起来已占全部陶片的 59.47%。有少数陶器上半部细泥画彩，下半部泥质素面，所以统计表中的少量泥质素面陶实际也是彩陶器的未画彩部分。此外，带嘴夹砂陶锅一般下腹饰绳纹而口沿外画彩（多为垂幛纹）。把这些情况都考虑进去，如果按器物计算，雁儿湾的彩陶大约占全部陶器的 65%，远远高于仰韶文化中彩陶的比例。

除发现 2 片白彩外，其余彩纹都是黑色。施彩的部位因器物而异。盆、钵、碗的内部全体和外部上腹以及盆的缘面均饰彩；罐、瓶的口、颈、肩和腹的中上部以及口缘内均饰彩，也有腹外全部饰彩的。总之，大抵在一眼能看见的比较醒目的地方均饰彩，而内彩特别发达则是雁儿湾彩陶的一个重要特色。

彩纹母题有两大类。第一类是动植物花纹，有蛙纹、蝌蚪纹、草叶纹等，数量很少，并且是图案化了的。第二类是几何形花纹，细分约有 20 种。

（1）水波纹：用密集的线条画成连续的波浪形。

（2）同心圆圈纹：由多层同心圆圈组成，实际是顶视的水波纹。

（3）平行横线纹：因陶器是圆的，所以平行横线也是一种同心圆圈，侧视效果则像平静的水面。

（4）平行横线加圆点纹：很像是水中生长着浮萍或蛙卵的样子。

（5）旋涡纹：由三股或四股水流以顺时针或逆时针方向流入旋涡，涡心为一小圆圈中有一圆点。

以上五种往往画在盆、钵内部和罐、瓶肩腹部，成为主体纹饰，数量又多，所以雁儿湾彩陶的几何形花纹所表现的主要是水，动植物花纹中的蛙纹、蝌蚪纹和草叶纹等也很像是在水中漂浮的样子。总之，水和与水有关的事物乃是雁儿湾彩陶花纹的主题。

（6）"S"形纹：有单体、复体或三体者，后二者均在中部重合，很像漂浮的水草。多饰于碗、钵内的中心部位。

（7）双爪纹：像两个爪子相对抓握，多饰于盆、钵、碗内的中心部位。

（8）垂幛纹：常见于钵、碗或带嘴锅外面近口的部位。

（9）螺旋纹。

（10）米字纹。

（11）十字纹。

（9）～（11）也多饰于碗、钵内的中心部位，但为数较少。

（12）弧边三角纹。

（13）星点三角纹。

（14）平行四边形纹。

（15）平行斜线纹。

（16）网格纹。

（12）～（16）多用作盆缘的装饰。

（17）星点弧边三角纹：常作为旋涡纹间的补白。

（18）圆点纹：多作为平行横线或水波纹间的补白。

（19）瓜子纹；为数很少。

（20）棘刺纹：多饰于罐外腹或罐、瓶的口沿内。

除以上 20 种外，还有一些难以分类和命名的纹饰。所有几何形花纹大抵都是由圆点、弧边三角、叶片和大约 4 毫米宽的条带这四种基本元素构成的，三角、细线、瓜子点、刺钩等较少。

构图的方法因器物而异。盆内中心部位多同心圆圈纹、双爪纹或蛙纹；内部周壁多水波纹或同心圆圈纹；外部上腹多饰草叶纹或水波纹；缘面则常由（12）～（16）诸母题构成对称或连续的图案。碗、钵内中心部位多为"S"形纹、双爪纹、米字纹、十字纹、螺旋纹或蛙纹，内壁近口处有草叶纹、弧边三角纹、棘刺纹、圆点纹等；外部近口处几乎一律是垂幛纹。瓶、罐的主体花纹在肩部和上腹，多为旋涡纹和平行横线纹，间或有蝌蚪纹；颈部多平行横线加圆点纹；口缘有弧边三角纹、棘刺纹或圆点纹等。给人的印象是繁复紧凑而很有章法，并且富于韵律和流动感。

绝大部分夹砂陶均饰绳纹，有的在绳纹上再饰附加堆纹或彩纹，三者加起来约占全部陶片的 30.9%，约占夹砂陶的 97%。以交错绳纹为主，也有斜行和竖行的。往往在印好后在上面轻压一下，使绳股变得不大清楚，有的罐颈部或近底部的绳纹几乎被抹平，再在上面饰附加堆纹、圆窝纹、指甲纹等。大多数夹砂罐的口缘乃至唇面也都饰绳纹，只是有的又被抹平了。附加堆纹除饰于绳纹上外，也有少量单独饰于夹细砂罐上的。夹砂白陶上也有附加堆纹而没有绳纹。

兹将雁儿湾 1 号灰坑全部陶片的质地、颜色、纹饰统计如表一。

表一 雁儿湾 1 号灰坑陶片质地、颜色、纹饰统计表

数目 纹饰 陶质	素面	磨光	彩纹	绳纹	堆纹	绳加堆纹	绳加彩纹	圆窝纹	指甲纹	划纹	小计	百分比（%）
细泥红陶		517	4277								4794	49.74
细泥灰陶		91	455								546	5.67
泥质红陶	768	341									1109	11.51
泥质灰陶	46	50								1	97	1.01
夹砂红陶	11			1174		154	18	4	1		1362	14.13
夹砂灰陶	67			1037	17	556	20				1697	17.61
夹砂白陶	7			8							15	0.16
半泥半砂陶				18							18	0.19
小计	899	999	4732	2211	25	710	56	4	1	1	9638	100
百分比（%）	9.33	10.37	49.10	22.94	0.26	7.37	0.58	0.04	0.01	0.01	100	

陶器制法因多数制作痕迹被抹去而难以断定，仅在少数泥质陶和夹砂陶反面看到泥条痕迹，同时在不少细泥陶和泥质陶口沿可见慢轮修整痕迹。

陶器造型较规范化，除个别豆为圈足器外，其他都是平底器，未见三足、尖底、圜底诸类器。除瓶有双耳、锅有嘴外，一般器物很少附件，也很少有盖。陶器种类因陶质而异：细泥陶以碗、盆、瓶、罐为大宗，另有少量钵、豆、瓮、盖；泥质陶以钵、盆、罐较多，也有少量甑、瓮；夹砂陶多为罐，其次为带嘴锅，还有个别浅盘。兹将雁儿湾 1 号灰坑陶器及可辨器形的大陶片按器类统计如表二。

表二　雁儿湾1号灰坑陶器类别统计表

陶质 \ 器类 \ 数目	碗	豆	瓶	盖	钵	盆	罐	瓮	甑	锅	夹砂罐	盘	小计	百分比（%）
细泥陶	23	2	42	3	16	38	12	4					140	50.00
泥质陶					9	13	10	2	3				37	13.21
夹砂陶										9	93	1	103	36.79
小计	23	2	42	3	25	51	22	6	3	9	93	1	280	100
百分比（%）	8.21	0.71	15.00	1.07	8.93	18.21	7.86	2.14	1.07	3.21	33.21	0.35	100	

从表二可以看出，各器类依陶质不同而有很大差别。而器类陶质的比例与全部陶片陶质的比例大体相当，说明这个器类统计基本上反映了各种陶器比率的真实情况。换句话说，雁儿湾陶器是以碗、钵、盆、瓶、罐和夹砂罐六类为主，它们占全部陶器的91.42%。其余豆、瓮、甑、锅、盘加起来仅占8.58%。兹按各类器物简介如下。

（1）碗　大多为细泥橙黄陶，个别为细泥红陶或细泥灰陶，均饰黑彩。可分四式。

Ⅰ式　敛口圆腹，数量最多。如H1：26内饰蛙纹，外饰垂幛纹（图一，1）；H1：123内饰双爪纹，外饰垂幛纹（图一，2）；H1：22外饰网格纹，这是唯一没有饰内彩的陶碗（图一，4）；H1：29内彩有平行斜线多道，走向不明，外彩为平行横线纹，是碗、钵类外彩唯一用平行横线者（图一，3）。

Ⅱ式　微敛口曲腹。如H1：23内饰草叶纹，外饰垂幛纹（图一，5）。

Ⅲ式　直口斜腹，即下腹斜收。如H1：25内饰平行竖线，外饰垂幛纹（图一，6）；H1：24内饰草叶纹，外饰垂幛纹（图一，7）；H1：124内彩似梳齿状，齿间画圆点纹，外彩为垂幛纹（图一，8）。

Ⅳ式　敞口，唇略外翻。如H1：32内彩为草叶纹，外彩为垂幛纹（图一，9）；H1：33甚小，做工较粗糙，壁面不甚平整，内部画不规整的同心圆圈纹，外部无彩，是碗类中唯一无外彩者（图一，10）。

（2）钵　有细泥彩陶钵和泥质素陶钵两类。均可分三式。

Ⅰ式　圆腹，彩陶钵如H1：35，内饰草叶纹，外饰垂幛纹（图一，11）。素陶钵如H1：86（图五，1）。

Ⅱ式　曲腹，彩陶钵如H1：34有一对鸡冠耳，内彩为旋涡纹，以星点弧边三角纹为补白，外彩为垂幛纹（图一，12）。素陶钵如H1：89（图五，2）。

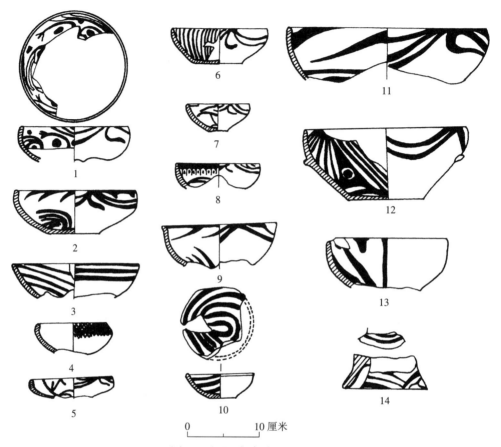

图一　细泥彩陶碗、钵、豆

1～4. Ⅰ式碗（H1：26、123、29、22）　5. Ⅱ式碗（H1：23）　6～8. Ⅲ式碗（H1：25、
24、124）　9、10. Ⅳ式碗（H1：32、33）　11. Ⅰ式彩陶钵（H1：35）　12. Ⅱ式彩陶钵
（H1：34）　13. Ⅲ式彩陶钵（H1：30）　14. 豆圈足（H1：83）

Ⅲ式　斜腹，彩陶钵如 H1：30，制作较粗糙，陶胎较厚。内彩为米字纹间椭圆点纹，外部无彩（图一，13）。素陶钵如 H1：88（图五，3）。

（3）豆　仅见 2 件矮圈足，均为彩陶。H1：83 豆盘内饰同心圆圈纹，圈足外饰草叶纹（图一，14）。

（4）盆　绝大部分为细泥彩陶，也有少量泥质素陶盆的残片。可分四式。

Ⅰ式　卷缘圆腹，仅 2 件。H1：47 内彩为草叶纹，缘面为变体水波纹，外部无彩（图二，1）。

Ⅱ式　卷缘曲腹，数量较多。如 H1：36 上腹圆鼓，下腹微内凹，上下腹之交有一对鸡冠耳。细泥橙黄陶，里面略显橙红色。胎壁甚薄，通身打磨光滑。彩纹繁缛。盆内中心部位是同心圆圈纹，周壁是两层水波纹中夹平行横线纹；外部为水波纹和变体旋涡纹；缘面由网格纹和曲线纹分为两半，每半各由八个和七个星点三角纹相错排列，三角之间用平行短曲线相隔（图三）。H1：37亦为微曲腹，但无鸡冠耳。盆内中心部位是同心圆圈纹，周壁也是两层水波纹中隔一道横线纹；

图二　细泥彩陶盆

1. I式（H1：47）　　2～5. II式（H1：37、45、49、48）　　6、7. III式（H1：42、44）

8. IV式（H1：50）

0   8 厘米

图三　Ⅱ式细泥彩陶盆（H1：36）

上腹外部为水波纹；缘面是由多个星点长方块用平行短线相隔而成的带状花纹
（图二，2）。H1：45 内部为旋涡纹，外部为草叶纹，缘面为两道同心圆圈纹（图
二，3）。H1：49 有一对鸡冠耳，彩纹在内壁为同心半圆圈纹，缘面为弧边三角纹
间以平行短斜线，外壁刮平，表面不光亮，稍显粗糙，无彩（图二，4）。H1：48
内为草叶纹，缘面为瓜子纹，外壁无彩（图二，5）。

　　Ⅲ式　卷缘，上腹微鼓，下腹斜收。如 H1：42 外部橙黄色，内部橙红色；通
体打磨光滑。盆内中心部位饰双爪纹，其外为同心圆圈纹，周壁是水波纹；上腹
外壁饰草叶纹，缘面为水波纹（图二，6）。H1：44 橙黄色，通体磨光。内部周壁
为水波纹，下腹为同心圆纹；外部上腹为草叶纹，缘面由弧边三角和星点构成四
组带状图案（图二，7）。

Ⅳ式　宽斜缘，曲腹，个体较小，仅见个别标本。H1：50 橙黄色，打磨光滑。内部饰蛙纹，外部饰水波纹，缘面亦饰水波纹（图二，8）。

（5）瓶　全部为细泥彩陶，陶片甚多，唯难以复原。可分二式。

Ⅰ式　器体较大，直颈，体部较高。H1：64、68、70 三件残片可能是属于同一器物的，均橙黄色，磨光发亮。颈部有平行横线中夹椭圆点纹，肩部和上腹饰旋涡纹并以星点弧边三角纹作补白，下部又为平行横线纹，缘面有弧边三角纹（图四，1~3）。H1：76 颈和中腹为平行横线纹，肩部为蝌蚪纹。这式瓶在中腹常有双竖耳，彩纹限于中腹以上。除缘面和颈部总是周边饰彩外，肩腹部有时周边饰彩，有时仅限于半边，另半边或为素面，或仅画个简单记号（图四，4）。

Ⅱ式　个体较小，长颈，颈部中段略细，体部较矮，一般无耳，通身饰彩。如 H1：71 为一细长颈，颈部饰平行横线夹圆点纹，缘面饰似棘刺之弧边三角纹（图四，5）。H1：82 为近底之残片，通饰彩（图四，6）。

（6）彩陶罐　多细泥橙黄陶，个别为橙红陶，表面打磨光滑，一般为侈口广肩鼓腹，通身饰彩纹。可分二式。

Ⅰ式　口较小，有短颈，腹部显著外鼓。H1：58 颈部饰平行横线纹，肩部饰旋涡纹，缘面饰星点和弧边三角纹（图四，7）。H1：61 个体较小，通身饰平行横线纹，缘面饰似棘刺的弧边三角纹（图四，8）。

Ⅱ式　口部较大，器体也较大，无颈，通身饰彩纹。H1：54 肩部饰旋涡纹，缘面饰棘刺加圆点纹（图四，9）。H1：56 肩部饰平行横线纹，缘面饰简化的垂幛纹和棘刺纹（图四，10）。H1：55 肩部似为同心圆圈纹加水波纹，缘面为简化的垂幛纹加棘刺纹（图四，11）。

（7）素陶罐　均为泥质陶，素面，个别的有划纹。可分二式。

Ⅰ式　口部较小，器体也较小。H1：96 为橙黄色，形制与Ⅰ式彩陶罐基本相同（图五，4）。H1：98 颈部有锥刺纹，上腹有水波形划纹（图五，5）。

Ⅱ式　口部较大，瘦腹，器体也较大。H1：95 为橙黄色，表面较粗糙（图五，6）。

（8）甑　数量较少，均为卷缘盆形，泥质灰黄陶，素面。H1：93 底略残，甑孔为椭圆形（图五，7）。H1：94 仅剩底部，箅孔为不规则形（图五，8）。

（9）瓮　有细泥彩陶和泥质素陶两种，均为敛口。H1：62 为细泥彩陶瓮口部残片，广肩。肩部似为旋涡纹（图五，10）。H1：101 为泥质灰黄陶，素面，瘦腹，有一对竖耳（图五，9）。

（10）器盖　均为细泥彩陶。H1：84 表面饰平行横线纹（图五，11）。

（11）彩陶镯　仅见 H1：126 一件，圆筒形，饰彩，似为手镯（图五，12）。

图四 细泥彩陶瓶、罐

1~4. Ⅰ式瓶（H1：64、68、70、76） 5、6. Ⅱ式瓶（H1：71、82）

7、8. Ⅰ式彩陶罐（H1：58、61） 9~11. Ⅱ式彩陶罐（H1：54、56、55）

（12）夹砂罐 数量甚多，约占全部陶器的1/3。大部分饰绳纹，少部分饰绳纹加堆纹，也有仅饰附加堆纹的。可分侈口罐、单耳罐和敛口罐三种，前一种占绝大多数，后二者仅见个别标本。

侈口罐 可分三式。

Ⅰ式 口部较小，广肩鼓腹。H1：113 口沿有锯齿形花边，肩部饰交错绳纹（图六，3）。H1：114 口颈部均饰绳纹，唯颈部绳纹在制作时又被抹平。肩部为交错绳纹加堆纹（图六，4）。

Ⅱ式 中口瘦腹。H1：118 肩部饰两道横行堆纹（图六，1）。H1：117 肩部饰斜行短堆纹（图六，2）。H1：105 通身饰竖行绳纹，表面有一层烟炱，看来这种罐可能作为炊器（图六，6）。

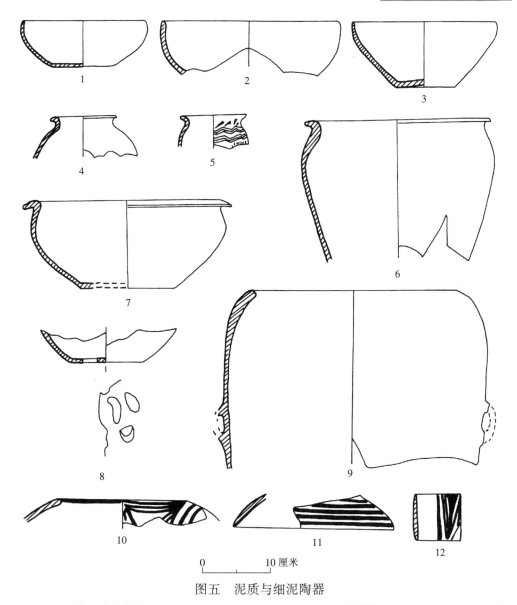

图五　泥质与细泥陶器

1~3. Ⅰ~Ⅲ式泥质素陶钵（H1：86、89、88）　4、5. Ⅰ式泥质素陶罐（H1：96、98）　6. Ⅱ式
泥质素陶罐（H1：95）　7、8. 泥质甑（H1：93、94）　9. 泥质素陶瓮（H1：101）　10. 细泥
彩陶瓮（H1：62）　11. 细泥彩陶器盖（H1：84）　12. 彩陶镯（H1：126）

Ⅲ式　大口瘦腹。仅 H1：127 一件，器壁甚厚，通体饰交错绳纹（图六，5）。

单耳罐　仅见 H1：119 一件，侈口鼓腹，耳面贴一道堆纹，颈部有经抹平后隐约可见的交错绳纹（图六，7）。

敛口罐　仅 H1：121 一件，口缘特厚，瘦腹，唇面饰交错绳纹，腹部饰竖行绳纹（图六，8）。

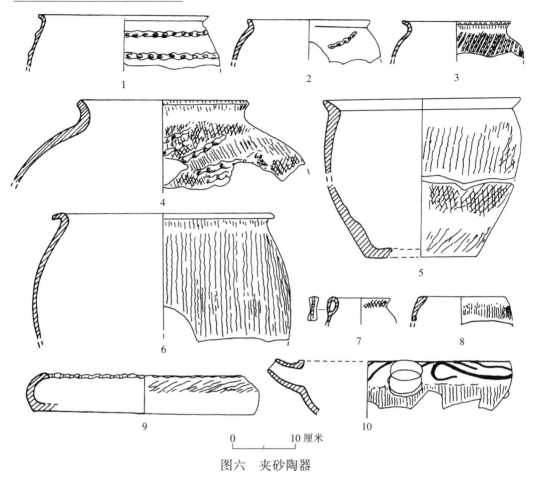

图六 夹砂陶器

1、2、6. Ⅱ式侈口罐（H1：118、117、105） 3、4. Ⅰ式侈口罐（H1：113、114） 5. Ⅲ式侈口罐（H1：127） 7. 单耳罐（H1：119） 8. 敛口罐（H1：121） 9. 盘形器（H1：122）
10. 带嘴锅（H1：103）

（13）盘形器 仅H1：122一件，敛口弧壁平底，口缘呈锯齿状花边，上腹饰斜绳纹（图六，9）。

（14）带嘴锅 形如敛口钵，唯有一嘴，且为夹砂陶，表面常见烟炱，当为炊器。H1：103近口部饰垂幛彩纹，腹部饰竖行绳纹，有一对鸡冠耳（图六，10）。

二 西坡呱

西坡呱遗址位于兰州市西南陆家沟村南约400米，在一个朝北的山脚斜坡上。村东北约100米的低坡地即为小坪子遗址[1]。1960年3月，甘肃省博物馆对西

---

〔1〕 严文明：《甘肃彩陶的源流》，《文物》1978年第10期，69~70页，图九。

坡呱遗址进行了发掘，发掘面积达 411 平方米，旋即发表了发掘简报〔1〕。1963 年 11 月，我们曾对该遗址及小坪子遗址进行了调查，同时整理了西坡呱部分探方和灰坑的出土陶片。

从发掘的情况来看，西坡呱是一处面积较大（约 400 米 × 250 米）、堆积相当丰富的马家窑期的遗址。地层关系较简单。如 T8 第 1 层为农耕土和扰土，第 2 层和第 3 层即为马家窑期的文化层。有的探方仅有一个文化层。发现的遗迹有房屋残迹、灰坑和陶窑等。

房屋残迹　仅见一些残破的居住面、红烧草泥土碎块和 3 个灶址。灶址中 2 个是在居住面上筑一圆形土埂，和青岗岔半山期 F1 的灶址做法相同，1 个则挖出浅坑，并有灶门和烟道痕迹。

灰坑　共 14 个，多为锅底形。也有袋形灰坑，如 H11 即是。该坑口径 1、底径 2.5、深 2.36 米，内填深灰和浅灰土。

陶窑　2 个，窑室均为长方形，长 1.02、宽 0.7 米。残存火眼 6 个，从其排列位置看，原先应是 3 排，每排 3 个，共是 9 个。与兰州白道沟坪马厂期陶窑的结构基本相同〔2〕。

出土石器多为磨制，有斧、扁斧、锛、凿、长方单孔刀、纺轮、石环和穿孔珠等。打制石器有敲砸器和个别细石器。此外还有石磨盘和石磨棒。骨器有锥、针、镞、珠、指环等。陶器除容器外还有陶刀、陶球和陶环。

遗址中出土动物骨骼据说有牛、羊、猪、狗、鸡和鹿等，但均未作正式鉴定。

西坡呱陶器的质地和颜色与雁儿湾大致相近，但也有一些差别。其中细泥陶占 54.8%，泥质陶占 7.8%，而夹砂陶则为 37.4%。在夹砂陶中的显著变化是白陶几乎达到 1/3，使夹砂白陶在全部陶器中的比例高达 11.36%，这是与雁儿湾仅占 0.16% 大不相同的。陶器的颜色仍以橙黄色为主，少数为橙红色，通称红陶。在灰陶中除灰黄色和灰红色者外，还有不少是纯灰色的，这也与雁儿湾有所不同。

陶器纹饰主要有彩纹、绳纹和附加堆纹三种。彩纹仅占 43.09%，比雁儿湾略少；而素面和光面无纹者共占 34.32%，则远比雁儿湾为多。另外，西坡呱有较多饰附加堆纹的陶器，而基本不见绳纹加附加堆纹者，也是和雁儿湾不同的地方。

彩陶纹饰全部为黑色的。施彩的部位因器物而异。碗、钵、盆上腹和盆缘均饰彩，但内彩不如雁儿湾发达；多数碗没有内彩，钵、盆也有少数缺乏内彩。壶、罐多在缘面、颈、肩和上腹饰彩，缸在外部饰彩。少数罐和带嘴锅上半饰彩，下

〔1〕　甘肃省博物馆：《甘肃兰州西坡呱遗址发掘简报》，《考古》1960 年第 9 期。
〔2〕　甘肃省文物管理委员会：《兰州新石器时代的文化遗存》，《考古学报》1957 年第 1 期。

半饰绳纹。

彩纹母题几乎全部是几何形花纹，大致可分 3 组。甲组多用星点、网格、弧边三角和较粗而疏朗的弧线组成，乙组与雁儿湾彩陶基本一致，丙组则多用圆点、较细而密的弧线、直线等组成。三者风格有所不同，可能不是同一时期的。

甲组花纹占绝大多数，大致有以下 18 种。

（1）波浪纹：很像连续的波浪，后浪依次推赶着前浪。

（2）同心圆纹：由多层同心圆构成，俯视也像是逐层展开的水波。

（3）平行横条纹：因陶器是圆的，若顶视则为同心圆纹，也像水波。

（4）平行横线夹网格纹：仅见于缸的口沿。

（5）初级旋涡纹：旋涡尚未完全形成，有的仅有两股水流。

（6）反双爪纹：爪尖朝外。

（7）垂幛纹：常见于碗外近口的部位，一般在两道粗弧线中夹若干条细弧线，与雁儿湾用大致等粗的弧线组成者不同。

（8）十字锚形纹：见于钵内中心部位。

（9）草叶纹：无固定形状，略如草叶。

（10）三角形纹。

（11）星点三角纹。

（12）弧边三角纹。

（13）星点弧边三角纹。

（14）弧边三角或平行四边形网格纹。

（15）连续折线纹。

（16）平行短线纹。

以上（10）～（16）多饰于盆的缘面。

（17）棘钩纹。

（18）大锯齿纹。

乙组仅有垂幛纹、双爪纹、平行横线纹等几种。

丙组也仅出于 H3、H10 等少数单位，约有 9 种。

（1）水波纹：由密集的波形纹重叠起来，形如水波。

（2）同心圆圈纹：多见于盆内中心部位。

（3）平行横线纹。

（4）平行竖线纹。

（5）平行弧线纹。

（6）弧边三角纹。

（7）弧边三角状网格纹。

（8）星点纹。

（9）圆点纹。

构图方式与雁儿湾彩陶相似。只是甲组较活泼、流畅，变化较多；丙组较紧密、规整。

兹将西坡呱 8 个灰坑的陶片统计如表三，其中包括出甲组彩陶的 H1、H4、H9、H11，出乙组彩陶的 H3、H10 等。原统计时未予分开，是一缺点。

表三　西坡呱 H1、H3、H4、H5、H9、H10、H11、H13 陶片质地纹饰统计表

数目 纹饰 质地	素面	磨光	彩纹	绳纹	堆纹	小计	百分比（%）
细泥红陶	2	80	315			397	49.01
细泥灰陶	5	15	27			47	5.80
泥质红陶	3	9		8	3	23	2.84
泥质灰陶	7	21		8	4	40	4.94
夹砂红陶	42		7	85	10	144	17.78
夹砂灰陶	39			19	9	67	8.27
夹砂白陶	55			29	8	92	11.36
小计	153	125	349	149	34	810	100
百分比（%）	18.89	15.43	43.09	18.40	4.20	100	

西坡呱陶器造型比较简单，几乎全部是平底器，未见圜底、尖底、三足、圈足之类的任何器物。少部分器物有耳，如瓶有的有双竖耳，罐个别有单竖耳，夹砂盆和锅有双鸡冠耳等。嘴仅见于夹砂锅。

陶器类别也较简单，并依陶质而有所不同。细泥陶多碗、钵、盆、瓶、罐，也有个别缸；泥质陶多钵、盆、罐、缸，也有少数甑；夹砂陶主要是各种罐，还有少数锅和双耳盆等。总起来看，主要器物是碗、钵、盆、瓶、罐和夹砂罐，这与雁儿湾是相同的。另外有少量缸、甑、锅、夹砂双耳盆等。大型器物有大口的缸而无小口的瓮，这是与雁儿湾有所不同的。兹将西坡呱陶器和可辨器形的大型陶片依类别统计如表四。

表四　西坡岰陶器类别统计表

数目 质地 器形	碗	钵	盆	瓶	罐	缸	甑	砂罐	锅	双耳盆	小计	百分比（%）
细泥陶	25	6	20	12	8	1					72	52.55
泥质陶		5	9		8	5	2				29	21.17
夹砂陶								29	3	4	36	26.28
小计	25	11	29	12	16	6	2	29	3	4	137	100
百分比（%）	18.25	8.03	21.17	8.76	11.68	4.38	1.46	21.17	2.19	2.92		100

各类陶器的基本情况如下。

（1）碗　均为细泥彩陶，但仅有少部分有内彩。可分二式。

Ⅰ式　敛口或微敛口，斜腹。T7②外饰垂幛纹，内饰反双爪纹（图七，1）。H11：1 和 H9：2 均外饰垂幛纹，内部无彩（图七，2、3）。

Ⅱ式　直口斜腹。如 T13：1，直口，下腹斜收；外饰草叶纹，内饰大锯齿纹和草叶纹（图七，4）。

（2）钵　有细泥彩陶和泥质素陶两种。彩陶钵可分二式。

Ⅰ式　微敛口圆腹。如 H11：2，外部为初级旋涡纹，内部为钩形纹（图七，5）。

Ⅱ式　敛口曲腹。如 H9：3，外饰变体垂幛纹，内部无彩（图七，6）。

素陶钵形制相同。

（3）盆　以细泥彩陶为主，也有少量泥质素陶者，形制基本相同，可分三式。

Ⅰ式　卷缘鼓腹。T13：3 外饰初级旋涡纹和弧边三角纹，内部周壁饰波浪纹，其下饰同心圆圈纹，缘面饰星点三角纹间网格纹（图七，7、13）。H4：5 外饰星点弧边三角纹和棘钩纹，缘面饰一列三角纹，内部无彩（图七，8、16）。

Ⅱ式　卷缘曲腹。如 T13：12，外部水波纹，内部草叶纹，缘面为星点和弧边三角网格纹（图七，10、14）。

Ⅲ式　卷缘瘦腹。T13：11 外部草叶纹，内部周壁为水波纹，其下为同心圆圈纹，缘面为星点纹和平行短线纹（图七，9、15）。

（4）瓶　均为细泥彩陶，仅有口部或底部残片。依口部残片可分三式。

Ⅰ式　直颈。如 T13：18，颈部饰草叶纹（图八，1）。

Ⅱ式　颈部上细下粗，亦饰草叶纹。如 H1：6（图八，2）。

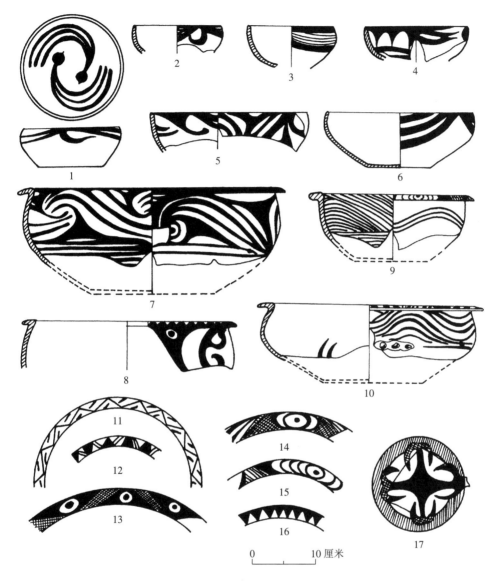

图七　西坡呱彩陶碗、钵、盆

1~3. Ⅰ式碗（T7②、H11：1、H9：2）　4. Ⅱ式碗（T13：1）　5. Ⅰ式彩陶钵（H11：2）　6. Ⅱ
式彩陶钵（H9：3）　7、8. Ⅰ式盆（T13：3、H4：5）　9. Ⅲ式盆（T13：11）　10. Ⅱ式盆（T13：12）
11~16. 盆缘花纹（H9：5、H3：4、T13：3、T13：12、T13：11、H4：5）　17. 钵内花纹（H7：1）

　　Ⅲ式　颈部粗而短，口沿翻卷。如 H3：6，颈饰细密的平行横线加大圆点纹，
肩部饰细密的变体水波纹（图八，4）。

　　底部残片有 T13②（图八，3），彩纹直达底部，当与雁儿湾 H1：82 之Ⅱ式瓶
相似。

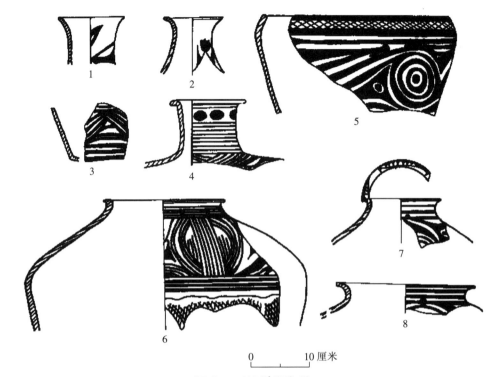

图八　西坡岻彩陶器

1. Ⅰ式瓶（T13：18）　2. Ⅱ式瓶（H1：6）　3. 瓶（T13②）　4. Ⅲ式瓶（H3：6）
5. Ⅰ式彩陶缸（T13③）　6. Ⅲ式罐（H10：5）　7. Ⅱ式罐（T13：16）　8. Ⅰ式罐（H4：6）

（5）罐　有细泥彩陶和泥质素陶两种，二者形制基本相同。依口肩残片可分三式。

Ⅰ式　矮领广肩。如H4：6，颈饰平行横线纹，肩部可能是初级旋涡纹夹弧边三角纹（图八，8）。

Ⅱ式　矮领流肩。如T13：16，颈和肩部彩纹同H4：6，缘面饰大锯齿纹和变体垂幛纹（图八，7）。

Ⅲ式　矮领流肩。如H10：5，橙黄色，颈、肩及上部为细泥陶，饰彩纹，下腹为粗泥陶，饰交叉绳纹。颈部和上腹彩纹为细密的平行横线纹，肩部为平行竖线纹、平行弧线纹和弧边三角纹（图八，6）。

（6）缸　有细泥彩陶和泥质素陶两种。可分二式。

Ⅰ式　敛口缸。T13③为细泥彩陶缸，橙黄色，口部为平行横线夹带状网格纹，腹部为同心圆圈纹和初级旋涡纹，补白为星点弧边三角纹（图八，5）。T13：20为泥质磨光灰陶，口外有一凹槽，底残，口径50、残高42厘米（图九，1）。

Ⅱ式　直口平缘缸。T6：10为泥质磨光灰陶，上腹饰一道附加堆纹，口径44、高43厘米，与Ⅰ式的T13：20同为西坡岴出土的最大陶器（图九，4）。T13：21亦为泥质磨光灰陶，上腹有附加堆纹，形制、花纹如T6：10，只是胎壁稍厚，个体较小而已（图九，5）。

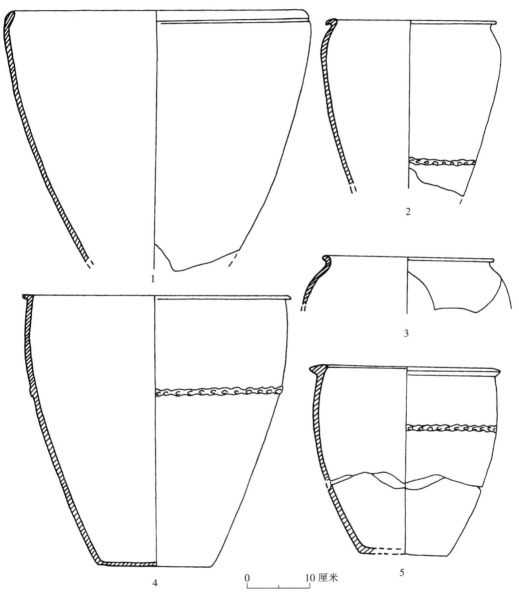

图九　西坡岴泥质陶缸和夹砂罐

1. Ⅰ式泥质素陶缸（T13：20）　2. Ⅰ式夹砂侈口罐（H3：11）　3. Ⅱ式夹砂侈口罐（H11：8）

4、5. Ⅱ式泥质素陶缸（T6：10、T13：21）

（7）甑 仅见几块底部残片，如H9：11为泥质磨光灰陶，底有圆孔。

（8）夹砂罐 数量甚多，主要是侈口罐，也有个别单耳罐。陶色以灰黄或灰红为主，次为白陶，全灰陶较少。白陶多掺细砂，素面或饰窄条附加堆纹；灰黄或灰红陶多掺粗砂，饰绳纹。

侈口罐 可分三式。

Ⅰ式 大口瘦腹，口沿向外下翻卷，如H3：11为夹砂白陶，外部熏成黑灰色，下腹有一道附加堆纹，底残（图九，2）。

Ⅱ式 口沿向外上斜侈，唇缘常有锯齿形花边。H11：8为灰红陶，素面，口缘有绳纹（图九，3）。T6：18为夹细砂白陶，上腹有一窄带形附加堆纹，外部被熏成黑灰色（图一〇，3）。T13：24和T13：27均为灰黄陶，口沿有锯齿形花边，腹饰交错绳纹（图一〇，1、2）。

Ⅲ式 口微侈近直，如H9：18，浅灰色，饰竖绳纹，口沿外被抹平（图一〇，4）。

单耳罐 仅T13：28一件，灰红色，口略外侈，唇沿有锯齿形花边。单竖耳，耳面有一道附加堆纹，器身饰绳纹（图一〇，6）。

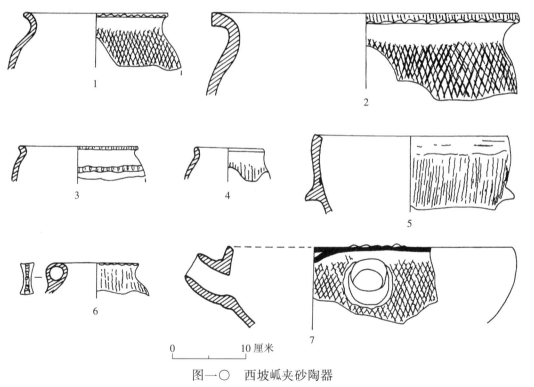

图一〇 西坡呱夹砂陶器

1~3.Ⅱ式夹砂侈口罐（T13：24、T13：27、T6：18） 4.Ⅲ式夹砂侈口罐（H9：18） 5.双耳盆（H9：16） 6.夹砂单耳罐（T13：28） 7.带嘴锅（T13：23）

（9）双耳盆　数量甚少，如 H9∶16 为灰红陶，内部粗糙有麻点，外饰竖绳纹。口部微敛，腹部有一对鸡冠耳，底残（图一〇，5）。

（10）带嘴锅　一般为敛口钵形，有嘴，口部画彩，通身饰绳纹。如 T13∶23 为灰红色，口微敛，唇面为锯齿形花边，通身饰绳纹，唯近口部被抹平，然后饰垂幛纹彩（图一〇，7）。

三　雁儿湾与西坡呱陶器的比较

雁儿湾的全部陶器出自一个灰坑，从而保证了这些陶器的同时性。西坡呱则比较复杂，那里有文化层、房屋残迹、窑址和灰坑，它们必然会发生这样那样的叠压打破关系。可惜因缺乏完整的田野记录而不能完全利用这些关系。

如前所述，根据西坡呱彩陶花纹的特征似可将其分为三组。在一些可查明的地层单位中，它们是互不共存的，因而很可能属于不同时期。发掘简报中曾经提道：“发掘出土的陶片中，上层的都比较碎小，彩陶的纹饰也由繁而简。但下层的陶片一般都比较大，同时有的还可以复原。特别是彩陶的质地更加细腻坚实，纹饰也较为繁杂，这可说明早期的彩陶纹饰繁杂，而晚期的彩陶逐渐简化，具有时代早晚的特征。同样在夹粗砂红陶片中，上层的以红色胎壁为主，而下层的则白色胎壁者逐渐增多，内掺和细小砂粒，大都有烟熏的痕迹。”[1] 这段话对西坡呱早晚陶器变化规律的概括是否准确可姑置勿论，但至少说明发掘者当时即已注意到上下层陶器特征的不同，说明这个遗址是可能进行分期的。

我们注意到在一些有地层记录的彩陶器中，属于甲组的均出自第 3 层，如 T8③彩陶盆和 T13③彩陶敛口缸均是；而属于乙组的则出自第 2 层，如 T13②彩陶瓶底和 T7②彩陶碗等均是[2]。看来乙组彩陶要晚于甲组彩陶。前面已经谈到，乙组彩陶具有雁儿湾彩陶的风格，而在雁儿湾 H1 中又绝不见像西坡呱甲组那样的彩陶，可见西坡呱甲组彩陶应早于雁儿湾彩陶。

西坡呱丙组彩陶多出自 T13，但不知属哪一层。同组彩陶还出自 H3、H4 和 H10，其余灰坑所出均属甲组。H4 除丙组彩陶外，也有少量属甲组的。从整体风格来看，甲组彩陶变化较多，条纹较粗，彩条之间的空间较大，显得比较疏朗；乙组彩陶则更格律化，条纹略窄而均匀，彩条之间的空间甚小，显得十分紧密；

〔1〕　甘肃省博物馆：《甘肃兰州西坡呱遗址发掘简报》，《考古》1960 年第 9 期，4 页。

〔2〕　甘肃省博物馆：《甘肃兰州西坡呱遗址发掘简报》，《考古》1960 年第 9 期，4 页图四，3～6。

而丙组彩陶同样格律化，条纹更窄，排列紧密。既然地层关系表明乙组晚于甲组，从发展逻辑来看，丙组当晚于乙组而不可能插入甲组与乙组之间，更不可能早于甲组。

《甘肃彩陶的源流》曾将马家窑期彩陶区分为石岭下、西坡呬、雁儿湾和王保保四组。认为石岭下组最早，王保保组最晚，至于西坡呬组和雁儿湾组孰早孰晚则未遑论及[1]。本文虽将西坡呬彩陶分为甲乙丙三组，实际上乙组即雁儿湾组，丙组似在雁儿湾组与王保保组之间，而甲组在西坡呬占绝大部分。过去所称西坡呬组并没有把乙组和丙组的成分包括在内，所以我们仍可把甲组简称为西坡呬组。

总之，根据雁儿湾和西坡呬的对比研究，参照附近地区的其他马家窑期遗址，大致可以确定马家窑期在兰州盆地的发展系列为石岭下组—西坡呬组—雁儿湾组—王保保组。这一结果将有助于对整个马家窑期遗存发展轨迹的深层探索。

［原载《考古学文化论集》（三），文物出版社，1993 年。后收录在《农业发生与文明起源》，科学出版社，2000 年］

---

〔1〕　严文明：《甘肃彩陶的源流》，《文物》1978 年第 10 期，65、66 页图九。

马家窑类型是仰韶文化庙底沟类型
在甘青地区的继续和发展[*]

——驳瓦西里耶夫的"中国文化西来说"

以繁缛的彩陶为特征的马家窑类型，通常被列为甘肃仰韶文化（或称马家窑文化）的一期或一个类型，它同仰韶文化的庙底沟类型在文化面貌上既有相近和一致的地方，又有明显的差异。正确阐明二者的关系，对于解决仰韶文化的分期及其发展规律来说，是具有重要意义的。

早在 1957 年，甘肃省文物管理委员会的同志们就在临洮马家窑—瓦家坪遗址发现了马家窑类型叠压在庙底沟类型之上的地层关系，并且指出："这一叠积的灰层现象，略指出仰韶文化（按指庙底沟类型）早于甘肃仰韶文化马家窑期，同时大致表明了仰韶文化是由中原（陕西、河南、山西）地区发源而发展的"[1]。这个判断经受了历史的检验，直到现在仍然是正确的。调查报告附有插图，上下层的文化性质可以一目了然，绝没有任何含混不清的地方。可是苏联学者瓦西里耶夫却偏偏歪曲这一发现，说在瓦家坪的马家窑类型地层之下所叠压的不是庙底沟类型，而是所谓"在甘肃的仰韶文化"与马家窑文化的混合层。他硬说所谓混合层的论点是发现这一地层关系的"中国考古学家自己提出来的"，而且"报告的作者本人就是这样写的"[2]。查阅瓦西里耶夫两次所征引的调查报告，也就是我们在前面所引的报告，没有只字提到下层有混合现象，而仅仅说到上层混入了少数应属下层的尖底器片。稍微具有一点考古常识的人都会明白，这是考古发现中常见的现象，是不难通过室内整理区分清楚的，根本与混合文化沾不上边。

瓦西里耶夫的这种歪曲，绝不是出于对考古学的无知，或者是一时的疏忽。

---

[*]　本文为 1975 年在承德北部边疆省区文物考古工作座谈会上的发言。

[1]　甘肃省文物管理委员会：《甘肃临洮、临夏两县考古调查简报》，《考古通讯》1958 年第 9 期，41 页。

[2]　瓦西里耶夫：《古代中国文明的起源》，苏联《历史问题》1974 年 12 月号。我在后面所引瓦里西耶夫的文字，除特别注明者外，均出自此文。

因为对这一地层的解释乃是他整个文章的立论基础，不会不经过再三的考虑。而且在十年前他抛出的另一篇文章中也引过同样的资料，那时他承认"仰韶文化（按指庙底沟类型）的器物是压在马家窑文化器物之下的"[1]。为什么现在改变了腔调呢？答案只有一个，就是他硬要诬蔑中国劳动人民的祖先没有能力创造自己的文化，如果没有"外来消息"，仰韶文化甚至根本就不会产生。为此他不惜歪曲事实，用他自己的话说，就是"力图利用被曲解了的历史资料为一定的政治目的服务"。

瓦西里耶夫在精心地制造了一个混合文化在下的地层关系之后，立即给这个"混合层"命名为"前仰韶—马家窑类型"，说它是仰韶文化和"纯粹的"马家窑文化的共同"发祥地"，往西发展为马家窑文化，往东发展为"在甘肃的仰韶文化"，据说这种"在甘肃的仰韶文化"是"作为一个整体而没有分化的"，它再往东发展就成为"中原地区的仰韶文化"。这样，"庙底沟的问题解决了——它起源于甘肃"，因而仰韶文化也便是起源于甘肃，是晚于马家窑类型的。而那个兼有仰韶文化和马家窑类型特征的"始祖文化"，又是从北印度"越过高山"而来到"洮河与渭河的河间地带"的。似乎经他这样一编，早已破产的"仰韶文化西来说"就可以在他的笔下复活了。但这完全是徒劳的。

谁都知道，在仰韶文化之前，在黄河流域早已存在丰富的原始文化遗存。单是旧石器时代晚期的遗址就数以百计，中石器时代遗址也有山西沁水下川和河南许昌灵井[2]等处，虽然为数不多，但这仅仅是考古工作发展过程中暂时存在的薄弱环节，绝不是什么"文化发展链环的缺失"。到新石器时代，在陕西渭河流域首先发展起来的是老官台文化[3]。仰韶文化早期的圜底和平底钵，宽边彩带、弦纹和剔刺纹等，与老官台文化同类因素非常接近，而且有好几处直接叠压在老官台文化地层之上。因此，仰韶文化基本上是在老官台文化的基础上发展起来的。绝不是瓦西里耶夫说的那样"突然出现的"。

仰韶文化形成之后，又经历了两千多年的发展，并逐步地扩大。由于时间很长，地域很广，文化面貌自然会发生许多变异，从而产生了许多文化类型。其中庙底沟类型分布面积最大，而马家窑类型则是仰韶文化晚期的一个地方类型，是庙底沟类型在甘青地区的继续和发展。显然，在仰韶文化的发展过程中，甘肃并

---

〔1〕　瓦西里耶夫：《关于外因影响在中国文明发生中的作用》，苏联《亚非人民》1964 年第 2 期。

〔2〕　周国兴：《河南许昌灵井的石器时代遗存》，《考古》1974 年第 2 期。

〔3〕　老官台文化以陕西华县老官台而得名，发掘资料现存北京大学，部分资料见苏秉琦：《关于仰韶文化的若干问题》，《考古学报》1965 年第 1 期，55、56 页。

不是处在什么"第一性的地位",也根本谈不上有什么"始祖文化"。那个被视为"始祖文化"的地层,恰恰就是庙底沟类型的地层。

为了正确说明庙底沟类型和马家窑类型的关系,可以从三个方面进行分析。

首先,从两个类型的分布地区来看,庙底沟类型以河南西部、山西南部和陕西关中地区为主,在甘肃的泾河、渭河、西汉水和白龙江流域也很多,临洮、临夏和青海民和也有少量分布。马家窑类型主要分布在甘肃中部,西至青海东北部和甘肃武威,东至泾河、渭河,西汉水和白龙江等流域也有不少遗址,宁夏南部和四川西北也有零星的发现。可以看出,两个类型的分布是有大面积的重合的,因此它们应该是先后发展的两期,而不是像瓦西里耶夫所说是东西界线分明的"同一时期的"两个文化。

其次,从地层关系来看,除了前面所引瓦家坪马家窑类型叠压庙底沟类型的例子外,在渭源寺坪和甘谷渭水峪也发现过同样的地层关系,说明它不是一种偶然现象。1962年,在武山石岭下发现典型的马家窑类型地层之下,还有一层文化面貌更接近于庙底沟类型的文化遗存。这种遗存,后来在临洮马家窑和天水罗家沟又有发现,其地层关系是居于下层庙底沟类型和上层马家窑类型之间,从而不仅再次证明了马家窑类型晚于庙底沟类型,而庙底沟类型通过石岭下发展为马家窑类型的前后因袭关系也看得更清楚了。

最后,我们分析一下庙底沟类型和马家窑类型的基本特征,看看前者是怎样通过石岭下下层一类的文化遗存逐步发展为马家窑类型的。

庙底沟类型和马家窑类型的陶器一般都是采用泥条盘筑,少数用手捏制,较大的器物往往先分段制造,然后拼合成器。

庙底沟类型的夹砂陶以红褐色为主,灰色较少;马家窑类型正好相反,石岭下下层则介于二者之间。这种陶色由红而灰的演变,说明还原法逐步得到推广,马家窑类型的烧陶技术已较庙底沟时期有所提高。

夹砂陶器的纹饰,庙底沟类型以斜行绳纹为主,并有少量附加堆纹。石岭下除有斜行绳纹外,还出现了少量交错绳纹。到马家窑时期,交错绳纹又得到了进一步的发展。1975年在永登连城发掘的马家窑类型遗址,其上层比下层的交错绳纹几乎增加一倍。由此可知,马家窑类型的交错绳纹是庙底沟类型的斜行绳纹经过石岭下而逐步发展起来的。庙底沟类型的附加堆纹比较少,只是到它的晚期才有所增加;连城马家窑类型下层附加堆纹已较庙底沟类型为多,上层更多,这种由少到多的发展变化是一脉相承的。

两个类型的陶器器形有很大的一致性,例如二者都有大量的卷缘曲腹盆和敛口钵,只是庙底沟类型的器身稍高,下腹往往内曲;而马家窑类型的通常较矮,下腹也不内曲。两个类型还都有小口平底瓶、罐、瓮、甑、豆等器形，其发展的线索也是很清楚的。

但两个类型的器形仍有一些差别。例如庙底沟类型中常见的小口尖底瓶、圜底釜和灶等，在马家窑时期均已消失，而同时新发展起来带嘴锅和彩陶瓶等。尖底瓶的消失是有一段过程的，因为在庙底沟类型时这种器物还比较多，到石岭下下层就已大为减少，只是到典型的马家窑类型遗址中才最后消失。这种情况，正是事物发展的客观规律，丝毫不足为怪。

彩陶的发展也是这样。彩陶的地色，庙底沟类型多为砖红色，石岭下以红色发黄的比较多，马家窑类型则以橙黄色为主。花纹的颜色，庙底沟类型以黑色为主，但有个别的红彩或黑红二色的花纹，马家窑类型基本上都是黑色的。彩陶的比例，庙底沟遗址是 14.02%，1964 年在马家窑遗址试掘出土的马家窑类型陶片中，彩陶约占 30%，其趋势是逐渐增加的。庙底沟类型一般是外彩，通常没有内彩，石岭下已有个别内彩，典型的马家窑类型遗址则有很发达的内彩。

庙底沟类型和马家窑类型彩陶花纹的母题，有许多是共同的或相似的，如弧线三角纹、圆点纹、垂弧纹、网格纹、蛙纹和鸟纹等。但在构图上有所差别，庙底沟类型的较疏朗活泼，笔道粗细变化较大；马家窑类型则较繁缛规整，笔道粗细比较均匀。庙底沟类型的有些花纹，如回旋勾连纹、花瓣纹、豆荚纹、凸弧纹等，到马家窑时期是已经消失了，而同时新出现了许多水波纹、旋涡纹、平行横线和同心圆纹等，清楚地表明马家窑类型对于庙底沟类型又有继承又有发展。

两个类型在生产工具方面也有类似的情况，例如两者都有石斧、石锛、石凿、石刀、陶刀和陶纺轮等。特别是石刀和陶刀，都有两侧带缺口的和长方穿孔的两种，只是马家窑类型做得工整些，继承和发展的迹象表现得非常清楚。

近年来，我国科学工作者依靠自己的力量发展了利用放射性碳素测量年代的技术。根据中国科学院考古研究所实验室初步测量的结果，属于庙底沟类型的河南陕县庙底沟 H333 的木炭为公元前 3280 ± 100 年，属于马家窑类型的甘肃兰州曹家嘴一座陶窑中的木炭为公元前 2575 ± 100 年[1]。这里马家窑类型比庙底沟类型的资料晚了约七百年，从而进一步证实了考古学地层分析的正确性。

从以上各方面的事实来看，马家窑类型确实晚于庙底沟类型，而且是从庙底沟类型直接发展而来的。这样，瓦西里耶夫所说的甘肃"中介站"和"第一性地

---

[1]　中国科学院考古研究所实验室：《放射性碳素测定年代报告（二）》，《考古》1972 年第 5 期，两个数据都是以半衰期 5730 ± 40 年计算的碳 – 14 年代。

区"的神话就不攻自破，"始祖文化"成了泡影，以这些假设为前提而编造的"仰韶文化西来说"也就不能不面临彻底的破产。

瓦西里耶夫为了给"西来说"披上一件"科学"的外衣，除了肆意歪曲考古事实外，还有一套反马克思主义的理论。按照他的说法，"外因影响"或"外来信息"乃是原始文化发展的"决定因素"。而且越是在太古时期，外部因素的作用越大。据说如果没有"外来信息"富有成果的积累，各地原始文化就不会有重大发展，甚至根本就"不会导致新石器时代仰韶文化的产生"。这种观点，同曾经长期统治西方资产阶级考古学的"文化传播论"，本质上没有丝毫的不同。

所谓"文化传播论"，就是主张世界上一切民族文化的发展与进步，都是外来"优秀"文化传播的结果。它在哲学上是形而上学的外因论，是与马列主义唯物辩证法的发展论根本对立的。

唯物辩证法认为事物发展的根本原因，不是在事物的外部而是在事物的内部，在于事物内部的矛盾性。而社会的发展，首先是社会内部生产力与生产关系等基本矛盾发展的结果。考古学文化是过去社会的实物遗存，因此文化的发展与变迁，都是社会发展与变迁的反映，是当时社会内部矛盾运动的结果。由庙底沟类型发展为马家窑类型是如此，整个仰韶文化的发生、发展与消亡也是如此。瓦西里耶夫的"外来信息论"断言只是在西亚丘陵和山前地区才发生过所谓"新石器时代的革命"，这个地区向全世界提供了导致古代文化发展的"信息"。人们不禁要问，这个地区文化的起源和发展又是由谁来提供"信息"的呢？按照他的逻辑，最终岂不是要请出上帝来吗？

马克思主义者并不否认各族之间的相互影响和交流，而且要认真研究各不同民族和不同文化间的影响与交流在各具体文化发展中的作用。例如在仰韶文化的发展过程中，就曾受到我国东方沿海的青莲岗—大汶口文化和长江中游的大溪—屈家岭文化的影响。但外部因素的影响在一个文化的发展过程中毕竟只起第二位的作用。特别是在人类社会生产力极为低下的远古时代，人口稀少，交通不便，每个公社都是一个独立的经济单位，因而文化上的相互影响与交流不能不限制在很狭小的范围内。至于相隔数千千米，又被高山大河阻隔的地区，实际上难以发生任何直接关系。所以马克思和恩格斯指出："某一个地方创造出来的生产力，特别是发明，在往后的发展中是否会失传，取决于交往扩展的情况。当交往只限于毗邻地区的时候，每一种发明在每一个地方都必须从新开始；……在历史发展的最初阶段，每天都在重新发明，而且每个地方都是单独进行的。……只有在交往具有世界性质，并以大工业为基础的时候，只有在一切民族都卷入竞争的时候，保存住已创造出来的生产力才有了保障。"[1]把"外来信息"说成是人类文化发展的"决定因素"，并声称其作用越在远古时期越大，显然是一种反马克思主义的谬论。

（原载《史前考古论集》，科学出版社，1998 年）

---

〔1〕《马克思恩格斯选集》（第一卷），人民出版社，1972 年，60、61 页。

马家窑文化

马家窑文化是黄河上游新石器时代晚期的文化，因甘肃省临洮县马家窑遗址而得名。主要分布在甘肃省，以陇西平原为中心，东起陇东山地，西到河西走廊和青海东北部，北达甘肃北部和宁夏南部，南抵甘南山地和四川北部。目前一般认为，它是仰韶文化晚期的一个地方分支，故又名甘肃仰韶文化。它上承仰韶文化的庙底沟类型，下接齐家文化。据放射性碳素断代并经校正，年代约为公元前3300~前2050年。

发现与命名

马家窑文化发现于20世纪20年代初，大量的考古工作则是在50年代以后才开展起来的。经过发掘的重要遗址有甘肃临洮马家窑、兰州青岗岔、永昌鸳鸯池和青海乐都柳湾等20多处。目前对这个文化的性质、特征、年代、分期、来龙去脉以及与相邻原始文化的关系等问题，都已逐步地明确起来。

过去对马家窑文化曾有不同的命名，至今也还没有完全统一。最早进行调查发掘的安特生，曾将临洮马家窑与和政半山两处性质不同的史前遗存合在一起，认为都属仰韶期或仰韶文化；有时为了同河南省的仰韶文化遗存相区别，便称为甘肃仰韶文化。后来，夏鼐到甘肃进行田野考古工作，认识到这类遗存同河南的仰韶文化颇多不同，主张以马家窑遗址为代表，另立新的名称，叫作马家窑期或马家窑文化。从20世纪50年代开始，考古界多数主张把以青海民和马厂遗址为代表的另一类史前遗存，与马家窑、半山的遗存合在一起，统称为甘肃仰韶文化或马家窑文化，认为是与仰韶文化平行或略晚的不同系统的文化遗存。后来由于在临洮马家窑、渭源寺坪、甘谷渭水峪等地发现了地层关系，证明马家窑文化马家窑类型晚于仰韶文化的庙底沟类型，而与仰韶文化晚期诸类型大体同时，只是结束的时间更晚。从文化因素上分析，也可看出马家窑文化承袭庙底沟类型而产生变异的形迹。可见它实际上是仰韶文化晚期的一个地方分支，有人认为它直接属于仰韶文化。

文化特征和类型、分期

马家窑文化的突出特征是彩陶特别发达，在整个陶器中约占 20% ~ 50%，随葬品中的彩陶有时多达 80% 以上，在中国的所有彩陶文化中，这个比率是最高的。画彩的部位也比其他文化广泛得多，许多细泥陶的外壁和口沿布满花纹，不少大口径器物的里面和其他夹砂的炊器上也常画彩。纹饰繁缛多变而又具有明显的格律，表明画彩技术已达到成熟的程度。

马家窑文化经历了 1000 多年的发展，文化特征发生了很大的变化，一般把它分为马家窑、半山和马厂三个类型，分别代表三个发展时期。不过，有的在马家窑类型之前插入一个石岭下类型，有的则把以石岭下为代表的遗存作为马家窑类型的早期；有的在马家窑类型之后插入一个小坪子期，有的则把小坪子期归入马家窑类型的晚期。不论怎样划分，它们的相对年代顺序是清楚的。

马家窑类型（或称马家窑期）因马家窑遗址而得名。分布于陇东山地、陇西平原、宁夏南部和青海西北部，西至甘肃武威。据放射性碳素断代并经校正，年代约为公元前 3300 ~ 前 2900 年。它的彩陶多为橙黄黑彩。画彩的器物主要是碗、盆、瓶、罐。花纹繁缛，多用等粗的线条构成，均匀对称，浑然一体。其中动物花纹有鸟纹、鱼纹、蛙纹和蝌蚪纹，几何花纹则有垂幛纹、旋涡纹、水波纹、圆圈纹、多层三角纹、桃形纹和草叶纹等。无彩陶主要是罐、瓮、甑、砂锅等，其中泥质陶多为素面，有的打磨光滑，夹砂陶多饰绳纹和附加堆纹。不少陶器的形制和花纹都与仰韶文化庙底沟类型的相似或接近，显然是从庙底沟类型脱胎发展起来的。马家窑类型的晚期，彩陶花纹多用较粗的笔道，小口高领罐的形制及其所饰的大旋涡纹、大锯齿纹等，都表现出向半山类型过渡的倾向。有人为了把它同典型的马家窑类型相区别，遂单独列为一个文化期，并以较早发现的地点兰州市郊陆家沟小坪子命名，称为小坪子期，年代约为公元前 2900 ~ 前 2650 年。

半山类型（或半山期）因半山遗址而得名。分布于陇西河谷和盆地、河西走廊以及青海东北部，同马家窑类型分布区大部分重合而稍稍偏西，年代约为公元前 2650 ~ 前 2350 年。其特征表现在彩陶上，主要是用红黑两色相间的锯齿纹构成各种图案，诸如旋涡纹、水波纹、葫芦纹、菱形纹和平行带纹，也有变体蛙纹和棋盘格纹。彩陶器形以小口鼓腹瓮、单把壶、双耳罐和钵为主；夹砂陶则多系各种罐类，肩部饰较细的附加堆纹，有些夹砂罐为白陶。

马厂类型（或马厂期）因马厂遗址而得名。分布与半山类型相仿，只是西部更向西伸展到酒泉、玉门一带。据放射性碳素断代并经校正，年代约为公元前2350～前2050年。其彩陶带有红衣，早期用很宽的黑边紫红条带构成圆圈纹、螺旋纹、变体蛙纹和波折纹等；晚期则用单色线条，以黑色为主，有时单用红色，构成波折纹、菱形纹、编织纹和变体蛙纹等。器形大部分脱胎于半山类型，新器形主要是单把筒形杯。夹砂陶器也多饰附加堆纹，只是条带较粗而已。马厂类型晚期的双耳罐耳部加长，彩纹用单色，以菱形纹和编织纹为主要母题，都已很接近于齐家文化，应当是齐家文化发生的前驱。

过去有一种说法，以为仰韶文化的彩陶是从中亚、西亚等地经中国新疆和甘肃走廊传到中原的。通过大量的考古发掘和研究完全可以肯定，包括彩陶在内的整个仰韶文化，是在黄河流域独立形成和发展起来的；同时，已知马家窑文化晚于仰韶文化的庙底沟类型，又从马家窑文化本身的分期、各期遗存的分布及其来龙去脉分析，目前普遍认为它是继承仰韶文化而逐渐向西扩展的。在扩展的过程中可能同当地的土著文化相结合而发生变异，以致有人主张可单独划分出一个考古学文化。这表明，中国西部地区的彩陶源于中原，进一步证明中国的彩陶是独立发展的。

马家窑文化的居民

青海西宁朱家寨与民和马厂塬发现的分别属于半山期和马厂期的50多具人骨，经鉴定属于蒙古人种的东亚类型。他们在种族上同仰韶文化的居民没有什么区别，与现代华北人种也有许多相同之点。甘肃和青海一些地方发现的陶塑人头像或作为陶器附饰的人像，也多是圆脸，面部较平，颧骨较高，鼻梁较矮，像蒙古人种。有些头像看来是披发的。在甘肃，作为马家窑文化直接前身的仰韶文化庙底沟类型的陶塑人像也是披发的。历史文献记载，古代的戎、羌都披发。马家窑文化居民已经养羊，而羌的本义就是牧羊人。所以，马家窑文化的居民当是戎、羌族系的祖先。

经济生活

马家窑文化的居民以经营原始的旱地农业为主，种植粟和黍。这两种谷物的遗存曾分别发现于甘肃东乡林家遗址的窖穴（马家窑期）和兰州青岗岔遗址的房子中（半山期），柳湾墓地马厂期的墓里也随葬有粟。翻地的农具仅见石铲一种，通体扁薄，略呈长方形，数量很少。收割的农具很多，主要是石制的和用陶片改制的爪镰，其形状主要有长方形穿孔和两侧打成缺口的两种；另一种也呈长方形，而在一端刻成锯齿，是马家窑文化所特有的。谷物加工工具有石磨盘、石磨棒、石杵和石臼等。马家窑文化的居民饲养猪、狗、羊等家畜。有些墓中曾发现用整只猪、狗或羊随葬。家禽仅见鸡一种。有些遗址出土了石镞，还有骨镞，都是用于狩猎的。遗址中往往发现许多鹿骨，说明狩猎的对象主要是鹿。

原始手工业有石器制造、木作、纺织和制陶等。石器多属磨制，常有穿孔，少数地方有打制的细石器。尚未发现木器，木作工具石斧、石锛、石凿等则很普遍。纺纱工具有石纺轮和陶纺轮。柳湾许多墓葬的人骨附近有布纹痕迹，当是麻布一类的衣着。

在甘肃东乡林家的马家窑期地层中，曾发现一把铜刀和若干铜器碎块，在永登蒋家坪遗址的马厂期地层中也发现过一把残铜刀，经鉴定都是青铜。由于这是中国目前所发现的最早的青铜制品，有人评价较高；但也有人推测那可能是用含锡石（SnO_2）的铜矿石冶炼的，而不一定是人工合金的产物。

马家窑文化的制陶业十分发达。有很大的制陶窑场，兰州东郊白道沟坪遗址的窑场即一例。该窑场紧临黄河北岸，高出河面 60 余米。发现 5 组 12 座陶窑，还有另外一些被破坏的陶窑残迹。每组陶窑共用一个烧火坑，各窑的窑门都朝向烧火坑。窑场中有一个备料坑，内有制造陶器的熟料和余料，其中的红胶泥条正与马家窑文化陶器多用泥条盘筑而成的情况相印证。窑场中还出有研磨颜料的石板和配色调料用的陶碟，都是描画彩陶花纹的工具。陶碟分格，中配紫红色颜料。

白道沟坪的窑场属马厂期，窑室都呈方形，窑箅上有 9 个火眼，三三排列，十分整齐。与它同一时期的青岗岔的陶窑，以及更早一些属于马家窑期的陶窑，窑室也都是方形的。这是马家窑文化陶窑的一个显著特点，与中原仰韶文化的圆形窑室迥然不同。

像白道沟坪那样大规模而又分组排列的窑场，充分显示了在原始公社制度下有组织地进行劳动生产的场景。在这里生产的陶器，不仅是为了公社内部的需要，还当有相当一部分转入同其他公社之间的交换。乐都柳湾的马厂期墓葬中，曾发现有海贝和石质、骨质的仿贝制品。贝类在商周时代即一种货币，它本身也是从遥远的地方交换得来的。可见马家窑文化的晚期已经有了商业交换的萌芽。

房屋建筑

马家窑文化的村落遗址，多数位于黄河及其支流两岸的马兰台地上，接近水源，土壤发育良好。房屋遗迹平面呈方形、圆形和分间三大类，以方形房屋为最普遍。

方形房屋的平面呈正方形或长方形，一般为挖入地下 0.5 ~ 1 米的半地穴建筑，面积约 10 ~ 15 平方米。屋内有一个圆形或瓢形的火塘，门口建台阶，门外常设一个方形窖穴以存放什物。如青岗岔 1 号房子，依山坡建筑，长 7.4、宽 6.5 米，门向东开，进门处火塘前立一石板，紧贴房后有一方形窖穴。房内有半山式彩陶罐、带嘴锅、夹砂罐、石斧、石锛、敲砸器、石璜、刮削器和陶刀等共 20 件器物，在一件彩陶瓮附近还发现了谷物皮壳和茎叶痕迹，形象地反映了当时人们的生活场景（图一）。圆形房屋的平面呈圆形或椭圆形，平地起建或挖一浅坑，居住面上抹草筋泥或红胶泥，比较坚硬。进门有火塘，火塘旁边立一中心柱，周围再立若干柱子。复原起来当是圆锥形的屋顶。分间房屋见于林家和蒋家坪。林家的房子为地面起建，主室中间设一火塘，侧边分出隔间，门外旁侧又建小屋一间。蒋家坪除双套间房子外，还有多元的套间房子，以半地穴式为主。分间房屋的出现，应与家庭成员组成和家庭生活内容的变化有关。

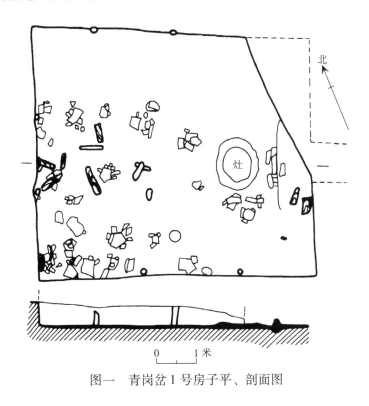

图一　青岗岔 1 号房子平、剖面图

葬俗与社会

马家窑文化经发掘的墓葬有 2000 余座。当时流行公共墓地，一墓地常有数百座墓，多数墓地和居住址相邻，有些则位于较高的山岭或山坡上。墓葬的排列不甚规则，但在同一墓地内，绝大多数墓的方向是相近的，多数为东或东南。这同中原地区仰韶文化墓葬一般向西或向西北恰好相反。

盛行土坑墓，小孩死者很少用瓮棺埋葬。墓坑形状不大规则，近长方形、方形、圆形或椭圆形的都有。有的墓设有斜坡形墓道，墓门用数排木棍或石板封闭。许多死者都有葬具，包括石椁、木椁和木棺等。石椁是用大石板镶成的，一般有盖无底。木椁有时用圆木，有时用木板拼接成长方形，多数无底无盖。椁中除埋死者外，也放若干随葬器物。棺多用木板做成，大小仅能容身。在白道沟坪等处，还发现有用树枝掩盖尸体的情况。

葬式因时期和地区不同而有变化，不外有仰身直肢、侧身屈肢和二次葬等几种。绝大多数墓是单人葬，也有少数是两人或多人合葬。马家窑期未见合葬，但青海大通上孙家寨遗址 268 号墓埋一成年男性，随葬一彩陶壶口及颈；369 号墓埋一成年女性，随葬同一彩陶壶的腹部和底，可见这一对男女关系不同一般。半山期有成年男女的合葬墓，见于兰州土谷台。马厂期合葬墓的情况比较复杂，有的是一对成年男女合葬，有的是成年人与小孩合葬，有的是不同性别年龄的集体合葬，有的则是奴婢对墓主人的殉葬。成年男女合葬有同椁的，也有两棺的，反映了一夫一妻制的婚姻形态。

柳湾 92 号墓为 5 人合葬，包括 1 个老年男人、1 个中年妇女和 3 个约一岁半至七岁的小孩，很像是同一个家庭的成员。在墓的上部填土中有一屈肢的老年妇女，这种安排表明她的身份不同于其他家庭成员，应是殉葬的家内奴婢。同地 327 号墓内两男性青年并排合葬，仰身直肢，均有垫板；另一男性青年夹在中间，四肢屈甚，似为捆绑所致，垫板特短且其一角压在别人垫板之下，其身份也应是家内奴隶（图二）。这种情况表明，马家窑文化晚期已经出现阶级，原始社会开始解体。

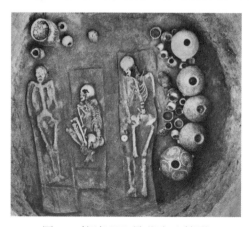

图二　柳湾 327 号墓出土情形

马家窑文化的墓葬一般都有随葬品，包括生产工具、生活用具和装饰品等，少数墓葬随葬粮食和猪、狗、羊等家畜。有些墓地的随葬器物，男性多石斧、石锛和石凿等工具，女性多纺轮和日用陶器皿，反映出两性间的自然分工。

随葬品的数量和质量存在差别，而且越到晚期差别越大。早期较大的墓随葬器物约 30 件，比一般墓多几倍；晚期的大墓近百件，较一般墓多十几倍，而且器物大，质量好。柳湾 564 号墓单是陶器就有 91 件，其中彩陶 87 件，个体甚大，琳琅满目；粗陶瓮中则盛放着已经干朽的小米；还随葬有石斧、石锛、石凿和绿松石饰等。多数墓只有不到 10 件的随葬品，有些甚至一无所有。而且随葬品多的墓往往墓坑也较大，有较好的木椁或木棺；随葬品少的墓坑也小，多数根本没有葬具。这种贫富分化的情况，充分地反映了原始社会逐步走向解体的过程。

宗教、艺术和文化

马家窑文化的埋葬习俗，同中原地区仰韶文化有很大不同，表明它的居民有自己的宗教信仰。柳湾的一件彩陶壶上，用彩纹和捏塑方法塑造出一个似为男性老人的全身裸体像（图三）。在甘谷灰地儿曾发现过陶祖，即陶质的男性生殖器。这两种生殖崇拜物的出现可能与祈求丰收有关，也可能是父权制建立后在意识上的一种反映。

马家窑文化的艺术作品主要是彩陶花纹，数量多，内容复杂，达到了一定的成就。由于大规模进行陶器生产，必定存在陶工和画工的相对专业化，这就为成

图三　人像彩陶壶（柳湾墓地采集）

熟的彩陶艺术品的出现创造了条件。此外，马家窑文化中还常有人形或动物形陶塑，有陶制房屋模型。上孙家寨还出过舞蹈纹彩陶盆，花纹描绘 5 人一组携手起舞，腰带为之飘动（图四）。这些都应是人们实际生活的一种艺术再现。

图四　舞蹈纹彩陶盆（上孙家寨遗址出土）

　　马家窑文化中不止一次地发现过带缺口的骨片，在柳湾的一个墓中就发现 49 片，每片各刻 1 个、3 个或 5 个缺口不等，这当是一种记数的工具，说明当时已有某些数的概念。到马家窑文化的晚期，不少彩陶罐上有用墨笔书写的记号，最常见的是"＋""－"和"卐"等，在柳湾发现有 130 余种，当是在文字产生以前用来记事的符号（图五）。

图五　马家窑文化陶器上的符号

参考书目

严文明：《甘肃彩陶的源流》,《文物》1978 年第 10 期。

张学正、张朋川、郭德勇：《谈马家窑、半山、马厂类型的分期和相互关系》,《中国考古学会第一次年会论文集》,文物出版社,1980 年。

（原载《中国大百科全书·考古学》,中国大百科全书出版社,1986年。后收录在《史前考古论集》,科学出版社,1998 年）

中国彩陶的谱系（提纲）

自从 1921～1924 年在河南和甘肃等地发现大量史前彩陶以来，中国的彩陶就一直成为考古学家和艺术史家研究的重要课题之一。其中关于中国彩陶的发展谱系曾经有过各种不同的说法，在资料不足的情况下难免会失于偏颇。经过几十年考古学家的努力，中国新石器时代文化的发展谱系才比较清楚。彩陶的发展谱系离不开整个文化的发展谱系，所以直到今天才逐渐有了比较清楚的认识。即使如此，好多细节也还需要有新的发现和更加深入的研究。

彩陶的起源

中国陶器有极其悠久的历史，江西万年仙人洞就发现有两万年前的陶片，那是世界最早的陶器。以后在中国的南方和北方多处新石器时代早期的遗存中，都发现有一万多年前的陶器。不过那时的陶器多为灰色，表面也不甚平整，不具备画彩的条件。彩陶的出现应该与陶器的质地和色泽有关。中国彩陶最初出现于浙江的上山文化，因为这个文化的陶器多为红色，表面平整，比较适于画彩。只是在上山文化的早期遗存中尚未见到彩陶而只有红衣陶，经过一段时间的酝酿，到上山文化的中期，大约在公元前 7000 年才出现彩陶。主要见于义乌的桥头遗址，永康的湖西和长城里也有少量标本。施彩的器物有碗、壶和带耳罐等。一般在器物外面满施红衣，再在红衣上施乳白色连点纹或横线加连点纹。到上山文化晚期，永康长城里的壶肩上有竖线加多道短斜线的。这是中国最早的彩陶，也是世界最早的彩陶，数量极少，构图简单，可视为彩陶的萌芽（图一）。

彩陶的发展

中国彩陶正式起步要到公元前 6000 年左右，大致经历了起步、兴盛、衰落和局地复苏四个时期。

图一　上山文化的彩陶（浙江义乌桥头出土）

（1）起步期

约当新石器时代中期的后半，年代约为公元前6000～前5000年，分别见于浙江的跨湖桥文化、陕西和甘肃东部的白家文化、河南的裴李岗文化、安徽的双墩文化、湖北的城背溪文化、湖南的高庙文化和皂市下层文化等。跨湖桥文化的彩陶是继上山文化而发展起来的，其余各地的彩陶都是原生的，其中以白家文化的彩陶较为发达。彩陶发生地在黄河流域中下游、长江流域中下游和淮河流域，也就是发生在中国的核心地区，这一事实说明以往关于中国彩陶是由西方传播过来的假说是不正确的。彩陶发生地点之多和分布范围之广，又说明单纯的中原中心论也不符合事实。

（2）兴盛期

约当新石器时代晚期，年代约为公元前5000～前3000年。这个时期的仰韶文化、南杨庄文化、大汶口文化、红山文化、马家窑文化、油子岭文化和大溪文化等普遍用小型窑烧制红陶，易于作画，因而都有很丰富的彩陶。不但分布范围广阔，而且数量大，花色多，甚至同一个文化中还有不同类型的彩陶，是中国彩陶最发达的时期。

（3）衰落期

约当铜石并用时代早期，年代约为公元前3000～前2600年或更晚。这时多用密封窑烧制灰陶与黑陶，红陶显著减少，因而彩陶也相应地减少，有的地方甚至已经绝迹。有的地方在烧好以后的黑陶上绘红色或红黄等多色水粉画，称为彩绘陶，其数量远比彩陶为少。这时在福建和台湾出现少量彩陶，其来源和谱系有待于进一步研究。

（4）局地复苏期

主要在西北地区，那里的彩陶在铜石并用时代的齐家文化也经历了一段衰落的时期，后来到了青铜时代的辛店文化等又盛极一时。新疆的彩陶一直延续到了汉代。

彩陶的谱系

中国彩陶在不同地区起源之后又形成了不同的系统和亚系统。

（1）北方系统

主要在黄河中游，萌芽于白家文化，兴盛于仰韶文化，到庙底沟二期文化即行衰落。

白家文化因陕西临潼白家遗址而得名，过去曾命名为老官台文化、大地湾文化或李家沟文化。主要分布于渭河流域和汉中盆地。彩陶仅限于在圜底钵和三足钵口沿画一红色宽带，钵内则用红色画波折纹等符号。

紧接白家文化的是零口文化，因临潼零口村遗址而得名。分布于关中、晋南和豫西一带，也称枣园文化。彩陶略有增加，除红色宽带外，新出现黑色条带、平行斜线和波折纹等。

接下来的仰韶文化是中原地区的一个强势文化，可分为四期或五期。每期又有若干地方类型。第一期是半坡期，有半坡类型、东庄类型和鲁家坡类型等。半坡类型的彩陶发达，有内彩和外彩。有发达的鱼纹，还有人面纹、鹿纹、蛙纹和鸟纹。几何形花纹有三角纹、波折纹和成组斜线等，直线直边，特别讲求规整而缺少变化。东庄类型和鲁家坡类型只有少量几何形花纹。第二期为史家期，主要为史家类型，其彩陶继承半坡类型的母题，但不尚规整而明显活跃化。鱼纹、人面纹都更生动活泼，几何形花纹中出现少量圆点勾叶纹和花瓣纹等。第三期为庙底沟期，有庙底沟类型、泉护类型和阎村类型等；这期的彩陶十分发达，而且更加活泼流畅。其中泉护类型多鸟纹，还有蛙纹、蜥蜴纹、鲵鱼纹和狗纹等。几何形花纹则多圆点勾叶纹。庙底沟类型以圆点勾叶纹为主，并且变化无穷，影响范围极广，形成鲜明的特色。阎村类型有白衣彩陶，有的白衣上施红黑双色彩，十分鲜艳。在这个类型中有一种专门用于二次葬的陶缸上画有鹳鱼石钺等图画，十分生动。第四期为西王期，有西王类型、半坡晚期类型、秦王寨类型和海生不浪类型等。前二者彩陶甚少，后二者彩陶较多且较为复杂，有黑彩、红彩和黑红双色彩等多种。较早的彩陶还有白色陶衣，较晚的则多带状网格纹。第五期为庙底沟二期，有庙底沟二期类型、泉护二期类型和谷水河类型等。本期彩陶已很稀少，仅有个别的带状网格纹。

（2）东方系统

主要在黄河下游的山东及其周围，萌芽于北辛文化，兴盛于大汶口文化，后者又可分为刘林、花厅和景芝三期，到景芝期衰落。从刘林期开始即受到仰韶文化的影响，但同时形成自己的特点，直至最后消亡。

（3）南方系统

主要在长江中游的两湖地区，萌芽期比较分散，见于峡江地区的城背溪文化、湖南北部的皂市下层文化、湘西的高庙文化与松溪口文化和湘江流域的大塘文化等，但都不成系统。直到距今约6300年在江汉平原出现油子岭文化，才出现了颇具特色的蛋壳彩陶以及彩陶纺轮和彩陶球等。所谓蛋壳彩陶是形容薄如蛋壳，均为手制，厚度只有1～2毫米。以碗杯为多，常于器外满施方格、圆点等各种几何纹，有时在器内也用黑色晕染（图二）。继承油子岭文化的屈家岭文化和石家河文化也保持

1.彩陶碗（ⅢM7：10）

2.彩陶碗底外部（ⅢM7：10）

3.彩陶碗（ⅢT1106⑤D：136）

4.彩陶碗底外部（ⅢT1106⑤D：136）

图二　油子岭文化的彩陶（湖北天门谭家岭出土）

图三　屈家岭文化彩陶

1、5. 器盖（屈家岭 T182：2（1）、T193：3A（2））　2、4. 碗（屈家岭 T130：2（1）、
T173：4（47））　3. 杯（谭家岭 H23）　6、8. 壶形器（黄楝树、青龙泉）　7. 鼎足（六合）

这种特色，形成一个明显的系统（图三）。与油子岭文化同时而分布于鄂西、川东和洞庭湖西北的大溪文化既有少量蛋壳彩陶，同时受仰韶文化影响而出现圆点勾叶纹等。

（4）东南系统

这个系统彩陶发生虽然最早但并不发达，系统性也不强。最早是上山文化，之后依次为跨湖桥文化、河姆渡文化与马家浜文化、崧泽文化和良渚文化。跨湖桥文化彩陶多样，内彩发达（图四、图五）。河姆渡文化仅有几片黑漆彩陶，马家浜

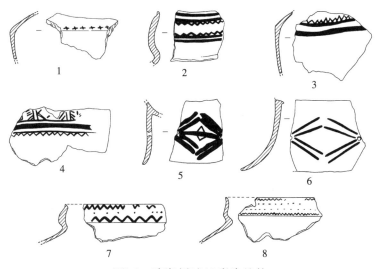

图四　跨湖桥遗址彩陶纹饰

1. T0410④：47　2. T301⑤：29　3. T202⑥：59　4. T304⑨：33　5. T202⑥：61　6. T0411⑤A：40
7. T0410⑥A：79　8. T0410④：48

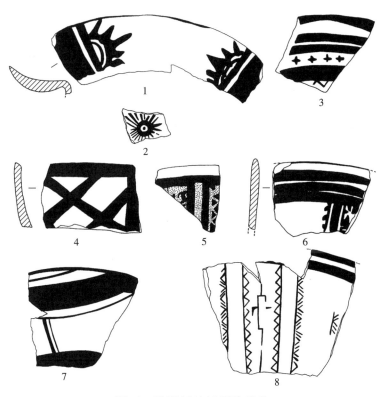

图五　跨湖桥遗址彩陶纹饰

1. T0410⑧A：60　2. T202④：10　3. T303⑦：47　4. T303⑦A：45　5. T304⑨：34
6. T0411 湖Ⅲ：39　7. T0411 湖Ⅳ：50　8. T0411 湖Ⅳ：51

文化、崧泽文化和良渚文化的彩陶数量很少，且均受大汶口文化的影响而很少自身的特点。

　　所谓亚系统都是在某个主系统的影响下发生和发展起来的，大致有五个亚系统。

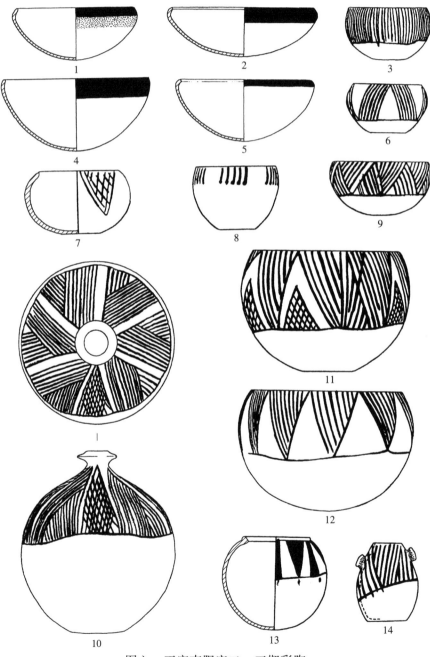

图六　正定南阳庄二、三期彩陶

（1）东北亚系统

主要是受北方系统影响的情况下产生的，非原生系统，后来又受东方系统的影响。有红山文化和小河沿文化。

（2）西北亚系统

基本上是从北方系统中分化出来的，有马家窑文化、半山—马厂文化、齐家文化、卡约文化、四坝文化、辛店文化和沙井文化等，持续时间最长，其中马家窑文化和半山—马厂文化彩陶数量之多和保存之好，在全国无出其右者。

（3）冀南豫北亚系统

主要受北方系统的影响。有南杨庄文化、钓鱼台文化、大司空文化和台口遗存等，前后传承不甚清楚（图六）。

（4）苏皖亚系统

有侯家寨文化、双墩文化和龙虬庄文化等，这个亚系统是彩陶最少又最不成系统的。

（5）华南亚系统

主要在南方系统影响下产生，有咸头岭文化等，这里的彩陶也不甚发达。福建、台湾的彩陶比较特别，也许是在苏皖亚系统和广东彩陶的影响下产生的。是否可以与华南亚系统划归在一起也还需要进一步研究。

与国外彩陶的比较

在中国以外还有几个有名的彩陶中心，一个在西亚，一个在中亚，一个在东南欧，后者的彩陶可能是在前者的影响下产生的；一个在印度河流域，也可能受到了中亚和西亚彩陶的影响。还有一个在美洲，虽然年代很晚，还应该是独立发生的。以上这些地方的彩陶都是在陶器发展到一定阶段，能够烧出颜色均一的红陶的情况下发展起来的，各有特色，并不是从一个中心发源，然后才传到世界各地的。中国彩陶西来说固然不符合事实，西方彩陶东来说也没有任何事实的基础。至于中国近邻的泰国所出彩陶，是不是与中国彩陶有些关系，也还需要更多的考古发现和研究才能说得清楚。

1996 年 3 月 21 日和 2000 年 5 月 22 日分别在台北文化大学历史系和高雄美术馆演讲，2016 年 12 月 1 日因上山文化等新的发现做了局部修改

（原载《丹霞集——考古学拾零》，文物出版社，2019 年）

论小坪子期

　　1978 年，我在一篇论述甘肃彩陶的文章中，对兰州市郊陆家沟村前小坪子的陶器进行了分析，并且首次提出了小坪子期的概念。认为"从类型学的角度进行分析，小坪子期应是联系马家窑期和半山期的中间环节，半山期乃是马家窑期经过小坪子期逐步发展起来的"[1]。那个时候，人们对甘肃地区的马家窑、半山和马厂三类遗存的关系还有许多模糊的认识。我个人认为首先要把这三类遗存放在甘青史前文化（主要是彩陶文化）的总体发展脉络中去认识和把握。从这个角度来看，这三类遗存的关系基本上是一个分期问题，即先后相继的三个文化期，只是在发展过程中产生了许多方面的变化。

　　根据 1963 年我带领学生到兰州一带实习时所掌握的资料，首先对以马家窑为代表的一类遗存进行了仔细的分析，将其划分为先后相继的石岭下、西坡㟼、雁儿湾和王保保四组，发现即使是最晚的王保保组，同半山一类遗存的差别还是很大。我自然很想找到二者之间的中间环节。很幸运的是，我在对兰州以南的陆家沟一带进行调查时发现的小坪子正好填补了中间的这个空白。

　　事情的经过是这样的：

　　1963 年 10 月 19 日，我和甘肃省博物馆文物工作队的蒲朝绂徒步到兰州市以南 30 多里路的陆家沟一带进行考古调查。途经龚家湾、桃园，最后到陆家沟，那是一个有五六十户人家的村子。村东南的山坡上就是著名的西坡㟼遗址。从西坡㟼往北山脚下的树园子有一个马家窑期的小型遗址。再往北到双可岔有一个马厂和齐家文化的遗址，再往北有一块小平地，当地人叫作小坪子。我在日记中写道：

　　"由双可岔往北，离（陆家沟）村约 800 米，且较村子低数十米的地方就是小坪子。那是一片面积约一亩的小平地。1958 年改水田时曾经挖出了据说是马家窑期的墓葬。我们在周围仔细察看，在东面陡壁上发现有很少的灰层，但未见遗物。

---

　　〔1〕　严文明：《甘肃彩陶的源流》，《文物》1978 年第 10 期；又载《仰韶文化研究》（增订本），文物出版社，2009 年。

在地面上发现有零散的人骨，又捡到了两块彩陶片，似属马家窑晚期者，又似有向半山过渡的趋势。两块陶片均为泥质橙黄色，表面磨光，绘黑彩。均为罐的残片，一为肩部，一可能属颈部"（图一，9、10）。

小坪子的调查促使我想进一步了解一些情况。我问蒲朝绂过去调查过小坪子没有，蒲说1958年改水田时据说挖出了一些彩陶罐子，博物馆派人去调查，看到许多凌乱的人骨，知道是墓地，已经被彻底破坏了。就从老乡家里收集了一些器物回来，都放在仓库里了。我就请他把器物都找出来，一共有7件，一单把罐、一小口壶、二双耳壶、一豆、二勺，都是彩陶。又在1964年该馆从陆家沟收集了三壶一罐四件彩陶，也可能是小坪子出土的，因为小坪子就属于陆家沟村。我们都一一画了图（图一）。

小坪子的这些器物并不成套，只有彩陶而没有素陶，彩陶中又缺乏盆钵类器物。特别是没有出土单位，难以确证是否属于同一时期。只是由于彼此风格相近，既不同于马家窑，又不同于半山。另一方面，它也有些特征近似于马家窑，特别是马家窑晚期的王保保组；又有些特征近似于半山。这使我想到它很有可能是介于二者之间的中间环节。既然不能简单地归属于马家窑或半山，最好的办法就是自立一个文化期，叫作小坪子期。看到兰州还有一个已被毁掉的华林坪遗址也出土相同的器物，又多少增加了我的信心。

应当指出的是，当时之所以提出小坪子期这个概念，还不只是看到小坪子和华林坪两个遗址的零星材料。在甘肃省博物馆还有不少历年收集的同类器物，其出土地点并不限于兰州地区。若在地图上标示出来，其范围同马家窑和半山有相当大面积的重合。这样我才觉得有一定把握将它作为一个文化期，而不大可能是局部范围的特殊现象。只是限于篇幅，在那篇文章中没有充分展开。三十多年过去了，期间又有不少新的发现，现在对这个问题应该可以说得更加清楚一些了。

1975年，甘肃临夏回族自治州文物普查队在康乐县虎关乡发现了边家林墓地，征集了大批彩陶器。1981年自治州博物馆会同康乐县文化馆对边家林墓地进行发掘，发现墓葬17座和灰坑一个，知道那是一处居址兼墓地[1]。发掘简报认为那些墓葬可根据葬式和出土器物分为早中晚三期，早期具有马家窑类型晚期的特征，看来大体是正确的。其中发表器物较多的M12为所谓捡骨葬，从器物特征看确实较早，甚至在小坪子期中也是比较早的（图二）。简报作者还首次提出了边家林类型的名称。指出"边家林墓地出土器物既不同于马家窑类型，又区别于半

---

[1] 临夏回族自治州博物馆：《甘肃康乐县边家林新石器时代墓葬清理简报》，《文物》1992年第4期。

图一　小坪子出土彩陶

1、2、11、12. 双耳壶（306、58LA30：7、302、303）　　3、8. 壶（58LA30：2、58LA30：6）

4. 豆（58LA30：1）　　5、13. 单把罐（58LA30：3、304）　　6、7. 勺（58LA30：5、58LA30：4）

9、10. 彩陶片（01 采、02 采）

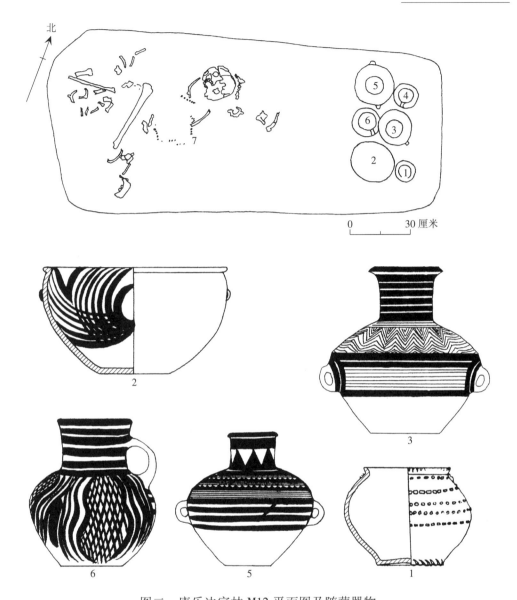

图二　康乐边家林 M12 平面图及随葬器物

1. 附加堆纹陶罐　2. 陶盆　3、5. 陶双耳壶　4. 陶罐　6. 陶单把壶　7. 骨珠

山类型，但其文化内涵既承袭了马家窑类型的风格，又孕育了半山类型的特征，填补了从马家窑类型发展到半山类型的缺环。因而马家窑文化的发展序列应为：马家窑类型→边家林类型→半山类型→马厂类型"[1]。但张学正等把它划为半山

——————

〔1〕　临夏回族自治州博物馆：《甘肃康乐县边家林新石器时代墓葬清理简报》，《文物》1992 年第 4 期，76 页。

早期[1]，张朋川在所著《中国彩陶图谱》中把马家窑文化排比为文化三，下分
五个类型，即文化三 1～5。三 1 为石岭下类型，三 2 为马家窑类型，三 4 为半山
类型，三 5 为马厂类型。三 3 没有定类型的名称，只说是"掌坪、边家林等遗
址"，实际上是把这类遗存作为一个类型或文化期对待的[2]。他后来在《临夏彩
陶概观》一文中就直接称为边家林类型[3]。在前书中，他还进一步指出舟曲掌
坪等白龙江流域的遗存与边家林等临夏地区的遗存存在一定的地区性差别[4]。
王辉也把边家林墓地分为三期，不过是把早期划归马家窑晚期，中期划归半山早
期[5]。不论怎样划法，大家都认为边家林等墓地的发现填补了马家窑和半山之
间的一大缺环，再次证明半山是由马家窑直接或间接发展起来的。可惜边家林的
正式发掘报告至今没有发表，难以进行更加具体的分析。到底把边家林早中晚期
作为一个整体而称为边家林类型好呢，还是应该分解，各有归属好呢，似乎不大
容易确定。但至少它的早期是应该属于小坪子的。此外在康乐县张寨也曾发现小
坪子期的彩陶[6]。在康乐县的烽台以及康乐县附近的广河西坪、临洮中堡和辛
店南门、陇西吕家坪、临夏王坪等处也出土小坪子期的彩陶，此均见于《中国彩
陶图谱》中。至于白龙江一带，除舟曲掌坪外，还有迭部县洛达和姜巴沟等。其
南部已伸向四川边境，是小坪子期彩陶分布的南界。

　　小坪子期研究的一个较大突破应该是天水师赵村等遗址的发掘。

　　1981～1990 年，中国社会科学院考古研究所甘青工作队在甘肃天水市西郊的
师赵村和西山坪两个遗址进行了连续多年的发掘，取得了重要的收获。两个遗址
都包含有许多文化期的遗存，其中的师赵六期和西山坪六期都是相当于小坪子一
类的文化遗存。

　　师赵的第六期文化遗存包含有窖穴 14 个、墓葬 6 座和若干地层堆积。出土遗
物中可与小坪子作比较的主要是彩陶。这些彩陶全部饰黑彩，纹样多粗细相间。
罐壶的颈部多为宽条加细线，有的罐通体饰粗细相间的竖行彩纹，这些都跟小坪
子相同，而与同遗址的师赵四期和五期的彩陶判然有别（图三）。师赵四期的彩陶

----

　　[1]　张学正、张朋川、郭德勇：《谈马家窑、半山、马厂类型的分期和相互关系》，《中国
考古学会第一次年会论文集》，文物出版社，1980 年。

　　[2]　张朋川：《中国彩陶图谱》，文物出版社，1990 年。

　　[3]　张朋川：《临夏彩陶概观》，《临夏彩陶》，甘肃人民美术出版社，2005 年。

　　[4]　张朋川：《中国彩陶图谱》，文物出版社，1990 年，57～58 页。

　　[5]　王辉：《甘肃省文物考古工作五十年》，《新中国考古五十年》，文物出版社，
1999 年。

　　[6]　石龙：《甘肃康乐县张寨出土新石器时代陶器》，《文物》1992 年第 4 期。

图三　天水师赵六期彩陶

1. 钵（采：02）　　2. 壶底（T301H1：2）　　3、7. 双耳罐（T347④：2、采：01）

4. 双耳壶（T302③：1）　　5. 盆（T301H1：1）　　6. 彩陶片（T301H1：11）

主要属石岭下，个别像西坡峁；五期的彩陶主要属雁儿湾，个别像王保保。师赵六期的彩陶也有一些跟小坪子不大相同，可能是地区性差别，也可能只是二者资料都不算丰富而不可避免的片面性所造成的。不论怎样，跟小坪子应该是属于一个时期的。

　　师赵六期资料的重要性在于与彩陶一起还出土了许多素陶（图四），还有各种

石器和骨器等（图五），加上有居址（14 个窖穴等）和墓地（图六），建立一个
文化期的必要条件都基本齐备了。这些素陶自然也可以作为文化因素比较分析的基
础。大体上看来与所谓常山下层的陶器比较接近，这应该与它所处的地理位置相关。

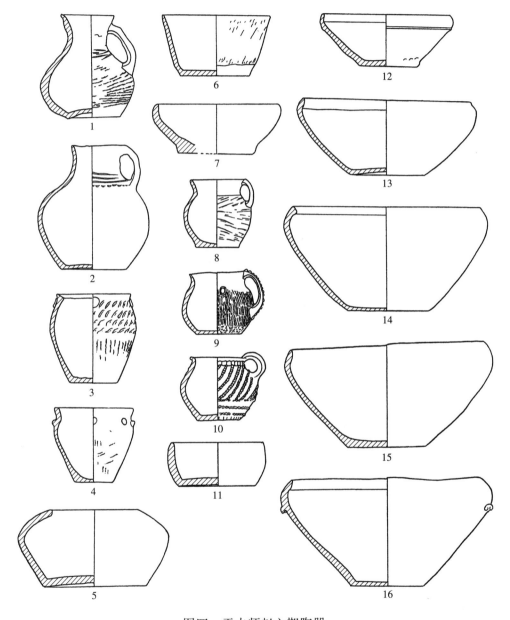

图四　天水师赵六期陶器

1. 单耳壶（T301H1：8）　　2. 壶（T356③：4）　　3、4. 侈口罐（T350③：1、T356③：3）
5. 盂（T308③：1）　　6、7. 碗（T333H11：7、T336③：4）　　8 ～ 10. 单耳罐（T301H1：10、
T333③：4、T301H1：9）　　11. 碟（T388H22：1）　　12 ～ 16. 盆（T353H17：1、T322H10：4、
T386③：1、T381③：1、T313③：1）

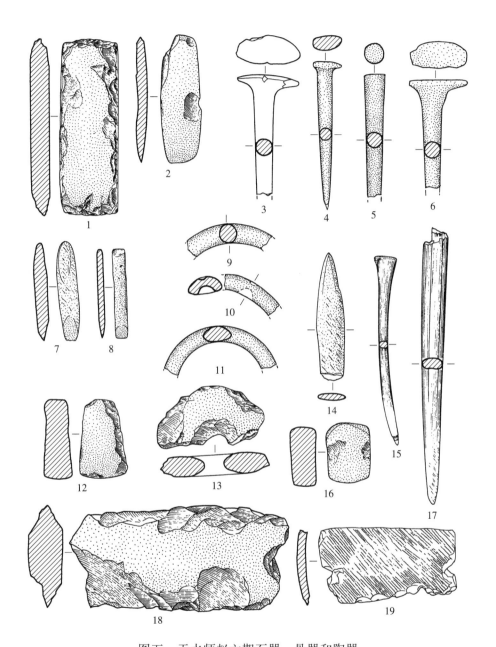

图五　天水师赵六期石器、骨器和陶器

1、2. 石斧（H16∶1、H1∶6）　3. 陶笄（H20∶3）　4～6. 石笄（H20∶2、H10∶3、H20∶6）

7、8. 石凿（H20∶1、H9∶1）　9～11. 石环（T381③∶10、T381③∶9、T381③∶4）　12. 石杵

（H8∶3）　13. 打制石环（T347④∶1）　14. 石镞（H9∶5）　15、17. 骨锥（H23∶1、H25∶1）

16. 石研磨器（H1∶5）　18. 石刀（H10∶1）　19. 陶刀（H26∶2）

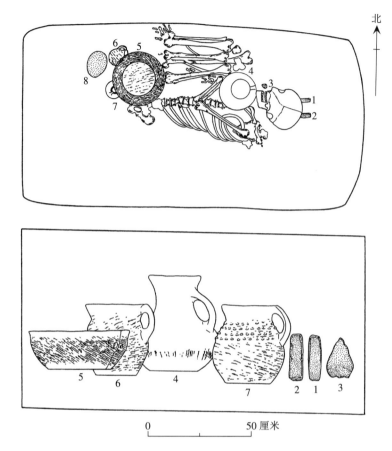

图六　天水师赵六期墓葬ⅢM1平面及器物组合图
1. 石凿　2. 石锛　3. 绿松石饰　4. 陶单耳壶　5. 陶盆　6、7. 陶单耳罐　8. 砺石

　　西山坪四期相当于石岭下，五期相当于雁儿湾。六期与师赵六期基本相同，但资料甚少，只有一座墓葬（图七）和少量文化层，出土器物与师赵六期基本一致（图八）。

　　师赵和西山坪的四期和五期，也就是相当于马家窑文化的各期中都有一定数量的尖底瓶，说明在这个时期还保留有仰韶文化的余绪。到六期就不见尖底瓶了。师赵六期的墓葬主要实行"二次葬"，实际上人骨零散而不完全，与边家林早期的捡骨葬完全相同，大概是小坪子期的主要葬式。不过师赵六期人骨保存较好的都是侧身屈肢，头部朝东。西山坪六期墓葬也是如此。前述边家林晚期才有这种葬法，师赵六期可谓开风气之先。而仰韶文化的墓葬一般是仰身直肢，头部朝西，或多人二次合葬。西山坪二期属于仰韶文化半坡类型的墓葬正是仰身直肢，头部朝西。与师赵六期和西山坪六期正好相反。说明在相当于小坪子的这个时期，无论是彩陶还是埋葬风俗都有一个比较大的变化，再没有一点仰韶

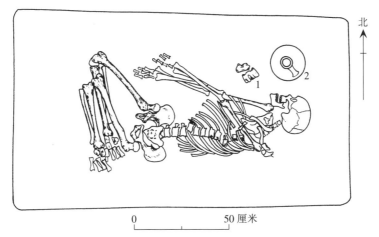

0　　　　　　　　　　50 厘米

图七　西山坪六期墓葬 M2 平面图

1. 兽骨　2. 陶单耳罐

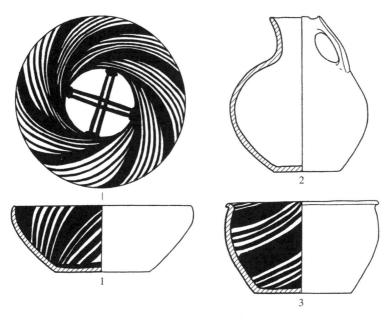

图八　西山坪六期陶器

1. 彩陶钵（T20②：7）　2. 陶罐（T3③M2：2）　3. 彩陶盆（T1④：7）

文化的味道了。有意思的是，师赵与西山坪六期的遗存多与相当于齐家文化的七期遗存分布在一个区域，而基本上不与第四、五期的遗存分布在同一区域，也从另一个侧面反映了这个时期发生的重大变化。这个变化还直接影响到后来半山期的发展。

在天水附近及其以东，发现小坪子一类彩陶的地点还有以下几处。

1）庄浪徐家碾，1979 年出土两件彩陶壶，其中一件带圈足的壶颇为别致〔1〕。

2）宁夏隆德风岭，1962 年出土一件单把彩陶罐，器形跟兰州小坪子的单把罐相似〔2〕。

3）陕西宝鸡关桃园，那里属于仰韶文化晚期的灰坑 H157 中出土两件小坪子式的彩陶壶残片〔3〕。

4）陕西陇县出土过一件彩陶罐，说是马家窑文化的，实际也是小坪子式的〔4〕。

记得陕西凤县也出过类似的彩陶。这几处说明小坪子期彩陶分布的东边已达渭河中游的宝鸡地区。

小坪子期一类遗存分布的中心还是在兰州盆地及其附近。从《中国彩陶图谱》中可以看到，兰州的柳沟大坪（319、320，此为该书的图版序号，下同）和曹家嘴（315～318），皋兰的糜地岘（321、322）和蔡家河（323），榆中的关北（295～298）、党家山（299～301）和麻迦寺（205、206），永靖的塔坪（282）和金泉七十亩地（283～288）等，都曾出土小坪子期彩陶。加上小坪子和华林坪，数量达 10 处之多。其中有些地点应该是经过发掘清理的，只是没有正式的报道。又如兰州以北的永登杜家台，有 1957 年出自 M1 的彩陶 6 件（265～270），如果没有发掘，怎么会有 M1 的编号？同地还有两件注明分别于 1958 年和 1977 年出土的彩陶（271、272），也和 M1 彩陶的风格相同，说明杜家台乃是一处单纯的小坪子期墓地（图九）。像永靖金泉七十亩地 1974 年一次出土 6 件彩陶全部属小坪子期，恐怕也是一处单纯的小坪子期墓地。有墓地就应该有相关的居址，期望今后加强调查并进行适当发掘，以便进一步了解小坪子期文化遗存的全貌。

从兰州往西的青海河湟地区的小坪子期遗存见于民和边墙（337），大通上孙家（245），西宁朱家寨，乐都脑庄（238、239）、高庙（451）、申家旱台（452）和柳湾，最南到达贵南的尕马台（338）和同德宗日〔5〕。柳湾遗址是中国科学院考古研究所甘青工作队于 1974～1978 年发掘的。在发掘报告《青海柳湾》中，曾

〔1〕 张朋川：《中国彩陶图谱》，文物出版社，1990 年，340、341 号。

〔2〕 张朋川：《中国彩陶图谱》，文物出版社，1990 年，339 号。

〔3〕 陕西省考古研究院、宝鸡市考古工作队：《宝鸡关桃园》，文物出版社，2007 年，246 页图 169，10、11。

〔4〕 肖琦：《陕西陇县出土马家窑文化彩陶罐》，《考古与文物》1990 年第 5 期。

〔5〕 格桑本、陈洪海主编：《宗日遗址：文物精粹及论述选集》，四川科学技术出版社，1999 年。

图九　永登县杜家台出土彩陶

1、2、5. 盆（267、266、265）　3. 双耳壶（268）　4. 小口罐（270）

6. 异形罐（271）（1～5 均出自 M1）

将半山类型的墓葬分为早晚两期[1]。我们发现在其早期墓葬中包含有一些小坪子期的墓葬，例如 M465、M528、M599、M641 和 M659 等都是。这些墓葬的彩陶都具有小坪子期的特色，但同时与一起划归半山早期的多数墓葬的彩陶十分相近，只是后者多了一道或几道红彩。也许这些墓应属小坪子期的最晚阶段，但在目前还没有条件对小坪子期做更细分析的情况下，这个看法还只能是一种推测（图一〇）。

　　小坪子期的遗存在河西走廊也有少量分布。走廊东头的武威就有几处出土过这类遗存。20 世纪 80 年代甘肃省文物考古研究所曾经在南郊的五坝山发掘一座墓葬，所出陶器全部是小坪子式的彩陶[2]。另在王景寨和磨嘴子也采集到同类的彩陶（图一一）。小坪子期的文化遗存最西到了河西走廊西头的酒泉。1986～1987 年，北京大学考古学系和甘肃省文物考古研究所在河西走廊进行考古调查时，于

〔1〕　青海省文物管理处考古队、中国社会科学院考古研究所：《青海柳湾》，文物出版社，1984 年。

〔2〕　甘肃省文物考古研究所：《武威塔儿山新石器时代遗址及五坝山墓葬发掘简报》，《考古与文物》2004 年第 3 期。

图一〇 青海同德宗日出土彩陶

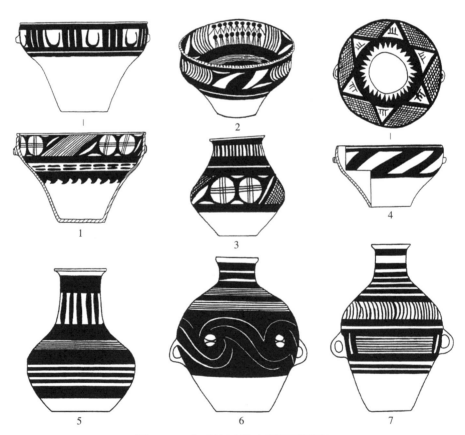

图一一 武威地区的小坪子期彩陶

1、2、4. 深腹盆（五坝山 M1：3、磨嘴子采、五坝山 M1：2） 3. 小口罐（五坝山 M1：1）
5. 瓶（五坝山采） 6、7. 双耳壶（王景寨采、五坝山 M1：4）（据李水城《河西地区新见马家窑文化遗存及相关问题》文中图三）

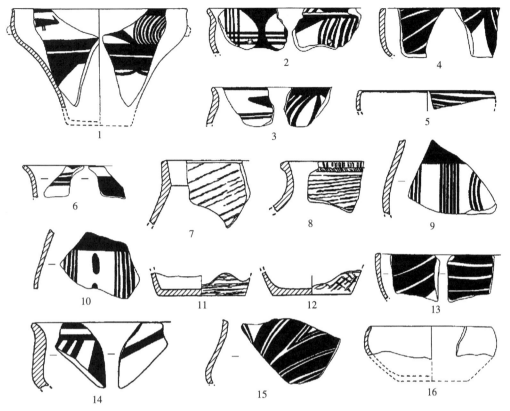

图一二　酒泉照壁滩遗址采集小坪子期陶片

1. 彩陶深腹盆（JFZ－2－002）　2、3、6、14. 彩陶盆口沿（JFZ－1－001、JFZ－1－006、JFZ－1－007、JFZ－2－014）　4、5、13. 彩陶钵（JFZ－1－005、JFZ－2－008、JFZ－1－004）　7、8、11、12. 夹砂罐（JFZ－2－035、JFZ－2－034、JFZ－2－049、JFZ－2－052）　9、10、15. 彩陶片（JFZ－2－003、JFZ－2－004、JFZ－1－003）　16. 敛口钵（JFZ－1－015）（据李水城《河西地区新见马家窑文化遗存及相关问题》文中图二）

　　酒泉市当年的照壁滩发现了一处马家窑文化晚期、实际相当于小坪子期的遗址[1]。虽然只捡到一些陶片而没有进行发掘，但其文化特征是明确的（图一二）。

　　通观小坪子期文化遗存的分布，大致是以兰州盆地为中心，东到宝鸡，西到酒泉，南到甘肃、四川交界，差不多布满了甘肃省的绝大部分和毗邻甘肃的陕西、宁夏、青海、四川等省区的边沿地区（图一三），是马家窑文化发展的一个重要时期。假如按照传统的说法把马家窑文化分为马家窑、半山、马厂三期或三个类型，那么小坪子应该插入到马家窑期与半山期之间单独作为一期。假如采取二分法，

――――――――――

　　[1]　李水城：《河西地区新见马家窑文化遗存及相关问题》，《东风西渐——中国西北史前文化之进程》，文物出版社，2009年。

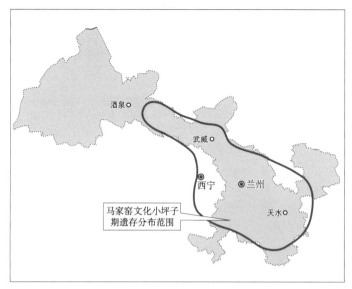

图一三　马家窑文化小坪子期遗存分布范围示意图

即马家窑文化和半山—马厂文化，那么马家窑文化就要分为三期，即石岭下期、马家窑期和小坪子期。其中马家窑期又可分为西坡㫰、雁儿湾和王保保三段。我个人倾向于后者。

2013 年 2 月于蓝旗营蜗居

（原载《丹霞集——考古学拾零》，文物出版社，2019 年）

《半山与马厂彩陶研究》序

　　在中国史前文化中，彩陶是非常引人注目的一个因素。从 1921 年发现第一批彩陶算起，至今已经过去四分之三个世纪了。在这期间发现的彩陶遗址不下数千处，彩陶遗存之丰富与谱系之繁复，在世界上无出其右。且中国彩陶发生甚早，在老官台文化和裴李岗文化的时期便已露出端倪，其年代当不晚于公元前 6000年。到公元前 5000～前 3000 年即进入兴盛时期，中原地区的仰韶文化、山东地区的大汶口文化、两湖地区的大溪文化、燕辽地区的红山文化、甘青地区的马家窑文化乃至广东地区的大湾文化都有非常发达的彩陶。约到公元前 3000～前 2600年，上述大部分地区的彩陶进入衰落时期，再往后就没有彩陶了。不过福建和台湾的彩陶在较晚时期出现后还延续了一个时期；而甘肃、青海彩陶的发达期相对滞后，在一个短暂的衰落时期之后又出现一个复苏期，延续到东周时才逐渐消失。新疆彩陶出现和消失的时间都比甘肃、青海为晚。

　　中国史前彩陶如此丰富，而深入的整理研究并不很多，有必要组织人力有计划地开展这方面的工作。有鉴于此，所以当研究李水城博士论文的选题时，我特地提议他研究半山、马厂的彩陶，他欣然接受了，并且在他的能力所及做最大的努力。博士论文通过之后，他又做了较大的补充和修改，使内容更加充实，学术水平更加提高，这便是本书产生的原委。当初之所以选择半山、马厂的彩陶进行研究，主要有两个方面的考虑：一是在我国所有彩陶文化遗存中，半山、马厂的资料最丰富、最集中，过去的研究也多少有些基础；二是李水城在甘肃做过多年的工作，对半山、马厂彩陶的资料比较熟悉，研究起来不至于过分费力。现在看来，这一决定是正确的。

　　半山、马厂彩陶最初是由安特生等人于 1923～1924 年在甘肃和青海发现的，全部资料由巴尔姆格伦整理研究后发表了《半山及马厂随葬陶器》（《中国古生物志》丁种第三号第一册，1934 年）一书。巴氏在该书中以甘肃宁定半山区边家沟大墓和青海民和马厂塬个别墓葬所出陶器为基础，对当时征集和收购的大量彩陶进行鉴别归类，进而从形制、花纹和制法等几个方面分析两种彩陶的基本特征、它们的异同和相互关系，使人们对半山、马厂彩陶有一个比较明确的认识。比起当时一些学者的那种不着边际的比较研究，例如阿尔纳在其所著《河南石器时代之着色陶器》（《中国古生物志》丁种第一号第二册，1925 年）一书中所做的那样，要扎实和有价值得多。但那本书出版到现在也已经过去 60 多年了，在这期间发现的半山、马厂彩陶比以前不知增加了多少倍。以前半山、马厂的彩陶全部出自墓葬，以至于发现者安特生还曾经以为这两种陶器是专门为死人随葬用的。而后来在甘肃兰州青岗岔等遗址的房屋中就出了不少半山式陶器，马厂式陶器出于居住遗址中的情况就更多了。即使出于墓葬的陶器，以前的资料极少是经过科学发掘的，失去了许多有用的信息；然而从 20 世纪 50 年代起，我国的考古学者有计划地发掘了许多墓地，包括像青海柳湾等包含半山、马厂等多种文化遗存的大型墓地。这样就不只是获得了大量的器物，而且知道了器物在墓葬中的共存关系、某些墓葬的叠压打破关系、墓地中各墓葬的排列状况以及墓地与居住遗址的关系等重要资料。现在来研究半山、马厂的彩陶，就不会像过去那样单纯用器物学的方法研究器物，而可以用地地道道的考古学方法来研究器物了。就半山、马厂两类遗存来说，现在不但可以进行比较确切的划分，而且可以对它们各自进行更加细致的分期与分区研究，在这个基础上探讨两者之间的关系，以及它们与先行的马家窑—小坪子类型和后来兴起的齐家文化与四坝文化的关系，自然就有可能获得比较接近于实际的认识。再者，我国从 60 年代以来开展用碳 – 14 方法测年的工作，陆续公布了上千个史前文化的绝对年代数据，包括半山、马厂的年代数据，加上大量文化遗址的发现，使我们有可能建构整个史前文化的时空框架，明确各类文化遗存的历史地位及相互关系。所有这些进展，使得半山、马厂彩陶的研究有可能提高到一个崭新的水平。

本书全面回顾了半山、马厂彩陶研究的历史，并且以大量的篇幅分别考察了半山、马厂两类彩陶的器形、花纹，进行了详细的类型学分析。同时考察了器形与花纹的关系，分析了不同器形与花纹的组合在时空框架上的位置，从而进行了比较细致的分期。在分析彩陶花纹时，突破了过去研究中往往只注意主体花纹而忽视配套的其他花纹，更不注意花纹在器物的不同部位上的变化的那种倾向，将多数器物上的花纹分为颈部花纹、腹部花纹和内彩花纹来分别加以考察；而每个部位除主体花纹外还注意配套花纹，这是一个很大的进步，从中可以获取更多的历史、文化信息。实际上任何彩陶花纹，都可以分为元素、母题和构图三个层次来进行分析。所谓元素是指构成花纹的最基本的形体，无非是点、线（宽一些就是条，再宽一些就是带，包括直的和各种弯曲形的）、块（三角形、方形、圆形、半圆形以及各种几何形实体）之类，也包括它们的颜色。例如锯齿纹就是半山彩陶的基本元素之一，而黑边紫色条带则是马厂早期常用的元素之一。本书对母题和构图分析较为详细，对某些元素的来源也进行了考察。例如他认为半山彩陶中的红色线条和锯齿纹元素可能是来自庙底沟二期文化和内蒙古地区的史前文化，便是一个颇为新颖的见解。

本书在对半山、马厂彩陶研究的基础上，认为在甘肃、青海地区确实存在着文化西渐的现象，并且考察了造成这一现象的社会历史原因和自然环境变化的原因。对于彩陶产生与消亡的原因、彩陶器形与花纹的辩证关系以及彩陶花纹演变的一般规律等过去多有争论的问题也都发表了自己的看法，是值得一读的。

中国史前文化的彩陶是一个巨大的宝库，需要从考古学、历史学、文化人类学和美学等各种角度去进行发掘和研究，但首先需要进行考古学的基础性研究，包括分文化类型的研究、分区分期的研究、专题性研究、综合性研究和比较考古学研究等等，都要花大力气去做，半山、马厂彩陶的研究应该是这一宏伟工程的组成部分。希望本书的出版能够引起有关方面的注意，以便把我国史前彩陶的研究沿着科学的轨道切切实实地向前推进。

（原为李水城著《半山与马厂彩陶研究》序，北京大学出版社，1999年。后收录在《农业发生与文明起源》，科学出版社，2000年）

《中国彩陶集锦》序

世界上有三大陶器起源中心，中国起源最早也最发达。

世界上有三大彩陶起源中心，同样是中国起源最早也最发达。

在中国彩陶的四大系统和五大亚系统中，以甘肃为主的西北亚系统彩陶数量最多，内容也最复杂。甘肃的高润民同志以无比的毅力，积数十年的努力，收集了大量陶器资料，出版了大型的《中国史前陶器》图录。继而又不遗余力专门收集彩陶资料，数量之巨达数千件。如何编排如此众多而复杂的彩陶资料，曾经多次向我咨询。我也不揣冒昧给予指点。现在呈现于读者面前的十大卷彩陶，编排上从早到晚，每一时期又按不同的考古学文化和器物类型，条理分明；文字描述不但注意准确，而且富于文采，把学术性和艺术性巧妙地结合在一起。既是一部学术著作，又是一部史前艺术的画廊。希望这个世界上最丰富的彩陶宝库能够早日与世人见面。

2020 年 5 月 1 日于蓝旗营

（原载《耕耘记——流水年华》，文物出版社，2021 年）

半坡类型陶器刻划符号的分类和解释

仰韶文化半坡类型陶器上的刻划符号究竟是不是文字，至今还有不同的看法。有的学者认为是记事的符号，有的认为是简单文字或原始文字，有的甚至把它同甲骨文和金文相比照来加以诠释。高明曾将这些符号同新石器时代至商周各文化遗址中陶器上的符号联系起来加以考察，并同真正的古文字作了对比，指出它在相当长一个时期内与文字并存而没有按照文字的发展规律向前发展，就足以证明它不属于文字的范畴。这一见解是很精辟的。不过在文字产生以前的符号同文字产生以后仍然存在的符号还是有区别的，不同地区的符号也不一定属于同一体系。文字的产生是一个很复杂的过程，不能认为文字产生以前的各种符号体系都同文字的产生没有一点关系。至于究竟有些什么关系则需要做具体的分析。再者，这些符号既是有别于文字体系的另一种体系，在对它本身的结构和含义还完全不清楚的情况下，简单地用某些符号与文字构形相似的方法去诠释符号，是不可能得到正确的认识的。但如果把同一符号体系的所有资料加以排比分类，从符号本身的结构及其相互联系来加以分析，再结合当时的社会经济状况和文化特点，对其可能的含义做些逻辑性推测，也许不失为一种比较可行的方法。可能有人对此很不满足，而总想追求一种更为确实的解释。但在目前这些符号本身所提供的信息十分有限的情况下，解释越明确可能离开本来的含义越远，因而是不可取的。

到目前为止，在半坡类型中发现陶器刻划记号的遗址有陕西西安半坡，临潼的姜寨、零口和垣头，长安五楼蝎子岭，郃阳莘野村，铜川李家沟，宝鸡北首岭和甘肃秦安大地湾共 9 处。其中以姜寨和半坡两处遗址中发现得最多，李家沟和大地湾次之，其他几处都很少。这些遗址的位置基本上都在渭河流域，其分布范围遍及半坡类型的大部分领域，只有陕南至今还没有发现。南郑龙岗寺有一件圜底钵（T11③：6），口沿外饰宽边黑彩，近底部用黑色画了一个 ⋈ 形记号，与同类型的刻划记号略有不同。

我们首先注意到的是，这些有刻划记号的遗址之间一般相距数十千米，最远的有三四百千米，而它们的符号不但有许多完全相同，而且刻法和所刻部位也基本相同。即绝大多数都是在钵口沿的黑色宽带上，在坯体已经晾干而又尚未入窑时用钝尖工具刻出来的，只有很少是在烧成后才刻的。在半坡类型以外的其他类型和其他文化中不曾见这种做法，所以这套符号在当时仅仅是通行于半坡类型范围以内的。

半坡类型陶器刻划符号分类表

注：符号右下角阿拉伯数字为个体数，未注明者均为1个。

根据王志俊对半坡、姜寨等7个遗址资料的统计，共发现陶器刻划符号52种计270个单符。如果加上北首岭和大地湾的材料，则已接近300个单符。这是一个不小的数目。

分析这些符号的结构，大致可分为竖、钩、刺、串、特殊符号和复合符号6类。分述如下。

（1）A 类竖

数量最多，达171 个以上单符。可分三种。

1）单竖 I：有158 个以上单符。其中姜寨72、半坡65、李家沟15、大地湾若干（以下简称姜、半、李、大）、北首岭3 及零口、垣头各1。

2）双竖 II：姜7、半4、大（未记数者为1，以下仿此）。

3）三竖 III：姜。

（2）B 类钩

至少有39 个单符，数目仅次于竖。可分八种。

1）左上钩↑：半3、姜、李、大。

2）左下钩↓：大。

3）右上钩↑：半2、姜2、李、大。

4）右下钩↓：半2、姜2、李2、大。

5）左上右下钩↗：半4、姜2、李。

6）右上左下钩↗：半6、姜2。

7）双上钩↑：半2。

8）双下钩↓：姜、大。

（3）C 类刺

是在一竖上划几根刺，有四种，其中第三种一部分刺刻划为齿形。

1）左上刺

a. 三刺：姜、半。

b. 四刺：半2。

2）左下刺

a. 一刺：大。

b. 五刺：姜。

3）右上刺

a. 三刺：半、零口。

三齿：姜。

b. 四刺：姜2、莘野村。

四齿：姜，其中第二齿向下。

4）右下刺

a. 三刺：姜。

b. 五刺：姜。

（4） D 类串

即一竖穿过若干横。有三种。

1）一横 十：半 3、姜 3、李。

2）三横 丰：五楼。

3）五横 丰：半。

（5） E 类特殊符号

此类符号不像上述四类有内部的逻辑联系，好似一个个互不相关的个体，出现的概率也极少。勉强划分，似也可归纳为三种。

1）似拉丁字母者

为数稍多，共 10 种 25 个单符。

X：姜 4、半 4、北首岭。

T：半 2、姜、大。

∧：姜 2、半、李。

∨：姜 2。

Ⅴ、K、⤬、L、P：均半。

D：大。

2）似某种符号者

有 11 个。

一、中、巾、市、出、乛、○)、Ⅵ、⁂：均姜。

Ⅶ)、水：均大。

3）似象形者

有 6 个。

Ⅴ：姜。

ↇ：北首岭。

Ⅴ、彡：姜。

朩：姜。

Ⅲ：大。

（6） F 类复合符号

共 8 个，以姜寨为多。

犭、彺、彺、非、然、又：均姜。

仆：李。

ⅳ：半。

此外，半坡一钵底刻一颇大的似米记号：氺，姜寨有一同样刻法的记号氺。

所刻部位、大小、刻法、结构与前述刻划符号都不相同，也许是偶尔为之的无意识刻划的产物。

在上述各类符号中，第五类是杂凑，第六类是前几类的复合体或构形的延伸，所以真正结构紧严并具有一望而知的逻辑关系的是前四类。若按每类符号的个体数计算，它们大约占全部刻划符号的84％，可见它是半坡类型的主体符号。

这些符号既然分类明确，每类中又有严密的逻辑关系，自然就不是随便刻划的无意之作，而应该代表四类不同的事物，是半坡类型的人们所最关心并且需要长期保持记忆的，有时还需要同远地朋友交流或传给后人的信息。

具体地说，A类符号既然是最多的，那么它所代表的一类事物就应该是最常见或最经常发生的。它的结构又是最简单的，所以它表达的事物的层次也应该是简单明了的。如果不从这个角度去分析，而同后来的汉字作简单的类比，就很容易把它们理解为一组数字，如一、二、三或十、廿、卅之类。如果真的这么看，就无法解释为什么一或十那么多，二或廿那么少，而三或卅仅有一例；更无法理解为什么缺乏四或四十以上的数字。因为数字是必须配套的，不能只有三个数。很多人还根据当时的锥刺纹等排列的情况推测当时已有较发达的数的概念，甚至已产生十进位的概念。仅仅用一竖、二竖、三竖是无法表达这些概念的。与其说它是数字，倒不如说它是表示某种级别的符号。假设它是表示陶器质量的，做一批陶器质量正常，便在一固定而醒目的位置划一竖（陶钵的黑色宽带纹就是一个十分醒目的位置），很好时可划两竖，极好则可划三竖。一般地说正常的概率总是最大的，所以一竖的特别多；很好的应该比较少，所以二竖的少；极好便很难得，所以三竖仅见一例。这只是假设性的一个例子，当然还可能是表示别的什么事物的级别的。至于究竟是哪一类事物，就无法妄加推测了。

B类符号应该是表示某类事物的不同性质或状态的。符号本身既有上下、左右、单双之别，那么它所表示的事物的性质或状态也应具有多维的性格。假定它是表示狩猎的，便可以有狩猎对象的差别（例如上钩表示飞禽，下钩表示走兽之类）、行猎方位的差别乃至有没有收获的差别等几个方面。像这一类的事物，自然要用有多维变化的符号来表示。

C类符号应该是表示某类既有多种性质或状态，又有一定数量变化的事物。比如同别的部落打仗，有敌有我，有胜有败，有宿敌或新结怨的敌人。一场仗打下来，杀敌多少人，我伤多少人就有数的问题。相比之下，D类符号的性质比较单纯，重点在数量变化上。当然我们也无法确定究竟是哪一类事物的数量变化。

归入E类的符号相互间缺乏联系，基本上是一些单体符号。种类很多而数量很少。根据这一情况，也可以把半坡类型的刻划符号分为两大群，一群是分类明确，内部逻辑关系紧密，且个体甚多，分布面广的，前四类属之；一群是彼此不相联系的多种单体符号，分布面很小，绝大多数仅见于一个遗址，第五类属之。前者是很多人都认识的，可以起交流和传递信息的作用，后者多是个人记号，只有自己或极少数人认识。

不过仔细考察，第五类符号中似乎也还有几种不同的情况。例如归入第 2 种的 2~5 四个符号就像是有逻辑联系的，只是说不清是什么性质的联系。归入第 3 种的符号分别像小草、树木和鸟爪，但也不一定就是指这些东西。因为整个刻划符号的体系基本是非象形的，故这几个符号也不一定从象形的意义去理解。

综观半坡类型陶器上的刻划符号，基本特点是用事先通盘设计的几大类具有内部逻辑关系的符号来代指几大类常见的或经常发生的事物，这需要有较发达的抽象思维能力和对事物的分析综合能力。这些符号既曾广泛使用，当人们考虑创造文字时，自然可能吸收其中的某些符号，甚至吸收某些造符号的原则来作为造字的原则。很可能六书法则之一的指事法则就与半坡符号体系有关。至于 E 类的那些单体符号，既是个人或极少几个人才使用的，自然就没有传承的作用，因而不可能为往后文字的创造者所知晓和吸收。换句话说，这部分符号尽管比较复杂，个别符号甚至与后来的文字十分相似，也是与文字没有关系的。

［原载《文物天地》1993 年第 6 期。后收录在《仰韶文化研究》（增订本），文物出版社，2009 年］

纪念仰韶村遗址发现六十五周年[*]

从仰韶文化最初发现到现在已经整整 65 个年头了。因为首次发现仰韶村遗址是 1920 年，第一次发掘它的时候是在 1921 年 10 月 27 日到 12 月 1 日。今天是 11 月 10 日，大家都穿上棉衣了，64 年前的今天正是在仰韶村紧张发掘的时候。这次学术讨论会恰好选择在仰韶文化首先发掘的遗址所在地和首次发掘的日期内召开是很有意义的。任何考古学文化都有一个首先发现较为典型的或至少是曾经被视为典型的遗址，并且往往用这个遗址给文化命名。比如大汶口文化首先发掘的典型遗址是山东泰安大汶口，研究大汶口文化的人都知道有个大汶口遗址。仰韶村遗址对于仰韶文化来说也是一样，这是不用说就知道的。但仰韶村遗址第一次发掘的意义远远不止于此，它还是我国新石器时代考古和近代田野考古学的发端。1921 年以前，我们还没有确切的证据证明中国有新石器时代的遗存。仰韶村遗址及后来一系列遗址的发现和发掘，第一次宣告我国存在着非常发达并且富有自己特色的新石器文化。从那以后，我国的田野考古发掘才逐步开展起来，并且从新石器时代的研究扩展到旧石器时代、青铜时代和铁器时代。我个人认为，对这件事应该有足够的认识。我们在渑池开会这个事实在一定程度上就是对仰韶村遗址第一次发掘工作的积极评价，也是对那次工作的一个很好的纪念。

这次会议虽然是由河南省考古学会和渑池县共同发起的，但到会的代表相当广泛，有来自北京和有关省区文物考古机构的，也有来自几所大学的；有专门的考古工作者，也有历史学、民族学、博物馆学和其他自然科学方面的专家，并且还有美术家和新闻工作者；有多年从事仰韶文化研究的中老年考古学家，还有更多的年轻学者。这么多的学者聚集一堂，就仰韶文化的分期、分区、地方类型的划分，仰韶文化的特征，它的生产力和经济发展水平、社会性质，它同相邻新石器文化的关系，乃至它在整个中国史前文化中的地位等问题提交了很多论文，展开了广泛讨论。这实际上已经是一次全国性的会议，是对过去几十年研究的一个

＊　本文为 1985 年 11 月 10 日在纪念仰韶村遗址发现六十五周年学术讨论会上的发言。

总结和当前仰韶文化研究水平的一个检阅。我们通过这次讨论会还可以相互交流经验，协调行动，规划今后的工作。我相信，在这次学术讨论会以后，仰韶文化的研究将会进入一个新的阶段！

有的同志提议我是不是可以多谈谈安特生，谈谈对安特生的评价。这当然可以，也有必要。但我想对一个人的评价还是同工作联系起来谈才是有意义的，也可以谈得比较实在。我想我还是先谈谈仰韶文化研究的历史，包括安特生的工作，然后对今后的工作如何开展谈一些不成熟的想法。

仰韶文化的研究大体上可分为两大阶段四个时期。中华人民共和国成立以前将近 30 年是第一个阶段，分两个时期；中华人民共和国成立以后 30 多年是第二个阶段，也分两个时期。这种划分虽与政治事件有些联系，但主要是根据学科发展的阶段性来确定的。

第一时期：大约相当于 20 世纪 20 年代，是仰韶文化开始发现并进行初步研究的时期。研究机构主要是当时的地质调查所，主事人是受聘于北洋政府农商部为矿业顾问的瑞典地质学家安特生。

早在 1918 年 10 月，安特生就曾通过家住仰韶村的王某得知那里出产古生物化石，并在王某陪同下第一次到村子附近采集了不少化石标本。1920 年冬，他又派助手刘长山到那个村子采集化石，刘是地质调查所的采集员，曾经在那个所里见到过不少石器标本。到仰韶村后，发现许多老乡家里都有石器，他把那些石器收集起来。从老乡那里还得知那些石器就出在村子旁边，于是他去寻找，果然又采集到了一些。这些石器集中起来，大约有 600 件，他把它们全部带到了北京地质调查所。安特生看到这些东西，又听刘长山介绍仰韶村的情况，立刻产生了很大的兴趣，并认定那里准有一个新石器时代的遗址。1921 年 4 月，他第二次到仰韶村，目的是想通过亲自调查判断是否真的有新石器时代遗址。他看到有许多冲沟，沟壁上显露出大片的灰层和许多口袋形的灰坑，并在其中采集到一些古老的石器和陶片。那些陶片中有些是画彩的，就是彩陶。他虽然不认识这些东西，但因为跟石器出现在一起，又没有发现任何金属器物，所以他仍然认为是属于石器时代的。为了进一步搞清楚遗址的内涵和文化特征，他很想进行一次科学的发掘。他知道这是一件大事，不能由他个人做主，而应该请示当时的中国政府。这样，他带着满腹的期望回到北京，向当时农商部部长和地质调查所所长作了报告。在得到中国政府的正式批准之后，安特生同地质调查所的五位工作人员一起，于当年 10 月份到仰韶村遗址进行正式发掘，到 12 月 1 日结束。时间跨了 3 个月，实际工作只有 30 多天。发掘了 17 个地点，获得了一大批珍贵的遗物。

究竟如何看待仰韶村的发掘呢？我认为那是由中国学术机构地质调查所组织

的、得到中国政府批准的一次很有成效的工作。发掘人员中大部分是中国人，其中包括著名的地质学家，现在已经 94 岁高龄的袁复礼先生。发掘队的负责人安特生虽然是瑞典人，但他并不代表瑞典政府，而是受聘于中国政府的外籍专家，不能因为有外国人参加就改变了那次工作的根本性质。

在仰韶村遗址发掘之前，有些外国的学者或传教士等曾经宣扬所谓中国文化西来说，认为中国没有自己的史前文化，没有自己的石器时代，后来的中国文化乃至人种都是从西方传播过来的。仰韶村遗址的发掘，无可辩驳地证明了中国不但有石器时代的遗存，而且还是相当发达的。在学术界引起了重大的反响。

紧接着仰韶村的发掘之后，安特生及其助手于 1921～1922 年间，还先后在渑池发掘或调查了不召寨、西庄村和杨河等遗址；在郑州附近的荥阳发掘和调查了秦王寨、池沟寨和牛口峪等遗址。安特生认为这些遗址都是属于同一文化系统的，发展阶段相当于新石器时代末期或铜石并用时代。安特生将这些遗址统称为仰韶文化。

安特生在进一步分析仰韶文化的性质的时候，注意到里面有许多陶鬲。现在我们知道陶鬲是中原龙山文化的东西，但安特生当时没有区分开来，都作为仰韶文化遗物来处理。他知道中国商周时代有铜鬲，金文里面有鬲字，很像铜鬲和陶鬲的样子。因此他认为陶鬲是铜鬲的前身，二者是一脉相承的。他还注意到仰韶文化中有很多长方形的石刀和陶刀，很像当时华北农民使用的收割用具爪镰，认为也是一脉相承的。因此他认为仰韶文化就是中国古代文化的前身，是中华远古之文化。他写的第一本中国考古学著作就叫作《中华远古之文化》，1923 年出版。

在安特生的学术观点中，最成问题的是所谓仰韶文化西来说。许多人批判西来说，却很少分析它是如何形成和演变的。在仰韶文化发现之初和安特生发表《中华远古之文化》的时候，他是强调仰韶文化的土著性和民族特点的，认为它是汉民族的远古祖先所创造的。但他对仰韶文化的彩陶很不熟悉，感到难以正确估计它的意义。从仰韶村发掘完毕回到北京后，他看到了美国中亚考古调查团的安诺遗址发掘报告，知道在中亚也有与石器和铜器共存的彩陶，很感兴趣。以后他又请教过一些西方考古学家，知道更多的彩陶出土地点。它们同河南仰韶文化中发现的彩陶有没有什么关系呢？他开始对这个问题进行思考。他指出河南彩陶同安诺彩陶有不少相似之处，使人初看起来有同出一源之感。但究竟是河南影响了安诺，还是安诺影响了河南，他的态度非常谨慎，并没有妄加推测，而且还指出两者仅仅是花纹样式相近，未必一定有直接关系，至少不能排除各自独立创作的可能。为了探求一条解决问题的途径，他决定在联系两地的通道上做些工作。因此，从 1923 年到 1924 年，他同几位中国助手到甘肃和青海东北部进行了广泛的调查和试掘，发现了 50 处新石器时代和青铜时代的遗址。1925 年，他把这次工作的初步结果发表出来，名叫《甘肃考古记》。他在这本书中把甘肃远古文化分了六期，前三期叫齐家、半山和马厂，属新石器时代；后三期是辛店、寺洼和沙井，属青铜时代。他注意到甘肃彩陶比河南彩陶发达得多，而且在甘肃境内的比较早的彩陶文化中缺乏某些中国古代文化的代表性器物，特别是没有发现陶鬲。假如甘肃彩陶文化是从中原发源的（当时法国的汉学家高本汉就有这种看法），似乎不应有这种现象，因此他推测彩陶来自西方，到甘肃时还很少受中原固有文化影响，传播到河南，才与以陶鬲为代表的中国远古文化相结合，这就是他的仰韶文化西来说。这种观点一经发表，就在国内外学术界引起了很大反响，并且被许多人视为一种科学的结论。实际上，陶鬲在我国新石器时代遗存中是在仰韶文化之后才产生的，甘肃的情况也是如此。安特生错误地把齐家文化提到了半山、马厂之前，又没有注意到齐家文化中已经有陶鬲的事实，当然就很难准确地判断陶鬲在中国新石器文化中的地位。再说他当时无法断定甘肃彩陶是否比河南彩陶为早，无法断定文化的流向。单凭彩陶多少来定传播方向是很不科学的。现在已经有很多材料证明，甘肃彩陶发展传播的方向是自东而西的，与西来说正好相反。安特生的仰韶文化西来说肯定是错了。苏联乌克兰的特里波列文化中也有许多彩陶，早先有人推测可能源自中国，苏联考古学界就此曾批判过彩陶文化东来说。显然这也是个学术问题而不是什么政治问题。

安特生是一个地质学家，他知道考古地层学最初是从地质地层学借用来的，知道两者间有一定的联系，却不知道还有原则的区别。他考察仰韶村遗址的地层时仅仅注意了遗物埋藏的深浅，并且按深浅记录土色和出土陶器的类别和每一类别的数目，可说是很细致的。但考古学是不能按水平深度划分地层的，必须按土质土色划分出原生的地层界线。安特生当时还不能充分地意识到这一点，当时好多考古学家也做不到这一点。这本来是学科发展早期阶段难以避免的现象，是学科还不成熟的表现，不能用现在已经达到的水平去要求几十年以前的安特生。这个道理是很容易明白的。

不论怎样，安特生 20 世纪 20 年代在中国进行的考古工作，对于我国新石器时代考古学的建立和近代田野考古学的发展，都是有开创之功的。这段历史不应该抹杀，也不应该作别的解释。

安特生 1914 年来到中国，在中国工作有 10 多个年头，对中国的矿业和地质学的发展都是有贡献的。我国开发最早的龙烟铁矿就是他帮助寻找和建议开发的。著名的北京周口店猿人遗址的发掘，一开始也是由他张罗的。是他首先提出那里有可能发现人类化石，后来事实证明的确是那样。后来他的工作重点发生了转移，不能亲自发掘周口店，而是搞起新石器时代考古来了。由于他在中国考古很有成绩，不但得到中国政府和学术机构提供的许多方便，也得到瑞典国王古斯塔夫的支持。后来经允许把一部分标本运到瑞典，在首都斯德哥尔摩建立了远东古物博物馆，并且从 1928 年起出版了《远东古物博物馆馆刊》，一年出一本，到现在也还在出。安特生在中国进行考古所获得的全部资料都在那上面发表了。仰韶村遗址的资料就刊登在 1945 年第 17 期上，叫作《河南史前遗址》。

安特生回国后，仍然关心着在中国发生的事情。他同情中国人民的抗日战争，祝愿中国人民早日取得胜利。1937 年，他曾再次来到中国。我国的年轻考古工作者指出他过去的工作有失误。仰韶村遗址的东西应该属于不同的时期，除仰韶文化外还有龙山文化的遗存，不像他说的那样统统属于仰韶文化；不召寨的东西更是全部属于龙山文化，他归入仰韶文化是错误的。他听到这种批评，同时认真了解了中国学者在 20 世纪 30 年代前期做的一些工作，看了一些新发现的遗物，承认自己的工作确实存在一些缺点，表示回国后要仔细检查一下。后来他翻检了原始记录，认真地进行了查核。但是由于他划分地层的方法不对，不是按原有地层的界线来分层的，因此再怎么检查也理不出个头绪，难以得到新的认识。所以，他还是以为仰韶村遗址是一个单纯的仰韶文化遗存，难以进行分期。结论尽管是不正确的，但从这件事可以看出他对待批评的态度是诚恳的，对待学术问题的态度也是慎重的。

关于仰韶文化西来说，他也有一个认识发展的过程。开始他认为仰韶文化是土著文化，后来提出西来说，并成为他关于中国新石器文化发展的一个重要理论，在中外学术界都有很大影响。但当他知道有些中国学者持有不同看法后，也进行了深刻的反省。他在全面总结他在中国多年从事考古工作的一部著作《中国史前研究》中写道："当我们欧洲人在不知轻重和缺乏正确观点的优越感的偏见影响下，谈到什么把一种优越文化带给中国的统治民族的时候，那就不仅是没有根据的，而且也是丢脸的。"我们过去有些批判西来说的著作，往往缺乏对安特生的全面分析，有时甚至采取一棍子打死的态度，显然是不恰当的。对安特生这个人，以及他在中国从事的考古工作，都应该进行实事求是的全面的分析，给予应有的评价，否则就很难正确地写出仰韶文化发现和初步研究的历史，也很难正确地写出我国近代田野考古学发展的历史。这当然不是一个无关紧要的小问题，所以我多说了几句。

在 20 世纪 20 年代，完全由中国学者主持的工作也是有的，那就是 1926 年清华学校研究院的李济对山西省夏县西阴村遗址的发掘，袁复礼先生也曾协助那次工作。西阴村是一处单纯的仰韶文化遗址，不像仰韶村跨越很长的时间。李济的工作非常细致，他把发掘部分划成 2 米见方的探方，严格地按照三向坐标进行发掘、分层和采集遗物。这是在我国田野考古中第一次采用探方发掘的方法，标志着在田野考古工作向科学化方面迈进了重要的一步。只是他虽然注意到了实际土层的变化，却仍然按水平深度采集标本。所幸遗址地层比较单纯，陶片十分丰富，从而使人们对于仰韶文化的基本特征的认识提高了一步。

第二时期：大约相当于 20 世纪 30 年代，是对仰韶文化的特征和它在中国史前文化中的地位重新认识的时期。这个时期正好从 1931 年开始，因为那一年我国近代考古学的奠基人梁思永主持发掘了河南安阳高楼庄后冈遗址，发现了著名的后冈三叠层。它的下层是以红陶和少量彩陶为代表的仰韶文化遗存，中层是以黑陶和篮纹陶为代表的龙山文化（实际是中原龙山文化）遗存，上层是以灰陶和绳纹陶为代表的商代晚期文化遗存，因为在安阳小屯首先被确定，所以又称为小屯文化。梁思永意识到这个发现十分重要，除发表简报外，还以《小屯龙山与仰韶》为题发表了一篇论文。类似后冈的地层，后来在安阳侯家庄高井台子、秋口同乐寨和浚县大赉店等遗址都有发现。由于有这一系列的发现，我国的一些考古学者开始认识到仰韶文化和龙山文化应该明确地加以区分。至于这两个文化的相对年代和相互关系，虽然一时间还难以做出最后的结论，但至少在河南北部，仰韶文化是早于龙山文化的。1937 年安特生再次到中国来的时候，他们就是以这样的认识来同安特生进行讨论的。后来尹达写了一篇文章，叫作《龙山文化与仰韶文化之分析》，不但把当时中央研究院历史语言研究所考古组的有关工作进行了概括，而且对安特生等人在仰韶村等地发现的遗物进行了重新分析，得出了几条重要的结论。

（1）龙山文化与仰韶文化同为中国新石器时代末期的两种不同系统的文化遗存。

（2）在河南北部确知龙山文化晚于仰韶文化。

（3）仰韶村遗址中实含有龙山和仰韶两种文化遗存。

（4）安特生所谓仰韶文化实杂有龙山文化遗物，应加以分别，不得混为一谈。

（5）不召寨为龙山文化遗存，不得混入仰韶文化之中。

（6）齐家坪遗址是否早于仰韶期，其间问题很多，不得遽为定论。

现在看来，这些意见仍然基本上是正确的。如果说有什么不足之处，那主要是没有把以山东为主要分布地的龙山文化同以河南等地为主要分布地的中原龙山文化进行原则的划分。说山东的龙山文化和仰韶文化不属于一个系统是完全正确的，但不能认为安阳后冈和仰韶村等地的中原龙山文化和仰韶文化不属于一个系统，它们实际上是同一文化系统的两个大的发展阶段。而这在 20 世纪 30 年代是难以认识到的，我们不应苛求于前人。我们应该强调的是以尹达为代表的考古学家们在 30 年代所获得的成绩，和他们提供的比 20 年代的安特生更为科学的新的东西。这就是把仰韶文化同中原龙山文化加以区分，并从地层上论证了仰韶文化早于中原龙山文化。

这个成绩的取得主要是田野考古方法科学化的结果。因为正是从后冈发掘起，我国田野考古才第一次按土质土色的不同来划分地层，而不是像安特生或李济那样按水平深度划分地层。按水平深度划分地层而同时考虑土质土色变化的方法（像李济做的就是这种方法），虽然有时也可能划分出不同的文化时期，但往往不准确，不符合严格意义上的地层学的要求。后冈的发掘就大不相同，完全按实际的土质土色进行分层。除耕土外，上层以浅灰土为主，中层以绿色土为主，下层以褐色和深灰色土为主。根据这种层次采集的遗物，又采取自下而上的整理方法，从而把仰韶、龙山和小屯三期文化区分开来。这在现在看来都是些常识性的问题，而在我国考古学的发展史上是到 20 世纪 30 年代才解决的。所以说中国田野考古学也罢，中国新石器时代考古也罢，20 年代只是开了个头，到 30 年代才奠定了比较扎实的基础。

第三时期：应从 1954 年算起，主要是 20 世纪 50 年代后半和 60 年代前半这段时期，是仰韶文化研究获得重大成果的时期。在 30 年代末期和 40 年代，因为抗日战争和解放战争，对于仰韶文化的研究事实上陷于中断，田野工作根本无法进行。中华人民共和国成立初期，我们的主要精力是建立机构、培训人员，把过去做过的工作清理一下，以便为下一阶段的大发展做好准备。例如仰韶村遗址，过去有人认为包含仰韶文化和龙山文化两种遗存，前者的年代早于后者；也有人认为仰韶村是仰韶、龙山两种文化的混合文化，不大好区分开来。于是在 1951 年进行了试掘，试掘者的印象是那里存在着混合文化。现在看来，这个印象是不正确的。所以说，中华人民共和国成立以后的头几年并无重要的工作，研究和考虑的问题基本上是 30 年代第二时期的继续。

中华人民共和国成立以后实际起了划分时代作用的一项重要工作，是 1954 年开始的对陕西西安半坡遗址的发掘。所以 1954 年是第三时期开始的界线。半坡的发掘有一个明确的目标，就是要探索一个氏族公社聚落的全面情况，恢复原始共产制社会的生活图景，为此采用了全面揭露的方法。这不但在仰韶文化的研究史上是头一次这样做，在整个新石器考古研究中也是一个重大的革新。其所以会出现这种局面，是因为我国考古工作者自觉地用马克思主义的历史唯物主义指导自己的考古研究，明确了考古工作的目的是要研究历史，恢复历史的本来面目，并且找出它的发展规律。这样的目的必然要求对田野发掘方法进行必要的革新。由仅从局部下手，布置若干探沟或探方以求获得不同时期的遗物，一变而为全面开方，大面积揭露的发掘方法。因为只有这种方法才能全面了解一个氏族公社聚落遗址的各方面的情况，才能谈得上恢复一个原始公社的生活图景。这种办法在很大程度上是借鉴了苏联考古学家对特里波列文化遗址的发掘经验。特里波列文化分布于乌克兰，以出彩陶著称。早在 19 世纪末就有人进行过发掘，但因目的不明确，方法也不科学，所以成绩不大。直到 1934 年至 1939 年发掘科罗米辛 1 号居址，采用大面积揭露的方法，不但发现了比较完整的房屋基址，而且还基本上弄清了村落的布局。那个村落遗址一共有 39 所房子，围成两圈。内圈 8 座，外圈 30 座，另在北边不远处单独还有 1 座。其中有大型的分间式房屋，也有中型和小型的。据说这是一座母系氏族公社的聚落遗址。半坡的发掘参考了这一经验，不但清理出了许多保存较好的房基，而且注意了整个村落的布局。它是居住区居中，周围有一道壕沟，沟东为烧陶器的公共窑场，沟北则是一处有相当规模的公共墓地。这种布局比特里波列文化居址的布局更完整，探索的问题当然可以更全面、更广泛，也应该更加深入。半坡的发掘持续到 1957 年，总共发掘了 1 万多平方米，获得了丰富的成果，一下子把仰韶文化的研究推进了一大步。不过半坡的居住区只揭露了一小部分，全面的情况并不清楚。再说当时主要注意了平面布局，对分期问题注意不够，而不同时期的遗迹是不能放在一起讨论布局问题的。

在半坡发掘之后，紧接着在陕西宝鸡北首岭发掘了一个类似的村落遗址。在华阴横阵村和华县元君庙两处又都发现了比较完整的公共墓地。两处墓地都是以多人合葬为特征的，为探讨墓中人与人之间的关系提供了良好的条件。在挖掘元君庙墓地时，指导思想就是想全面揭露一个氏族公社的墓地，并且通过深入研究，来探讨它所体现的婚姻、家庭形态、社会性质和社会组织结构。由于墓地的资料比较单纯、集中，不像半坡或北首岭村落遗址那样复杂，所以对有关问题的研究比较容易深入。可以说通过 20 世纪 50 年代后期到 60 年代前期的一系列工作，我们已经初步摸索出了一条通过考古遗存来探讨社会组织和社会性质的有效途径。

这个时期对仰韶文化研究的另一项成就是关于类型和分期问题的探索。我们回想一下，第一时期发现了仰韶文化，但多数情况是把仰韶、龙山搅在一起，对仰韶文化本身特征的认识自然会受到影响。第二时期把仰韶文化和龙山文化明确区分开来了，但对仰韶文化内部是否还有差别，还没有提到日程上来。第三时期由于发掘规模急剧扩大，资料迅速增加，内部的差别也就越来越明朗化了。先是发掘西安半坡和河南陕县庙底沟，两处仰韶文化遗址的特征不同，接着通过三门峡水库的调查，发现像半坡的和像庙底沟的都各有一群遗址，因此就提出了把仰韶文化划分为半坡类型和庙底沟类型的见解。后来觉得两个类型并不能概括整个仰韶文化，所以又提出秦王寨类型、后冈类型和大司空类型等名称，有的甚至分出更多的类型。对于各个类型的关系曾经展开过热烈的讨论。关于整个仰韶文化的分期也进行了初步的探索。苏秉琦先生《关于仰韶文化的若干问题》一文，更是对仰韶文化的类型、分期、年代、分区、社会发展阶段以及它同别的原始文化的关系进行了全面的论述，可以说是对第三时期仰韶文化研究工作的一个总结。

第四时期：指"文化大革命"后期直到现在。"文化大革命"中田野工作被迫停止了，各文物考古机构也都停止了业务活动。1972 年，由于周恩来总理的关怀和郭沫若同志的努力，恢复了《文物》《考古》和《考古学报》三大杂志，并且让许多已经离开了文物考古工作岗位的业务人员归队，逐步恢复了一些工作。对于仰韶文化的研究来说，1972 年有几件事情是必须提到的。一是陕西临潼姜寨遗址开始发掘。大家知道目前在我国发现的保存最完整的新石器时代村落遗址就是姜寨。它的第一期共发现 100 多座房屋基址，分为 5 群，每群都各有一座大房子，若干中型和小型的房子。这些房子围成一个大圆圈，中间的空地就是公共活动的广场。所有房子的门都朝向广场。房子外面有围沟，有寨门和哨所。围沟外面有几片公共墓地，村西南的小河旁还有公共窑场。这样整齐的规划反映了原始公社严密的组织和集体主义精神，对于探讨当时的社会组织结构是一份十分重要的资料。二是河南郑州大河村遗址开始发掘。那是一个多层遗址，单是仰韶文化遗存就可以分为四五期。它的房屋遗存保存之完整，是我国新石器时代各文化中所仅见的。仰韶晚期分间房屋的出现，对探讨仰韶文化社会性质和社会组织的发展具有十分重要的意义。三是第一次公布了仰韶文化的碳 – 14 年代数据。从前关于仰韶文化绝对年代的一些说法都只是一种推测或猜想，并没有什么确实的科学根据，所以各人的说法不一，出入很大。现在知道仰韶文化大约是从公元前 5000 年发生，到前 2700～前 2600 年才最后消亡，经历了 2000 多年的发展过程。对此自然要进行分期研究。再加上各地陆续发现了许多地层关系，对仰韶文化的分期研究也就进到了比较确实可靠的阶段。从这次会上提出的论文来看，有的是对典型遗址的详细分期；有的是对某些类型进行新的划分；有的探讨整个仰韶文化的分期；有的甚至提出仰韶时代这样的概念，就是把和仰韶文化时代相同、文化上也有一些关系的许多新石器文化放在一起进行研究。这比第三时期讨论分期主要表现为探讨各类型的关系的情况显然是进了一大步。

现在关于仰韶文化的起源和发展问题已经有了比较正确的认识了。过去讲这个问题，要么是外因论，以为是从遥远的地方传播过来的，集中的代表就是仰韶文化西来说。后来批判了西来说，又过分地强调了独立发展，忽视周围原始文化在仰韶文化发展中的重要作用。现在发现的老官台文化和磁山、裴李岗文化，不但年代比仰韶文化早，而且分布在仰韶文化的核心地区，文化内涵上可以看出有很多联系。它们实际上是仰韶文化的先行文化，或者是一种前仰韶文化，这样仰韶文化的起源问题就十分明朗了。再一点就是仰韶文化周围的原始文化的研究有了明显的进展，例如东边的大汶口文化、东北边的红山文化、南边的大溪文化和屈家岭文化以及西边的马家窑文化等，它们各自的特征、年代分期及其同仰韶文化的关系都比过去清楚得多了，它们在仰韶文化发生和发展中的作用也明朗起来了。还有，由于仰韶文化的分期和地方类型的划分，以及各地后续文化的确定，仰韶文化发展的去向也比较清楚了。

过去讨论中国古代文明的起源，曾经把仰韶文化同夏代相联系；后来觉得时代不大相合，转而把龙山文化同夏代相联系，把仰韶文化定为龙山文化的前身。现在由于大量碳 – 14 年代数据的公布，龙山文化的年代还嫌早了一些，所以不少人把二里头文化同夏代相联系，认为二里头文化就是夏文化。而仰韶文化对于中国古代文明的发生似乎过于遥远，谈不上有什么作用了。其实并不尽然。如果我们从文化因素和谱系上追根溯源，为时 2000 多年的仰韶文化，由于它所处的地理位置，对于中国古代文明的产生关系是最为密切的。文明的产生不是一朝一夕的事，有一个长期酝酿和准备的过程，仰韶文化至少是在这酝酿和准备的过程中起了非常重要的作用。这方面的研究目前还很不够，今后还需要多下些功夫。

在第四时期内，专题研究有了较大的进展，例如有专门研究仰韶文化的生产工具的，有研究制陶工艺的，还有研究仰韶农业和华北农业起源的，有研究房屋建筑或村落布局的，还有更多研究埋葬习俗的。通过村落布局和埋葬习俗的研究来探讨当时的社会组织和社会性质的工作较前一时期做得更扎实了。所有这些，都把仰韶文化的研究推进到了新的更高的阶段。

由于仰韶文化所处的地理位置适中，同周围许多新石器文化都有密切关系，并且又是中国古代文明的摇篮，其重要性是不言而喻的。加以直到目前为止，我们对于仰韶文化遗址的调查发掘工作做得是最多的，研究是最深入的。而对于仰韶文化的研究，往往能对其余新石器文化的研究有所启示或推动。因此，在今后新石器考古研究中，仰韶文化势必会长期成为一个重点的课题。我们现在就必须认真考虑，如何在已经取得的成绩的基础上作出新的努力，把仰韶文化的研究再推进到新的更高的水平。我想，所有关心仰韶文化研究的同志都应该考虑这个问题。我也不揣冒昧，想谈谈一些粗浅的看法，向大家请教。

现在我就讲第二个大问题，就是如何在现在已经比较高的起点上，把仰韶文化的研究再向前推进的问题。我想分几个方面来谈。

第一，关于分期、分区和划分类型的问题。早在仰韶文化发现的初期，就有人提出过对仰韶文化进行分期的见解，例如安特生和梁思永都做过这样的尝试。但那个时候发现的遗址很少，又没有明确的地层关系，要谈论分期当然是很不切实际的。对仰韶文化真正进行分期研究，是从20世纪50年代后期划分类型的工作开始的。首先划分的是半坡类型和庙底沟类型。当时以为仰韶文化就是这么两个类型，解决了两个类型的关系差不多就等于解决了整个仰韶文化的分期。对这两者关系有人说半坡类型比庙底沟类型早，有人说庙底沟类型比半坡类型早，有人说两个类型同时存在，并行发展。对这三种可能性，每种都有一些拥护者。其原因是作为类型的代表性遗址本身没有分析清楚，用它们做标尺就难以做到十分准确；而两个类型间的直接地层关系又还没有普遍发现，个别的虽已发现，又没有被识别出来。这就难怪得不出一致的结论。现在仰韶文化已被划分成许多类型，一些类型的关系也逐渐明确起来了，是不是仰韶文化的分期就这样自然而然地解决了呢？我看不能这么说。由于类型是在很长时间里一个一个地被确定下来的，每个类型划分的范围缺乏通盘的考虑，从类型出发来讨论整个仰韶文化的分期问题不容易做得准确。所以我想可不可以改变一下做法，不从类型出发，而从典型遗址的分析开始做起。如果觉得仰韶文化分布的区域太大，一下子不知道从哪里下手，那就不妨先分几个区。按照自然地理条件和考古工作的情况大致划为几个区，这个区划得准确当然很好，划得不大准确也不碍事。因为这只是研究过程中的一个步骤，最后究竟怎样进行文化分区还要重新进行调整。分好区后在每一小区内挑选几个典型遗址，条件是地层清楚、遗物丰富。地层关系不清楚，遗物再丰富也理不出个头绪。像仰韶村遗址，过去安特生挖到了很多东西，因为地层关系没有搞清楚，成了一笔糊涂账。尹达是第一个对它进行清理的，但只把仰韶、龙山分别出来了。最近（河南）省里的同志又试掘了一下，分了四期，显然又前进了一步。我看还可以分得更细一些，但只是就安特生的材料来分就没有办法分清楚，只有借鉴附近遗址的材料，或者重新发掘整理。所以，地层关系是很重要的。但是如果遗物不丰富，地层关系再清楚也是白搭。因为你抓不住每层的文化特征，没有办法同其他遗址的资料进行对比。所以选择典型遗址，既要地层关系清楚，又要遗物丰富，特别是陶器要丰富，二者缺一不可。把典型遗址选好后，首先依据地层关系和器物类型的变化进行分期，努力掌握每期文化的基本特征，然后同周围的遗址进行比较。这种比较必定会起到验证和充实的作用。如果发现有矛盾，应当及时查明原因。在一个区域内进行这种比较研究后，必定会综合为若干可以适用于全区的文化期。这种分期是从许多遗址的分期中概括抽象出来的，它既反映了每个遗址的分期，同时又会舍弃那些仅表现于个别遗址的个体特征。如果每个区都这样做了，下一步就是把每个区的分期综合对比，找出整个仰韶文化的分期。这个分期对每个小区都是适用的，同时又舍弃了只适用于个别小区的某些特质。这样归纳出来的分期，实际上就是整个文化的发展阶段。这是一个从个别到一般的过程，目的就是解决整个文化的分期，探索它的发展阶段和发展规律。在分期的基础上应当回过头来仔细看看，看看每一期文化中有什么地方性差别，能不能根据这种差别划分成几个小区。假若可以明确地划分成若干小区，这每一小区的文化就不妨称为某某类型。它也是存在于一定时期、一定地域并具有一定特征的考古文化共同体，只不过比文化小一级罢了。每一期究竟能分成几个类型，都要进行反复地对比研究，不能马马虎虎。这样划分出来的类型，它的分界线有时也可能同自然地理小区接近，但不一定重合，它是直接反映人们共同体的活动的，而人们共同体的活动虽然也受到地理环境的制约，但它毕竟是能动的，不是消极适应的。所以第二期的类型就不一定同第一期相重合，第三期也不一定同第二期相重合。因为它的发展既是能动的，就可能有分化，有融合，有迁移，在分布范围上也会有某些变动。

　　能不能先分区或划分地方类型以后再来分期呢？我认为不行。因为如果在一个文化的范围内自始至终都能划分成两个或更多的区，那么这个区尽可以称为文化而不宜称为类型了。因为一个文化的分期是反映它的发生、发展和消亡的过程的，如果它本身就不是一个整体，没有整个文化的分期，自然也就谈不上它作为一个文化的发展规律了。所以我认为首先要进行分期。在分期的基础上再划分成若干地方类型。

　　一个类型有时也还可以分成几期，每一期也许还能划分成几个更小的区。这个小区究竟叫个什么名字是次要的，肯定能够进行这种划分则是很重要的。因为这样越划越细，必将同原始社会的基本组织部落相接近。这就等于开辟了一条探讨原始社会各级人们共同体的有效途径。这就是苏秉琦先生倡导的文化区系类型的研究方法和它所追求的目的。当然我们在进行这种研究的时候还必须在理论上探讨另一个课题，就是考古学文化和创造它的人们共同体的关系问题。不能说只要把考古学文化一划，它所反映的人们共同体就一目了然了，事情没有这么简单。考古学文化同创造它的人们共同体当然是有联系的，但并不是在任何情况下都是等同的。我们只能根据具体情况进行具体分析，才会对恢复原始社会的真实历史有所帮助。

　　在分期和划分类型的具体做法上，我们常常是依据陶器型式的变化程度来决定的。这当然是一个有效的办法，但如果只注意陶器而根本不考虑其他方面的情况，比如生产工具、房屋建筑、埋葬习俗的特点等等，就可能犯片面性的毛病。正确的做法应该是首先对陶器进行排比，初步分出期别，然后考察其他方面的情况进行适当的校正。另一方面，陶器型式的变化实质是一种定性分析，但如果不同时注意定量分析，也同样会导致片面性的结果。假如第一期90%是圜底钵，10%是平底钵，第二期反过来，90%是平底钵，只有10%的圜底钵，这同样是一个显著的变化。后面这一种情况，如果只考虑形制的变化，即定性分析，就没有法子把两期文化区别开来了。仰韶文化的彩陶，除了花纹风格和母题的变化外，数量的变化也很明显，它的前期的发展趋势是越来越多，后期就逐渐减少以至完全衰亡。如果从数量上进行精确分析，对于仰韶文化发展阶段的划分也就可以做得更准确一些。有时候，一种器物的各个部位都发生了变化，我们给它定为一个新的式别；另一种器物只是局部发生了变化，只要是普遍的、有规律的，我们也给它定一个新的式别。单从式别的划分上，两者的区别反映不出来。但如果把一件器物分解为各种因素，分别考察各个因素的变化情况，这既是定性的，又含有定量的意义，能够比较确切地反映客观实际情况。过去苏秉琦先生研究陶鬲，就是分成领部、耳或鋬、裆、腹足、足高、足形、足底等因素，其中有些因素还有数据控制，这样就能把鬲的演变规律搞清楚。将文化因素分层次地细细分解，和对各种因素进行定性、定量分析，打破了那种全凭观察的局限性。像体质人类学研究那样，除了观察分析，还有大量的测量数据。只有做到了这一步，我们才可以进行数理统计分析，有些资料还可以运用计算机帮助研究。这些事我们迟早是要做的，问题是要采取积极的态度。

总而言之，如果我们能够把研究的方法和手段适当地做些调整和改进，关于仰韶文化的分区、分期和类型划分的研究才可能取得更大的进展。

第二，关于生产力和经济发展水平的估计问题。马克思主义的考古学对于一定时期或某一考古学文化的生产力和经济发展水平的研究是十分重视的。关于仰韶文化的研究也往往包含这一方面的内容。衡量生产力发展水平的最好标志是生产工具，可是我们对生产工具的研究是相当落后的。比如很多人认为仰韶文化的经济是以农业为主的，根据之一就是在生产工具中，农具已经占据主导地位。但究竟哪些工具是用到农业生产上去的，那些工具的效率如何？现在几乎没有研究这个问题。仰韶文化中有许多石斧，不少同志把它当作农业工具。为什么呢？据说是因为森林多，必须刀耕火种，用斧子砍伐树木。其实，如果真的长了好多树木必须用斧子去砍的话，那块地也是很难种庄稼的。斧子首先是木工工具，用它砍伐树木可以用来盖房子、做家什，有的斧子还可作为武器砍杀动物或者跟敌人搏斗。总之它的用途是多方面的，不可一概而论，而作为农具的性质反而不明确。这种情况，只要做些民族学的考察和比较研究，就可以得到许多启发。又比如说石铲，一般是算作农业工具的。其实仰韶文化的许多窖穴、半地穴式的房屋、壕沟、陶窑、墓葬等等都是要大量挖土的，石铲的用途主要就是挖土，是不是同时也用到农业生产上去了？或者说当时的农业是不是已经发展到普遍翻地了？那都是很难确定的。既然如此，为什么就把石铲完全划到农具一类去呢？有人可能会说，就算石斧、石铲不完全是农具，那石刀、陶刀是收割用的农具总没有问题吧？其实也不尽然。说石刀、陶刀是收割农具，首先是因为华北和东北的一些地方，在不久以前还用类似的东西掐谷穗，不过是铁制的就是了。既然铁制的爪镰是掐谷穗的农具，形状相近的石刀、陶刀当然也可能是掐谷穗的农具。这是一种比较民族学的方法，它只能说明有这种可能性，不见得一定如何如何。中华人民共和国成立 10 周年的时候我在北京看过一个少数民族文化展览，里面放了几把景颇族的石刀，样子和仰韶文化后期的长方形石刀差不多，人家说是切肉用的。苏联远东区过去有些渔民用石刀割鱼，那种石刀穿两个孔，只不过比仰韶石刀长些。这么说石刀的用途是不是就是收割谷物而不做别的用途，还是不能确定的，还必须有其他方面的证据才行。

既然一些生产工具是不是农具或者在多大程度上用作农具，都还是有争议的，它们的功效又没有经过任何对比实验，用这种资料来断定当时的农业发展水平，究竟有多大的可靠性和准确性呢？我们是不是认真考察过这个问题呢？我想，要把生产工具的研究扎实提高一步，就必须寻求必要的证据，要进行科学观测和模拟实验。

拿石斧来说，它的形态是很多的，装柄的方法也不止一种，各种石斧在使用方法上是不是有分工呢？是不是有的适宜于砍木头，有的适宜于劈，还有些是适宜于削的？或者都是砍劈削兼用的？各种石斧的功效如何？影响功效的因素有哪些？重量、质地、厚薄、刃形、装柄方法等等各自对功效的影响如何？要回答这些问题，可以进行民族学考察，就是到还使用石斧的民族那里去做些实际调查。更实际可行的办法就是做模拟实验，自己制造成同仰韶文化中所出形态一样的各种石斧，拿它去砍，去劈和削，看看功效如何，进行详细的记录和分析。特别是要仔细考察留在石斧上的使用痕迹。这种痕迹有的造成局部的损坏，产生石片疤或者细小的破碴；有的只是留下些细微的擦痕。不同的使用方法留下的擦痕也不一样，不同做功对象留下的擦痕更是大不相同。反过来观察仰韶文化石斧的擦痕，我们就能了解它的使用方法和做功对象。这对于解决一些不容易从形态上判断的器物的用途是特别有效的。例如在大汶口文化、大溪·屈家岭文化、崧泽文化和良渚文化中常见的一种穿孔扁斧，在不少著作中称为石铲，如果单从形态上分析，这个官司就无法裁决。如果从劳动痕迹考察，一个是挖土的，一个是砍木头的，痕迹的性质大不相同。由于安柄方法不同，用力的方向不同，痕迹的方向也就不同，这样就很容易确定这种工具是斧子还是铲子。斧子和锛子、斧子和楔子的区别，多数在形态上即可以判明，但是也有一些不好解决的，考察使用痕迹才可以最后确定。再说石刀，如果是割谷穗的，一般都会留下硅质光泽，要是割肉或做别的什么用途就不会有这种光泽。如果我们普遍地把仰韶文化的石刀做一番考察，那么它的用途也就比较容易确定了。如果我们分门别类地把所有生产工具的劳动痕迹做一番考察，对每种工具的使用功效做一番模拟实验，在这个基础上再来分析仰韶文化的生产力发展水平，就会比现在估计的要准确得多了。

衡量农业生产水平的另一项重要资料是作物遗存。我们有时候在遗址或墓葬中发现一些谷类作物的遗存。在仰韶文化中，主要是粟，其次有黍，有时还有水稻。这些遗存多已灰化，一经震动就失去原有的形状。只有少数是炭化的。还有许多谷壳和茎叶掺和在泥土里抹墙和屋顶，一旦失火焚毁，泥土变成了红烧土，里面的谷物遗存反而能保存下来，或者有比较完整的痕迹，可以根据它鉴定种属。根据这些遗存，我们只能知道当时种植什么作物，进一步也可探索某种作物的起源和传播，却无法了解当时的生产量，无法了解当时的农业，特别是谷物农业的发展水平。

仰韶文化中有很多袋形灰坑，一般都把它看成窖穴，但究竟是装什么东西的并不十分清楚。直到目前为止，在这种袋形灰坑中发现粮食朽灰的只有西安半坡的 H115 一个，我们总不能根据这一个孤例，把所有成百上千的袋形灰坑都当作是储藏粮食的窖穴，因此必须找到更多的可靠的证据。有一件事情给了我们很大的启发，就是在河北武安的磁山遗址中发现了很多长方形窖穴，其中有 80 多个遗留有大量的粮食朽灰。有一些可能原本只是谷壳，因为它的下面埋着整只的猪或狗，如果用粮食来埋猪狗，那是不好理解的。但无论如何，当时是存在大量的粮食窖穴的。仰韶文化比磁山文化整整晚了一个发展阶段，它的生产力应该比磁山文化高，它的农业应该比磁山文化发达。按照逻辑推理，它应该有更多或更大的粮食窖穴。我想一般地讲，不论有多少粮食窖穴，里面不会装着粮食一直留剩到现在，应该早就吃掉了，像磁山那种情况应该是极为偶然的。那么还有什么法子来确定哪些窖穴是装过粮食的呢？我想大凡装过粮食的窖穴，即使里面的粮食用完了，也不会像今天那样打扫得干干净净，总会剩下几粒。如果我们把工作做得细些，不是不可能发现的。我讲的是浮选法，这种方法国外已经比较普遍地采用了，我们还只有个别工地在做试验。我想我们不妨把那些估计可能储粮的窖穴中的泥土实行浮选，把可能残留的粮食或者是粮食的皮壳挑选出来。那么我们对究竟什么是储蓄粮食的窖穴，大致有多少粮食窖穴，就不只是一种推测和估计，而是有实在的证据了。

　　我上面是举两个例子，一个是对工具使用痕迹的研究，一个是对遗迹中可能包含粮食遗存的泥土实行浮选。实际上还有许多别的方法，而且只要我们的目标明确，还可以创造出新的更加有效的方法，使我们对当时的生产力和经济发展水平的研究推进一步。

　　第三，关于遗址分布规律和居址类型的研究问题。到现在究竟发现了多少仰韶文化遗址，没有一个确切的统计数字，总之是数以千计，比国内其他任何新石器文化的遗址都多。但这绝对不是数目的极限，因为我们现在的调查工作还不够深入，发展还很不平衡。特别是直到目前为止，我们还没有对仰韶文化遗址的分布规律进行必要的科学分析。这样就使得我们在寻找遗址的时候缺乏预见性，也不能从已知遗址出发，对当时实际村落的分布和人口密度提出有价值的见解。

　　一般地说，遗址的分布在很大程度上受自然地理条件的制约，同时也与人类社会的生产发展水平和经济活动方向有很大关系。一定的自然地理条件产生一定的生态系统。人类必须适应环境，不同程度地利用和改造环境，因此必须参加到一定的生态系统中去。研究遗址的分布规律，实质上就是研究人类社会在一定生产力水平下对地理环境的适应、利用与改造的辩证关系。这就是环境考古学研究的主要内容，而我们现在还基本上没有开展有组织的环境考古学的研究，这种状况应当及早改变。

　　仰韶文化主要分布在黄土高原，这个地区自然地理条件总的说是属半干旱性气候区，四季分明，黄土疏松而微含碱性，适于旱作农业的发展。但黄土高原地形复杂，形成许多比较小的地理单元，各单元的条件和生态系统不尽相同，对人口的载荷量也不相同。再说仰韶文化是处在新石器时代晚期的发展阶段，它的经济活动方向是多方面的，有谷物农业、园艺和家畜饲养，又有狩猎、捕鱼和采集植物性食物等产业。它的居民自然要寻找最适宜于这些产业发展的地区。正是这两方面的因素决定了人口流动的方向和遗址的分布规律。这种研究考虑了人类活动的能动性，或者说是人类行为的趋向，避免了单纯从地理因素来考察遗址分布的机械唯物论的毛病。

　　如果我们根据已有的线索对遗址分布规律有所认识，将会反过来指导我们进一步寻找遗址，从而把我们的考古调查水平提高一步。不要以为现在仰韶文化遗址已经够多的了，重新调查没有什么油水了。我看还差得很远。前两年在内蒙古东部敖汉旗进行了一次相当成功的遗址调查，在大约半个旗的范围内发现了 2400 个遗址，其中属于新石器时代的有一半左右，这是一个很大的数目。那次调查不但把过去已经知道的文化遗址的分布规律摸清楚了，而且发现了一些新的文化，例如新石器早期的兴隆洼文化和赵宝沟文化等，就都是通过这种深入普遍的调查发现出来的。他们的经验中很重要的一条就是不从现存的所谓规律出发，头脑里不带框子。对调查范围内几乎每一块地方都进行仔细勘查。这样开始的进度很慢，但是发现了不少新的遗址，比基层文化干部提供的线索要多得多。调查到一定范围后自己来总结经验，分析不同时期不同类型遗址的分布规律，然后用这种规律指导下一阶段的调查工作。像这样一面调查，一面分析研究，使调查步步深入，同时又使参加调查的人员对遗址分布规律的认识不断得到充实和提高。我想内蒙古这个地方可以这么做，中原地方为什么不可以这么做呢？从考古力量来说，河南、陕西、山西可说是国内最强的，应该做得更好一些。再说中原地区的新石器文化发展水平也是比较高的，至少不会比同时期的内蒙古地区为低。如果这么来比较分析一下，就觉得仰韶文化的遗址不是太多而是太少了。是不是一定会有像敖汉旗那么多，那倒是不见得。因为中原地区的遗址一般堆积比较厚，并且包含很多层次，反复居住，延续的时间长，这样相对来说遗址数目就比较少，密度就比较小了。再一个原因是中原地区开发比较早，人口密度又大，许多遗址经历几千年都被破坏了，残留下来的数目自然比较少了。但是我想，就是这样也还应该有不少遗址没有发现。特别是像河北那样大的一个省，怎么也不会只有 53 处仰韶文化遗址，这不是明摆着的事实吗？这样少的遗址，我们要研究什么分布规律，那根本是谈不上的。

真正搞清楚遗址分布规律，通过它了解当时人们的活动规律，还必须进一步了解各遗址间的联系，这就要研究遗址类型。

仰韶文化的遗址有大有小，这在后期表现得相当清楚。像甘肃秦安大地湾那样大的遗址是有数的，那种遗址早先必定是一群村落的中心，问题是它究竟是哪些村落的中心呢？换句话说，哪些村落的居民组成一个人们共同体呢？如果我们在对遗址的研究中能够深入到这一层，那当是一个很大的进步。

在仰韶文化的许多遗址中，除了居住遗址或村落遗址外恐怕还会有其他类型的遗址。这是从别的文化中得到的启示。上个月我到辽宁去了一趟，参观了凌源和建平交界的牛河梁遗址。那个遗址属红山文化，年代大体相当于仰韶文化前期，在一个小山梁的松林里，发现一个宗教性建筑。有 20 多米长，是半地穴式的。里面有许多泥塑人像，个体比真人大得多，从乳房突出和肌肉丰满圆润等特征来看大约都是女性。这座建筑很可能是对女性祖先进行祭祀的祖庙。附近山头上的积石墓，每个墓大约有 16～17 米见方。中间有个较大的石椁，里面埋的应是墓主人；周围有些较小的石椁，里面埋的可能是墓主人的亲属或者侍从。有一个地点像这样大的积石墓并排就有 4 个，很有气派。我想这些墓主人当不是一般的氏族成员，也不是一般氏族或部落的酋长，而是某种更大的组织的首领，比如部落联盟的酋长之类才能相称，或者是许多部落公认的母系部落的老祖母。那个祖庙里供的塑像大约就是这些墓主人的形象。这个遗址内没有发现普通住房的遗迹，附近方圆多少里也没有发现红山文化的村落遗址。因此牛河梁在红山文化时期好像是专门祭祖或举行重大宗教活动的地方，是在一个很大范围内的各氏族、部落共同的宗教中心。我一面参观一面想，在仰韶文化的遗址中怎么就没有发现一个像牛河梁这种类型的遗址呢？是不是我们的工作还不够到家，没有想到在山梁上去寻找遗址，老是在河旁阶地，或比周围略高的地方去找，当然是找不到的。虽然，仰韶文化的表现形态可能和红山文化的不大一样，不一定有什么积石墓，但类似的祭祖或其他宗教活动中心总应该是有的。因为仰韶文化的发展水平比红山文化只能更高而不会更低。这是说我们对仰韶文化遗址类型的研究应当积极开展起来，有计划地做些工作，不能只注意一般性的遗址，否则不利于全面了解当时的社会。

第四，关于房屋用途和村落布局的研究问题。我们现在对仰韶文化房屋的研究，涉及建筑技术和形状分类的多，谈到它的功用的少。即使谈一些也多为推测性质，往往缺乏具体的分析，因此难得有说服力。仰韶文化中的小房子，有圆的也有方的，面积从 10 来平方米到 20 多平方米不等，平均大约是 15～16 平方米。里面都设置了火塘，有的火塘边还发现有炊器，所以说这种房子是住人的，应该是没有疑问的。但是如果进一步追问每座房子到底能住多少人？他们结成一种什么关系？那说法就很不统一了。有的说住五六个人，相当于一个对偶家庭；有的说原始社会盖一座房子不容易，哪能住得那么宽松，起码要住 10～20 人。他们举出彝族和某些地方的藏族作为例子，这两族的穷人因为没有房子住常常蹲着睡觉。如果仰韶文化的居民也蹲着睡觉，一座房子当然就能住 10～20 人了。要是像这样去推测，那是很难取得一致意见的。但是如果我们把那些因为偶然失火而被烧毁的房屋的资料都收集起来进行分析，就不难发现每个房屋里面的大部分都摆满了器物，留下足以睡人的空地只有 1.5 米左右宽，2 米来长。有时这种睡人的地方有一个高 10 多厘米的土床，面积也是 1 米多宽，2 米左右长。这块地方充其量能住两三个人或三四个人，这才真正像一个对偶家庭。历史上的对偶家庭一般没有自营经济，最多是一个半消费单位，自己不能独立，总是同家族联系在一起，成为家族（母系的或者父系的）的组成部分。因此我们除了要分析单个房屋的用途，还要注意房屋的配合，注意房屋的布局。像姜寨那样的遗址，五组房屋围成圆圈，每组房屋中各有一座大房子，几座中型房子和更多的小房子，显然是一种很有组织的社会居住方式。圆圈的格局是一次形成的。不可能先盖一组房子，等损坏以后再在旁边盖一组房子，以至于连续盖五次房子，使这五次盖的连房子带遗迹构成一个圆圈。这是不可想象的。所以即使没有地层关系，我们也可以肯定五组围成圆圈的格局是计划好了一次盖成的。至于每组中的中小房子可能有早晚之别，但一座大房子下总不至于只有一座中型房子，而一座中型房子又往往同几座小房子联系在一起，这样就形成了好几级组织。结合考察房子里摆设的东西，房子与窖穴、哨所、牲畜圈、窑场和墓地的关系等等，就能大致恢复当时的社会组织和社会性质。一个遗址研究的结果，又有利于观察和分析同类村落遗址的情况。比如半坡和北首岭都只挖了几十座房子，整个村落布局还没有完全暴露出来，姜寨的布局显然有助于我们观察分析半坡、北首岭的村落布局问题。如果再结合埋葬习俗的研究，我们就能够复原仰韶文化第一期的社会组织和社会性质，这是多么重要的一项工作啊！

仰韶文化的后期出现了分间式的房子，有两间、三间、四间乃至更多的房间连在一起的情况，这种房屋里住人的情况是不是也有变化，是不是每一分间就相当于仰韶第一期的单间小房呢？这也要收集因偶然灾变致使房内陈设保存下来的所有资料。分析每间房内出土器物的性质和用途，便知各分间的职能并不完全相同，这与从前单间反映的情况来比要复杂得多。由此是不是可以推测当时的社会变了，社会的基层组织也变了，单间式房屋不能满足这种家庭形态的变化，所以采取了分间的方法。这时的村落布局，自然也会有些改变。比如大河村跟半坡村遗迹的布局就很不一样，很值得仔细研究一番。

第五，关于墓地分期与年代的研究问题。仰韶文化流行公共墓地，一个墓地往往有几十座到几百座墓葬，埋着几百个人。这对于研究当时的埋葬习俗，以及由埋葬习俗所反映的某些社会面貌，比如婚姻和家庭形态、社会组织结构、财产占有状况、风俗习惯和宗教信仰等等，都是极好的资料。从1958年起，由于像华阴横阵村和华县元君庙那样流行合葬制的墓地的发现，运用埋葬制度来研究社会制度的积极性一下子被提了起来，大家发表了很多文章，进行了多方面的探索。开始的时候，大家只注意到从平面分布来看问题。一个墓地代表一级组织；假如可以分成几排，那么每一排就是代表次一级组织；假如每一排中又有若干合葬墓，那么每个合葬墓里面的全体死者就是代表第三级组织，也就是最基层的组织。有些分析横阵墓地的文章也采取了同样的方法。因为那里存在着大坑套小坑的复式合葬墓，所以把墓地定为一级，复式合葬墓定为第二级，每个小合葬墓定为第三级，只不过对这三级的估计不一样。有的认为是氏族—母系大家族—对偶家庭，有的提高一级，认为是部落—氏族—母系家族。但是任何墓地都不是一下子形成的，人是逐渐死的，墓葬是先后埋的。每个墓地形成的时间有长有短，但总是有一个过程。不首先对墓葬进行分期，弄清楚这个过程，而仅仅是从平面分布来看问题，不可能有正确的分析。元君庙墓地发掘报告首先进行了分期，然后在分期的基础上讨论墓葬的排列，这个方法是正确的。对于具体分法有些不同意见，这也是很正常的。因为一个墓地延续的时间不会太长，比一个文化或者一个文化类型的时期都要短。有的墓地虽然跨越几个时期，甚至跨越几个文化，像青海乐都柳湾那样，那多半是分几次形成的几个墓地集中到一起的缘故。齐家文化的人绝不会知道半山期的人如何排列他们的墓葬，并有意识地互相衔接，那是绝对不可能的。像元君庙或者横阵村那样的仰韶墓地，形成的时间不会太长，又要将它分为几期，这个难度比一般地进行文化分期或者遗址分期要大得多。按照传统的类型学方法排比，只能是粗线条的，比如元君庙分为三期（另外有四座更晚的）就不错了，再细致些就不好办。但是如果我们把类型学方法同概率分析方法结合起来，就可以把几乎所有的墓葬排成一个或者几个序列。请注意这是序列而不是分期。一个墓地从开始到停止使用，本身就是一个序列，分期则只能反映发展的趋向和阶段性。如果我们真的把一个墓地各个墓葬埋葬的先后次序弄明白了，再来考虑各墓之间的关系就实际得多了。这种工作在国外已经做得很多，为了计算的方便已经设计了各种模式的软件，利用计算机来进行分析。国内也有一些同志做了努力，初步结果是令人满意的。我希望这个方法能够得到更加广泛地应用。

第六，关于社会性质和发展阶段的研究问题。仰韶文化属于原始社会，这一点是没有人怀疑的，但是究竟属于原始社会的哪一个发展阶段，那看法就很不一致。在 20 世纪 50 年代末到 60 年代，很多人提倡仰韶母系说，那时只有许顺湛同志唱了一个反调，认为仰韶文化已经进入父系氏族社会。以后由于仰韶文化分期问题的进展，看出前后期有许多不同，不少人又主张前期是母系，后期可能已发展到了父系氏族社会阶段。最近好像赞成父系说的人多了起来。有的提得更高一些，说已经发展到军事民主主义时期了。这个问题究竟应该怎么看呢？

我们注意到，许多讨论仰韶文化的社会性质或者社会发展阶段的文章，尤其是主张母系说的文章，主要征引墓葬资料。这是很不够的，有时会得出非常片面的结论。例如，有的同志看到元君庙个别墓葬中有一个女性是一次葬，其他成员全部是二次葬，就认为那是一种以女性为本位或中心的埋葬，把它当作母系氏族的重要证据。其实元君庙绝大部分合葬墓的人骨只有二次葬，按这种逻辑说根本就无法判断谁是本位或者中心。全部是一次葬的合葬墓也无法判定谁是中心。几座包含有一次葬和二次葬的合葬墓情况还很复杂，里面有两位男性一次葬的，还有一男一女甚至只有一个小孩为一次葬的，按说就该是以两个男子或一男一女或一个小孩为本位或中心了，这是怎么也讲不通的。还有一座墓葬，里面有一位30~40岁的女性是一次葬，另外两个小孩，一个9岁左右，一个10岁以上，都是二次葬。这墓既被解释为女性本位的埋葬，又被解释为母子合葬，据说母子合葬又是母系氏族社会的特征。其实那两位小孩的性别都还不知道，假如都是女性，那就谈不上是什么女性本位了。再说既然两个小孩是二次葬，他们就比那位一次葬的妇女先死，先死多少年无从知道。但他们的实际年龄的差距肯定比从骨骼上反映的年龄差距要小，怎么可能肯定他们必然是两辈人而且必定是母子关系呢？假如当时确实存在儿童随母埋葬的风俗，怎么就发现这么一个孤例，而大量的婴儿却采取瓮棺葬的方式呢？有的同志为了证明仰韶文化是母系社会，还举出半坡152号墓葬。这个墓埋一个4岁左右的小孩，有木质葬具，还有几件陶器和骨珠等，在当时可以算得是"厚葬"了。但是不知根据谁的鉴定，说这个小孩是女孩，对她的厚葬反映了对女性的尊崇，以为这是母系社会的重要标志。但4岁左右的小孩骨骼能否鉴定出性别来是很可怀疑的，即便是个女孩，也只是个孤例，那大量的女孩子死了还是跟男孩一样放在瓮棺里埋葬，或者与成年死者一同合葬，看不出半点特殊的情况，怎么就说当时对女孩子也特别尊崇呢？这些例子说明，即使引用墓葬资料，也要全面分析，尽量避免片面性。更不要为证实母系或父系去到处钻牛角尖，或者对资料进行片面的解释。我这样说并不是反对仰韶母系说，更不是否认母系说的研究成果，只是说现在有些母系说的论证方法有问题。而且即使证明了是母系或是父系，也仅仅是说明了亲族的谱系，部分地说明了婚姻关系和家庭形态，并没有解决社会发展阶段问题。我这样说可能有些同志不赞成。母系氏族社会和父系氏族社会不就是原始社会的两个发展阶段吗？全世界不都是由母系氏族社会发展到父系氏族社会的吗？这还有什么疑问呢？我说的确还有一些疑问。我们知道，把母系氏族作为比父系氏族更早的一个历史阶段、一个人类曾经普遍实行的制度来进行全面论证的，首先是美国民族学家摩尔根。后来他的观点得到恩格斯的高度评价。但他们两人都没有把母系氏族和父系氏族作为原始社会历史的分期基础，而是依据生产技术和文化成就把史前社会划分为蒙昧、野蛮两大时代，每个时代又被划分为低级、中级和高级三个文化发展阶段，这一点很值得我们深思。摩尔根和恩格斯的著作都已经发表了100多年了，在这段时期无论民族学还是考古学都取得了极大的发展，同时对原始社会的历史也进行了相当深入的研究。虽然有些民族的史前史仍不十分清楚，但有些民族的父系氏族制是很早就发生了的。例如澳大利亚人一直过着游动的生活，只知道采集和狩猎而不知道农业，他们有一种非常特别的级别婚制，他们的氏族虽然还不是很完善的，但已经具备父系的特征了，有人把它称作早期父系氏族。这种父系氏族的出现与财富的积累及把财富转入个别家庭手中完全无关（同志们可以参看苏联尤·伊·谢苗诺夫《婚姻和家庭的起源》中译本 253～258 页，中国社会科学出版社，1983年）。有人对全世界民族的史前状态进行过比较民族学的研究，发现存在过母系制度的只占 15%，而且主要是同园圃农业经济相联系的。在发展水平更低的以采集、狩猎为生的人民那里，往往是实行双系制，而不是单纯的母系或父系制。有的民族在很长时间都实行双系制，台湾的高山族就是一个例子。美洲易洛魁印第安人和我国云南永宁的纳西人也不是单纯的母系制，至少有一部分是双系制。在苏联民族学界，对母系制进行过比较充分的研究，并且把母系氏族先于父系氏族的假说作为原始社会分期基础的，主要是柯斯文。由于他的《原始文化史纲》和其他著作被译成中文，所以他的观点在我国有比较大的影响。实际上，支持柯斯文观点的苏联学者为数很少，有些学者根据多年积累的考古学和民族学资料不赞成母系氏族曾经普遍存在，也不认为它是父系氏族社会以前的一个必经的阶段。至于西方民族学和人类学界，那就更难得找到把母系氏族和父系氏族作为先后相继的两个阶段，并且以此作为原始社会历史分期基础的支持者了。我过去一直认为仰韶前期的半坡类型可能是母系社会，即以女性世系为主的氏族社会，现在仍然是这个看法。而且我认为在以园圃和原始农业为主要经济的地区有利于充分发展母系制，最后因经济和私有制的发展又必然或先或后地向父系社会过渡。只是这种转变有的地方比较彻底，有的地方长期存在母系制或母系制的残余，形成一种双系的情况。因此，即使在这些地区，也不宜单纯用世系制来划分社会发展阶段。谢苗诺夫指出"对原始社会历史的分期不应建立在用一种世系起源形式取代另一种形式的基础上，而应建立在生产关系和不同的所有制形式上"（《民族译丛》1980 年第 4 期，33 页）。我认为这句话是非常正确的。我们现在研究新石器时代考古的学者，差不多都是相信母系—父系说的，都试图用母系氏族和父系氏族的划分来作为讨论新石器时代文化的社会性质和社会发展阶段的归宿和最终目的；研究仰韶文化的社会性质和社会发展阶段，重点也是辨别它究竟是母系还是父系，还是先母系后父系，我个人认为这样做是不适当的，是把人们的世系和社会发展阶段这两个性质不同的问题混淆起来了。仰韶文化可以是母系或父系的，甚至也可以是双系的，但这并没有说明它所处的社会发展阶段的实质。原始社会的基本特点是生产力十分低下，生产关系的基础是公社范围的公有制，共同生产，共同消费，自给自足。它的发展虽然十分缓慢，但毕竟还是前进的，分阶段的。这种阶段性不但表现在生产力方面（考古学上划分旧石器时代、中石器时代、新石器时代和铜石并用时代，以及每一时代本身的分期，可以说是生产力发展阶段的最好的标志），也表现在生产关系方面。例如开始可能是以整个原始群为单位的原始群公社。以后出现了氏族，从而形成氏族公社。这种公社开始时可能以氏族所有制占绝大部分，同时有少量部落所有制。以后氏族分化，原有氏族发展为胞族，新氏族内部的家族势力逐渐增长起来，又出现了家族所有制，形成一种以氏族公社为基础的三级乃至四级所有制。再往后发展，家族势力更为增强，形成家族公社和以家族公社为基础的几级所有制。原始社会晚期的所谓私有财产，并不是个体小家庭的私有财产，不过是家族的公产而已。由于各个家族财富积累的情况不同，造成了最初的贫富分化，它也不过是各家族之间的贫富分化而已。在这个时候，商品交换发展起来，使生产关系中的分配关系开始发生变化，同时也使那种完全自给自足的经济增加了一点新的成分。家族经济的进一步分化就会导致一部分人对另一部分人的剥削和压迫，进而产生阶级和阶级社会。我们完全可以沿着这条生产力和生产关系的发展轨迹来给原始社会进行分期，论证某一个考古学文化究竟属于哪一个发展阶段，根本不必从世系的考察出发。世系的变化不能成为原始社会发展的动力，不能说明原始社会何以能够向前发展，并且最终进入阶级社会。我这样说丝毫不意味着世系的研究不重要，或者可以不必研究世系，完全不是这个意思。我们既要研究一个考古学文化所体现的社会面貌，当然包括它的各个方面，包括婚姻形态、家庭形态、氏族部落等社会组织和世系等等，否则就只剩下一个干瘪的社会发展公式而见不到丰富多彩的具体的社会内容。我只是强调，在考察一个考古学文化的社会性质或社会发展阶段时，或者对原始社会进行分期时，应该首先考虑生产力和生产关系的状况，而不要从世系出发。当然更不要根据一鳞半爪的墓葬资料就断定当时是母系或父系社会，以为这样就算完成了对一个考古学文化的社会性质和社会发展阶段的论证，这至少是对任务的艰巨性估计不足。

如果我们端正了认识，把视野放开来，就会发现在仰韶文化中有许多反映社会性质和社会发展阶段的资料。例如我们在姜寨第一期的村落布局中，就可以得到许多信息。那样大一个村落，可以住几百人，房屋的布局井井有条，按照五组围成圆圈；墓地既是集中的，又是分片的，同房屋的布局是相互呼应的。这说明当时全村的居民有相当严密的组织，否则不会有这种情况。村落中最小的生活单位当是住在每个小房子中的居民，我们分析过它的规模只有两三人或三四人，应是一个对偶家庭。这种家庭没有自己的积蓄，要从较大一级的单位定期领取食粮和其他消费品，所以它最多是一个半消费单位。那个较大的单位应是以一个中型房子、几个小房子和一群窖穴所代表的大家族。没有迹象表明，这个大家族是一个生产单位，至少是在生产上的作用不大，而在分配上则是一个消费单位。再大一级就是以一座大房子、若干中小房子等组成的集体。它很可能是一个氏族，或者是一个氏族的一部分，另外的部分住到别的村社去了。这个氏族显然是一个重要的生产单位，因为它有牲畜圈栏，有陶窑等等。各氏族拥有圈栏和陶窑的情况不同，由此看来他们的经济是有差别的。更大一级组织当是一个村社，它的血缘组织则可能是一个胞族或一个胞族的一部分，别的部分组成了另外的村社。这个村社也有一些共同经济，例如西南河边的窑场就可能是全村社的。这样我们就不但看到了几级社会组织，而且看到了经济上的几级所有制，并且很可能是以氏族为基础，家族经济没有充分发展的几级所有制，这种情况在埋葬习俗上也有比较明确的反映。由于当时的所有制以氏族为基础，家族经济还没有充分发展起来，所以贫富分化就很不明显，大家住着几乎都一样的房屋，一样的墓葬，只在随葬品上略有一些差别。姜寨一期的情况如此，半坡早期、北首岭仰韶早期也是如此。这可以说反映了仰韶文化前期社会的基本情况。

仰韶文化后期石刀普遍增加，石铲制作精巧，形式多样；一般石器的加工也比以前进步，出现了切割法和管钻法。这些都说明生产力比前期有较明显的发展。仰韶后期没有发现比较完整的村落，但有分间式的房屋出现，这不但是一种技术进步，也应当是家庭形态变化的一种反映。个别遗址中出现规模特别大，材料特别讲究的庙堂式建筑，像秦安大地湾那样，当是社会分化，出现中心部落的产物。这时埋葬习俗也有很大变化，前期那种多人合葬和同性合葬的情况不见了，单人葬占了统治地位，这不应单纯看成风俗的变化，就是风俗也应该是要受到社会性质的制约的。现在我们对这些变化的确切含义不一定都能解释清楚，或者存在着不同的解释，这都无关宏旨。重要的是从仰韶前期到后期确实发生了一系列变化，而这种变化是与它的社会性质或社会发展阶段有关系的。要确切地估计它的意义，不但有赖于更多资料的发现和研究，也有赖于对后续的中原龙山文化的研究。只有在全面比较研究的基础上，才能正确判断它究竟处在哪一个发展阶段。

我就简单地讲这六个问题，自知不一定正确，只是想同大家交换一下想法，诚恳地希望得到大家的批评和指正。这六个问题也只是我认为比较重要的，并不是只有这六个问题。比如仰韶文化的专题研究就是一个很重要的问题，很多专题要同其他学科相结合才能进行深入研究，现在大家提倡学科间的横向联系，这是很对的，应该及时地加以组织。有些专题是我们自己就可以做的，比如彩陶的研究就是一个，但做得很不够。仰韶文化是以彩陶著名的，它的彩陶究竟是怎样起源和发展的？如何对它进行分期和分区？这种分期和分区同整个仰韶文化的分期、分区有什么关系？仰韶彩陶跟其他原始文化的彩陶又有什么关系？彩陶在当时的功能是什么？各种母题究竟具有什么样的含义？每一种母题又是如何发展的？彩陶的内容和技法在我国绘画史上占有什么样的地位？凡此等等，都需要我们进行深入研究。像这一类的问题还有很多。考古学文化是一个非常复杂的综合体，需要从各方面进行研究，才能揭示它的全貌，进而复原当时的社会历史面貌。相信这次会议在解决这一复杂任务方面将会起到很大的促进作用。

［原载《中原文物》特刊《论仰韶文化》，1986 年 12 月。后收录在《仰韶文化研究》（增订本），文物出版社，2009 年］

纪念仰韶文化发现九十周年（提要）[*]

　　仰韶文化的最初发现至今已经 90 年了，今天开会隆重纪念，是具有重要意义的。因为它不仅是发掘了一个史前遗址，还是一项具有多方面开创性的工作。

　　首先，它是在我国第一次有计划、有组织开展的田野考古发掘工作，并且获得了丰硕的成果。我国的田野考古工作和考古学研究，就是从那个时候才正式起步的。

　　其次，它是我国新石器时代考古研究的开始。在此以前，中国有没有新石器时代还不清楚。个别外国学者甚至断言中国没有新石器时代，有些人也表示怀疑。仰韶文化的发现把这种怀疑彻底扫清了。

　　最后，它当然也是仰韶文化最初发现并得以命名的一项工作。而仰韶文化在中国新石器时代文化中是处于核心地位的考古学文化。随着考古的发现越来越多，研究越来越深入，这一看法也得到越来越多人的认同。

　　现在仰韶文化大体分布于黄河中游的河南、陕西、山西、河北，外及湖北、甘肃和内蒙古的部分地区。可以分为两大阶段四个时期，或者按有些学者分为早中晚三期，年代大约从公元前 5000～前 2800 年，前后持续达两千多年。每个时期又有许多地方性差别，可以划分出许多文化类型。理清了仰韶文化的发展谱系，等于开启了一把研究其他考古学文化的钥匙，也为进一步通过聚落形态研究仰韶文化的社会和经济形态打下了坚实的基础。

　　近些年集中全国力量开展的探索中国文明起源的工程正受到越来越多人的关注。其实九十年前仰韶文化遗址的发掘，本身就是对中国文明起源的一种探索。所以发掘主持人安特生的第一本考古报告，书名就叫作《中华远古之文化》。在我们纪念仰韶文化发现九十周年之际，不能不深切怀念这位中国人民的好朋友安特生博士。九十年过去了，我国考古工作取得了辉煌的成就，对中国文明起源的研

---

　　*　本文为 2011 年 11 月 5 日在渑池县城举行的仰韶文化发现九十周年纪念大会暨国际学术研讨会上的讲话。

究也取得了重大的进展。近来在仰韶文化研究中，最值得注意的是河南灵宝西坡遗址的发掘。那里有高等级的大型房屋和大型墓葬，说明那时的社会已经步入逐渐文明化的进程。但西坡遗址的规模并不很大，类似的房屋和墓葬在 20 世纪 50 年代末的陕西华县泉护村就有个别的发现，最近在陕西白水又发现了多个大型房屋，年代都跟西坡相近。看来西坡还只是仰韶文化中期的中心聚落之一，旁边的北阳平就比它大，但也不是最大的。最大的和最能代表仰韶中期发展水平的聚落究竟在哪里，仰韶晚期又有哪些重要发展？都还需要做许多艰苦的工作。至于运用科技手段做更加深入细致的研究，更是具有很大的发展空间。希望在纪念仰韶文化发现一百周年的时候，能够看到更加辉煌的成果！

（原载《丹霞集——考古学拾零》，文物出版社，2019 年）

庙底沟遗址的考古研究与保护问题*

　　仰韶文化是中国最早命名的考古学文化，也是中国史前文化中最重要的一支，是中国文明起源地区的核心。中华文明探源如果不把仰韶文化搞清楚是不行的。仰韶文化早期为半坡期，主体是半坡类型，主要分布在关中地区；庙底沟期以庙底沟遗址为代表，是继半坡期发展起来的，分布范围比半坡期广，发展水平也比半坡期高。关于半坡期，我们已经挖了好几个聚落遗址和墓地，比如西安半坡、宝鸡北首岭、临潼姜寨一期等，此外还发掘了许多半坡期的墓地，比如华县元君庙墓地、华阴横阵墓地和渭南史家墓地等，通过这些遗址和墓地的发掘与研究，对当时的社会面貌已经了解得比较清楚。可以看出，半坡期的社会基本是平等的。可是，到了庙底沟期，我们从灵宝西坡遗址发现有大房子和较大型的墓葬等得知，此时的社会发生了很大变化。西坡遗址发掘出的大房子，面积最大的一座达 500 多平方米，而且建造得很讲究，这些大房子不会是民族志材料所见的集会房屋，而应该是上层人物使用的礼制性建筑。由此可见，社会的分化是从庙底沟期开始的。我们正在开展中华文明探源工程，如果不把这些问题搞清楚，怎么能行？

　　在仰韶文化的各类型当中，以庙底沟遗址发现的彩陶最丰富，可以说庙底沟遗址的彩陶是仰韶文化的一绝。仰韶文化最发达的地区就在三省交界处，即西坡、北阳平、泉护、白水下河等遗址所在的地域。其中，庙底沟即使不是最高级的也是最重要的遗址之一。它出那么多的彩陶绝不会是普通的聚落，会不会是个专门制作彩陶的聚落？换言之，庙底沟期的聚落是否已经有了分工？

　　不过，庙底沟遗址虽然出土的彩陶很多，但聚落布局不是很清楚。它的墓地在哪里？大房子在哪里？这些都不清楚。

　　从半坡期到庙底沟期，有几个遗址，比如河南灵宝西坡、陕西白水下河和华县泉护等，都发现了大房子。我估计河南的其他一些仰韶文化遗址也应该有这样的大房子。我听说巩县有一个名叫双槐树的仰韶文化遗址，面积就很大，它坐落

---

　　* 本文为 2013 年 6 月 19 日与赵春青及河南省三门峡文物局同志的谈话记录。

在黄河边上，黄河把它冲掉了一部分，我们动员相关考古部门去挖一下。因为我们要了解一个社会的发展水平，还得从整个聚落来看一看，观察当时聚落里的人们生前是怎么生活的，死后是怎么埋葬的？一些地位比较高的人往往死后葬入比较大的墓葬，随葬品用些比较好的东西。由此观察当时的社会有没有分层？有没有等级出现？达到了一个什么程度？即可以看出来。

从聚落结构可以看它的布局特征。作为一个聚落，它的布局是非常有规矩的？凝聚的？还是比较散漫的？这往往与当时社会的控制能力怎么样有关。打个比方，现在的都市，像北京、西安那些地方，它的布局会非常规矩；如果不是官方所为的地方，尽管经济比较发达，它的布局往往会是散漫的，像上海、汉口、广州这些地方就可以看出来。我们讲聚落就得讲这套东西。一个聚落里面如果发现了非常高等级的房子，就要分析这个等级高到了什么程度？是不是到了有贵族了？再进一步分析，是不是有国家了？有了国家就进入有王时代了。我们就应当观察是不是有宫殿或宗庙了？西坡最大的房子 500 多平方米，相当于我们现在的一个会场那么大。房子做得比较讲究，有人拿来跟现代少数民族的大房子比，现代少数民族的房子，包括云南的那个，都很落后，是集会场所的，并不是高等级的房屋，不过就是房子大一点；而像西坡那个房子是高等级的房子，不光是大，那如果是仅仅为了大家一块集会的话，用不着盖那么好的房子。所以我们从这些考古迹象，慢慢摸索着看它到了一个什么水平。从庙底沟来看，它的彩陶、它的制陶技术很发达，它的艺术很发达，别的呢，不是特别清楚。从西坡、白水，再联系过去发现的华县泉护、华阴的西关堡，然后，再加上其他几处遗址可以看出，庙底沟期这个阶段非常强势，到东北，红山文化很明显受到它的影响；山东，大汶口文化很明显受到它的影响；湖北，大溪文化很明显受到它的影响；至于西北就更不用说了，马家窑文化是仰韶文化向西发展的结果。所以，仰韶文化非常强势，这样谈论中国文明的起源，一个核心地区大体搞清楚了，这不是件好事吗？所以，在这次会上，我希望大家就这些问题多交换意见，这些都是开展中国文明起源研究当中十分重要的话题。正在进行的中华文明探源工程，重点弄了三个遗址，都是已经有苗头了。一个是良渚，那是很厉害；第二个是陶寺，第三个是二里头，这都是都城级的。但是，良渚不管怎样发达，毕竟偏远，对以后的影响绝对不如中原，所以，仰韶文化做到这个阶段以后，虽然摸到了一些核心的东西，但是还没有完全弄清楚，下面的工作还多着呢。从西坡看，西坡发现了 20 多座墓葬，它是第一次发现庙底沟时期高等级的墓地，以前没有怎么发现过庙底沟时期的墓葬，但是，北阳平遗址比西坡大多了，北阳平剖面暴露的房子非常大，比西坡一点也不小。所以，我更看好北阳平，如果挖一挖，可能会有更惊人的发现。而这个地方呢，正好是位于仰韶文化的中部，整个仰韶文化西边到甘肃，东边到河南东部，北边到内蒙古，南边到了汉水。

庙底沟的墓葬可以探一探，找到墓地就好办了。庙底沟遗址被现代城市建筑包围，因而保护的难度更大了。应该建成国家考古遗址公园，以利于遗址的保护。

从另外一个角度讲，庙底沟遗址出了那么多的彩陶，它就没有像样的房子？可能没有挖到中心地方。

现在越来越清楚，仰韶文化是中国文明起源的核心地区，仰韶文化比较中心的地区就是三门峡地区，包括西坡、北阳平这些遗址，庙底沟隔得也不远。从现在发掘情况来看，庙底沟的彩陶在仰韶文化里面没有第二个遗址发现得这么多，但是，我要说没有挖到核心地区，所以这个遗址，它的核心地区应该有比较高等级的房子，有比较高等级的墓葬，现在这些都还没有。现在的发掘等于敲了个边，它的核心不见得有北阳平那么高级的，但是也不会太差。要不然，一个遗址里面怎么会出这么多彩陶，这些彩陶也不是全部，你要再挖，也还有啊，它也不是一般的遗址。所以总之来讲，我们要把中国文明的起源这篇文章做好，庙底沟有它的位置。我们最大的课题是要把中国文明的起源弄清楚，不是空口几句话，一定要用实际去分析。考古学的特点就是那样，考古学者也不是一下子就能够看得很清楚，也是一步一步地来探索，现在应该说比较明白了，只能这么讲。我们文物工作的方针是"保护为主、抢救第一、合理利用、加强管理"。为什么要保护为主？遗存没有了，你的文章就没法做了，我们自己要做一点，还要给子孙后代留一点，不是一下就能弄完的。现在我非常发毛，第一，我们的建设是突飞猛进，免不了就要破坏文物，我们是变法子的抢，整个考古、文物部门就是个救火队，那也是没办法，所以我们要选重点，认识清楚了，比如说庙底沟这个，你知道这个情况了，政府就得保它。要下决心保护好，有的是因为一个高铁一修，一个南水北调，有的还不清楚，三门峡水库和三峡大水库修的时候有好多情况我们调查是调查了，不是太清楚，实际上破坏的文物，不知道有多少。但如果是已经知道了的，我们还不保护，那我们就不好交代了。所以，庙底沟遗址要我说几句话呢，仰韶文化是中国文明起源核心，仰韶文化很重要，对周围遗址的影响很大，中国文明起源过程中有些很重要的阶段，庙底沟时期是其中很强势的阶段。仰韶文化的第一阶段即半坡时期不是很强势，在庙底沟期它的重要性出来了，这个强势的发展阶段，三省交界我们能够点出来的有那么几个，庙底沟可能不是头号，但也是最重要的遗址之一，至少我们现在已经知道出的彩陶来讲，它是第一号。你想西坡挖了半天，有几个彩陶？这说明会不会由于当时有某种分工啊？这个地方是不是制作彩陶的中心呢？我们分析问题往往要把周围的情况联系起来比较看，才能看得比较清楚。比如，它可能不是北京，会不会是天津，它陶器做得那么多，那么好，它是怎么回事呢？

总而言之，听说市里面有决心保护，作为一个考古学者来说，我表示衷心的感谢。对于一个重要的遗址，到底重要在什么地方，作为学者有责任说清楚。这个事不能靠地方政府，政府官员的事情那么多，他对一个考古的东西怎么能说得那么清楚？他说不了那么清楚。但是，遗址的重要性在哪里，这是我们学者的责任。我们说了，下一步就得保护。遗址的保护最主要的责任在政府，如果政府下了大决心，采取措施保护遗址，作为学者我们是会非常感谢的。因此，每到一个地方，我常常感谢地方政府，因为要保护也是很难的，保护文物弄不好会制约经济的发展，所以我们在经常考虑文物保护的同时往往也考虑经济的发展。我们也不是说考古第一，别的都可以不管了，比如说良渚遗址，我们在保护的时候碰到的问题是，它的面积非常大，有四十几平方千米，现在看来还不止这么大，而它又那么重要，怎么保护？这个遗址上有 5 万多人口，包括两个镇、一个乡，而且你要知道在良渚那个地方是经济比较发达的地方，那里的农民都盖了三、四层楼房，楼房里头还安装了电梯。我说那么小的房子也要电梯，他们回答，就许你们城里人用电梯啊，我把粮食储存在屋顶上，电梯一开，"呜"就上去了。这里的经济很发达，还有工厂。后面我们非常感谢当时的杭州市委书记王国平，他知道良渚的重要，划了一个特区，200 平方千米，200 平方千米成为一个特区，然后中间的这一块是采取做减法不做加法，你要发展你往边上去，迁也不能一下子把这些人迁走，一步一步来，你要发展往那边去，工厂盖房子往那里盖，不要往中心盖房子，这样才能保护。你不能让人家不发展经济，老百姓你天天养活他们？所以，我们见了王国平就说你这招太好了，他这个人挺有思想。他把西湖风景区划作一个特区，免费开放，不收门票。一般人认为，西湖怎么能收门票呢？实际上，游客来西湖参观游玩就要在这里吃饭，在这里要住宿，在这里买东西，在这里玩，这不都是收入吗？他就算这个账，最后从经济上来讲更划算了。

搞好文物保护，从业务人员讲，要把遗址的重要性讲清楚，一定要讲到点子上，比如说三门峡市你们自己清楚，别人也清楚，别人清楚了还有可能去投资呢。你找国家文物局拨款，得说出个道理来，你说不出什么重要的理由，谁给你出钱？谁给你成立文保所？这个遗址农民照样取土，照样破坏了，你也不知道，你还管不了，因为你说不出个一二三来。回过来再讲仰韶文化，仰韶文化如果没有弄出西坡、姜寨、半坡、庙底沟这几个遗址，我们说不清楚，所以，庙底沟遗址重要性在哪里，这周围的几个遗址重要性在哪里，要放到这个位置来看。如果我们这几个遗址都保护不好，那么，以后我们讲中国文明起源，想进一步弄明白点，就没有基础，没东西了。所以，想想它的重要性在哪里？我们该如何来保护和研究？我想在这次会议上一定有很多高见，我就不啰唆了。

（原载《丹霞集——考古学拾零》，文物出版社，2019 年）